Siegfried Melchinger
Die Welt als Tragödie
Band 1

SIEGFRIED MELCHINGER

Die Welt als Tragödie

BAND 1

Aischylos · Sophokles

VERLAG C. H. BECK MÜNCHEN

Bühnenfragen, deren Klärung in diesem Band vorausgesetzt sind, hat der Verfasser in seiner im gleichen Verlag 1974 erschienenen Untersuchung «Das Theater der Tragödie» behandelt.

CIP-Kurztitelaufnahme der Deutschen Bibliothek

Melchinger, Siegfried:
Die Welt als Tragödie / Siegfried Melchinger. –
München : Beck.
Bd. 1. Aischylos, Sophokles. – 1979.
ISBN 3 406 04131 0

ISBN 3 406 04131 0

© C. H. Beck'sche Verlagsbuchhandlung (Oscar Beck), München 1979
Gesamtherstellung: Kösel, Kempten
Printed in Germany

Inhalt

Aischylos

Die Perser – *Ein Zeitstück* 9
Sieben gegen Theben – *Ein Bruderkriegsstück* 40
Die Schutzflehenden – *Vom Recht der Frau* 50
Die Orestie – *Trilogie vom Ende der Gewalt* 60
Prometheus – *Der Gott und der Menschenfreund* 159

Sophokles

Aias und Philoktetes – *Tragische Krankheit* 187
Die Trachinierinnen – *Tod eines Helden* 205
Elektra – *Rächer und Richter* 223

Theben als Beispiel

  I. Antigone – *Ein Mädchen gegen die Welt* 235
  II. Oedipus tyrannos – *Ecce homo* 272
  III. Oedipus auf Kolonos – *Nachruf auf die Polis* . . . 329

Anmerkungen 345
Schlüsselworte – griechisch/deutsch 363
Register 365

Aischylos

Die Perser – *Ein Zeitstück*

Was wir uns vorstellen, sind Vorstellungen.

Wer sich Theater vorstellt, sieht und hört, was in den Texten steht; er nimmt sich vor, zu fühlen und zu erkennen, was die Worte meinen. Die Handschriften enthalten keine Regieanweisungen; so wie sie vor uns liegen, sind sie fast anderthalb Jahrtausende nach der ersten Aufführung geschrieben worden; der Scharfsinn der Gelehrten war und ist bemüht, korrupte Stellen aufzudecken und womöglich das Falsche zu beseitigen; darüber sind wiederum lange Zeiträume vergangen; manches ist umstritten geblieben. Und wer Theater im Auge hat, muß manches anders sehen als die Gelehrten bisher.

Aber das ist nur der Anfang der Unsicherheiten. Deren tiefste liegt in der Position, in der wir uns befinden, wenn wir uns Vorstellungen vorstellen. Menschliche Unzulänglichkeit vermischt sich mit der Subjektivität der Betroffenheit, ohne die uns die Beschäftigung mit den alten Stücken sinnlos erscheinen würde. Fehler, Irrtümer sind nicht zu vermeiden, doch womöglich zu beseitigen. Betroffenheit ist bedingt durch Zeit und Welt desjenigen, in dem sie ausgelöst wird; diese sind dem Wechsel unterworfen. Die «Perser» zum Beispiel sind nach den beiden letzten Weltkriegen viel gespielt worden; da hinterließen sie Betroffenheit. Genügt die tragische Wahrheit, daß noch immer Kriege geführt werden, um zu erklären, warum das Stück nach bald zweieinhalb Jahrtausenden noch immer aufgeführt wird? Sie genügt natürlich nicht, denn andere, gleichzeitig entstandene Stücke über ähnliche Themen sind verloren.

Die Schwierigkeiten der Ausgangsposition vermehren sich, wenn wir das Ziel ins Auge fassen. Die Vorstellungen, die wir uns am Ende der Passage durch so lange Zeiträume vorzustellen versuchen, sind nur mit Hilfe von Vermutungen (Konjekturen) rekonstruierbar. Das einzige (relativ) Sichere, das wir haben, steht in den Handschriften; aber diese sagen so gut wie nichts über die Bühne und die Darstellung, über Musik und Tanz. Bei den «Persern» kennen wir wenigstens das Jahr der ersten Aufführung: 472 v. Chr., bei vielen anderen nicht. Dennoch ist es unerläßlich, dies alles in unsere Vorstellung von den Vorstellungen hineinzunehmen. Die Texte allein sind Stückwerk.

Wir brechen aus unserer Gegenwart auf, um die Gegenwart von damals zu suchen. Aber selbst wenn wir alle Mittel zur Verfügung hätten, um diese zu rekonstruieren, würden wir noch nicht ans Ende der Komplikationen gelangen. Denn diese Gegenwart, die wir uns vorstellen sollen, ist ihrerseits dreifach bedingt:

es ist einmal diejenige, die der *Autor* vor Augen hatte, als er das Stück schrieb; und er sah sie ja nicht nur, er hörte sie auch, er plante und baute sie; es war seine Vorstellung, die es dann, in einem zweiten Vorgang, zu inszenieren galt. – Die zweite Gegenwart, die der *Bühne*, verwirklicht in wochen-, vielleicht monatelangen Proben, war freilich unvergleichlich authentischer als alles, was wir uns vorstellen können; denn der Autor selbst studierte sein Stück ein; Aischylos war wohl immer sein eigener Regisseur. – Was seine Inszenierung erstrebte, wurde erst in der dritten Gegenwart zum Ereignis, nämlich in jener, die sich in den *Zuschauern* bildete, wenn sie den Schein auf der Bühne als Wahrheit fühlten und erkannten, Betroffene damals wie, in einer weit entfernten Gegenwart, möglicherweise wir heute.

Theater war es damals und ist es heute. Diese unbestreitbare Übereinstimmung gibt uns die Basis, die wir unseren Vorstellungen zugrunde legen. Die Darstellungsweisen mögen sich ändern, aber den Erfindungen sind Grenzen gesetzt, die in der Sache liegen, in der Sache des Phänomens dieser spezifischen Erfindungskraft und ihrer eigentümlichen Wirkung. Theater mag am Schreibtisch entstehen, aber es ist unvorstellbar ohne Publikum. Theater kann aus dem dunklen Raum hinter dem hochgezogenen Vorhang oder auf einer leeren Bühne im Tageslicht in Erscheinung treten, aber es bedarf eines Anfangs, der es in Gang setzt, und eines Endes, das diejenigen, die es gemacht oder erlebt haben, einsehen läßt, warum sie es gemacht oder erlebt haben. Dieses Wozu und dieses Warum muß vor allem erklärt werden, wenn wir so alte Stücke vor uns haben wie die 31 Tragödien aus dem fünften Jahrhundert v. Chr. Wie könnte es erklärt werden ohne jene Passage aus unserer in die damalige Gegenwart? Wir werden uns stets aller Unsicherheitsmomente bewußt bleiben; aber wir haben keine andere Wahl als diesen Weg, wenn wir, einigermaßen, erreichen wollen, was wir uns vorgenommen haben: *Vergegenwärtigung*.

So brechen wir auf, um uns die erste Vorstellung der «Perser»[1] im Dionysostheater vorzustellen. Wir suchen die dreifache Gegenwart von damals, von der wir gesprochen haben. Das erste Stück soll uns dabei zugleich als Modell unserer Methode dienen. Das mag die Ausführlichkeit rechtfertigen, mit der wir den Ablauf verfolgen. Wir stellen uns Aischylos vor, wie er das Stück «machte» (poiein, poietes), das Theater vor Augen, in dem er es zur Aufführung bringen würde, die Musik im Ohr, die er, vermutlich, selbst komponierte, Vers um Vers, Szene um Szene so entwerfend, daß eins auf das andere folgen mußte, und eben nur dieses: Logik der Struktur und Plan der Wirkung. Wir sehen ihn als Regisseur auf den Proben, und wir rekonstruieren die Aufführung vor dem ersten Publikum. Und immer wird dabei unsere eigene Gegenwart mitspielen, als Fehlerquelle sowohl wie kraft der Erklärung, warum uns das angeht: unsere Betroffenheit. Später werden wir es uns und dem Leser leichter machen können, je nach der Bedeutung des

Stückes, um das es sich handelt, und das heißt wiederum je nach dem Maße, in dem es uns noch immer angeht, nach dem Maße unserer Betroffenheit also. Es mag nicht nur Wissenschaft sein, wenn wir auch das zu erklären versuchen: die Dauerhaftigkeit der alten Stücke; doch dient es gewiß dem Theater.

Zeittafel zum Zeitstück

500/494	Ionischer Aufstand gegen die Perser	
494	Fall und Zerstörung Milets	
493	Miltiades Stratrgos in Athen	
	Themistokles 1. Archon	
493/2	Erste persische Invasion. Flotte am Athos zerschellt	Phrynichos Tragödie «Die Zerstörung Milets»
490	Zweite persische Invasion	
	Schlacht bei Marathon	
	Strategen Miltiades und Aristeides	
489	Miltiades nach unglücklichem Feldzug verurteilt, bald gestorben	
489/8	Aristeides 1. Archon	
486	Dareios gestorben	
485	Xerxes wird Großkönig	
482	Aristeides verbannt	
481/0	Dritte persische Invasion unter Xerxes. Durchstoßung des Athos, Schlacht bei den Thermopylen. Besetzung Mittelgriechenlands und Athens (Bevölkerung nach Salamis, Aigina und Troizen evakuiert) Rückkehr des Aristeides	
480	Schlacht bei Salamis; Strategen Themistokles und Aristeides	
	Rückkehr Xerxes' nach Sardes	
479	Zweite Besetzung und Evakuierung Athens durch das Perserheer unter Mardonios. Schlacht bei Plataiai; Sieg der Griechen unter Pausanias; Seesieg bei Mykale (Milet)	
477	Gründung des Attischen Seebunds; Leitung Aristeides. Offensivkrieg unter Kimon gegen die Perser	
476?		Phrynichos «Phoenissen»
472		Aischylos «Perser»
471 (473?)	Themistokles verbannt	
467	Aristeides gestorben	
465	Xerxes ermordet. Nachfolger Artaxerxes I.	
465/4	Themistokles bei Artaxerxes, gestorben nach 460	

I

Die Sonne hatte den Zenit überschritten und die sinkende Bahn in den Westen eingeschlagen; aber noch lange lag die Bühne in ihrem glühenden Licht; erst allmählich wuchsen die Schatten, die von der Akropolis ins Theater fielen. Jetzt, nach der Mittagspause füllte sich das Überhalbrund des Zuschauerraums; das Publikum strömte zurück. Während die Menge ihre Sitze wieder einnahm, erfüllte der Lärm der Vierzehntausend (oder mehr)[2] die Mulde; die Aufmerksamkeit, erregt durch das, was sie am Vormittag gesehen hatten, richtete sich auf das Kommende. Allmählich verstummte das Summen des Schwarms; man wartete auf das Zeichen.

Was hatten die Zuschauer gesehen? Was sahen sie jetzt? Was würden sie sehen? Aus der Tetralogie, deren zweites Stück «Die Perser» waren, sind nur kümmerliche Fragmente erhalten. Sie lassen die Vermutung zu, daß das Thema, zyklisch wie wohl immer bei Aischylos, weltbedeutend war: Ost und West, Europa und Asien, die Griechen und, nun, die Perser.[3] Von dem Stück, das am Vormittag gegeben war, heißt es, es habe die erste Invasion behandelt: die griechische der Argonauten. Phineus – das ist der Titel – war ein erblindeter Held, ein Seher und Einsiedler, der am Pontos, der Nordküste Kleinasiens, hauste – vom Hellespont wird in den «Persern» gesprochen.[4] (Und am Pontos, davon wird noch die Rede sein, kreuzte, als diese Stücke aufgeführt wurden, eine Flotte der Athener). Nun würde also die andere Invasion folgen, die persische, die alle, so oder so, erlebt hatten. Aus dem Mythos wurden sie in die Gegenwart versetzt. Schrecken und Stolz mischten sich in die Gedanken. Die Spannung muß mächtig gewesen sein. Sie wurde noch dadurch gesteigert, daß wenige Jahre zuvor ein älterer Dramatiker, Phrynichos,[5] das Thema bereits auf die Bühne gebracht hatte; Zeitstücke waren also keine Seltenheit in der ersten Zeit der Tragödie; eine alte Überlieferung wollte wissen, daß Aischylos sein Stück mit dem gleichen Vers begonnen habe, wie der ältere Rivale das seine – ein Zitat also und, wenn es stimmt, ein zweifellos provokatives; denn der Chor dieses Stückes bestand aus Frauen, Haremssklavinnen («Phoenissen»), und ein Eunuch sprach den Prolog. Das ist noch aus einem anderen Grund interessant; diese Überlieferung berichtet nämlich, der Eunuch sei während des Prologs damit beschäftigt gewesen, die Sessel für eine Sitzung des Kronrats herzurichten. Und solche Sessel sahen die Zuschauer auch in Aischylos' Stück.

Was sie jetzt im Theater sahen, war eben dies: Sessel und ein Grabmal. Wir sind fast sicher, daß auch das letztere schon im ersten Stück aufgestellt war – jedenfalls blieb es für das letzte[6] stehen, in dem es, wie in den «Persern» eine Epiphanie geben sollte. Dieses Grabmonument dürfte sich nur wenig von denen unterschieden haben, die im Kerameikos, nahe der Agora von Athen, aber außerhalb der Stadtmauer, in großer Zahl gefunden worden sind. Doch war es gewaltiger, größer und prächtiger als diese – das wird die Szene zeigen, in der es den Mittelpunkt bildet. So wird es wohl auch im Zentrum des Blickfelds gestanden haben, in der südlichen Hälfte der Orchestra.

Über die Sessel ist viel geschrieben worden.[7] Daß es um diese Zeit noch kein Haus auf der Bühne gegeben haben kann, steht fest. Daher kann das «stegeion archaion», von dem in Vers 141 gesprochen wird, nicht «ehrwürdiges Dach» bedeuten.[8] Das «Bauwerk» waren Felsensitze, wie man sie noch heute auf dem Hügel der Pnyx gegenüber der Akropolis oder nicht weit davon am Museion besichtigen kann. Zwölf in den Felsen gehauene Sessel – ein feierlicher Tagungsort für den Kronrat am Grab des großen Königs. Vielleicht waren die Sitze mit Kissen oder Teppichen ausgelegt, so wie sie der Eunuch in Phrynichos' Stück gerichtet haben soll.

Die Sessel links, das Grabmonument im Zentrum – dahinter der Hain, in den die Bühne abfiel, in der Ferne das Meer, dessen Bläue in die des Himmels überging.

Das Zeichen und dann die Stille. Vom Osten her Musik. Das «Orchester»[9] zog auf, um die Plätze einzunehmen. Jetzt bog der Chor in die Parodos. Stellen wir ihn uns, um Gottes willen, nicht als einen Block marschierender Uniformierter vor! Es waren ja Würdenträger – «Wächter des Throns», «pista piston» (681): die «Treuen der Treuen», so lautete zweifellos ihr offizieller Titel –, Mitglieder der höchsten Instanz neben dem Herrscher, fast die «Regierung», Greise, so wie wir Senatoren sagen (senex = Greis), Geronten (gerusia hieß die Regierung in Sparta).[10] Sie trugen goldprangende Gewänder; viermal heißt es in den Auftrittsversen «polychrysos» (4, 45, 53, 159), goldreich, von den Persern. Das war das Orientalische an ihnen; die Perser liebten die Pracht, die im demokratischen Athen verpönt war. Auch die Hosen und die Hüte, wie wir sie von den Bildwerken in Persepolis kennen, mögen das Fremdartige bezeichnet haben, nicht aber die Bärte, die damals in Athen à la mode waren (Aischylos selbst trägt ja einen auf den Bildnissen, die wir besitzen), nicht die weiten, burnusartigen Mäntel, denn diese glichen durchaus den Kostümen, die auf der Bühne getragen wurden, theaterhaft gesteigert über den Alltag hinaus, so wie die Schauspieler an den hohen Schaftstiefeln erkennbar waren, den Kothurnen,[11] die damals, wie überhaupt im Zeitalter der Tragödie, keine erhöhten Sohlen aufwiesen: solche Schuhe trug Dionysos. Unterschiedlich wie die Figuren der Choreuten waren die Masken,[12] nicht die starren Fratzen, die erst viel später aufkamen, sondern Stoffgebilde, die sich wie Strümpfe an das Gesicht schmiegten, bemalt und mit Perücken versehen. Die Maske verbarg die Person des Schauspielers und bezeichnete die Person der Rolle. Der Typus der Greise forderte das weiße Haar und den grauen Bart. Menschengesichter also. Differenzierte Personen auch im Chor. Jeder bewegte sich auf seine Weise. Schon im zehnten Vers, also noch bevor sie alle die Orchestra erreicht haben konnten, sprechen sie von Sorge und Angst. Der Aufzug ist also dramatisch. Möglicherweise versammeln sich die Geronten hier wie jeden Tag, seitdem es an der Zeit war, Nachricht aus Europa zu erwarten. Denn der Großkönig und die ganze Streitmacht befinden sich im überseeischen Krieg. Hier auf der Straße vom Meer herauf, genau: in der entgegengesetzten Parodos, muß der Bote erscheinen, und – alle wissen es – längst müßte er hier sein. So sind sie wieder hergekommen, um zu warten, am Grab vor der Stadt, die Blicke nach Westen gerichtet, die Lage in Worten beschwörend. Die ungeheure, nie dagewesene Macht, die in den Krieg geworfen worden war, spiegelt sich in den persisch klingenden Namen der Völker und Feldherrn.[13] Die Sprache färbt sich in dunklen Goldgrund, während der Sinn der Worte zugleich das Bangen ins Bewußtsein hebt, gesteigert bis zu dem Moment, in dem das Marsch-Versmaß (Anapäste) in Lyrik umschlägt, und das heißt: in gesungenen Tanz (59 ff):

> Solch eine Blüte von Männern
> Des Perser-Landes ist hinaus,
> Und um sie seufzt die ganze
> Asiatische Erde,
> Die sie genährt,
> In gewaltiger Sehnsucht;
> Und die Eltern und die Frauen
> Zählen die Tage und zittern:
> Wie die Zeit dahingeht.

Hier ist zugleich der Punkt erreicht, wo die fremde Färbung sich auflöst im allen gemeinsamen Grundgefühl: «Im Krieg» sind die Männer und «daheim» ist die Angst.

Nun formte der Rhythmus das Pathos in Strophe und Gegenstrophe. Das Versmaß (Ioniker ∪ ∪ – –) ist erregend und heftig.[14] Die Gewalt der Worte, die noch einmal hochgetrieben wird, ist über einen unüberhörbaren Untergrund gespannt, der an das gemahnt, was in Vers 93 ausgesprochen wird: apata, Illusion, Trugwerk, Selbstbetrug. Je dröhnender die Macht beschworen worden ist, desto schauerlicher muß sich der Brust der zwölf Männer der Angstruf entrissen haben: «o – a» (117, 122), auch er natürlich rhythmisiert, repetiert in der Form der Komposition. Aus ihm klang das Tragische als die stets gegenwärtige Drohung des Umschlags, als die Ahnung von der Möglichkeit des Sturzes selbst der größten Menschenmacht, als das vorweggenommene Bewußtsein des Endes, das kommen konnte, das, wie alle im Theater wußten, kommen würde. Aischylos liebte solche Verschränkungen; sie waren ein durchgehendes Mittel seiner Struktur.[15]

Die Musik verstummte. Als der Chorführer die Geronten aufforderte, auf den «alten Felsensitzen» Platz zu nehmen, um zu beraten, was zu tun sei, und während diese sich anschickten, aus der Orchestra nach links dorthin zu gehen, mußte ihr Blick auf die pompe fallen, die sich von dort näherte. Feierlicher Gruß: «Wie

Die Perser

ein Licht aus Götteraugen» (150) – die Königin, Atossa. Diener trugen die Sänfte den Felsenweg herab, dahinter schritt das Gefolge. Wieder strahlte der persische Goldglanz. Königlich der Prunkmantel, königlich das blitzende Diadem. So stand sie im Wagen hoch über der Gruppe, die sich an der den Sesseln entgegengesetzten Seite der Orchestra formierte. Und nun der Kotau. Die Greise sanken zu Boden. Zur Etikette des Kniefalls murmelten sie in einem neuen Versmaß (das Atossa dann aufnehmen würde: trochäische Tetrameter) die zeremonielle Begrüßung: «Allerhöchste Majestät, Mutter des Xerxes, Frau des Dareios, Gattin eines Gottes, Mutter eines Gottes!» Diese fremdartige Gottköniglichkeit beschloß ein sehr griechischer Vers: «Wenn nur der alte Daimon sich nicht abgewandt hat vom Heer» (159).[16]

So wurde die zweite Szene eröffnet: mit ihr rückte das Kommende einen weiteren Schritt näher. Zum Kronrat war die Trägerin der Krone getreten. Die Hierarchie des Reiches war versammelt.[17]

Mit dem Schluß der Rede, die sie im Kronrat hält, stößt die Königin mitten in die Problematik, die von der Sorge ausgelöst wird: was wird geschehen, wenn sich der «Daimon» abgewandt hat? Sie antwortet (212 ff): «Wenn alles gut geht, ist mein Sohn ein bewunderungswürdiger Held; wenn nicht – so ist er *dennoch keinem Rechenschaft schuldig*». Und als ob dieses nicht «hypeuthynos» zu den athenischen Zuschauern gesprochen wäre, heißt es genau: «hypeuthynos polei», er ist also nicht, wie es die Demokratie bestimmt, Rechenschaft schuldig der Stadt, dem Staat, dem Volk. Es handelt sich um einen politischen, ja, einen staatsrechtlichen Begriff von schärfster Aktualität. Jeder der Zuschauer wußte, worauf hier angespielt war: auf das Schicksal der Sieger. Als Miltiades, der Sieger von Marathon, einen Feldzug verlor, wurde er von der Polis zur Rechenschaft gezogen; das Schicksal, das diese ihm bereitete und das sich in dem Jahr, in dem die «Perser» gespielt wurden, an dem Sieger von Salamis, an Themistokles, zu wiederholen drohte (oder schon wiederholt hatte),[18] würde Xerxes erspart bleiben.

Die Szene führt das Motiv der Angst und Sorge fort. Die Traumerzählung, die wir in so vielen späteren Stücken finden, dürfte zu den ältesten Elementen der Tragödie gehört haben. Der Zusammenhang mit der Mantik, die staatlich geschützt war und politisch manipuliert wurde, liegt auf der Hand. Träume sind in den Vorstellungen der Griechen nicht Schäume. Wie sich Atossas Visionen bewahrheiteten, zeigte das Stück. Die Zuschauer wußten es, während sie sprach. Zwei Frauen, so hatte sie geträumt, waren von Xerxes ins gleiche Joch gespannt worden, Hellas und Asien; eine bäumte sich auf und brach das Joch (197 ff):

> Da stürzt mein Sohn, der Vater tritt hinzu,
> Dareios, wehklagend über ihn, und wie
> Ihn Xerxes sieht, zerreißt er das Gewand an seinem Leibe.
> Und dieses, sag ich, hab ich in der Nacht gesehn.

Die Vision sieht nichts anderes voraus als die letzte Szene der Tragödie. Auf den rituellen Charakter deutet der Umstand, daß die Traumerzählung in zwei Teile zerfällt: den ersten, der die Vision enthält, und einen zweiten, der die deutbaren Zeichen hinzufügt. Aischylos genügt jedoch dem alten Brauch nur, um den beiden (fast strophisch gebauten) Teilen jenen politischen Schluß zu geben, den wir besprochen haben. Es ist die tiefste Sorge der Königin, daß der Herrscheranspruch (die Legitimität) durch die Niederlage nicht angetastet werde; daher ist die erste Frage, ob Xerxes überlebt hat, falls er geschlagen worden ist; die zweite: was ist zu tun, wenn der Gottgeschlagene, aber nicht Rechenschaftspflichtige weiter regieren soll.

Der Chor beantwortet die Sorge der Königin mit einer formelhaften Beschwichtigung, deren nichtssagenden Charakter diese selbst später kennzeichnen wird: «Ihr hattet meinen Traum schlecht gedeutet (520).« Aber schon jetzt wandte sie sich, wohl im Abgang begriffen – die Sänfte hatte sich nach der Stadt in Bewegung gesetzt –, noch einmal zu den Alten. Sie stellte eine blitzartig einschlagende Frage: Was ist mit diesem Athen?

Man hat die hier folgende Stichomythie naiv genannt. Sie ist das Gegenteil davon, nämlich ein neuer Vorstoß zur Sinnfrage des Stückes. Formal ist sie zugleich der zugespitzte Abschluß des ersten Teils und der Vorspann zum Botenbericht (Fugentechnik). Der Inhalt ist hochpolitisch: er konfrontiert das asiatische Herrschaftssystem mit dem griechischen, die Herrschaft des Gottgesalbten (oder Vergotteten) mit der Herrschaft des Volkes. Auf Atossas Frage, wer in Athen der Machthaber sei – sie gebraucht ein altertümliches Wort, «poimanor», eigentlich Hirte –, antwortet der Chorführer: *«Keines Menschen Sklaven sind sie, keinem untertan«* (242). Erstaunt will Atossa wissen, wie sie dann den Feinden widerstehen könnten, und die Antwort lautet, als wäre der Chor gezwungen, sich selbst zu dementieren: sie haben es bei Marathon gezeigt. Es ist genau dieser Moment, in dem der Bote erscheint.

Die Choreuten haben den Boten auf der Rampe, die zur rechten Parodos führte, heraufaufen sehen; sie meldeten es der abziehenden Königin. Die pompe mit der Sänfte hielt an. Jäh wandte sich Atossa herum. Die Choreuten stürzten dem Boten entgegen, dessen heulende Rufe immer näher kamen. Sie umringten den Laufenden;[19] sie standen um ihn gedrängt, als er seine Meldung ins Theater schrie (249 ff):

> O Städte ihr der ganzen Erde Asiens!
> O Perserland! Und du, des Reichtums weiter Hafen!
> Wie ist auf einen einzigen Schlag vernichtet
> Der viele Segen, und der Perser Blüte
> Nun abgefallen und hinweggerafft! ...
> Perser! Das ganze Heer der Asiaten ist dahin!

Der Mann war außer Atem, am Ende der Kräfte. Nach seiner Meldung brach er zusammen. Während eines ganzen Chorgesangs lag er so keuchend und sich erst allmählich erholend auf dem Orchestraboden. Das erinnerte an einen berühmten Vorgang, den Marathonlauf, dem der Tragiker das umgekehrte Vorzeichen gegeben hatte. Die Ohnmacht war die gleiche. Noch Atossa mußte den Boten später mahnen, sich zu sammeln (295).

Der Chorgesang: eine Sequenz aus Wehrufen. Wir denken uns, daß die Greise zu aufscheuchender Musik von der Regie durch die Orchestra getrieben wurden, mit Gebärden der Verzweiflung, jammernd in rhythmischen Folgen. Denn auch die höchste Erregung war als «kommos» streng komponiert.

Und doch enthält der Kommos Schlüsselworte der tragischen Deutung, wie sie für Aischylos charakteristisch sind. Zweimal (261, 265) wird das «aelpton», das Unerwartete, das Unverhoffte dieser über die Perser hereingebrochenen Leiden hervorgehoben – das ist das Tragische am Unglück, daß es die Wucht des Sturzes aus der Höhe in den Abgrund hat. Zugleich wird die Totalität dieses «pathos» (Leiden) angesprochen; schon in der Meldung des Boten hieß es: «pan pathos» (254 das ganze Leid, aufgenommen 294 von Atossa); die Synonyme für das Schlüsselwort folgen: achos, pema (259, 265). Dem «pan pathos» entspricht das «pas stratos» (das ganze Heer: 255, 279f.). Dies gipfelt in einer unübersetzbaren Wortgewalt: «hos panta pankakos ethesan», wörtlich: «wie allen allübel alles sie fügten» (282f).

Nachdem Salamis und Athen verflucht waren, wandten sich die letzten Chorverse der Frau zu, die, (wörtlich) «von den Übeln erschlagen» (290), bisher geschwiegen hatte. Wie versteinert müssen wir sie uns denken. «Die Söhne, die Gatten hast du (Athen) gemordet vielen Perserinnen» (286f) – das ist Atossas Stichwort. Der Bote stürzte vor ihr in die Knie. Der Chor wich an den Orchestrarand zurück. Aller Blicke waren auf die gerichtet, die nun, nach einem Schweigen, gefaßt zu sprechen begann, gebieterisch die einzige Frage aufwerfend, auf die – für sie – alles ankam: «Wer ist nicht tot?», worauf die Antwort fiel: «Xerxes lebt!» (296, 299).

Die neun Verse, die um diese Frage herum gesprochen wurden, schlugen das tragische Grundthema an. «Symphora» (291) – zum erstenmal fällt hier das Wort, das, immer wiederkehrend, das wesenhaft tragische Ereignis meint, das «Zusammengetroffene», somit das unabwendbare Ereignis, die Schickung, hier das désastre des Reiches. So «hyperballei» (291), so alles übersteigt diese symphora, daß sie die Rede verschlägt. Aber, so heißt es, «doch ist ein Zwang (ananke, Notwendigkeit) den Sterblichen, die Leiden, die die Götter senden, zu tragen». Darauf der königliche Befehl an den sich erhebenden Boten: «Ganz enthülle das Leiden (pan pathos)!» Zum Tragen gehört das Enthüllen, die Schonungslosigkeit gegenüber dem Unverhüllten (alethes) der Wahrheit, was zweierlei bedeutete: Unverborgenes und Nichtzuvergessendes. Die Götter können den Menschen niederwerfen, aber sie können ihn nicht hindern, auszuhalten, was sie ihm antun. Atossas weiteres Verhalten ist auf nichts anderes gerichtet. Der tragische Fall ist enthüllt; sie gibt die tragische Antwort.

Der Botenbericht, vom Sprecher selbst als Augenzeugenbericht ausgewiesen (266),[20] ist ebenso berühmt wie wahr. Für den Historiker ist er das älteste, authentischste Dokument der Schlacht bei Salamis, ein Erlebnisbericht von packender Anschaulichkeit. Als Dichtung ist er in großen, entsprechenden, wenn auch natürlich nicht symmetrischen Quadern gebaut.[21] Die letzte Partie entspricht der ersten: sie nimmt alle Hoffnung, indem sie, nach der Vernichtung der Flotte die des Landheers schildert.[22] Man kann sich vorstellen, wie die Erinnerung an Nacht und Morgen der Schlacht die Athener im Zuschauerraum elektrisiert hat (376 ff Feuchtwanger):

> Doch als das Sonnenlicht erloschen war
> Und Dunkel eingebrochen, stiegen alle,
> So Rudersmann wie Waffenmann, zu Schiff.
> Geschwader gab die Losung dem Geschwader,
> Und, nach Befehl ein jeder, fuhren sie
> Die ganze Nacht in ruheloser Fahrt.
> Die Nacht entwich, indes kein Grieche kam.
> Doch als auf hellem Lichtgespann der Tag
> Einzog und rings das Land erstrahlen ließ,
> Da klang der Griechen Sang an unser Ohr.
> Ein Jauchzen war es, hell und laut und stürmisch,
> Und brausend tönt vom Klippenstrand der Insel
> Der Widerklang. Angst überkam uns da
> Und Ahnung von Betrug; denn nicht wie Heil
> Und Flucht erflehend stieg ihr Sang empor,
> Nein mutvoll, sturmvoll, brausend, kampfesfroh.
> Drommeten schmettern ihre Glut darein,
> Und nach dem Taktruf taucht das Ruder rauschend
> Ins Meer; gleichmäßig schäumt die Flut. Und jäh
> Erschienen ihre Schiffe unserm Aug.
> Der rechte Flügel, wohl geschlossen, fuhr
> Voran; ihm folgte dann die ganze Macht.
> Und brausend scholl's: Hellenensöhne, auf!
> Befreit die Heimat! Rettet Weib und Kind!
> Der väterlichen Götter hehre Sitze!
> Die Ruhestatt der Ahnen! Alles gilts ...

An Stellen wie dieser mag es die Athener von den Sitzen hochgerissen haben. Und ganz gewiß hat Aischylos solchen Enthusiasmus in den Plan des Stückes eingebaut. Er wollte sie gleichsam ganz in die Hand bekommen, um sie dann desto unausweichlicher mit dem Sinn zu konfrontieren, auf den alles hinauslaufen sollte. Und selbst in diese Beschwörung der Affekte fügte er noch eine politische Note ein. Zwei Verse des Botenberichts sind unüberhörbar aufeinander bezogen (355/447): «Ein Mann nämlich aus Athen...» und «Eine Insel liegt dort nah vor Salamis.» Beidemale sind keine Namen genannt. Doch wußte jeder, worum es sich handelte. Der «Mann aus Athen» war der Bote, der Xerxes mit der Falschmeldung, die Flotte der Athener wolle flüchten, in die Vernichtungsfalle gelockt hatte; die Insel war Psyttaleia, wo die Athener ein Massaker unter den flüchtigen Persern anrichteten. Der Bote war, wie Herodot bezeugt, eine List des Themistokles.[23] Auf Psyttaleia befehligte Aristeides. Sie waren politische Rivalen. Aristeides war zwei Jahre vor der Schlacht durch den gleichen Ostrakismos verbannt worden, mit dem jetzt, wie erwähnt, Themistokles bedroht wurde; daß er später rehabilitiert worden war und sich noch später als Organisator des antipersischen Seebunds von Delos große Verdienste erwarb, machte den Hinweis auf Themistokles vieldeutig wie eine Mahnung. So wie es falsch wäre, die Nennung und Hervorhebung von Psyttaleia als eine Propaganda für Aristeides (die Rechte) zu deuten, so ist es falsch, die Erwähnung der List des Themistokles als einen Kommentar zum Verfahren gegen diesen (die Linke) zu deuten. Die Gleichartigkeit der Erwähnung weist vielmehr klar auf das gemeinsame Verdienst hin. Niemals – so nehmen wir vorweg, was unsre Untersuchung der Tragödien ergibt – haben deren Dichter parteipolitisch Stellung bezogen. Das hinderte sie nicht, schonungslose Kritik zu üben (wie die Orestie lehrt). Sie standen über den tagespolitischen Auseinandersetzungen, jedoch keineswegs im Allgemeinen (oder gar «Allgemein-Menschlichen»), sondern mitten im Konkreten, das sie oft klarer durchschauten als die Politiker. So ist die gleichartige Erwähnung der beiden Parteiführer in den «Persern» eine Mahnung an beide Parteien, das Gemeinsame, wie es sich in der Notzeit bewährt hatte, über das Trennende zu stellen, und zwar, wie wir sehen werden, angesichts des, wie Aischylos es sah (und die Politiker nicht erkannten), zentralen Problems der Polis.

Noch eine letzte Frage zum Botenbericht. Wie könnte uns, bald zweieinhalbtausend Jahre danach, in einer heutigen Aufführung des Stückes, elektrisieren, was die Athener damals von den Sitzen gerissen haben mochte? Wie könnten wir auch nur eine entfernt ähnliche Wirkung erreichen? Aischylos zeigt uns den Weg, die ganze Tragödie hindurch. Das Stück ist kein patriotisches Festspiel (enkomion); es spielt in der Hauptstadt der Geschlagenen. Es ist ein Perser, der den Botenbericht spricht. Er spricht als Leidender. Er trägt ein pathos vor. Diese innere Spannung muß der Darsteller des Boten bewältigen. Er wird desto mehr erschüttern, je tiefer er sich in die Gegenwart des gemeldeten Geschehens hineinversetzt, um sie in die Gegenwart der Meldung zu übertragen.

«Dies ist die Wahrheit», schloß der Bote (514f.), «doch verschweige ich vieles, was ein Gott über die Perser verhängt hat». Die Königin sprach das Schlußwort der

Szene: Wie wahr waren also ihre Träume! Wie falsch haben die Männer des Kronrats sie gedeutet! Sie wird, scheinbar dem Rat der Alten folgend, das Notwendige tun: die Gnade der Götter erflehen und den Toten Opfer bringen. Geschehenes ist geschehen. Doch die Gedanken sind in die Zukunft gerichtet: «ob sich etwas zum Besseren wenden möge» (526). Die Zukunft – das ist Xerxes' Rückkehr. Ihr, die Ratgeber, habt ihm beizustehen. Der geschlagene König benötigt vor allem dies eine: die Bestätigung seiner Legitimität. Das Reich kann nur bestehen, wenn der König regiert.

2

Was nun folgt, tönt wie Oper. Jedenfalls ist es Musiktheater, wie alles in diesem Jahrhundert der Tragödie, in dem die Ausdrucksmittel noch nicht auseinandergenommen waren wie im späteren Europa. Wenn wir den Text überblicken, verstummt nur einmal, für kurze Zeit, freilich für gewaltige Worte, die Musik. Hier reduziert sich der Unterschied zwischen dem asiatischen und dem griechischen Theater auf ein Minimum. Die Künste wirken zusammen: Gesang, Tanz, Mimik, Gestik, Wort, Bild, Epiphanie. Freilich ist, wie dort so auch hier, der tiefe und scharfe Gedanke nicht aus dem gesungenen Wort eliminiert. Steigerungen werden stets durch Veränderungen des musikalischen Charakters (ethos) erzielt. Gesang und Tanz werden immer wilder, erregter, erregender – bis in der Schlußprozession gleichsam die tragische Essenz selbst aus dem Theater zieht. Nichts, so gut wie nichts, ist hier Literatur. Das pure Lesen teilt wenig mit: es gilt, zu sehen und zu hören, was zu lesen steht, es gilt, mit den Sinnen und der Vorstellungskraft zu erspüren, wie der Geist des Dichters Zeit und Raum mit Ton und Bild erfüllt. (Die Struktur ist einfach. Drei Teile: 1. Chorlied. 2. Opfer und Beschwörung. 3. Epiphanie.)

Das Chorlied füllt die Pause nach Atossas Abgang – jetzt ist die Sänfte nach links, nach der Stadt, wo der Palast gedacht ist, hinausgetragen worden; Königin und Gefolge sind verschwunden. Die Pause wurde benötigt zum Wechsel der Kostüme (der an einem nicht einsehbaren Ort «hinter der Bühne» erfolgte, wo auch die Sänfte stehen blieb). Nur scheinbar eröffnet der Chorführer den Gesang der schweren Anapaeste mit einem Anruf des Zeus: «O Zeus, König!» Nichts deutet auf Hymnos oder Gebet; aber der Gott ist der gleiche wie der der Griechen. Das Wort König macht klar, was gemeint ist: dem König Xerxes ist der größere König, der Gott, entgegengestellt. Der Klagegesang selbst hat rituellen Charakter: seine Form stammt aus dem Totenkult. Aber die Klageschreie, die in der zweiten Strophe gehäuft sind – «himmelschreiend» (573) –, unterscheiden sich von denen der letzten Szene. Sie sind nicht barbarisch, nicht asiatisch, obwohl es heißt: «Nun stöhnt ganz Asien auf» (548), sie klangen den Athenern wohlbekannt, wie von alters her vertraut. Doch hat Aischylos die alte Weise nur benützt, nicht einfach übernommen. Die erste Strophe bereitet auf das folgende Geschehen vor, die zweite steigert sich in die Schauer der Klage, die dritte jedoch ist hochpolitisch.[24]

Dreimal wird in der ersten Strophe der Name Xerxes, wir können sagen, verflucht: «Xerxes, der führte sie – popoi!/ Xerxes zerstörte sie – totoi!/ Xerxes schuf alles dies – sinnverwirrt!» (550ff). So wird die Konfrontation der Könige angeschlagen, die Frage, warum der alte König kein Unglück über sein Land gebracht hat und warum der jetzige so furchtbar scheitern mußte. Daß das keine rhetorische Frage ist, beweist die letzte Strophe; sie nimmt die Sorge der Königin auf: Da die Macht des Königs geschlagen ist, werden die unterworfenen Völker nicht mehr persischem Gesetz folgen (personomuntai 585). «Personomos», ein stehendes Wort, ein Begriff, ein Terminus wie Medismos (oder Stalinismus...): in der Erschütterung des Begriffs spricht sich das Wanken der Macht selber aus. So wird die konkrete Katastrophe weiter ausgemalt: kein Tribut wird mehr gezahlt werden (586), wie ihn zum Beispiel auch Athen von seinen Verbündeten erhob, für die Bundeskasse in Delos; die despotische Gewalt ist gebrochen: man wird den zeremoniellen Kniefall vor dem Großkönig verweigern; die Zensur wird fallen; man wird das Recht der freien Rede in Anspruch nehmen (parrhesia – ein Grundrecht der Demokratie, stets von den Herrschenden bedroht). Und warum das alles? Das blutgetränkte Salamis hat, «was der Perser (ta Person 597) war...»

Die Choreographie endete in dieser «akme» der Klage. Die Musik verstummte Aber schon erklang andere von links. Klänge wie ein Trauermarsch. Die Blicke richteten sich dorthin, wo nun die Königin erschien. Wie hatte sich die pompe verändert. Atossa (608): «So bin ich denn noch einmal diesen Weg, nun ohne Wagen und den vorherigen Prunk, gekommen.» Sie hat den königlichen Schmuck abgelegt und das Königskleid mit dem Trauerkleid vertauscht. Auch Träger und Gefolge trugen Schwarz. Die Dienerinnen hatten Krüge geschultert, mit den rituellen Opfergaben: Milch, Honig, Wasser, Wein, Öl. Auch brachten sie, wie wir es heute noch tun, Blumen, Girlanden, Kränze fürs Grab. So betrat die Prozession, mit klagender Musik, langsam die Szene. Sie zogen zum Grab; auch dieses glich, wir sprachen davon, denen in den heimischen Friedhöfen: tymbos (tumulus, ein Hügel aus Erde), darüber das pema (das Mal, das Monument).

Atossa: Im Unglück wird man sich der unbegreiflichen Macht der Götter bewußt; alles, was sie schicken, erscheint nun furchtbar, den Augen schrecklich, dem Ohr wie Lärmgeschrei, nicht wie der Paian, der Heilsgesang, Entsetzen, im buchstäblichen Wortsinn (606 ekplexis, Herausgeschlagensein, ein Schlüsselwort des tragischen Theaters) hat es hervorgerufen. In solcher Verfassung wendet man sich zum Gebet, zum Opfer, zu den alten Bräuchen, mit denen man die Verursacher des Unbegreiflichen, die Götter, zu versöhnen hofft. Aber es waren nicht die Götter, an die sich die Königin wandte; ihr war auferlegt, den Grund zu verstehen, warum das geschehen mußte; nur so war sie imstande, das Unglück des Reiches zu verstehen und das Unerläßliche zu tun, um es zu überwinden. Da konnte nur eines und einer helfen: Nekromantie,[25] Totenbeschwörung, der Geist des großen Königs – von ihm mußte sie Rat erflehen (619 ff):

> Ihr aber, Freunde! stimmt zu diesen Weihegüssen
> Für die da unten Lieder an mit heiliger Scheu
> Und ruft herauf den Daimon, ihn, Dareios.

Die Evokation des Dareios, in der Form eines Stasimon, müssen wir uns szenisch in der Choreographie zweier Gruppen vorstellen. Sie kann in gewissem Sinn als zeitlos und international gelten (es gab sie überall, wir kennen sie auch von Shakespeare, der hier ohnehin erwähnt werden muß: im «Hamlet» erscheint der Geist des toten Vaters, an den man nicht zu «glauben» braucht, auch wenn man ihn und sein Erscheinen als unheimlich empfindet).

Zwei Gruppen also: Der Chor, der die beschwörenden Gesänge absolvierte; Atossa und ihr Gefolge, das die Opfer darbrachte. Gesang mischte sich mit Schreien, Schlagen der Leiber und Stampfen der Erde. Lallende Litanei unterlief die Anrufe in die Tiefe: 1. «Basileus» (der tote König 633), 2. «Ga» (Erde) und die anderen chthonischen Götter (639), 3. Hades (649), 4. «Balen, archaios Balen» (Baal 658), worin der Gott mit dem König identifiziert war: (659 ff) «Komm herauf, zur obersten Kuppe des Hügels hier (der Krönung des Monuments), erhebe den safrangefärbten Schuh und laß die Tiara funkeln. Nahe dich, Darian!» Auch die Sprache ist hier leicht iranisch gefärbt. «König der Könige» heißt er in der nächsten Strophe (666), gepriesen sei seine Milde, seine Güte. Die Anrufe kulminieren in jener sprachmächtigen Poesie, die Aischylos wählt, wenn er Bedeutendes, nämlich das dramatisch Signifikante, zum Ausdruck bringen will (675): «Was ist es, Herrscher, Herrscher (dynasta), das diesen zwiefachen Fehlschlag (hamartia) gebracht hat über dieses dein, dein ganzes Land?» Ebenso betont wie «dynasta» durch die Verdoppelung wird «hamartia» durch die Stellung am Versschluß, ein tragisches Schlüsselwort, keinesfalls das Schillersche «Schuld», aber weit mehr als nur «Verlust, Leid oder Not», jedenfalls «Fehler», im Sinne des menschlichen Irrens überhaupt. Danach eben fragt der Chor: Was war der Fehler, worin bestand das Vergehen, durch das solches Unglück über das ganze Land gekommen ist? Es ist die Frage des Stückes.

Immer dichter drängten sich Chor und Gefolge um das Grab (686); immer lauter wurde das «seelenheraufführende» (psychagogos 687) Geheul. Wir denken uns, daß auch am Grabmal selbst Zeichen für das Nahen des Geistes sichtbar wurden: Rauch und Flammen (bengalisches Feuer, wie im Kultus üblich), ein Donnern, das anwuchs – und dann erschien es im Opferdampf: das eidolon, das Bildwerk, das den Geist des Dareios dargestellt hat.[26] Daß es eine Puppe war und daß auch die Stimme des Schauspielers, der die Verse sprach, anders klang als die der lebenden Personen, scheint uns sicher zu sein. Aischylos hat mit Erscheinungen und mit Puppen gearbeitet – er war bekannt dafür, es muß geradezu seine Spezialität gewesen sein. Der Kopf der Erscheinung war weiß geschminkt; er trug über der weißen Perücke die «kyrbasia» (auch «kidaris»), die turbanartige Kopfbedeckung der persischen Könige, einen schwarzen Umhang mit glänzender Bordure. So ähnlich zeigt es ein Relief am Schatzhaus in Persepolis, das aus der Zeit der «Perser» stammt, erst neuerdings ausgegraben, heute in Teheran: dort sehen wir, umgeben von Würdenträgern, Dareios auf dem Thron sitzen, die Tiara auf dem Kopf, in der künstlich gelockten Haartracht mit dem Keilbart, Szepter und Reichsblume (gleich dem Reichsapfel) in der Hand. Hinter ihm steht Xerxes, völlig gleich dargestellt, nur ohne Szepter. Beide tragen das Ärmelgewand mit dem Faltenrock. Das Relief wirkt starr und archaisch; so kann Aischylos die Erscheinung nicht realisiert haben; wieder hat er das Äußere übernommen und dem Griechischen angeglichen, nicht um das Nationale ins Allgemein-Menschliche zu steigern, sondern um das, was zu demonstrieren war, den Zuschauern nahezubringen. Das bezeugt die Art der Anrufung; daß der König selbst mit dem Gott (Baal) identifiziert wird, ist für den Griechen ein hybrider Gedanke, der zudem Despotismus (Tyrannei) voraussetzt, «nichtrechenschaftspflichtige» Herrschaft. Wenn also die Götter diese Strafe über Xerxes verhängt haben, so folgt daraus für griechische, zumindest athenische Vorstellung, daß der König um die Göttlichkeit gekommen ist, die er sich angemaßt hat. Diese Folgerung ist von komplizierter Tragweite, da dem Dareios das Göttliche, jedenfalls das Dämonische nirgends abgesprochen wird. Die Griechen, diese genauen Unterscheider, kannten zweierlei Unsterblichkeit: die eine, die eben ist, weil es Götter gibt, und eine zweite, die erworben werden kann durch heroische Tat, durch ein unvergeßliches, d. i. unsterbliches Leben auf dieser Erde, also durch Ruhm (die Ursprünge des Heroenkults). Solche Göttlichkeit war dem Dareios nach seinem Tod zugewachsen. Historisch war das, wie wir wissen, kaum berechtigt. Auch er hat Schlachten geschlagen und Niederlagen erlitten (Marathon!), dennoch trifft jenes «amachos» (krieglos 855), das ihm nachgerühmt wird, in einem tieferen Sinne zu: es war bekannt, daß er die Kriege von seinen Feldherrn führen ließ, daß er Verhandlungen bevorzugte und daß es seine Art war, dem besiegten Feind zu verzeihen und nationale Sitten unangetastet zu lassen. Dieses ganz gewiß Historische an der Gestalt des Dareios war höchst ungewöhnlich, nicht nur in dieser Zeit, und darauf eben kam es dem Dichter an.

Wie wurde die Erscheinung bewerkstelligt? Vermutlich mittels der von Dörpfeld ausgegrabenen (und von Buschor bestätigten) «charontischen Gänge»,[27] die es den Bühnenarbeitern ermöglichten, unterirdisch bis zu der Stelle zu gelangen, wo sie Rauch und Flammen aufsteigen lassen und schließlich die Puppe nach oben schieben konnten; vielleicht sprach auch der Schauspieler unten von einer solchen «Treppe» aus in ein Megaphon.

Die Fulminanz der Erscheinung wurde durch gewaltige Wirkung auf die Darsteller verdoppelt. Chor und Gefolge warfen sich in den Staub. Der Lärm der Schreie und Instrumente verstummte jäh. Nur Atossa blieb stehen, ebenbürtige Partnerin des Gottes, der ihr Gatte gewesen war.

Der Chor, kniend, die Köpfe zur Erde gewandt, zeigte sich außerstande, die Frage des dröhnenden Geistes zu beantworten, warum er so unwiderstehlich beschworen worden sei: «tarbos» (Angst und Scheu 696) verschlugen ihm die Rede, doch nicht nur das, sondern: es sei ihm unmöglich, «Feindliches dem Freundlichen zu sagen» (702). Da wandte sich der Geist an Atossa, die Trauernde: Menschenlos sei es, menschlich zu leiden (706). Und Atossa: Selig sei er, weil er zur rechten Zeit gestorben sei, denn – in einem Atemzug sei es gesagt: «Hin ist ganz der Perser Sache» (715).

Darauf trochäische Stichomythie in dem alten Frage- und Antwort-Schema. Der Geist nimmt die erste Frage auf, die er an den Chor gerichtet hatte, sehr bezeichnend und ganz politisch: «tina polis ponei ponon» (682)? Die Stabreimformulierung deutet wieder auf die Wichtigkeit der Frage, und polis ist griechisch: der Staat. Welche Not drückt den Staat? So hatte er gefragt, jetzt, da er das Ausmaß der Katastrophe erfahren hat, fragt er weiter: Wie war das möglich? Pest? Oder Revolution (stasis)?[28] – Atossa: Keines von beiden. Athen hat das ganze Heer vernichtet. – Der Geist: Welcher von meinen Söhnen hat das Heer befehligt? – Atossa: Xerxes, der «thurios», der ungestüme, unbesonnene (718).

Die folgenden Verse sind nur fürs erste Hören merkwürdig. Die Brücke über den Hellespont, die Xerxes hatte schlagen lassen, erregt die Bewunderung des Vaters, die später noch einmal hervorgehoben wird; darin spricht sich der Respekt des Griechen vor der technischen Leistung aus, den Aischylos dem Feind nicht vorenthält, mit dem er vielmehr den Athenern sagen will, was nun folgt: Ein Dämon, sagt Atossa, hat ihm das eingegeben. Die Antwort darauf kennen wir, Atossa hat sie schon einmal ausgesprochen (212): Ja, das Ende (telos) lehrt, wie übel er ihm geraten hat (726). Es folgt die Schilderung des Ausmaßes der Katastrophe mit der Zuspitzung auf das einzige, worauf es nun ankommt: Xerxes lebt. Jetzt bricht Prophetie aus dem Mund des toten Königs; sie ist in doppelte Richtung gewandt, in die Vergangenheit und in die Zukunft. Hier kulminiert die Tragödie, hier spricht sich ihr Sinn aus.

Es ist konkrete Geschichte, die da gedeutet wird, und zugleich Jahrtausende überdauernde Wahrheit, im Jahre 472 v. Chr. an die Adresse eines Volkes gerichtet, das im Begriff war, sich auf die höchste Höhe des Glückes aufzuschwingen und sich zugleich, eben dadurch – das ist das Wesen aller Tragik, genauer: der aufgedeckte Zusammenhang zwischen Geschichte und Tragik – die Ursachen des möglichen und möglicherweise unaufhaltsamen Untergangs selbst zu schaffen. Groß richtet Dareios nun den Ruhm des Reiches auf, das er regiert hat; und doppelt vernichtend ist sein Urteil über den Sohn, der seines Vermächtnisses (783) nicht eingedenk war: «Wir alle», so wendet er sich an den Chor, der sich aus seiner knieenden Haltung erhoben haben muß und, angesprochen, die Sprache wieder findet: «wir alle, die solche Macht hatten, hätten niemals solche Leiden verursacht.»

Klingt da Ironie mit? Sind nicht im Kronrat die «schlechten Ratgeber» gesessen: Waren es nicht diese Alten, die Atossas Traum falsch gedeutet hatten? Ist das der Grund, warum der Chor nun aufgeschreckt fragt: «Was meinst du, Herrscher Dareios? Wohin wendest du der Worte Endziel?», um gleich hinzufügen (als wollte er die Antwort verhindern): Wie könnte man daraus noch das Beste für die Perser machen?

Und der Geist antwortet: Laßt den Krieg! Wieder bricht Prophetie aus seinem Mund: er sagt die Geschichte des kommenden Jahres, die Niederlage der Perser bei Plataiai, voraus. Daraus sind Schlüsse zu ziehen, die wir in den Zusammenhang der Frage nach dem Sinn des Stückes stellen werden. Das Letzte, was der Geist zu sagen hat, ist die Antwort auf aller Sorge, was nun als nächstes zu tun sei. Aus der Vision des heimkehrenden Xerxes, die wie eine Folie vor die letzte Szene gestellt ist, folgert er die Anweisung an die Königin, den Sohn zu empfangen, wie es ihm gebührt. Merkwürdige letzte Verse, bevor er hinter dem Monument, hinabgezogen in die Tiefe, verschwindet (839 ff):

> Ich geh hinweg, hinunter in der Erde Dunkel.
> Ihr aber, Ehrwürdige, freuet euch und gebt, obwohl
> Im Leid, der Seele alle Freude, Tag um Tag,
> Weil den Gestorbenen Reichtum nicht mehr nützen mag.

In Donner und Blitz verlosch die Epiphanie. Dem Chor und der Königin sind Worte der Erschütterung gegeben, die sich in der Haltung ausgedrückt hat. Dann gab Atossa das Zeichen. Ihre pompe brach auf. Die Königin wird im Palast Schmuck und Gewänder vorbereiten, um so dem Sohn entgegenzutreten,[29] von dem der Geist prophezeit hatte, daß er in Lumpen erscheinen werde. Sie wird nicht mehr auftreten. Warum?

Aischylos hat Atossa ein Motiv gegeben, warum sie nicht zurückkehren kann. Hätte sie, Schmuck und Gewänder in den Armen, auf den Schauplatz eilen sollen, um Xerxes sozusagen umzukleiden? Ein unvorstellbarer Vorgang. Doch ist dies nur das reale Motiv, es muß noch einen anderen Grund gegeben haben, warum der Dichter sie in der letzten Szene einfach nicht auf der Bühne brauchen konnte. Und das muß mit dem tragischen Sinn zusammenhängen, der über allen Rücksichten stand.

Der Chor ist allein zurückgeblieben. In einem einfachen Gesang (drei Strophen mit Gegenstrophen und Epode) werden Segen und Ruhm des großen, des guten, des milden Königs ausgemalt, eine einzige Vision von Glück, Macht und Größe, die sich ausbreitet und steigert, um in den letzten Versen der Epode jäh zu zerplatzen: «Nun aber tragen wir dies unzweideutig Gottgesandte (theotreptata 904: diesen Wandel durch Gottes Fügung)». Das Stichwort zur letzten Szene ist gefallen. Auf tritt der, von dem 900 Verse lang die Rede war, der Heros.

3

Die Zuschauer sahen Xerxes, wie den Boten, von weit her kommen; irgendwo auf der Rampe, die zur rechten Parodos heraufführte, bog er in die Zone der Sichtbarkeit ein; in der Unruhe der Zuschauer, die ihn erblickten oder zu erblicken suchten, zog er die Straße herauf, die nun verkörperte Vision des Geistes. Er war allein,[30] nein, mehr: er stellte die Verlassenheit dar. Kein Wort für das Grab des Vaters, kein Wort von der Mutter. Xerxes wollte als das erscheinen, was er so darstellte.

Dieser Zustand, in dem ihn die Zuschauer erlebten, war nicht psychologisch real – der König war seit Wochen unterwegs nach der Schlacht; es heißt ausdrücklich, daß er über die Brücke, die er selbst über den Hellespont geschlagen hatte, zurückgekehrt sei, also auf weitem Umweg (nicht zu Schiff) –, der Zustand war Zeichen. Daß das Gewand, das Königsornat zerfetzt war, überraschte nach der Prophezeiung nicht mehr. Aber auch die Ausrüstung des Feldherrn, Panzer und Waffen, hatte er abgelegt, bis auf ein einziges Gerät, den Köcher, und dieser war leer. Haare und Bart waren zerrauft, «Strähne um Strähne» (1056f, 1062) – also wollte er auch die Krone (Tiara) nicht tragen. So stellen wir uns vor, daß an seiner Maske das alles sichtbar gemacht worden war: es war eine Maske der Qual. Daß er allein kam, ohne Gefolge, «nackt» (1036), unterstrich den tragischen Kontrast zu dem ersten, auch zu dem zweiten Auftritt der Königin; denn beide waren eine pompe. Mit einem Klageruf – «i-o» – betrat er die Szene. Wortlos, in der steinernen Haltung des Vorwurfs, starrte ihm der Chor entgegen; keiner rührte sich, um niederzuknien, keine Anklage sollte ihm erspart werden. War er noch König? Würde er es bleiben?

Die Form der Szene, wie sie der Text zeigt, ist von grandios komponierter Schauerlichkeit. Xerxes gibt vor, daß ihm beim Anblick des Kronrats die Kraft aus den Gliedern weiche – er «spielte» also, wie er dem Chor entgegenschlotterte: «ti patho tlemon!» (912) – «was leide ich Dulder!» «Tlemon» – das ist der Heros im pathos (Leiden), ein tragischer Terminus. Ein Dämon habe das Perservolk zertreten: «O Zeus, hätte doch die Moira auch mich, wie die anderen, mit Tod umnachtet!» (915) Furchtbare Anklage des Chors, hier zu Beginn (922):

> Und die Erde ächzt um die Jugend des Landes,
> Die dem Xerxes erschlagne, der angefüllt
> Den Hades hat mit Persern...

Ganz Asien ist jämmerlich in die Knie gesunken (929 f).

Der folgende Kommos war zweifellos durch Musik und Tanz auch für griechische Begriffe ins Barbarische (Orientalische) übersteigert: die Maßlosigkeit des Jammers sollte der Maßlosigkeit der Hybris entsprechen; es gehörte zum Wesen griechischer Musik, daß auf diese Weise die Affekte auf die Zuschauer übertragen wurden; sie sollten mit hineingerissen werden in die aufgeputschte Selbstzerfleischung, die, wie wir sehen werden, dem Plan entsprach.

Die Worte, von Kommentatoren getadelt,[31] vermitteln nur eine schwache Ahnung von dem orgiastischen Exzess, den hier das Musiktheater auf der Bühne entfesselt haben muß – und doch war es, wir unterstreichen es noch einmal, ein komponierter Exzess![32] Tanz, Gesang und Choreographie gipfeln in einer Szene von großem gestischem Ausdruck: Xerxes weist vor, was ihm geblieben ist, den leeren Köcher.

Das Mimisch-Tänzerische ist im Text mehrfach angedeutet. Arme wurden gereckt und Schultern tief gebeugt. Schlagen und Stöhnen mischten sich. Die Brust wurde geschlagen und zerkratzt, das Haar gerauft. Schließlich zerriß auch der Chor die goldprangenden Gewänder.

Zur Epode formierte sich die Prozession. Xerxes trat an die Spitze.[33] Er schlug den Weg in die linke Parodos ein, zur Stadt, zum Palast. Der Chor folgte, «habrobatai» (1073), eigentlich: in zierlichem Schritte gehend, was hier soviel bedeutete wie «im Tanzschritt». So zogen sie dahin, jammernd «durch die Stadt» (1071). Lange noch hörte man ihre Schreie. Der Gesang des Chores verhallte in der Ferne: «So will ich dich geleiten mit düsterer Trauer Klagen.»

4

Richten wir den Blick zurück auf die Gesamtform der Tragödie, wie sie sich uns nun darstellt. Es ist offensichtlich, daß sie sich aus einzelnen, meist traditionell vorgeformten Stücken zusammensetzt. Oft können wir noch den aus Kultformen abgeleiteten archaischen Charakter erkennen, im Einzugslied, in Atossas Traumerzählung, in den Stichomythien, im Botenbericht, in der Totenbeschwörung und Epiphanie, im Wechselgesang der orgiastischen Klage. Es dürfte kaum einen Zweifel darüber geben, daß die ersten Tragiker aus solchen Formelementen allmählich das zusammengefügt haben, was dann «tragodia» hieß. So wie die eigentliche Bedeutung dieses Wortes, «Bocksgesang», in Vergessenheit geriet, während die zusammengesetzte Form sich immer fester fügte, so geriet die ursprüngliche Funktion der einzelnen Formelemente in Vergessenheit. Sie wurde von den Tragikern immer mehr nach rein künstlerischen, bzw. theaterhaften Bedürfnissen ausgewählt und ausgeformt. Wir mischen uns nicht in den Streit um den offenbar unlösbar komplizierten «Ursprung»[34] der Tragödie; aber gerade die «Perser» zeigen, daß nicht die ursprünglichste Form (die es vielleicht nie gegeben hat) unser Interesse beanspruchen sollte, sondern der Vorgang, wie die geschichtliche Form aus den Einzelformen zusammengewachsen ist.[35] Mag die Epiphanie eines Gottes oder eines Totengeistes, wie einige annehmen, die Urform der Tragödie gewesen sein – in der ältesten Tragödie, die wir besitzen, ist sie jedenfalls bereits nicht mehr als kultisches Ritual verwendet worden; und so haben auch die Szenen Atossa-Chor und Xerxes-Chor in Aischylos' Darstellung eine dramatische Funktion erhalten. Was wären sie ohne die Epiphanie, auf die sie bezogen sind und die ihnen erst den tragischen Sinn verleiht? Um diesen geht es uns jetzt.

Was war darzustellen? Salamis. Warum war es darzustellen, acht Jahre danach? Diese Frage muß beantwortet werden. Die Antwort kann entweder im Stück selbst gefunden werden oder in der Beziehung auf die damalige Gegenwart (die wir nicht genug kennen mögen) oder auch in beidem.

Vorgegeben war zweierlei: der Augenzeugenbericht und der Schauplatz am Perserhof. Daß ein Grieche zu Griechen sprach, als wäre er ein Perser, daß ein griechischer Schauspieler den persischen Soldaten spielen sollte, der den Bericht des griechischen Augenzeugen zu erstatten hatte – dieses dem Phänomen Theater eigentümliche Wechselspiel zwischen Sein und Schein war zwar noch verhältnismäßig neu, aber schon vertraut. Vorgegeben waren ferner diejenigen, die den Bericht erwarteten, die Zurückgebliebenen: der Kronrat, die Königin. Auch der Auftritt des Xerxes war kaum eine Erfindung des Dichters der «Perser». Daraus ergibt sich, daß der eigentliche Überraschungseffekt die Epiphanie des Dareios gewesen ist.

Solche Auftritte, die, wie erwähnt, als Spezialitäten des Aischylos galten, sind, verhehlen wir uns das nicht, Theatercoups;[36] wir finden sie am häufigsten in den Anfängen des Theaters. In der Möglichkeit, das Unsichtbare erscheinen zu lassen, besaß dieses ein Element, das im Kult gebräuchlich war. Die christliche Religion kennt die Epiphanie so gut wie die der Griechen. Gott, der Auferstandene, die Engel erscheinen, die Toten erwachen. Man sollte nicht übersehen, daß das Mittel, dessen sich die Priester bedienten, um für die Gläubigen solche Epiphanien künstlich zu produzieren, theaterhaft war. Mag dem Höhepunkt der «Heiligen Nacht» in Eleusis noch so sehr das Motiv eines Sinnbilds, also der Wiederholung eines einmal wahr und wirklich gewesenen Phänomens zugrunde gelegen haben – in der Reproduktion und im Effekt war es «Theater», nämlich «Schau» (griechisch: apate = Vortäuschung). Es gab Priester, die wußten, daß nicht der wirkliche Gott erschien, sondern einer, der ihn spielte, oder ein eidolon, ein Bildwerk, eine Puppe, und daß das Licht, das, wie in Eleusis, die Nacht erhellte, von dieser Welt war: bengalisches Feuer. Das ist keine Herabsetzung des religiösen Sinns. Auch in Oberammergau ist es ein Schauspieler, der das Kreuz Christi trägt. In den Spielregeln des mittelalterlichen Theaters bedeutet «persona» soviel wie Stellvertretung. Das stellvertretende Wesen des Schauspielers macht es möglich, daß Christus «gespielt» wird.

Für das griechische Theater bedeutete es noch mehr: Dionysos ist der Gott der Maske. In der letzten Tragödie des Euripides, den «Bakchen», tritt er so auf, der Schauspieler des Dionysos in der Maske des Dionysos. So ist das Wesen der Epiphanie verwandt mit dem Wesen der Schauspielkunst. Es besagt also nicht das Geringste gegen die Epiphanie des Dareios, wenn wir sie einen Theatercoup genannt haben.

Ob die Gläubigen zur Zeit der «Perser» noch an die Realität der Epiphanien im Kult, vor allem in Eleusis, geglaubt haben oder nicht, kann dahingestellt bleiben. Im Theater haben sie jedenfalls nicht daran geglaubt. Sie kannten und erkannten die Maschinen, mit denen sie (vor allem später) hergestellt wurden. Sie wußten, daß das eidolon des Dareios eine Puppe war und daß ein Schauspieler dieser seine Stimme lieh. Wenn Aischylos also von der Epiphanie Gebrauch machen wollte, so kam es ihm nicht auf einen religiösen Effekt an. Das ist mit aller Entschiedenheit zu sagen: so sehr in den «Persern» von der Göttlichkeit des Dareios geredet wird, es ist doch die Göttlichkeit Baals, und nichts konnte die Athener veranlassen, die Schauer, die heilige Scheu, die Anbetung des Chors sich zu eigen zu machen. Sie erlebten dies als gezeigt. Sie suchten den Sinn.

Der Sinn der Erscheinung des Dareios in den «Persern» macht die Größe der Tragödie aus. Aischylos schuf durch sie eine Konfiguration dreier Gestalten von heroischer Prägung, von denen jede sich in der anderen spiegelt. Ohne Dareios wäre eine Gegenüberstellung von Atossa und Xerxes (die ja auch unter anderem deswegen nicht stattfindet) auf Klage und Anklage beschränkt. Erst durch Dareios wird der Grund enthüllt, warum das Unglück geschehen konnte, ja mußte, das Klage und Anklage hervorrief. Erst im Spiegel des Dareios enthüllt sich die Wahrheit über Xerxes. Erst durch die beschwörende Erinnerung an Dareios und den durch sie kategorisch erzwungenen Vergleich wird verständlich, warum Chor und Atossa in den ersten Szenen von Ahnungen und schlimmen Träumen heimgesucht sind und Angst an den Tag legen. Erst im Schatten der Erscheinung des großen Königs gewinnt die Jammer-Orgie des Schlusses ihren entscheidenden Aspekt.

Bis zur Epiphanie finden wir eine Reihe von Vorausdeutungen, die aus dem gegebenen Handlungsablauf auffallend herausragen. Bereits das erste Chorlied enthält eine dieser Vorausdeutungen in vierfach pointierter Zuspitzung (94 ff):

Von Gott her hat die Moira bestimmt, daß die Perser auf dem Lande Krieg führen sollen; erst später lernten sie auch, das Meer zu bezwingen, auf leichtgebauten Schiffen.
Doch welcher Sterbliche entgeht dem ränkevollen Trug Gottes? Denn freundlich lockt Ate den Menschen in die Netze, denen kein Sterblicher entrinnt.

Das ist es, was mein Herz mit schwarzer Angst zerfleischt.
Weh, wenn solche Kunde die männerleere Stadt erreicht! Dann wird großes Wehgeschrei ausbrechen.

Es sind also die Götter selbst, die Kriege gebieten und scheitern lassen; Täuschung und Arglist werden ihnen vorgeworfen. Das ist Ate, die zum Wesen des Tragischen gehört. Greifen wir gleich voraus: Dareios bestätigt (739 f., 759 ff), daß Zeus das Werk (ergon) gebot und zugleich das schreckliche Ende weissagte. Wer handelt, muß leiden: die tragische Maxime. Gott ist unbegreiflich für den Menschen, wie Heraklit gesagt hat:[37] «Für Gott ist alles schön und gut und recht; nur die Menschen sind der Meinung, das eine sei recht, das andere unrecht.» Ist damit Xerxes nicht der Anklage enthoben, bereits ehe er auftritt? Ist Aischylos Fatalist?

Atossa beschreibt mit fast den gleichen Worten wie der Chor ihre Angst, aber sie nennt einen anderen Grund. Sind die Befürchtungen des Chors auf den Verlust der Macht gerichtet, so fürchtet Atossa um den Reichtum, den Wohlstand (olbos und plutos); sie bangt um Haus und Hof, und sie nimmt in Anspruch, daß sie auch als Mutter für alle Mütter spricht (244). Es ist dies beides, Fraulichkeit und Mütterlichkeit, was ihren ganz und gar sonderbaren Traum verstehen läßt. Daß die beiden Frauen, die sie in ihm gesehen habe, die eine in persischer, die andere in griechischer Tracht, Schwestern des gleichen Stammes waren und von gleicher Schönheit, wagte Aischylos denen vorzuhalten, die Persisches und Griechisches für absolut feindlich entgegengesetzt hielten![38] Der Streit zwischen ihnen ist durch nichts gerechtfertigt. Xerxes' Versuch, sie beide unter *ein* Joch zu spannen, d. h. die eine zu unterjochen, hat jene schreckliche Folge, die den Dareios auf den Plan ruft; er führte zu dem Ende, das Zeus vorausgesagt hatte, freilich ohne zu sagen, wann es erfolgen würde. Und wieder scheint es, als spräche die Königin den Sohn von der Anklage frei, wenn sie sagt: «Wenn die Dinge gut gehen, wird mein Sohn ein vielbewunderter Held sein; wenn sie aber schlecht gehen ...» Sie führt das nicht weiter; gleichsam nach einem Gedankenstrich folgt jener Satz: «Nicht rechenschaftspflichtig, nicht verantwortlich der Polis, bleibt er trotzdem Herrscher dieses Landes» (213 f).

Dem Staat, in dem der Herrscher keine Rechenschaft schuldet, wird Athen als Modell der rechenschaftfordernden Demokratie entgegengestellt. Aber was ist dort Rechenschaft? Wie wird sie praktiziert? Denkende Zuschauer müssen schon an dieser Stelle so gefragt haben; am Ende sollten sie vollends darauf gestoßen werden, daß auch Rechenschaft das Unglück nicht verhindert, ja, daß die zur Rechenschaft Gezogenen, die Miltiades, Aristeides, Themistokles oder wer sie auch sein mögen, nicht schuldig sind im Sinne der göttlichen Macht, die jenseits von Recht und Unrecht steht. Doch ist dieser Gedanke dort, wo er zum erstenmal ausgesprochen wird, nur eine blitzartige Erhellung. Alle Aufmerksamkeit wird auf Atossa gerichtet. Der Satz, mit dem sie das jetzt Entscheidende ausspricht, lautet: «Die Notwendigkeit (ananke) gebietet den Sterblichen, die Leiden zu tragen, welche die Götter schicken» (293). Das ist es, was dem Menschen zufällt. Die Leiden kommen aus dem unerklärlichen Ratschluß der Götter. Die symphora ist «unaussprechlich und unerfragbar» (291). Es bleibt nur eines: sich zu stellen. Das ist die tragische Verhaltensweise. Die Handlungsfähigkeit des Heros. Und Atossa, die Herois, schreitet sofort zur Tat. Nachdem sie erfahren hat, daß Xerxes lebt, ist ihr klar, daß nun alles darauf ankommt, die Legitimität der Herrschaft zu erhalten. Diese Legitimität ist gleichsam «von Gottes Gnaden». So muß sie neu bestätigt werden. Das ist die politische Bedeutung der Epiphanie im Aufbau des Stückes.

Aber die Epiphanie bedeutet mehr. Um die tragische Handlungsart Atossas ganz aufzuklären, ziehen wir noch einmal die Verse heran, mit denen sie, nun nicht mehr im Königsornat, sondern nach außen nur noch Mutter, Mensch, den Beschluß der Beschwörung so verkündet (588 ff): Wie im Glück alles günstig erscheint, so im Unglück alles furchtbar; beidemale glaubt man, es wehe immer der gleiche Wind der tyche (602); jetzt im Unglück erscheint mir alles, was von den Göttern kommt, furchtbar; das aber ist ekplexis (606), Entsetzen, nicht (fügen wir hinzu) würdig des Heros; sobald (denken wir weiter) das Entsetzen gewichen und Vernunft, sophrosyne, zurückgekehrt ist, wird er sich dessen bewußt, daß auch das Unglück dem Gesetz der Gegensätzlichkeit dieser Welt und dieses Daseins (Heraklit) unterliegt. Der Geist des Dareios wird aussprechen, was damit gemeint ist: es gilt, eine Lehre daraus zu ziehen. Dieses Dasein kann und muß bewältigt werden, so, wie es ist. Nicht umsonst spricht der Geist, ehe er ins Schattenreich zurückkehrt, die rätselhaften Worte: gebt der Seele ihre tägliche Freude, denn den Toten nützt der Reichtum nichts. Ist das nicht fast ein zynischer Trost, angesichts der Lage, in der sich das Reich und das Volk befinden? Der Zynismus schwindet alsbald, wenn wir die Worte auf Atossas Deutung der wechselhaften tyche beziehen. *Die Bewältigung dieses Daseins setzt das Bewußtsein seiner Wechselhaftigkeit voraus.* Freilich bleibt möglicherweise ein Rest von Verachtung darin; der Geist spricht nicht zu Atossa (oder Xerxes), also nicht zu dem Menschen von der heroischen Art, sondern zu den Alten. Ihnen gilt der Trost durch die tägliche Freude, die hedone kath hemeran (841).

Für den heroischen Menschen gewinnt Aischylos seinem tragischen Weltverständnis diese Seite ab: das pathos, das Leiden fordert mehr als was die Menge daraus macht: Klage und Verzweiflung. Es fordert Antwort. Atossa weiß, daß sie keinen Rat von den Greisen erwarten kann (520, 753), Rat kann ihr nur von ihresgleichen zuteil werden. Von Dareios muß die Antwort auf die Frage, was jetzt zu tun ist, kommen. «Auf daß das Künftige sich zum Besseren wende ...» (526). Welche Antwort gibt der Geist auf diese Frage? Eine negative und eine positive. Da die negative von tieferer Bedeutung ist, nehmen wir die positive vorweg. Auch diese hat zwei Seiten. Die eine ist an den Kronrat gerichtet und hat eindeutig den Charakter eines Tadelsvotums: statt Xerxes in seiner gottesfrevlerischen Kühnheit zu unterstützen, wie ihr es getan habt, als ihr ihm zu diesem Kriege rietet (749, 753), solltet ihr ihn jetzt besser mit wohlbegründeten Warnungen (831) zur Einsicht bringen, daß es nötig ist, Besonnenheit zu bewahren (sophronein 829). Die andere Seite des Rates betrifft nur Atossa: denn auf sie allein, das weiß der Geist, wird Xerxes hören (838). Die Mahnung, ihm mit dem Königsschmuck in der Hand entgegenzutreten, gewinnt demonstrativen Sinn: wohl hat Xerxes, verzweifelt und seiner selbst nicht mächtig, den Ornat des Königs zerrissen, aber da die Götter bestimmt haben, daß *ein* Mann über ganz Asien herrsche (763), ist es untragbar, daß dieser eine sich der Zeichen des Erwählten beraubt; also ist es auch sinnlos, ihn anzuklagen oder in seine Klage einzustimmen (wie es dann der Chor tun wird); Atossa muß ihm heiter oder doch wohlgesinnt (euphronos 837) entgegentreten, um ihm die Würde zurückzugeben. Nicht die Wiedereinsetzung des Xerxes in seine Königlichkeit wird die Tragödie beenden, sondern die Orgie der Klage: jene kommt Atossa zu, diese dem Chor.

Dareios' negativer Rat greift weiter und tiefer. Er ist an den Chor gerichtet, der seinerseits die Frage gestellt hatte, wie man aus dem allem das Beste machen könne (789): «Wenn ihr nie mehr ein Heer ins Land der Griechen sendet!» (790). Die Begründung zeigt, daß Aischylos den Zuschauern keineswegs zumutet, zu denken, Dareios habe Marathon vergessen; sie zeigt im Gegenteil, daß dieser den Irrtum, der zu Marathon geführt hatte, eingesehen und daraus gelernt hat: das fremde Land selbst sei mit den Feinden verbündet; es liefere das Heer dem Hunger aus. Der Chor wagt töricht zu widersprechen (das Argument klingt nach Aktualität ...): dann muß man eben eine mit Nachschub gut versehene Elite entsenden! Da wettert der Geist: Das Heer, das sich jetzt noch drüben befindet, wird nie mehr zurückkehren! Es folgt die Prophezeiung der Schlacht von Plataiai; dort ist ihnen bestimmt, das größte Unglück zu erleiden (pathein 807), die Strafe für Hybris und Gottlosigkeit (sie haben nicht nur das Land verwüstet, sondern auch dessen Heiligtümer – es wurde erwähnt, daß Dareios die Religionen der Satellitenvölker geschont und geschützt hatte); ihre Verbrechen werden an ihnen heimgesucht: «noch ist der Kelch nicht ganz geleert» (816), es quillt noch immer daraus ... Das heißt: Marathon, Salamis, Plataiai – es wird immer das Gleiche sein. Tut ihr nichts dazu, es zu wiederholen! Seid euch der Grenze bewußt, die euch ein Gott gesetzt hat. Es ist diese höchst konkrete und, wie wir sehen werden, in die aktuelle Gegenwart Athens hinein gesprochene Stelle, an der sich der Geist zu gewaltiger Verkündigung erhebt (818 ff Feuchtwanger):

> Gehäufte Tote zeugen stummes Zeugnis
> Dem Blick der Enkel bis ins dritte Glied,
> Daß Übermut dem Sterblichen nicht ziemt.
> Blühende Hoffart trägt der Ähre Schuld
> Und reift als Ernte Tränen.
> Erkennt, erkennt des Übermuts Vergeltung!
> Gedenkt Athens, denkt des Hellenenlands!
> Bescheidet euch mit gegenwärtigem Gut!
> Verstreut es nicht, um Fremdes zu erjagen!
> Zeus ist ein Eifergott, streng wägend, schwer
> Trifft seine Zucht den Allzugierigen.

Folgen wir dem Griechischen. Es ist Hybris, wenn ein Sterblicher über das Maß hinaus sinnt; die Frucht der Hybris ist Ate: Verblendung, nicht «Schuld». Denkt an Athen, auf dass keiner sein gegenwärtiges Los geringschätzig wegwerfe, weil er großes Gut anderer (olbos) begehrt. Denn Zeus, der «Einforderer schwerer Rechenschaft» (Schadewaldt) ist da, «euthynos barys», ein strenger «Richter». Dieses «euthynos» steht in klarem Bezug zu dem «hypeuthynos» (213), dem «Nicht-Rechenschaft-Schuldigen», wie Atossa Xerxes genannt hatte; ja, sagt Aischylos, er ist keinem Rechenschaft schuldig in seinem Staat, aber die Rechenschaft fordert Zeus. Und die Anwendung läßt keinen Vers lang auf sich warten: von Zeus geht die Rede sofort auf »jenen« über, auf Xerxes, der lernen muß, sophronein, vernünftig zu handeln (829).

Ist da die Frage der Schuld aufgeworfen? Ist Hybris eine moralische Kategorie? Gewiß nicht in jenem simplen Sinn, der den Aspekt des Tragischen verstellen würde. Oedipus ist schuldig und schuldlos zugleich, so auch Orestes, der Muttermörder. So auch Xerxes. Erst das telos (726), der Ausgang eines Unternehmens, lehrt den Menschen, ob er aus Hybris gehandelt und damit die Ate heraufbeschworen hat. Atossa wiederholt diese amoralische These (726), die sie schon vor dem Botenbericht ausgesprochen hatte: wenn alles gut gehe, werde Xerxes ein ruhmreicher Held sein, wenn nicht ... (211ff). Ein Dämon habe ihn ins Unglück gestürzt, heißt es; und Dareios unterstreicht das: es muß ein großer Dämon gewesen sein (723). Wo ist da Schuld? Ja ‚möglicherweise Schuld schlechter Ratgeber, die ihn der Unmännlichkeit (anandria 755) bezichtigten und so den verhängnisvollen Entschluß provozierten. Das sagt Atossa. Und Dareios antwortet: also waren es diese, die das Unglück verschuldet haben! Xerxes ist dadurch nicht völlig entschuldigt; denn keiner hat ihn geheißen, dem schlechten Rat zu folgen. Aber sein Charakter, für den er nichts kann, verführte ihn dazu. Er ist «thurios» (718, 754),[39] das ist «sprunghaft». Und das wird mit seiner Jugend erklärt: er war damals 34. Die Entschuldigung (Ent-schuld-igung) geht noch weiter: Dareios spricht vom Ausgang dieses Unternehmens als der Erfüllung uralter Weissagung (739ff):

> Wehe! schnell kam die Erfüllung der Orakel, und es warf
> Zeus herab auf meinen Sohn der Sprüche Ende! Und da hab
> Ich geprahlt, erst spät vollenden würden dies die Götter! Doch
> Wenn sich einer selbst beeifert, dann faßt auch der Gott mit an.

«Hotan speude tis» – wenn einer es selbst beschleunigt: das ist es. Die symphora ist verhängt. Aber es ist möglich, sie entweder aufzuhalten oder zu beschleunigen. Letzteres allein ist Ate: Hybris und Verhängnis.

Die Genealogie der Perserkönige, die der Geist vorträgt, unterstreicht, worauf es dem Dichter ankommt. Der Vorgänger des Dareios, Mardos, war eine Schande für Persien; er wurde mit Recht umgebracht; trotzdem brachte seine Herrschaft nicht das gottverheißene «Ende»: hätte Zeus, wenn er das Böse oder die Schuld bestrafen wollte, nicht an ihm die Verheißung erfüllen müssen? Er tat es nicht. Von Kyros heißt es, er sei eudaimon, selig, gewesen, weil er dem Reich den Frieden gebracht habe, obwohl er es war, der Lydien, Phrygien und Ionien hinzugewann: durch bia, durch Gewalt; denn Gott zürnte nicht, weil er euphron, verständig, blieb. Warum zürnte Gott dem Xerxes? Warum vollstreckte er an ihm das verheißene Ende? Xerxes war nicht euphron, nicht einsichtig (744): er handelte in jugendlicher Kühnheit. Hier müssen wir genau hinhören. Wenige Verse vorher hatte Dareios noch der Planung des Feldzugs – Überbrückung des Bosporus – Bewunderung gezollt; jetzt bezeichnet er eben dieses Unternehmen als hybrid. Wir denken an Atossas Wort: der Ausgang entscheidet. Und genau so müssen wir die Begründung jetzt verstehen. Xerxes, ein Sterblicher, glaubte, nicht wohlberaten (749), er werde stärker sein als alle, auch als die Götter und Poseidon. Wie wäre das möglich gewesen, wenn nicht Krankheit des Geistes ihn befallen hätte? Nur Gott kann ihn mit dieser Krankheit geschlagen haben, weil er eine aitia, einen Grund suchte, um ihn zu vernichten. Xerxes' Hybris war nicht moralischer Art: der Ausgang entschied seine hamartia: er hatte den möglichen Zorn der Götter nicht in die Planung eingerechnet. Er *hätte nicht alles auf diese eine Karte setzen dürfen.* Dareios hatte das Heer, das er gegen die Griechen entsandte, weder selbst befehligt, noch mit der ganzen Macht des Reiches ausgestattet; so konnte das Unternehmen Marathon zwar als Schlappe enden, aber nicht als Katastrophe.

Man sieht, wie politisch das alles gedacht ist. Die Hybris des Xerxes ist ein Verstoß gegen die Grundmaxime staatsmännischer Einsicht: alle Möglichkeiten einzukalkulieren. Wenn er von Sinnen gewesen sein muß, als er das Unternehmen beschloß, so waren diejenigen, die ihn dazu gedrängt haben, erfahrene Politiker, kakoi, böse, schlecht. Xerxes ist sprunghaft, weil er jung ist; erst seine Minister, Geronten, haben es durch ihren Rat ermöglicht, daß er in seiner Sprunghaftigkeit die Hybris beging. Wenn überhaupt von Schuld die Rede sein soll, so ist sie intellektueller Art; der schwere Teil fällt den Ministern und Ratgebern zu; Xerxes muß und kann noch lernen, einsichtig zu sein (sophrein) und aus Einsicht zu handeln.

Die Perser 35

Eine Stelle verdient noch Beachtung. Xerxes, heißt es da (750), habe geglaubt, er könne alle Götter *und Poseidon* beherrschen. Die Hervorhebung des Meergotts wird noch auffallender, wenn wir das der Epiphanie folgende Chorlied betrachten. Aischylos liebt es, ein großes Crescendo vorzutragen, um dann einen überraschenden, steil abfallenden Schlußstrich zu ziehen. So auch hier (904/6): durch drei Strophen und Antistrophen und noch durch die halbe Epode hindurch hatte der Chor die Herrscherkunst des Dareios gerühmt; jetzt erfolgt hart, übergangslos, der Absturz, jäh überleitend zu Xerxes' Auftritt (905 ff): «Jetzt aber haben wir, unstreitig / von Gott gewendet, dies hinwieder zu tragen, in dem Kriege überwältigt / Gewaltig durch Schläge auf dem Meer.» Der griechische Text ist noch schärfer pointiert: «geschlagen groß durch Schläge vom Meer her», plagaisi pontniaisin; Pontios ist der Beiname des Poseidon, des Meerherrn.

Salamis war eine Seeschlacht, doch prophezeit Dareios selbst als höchstes Leid den Untergang des Heeres bei Plataiai. Warum also diese immer wieder festzustellende Hervorhebung des Meeres?[40]

Wenn wir das Stück in die Gegenwart rücken, für die es geschrieben worden ist, kann der Befund kaum zweifelhaft sein. Darüber dürfte Einverständnis herrschen: daß es eine Warnung vor Hybris ist. War diese so allgemein gedacht, wie meist angenommen wird? Oder dürfen wir aus der Tatsache, daß der Tragiker nur an eine einzige Aufführung, eben diese im Dionysostheater 472, gedacht haben kann, schließen, daß er die damals aktuelle Gegenwart gemeint hat, um den Zuschauern den Blick in die Hintergründe, und das heißt eben: in die hintergründigen, jedoch nicht hinreichend bedachten Möglichkeiten der Politik zu öffnen? Das kann möglicherweise nicht bündig entschieden werden. Aber der Versuch, der zweiten Annahme nachzugehen, muß gestattet sein.

Aischylos gab der Meinung Ausdruck, daß Hybris ohne Schuld Ate herbeirufen kann, wenn nicht sophrosyne, also die Einsicht in die stets gegebene Möglichkeit unbegreiflichen Götterzornes, zur Richtschnur der Politik gemacht werde. Die Politik Athens, das aus den Perserkriegen als «Großmacht» hervorgegangen war, war zur Zeit der «Perser» eine imperialistische.[41] Sie zielte auf Expansion. Unter dem Vorwand, die Perser endgültig zu schlagen und womöglich zu vernichten, was nie gelang, brachen die Athener auf bis nach Byzanz und Ägypten, um sich in Stützpunkten an den Küsten festzusetzen; mit drakonischen Strafmaßnahmen wurden Städte und Inseln heimgesucht, die sich auf die Seite der Perser geschlagen hatten. Fünfundzwanzig Jahre lang war die Idee dieses «vaterländischen Krieges» das Mäntelchen für die Expansion der Macht. Ein «Bund» wurde gegründet; aber die Bundesgenossen waren nicht mehr als Satelliten; sie hatten Tribut an die gemeinsame Kasse zu zahlen; spätestens, als diese Kasse von Delos nach Athen gebracht wurde, war klar, daß sie die materielle Basis der Macht war, die bald vor keinem Terror zurückscheute, um sich zu behaupten. Was die Panzer 1968 in Prag bewirken sollten, ist eine sehr alte Methode; um das Jahr 470, zwei Jahre nach den «Persern», wurde damit die Insel Naxos in die Knie gezwungen; hier handelte es sich um einen Bundesgenossen, dessen Flotte am Sieg über die Perser beteiligt gewesen war; die Leute von Naxos sahen nicht ein, weshalb sie Tribut an die Bundeskasse zahlen sollten; dafür zahlten sie mit Leben und Freiheit: «Es war der erste Bundesstaat», schreibt Thukydides lakonisch, «der rechtswidrig gegen die Satzung versklavt wurde.»[42] Die Zahl derer, die ihm folgten, ist größer, als uns diejenigen einreden wollten, die vom «goldenen Zeitalter» der Polis sprachen; sie wurde unter Perikles nicht kleiner. Beides, Expansion und Imperialismus, war auf der Macht der Flotte gegründet. Kriege wurden zur See ausgetragen. Der Ruhm Kimons, des damals führenden Staatsmanns, war der eines Admirals; seine Freigebigkeit, die Plutarch rühmt, war die Generosität eines Reichtums, der nicht zuletzt aus Beute bestand. Auch Xerxes bedurfte (außer der Brücke über den Bosporus) der Flotte, um fremdes, fernes Land, einen anderen Kontinent zu unterwerfen. In der Epiphanie des Dareios lautet der politisch wichtigste Satz: Wo immer man in der Fremde Krieg führt, hat man damit zu rechnen, daß das fremde Land selbst der Bundesgenosse des Feindes ist (790). Wer die «Perser» 472 im Dionysostheater erlebte, mußte diesen Satz als Warnung verstehen: Mußte ihm nicht das Ganze, das so hinreißend eingehüllt war in den Ruhm des Sieges, schließlich wie ein Menetekel erscheinen, das Menetekel einer Politik, die sich, was Expansion, Invasion, ferne Länder, Flottenexpeditionen und Unterwerfungen anging, kaum mehr von der des Xerxes unterschied? Handelten die Athener in dieser Ära nicht ähnlich wie Xerxes? Setzten nicht auch sie alle Karten auf die Unternehmungen zur See, ohne zu bedenken, was hier im Lande, an der unmittelbaren Grenze des Staats, geschehen könnte? Wie, wenn eines Tages die Flotte in einem anderen Salamis unterginge?

Wir wissen, daß Themistokles, der Inaugurator der athenischen Flottenpolitik und Sieger von Salamis, nach dem Krieg die politische Lage richtiger erkannt hatte als Kimon und seine Anhänger. Kimon bestand auf der Bundestreue zu Sparta, das damals durch innenpolitische Probleme geschwächt war. Er wollte nicht wahrnehmen, was Themistokles' schärferer Verstand voraussah: daß das Gleichgewicht zwischen Athen und Sparta nicht aufrechterhalten werden könnte (und momentan nur auf der Schwäche des letzteren beruhte). Die Rivalität zwischen den beiden Mächten war das politische Problem der Zukunft. Es hatte sich gezeigt, daß Athen mit Hilfe der Flotte mühelos die Hegemonie an sich reißen konnte. Sparta war nicht in der Lage, von seiner Landmachtposition aus die über Küsten und Inseln ausgedehnte griechische Welt zu beherrschen. Vier Jahre nach den «Persern» war es aus seinen überseeischen Positionen fast völlig verdrängt. «Themistokles», schreibt Alfred Heuss,[43] «hatte schon in den siebziger Jahren ein offenes Auge für die Verlagerung des innergriechischen Kräfteverhältnisses...»

Die Annahme, daß Themistokles der einzige Grieche ist, der, wenn auch namenlos, in den «Persern» erwähnt werde, hat dazu verführt, in dem Stück eine aktuelle Propaganda für diesen oder für dessen Partei zu sehen. Wir haben schon darauf hingewiesen, daß auch ein Mann der Gegenpartei in ähnlicher Weise erwähnt wird, Aristeides, daß es sich also unmöglich um die Einmischung in den Parteienstreit handeln kann. Aber: die Politik, die Themistokles bekämpfte, war die angesichts der potentiellen Rivalität zwischen Sparta und Athen kurzsichtig gewordene imperialistische Bündnispolitik des Seebunds. Richtet den Blick nicht nur auf die See! mahnte Themistokles die Athener. Das nahm Aischylos auf: Übernehmt euch nicht wie Xerxes! Denkt an eure eigenen Probleme! Seid einig! Bedenkt, daß Poseidons Gunst auf dünnen Planken ruht!⁴⁴ Setzt nicht wie die Perser eure eigene Sicherheit aufs Spiel, indem ihr nach dem Fernen und der Fremde, ja nach dem anderen Kontinent greift! Dareios ermahnt die Perser (824 ff):

> Denkt an Athen und Hellas! und mag keiner,
> Gering den Daimon achtend, welcher ihm gegeben,
> Nach anderem begierig, ausschütten den großen Segen.
> Wahrhaftig! Zeus, als Zuchtmeister, steht über
> Den gar zu hoch hinaus lärmenden Sinnesarten,
> Ein Einforderer schwerer Rechenschaft.

«Allon» (826), der anderen «olbos» (Wohlstand) steht gegen den eigenen, großen.

Genau darin erkennen wir den Ansatz des Tragikers, der in die eigene politische Gegenwart hinein spricht, um die vordergründigen Parolen vor die hintergründigen Möglichkeiten zu stellen und so die Zuschauer aufzufordern, zu durchschauen, was man ihnen vormacht und was sie sich selbst vormachen, um der tieferen, der größeren Wahrheit willen.

Für die gewaltigen Spannungen, in denen die dramatische Phantasie dieses Dichters nicht nur die Themen, sondern Szene für Szene, ja, die einzelnen Szenen selbst zu stellen liebte, sind die beiden letzten Teile der «Perser» ein einzigartiges Beispiel. Epiphanie und Orgie sind in eine geradezu paradoxe Proportion gerückt. Aus den kochenden Dämpfen und dem bengalischen Feuer, in denen das Irrationalste zur Erscheinung gebracht wird, die Wiederkehr des Toten, wird das total Entgegengesetzte beschworen: die Klarheit der Einsicht, das prophetisch Wahre, die Summe der politischen Dialektik; dem folgt, in einer entsprechenden Spannung, die Wiederherstellung der politischen Legitimität durch eine orgiastische «action», die sich mehr und mehr als ein Akt der Manipulation, ein Mittel zum Zweck, eine Art politischer Psychotherapie erweist. Indem Xerxes den Chor, der ihn, als Kronrat, anklagend empfängt, in die dionysische Korybantik seiner Selbstanklage hineinreißt, verändert sich allmählich (wie auch der Strophenbau zeigt) die Ausgangsposition der Szene. Nach dem Höhepunkt – dem Vorzeigen des Köchers – ergreift der König, von der sechsten Strophe an, die Führung. Er ist es nun, der den Chor anfeuert (1040 ff): «Schreie nun dumpf und erwidere mir ... Laß schrillen den Gesang mit mir zugleich ... Auch die Brust schlage und schreie dazu ... Das Kleid zerreiße an der Brust ... Und rauf das Haar ... Laß überströmen die Augen ...» Spätestens mit der Epodos hat er sich an die Spitze des Zuges begeben, der sich in Bewegung setzt, um zur Stadt zu ziehen. Der Chor folgt dem Herrscher. Die Prozession wird zum Throne führen, wo Atossa mit dem Königsornat wartet.

Die von Musik gleichsam gepeitschte Szene nimmt zweifellos kultische Bräuche auf, wie sie jeder Athener von den Mysterien kannte. Erwin Rohde sprach von der homöopathischen Heilkraft der Musik, die «auf der, dem Korybantismus ursprünglich angehörigen Theorie von der Heilung durch Steigerung und Brechung des Affekts» beruht. Das könnte bedeuten, daß Xerxes sich in einem krankhaften Zustand befände, in dem er sich als sein eigener Arzt betätigt; er steigerte sich in das Jammern hinein, um die krankhafte Jämmerlichkeit zu übersteigen und damit die seelische Gesundheit wiederzuerlangen. In Wahrheit praktiziert er diese Therapie am Chor (der für sein Volk steht). Nun verstehen wir ganz, warum Aischylos Atossa in der letzten Szene nicht auf der Bühne brauchen konnte.[45] Sie hätte sich dieser Therapie nicht unterworfen; der ihr zugewiesene Charakter der Herois ließ sich nicht manipulieren; sie bedurfte ja auch der Katharsis nicht, da ihr ganzes Denken auf die Wiederherstellung der Legitimität gerichtet war. Wenn Aischylos dennoch diesen Schluß wählte, so deswegen, weil er die Theaterwirkung kannte und beherrschte, in die sich sein Publikum, mit Ekstatik und Orgiastik wohl vertraut, hineinreißen ließ. Was Aristoteles ein Jahrhundert später an der Tragödie abgelesen hat, um es in die Mitte seiner Poetik zu stellen – die Katharsis durch Mitleid und Furcht, besser: durch Mitjammer und Schauder,[46] wird in der ältesten Tragödie, die wir besitzen, als dramatisches Mittel zum Zweck, nämlich im Hinblick auf den Sinn, praktiziert. Die Athener mußten diesem «action theatre» – der moderne Terminus mag zugleich den Hinweis für die Vergegenwärtigung der Szene auf der heutigen Bühne geben – ausgesetzt werden, um die Einsichten, die ihnen die Epiphanieszene abverlangte, in sich selbst realisieren zu können. Es war, in dieser frühen Zeit, noch ein archaisches Element, aber nach dem Gesetz von der Kontinuität der Konventionen,[47] blieb es als solches verfügbar durch das ganze Jahrhundert hindurch, bis zur letzten Tragödie des Euripides, den «Bakchen», in der es, bewußt archaisierend, wenn auch mit anderer Absicht, noch einmal verwendet werden sollte.

5

«Die Perser» sind kein Antikriegsstück. Aischylos war sicherlich kein Pazifist: das nächste Stück, das uns beschäftigen wird, war, wie es bei Aristophanes heißt, «des Ares voll». Aischylos kannte die Welt und die Menschen zu gut, um nicht zu wissen, daß mit dem noch so leidenschaftlich ausgestoßenen Ruf «Nie wieder Krieg!» nichts zu erreichen war. Wenn das Stück bald als einziges aus der Trilogie herausgelöst und immer wieder gespielt worden ist (zum Beispiel schon 470 in Syrakus unter der Regie des Dichters), so verdankt es dies gewiß der leider noch immer nicht überholten Wahrheit, die es am Schicksal der Geschlagenen einsehbar macht: dem disharmonischen Akkord des Jammers der Schuldigen mit der Klage der Frauen und Mütter. Daß es die letztere als die Stimme der Vernunft (aus Atossas Mund) laut werden läßt, während es den ersteren dem masochistischen Affekt überantwortet, vermittelt eine der Einsichten, die es den Zuschauern zumutet: bedenket das Ende! Es ist das mögliche Ende, das Xerxes nicht bedacht hat. Niemand weiß, heißt das in der Sprache der Zeit und des Dichters, was die Götter vorhaben. Da ist kein Unterschied zwischen Feind und Feind: jeder kann der Geschlagene sein. An die Adresse der Athener von 472 gerichtet: Denkt nicht, die Dinge verhalten sich bei denen, die ihr für eure Feinde haltet, anders als bei euch – oder, noch deutlicher: erkennt endlich, daß sich die Dinge bei diesen euren Feinden, die ich euch zeige, genau so verhalten, wie sie sich bei euch verhalten werden, wenn ihr euch weiter so verhaltet wie diese! Die Dinge verhalten sich «geschwisterlich», wie in Atossas Traum; betrachtet sie in den großen Zusammenhängen, die ich euch zeige, den welthistorisch-mythischen und den weltpolitischen; wägt das Für und Wider, auch das von Kriegen, wie ihr sie euch jetzt zu führen angewöhnt habt, nicht auf der Waage der Vorteile des Tages; da, seht hin und erlebt mit und bedenkt, was jederzeit die Folgen sein könnten. Handelt mit Vorsicht, mit Weitsicht, mit Durchsicht. Indem das Theater zeigte, was dahinter war oder ist oder sein könnte, riß es den Vorhang der Vordergründigkeit auf; wer diese durchschaute, mußte betroffen sein. Hier, wo die vordergründige Gegenwart durchsichtig wurde bis in die Hintergründe des Menschenmöglichen, erkennen wir den Punkt, worin sich, angesichts von Stücken wie diesem, Betroffenheit einstellen kann durch die Zeiten hindurch bis auf den heutigen Tag.

Sieben gegen Theben – *Ein Bruderkriegsstück*

«Und dann schrieb ich ein Stück des Ares voll», läßt Aristophanes in den «Fröschen» seinen Aischylos sagen. Es ist das dritte Stück einer thebanischen Trilogie,[1] die den Fluch des Herrschergeschlechts dieser Stadt, der Labdakiden, behandelt hat, nach den verlorenen «Laios» und «Oedipus» die Tragödie der Söhne des Letzteren, die gemeinsam, jeder ein Jahr als Könige herrschen sollten, aber nicht konnten; denn schon nach dem ersten Jahr hatte der eine, Eteokles, dem anderen, Polyneikes, den Thron verweigert, worauf dieser mit der Heeresmacht angeworbener Bundesgenossen vor der Stadt angerückt war.

Theben, die belagerte Stadt, war für die Zuschauer im Dionysostheater undenkbar ohne die Gedanken an ihre eigene Stadt, die nicht lange zuvor – 480, erste Aufführung der «Sieben» 467 – nicht nur eine belagerte gewesen war, sondern genau das, was in dem Stück als Schreckensvision an den blutroten Kriegshimmel projiziert wird: erobert, gebrandschatzt, geplündert, vergewaltigte Frauen, verschleppte Sklaven ...; viele hatten Athen noch brennen gesehen, als sie damals evakuiert worden waren; für alle war es die schwerste, die übermächtige, eine durchaus politische Erinnerung.[2] Wir müssen zu verstehen suchen, was Aischylos damals, hic et nunc, bewogen hat, dieses Thema auf die Bühne zu bringen.[3]

Allgemeine Antworten liegen auf der Hand, ästhetische sowohl wie moralische. Man hat das Stück «das erste Charakterdrama des Welttheaters» genannt;[4] aber wenn es dem Dichter darum gegangen sein sollte, was bedeuten dann die vorhergehenden Stücke der Trilogie, und warum ist von diesen «Charakterhelden», sofern sie als solche auf die Bühne gebracht wurden, nichts übriggeblieben? Man hat eine Philosophie über das idealistische Problem von «Freiheit und Notwendigkeit» aus den «Sieben» herauslesen wollen; aber gerade dazu müßten wir wissen, was über die Freiheit des Laios, der gegen den Willen der Götter ein dadurch verfluchtes Kind zeugte, und was über die Freiheit des Oedipus, als er seine Mutter heiratete und mit ihr die verfluchten Söhne zeugte, in den ersten Stücken der Trilogie gesagt worden ist. Das «Verfluchte» ist ohne Zweifel das Durchgehende gewesen. Am Schluß des letzten, unseres Stückes ist der Fluch «vollendet» (791) und erloschen: «Zur Ruhe kam der Daimon» (960). Und wenn das Thema der Heros und dessen sittliche Entscheidung gewesen sein sollte, was war dann die Polis, die durch das Erlöschen des Fluches gerettet wurde, mit anderen Worten: was war der Fluch für die Polis? Das Stück, das überdauert hat, steht von der ersten Szene an, ja, von den ersten Versen an, unter diesem Zeichen: Was haben wir, die Bürger –

der Chor der Mädchen als die extrem Bedrohten –, *was hat die Polis mit dem Streit der verfluchten Brüder zu schaffen?*

Aischylos läßt die Vorgeschichte weithin im Dunkel des väterlichen Fluchs: der «Stahl» (788, 816f, 885, 911f, 943) solle den Streitenden ihrer «Güter Vollbesitz» (817) zuteilen. Zwar ist es Eteokles, der die Übergabe der Herrschaft an den Bruder verweigert hat; aber hat dieser nicht dadurch, daß er die Polis mit blutrünstigen und beutegierigen Bundesgenossen bedroht, die Verweigerung als rechtens bestätigt? Mußte Eteokles einem Menschen der dazu fähig war, nicht die Herrschaft verweigern? Auch diese Frage ist aufgeworfen worden. Doch vergeblich suchen wir nach einer Antwort, es sei denn, man nähme die Selbstvernichtung der Verfluchten als eine solche.

Drängt uns so jeder Vorstoß zur Sinnfrage an die Grenzen der möglichen Vergegenwärtigung, so haben wir es bei kaum einem der frühen Stücke leichter, uns das Geschehen auf der Bühne der ersten Aufführung vorzustellen. Dadurch verschärft sich die Aporie. Haben wir Grund, an der Tragfähigkeit unserer Methode zu zweifeln? Die These war ja, daß durch die Vergegenwärtigung dessen, was damals war, der Weg in die Gegenwart von heute gewiesen würde. Sollten wir das, was wir haben, den Text, nicht einfach hinnehmen, wie er ist, als ein poetisches Werk, in dem Sprachkraft und Leidenschaft, Plan und Bau, Ethos und Theologie zwar nicht anwendbar, aber schlechterdings suggestiv auf uns wirken? Nehmen wir es zunächst so. Dies ist der Ablauf:

Die Bühne überfüllt sich mit Volk: In Gruppen rücken sie aus der Stadt über den Hügel (pagos) im Osten heran, ältere und alte Männer (11 f), das letzte Aufgebot, aus den Häusern geholt und einberufen zum Versammlungsplatz, hier auf dem Burgberg von Theben. Die Zinnen am Südkreis der Orchestra waren schon für die früheren Stücke der Trilogie errichtet (denn beide spielten hier), vielleicht gab es auch einen oder zwei Türme, gedrungene Steinblöcke, wie wir sie noch heute an der Befestigung im Piräus sehen.[5] Über den Felsensitzen, denen wir in den «Persern» begegnet sind und die wir in den «Schutzflehenden» wieder antreffen werden, ist wie in diesem letzteren Stück ein gemeinsamer Hochaltar aufgebaut, eine »koinobomia« mit Götterbildern,[6] die alsbald angesprochen werden: Zeus und Gäa und die Schutzgötter der Stadt (69, 185). Dumpfe Trommeln (oder Tympana) skandieren den Aufmarsch. Eine Menge in Masken und Waffen. «Helm ab zum Gebet» – so oder ähnlich wird es heißen wie noch vor den Schlachten des Ersten Weltkriegs. Denn es ist soweit: Nach langer Belagerung rüstet der Feind zum «größten Sturm» (28). Seit Tagen liegen die Heere vor und hinter den Mauern, die wir uns drunten im Tal zu denken haben, einander gegenüber. Jetzt hat der Seher verkündet, was die Späher wohl längst gemeldet haben: heute wird zur Entscheidungsschlacht geblasen werden.

Es ist, wie im Dionysostheater an jenem Tag des Jahres 467, spät am Nachmittag. Die Schatten wachsen. Die Sonne steht schon im Rücken der Zuschauer über dem Burgberg.

Trompeten von rechts. Der Lärm verstummt. Die bewegte Masse ordnet sich und nimmt Aufstellung (taxis). Auf der Rampe, die vom Tal herauf in die westliche Parodos führt, nähert sich der Wagen des Königs. Die Räder rasseln. Die Träger (doryphoroi) stellen ihn in der Mitte ab. Der Heros, im Mantel mit der Krone, steigt ab und stürmt zu den Götterbildern hinauf. In die bannende Stille schneidet das erste Wort «Kadmu politai», «Kadmosbürger, Thebaner!»

Befehlsausgabe, Lagebeschreibung, Appell. Die Stunde der Gefahr ist gebieterisch. Höchste Abwehrbereitschaft wird gefordert. Späher sind unterwegs: es wird keinen Überraschungsangriff geben.

Der Bote, der sich Augenzeuge nennt (41), rennt von unten herauf. Eine Gasse gibt ihm den Weg zum König frei. Er meldet, was er gesehen hat: sie sind bereits dabei, die Tore auszulosen, die sie stürmen werden. Man hört wohl auch Lärm von unten (64). Schon rennt der Bote davon, da ergreift der König das Wort zum feierlichen Gebet (751).[7]

> Mögt ihr, frei wie es ist, das Land und Kadmos' Burg
> Niemals unter das Joch der Knechtschaft beugen!

Der König besteigt den Wagen und setzt sich an die Spitze der Kolonne, die schweigend durch die rechte Parodos abrückt, an die Front, von wo sie, in der letzten Szene, zurückkehren wird, wenn der Ring sich geschlossen hat.

Dreiklang der Geräuschkulisse: In den Marschtritt der Soldaten, der sich mit dem fernen Kriegslärm (boa stratu 64) mischt, schrillen hohe Stimmen, heulend, wehschreiend, stöhnend, atemlos: so nähert sich der Chor, Mädchen aus der Stadt. Eine Parodos, die aus dem Rahmen fällt. Wilde Rhythmen,[8] grelle Musik. Choreographie der Gehetzten, die hin und her und durcheinander in die Orchestra rennen (191). Die Angst sitzt ihnen im Nacken. Die Nachricht von der nahen Schlacht hat sie aufgescheucht. Es ist die andere Seite der Stadt: die wehrlosen Opfer, und unter ihnen die am schlimmsten Bedrohten – was wird morgen aus uns werden? Geschändete, Sklavinnen, Verschleppte... Von Gewändern und Kränzen ist die Rede. Opfergaben für den Hochaltar. Dorthin wenden sie sich immer wieder. Flehend werfen sie sich in die Knie, um dann wieder über die Bühne zu jagen.

So trifft sie der König, der im Wagen zurückkehrt und, im Wortsinn, dazwischenfährt. Seine Leibwache treibt das Rudel vor dem Altar (186) zusammen, und in den Lärm dröhnt der Zorn des Heros: Verächtliches Weibergezücht! (181) Während draußen die Männer stehen, verbreitet ihr drinnen defaitistisches Gezeter. Darauf das Edikt. Todesstrafe! Steinigung! Hört ihr endlich oder hört ihr nicht?

Der Wechselgesang hält den Gegensatz in der Schwebe. Zwar sind die Mädchen verschüchtert, aber der Rhythmus ändert sich nicht. Eteokles: Schweigt und betet. Der Chor: Nur die Götter können uns schützen. Eteokles: «Das ist eben Ares' Weide: Menschenmord!» (244) Wie auf das Stichwort verstärkt sich «hinter der Bühne» der Schlachtenlärm (245, 249). Vers um Vers spitzt sich der Gegensatz zu. Bis die Mädchen klagend verstummen (262) und der König das letzte Wort hat; doch werden sie seinem Befehl, statt der «Lust am Stöhnen» (279) den Hymnus (Paian) anzustimmen, den siegbringenden, nicht Folge leisten: «Ich will es ja, aber ich kann es nicht» (287); doch einigermaßen ist die Ordnung so wiederhergestellt, daß sich der König dem Nächsten zuwenden kann, was zu tun ist. Sieben Tore hat die Stadt; sechs Männer sind in ihnen aufzustellen, der siebente ist er selbst (282). Wieder fährt ihn der Wagen zur Front.

In ein chorisches Tanzlied mündet dieser erste Teil, der den breiten Grund der Spannungen gelegt hat: die Stadt und die Belagerer, der König und die Stadt, der Krieg und die Opfer. Die Klage des Chors ist ruhiger, aber nicht milder geworden. Die Vision der eroberten, brennenden, entvölkerten Stadt, der in die Sklaverei verschleppten Geschändeten verhängt das Kommende (367 ff):

> Hoffnung ist nur, daß am Ende die Nacht
> Komme, den allbejammerten
> Schmerzen zur Helferin.

So schließt sich mit schweren Tanzschritten der erste Kreis, bis die Gruppe niedersinkt mit verhülltem Haupt.

Auf diesem breiten Grund aus Gefahr und Affekt türmt sich der zweite Kreis, den wir besser «Block» nennen. Denn er ist gemeißelt wie ein Ritual: 350 Verse (auf die 369 des ersten Teils), in denen die Balance der Spannungen bis zur Zerreißprobe gehalten wird, aber eben gehalten, bis sich schließlich zeigt, daß der Riß dennoch unvermeidbar war: alles schlägt dann ins Gegenteil um; mania hat den Heros erfaßt und der Chor hat nun die Stimme der Vernunft... Von diesem Ende her muß der zweite Kreis inszeniert werden; je strenger das Ritual erscheint, desto unheimlicher spannt sich das Drohende darunter, desto blitzartiger schlägt die Entladung ein.

Der Chorführer meldet das Nahen des Spähers. Gleichzeitig kommt Eteokles mit der Leibwache zurück. Der Späher muß von links gekommen sein, der Heros von rechts: die Begegnung wird als zufällig (373) bezeichnet. Eteokles kann also noch nicht wissen, was der Späher weiß. Er hat seine Aktion an der Front (die «taxis» an den Toren) unterbrochen, um die Meldung zu hören.

Strenge Form,[9] aber das Tempo ist Hast (spude 374).[10] Im Refrain kehrt der wilde Rhythmus der Parodos wieder. Komponierte Hast also – das ist die Form des Musiktheaters der Tragödie.

Was gemeldet wird, ist seinerseits ein Ritual: homerischer Brauch. Die Führer der Feinde sind vor die Front getreten, um mit geschwungenem Schild die Herausforderung gegen die Mauer zu rufen. Jedem ist durchs Los sein Tor bestimmt.

Der Vorgang ist archaisch. Dem entspricht die archaische Form.[11] Wort steht gegen Wort; wenn Musik einfällt, in den Refrains, hat sie zweierlei Funktion: einmal gliedert sie die Sätze (von Tor zu Tor), darüber hinaus nimmt sie aber vorweg, was auf den siebenten Satz folgt, ein neues Ritual, mit, wie wir sehen werden, umgekehrten Vorzeichen.

In die strenge Form ist Hochspannung eingebaut: durch Sinn und Folge. Sinn: Fünf der Feinde werden durch die gemeldeten Reden, durch die Zeichen, die ihre Schilde tragen, als Prahler und Wölfe charakterisiert. In jedem der Sätze fallen die Schlüsselworte, die dafür stehen: hybris und kompos (Prahlerei).[12] Das Maulheldentum macht vor Gottlosigkeit nicht halt (Kapaneus 427 ff): «Denn ob der Gott es will/Oder ob er es nicht will!, brechen, sagt er,/Werd' er die Burg und selbst des Zeus/Eris, die Kampfdaimonin, werd' ihn nicht,/Zu Boden niederfahrend, auf dem Wege hindern.» Das wirft ein düsteres Licht auf den, der sie zu diesem Krieg gedungen hat: Polyneikes. So wird sich Eteokles rechtfertigen (664 ff):

> Doch weder als er sich entrang dem Dunkel
> Des Mutterleibs, noch in der Kindheit,
> Noch je, als er zum Jüngling war gereift,
> Noch als das Haar am Kinn sich ihm zusammenschloss,
> Hat Dike auf ihn hingeblickt und ihn geachtet.
> Und so wird sie ihm wahrlich zur Mißhandlung
> Der Vater-Erde, also denke ich,
> Auch jetzt nicht nah zur Seite stehen.

Denn Dike müßte, gemäß dem Vertrag, auf seiner Seite stehen, sie wird es nicht: denn wer die eigene Vaterstadt mit Krieg überzieht, hat keinen Anspruch mehr auf sie.

Fünfmal hämmern der Bote und der Heros so die Feinde an den Toren in Grund und Boden ihrer Widerlichkeit. Dann geschieht das Unerwartete, ja Bestürzende. Die statuarische Abfolge wird hart unterbrochen. Der sechste am sechsten Tor ist ein Gerechter (598). Wenn es richtig ist, daß dieser Amphiaraos eine ehrwürdige Gestalt aus dem thebanischen Sagenkreis, in Oropos als Heilgott verehrt, von Aischylos zum erstenmal in die Reihe der «Sieben gegen Theben» aufgenommen worden ist,[13] so ist die Kühnheit des dramatischen Griffs stupend; auch wer es bezweifelt, wird zugeben, daß die Nennung dieses Helden am sechsten Tor, unmittelbar vor dem siebenten, dem entscheidenden, den Ablauf der Szene schlagartig verändert. Plötzlich ist das Pauschalurteil über die Kriegsverbrecher in Frage gestellt. So einfach ist es nicht, daß Kriege nur von Raufbolden angezettelt werden; auch Gerechte können in sie hineingezogen werden, gegen ihren Willen, ja, gegen ihr besseres Wissen (580 ff), und sie werden, wie dieser Gerechte, zugrunde gehen in der Mühle, in die sie geraten sind.¹⁴

Letzte Steigerung. Wer am siebenten Tor stehen würde, mag der Heros geahnt haben: gewußt hat er es mit Sicherheit nicht. Die Zuspitzung auf den Bruderkampf läßt das Ritual gleichsam in seinem leeren Gehäuse zurück: obwohl die Form noch beibehalten scheint,¹⁵ schlagen die Affekte wie Flammen aus ihr heraus. Zum Grundtempo der «Hast» tritt schon beim Späher die wachsende Angst, aussprechen zu müssen, was den Herrscher nur in jene Raserei (orge 678) versetzen konnte, die ihn alsbald übermannt. Denn er wird melden müssen, was Polyneikes gesagt hat, und das muß, in solcher Öffentlichkeit (vor dem Chor), wie eine Provokation wirken: Dike, die er auf seinen Schild hat malen lassen, werde ihn heimführen als Sieger und Herrn des Landes (646 ff)!

Aller Augen sind auf Eteokles gerichtet. Der Schauspieler konnte die Wirkung der Worte nicht auf der Maske zeigen. Aber der Ausbruch muß schrecklich gewesen sein, denn der Späher – stotternd, er sei ja nur der Bote gewesen (651) – rennt Hals über Kopf von der Bühne. Es ist der Moment der Klimax. Die geahnte Wahrheit ist heraus. Alles andere tritt zurück hinter dem einen, was nun unentrinnbar geworden ist: dem Bruderzweikampf. Eteokles sieht bis in den letzten Abgrund, was das bedeutet. Die Enthüllung (a-letheia) zeigt ihm das Ende: das Ende der Labdakiden (so hieß die Trilogie), das verfluchte Ende des Fluchs (652 ff):

> O Stamm, von Gott mit Raserei geschlagen
> So wie den Göttern ein gewaltiger Haß!
> O allbejammert mein, des Oedipus Geschlecht!
> O mir, des Vaters Flüche, welche jetzt das Ende bringen!

Alsbald setzt das zweite Ritual ein, der Kommos, in dem noch immer der Heros die dialektischen Jamben spricht, während der Chor mit Gesang und Tanz gegen ihn andrängt. Wir denken uns, daß er beim Ausbruch die Stufen zur Koinobomia betreten hat und daß er nun dort steht, unter den Augen der Götterbilder, selbst ein «Gottverhaßter» (691). Die Rollen sind vertauscht. Die rasenden Mädchen der Parodos haben die Stimme der Vernunft, des Trostes, der Gottesfurcht übernommen; der hart entschlossene Lenker des Staates – «Du selbst erkenne nun, wie du das Staatsschiff lenkst», waren die letzten Worte des Spähers –, ist außer sich geraten. Er ist in jene mania gestürzt, die den Tragikern notwendig erscheint, wenn die Täter vor Taten wie dem Brudermord stehen; nur mania setzt sie dazu instand. Und wenn Vernunft noch dazwischen blitzt, so ist es das Bewußtsein der Gottverlassenheit: «Den Göttern sind wir längst gleichgültig geworden; Gnade von ihnen ist nur noch der Untergang; wozu noch schmeicheln dem Vernichter?» (702 ff).

«Her mit den Beinschienen» (676) hatte Eteokles ausgerufen, ehe der Kommos einsetzte. Wolfgang Schadewaldt¹⁶ hat in einer bewunderungswürdigen Untersuchung dargelegt, daß damit das Ritual der Wappnung einsetzt, das also, was wir den zweiten Kreis der Szene genannt haben. Chortanz, Jamben vom Heros und Pantomime: hochdramatisches Theater in der archaischen Form der Pyrrhiche,[17] des Waffentanzes.

In sechs Aktionen werden dem Heros die Waffenstücke gebracht und angelegt: Beinschienen (sie waren, wie Schadewaldt gezeigt hat, immer das erste; nur sie sind erwähnt), Panzer, Schwert, Helm, Schild und Speer. Einkleidungsszenen dieser Art hat das Theater immer geliebt; eine aus unsrer Zeit zeigt die Papstszene in Brechts «Galilei».[18]

Die Instrumente spielen, vielleicht außer dem Aulos noch das Tympanon (oder werden dröhnend die Schilde geschlagen?); der Chor tanzt und singt immer leidenschaftlicher den Affekt der Vernunft; Speerträger tragen die Waffen herein, tanzen die Pyrrhiche, während die Wappnung ausgeführt wird, wie sie Homer beschreibt. Und mitten darin, einer Statue gleich, der ins Nichts starrende Heros, der weiß, daß Gott die Sache nun zum Ende treibt, den schon die mania des Tötens wie eine Aura umhüllt und immer zwingender packt, während ihn der Chor immer inbrünstiger bedrängt, zuletzt in der Stichomythie das Schauerliche herausschreiend: «Brudermord!» (718).

Gepanzert, im Helm, das Schwert zur Seite, den Schild in der einen, den Speer in der anderen Hand, durchbricht Eteokles den Kreis. Durch die Gasse, die der Chor bildet, stürmt er an der Spitze seiner Leute zur rechten Parodos, zum siebenten Tor hinab, das sich auftun wird, wie alle wissen, um das Ende zu vollenden. Das Ende der Trilogie.

Ein zeitraffendes Chorlied eröffnet die letzte Szene in breitem Pastoso. Erinys hat den Schauplatz betreten, die «all-wahre Unheils-Seherin» (722: panalathe). Das dichterische Wort greift über alles Mythische hinaus (727ff):

> Und ein Fremdling teilt den beiden Brüdern
> Die Lose zu: der Chalyber,
> Eingewandert vom Skythenland,
> Als ihres Erbes bitterer Güterverteiler:
> Das grausamgesonnene Eisen!
> Und teilt an Erdreich einem jeden
> Nur soviel zu bewohnen zu,
> Wie eben für Tote hinreicht,
> Der weiten Gefilde verlustig.

«Sider» – der «Stahl» ist das letzte Schlüsselwort. Es heißt Mord, es heißt Krieg. Wie kam das in die Welt? Aus der Fremde, aus der dunklen Ferne, wo das Unbegreifliche haust, aus dem das Böse zuschlägt, der Fluch. Aber der Fluch ist zugleich in uns. Warum Mord, warum Krieg? Um Macht, um Besitz. Eine unheimliche Strophe folgt auf die Verse, in denen die letzte Angst zum Ausdruck kommt: «Und ich fürchte: mit den Königen/ Geht die Stadt zugrunde!» (764ff):

Sieben gegen Theben

> Reif zur Erfüllung sind der altgesagten
> Flüche schwere Begleichungen,
> Das Verderben aber, in Bewegung
> Gekommen, geht nicht vorüber.
> Und zum Hinauswerfen der Güter über Bord
> Führt bei Erwerb treibenden Männern
> Der allzu fett gewordene Reichtum.

«Alphestes» (770), das ist mehr als «Erwerb»,[19] es ist Macht, Reichtum, Besitz, Eigentum; und der «allzu fett gewordene» heißt griechisch «agan panychtheis», unpoetisch: der allzusehr vermehrte. Frauen sagen das: so treiben es die Männer (770, 772) ...

Das Stadium der Philosophie oder der Theologie (Theodizee) ist erreicht. Da ist die Polis: wer, was schürt das Böse, das sie an den Rand der Vernichtung bringt? Diesmal ist die Antwort in den Mythos vom Geschlechterfluch gefaßt. Uralt (742) wie die Erbsünde (743) ist es. Diesmal hat es die Opfer bis ins dritte Glied (744) geschlagen. Aber das Meer dieser von Einzelnen an Einzelne weitergegebenen Übel brandet ans «Heck der Stadt» (760f). Das ist das Thema. Es muß das Thema der Trilogie gewesen sein.

Was noch zu zeigen ist, wird kurz abgetan. Der Bote meldet: Frieden. Die Feinde sind geschlagen. «Faßt Mut, Mädchen!» (792). Das Ende der Angst des Chors ist erreicht. «Die Polis ist in Ruhe» (eudia 795: in «heiterer See»). Die Brüder sind tot. Kein Bericht über den Kampf, nur das: «Sie haben sich mit brüderlichen Händen umgebracht» (805). Der Chor: «So hat die beiden der gemeinsame Daimon vernichtet, und damit das unselige Geschlecht» (811f). Zum letztenmal: «Der skythische Stahl» hat ihrer «Güter Vollbesitz» (817) geteilt. Soll man sich freuen, soll man weinen? Schauder im Grabgesang (835): das letzte Chorlied, der Kommos der Totenklage: «Schlagt den Takt, den Rudertakt zur Fahrt über den Acheron: das Totenschiff fährt schwarzbeflaggt, ins sonnenlose Land, das uns alle aufnimmt» (855ff).

Der Schluß ist korrupt. Für den Herold, der im erhaltenen Text, nach Sophokles, Antigones Schicksal verkündet, war bei Aischylos kein Platz mehr. Aber wieviel sollen wir uns von den 211 Versen wegdenken? Darüber besteht kein Einverständnis.[20]

Daß es eine Prozession gegeben hat, ist klar. Von der Front herauf, durch die rechte Parodos, zog die pompe mit den Toten. Die Speerträger trugen auf Schilden die Leichen. Alles Volk, wie wir es aus der ersten Szene kannten, folgte. An der Spitze des Zuges die führenden Stimmen der Klage: die Mädchen. «Weh dem Hause! Weh dem Land!» (955) So zogen sie über die Bühne, ein letztes Mal die Orchestra umkreisend, dann durch die andere Parodos hinaus zur Stadt. Über die Philosophie des Stückes hat Bruno Snell[21] Schönes gesagt: über den Glauben an den Geschlechterfluch als «den ersten Versuch einer Theodizee», «um dem unverschuldeten Leid einen Platz in der Weltordnung zu sichern»; über die Unzulänglichkeit des abgenutzten Begriffs der «tragischen Schuld»; über die «Unversöhnlichkeit» in dieser Weltdeutung: «Wie Dürers Ritter zwischen Tod und Teufel, hoffnungslos, aber verbissen und entschlossen zieht Eteokles seiner Bestimmung entgegen. Wenn wir das Stück vom Einzelnen aus sehen, bleibt die Haltung des Helden, aber dahinter steht die trostlose Frage: ‹Weswegen mußte er leiden?› Diese Frage hat Aischylos selbst gequält.» Gewiß, das hat sie. Die Orestie ist der große Entwurf einer Antwort.

Aber was wir weder vermuten noch deuten können, ist die Antwort auf die Frage, von der eingangs gesprochen worden ist. Warum ist diese Trilogie geschrieben worden? Was hatte Aischylos seinen Zeitgenossen zu sagen, als er die Tragik des Geschlechterfluchs mit der Bedrohung der Polis zusammenbrachte? Daß es eine Antwort war auf die Frage, inwiefern das «Spiel der Mächtigen» die in der Polis lebenden Mitmenschen zu Opfern macht, scheint kaum bezweifelbar. Es ging um Herrschaft. Was ist Herrschaft ohne Dike? Auf wessen Seite ist Dike? Ohne Zweifel vordergründig auf der des Polyneikes: ihm ist der legitime Anspruch verweigert worden. Aber: durfte er deswegen zum Aggressor werden? Durfte er das Wohl der Polis aufs Spiel setzen? Kann Legitimität nicht fragwürdig sein? Andererseits: Hatte der Verweigerer nicht gewußt, daß der andere, der das Recht auf seiner Seite hatte, dieses dadurch zuschanden machen würde? Hatte er also das Recht, ihm das Recht zu verweigern?

Eines ist sicher: Über allem hat das Wohl der Polis zu stehen. In dieser Richtung muß das Ziel der Mahnung gesucht werden, die das Stück den Zeitgenossen ins Bewußtsein hämmern wollte. Ich wage zum Schluß nur die Andeutung einer Möglichkeit. In den «Persern» waren es Schwestern, die Xerxes unter sein Joch zwingen wollte, Europa und Asien, Schwestern vom gleichen Stamm und gleich makelloser Schönheit. Hier sind es Brüder, vom gleichen Stamm, von gleich heroischer Kraft. Vom Bruderkampf sprechen wir auch im übertragenen Sinn. Xerxes wollte unterjochen, was nicht in ein Joch gehörte. Die Brüder waren verflucht, den Kampf um die Herrschaft so über alles Maß hinaus zu treiben, daß sie die Polis selbst aufs Spiel setzten. Was wäre dem Sieger übriggeblieben, wenn die Stadt vernichtet worden wäre? Worüber hätte dann noch geherrscht werden können? Sollte das seltsame Wort vom «fremdsprachigen Heer» (170) darauf deuten, daß derjenige, der sich Bundesgenossen zum Angriff gegen die Stadt suchte, so handelte, als wäre sein Heer wie das der Perser? Themistokles, der von Argos aus seine Rückkehr an die Macht betrieb, war drei Jahre vor den «Sieben» gezwungen worden, die Stadt zu verlassen: er würde am Perserhof seine letzten Jahre verbringen. Nicht daß das Stück sich gegen ihn gerichtet hätte; aber sollte es nicht die Parteigewaltigen daran erinnern, daß sie, als Athener, Brüder waren und potentiell bedroht von gemeinsamen Feinden? Hatte der parteipolitische Bruderkampf in der Demokratie schon damals die Formen des maßlosen Hasses angenommen, der sich über den Gedanken an das Wohl der Polis hinwegsetzte? Vielleicht. Möglich. Mehr wissen wir nicht.

Die Schutzflehenden – *Vom Recht der Frau*

Die «Hiketiden» (Schutzflehenden) sind das (wahrscheinlich) erste Stück einer Tetralogie «Die Danaiden». Das berühmte Faß, in das diese in der Unterwelt Wasser schöpfen müssen bis in alle Ewigkeit, weil es durchlöchert ist, kommt bei Aischylos nicht vor. Wohl aber das Verbrechen, für das sie so büßen müssen: sie haben ihre Freier im Brautbett ermordet. Zwischen dem zweiten und dritten Stück muß dieses Massaker geschehen sein; das allein erhaltene zeigt die Danaiden auf der Flucht vor den Männern, denen sie die Ehe verweigern, den Söhnen des Aigyptos. Von dem Land, in das sie gelangt sind, wissen sie, daß ihm das Gastrecht heilig ist. Es ist griechisches Land.

Aber dafür, daß sie Asyl in Argos suchen, haben die Danaiden noch einen anderen Grund. Sie setzen ihn dem König auseinander, der, auf die Meldung von dem gelandeten Schiff hin, erschienen ist. Sein Name ist Pelasgos (nach den Pelasgern, den vorhellenischen Bewohnern Griechenlands); sein Reich ist, wie er es beschreibt, ganz Hellas;[1] und es ist eine Welt, in der nicht, wie bei den Barbaren, Despotismus regiert, sondern die Polis, in der das Volk bestimmt, was zu geschehen hat. Uralte Geschichten kommen zur Sprache. Sie beginnen mit Io,[2] der Herapriesterin, die Zeus hier in Argos heimgesucht hat, und die von Hera, der Göttermutter, zur Strafe in eine Kuh verwandelt worden war; von dem hundertäugigen Argos bewacht, von einer Bremse gequält, war Io durch die halbe Welt gejagt, bis sie in Ägypten Ruhe fand; dort wurde sie von Zeus durch Handauflegen geheilt und mit einem Sohn beschenkt: Epaphos; dessen Kinder wurden die Ahnen großer Völker: Libye, die Tochter, nach der die Griechen Afrika benannten, und Belos, der Sohn, kein anderer als Baal, Gott und König des Orients; dieser Baal war der Großvater der Danaiden; Danaos und Aigyptos sind seine Söhne. Nach diesem heißt das Land, das jeder Grieche kennt; jener ist ihr eigener Ahnherr. So ist die Flucht nach Argos eine Heimkehr ins angestammte Land. Und das, obwohl die Haut der Ankömmlinge dunkel ist wie der Erdteil, aus dem sie kommen, und wie die ihrer Vettern, der Verfolger, deren Landung ein Herold melden wird. So weit gespannt sind die mythischen Perspektiven.

Auftauchend aus der Sintflut der Hypothesen, mit denen gelehrter Scharfsinn die 1073 (stellenweise korrupten) Verse der Handschrift überschüttet haben, greifen wir, irritiert, verstört, nach dem einzigen Sicheren, was wir haben: dem Stück. Doch was wir fürchten, wird bald Gewißheit: es ist, aus sich allein heraus, nicht zu enträtseln. Dabei gehört es, so wie es ist, zum Kraftvollsten, was Aischylos für das

Die Schutzflehenden

Theater geschrieben hat. In keinem anderen Stück herrscht solche Spannung vom ersten bis zum letzten Vers; in keinem anderen wird Aktion so handgreiflich inszeniert; wie aus einem Guß ist die Komposition des Musiktheaters; die Bühne der frühen Stücke wird hier mit einer Meisterschaft dramatisiert, die einen Höhepunkt markiert.

Mit einem Teil der Hypothesen hat es eine schlimme Bewandtnis. Wie Kartenhäuser fielen sie in sich zusammen, als 1952 ein im ägyptischen Oxyrhynchos gefundener Papyrus auftauchte, aus dem hervorging, daß die «Hiketiden» nicht das älteste, sondern das letzte der frühen Stücke des Aischylos sind. Es steht näher bei der Orestie als bei den «Persern» und den «Sieben». Die erste Aufführung war wahrscheinlich 463. Welch ein Debakel: Man war so glücklich gewesen, hier den Anfängen der Tragödie noch ganz nahe zu sein! So archaisch schien das alles, so theorien-günstig «primitiv» (diese Zensur stammt von keinem Geringeren als Wilamowitz)![3] Der alte Tanzplatz, überfüllt mit einem kyklischen Chor von 50 Sängern (denn 50 Töchter hatte der mythische Danaos, und 50 Söhne sein Bruder Aigyptos, und 50 Sänger hatte der dithyrambische Chor). Nun konnten es aber wie in den «Persern», den «Sieben» und der Orestie nicht mehr als 12 Sänger sein; man mußte zur Kenntnis nehmen, daß im Text nirgends von 50 Mädchen die Rede ist.[4] Was dachte man sich eigentlich dabei? Sollte dies ein homogener Chor aus gleichaltrigen Frauen sein? Wie käme Danaos zu solchen Töchtern? Wenn es aber nur zwölf waren, konnten sie sich leicht in Haltung und Maske nach dem Alter unterscheiden, zwischen, sagen wir, sechzehn und achtundzwanzig. Gewiß, sie sind nirgends individualisiert; darauf kam es auch nicht an; es gibt in dem Stück keine individuelle Gestalt: der König repräsentiert die Polis, der Herold die Barbaren, Danaos – ja, was repräsentiert *er* denn? Ist er wirklich nichts als ein «Annex der Töchter» (wie wiederum Wilamowitz sich ausgedrückt hat)?[5] Das ist eines der Rätsel des Stückes, vieler Hypothesen Ursprung, denn es liegt nahe, zu vermuten, daß er erst in den nächsten Stücken wirklich hervortrat; irgendwann mußte er ja das werden, als was ihn die Zuschauer im Dionysostheater kannten: König als Ahnherr der Danaer; wenn er aber König in Argos werden sollte, was würde dann aus Pelasgos? Fiel der in der Schlacht, die ja kommen mußte? Verrätseln wir uns nicht weiter...[6]

Überlassen wir uns eine Weile den Vorstellungen des Geschehens, wie es die Zuschauer im Dionysostheater, auf der alten Bühne, erlebt haben mögen, als das Stück zum erstenmal aufgeführt wurde. Sie müssen überwältigt gewesen sein, denn Aischylos gewann den ersten Preis – auch das wissen wir, seit wir den Papyrus haben (und daß der Rivale, der den zweiten Preis erhielt, kein anderer war als der junge Sophokles).

Vom Meer drängte es zur Bühne herauf. Eine seltsame Schar erreichte die rechte

Parodos. An ihrer Spitze schritt eilig ein älterer Mann in der Schiffertracht; er trug darunter ein fremdartiges Kostüm, und jetzt erkannte man über dem weißen Bart den dunklen Teint auf der Maske. Zwölf Mädchen folgten ihm wild erregt, wie auf der Flucht, in die Orchestra: auch sie trugen das exotische Kostüm, weite, wallende Gewänder, kostbare Stoffe, die dunklen Masken halb verschleiert, goldene Stirnbänder – Prinzessinnen, mit einem Rudel von Mägden, die Taschen und Körbe schleppten, und sich, nicht weniger verängstigt, am Orchestrarand niederkauerten, stumme Zeugen, doch offenbar selbst nicht betroffen, denn nur die zwölf Mädchen hielten die Zeichen der Schutzflehenden: Zweige, in die Wollbinden geschlungen waren.[7]

Die Flüchtlinge hatten ihr erstes Ziel erreicht: den Götteraltar der Stadt, aufgebaut auf dem Felsenhang, in den die linke Parodos eingeschnitten war, mit Stufen, die in den Stein gehauen waren, hinter einer niederen Einfriedung, die andeutete, daß man dort geheiligtes Gelände betrat. Die Zuschauer hatten erkannt, daß der Schauplatz auf griechischem Land gedacht war; eine «koinobomia»[8] wie diese hatten sie selbst, in ihrem «Zwölf-Götter-Altar» auf der Agora. Und so erfuhren sie es gleich aus den heftigen Anapästen, die der Chor, die Orchestra hin- und her durcheilend, hervorstieß: Zu Schiff seien sie vom Nil gekommen, aus Ägypten, verfolgt von den wüsten Söhnen des Aigyptos, die sie zur Ehe vergewaltigen wollten, vielleicht, wie man aus Späterem schließen kann, schon in deren Hand gefallen, aber unter Anleitung ihres Vaters Danaos ausgebrochen, und aufgebrochen in dieses Land, Argos, wo sie Schutz zu finden hofften.

Während Danaos den Felsenhügel erklomm, um, gleich einem Späher (skopos), von der Warte (skope 713) Ausschau zu halten nach allen Seiten, nach der Stadt hin, und zum Meer hinunter, wo ihr Schiff lag und das Schiff der Verfolger landen würde, formierte sich der Chor zum Tanzlied in der Orchestra, einem hochdramatischen Lied, das von der Angst gestimmt und von der Klage getönt, dann zum Flehen hochgetrieben und zur Anklage gesteigert wurde. Von Tränen und Wehlauten sangen sie selbst; Melodie und Rhythmen müssen den anderen Kontinent beschworen haben, und so sollten wir uns auch die Tanzfiguren vorstellen, die Gesten, die Evolutionen, die immer wieder in zweierlei Demonstrationen kulminierten: im leidenschaftlichen Anruf des höchsten Gottes, der zugleich der Gott der hikesia war, aber auch der Gott, der Io's Leiden verschuldet hatte, der also den Nachkommen der Heimgesuchten eine Art Wiedergutmachung schuldete – ja, in der letzten Strophe, scheuten sie, maßlos, wie ihr ungriechischer Charakter es ihnen eingab, nicht davor zurück, Anklage gegen den Gott zu erheben (168 ff) und – dies die andere Demonstration – mit dem Schlimmsten zu drohen, dem Selbstmord. Das war ihre stärkste Waffe. Die Vorstellung, daß man sie in der Schlinge erhängt finden werde, wirkte schauerlich. Und die Vision des Todes enthielt Fremdartiges, aber den Athenern Bekanntes: die ägyptische Vorstellung vom Totengericht.[9]

Die Schutzflehenden

Es ist der Zeus der Tragödie,[10] den diese Ouvertüre beschwört. Daß unter den ägyptischen Gewändern griechische Herzen schlagen, wird nicht nur durch die mythologische Herkunft der Mädchen begründet; auch ihr Schicksal, ihr pathos, ihr «Fall» ist in griechische Verhältnisse gerückt. Tua res agitur.[11]

«Kinder», rief Danaos, während er vom Hügel herabstieg, «nehmt euch zusammen»: Wagen kommen aus der Stadt. Schon hörte man in der Ferne links das Rattern der Räder. Eilig arrangierte der Vater die Position der Mädchen, in der die Nahenden sie erblicken sollten: als Schutzflehende, mit ihren Zweigen, hingestreckt am Altar, die Götterbilder (agalmata) umschlingend, betend.

Zwei Wagen (183), im ersten, der auf die Szene gezogen wurde, stehend der König, im zweiten, der in der Parodos hielt, Bewaffnete. Die Meldung von der Ankunft des Schiffes hatte die Stadt beunruhigt. Was wollten diese Fremden? Daß nicht Danaos Rede und Antwort stand, war doch selbstverständlich: nicht er war bedroht; auch hatten die Mädchen aus eigenem Entschluß (autogenei phyxanoria, 8) die Ehe verweigert; sie waren die leidenden Helden; sie mußten um das Asyl ringen. Das war die Basis der Konfrontation, in der die erste Aktion nun mit weit ausgreifenden Argumenten zur Entscheidung drängte: hier auf dem Wagen in der Orchestra der König, dort am Hügel, um den Altar versammelt, die Mädchen.

Das Ringen machte klar, worum es ging: Sollte, durfte die Polis den Verfolgten das heilige Recht der hikesia gewähren oder verweigern: gewähren, weil es in ihrer Welt, der griechischen, so Sitte und Recht war (themis und dike, 698 ff), verweigern, weil das unvermeidlich Krieg bedeutete (401)? Die Szene setzt viele Register der Spannung und Steigerung ein; am wichtigsten sind die intellektuellen, die dem König das Dilemma bewußt machen und ihn in die Einsamkeit der Entscheidung stoßen: was soll er der Polis raten (denn diese – das Volk, das Parlament – hat schließlich das letzte Wort)? Aus der Stichomythie wächst das Amoibaion: Wechselgesang, Antiphon in symmetrischen Blöcken, dann das beschwörende Leid, dazwischen wieder jambische Dialektik.

Im Entschluß des Königs löst sich die Spannung: er werde, mit Danaos, die Sache der Schutzflehenden vor der Volksversammlung vertreten, als «proxenos» (419, 491: Protektor).

Während die Wagen abrollten, stieg der Chor zur Orchestra hinab, betend, noch einmal der Ahnin gedenkend, und, diesmal gefaßt, ja, zuversichtlich, den Vatergott anrufend.

Chorlieder haben stets auch zeitraffende Funktion; man darf diese jedoch niemals nur technisch bewerten: sie ist auch der Reflex der beim Zuschauer vorauszusetzenden Aufmerksamkeit. Das Stück eilt seinem hellsten Moment entgegen.

Mit guter Nachricht kehrte Danaos zurück. Ja, die Nachricht war über Erwarten günstig: die Polis hat beschlossen, nicht nur Asyl zu gewähren, sondern die

Fremden als Metoeken¹² (609, cf 994) aufzunehmen. Wieder sahen sich die Zuschauer nach Athen versetzt: solcher Mitbürger ohne politische Rechte zählte man damals etwa 15000; sie waren geachtet und konnten ein gutes Leben führen. «So stimmte der Pelasger Volk; Zeus brachte es zu gutem Schluß» (624).

Der hellste Moment: das große Preislied auf Zeus und die Polis. Hinreißende Verse. Wie mußten sie, zur Musik, im Tanz, die Zuschauer mit sympathetischer Freude erfüllt haben! Hörten sie doch aus dem Gesungenen das Loblied ihrer eigenen Stadt.¹³ So wollten sie sich erkennen: als Schützer der Verfolgten vor jeglicher Gewalt! Athen als Protektor der «drei griechischen Gebote» (thesmia dikas 709):¹⁴ «Schütze die Rechte der Fremden», lautet eines von ihnen (701 ff).

So scheint das Pendel auf dem Punkt, an dem zwei Drittel des Stückes vorübergezogen sind, in Ruhe und Frieden auszuschwingen; aber in Wahrheit ist nur die Klimax erreicht: wie immer bei Aischylos wird das letzte Drittel in die Tragik abstürzen. Auch dieses hellste Lied erklang auf düsterem Grund; welcher Zuschauer, der nur einen Augenblick zum Nachdenken kam, konnte sich verhehlen, daß der Schein trügerisch war? Man wußte, was kommen würde, kommen mußte. Zeus, der «Retter», hatte seine unerforschlichen Beschlüsse gefaßt. Krieg und Mord würden folgen. Der Ruhm, den der Chor besang, würde der Polis Leid (pathos) einbringen; die Sicherheit, die sie den Mädchen zu gewähren schien, würde hinfällig werden. Die blutige Hochzeitsnacht, der Kern des Mythos, stand trotz allem bevor: Gewalt würde triumphieren und durch Gewalt gebrochen werden. Über den jubelnden Mädchen schwebte die finstere Wolke des miasma. Das deutet auf mehr als tragische Ironie; es zielt ins Bewußtsein der tragischen Verfassung dieser Welt.

Auch was nun folgt, ist nur scheinbar vorläufig, nicht eine Episode, die sich rasch wieder zum Guten wendet, sondern – wie es die Mädchen selbst ahnend sagen (830f) – «das Vorspiel der Leiden durch Gewalt». Handgreiflich soll das allen vor Augen geführt werden: was Frauen angetan wird, wenn ihnen das Recht auf ihre Freiheit, d. i. auf Freiwilligkeit verweigert wird.

Danaos hatte während des Lieds die Position auf der Warte wieder eingenommen. Nun eilte er herab, um zu melden, was er gesehen hatte: die Feinde waren gelandet. Sie schickten sich an, hierher zum Hügel des Götteraltars heraufzusteigen. Schnellstens mußte Hilfe aus der Stadt geholt werden.

In einer mit Hochspannung geladenen kurzen Szene¹⁵ umdrängten die aus den Wolken ihrer Illusionen gestürzten Mädchen den Vater. Maßlos wie ihr Jubel war jetzt ihre Angst. Sie wollten ihn nicht gehen lassen, nicht allein, schutzlos, zurückbleiben; so verschlimmerten sie die Gefahr. Das hetzte wieder in Musik und Gesang vorüber, choreographisch in Strophen gefaßt: ein Konzentrat der Auswegslosigkeit, mündend – nachdem Danaos sich losgerissen hatte – in ein Chorlied: «Ich komme um vor Angst» (786). Wieder als letzte Hoffnung: der Tod (804). Schrille

Die Schutzflehenden

Schreie zum Himmel empor, und, schon beim Anblick der rechts heraufstürmenden Feinde, das Stöhnen des Entsetzens (oo, aaa) vor der «wildüppigen Gier» (833), die über sie herfallen wird.

Am Altar haben sie Zuflucht gesucht, wohl wissend, daß das Schutzrecht diesen wüsten Gewalttätern nicht heilig sein würde. Der Herold ist mit Bewaffneten [16] aufgetreten. Wilde Gesellen in der Tat: schwarze Masken, der weiße Burnus, die gezückten Schwerter. (Die Busiris-Vase vermittelt ein Bild der Darstellung.) Sie schritten sofort zur Aktion. Mit drohenden Worten drang der Herold auf die Mädchen ein. Im Wechselgesang zeigte sich auch diese Szene wie ein Tanz der Emotionen. Der Chor: «Schändlich vor heiliger Stätte bellst du!» (878). – Der Herold: «Ich fürchte die Götter dieses Landes nicht! (893) ... An den Haaren werde ich euch fortzerren» (906).

Der Lärm mag das Nahen der Wagen übertönt haben. Plötzlich fuhr die Rettung dazwischen. Pelasgos mit Soldaten. Vor den drohenden Schwertern wichen die Eindringlinge zurück. Sie drängten zur rechten Parodos. Dort postierten sie sich, um dem König Rede zu stehen. Der Herold trug die Forderung vor: er wolle nur haben, was ihm gehöre. Pelasgos: Wenn sie ihm freiwillig folgen, könne er sie mitnehmen, aber nicht mit Gewalt; der Volksbeschluß sei unverrückbar.

Die Worte, mit denen der Herold abzog, machten klar, was das bedeutete: Krieg! (950)

Indirekt zeigte sich, daß auch der König sich dessen wohl bewußt war. Er wies die Mädchen an, sich in die Stadt zu begeben und dort Wohnungen auszusuchen. Als sie zögerten, herrschte er sie an: «Worauf wartet ihr noch?» Ob die Bürger und er als «prostates» (963) [17] nicht Bürgen genug seien? Die Mädchen (969 ff): «Schick uns Danaos!»

Warum ist Danaos nicht mit dem König zurückgekommen? Es standen nur zwei Schauspieler zur Verfügung. Der Darsteller des Danaos hatte den Herold gespielt. Nun brauchte er wieder Zeit, um auf uneinsehbarem Weg zur Garderobe [18] zu eilen, Maske und Kostüm zu wechseln und von der anderen Seite her wiederaufzutreten. Da rasselte also die Maschinerie der Technik. Doch nimmt es wunder, daß Aischylos, der sonst in diesen Dingen genau ist, kein Motiv dafür erfunden hat.

Der König zog auf seinem Wagen ab; die Mägde traten zu den Mädchen. «Tassesthe», heißt es (977): stellt euch auf. Eine pompe: Exodos. Und dazu kommt jetzt Danaos; aber nicht mehr allein, sondern an der Spitze einer Leibwache, die nicht nur als Schutzeskorte des Zugs der Mädchen in die Stadt eingesetzt war, sondern als «zeichenhafte Ehrung» (timion geras 986).

Merkwürdige Mahnung des Vaters an die Mädchen, sie sollten ihm in der Stadt keine Schande machen und nicht das Verlangen der Männer herausfordern. Wie, diese Männerhasserinnen? Also auch in ihnen und durch sie wirkt «Kypris» (1001,

Aphrodite)! Und so mußte auch der Mägdechor zu verstehen sein, der versicherte, daß man Kypris nicht «vernachlässigen» werde (1034), und die «harmonia» von Aphrodite und Hera feierte. Am Ende also Liebe und Ehe auch ohne Zwang (1031), das Los aller Frauen (gamos).

Wie die Parodos einsetzte, so klang die Exodos aus: in der Anrufung des «Herrschers Zeus», der durch Io und Epaphos der Urvater der Danaiden war. Aber noch in den letzten Versen konnte man rätselhafte Andeutungen mithören: wenn es ihnen nur besser ergehe als schlecht, nur eben erträglich (dimoiron 1010, etwa: teils, teils), seien sie schon zufrieden, «Erlösung durch Gottes Werk» (machanais theou 1073). Wie, diese «Maßlosen», diese mythologisch gezeichneten Mörderinnen? Wessen waren sie noch fähig? Und Zeus, ihr beschworener, freilich auch bedrohter Gottvater – warum sollte er auch diese bescheidene Bitte nicht erhören?

Es ist nicht die einzige Frage, die offenbleibt. Man hat gesagt, Aischylos habe in diesem ersten Stück der Trilogie absichtlich manches im Dunkel gelassen, um es vielleicht in den anderen zu erhellen.[19] Aber da stehen wir wieder vor dem Dickicht der Hypothesen. Es ist alles möglich und unmöglich zugleich. Man gerät nur immer tiefer ins Gestrüpp.

Versuchen wir es mit unsrer Methode.[20] Warum hat Aischylos dieses Stück 463 geschrieben und zur Aufführung gebracht? Daß Politik in die «Schutzflehenden» hineinspielt, liegt auf der Hand, wenn wir nur vergleichen, was Argos in den «Sieben» bedeutet hatte und was es hier bedeutet.[21] Das Urteil hat sich total verändert. Das Preislied als Mittel- und Höhepunkt des Stückes konnte nicht mißverstanden werden. Denn was da gepriesen wurde, ging die Athener hautnah an. Argos war gleichsam das Gelenk zwischen den Rivalen; war es auf Spartas Seite, war es notwendigerweise Athens Feind. Wo stand es damals? Sparta war durch ein verheerendes Erdbeben und einen Sklavenaufstand machtpolitisch noch immer lahmgelegt; Argos hatte sich zur Demokratie entschlossen; der verbannte Führer der attischen Demokraten, Themistokles, hatte (wie wir schon hörten) dort Asyl gefunden; er organisierte von dort aus sowohl seine Rückkehr nach Athen wie die Koalition gegen Sparta, an deren Spitze Athen unter seiner Führung treten sollte. Um 463 war noch nichts entschieden. Aber Athens Außenpolitik stand vor einer entscheidenden Wendung; der Anti-Sparta-Kurs wurde durch ein Bündnis mit Argos demonstriert. Daß dieses, obwohl erst 461 geschlossen, bereits in der hochpolitischen Luft lag,[22] ja, möglicherweise schon verhandelt wurde, ist klar. Wir sind selbstverständlich nicht der Ansicht, daß das Stück deswegen geschrieben worden ist. Aber niemand kann leugnen, daß Aischylos, als er den Stoff (mythos) für das Thema suchte, das er auf die Bühne zu bringen gedachte, nicht zufällig Argos gewählt hatte; man sehe doch, wie er es geradezu mythisch erhöht hat: zum Zentrum der «Erde von Hellas» (243), mit dem erfundenen Pelasgos als Urvater Nr. 1

Die Schutzflehenden

und dem offenbar in dessen Nachfolge eingesetzten Danaos als Urvater Nr. 2, zum Modell der Demokratie als der wesenhaft griechischen Verfassung, zum Protektor hellenischer Kultur (hikesia) gegen barbarische Gewalt.

Argos war nur *ein* Motiv. Doch dieses war mit Bedacht gewählt. Wenn hier ein demokratischer Staat[23] dargestellt war, der sich von ihrem eigenen kaum dadurch unterschied, daß er einen mythischen König besaß (Pelasgos = Theseus), wußten die Zuschauer, daß am mythischen Exempel eines ihrer eigenen Themen behandelt wurde. Und dies war ein Thema, von dem sie in ihrem gewöhnlichen Leben wenig wissen wollten: *der Status der Frau in ihrer Gesellschaft und in ihrem Staat.* Das war das zentrale Motiv der Trilogie. Es wurde schon gesagt, daß das Thema virulent blieb, das ganze Jahrhundert hindurch, und daß es ein Thema der Tragiker war, wie «Medea» (431) beweist, und ein Thema der Komiker («Lysistrate» 411, «Thesmophoriazusen» 392), von denen wir wissen, daß sie gern auf ihre Weise die tragische Thematik behandelten. Das eine, dieses wenige steht fest: der «rote Faden» der Trilogie war, wie man gesagt hat,[24] das Thema «Männer, Frauen und die Ehe».

Warum ist Argos das Ziel der Danaiden auf der Flucht? Gewiß, sie pochen auf genealogische Ansprüche, aber alle ihre Hoffnungen sind auf Gerechtigkeit gerichtet. Dike als das oberste Gebot der Polis – das ist die Grundlage der aischyleischen Staatsauffassung. Die Wahrheit aber ist, daß *die Frau im Männerstaat der Demokratie rechtlos war.* Daß sie keine politischen Rechte besaß, mochte noch hingehen; auch Aischylos dürfte es für selbstverständlich gehalten haben, das mulier taceat in ecclesia. Nicht selbstverständlich aber war die Verweigerung der Menschenwürde, wie sie das Eherecht der Polis gegen die Frauen sanktionierte. Während den Männern so gut wie alles erlaubt war, wurden Ehebrecherinnen drakonisch bestraft. Die Ehe der attischen Frau war nahezu Sklaverei.[25] Die Gewalt, mit der sich die Aigyptos-Söhne der Danaiden bemächtigen wollen, unterschied sich von der Gewalt, die Athens Männer praktizierten nur dadurch, daß letztere diese Gewalt für rechtens hielten. Da sich die Tragiker vorwiegend mit mythischen Stoffen befaßten, mußte ihnen auffallen, daß das in Hellas nicht immer so gewesen ist. Die mythischen Frauengestalten hatten in einer anderen, einer offensichtlich würdigeren Welt gelebt. Hier war einfach etwas nicht in Ordnung.

«Es gibt kein griechisches Recht, das Mädchen erlaubt, über sich selbst zu bestimmen», schreibt K. v. Fritz.[26] Wohl aber gab es das uns befremdende attische Recht der «anchisteia»,[27] das verlangte, daß Mädchen, wenn ihr Vater gestorben war, den Nächstverwandten heiraten müssen. Das ging soweit, daß der Nächstverwandte eine Scheidung erzwingen konnte, wenn ein Mädchen bereits verheiratet war. Es ist klar, daß es sich hier um eine Besitzfrage handelte. Das Eigentum sollte in der Familie bleiben. So läßt Aischylos den König die Hiketiden ausdrücklich fragen, ob die Verfolger nicht nach dem Gesetz (nomo poleos) ein Recht auf die Mädchen hätten: als Nächstverwandte (388). Die Antwort ist ausweichend, denn juristisch stimmt nur das eine nicht: daß der Vater noch lebt. Schon vorher hatte der König der Überzeugung Ausdruck gegeben, daß er dieses Gesetz für unberechtigt hielt, da ein solcher Ehebund das Vermögen (sthenos = vis 338) vermehre.[28] Ja, es ist eben diese Rechtsfrage, die ihn in das tragische Dilemma, was er tun solle (380), zwingt. Und die Entscheidung löst das Problem nicht; denn es ist die themis der hikesia, das heilige Gebot des Gastrechts, das ihm schließlich die Notwendigkeit (440) auferlegt, sich für die Schutzflehenden zu entscheiden. Das Stück richtet sich gegen die Gewalt, mit der die Verfolger ihren Rechtsanspruch zu erzwingen suchen. Es kann sich zunächst nicht gegen diesen selbst gerichtet haben, denn, wenn die Danaiden zu Gattenmörderinnen werden sollten, müssen sie zu der Heirat aufgrund dieses Rechtsanspruchs im zweiten Stück der Trilogie verurteilt worden sein. Erst der Mord, diese heroische Auflehnung der Rechtlosen gegen die Gewalt, sollte wohl bei den Zuschauern das Grauen vor der eigenen barbarischen Rechtsauffassung hervorrufen. Wir glauben, daß Victor Ehrenberg Aischylos mit Recht «a modern man», ja, einen «Revolutionär» genannt hat.[29] Dieser Protest gegen den Status der Frau in der attischen Gesellschaft war eine Herausforderung der etablierten Gesellschaft. Wenn heute über «Emanzipation» und «Gleichberechtigung» geredet wird, darf daran erinnert werden, daß das Problem dem griechischen Tragiker schon vor so langer Zeit bewußt geworden ist, und wenn es heute noch nicht ausgestanden ist, so haben wir doppelten Grund, zu bedauern, daß wir nicht wissen, wie er es gelöst hat. Das Stück, das wir haben, artikuliert jedenfalls aufs schärfste die Dialektik. Mit den Worten *«Sieg und Macht den Männern»* verläßt der Herold der Verfolger den Schauplatz (951); mit den Worten *«Verleihe Macht den Frauen»* (1068) geht der Chor ab. Freilich folgt auf diesen Wunsch der bescheidenere, «Mindere nur unsre Pein» (1070) und wenn es dann noch heißt, daß «Recht auf Recht folgen» möge (1071f), dann wissen wir: am Ende der Trilogie ist irgend eine Lösung gezeigt worden, welcher Art sie auch gewesen sein mag.

Es war wohl eine feierliche Lösung. Das glauben wir von diesem Theologen, Staatsdenker und Rechtsphilosophen erwarten zu dürfen. Eine Vermutung ist geäußert worden. Sie ist zu verführerisch, als daß wir sie unerwähnt lassen könnten. Herodot berichtet,[30] daß die Danaiden den Pelasgern aus Ägypten ein Fest mitgebracht und dessen Riten gelehrt hätten: die «Thesmophorioi». Es wurde nicht nur in Athen gefeiert, sondern in ganz Hellas.[31] (Aristophanes hat ein Stück darüber geschrieben.) Ein geheimes Fest der Frauen, staatlich sanktioniert; den Männern war der Zutritt verboten. Ein Mysterium der Fruchtbarkeit «sowohl des Ackers wie des Weibes». Ein letztes Zugeständnis der Gesellschaft an das Recht der Frau auf ihre Würde (so hat man es genannt).[32] Sollte die Trilogie in diesem Fest ihren Ausklang gefunden haben?

Von thesmos und thesmia ist in den «Schutzflehenden» an wichtiger Stelle die Rede. Aber die «thesmophoros» Göttin ist nicht Aphrodite, nicht Hera, sondern Demeter. Und diese kommt in den «Schutzflehenden» nicht vor. Die Rätsel bleiben.

Die Orestie – *Trilogie vom Ende der Gewalt*

An die Orestie haben sich Superlative angeschwemmt. Statt vieler hier nur dieser eine: die größte Dichtung, die je geschrieben worden sei (Swinburne). Auf jeden Fall ist sie das größte Werk des griechischen Theaters der Tragödie, das wir besitzen, die einzige ganz erhaltene Trilogie (allerdings fehlt das Satyrspiel); der Superlativ trifft nicht nur den Umfang, sondern, entschieden noch mehr, den Plan und die Dimension des Werkes. Doch verhehlen wir uns nicht, daß eben diese Universalität der Vergegenwärtigung Schwierigkeiten bereitet. Kein anderes Werk des Theaters der Tragödie ist so leicht und so nahe an die Zeit heranzubringen, in der es aufgeführt worden ist (auch wenn sich die Gelehrten noch immer darüber streiten, wo die «Aktualität» anzusetzen ist und wo man von ihr absehen sollte). Aber worin wir am Ende von ihm betroffen sein sollten, wenn wir es heute sehen, auf diese Frage finden wir bisher keine schlüssige Antwort. Unsere Methode muß sich hier, wie nirgends sonst in dieser Zuspitzung, selbst rechtfertigen.

Die Fabel ist der Greuel voll. Sie reicht bis in die Urzeit zurück – Pelops, der Urahn des Geschlechts, war einst von seinem Vater Tantalos den Göttern zum Mahl vorgesetzt und dann von diesen im Zorn wieder ins Leben zurückversetzt worden –, sie zieht sich vom Beginn der Geschichte (oder dessen, was man damals dafür hielt) über den ersten denkwürdigen Höhepunkt bis an die (damalige) Gegenwart heran: Beginn in Mykene mit dem zweiten schauerlichen Mahl, bei dem der Bruder dem Bruder dessen Söhne gebraten vorsetzt, der Pelopide Atreus dem Pelopiden Thyestes; Höhepunkt in Troja, das von den Griechen unter der Führung der Atriden Agamemnon und Menelaos belagert und vernichtet wird, weil ein trojanischer Königssohn, Paris, die Frau des Menelaos verführt und entführt hatte. Hier setzt das Geschehen auf der Bühne ein: Was geschah, während Agamemnon vor Troja lag, zehn Jahre lang? Ein Enkel des Pelops, der einzige Sohn des Thyestes, der damals nicht geschlachtet wurde, weil er noch ein Baby war, Aigisthos, hatte sich mit Agamemnons Frau Klytaimestra zusammengetan. Jetzt würde der große, der weltberühmte König, der «Städtezerstörer» heimkehren, und alle kannten das Schicksal, das der Fluch seines Geschlechts[1] ihm bestimmt hatte, so wie sie alle wußten, daß er selbst Blutschuld auf sich geladen hatte: In Aulis, wo Heer und Flotte auf günstigen Wind zur Überfahrt nach Troja warteten, hatte er seine eigene Tochter Iphigenie auf dem Altar der Windgöttin opfern lassen. Jetzt mußte er sterben, und man würde erleben, wie seine andere Tochter, Elektra, und sein Sohn Orestes, den Tod des Vaters an dem Mörderpaar rächen würden. Doch keiner konnte ahnen, wie nahe an die Gegenwart heran das letzte Stück der Trilogie führen würde. Davon stand nichts bei Homer, nichts in den Epen (die, verloren, sich rekonstruieren lassen), nichts in den Chorliedern oder in anderer Lyrik, und nichts davon war je zuvor auf der Bühne zu sehen gewesen.

In die Geschichte des Theaters der Tragödie war um das Jahr 460 eine Zäsur eingetragen worden: der große Umbau.[2] Unter den erhaltenen Stücken des Aischylos sind die ersten drei für eine andere Bühne geschrieben worden als die Orestie und (wahrscheinlich) die Promethie. Es ist möglich, daß die Orestie das erste Schauspiel war, das nach dem Umbau inszeniert wurde. Wir wissen es nicht. Daß die Bühne, die sie benötigt, diesen voraussetzt, kann jedoch nicht bezweifelt werden. Das Wichtigste: zum erstenmal in den erhaltenen Stücken gibt es jetzt am Südrand der Orchestra ein Haus. Was dieses Haus für den Dichter und doch wohl auch für die Zuschauer bedeutet hat, nämlich eine sensationelle Neuerung, das läßt sich anhand der ersten Szene des ersten Stückes der Trilogie leicht illustrieren.

Das Haus hatte eine Fassade in der Mitte, ein Dach, auf das man von den meisten Sitzen hinuntersah, und Seitenflügel (Paraskenien), die links und rechts den Orchestrakreis tangierten; in der Mitte des Hauses war das große Tor, das eine zentrale Rolle spielte, wenige Stufen über die Orchestra erhöht. Die Paraskenien, über die gleichen Stufen von vorn und auf den Innenseiten erreichbar, hatten Propyla und darin sichtbare Türen. Und für das Haus war eine Maschine erfunden worden, die bereitstand, um, mindestens in den ersten beiden Tragödien, in Aktion gesetzt zu werden: eine aus dem großen Tor herausrollbare Plattform (Ekkyklema),[3] auf der Tableaux ausgestellt werden konnten, blutige Tableaux, Greuel. Die Maschine war notwendig geworden, weil Szenen, die sich im Innern des Hauses abgespielt hatten, nur so den Blicken der Vierzehntausend (oder mehr) im Amphitheater gezeigt werden konnten; es gab keine «Einsicht» (im Wortsinn), vor allem, wenn die Sonne hoch stand und, wie am Ende des ersten Stückes der Trilogie, das Haus im Schatten lag.

Doch waren alle Neuerungen in den traditionellen Ablauf integriert. Das Spiel begann in der Morgenfrühe, nach Sonnenaufgang – es muß wohl eine Stunde gedauert haben, bis die Zuschauer aus der Stadt gekommen waren und das Halbrund der 64 Reihen gefüllt hatten. Nach dem ersten Stück, das mit 1672 Versen das längste war (gegen 1076 Verse des zweiten und 1047 des dritten), gab es eine Pause in der glühend heißen Mittagszeit. Am Nachmittag wurden die beiden anderen Stücke gespielt, mit einer kleineren Pause dazwischen und danach, bis in den Abend hinein das Satyrspiel folgte. In dem umgebauten Theater präsentierte die Polis ihren Glanz und ihren Ruhm. Das Jahrhundert, das seiner Mitte entgegenschritt, war in eine Phase politischer Hochspannung eingetreten. Macht und Reichtum, Interessen und Intrigen, Krieg und Revolution waren die Themen des Tages. Nie zuvor waren die Bürger Athens so leidenschaftlich mit den Veränderungen beschäftigt gewesen, die sich in ihrer Stadt und in der Welt draußen ereigneten. Wenn das Theater, wie man gesagt hat, die Polis war, so hatte es keine andere Wahl, als sich die Themen zu stellen, die den Politen, dem Volk, wichtig waren. In der Demokratie hatte sich der Gegensatz zwischen der konservativen Rechten (auch «oligarchische Partei» genannt) und den progressiven «Linken» (den «Radikaldemokraten») am Ende der sechziger Jahre so verschärft, daß es zu einer explosiven Entladung kam. 461 bemächtigte sich die «Linke» mit einem Staatsstreich der Macht. Die Verfassung wurde durch eine einschneidende Maßnahme geändert: die Entmachtung des Areopags. Dieser, der uralte, von Solon neu eingesetzte Oberste Gerichtshof, hatte bis dahin ein Aufsichtsrecht, das ihn über die Parteien stellte. Da ihm nur Mitglieder der oberen Vermögensklassen angehören durften (vorwiegend ehemalige Archonten), war er im Spannungsfeld der Parteipolitik eine Bastion der Rechten geworden. Möglicherweise war auch, wie die Linke behauptete, Korruption im Spiel. Dies war jedenfalls der Vorwand, der die Entmachtung rechtfertigen sollte. Und die Rechte reagierte tatsächlich abscheulich. Ob deren abgesetzter Parteiführer Kimon an der Ermordung seines Parteigegners Ephialtes durch einen gedungenen Killer beteiligt war oder nicht, ist unwichtig im Hinblick auf die abzusehenden Konsequenzen. Der Zorn des Volkes richtete sich gegen die Politiker der Rechten.[4] Kimon wurde verbannt. So erlebte die Stadt ein weiteres Mal, woran die Geschichte niemals Mangel hatte und hat: den Sturz der Großen.

Politik ist, von wem sie auch gemacht wird, Machtpolitik. Darin änderten sich nach der Revolution nur die Vorzeichen. Aggressionskriege wurden nicht vermieden. Die Flotte operierte bei Zypern und vor Ägypten. Man hat in einem Stadtteil Athens eine Inschrift gefunden, auf der Tote verzeichnet waren, die gefallen waren in Zypern, in Ägypten, in Phönizien, auf dem Peloponnes, auf Aegina, in Megara, und zwar in ein und demselben Jahr. Es war das Jahr 469. In das gleiche Jahr setzen die Historiker den Ausbruch des peloponnesischen Krieges, der, mit einigen Unterbrechungen – einem «dreißigjährigen Frieden» zum Beispiel, der nur sieben Jahre halten sollte –, die Geschichte des Jahrhunderts bis zu dessen Ende bestimmte. Im Inneren wurden die Rechte des Volkes erweitert und die Privilegien abgebaut. Die Mehrheit entschied. Zu den Gesetzen, mit denen sich die neue Regierung diese zu sichern wußte, gehörte auch eines, das für das Theater beschlossen wurde: ein «Theorikon» (Schaugeld), ein Zuschuß aus Staatsmitteln gewährte den Minderbemittelten den kostenlosen Besuch. So subventionierte die Demokratie ihr Theater.

468 ist das Jahr der Orestie. Der revolutionäre Elan beflügelte die Politik. Die Entmachtung der «Oberen» war noch in vollem Gang. Macht, Glanz und Ruhm der Polis waren identisch mit Macht, Glanz und Ruhm des Volkes. Der Fortschritt schien unaufhaltsam. Der neue Mann, Perikles, nannte Athen die «Schule von Hellas».

Eine «Schule von Hellas» war auch, wie das letzte Stück der Trilogie beweist, die Orestie. Im zu Ende demokratisierten Theater der zu Ende demokratisierten Polis wurde hier ein Fall verhandelt, der aus mythischer Zeit in die unmittelbarste Gegenwart führte, ein Fall also, der, so angelegt und so zu Ende geführt, das Theater selbst als eine Instanz verstand, wie sie es nie zuvor gewesen war und nie mehr danach wieder werden sollte.

Ein Jahr nach der Orestie ging Aischylos ins Exil.

I. Agamemnon

I

Vierzehntausend (oder mehr) waren aus der Stadt ins Theater gekommen. Der Morgen dämmerte. Die Sonne stieg langsam über den langen Rücken des Hymettos. Was die Menge sah, während sie lärmend Platz nahm, lag im Schatten: Aber es war neu 5 und weckte die Neugier: ein Haus.

Über das Dach dieses Hauses, auf das man von den meisten der amphitheatralisch ansteigenden Zuschauerreihen hinabsah, blickte man ins Grün des Heiligen Hains, darüber hinweg weit in die Landschaft, die sich bis zum schimmernden Meer hinzog; der Dunst, der wie meist in der Frühe darüber lag, leuchtete in den ersten Sonnenstrahlen. Gewiß, es war wie jedes Jahr an diesen Frühlingstagen. Das langerwartete, langgeprobte Ereignis war gekommen. Man feierte die Dionysien, das Theaterfest.

Als die Stunde gekommen war, wurde ein Zeichen gegeben. Das Raunen in der großen Muschel verstummte. Die eintretende Stille war mit Spannung geladen.

Auf dem Dach erhob sich ein Mann – den man dort nicht hatte liegen sehen, weil er hinter den Giebelzinnen verborgen war – mit einer an die Götter gerichteten Gebärde: Mögen sie endlich seine Mühsal enden! Tag und Nacht liege er hier wie ein Hund auf seinen Ellbogen, schon ein ganzes Jahr, wachend und Ausschau haltend, auf Befehl der Herrin dieses Hauses, des Hauses der Atriden. Worauf muß er warten? Auf das Flammenzeichen (lamprados symbolon 8), das Trojas Fall melden sollte. Später würde man Genaueres erfahren, was es damit auf sich hatte, aber die Zuschauer kannten den Fackeltelegraphen, der zum strategischen Nachrichtensystem ihrer Zeit gehörte: von Berg zu Berg würde der Lichtschein weitergegeben werden, bis er hier, im Sichtkreis des Atridenpalastes, also in Argos, sein Ziel erreichte.

Da stand der Soldat, eine dunkle Gestalt im Schlagschatten der Sonne, übernächtig und naß vom Tau (12), gebeugt und müde die Augen mit der Hand beschattend, mit schlaftrunkener Stimme, längst dieses Dienstes leid, zu dem er kommandiert war. Aber mehr als die Hoffnung, daß das Zeichen endlich käme und diese Qual einmal ein Ende hätte, erfülle ihn Furcht,6 so gestand er, doppelte Furcht: nicht nur die, daß er den Auftrag verschlafen könnte, sondern die andere, die größere: die Furcht um dieses Hauses «symphora».7 Denn, so drückt es der einfache Mann aus: ein Ochse sei ihm auf die Zunge getreten. Daher weht also der Wind. Und in den 31 Versen, mit denen das Stück beginnt, hat es bereits alles überschritten, was es an archaischer Tradition übernommen hatte, um es mit Neuem, mit immer Neuem, mit dem, was wir Gegenwart nennen, aufzuladen. Da ist «phobos» (14), sie lauert im Haus, in dem es nicht mehr, wie ehedem zum Besten steht (19), und alle wissen das, wenn es der Wächter weiß, und da es das Herrenhaus ist, das Schloß der Könige, geht die Angst um in der Stadt, die von hier aus beherrscht wird.

Das Haus!8 Was hat Aischylos aus der neuen Szene gemacht! Es ist ja nicht irgendein Haus, sondern das Haus der Atriden, das Schicksalshaus, das tragische Haus, das Haus des verfluchten Geschlechts. Nicht nur Agamemnon residierte hier, sondern auch sein Bruder, Menelaos, mit dessen Frau die große symphora begann, und es steht nicht in Mykene oder in Sparta, sondern in Argos, nach dem Homer die Griechen Argeier genannt hatte und das jetzt, in der aktuellen Gegenwart, eine bedeutsame Beziehung hatte zu Athen.

Und dann le coup de théâtre: das Zeichen! Außer sich der Wächter: «o chaire lampter!» (22), o Gruß dir, Feuer, Licht, Gnade des Glücks (symphoras charin 24), nun wird ganz Argos tanzen, und ich will der erste sein! «Iu, iu», jubelt er, springend wie ein Verrückter.

Alle müssen das Licht gesehen haben. Es ist nicht daran zu zweifeln. Irgendwo auf einem der Berge im Sichtkreis des Theaters muß der Holzstoß von einer Fackel entzündet worden sein, zu genau geplanter Zeit, und vielleicht antwortete ihm gegenüber auf der anderen Seite ein zweites Licht, denn, so wird man bald hören, überall in der Stadt flammen jetzt von den Altären die Opferfeuer auf (91 ff). Die Botschaft ist ungeheuer: Troja ist gefallen! Sieg! Sieg! Und das heißt doch auch: Frieden! Der Krieg ist zu Ende. Sie werden heimkehren, die Männer, die Väter, die Söhne – nach zehn Jahren!

Aber dieser Dichter zögert nicht, eine Dissonanz in den Hymnus zu reißen, gleich einer Saite, die gesprungen ist: Jetzt fällt das Wort vom Ochsen auf der Zunge. «Wenn dieses Haus reden könnte» ... (37). So ist klar, daß das Glück der Anfang des Unglücks ist. Symphora ...

Der Wächter verschwand im Inneren des Hauses, um der Herrin die Botschaft zu bringen. «Androbulon» (11), männlich wollend, so hatte er gesagt, sei ihr Herz. Soviel weiß man schon von Klytaimestra.

Der Abgang des Wächters verschränkte sich in doppelte Bewegung, die nun den Schauplatz überzog, von zwei Seiten her: Im linken Paraskenion, dessen Tür hinter den Säulen ins Frauenhaus führte, erschien eine pompe, eine Prozession von Opferspenderinnen – als Choephoren würden sie im zweiten Stück den Chor bilden – mit Weihegaben in den Armen und auf den Schultern, Krügen, Blumengewinden, auch Fackeln natürlich, denn nun sollten die Opferfeuer auch auf der Bühne entzündet werden, an den Altären, vor den Götterbildern, vor allem vor der Steinsäule des Apollon im rechten Paraskenion, wohin sich ein Teil der pompe wandte. Das ganze Stück hindurch würden die Flammen züngeln und Rauchwölkchen über den Schauplatz wehen.

Zur Parodos schritten, ebenfalls auf der linken Seite, die zwölf Choreuten den Felsenweg herab, auf dem man aus der Stadt kam, in langsamem Zug, jeder nach seiner Art, wie die Alten in den «Persern». Wie jene trugen sie Zeichen ihrer Würde, Schwerter (1651), aber sie stellten noch ältere Leute dar, auf Stöcke gestützt (75, 80), altersschwach, wie sie sich selbst nennen, schwankend wie Traumbilder am Tage (82). Die Daheimgebliebenen, die Zurückgestellten (73), und doch nicht irgendwelche Bürger: schon war hier angedeutet, was sich später herausstellen sollte, daß sie einen «Rat» verkörperten, den Rat der Alten, mit dem der legitime König Rat zu halten pflegte, nun freilich als solcher «außer Kraft gesetzt», also auch in politische Schwäche versetzt, nicht mehr gefragt, und nicht einmal einer Antwort gewürdigt, wie alsbald demonstriert werden würde:

Denn während sie die schweren Anapäste ihres Einzugschors sprachen, war auch die Königin zwischen den Säulen des linken Paraskenions erschienen, schweigend, aber in triumphierender Pose; sie war die Stufen hinabgeschritten zu den Altären, um das vorbereitete Ritual zu vollenden, eine Fackel ergreifend, die das Feuer hell aufflammen ließ, aber ganz und gar unansprechbar, obwohl 21 Verse lang von den Fragen des Chors bedrängt; sie forderten nichts, die Alten des Rats, sie wollten nur wissen, warum die Opfer befohlen worden waren, was geschehen war, was sie doch wissen mußten als die Repräsentanten der Polis: sie wurden keiner Antwort gewürdigt. Was der Wächter schon vom Dach herunter angedeutet hatte, wurde hier offenkundig: Herrscher und Volk waren tief entzweit; es regierte Tyrannei (kratos 258). Was war den Alten noch geblieben? Sorge und Hoffnung, Trauer und Angst (102f), ja, und doch noch eines: das Wort, der Gesang, die «Kraft des Alters» (106) – das wenigstens war noch nicht verboten.

Es muß klargestellt werden, daß dieser Chor (119) seine Rolle spielte, wie gleich ausgeführt werden soll; an einer berühmten Stelle, nämlich nach dem Mord, würde er auch seine Passivität aufgeben und, in wenn auch ohnmächtigem Entsetzen, mit dem Schwert in der Hand einzugreifen versuchen. Er war weder, wie A. W. Schlegel meinte, die Stimme des «idealisierten Zuschauers», noch gar, wie die meisten Interpreten behaupten, die Stimme des Dichters. Für die letztere These wird vor allem das Chorlied herangezogen, das nun in sechs weitgespannten und gewaltig ineinander verschränkten Strophen erklang. Vor allem der «Zeus-Hymnus» (160–183)⁹ hat es den Erklärern angetan. Hier, sagen sie, hören wir Aischylos predigen. Das tragische Pathos seiner Religion, die berühmte Devise: «Durch Leiden lernen» (pathei mathos 177, 250 f), das Modell allen Betens zu Gott, zu Zeus, «wer er auch sein mag». Demgegenüber steht zunächst nur eines fest, daß die Alten des «Agamemnon» die ihnen zugeteilte Rolle spielen; sie sind die politai der polis, sie repräsentieren das Volk gegenüber der Herrschaft, sie sind die Regierten; das heißt nicht, daß sie zu jener Ohnmacht verurteilt sein müssen, in der sie sich hier und jetzt befinden; der heimgekehrte König wird ihren Rat wieder in Anspruch nehmen (845 f); so sind sie nicht einmal nur Leidende, auch wenn es wahr ist, daß wir alle «durch Leiden lernen»; nur ist «Leiden» weder imstande, die Politik der Polis noch gar Geschichte zu machen. Die Tragödie unterscheidet zwischen den Helden und den vielen (polloi), den Ungewöhnlichen und den Gewöhnlichen; jene stehen unter anderen Gesetzen als diese. Geschichte wird gemacht von den Agamemnon, den Orestes, wie von den Themistokles oder Perikles, von den Alexander und Cäsar, von den Napoleon und den Mao, ja auch von diesen; denn nichts deutet daraufhin, daß der Tragiker im bewundernden Einverständnis mit den Tätern ist, so wenig er im Einverständnis sein kann mit den nur Leidenden (die eben in der Demokratie, zumal der attischen, nicht nur die Leidenden sein sollen, sondern auch die Urteilenden, die Wählenden, ja die Richte. Das Urteil ist der Geschichte vorbehalten, die zwar von den Tätern gemacht, Thukydides, formuliert hat) oder jedenfalls das, was sie für das Notwendige halten. Das Urteil ist der Geschichte vorbehalten, die zwar von den Tätern gemacht, aber von den anderen, den vielen, mit denen sie gemacht wird, beurteilt werden wird. Nichts anderes legt das große Chorlied dar: die Taten der Großen im Aspekt der vielen, und darüber Zeus, die Macht des Unbegreiflichen, der Zwang zur einzigen Gnade, die uns übrigbleibt (180 ff): «Einsicht». Einsicht nämlich, wie es zuvor geheißen hatte, daß das so sei, wie es sei und unverständlich sei, und daß alles Grübeln darüber «vergebliche Mühe» sei (165). Wie hätte das der Tragiker den Zuschauern zugerufen haben sollen, die er, durch diese Trilogie, zu ganz bestimmtem politischem Handeln bewegen wollte? Nein, aus dem Chorlied spricht der Fatalismus der Ohnmächtigen, es ist die Sprache der Schwäche, es reden die Greise.

Überblicken wir das Ganze. Schon in den Anapästen der Einzugsverse finden wir jene Verflechtung von Bericht und Reflexion, in der sich die Situation der Redenden ausdrückt: «Zehn Jahre sind vergangen, seit des Priamos große Widersacher Menelaos und Agamemnon, Herrscher von Gottesgnaden, mit Heer und Flotte aus diesem Lande aufgebrochen sind, um Vergeltung zu üben. Zorn hat sie erfüllt wie den Adler, der über dem Horst kreist, aus dem man ihm die Brut gestohlen hat. Im Himmel hat sie ein Gott – Apollon oder Pan oder Zeus – erhört; so wurde den Frevlern die Erinys gesandt. Und um Paris' und Helenas Willen

Die Orestie: Agamemnon

wurde den Griechen und Troern schweres Leid auferlegt. So ist es nun, wie es ist. Es wird kommen, wie es bestimmt ist. Du kannst nichts dagegen tun. Weder Opfer noch Tränen wenden den starren Grimm.»

Damit ist in einem Zug alles gesagt, was über Menschenschicksal zu sagen ist, wenn es die Alten, rückblickend, bedenken. Ein Verbrechen ist geschehen, aber die Strafenden werden die gleiche Not leiden wie die Bestraften. Und was erwartet alle am Ende? So alt zu werden wie wir, schattenhaft, schwach, kraftlos wie Kinder ...

Dreimal wendet sich der Chorführer an die Königin, die mit dem Opfer beschäftigt ist. Angst und Sorge tragen die Worte ans Ohr der unnahbar Schweigenden, die das Ritual fortsetzt: Sag uns, was du sagen kannst und was die Satzung (98 themis) dir zu sagen gebietet, nimm uns die Sorge, die bösen Gedanken, auf daß das Licht der Hoffnung die unersättliche Angst und die herzzerbrechende Trauer vertreibe.

Das ist die Stimmung, in der die Noten des Chorlieds gesetzt sind: nach dem zweideutigen Jubel des Wächters die zweideutige Sorge angesichts des Schweigens der Wissenden. Eins folgt aus dem anderen, so wie es vorher gesagt worden ist: du kannst nichts dagegen tun, wie es bestimmt ist. Sie beginnen wie die Rhapsoden, die Dithyrambensänger der alten Zeit, mit dem Anruf der gottgegebenen Gabe, den Kampf zu singen, den Aufbruch nach Troja. Aber schon mischt sich die Lyrik ein. Ein böses Zeichen: zwei Adler schlagen eine trächtige Häsin. Ein dreimaliger Refrain faßt die ersten Strophen zusammen: «ailinon, ailinon eipe, to d' eu nikato. Wehe, ruf' wehe, doch siegen möge das Gute!» (121, 139, 159)

Aulis. Der Seher deutet die Zeichen: wohl habe die Moira bestimmt, daß Troja untergehe mit allen Schätzen, die sein Volk gesammelt habe, aber nur ein Opfer von anderer Art vermöge den Zorn der Göttin zu besänftigen, die – es wird kein Grund dafür angegeben – das Griechenheer an der Ausfahrt hindert: «Ailinon, ailinon ...» Und es werde ein Opfer von schrecklicher Art sein, anomos – ungesetzlich, adaitos – ruchlos, Ursache des Hasses im eigenen Haus, verbrecherisch gegen die Gattin: «Furchtbare Vergeltung droht die des Kindes gedenkende Rachgier!» (154 f). So die Prophetie des Sehers, hineingesprochen in das Jetzt und Hier der Szene, in Klytaimestras Gegenwart! Zum drittenmal: «Ailinon, ailinon ...»

Und hier folgt der Hymnus, dessen zweite Strophe noch schärfer in die Gegenwart der dramatischen Szene hineinstößt, in die Gegenwart der Zuschauer, in die nie endende, in unsre Gegenwart: «Wer vordem groß war – keiner spricht mehr von ihm: er war gestern. Wer an seine Stelle tritt, wird ebenso stürzen!» Wer dachte da in Athen nicht an Themistokles, an Miltiades, an Kimon, die Gestürzten, die Vertriebenen. Solche Schatten sollte Agamemnon werfen, von dem alle wußten, wie er in diesem Stück enden würde. «Durch Leiden lernen» – bittere Einsicht (181): schlaflos liegen wir, Trübsal träufelt die Erinnerung (mnesipemon, Leidgedenken 180) uns ins Herz; so beschaffen ist die Gnade (charis), die uns die himmlisch Thronenden mit Gewalt (biaios 182) erweisen.

Es ist mehr als Fortführung, was der so verschränkte Bericht nun bringt: die Anwendung des Gefolgerten auf das Schicksal des Heros, nach dem das Stück heißt. Breit wird die Situation ausgemalt, in der sich die Griechen in Aulis befinden. Heer und Flotte versacken, weil das Opfer noch nicht gebracht worden ist. Jeder Zug dieser Schilderung deutet unmittelbar auf den Einzigen, der das Übel wenden kann. Die Vorräte gehen zu Ende, Stürme brausen über das Lager (in der falschen Richtung), zum Hunger kommen die Schäden, die Mannschaft murrt: «Dürr und welk sank Argos' Blüte dahin» (197 1 f). Agamemnons Dilemma: kann er den Feldzug noch abbrechen? Oder muß er sein Kind opfern? Kein Zweifel – den alten Männern ist nach zehn Jahren Krieg und allem, was in Troja und Argos geschehen ist, so zumute, daß sie auf die erste Frage mit Ja antworten möchten. Aber für Agamemnon geht es um mehr als nur um Prestige. Hören wir, wie ihn der Chor sprechen läßt, sich leidenschaftlich in ihn hineinversetzend, hören wir es im Bewußtsein des Umstands, daß Klytaimestra zuhört und daß der Chor den Seher sagen läßt, sie werde die Opferung der Tochter niemals hinnehmen. Nein, es ist nicht so einfach, den Entschluß Agamemnons zu der grausigen Tat psychologisch zu erklären, etwa mit Machtrausch. Es ist kein Machtrauschbesessener, der uns im zweiten Teil des Stückes entgegentritt. Und es wäre ungriechisch, anzunehmen, die zehn Jahre Krieg hätten ihn gereift und sein Seelenleben verändert. Agamemnon ist kein Shakespearischer Charakter. Er ist der Heros, und er ist es hier, in diesem Chorlied in seiner tragischsten Dimension. Niemand hat das so schlüssig dargestellt wie Eduard Fraenkel (in seinem grundlegenden Kommentar zum «Agamemnon»):[10] Darin sagt er: «Nicht Ehrgeiz bestimmt ihn, sondern einfache, unerbittliche Pflicht ... Aber ebenso fest wie Agamemnons Bewußtsein dieser Pflicht ist sein Bewußtsein des ungeheuren Frevels, den er begehen muß, wenn er ihr gehorcht. Er beschönigt nichts, im Gegenteil, jedes seiner Worte zerrt das Grauenvolle dieser Opferschlachtung in immer entsetzlicheren Zügen ans Licht. Und doch entscheidet er sich. Das ist, so singen die Greise, der Anfang seines Leidens. Hinfort wird auch bei Agamemnon in schlaflosen Nächten die Qual sein, die des Leidens gedenkt. Von dieser Qual kündete der Hymnus auf Zeus, der noch frisch in unseren Ohren klingt. Hinter und über dem Leiden des Menschen steht der gewaltige, erbarmungslose, gerechte Gott. Einsicht gewährt er, aber Erlösung nicht ...»

Die letzten Strophen: Steigerung und Zuspitzung der Antinomie in Agamemnon und Schilderung der Tat, des Greuels, der zugleich blutmörderisches Verbrechen ist, miasma, dem Haus der Atriden angetan, und Frevel, unvergeßbar, unverzeihlich für die Mutter. Da steht sie, schweigend, Klytaimestra. So hörte sie die letzte Antistrophe (250 ff):[11]

> Das Künft'ge,
> Sobald es ist, hörst du es – ich grüß es nicht
>   Zuvor, zuvor klag' ichs nicht.
> Denn klar herauf steigt's im Glanze des Frühlichts.
> So ende nun, was begann, Sieg und Heil bringend uns!
>   So wünscht es sie ja zunächst,
> Die allein hütend wacht heil'ger Heimat.

«Sie» ist die Königin. «Alleinhütend» ist zweideutig wie die ganze Strophe. Es steckt Kritik mit drin: denn die Monarchin hat aufgehört, den Rat des Volkes zu befragen.[12] Da steht sie – die Opfer sind beendet – im linken Paraskenion über den Stufen, ihre Frauen hinter und neben ihr. Der Chor neigt sich vor der Regentin. Er bittet sie, ihr Schweigen zu brechen; doch falls sie es vorziehen sollte, weiter zu schweigen, werde kein «phthonos» entstehen, kein Übelwollen (263).

Klytaimestras erstes Reden ist Präsentation. Sie ergreift das Wort in der Unnahbarkeit der Herrscherin. Sie spricht aus ihrer Verschlossenheit heraus. Was sie verkündet, hat offiziellen Charakter. Es kommt vom Thron der Polis-Lenkerin. Kein Wort von Agamemnon. Aber auch kein Wort von Iphigenie. Was geht das die Leute an? Sie ist allein. Aigisthos, auf den sie zählen kann, wird erst auftreten, wenn die Zeit gekommen ist. Natürlich weiß der Chor, daß er da ist, an ihrer Seite, in ihrem Bett. Wir wissen ja vom Wächter, daß gemunkelt wird. Aber sie kümmert sich nicht um das Geschwätz. «Du sprichst wie ein Mann», sagt der Chorführer von ihr (351).

So bricht sie das Schweigen: Troja ist gefallen! Das also bedeutete das Zeichen. Die Erklärung des Fanals ist in die Form einer raschen Stichomythie gekleidet. Der Chor zeigt Ungläubigkeit. Vers um Vers werden seine Zweifel – woher sie es denn wissen wolle? – niedergehämmert. Die Schilderung des Feuertelegraphen sollte nicht nur das Staunen der Alten hervorrufen, sondern die Bewunderung der Zuschauer: die Verse haben den Glanz der Worte, dessen dieser Dichter mächtig war, wenn er ihn wollte. Der Eindruck, den sie machen, spiegelt sich in dem Wunsch des Chorführers, noch mehr davon zu hören (317 ff). Aber was folgt, ist überaus erstaunlich. Klytaimestra hat nichts mehr mitzuteilen. Das Einzige, was «tode phaos», dieses Licht (311) ihr zu melden hatte, war Ilions Fall.[13] Klytaimestra gibt sich den Vorstellungen hin, die das Schicksal der Besiegten in ihr auslöst, und nicht nur in ihr. Das Bild, das sie ausmalt, ist das aischyleische Bild des Krieges – wir kennen es aus den «Persern» und den «Sieben»: es ist der Schrecken voll; Homer liegt weit zurück. Und doch schiebt sich in dieses Bild das geheime Denken der Sprecherin hinein, nicht wahrnehmbar für den Chor, aber durchschaubar für das Publikum:

Doppelte symphora – so sagt sie – herrsche in den eroberten Stadt. Die Sieger durchstreiften sie plündernd und brandschatzend, sie hausten in den verlassenen

Palästen, praßten und schliefen, endlich erlöst von der Nachtkälte des Zeltlagers. Aufgelöst sei alle Ordnung. Die Besiegten, aus den Häusern verjagt, kauerten bei den Leichen der Gefallenen, Mütter, Frauen, Kinder, Greise; sie klagten nicht mehr; stumpf ergeben harrten sie ihres Schicksals: in die Sklaverei verschleppt zu werden, die Beute der Sieger. Klytaimestra hat kein lobendes Wort für diese, im Gegenteil (338 ff):

> Und ehren jetzt sie jenes Landes, jener Stadt,
> Der Besiegten Götter und der Götter Tempel, dann
> Vielleicht erliegt der Sieger nicht dem eignen Sieg.
> Nur komme Gier nicht über unser Heer, besiegt
> Vom Reiz der Beute, anzutasten Heil'ges auch!
> Es braucht zur Heimkehr noch zurück der zweiten Fahrt,
> Bevor des Seezugs Doppelbahn vollendet ist.
> Ja, käm den Göttern unversündigt heim das Heer,
> So ging's wohl gut...

Die Zuschauer wußten, daß es nicht gut gehen würde. Sie kannten aus der Odyssee und anderen Epen (den Nostoi) des Schicksal der Sieger. Bald wird es auch in diesem Stück an den Tag kommen, der Herold wird es melden, er ist schon unterwegs. Aus Klytaimestras Rede wird klar, daß sie sich in Troja «versündigt» haben mußten, wenn die Götter sie so bestraften. Ihre letzten Worte: was sie gesagt habe, sei aus dem Herzen der Frau gesprochen gewesen. Darauf die erwähnte Antwort des Chorführers, nicht weniger doppeldeutig für den Zuschauer: sie habe wie ein Mann gesprochen.

Anapäste leiten das folgende Chorlied an. Die Anrufung des Zeus geht alsbald über in die der «Nacht». Ja, es ist diese bildlich-sinnbildliche Nacht, die das Thema auslöst: wie ein Schleier, gewoben aus zeitraffendem Dunkel, sollte sie sich zwischen das «Licht» der ersten Szenen und das Zwielicht der nächsten legen. Nun, da Klytaimestra nicht mehr auf der Szene ist, konnte auch der Chor den Schein der Scheu und die Vorsicht der Angst fallen lassen. Was im ersten Lied nur angedeutet war, wird jetzt offen ausgesprochen. Die Rolle des Chors bestimmt sich eindeutig nach den Distanzierungen, mit denen er sich in Gegensatz stellt zu denen, die «oben sind» (374, 376, 382, 387). Peitho, das Schoßkind der Ate (385), nämlich Verführung, habe sie dorthin getrieben, wo sie seien, in das Übel – wie anders wird Peitho in den «Eumeniden» erscheinen, nach der Umwertung der Werte...

Helenas verderbenbringendes Wesen (immer wieder angeklagt: 740 ff, auch 681 ff, 739 ff, 1455 ff, sie ist «paranus», verstandeswidrig) habe gleichermaßen das Herrscherhaus wie die Völker ins Unglück gestürzt. «So hat im hellenischen Lande jedes Haus, aus dem ein Krieger fortgezogen ist, sein eigenes Weh... Die drinnen wissen, wen sie ausgesandt haben; aber anstelle der Männer langen im Hause eines jeden die Urnen und Aschenreste an. Ares, der Goldwechsler in Menschenleibern und Halter der Waage in der Speerschlacht, schickt aus Ilion den Angehörigen, was nach dem Verbrennen übrig geblieben ist, Goldstaub, so wenig, so schwer, über den sie bitterlich weinen; die Aschenkrüge – leicht werden sie im Schiff verstaut –, die er gefüllt hat mit Staub. Staub statt des Mannes. Und man jammert, wenn man die Toten preist, von diesem, daß er ein kundiger Kämpfer war, von jenem, daß er in dem Morden als Held gefallen ist – für das Weib eines andern. So geht das Murren» (429 ff, nach E. Fraenkel). Und jetzt folgt der dramatische Satz (450): «phthoneron d'hyp' algos erpei prodikois Atreidais», wörtlich: übelwollender Schmerz kriecht unter die schiedsrichtenden Atriden, also: das Leid, das sie verursacht haben, greift über auf die Polis, das Volk, es weckt das Murren – die archaische Zeit der Aristokratie geht zu Ende: «Schwer lastet des Volkes Stimme, von Groll erfüllt: wer die Flüche des Volkes (demokratu aras 457) auf sich zieht, büßt die Schuld.» Schuld ist hier im Sinne von Schulden gemeint. Wer sich den Unmut des Volkes zuzieht, muß zahlen. «Denn die Völkermörder bleiben Göttern unvergessen. Und die schwarzen Rächerinnen (die Erinyen) führen ungerechtes Glück auf umgekehrten Lebenspfad endlich ins Verderben ... Schlimm ist allzuhoher Ruhm, aus des Gottes Auge fährt, was ihn trifft, der Blitz» (495 ff, K. Reinhardt).

Schaudernd wandte sich der Chor so ab von den «Oberen», wohl wissend, daß sie alle, Agamemnon, Klytaimestra, Menelaos – dieses ganze Haus, dem sie untertan sind – anderen Verhängnissen ausgesetzt sind als sie selbst. Weil sie oben sind, weil sie Macht, Ruhm, Reichtum besitzen, werden sie tiefer stürzen als je ein gewöhnlicher Mensch. Daraus folgt: «Ich wähle neidloses Los (olbos 471). Weder möchte ich Städtezerstörer sein noch ein Gefangener»: hier die Macht – dort die Sklaverei. Dazwischen ist offenbar nichts als der Wunsch: daß es nicht so sein darf oder nicht so bleiben sollte.

Die Epode wird zur Folie der folgenden Szene. Zweifel an der Botschaft des Fanals werden vorgebracht. Wir sind, sagen die alten Männer, nicht so leichtgläubig wie Weiber. Die Kritik richtet sich gegen Klytaimestra. Da sie alsbald Lügen gestraft wird, kann sie wiederum nicht als die Meinung des Dichters aufgefaßt werden. Doch ist die Doppeldeutigkeit eklatant.[14]

Nach dem zeitraffenden Chorlied setzt die Handlung neu ein.[15] Einer, der Chorführer,[16] hat gehört, was alle im Theater hören konnten: daß sich Geräusche von rechts her nahten; er eilte die Stufen des Paraskenions empor und meldete, was er sah. Und der ganze Chor lief dorthin, dem Kommenden entgegen; noch bis zum Auftritt der Königin müssen die Alten zwischen dieser und dem Herold gestanden haben; nur so erklärt sich die Schärfe, mit der sie ihn abfertigen wird: aus dem Zorn darüber, daß man sie unbeachtet hatte dastehen lassen.

Erregende Aktion. Der Herold kam durch die rechte Parodos. Ein Ölzweig schirmte sein Haupt. Die Uniform war staubbedeckt. Er schwankte in den Schauplatz. Er sank zu Boden. Er küßte die Heimaterde. Er glich einem unvergeßlichen Bild: dem Boten von Marathon. (Wir kennen es schon aus den «Persern»).

Eingebettet zwischen zwei Chorlieder ist die Heroldszene [17] als in sich geschlossenes Stück kunstvoll symmetrisch gebaut.[18] Der Bote kündigt Kommendes an und deckt Vergangenes auf. Das Mythische wird aus den homerischen Vorstellungen und Überlieferungen hereingeholt in das hic et nunc der Gegenwart. Alles, was da über den Krieg und die Front und die Gefallenen berichtet wird, war den Zeitgenossen so vertraut, wie es uns vertraut ist. So überwältigend die Freude über das Ende des Krieges ist, so unauslöschbar sind die Gedanken an die Opfer. Und die Angst ist noch immer nicht zu Ende. Menelaos und zahllose Argiver werden nicht heimkehren, jedenfalls jetzt nicht; die Zahl der Opfer ist größer als man ahnte; Totenklagen werden die Freudenfeiern übertönen. Vielleicht ist nur *ein* Schiff gelandet; darauf Agamemnon. Vom Hafen Nauplion aus rüstet er die pompe, mit der er in Argos einziehen wird; sie wird kein Triumphzug sein.

Der Herold ist mit tiefem Blick in das Wesen eines Menschen gezeichnet – so behandelt dieser Dichter eine stereotype Figur. Das Glück, daheim zu sein, überwältigt ihn. Der Stolz, vor den Augen der Landsleute zu den Siegern zu zählen, Bote des gewaltigen Triumphes, Herold des Städtezerstörers, reißt ihn aus seinen privaten Gefühlen empor in die Größe seines Auftrags. Aber das hält nie lange vor. Immer wieder übermannt ihn das Leid: dies zu melden ist nicht Teil seines Auftrags, aber Pflicht und Schuldigkeit gegen die Mitbürger und Ausdruck der Solidarität mit den die Polis repräsentierenden Alten.

Vergessen wir nicht, daß auch die Botschaft des Triumphs für das attische Publikum etwas historisch Strahlendes hatte und daß dies durchschlagen mußte in die Empfindungen, wenn der Absturz die dramatische Fallhöhe gewinnen sollte. Was auch Agamemnon gesündigt haben mag, indem er sein Kind opferte, – der Fall Trojas hat ihm als eine Art Göttergeschenk recht gegeben. Zeus hat ihm dadurch unsterblichen Ruhm verliehen, genauer: den Ruhm der Unsterblichkeit. Von Troja führt ein Sternenweg zu Homer und Aischylos. An diesem Himmel strahlt Agamemnons Stern mit mythischer Leuchtkraft. Alles, was gegen Agamemnon vorgebracht wird, muß in diesem Licht gesehen werden. «Nicht Städtezerstörer möchte ich sein», hat der Chor im Schauer vor solcher Größe bekannt.

«Jetzt könnte ich sterben vor Glück« (539), rief der Herold unter Tränen, die man nicht sah, aber fühlte. «Hat dich so das Heimweh gequält»? fragte der Chorführer. Gleiche Sehnsucht war all die Jahre in denen daheim und denen draußen. «Ihr habt die Qual um die erlitten, die sich um euch quälten» (544 ff). Der Chorführer spricht für den demos, das Volk, der Herold für die Front, die Heimkehrer (547 ff): Was ist in der Stadt geschehen, woher kam der Haß (stygos 547)?[19] Wenn er danach fragt, muß er schon gehört oder gespürt haben, was über der Stadt liegt. Darauf der Chorführer: Schon ist Schweigen mein einziger Arzt. Der

Herold: Ihr habt Angst? Vor wem? Chorführer: So sehr, daß wir wie du «jetzt zu sterben» wünschen. Lange Pause. Es war ja unmöglich, zu sprechen: die Häuser hatten Ohren. Vielleicht rasselte auch schon die Tür, und Mägde kündigten die Königin an.

Doch der Herold griff das Stichwort auf, um daran zu erinnern, daß ja nun alles vorbei sei. Er malte die Strapazen des Krieges aus; er schilderte die Kehrseite des Ruhms; in dieser kleinen Passage ist enthalten, was Tolstoi in «Krieg und Frieden» beschreibt: der Feldzug nicht in der Perspektive der Generäle und der Geschichtsbücher, sondern aus der Sicht derer, die ihn zu führen haben, der Soldaten an der Front, der Landser oder GI's: das Transportschiff, das Lager, Nässe von oben, Nässe von unten, Ungeziefer, der Winter, nein, *die* Winter, zehn solcher Winter, die Hitze, zehn solcher Sommer. Da packte ihn wieder das Glücksgefühl (569 ff):

> Wozu es klagen? ... 's ist vorüber alle Müh,
> Vorüber nun auch denen, die gefallen sind ...
> Was soll ich euch herzählen die Gebliebenen, und
> Mich, der ich lebe, kränken um ihr traurig Los?
> Nein, allen überstandnen Leiden Lebewohl!

So konnte er zu seinem Auftrag zurückfinden: Preist die Götter! Zeus' Gnade hat uns Ruhm geschenkt.

Schon lange stand Klytaimestra auf den Stufen. Endlich wandte sich der Chor zu ihr zurück, dem Herold eine Gasse frei gebend. Aber nicht einmal für eine Begrüßung ließ sie diesem Zeit. Höhnend und strafend wandte sie sich an den Chor. Habt ihr nicht gezweifelt? Habt ihr nicht gesagt, nur ein Weib könne so einem Zeichen glauben? Nun wißt ihr's. Was der zu melden hat, brauche ich mir nicht anzuhören – ich werde es gleich vom Fürsten selber hören. «Laut aufgejauchzt habe ich längst in heller Lust» (587) – so hatte sie ihre Rede begonnen, und jetzt steigerte sie sich geradezu in einen Lügen-kompos hinein: Befehl an den Boten, zurück zum Hafen zu laufen und Agamemnon zu melden: «Treu wird daheim er finden sein Gemahl, wie einst er sie zurückließ als des Hauses Wächterin» (606 f). Das Gerede, das umgehe, treffe sie nicht. «Lust mit fremdem Mann» (612) sei ihr nicht fremder als «des Erzes Bad» (613 ff): «Mit solchem Selbstruhm (kompos) lautrer Wahrheit» dürfe sie sprechen. Die Lügen klangen höhnisch. Sie wußte, daß sie log, und sie wußte, daß der Chor wußte, daß sie log. Die Zuschauer wußten noch mehr: – «das Bad mit dem Erz», dem Beil, hatte sie dem Heimkehrer schon bereitet.

So rauschte sie ab. Aber der Chor ließ den Herold nicht laufen. Wie um die Hintergründigkeit des eben Gesagten zu unterstreichen, bestürmte er ihn mit Fragen nach dem anderen Hahnrei: apropos, was ist mit Menelaos? Der Herold konnte nur melden, daß er verschollen sei. Der Sturm habe die Flotte zum Teil

vernichtet, zum Teil in alle Windrichtungen versprengt. Wie im Botenbericht der
«Perser» von Salamis heißt es nun vom Griechenheer (658 ff):

> Als dann das Frühlicht tagend endlich wieder schien,
> Da sehn wir rings des stillen Meeres Spiegel blühn
> Von Griechenleichen, von zerschellter Schiffe Wrack.

Und sie selbst, dem Hades des Meeres entronnen, wollten den heiteren Tagen nicht mehr trauen, (669) «und ließen weiden unseren Gram das neue Leid des mühbeladnen, jammervoll zerstäubten Heers» (669). Nur Hoffnung bleibe jetzt; vielleicht werde Menelaos doch noch heimkehren: Zeus werde doch sein Geschlecht nicht ganz auslöschen wollen ... Mit diesen Worten eilte er fort, zum Hafen, zu Agamemnon.

2

Das Stück geht seinem Höhepunkt entgegen. Der Chor, der sich in der Orchestra zum letzten Gesang davor formiert, weiß das. Aischylos läßt ihn Gefühle und Gedanken in die hintergründigen Tiefen lenken: warum das alles, das was gewesen ist, das was kommen wird? Aber die Zuschauer wissen mehr als der Chor: sie kennen den Mythos. So sollen die vorgetragenen Gefühle und Gedanken noch Tieferes ahnen lassen. Was die Alten in ihrer Rolle sagen, weist weit voraus auf das Ende der Trilogie; es ist schon so, wie man gesagt hat: «Wie so oft im ‹Agamemnon› sagen sie mehr, als sie wissen.»[20]

Die tragische Spannung verdichtet sich im Chorlied durch immer neue Anspielungen und Doppeldeutungen. Die verschränkende Form – Rückblick auf die Herold-Szene, Ausblick auf Agamemnons Einzug – verweist auf doppelte oder dreifache Funktion. Ausgangspunkt ist Helena: ihre unheilbringende Schönheit birgt die Ambivalenz alles Irdischen. Schon ihr Name – die Griechen hörten den Anklang an raffen, rauben – verweise auf ihre Dämonie. Wieder ist es müßig, von Schuld zu reden; sicherlich ist Hybris in ihr, aber wichtiger ist, daß sie Hybris herausfordert. Und was soll man den Männern vorwerfen, die solche Schönheit um den Verstand bringt? Zeus habe ihr Erinys zugesellt, als ihr der Name gegeben worden sei. Durch sie habe er Erinys in Priamos' Haus gesandt. Es ist gerade dieses grundlose, aber von Zeus geschickte Übel, das im Gleichnis angesprochen wird: zahm war es, das Löwenjunge, als es ein Mann aufzog, und es wedelte ihm freundlich entgegen; aber als es wuchs, wuchs in ihm die ererbte Art und mit ihr das Verderben. So ist Ate – wir erkennen sie nicht, wenn sie ins Haus kommt, wir hätscheln sie noch, und dann eines Tages steht sie furchtbar auf, um uns zu verderben. Natürlich ist das Löwenjunge[20] nicht, wie man angenommen hat, einfach Helena, so wenig, wie nach neuerer Ansicht, Agamemnon, Klytaimestra oder gar

Orestes. Das beweist die letzte Antistrophe. Hier läßt Aischylos die Alten eine verbreitete Meinung zurückweisen: es gehe ein Logos, eine Rede, daß es der große Wohlstand, die gesegneten Glücksumstände seien, die einem Geschlecht das Unheil bringen, indem sie es gleichsam anziehen. Nein, nicht Reichtum, sondern Hybris, die sich seiner bediene, sei es, was Ate herbeilocke. Hybris zeuge Hybris (so wie der Löwe den Löwen), und wenn die Zeit gekommen sei (chronistheis 727), gebäre (wörtlich) «Kühnheit junger Ate einen neuen Daimon unüberwindlich, unbezwinglich, unheilig, gleichend seinen Erzeugern». Das ist die Theodizee der Alten, die darauf bestehen, daß selbst vererbter Fluch in jeder Generation neu bestätigt werden müsse, ehe die Verfluchung wieder wirksam werde – nachdenkenswert, doch kaum schlüssig genug, um als die Meinung des Theologen Aischylos ausgegeben zu werden (wie sich zeigen wird). Dem, sagt der Chor, sei nur eines entgegenzusetzen: Dike. Damit ist die Wendung ins Politische vollzogen; der Chor spricht für die Polis, nicht nur für das Geschlecht. So kann er sagen: Dike leuchte in Hütten wie in Palästen; von goldstrotzenden Sitzen wende sie sich ab, wenn sie voll Schmutz sind, sie gehe zu den «hosia» (779), den heiligen, gerechten, frommen, reinen, ohne die falsch gepriesene Macht des Reichtums zu scheuen. Der dramatische Stellenwert ist wichtiger als eine allzu weit verallgemeinernde Auslegung: Dike hat dieses goldstrotzende Haus hier verlassen. Ate lauert bereits. Das Löwenjunge ist groß geworden; es setzt wieder zum Sprunge an.

Während diese Verse verklangen, hörte man von weither, von unten herauf Räder rasseln. Trompeten schmetterten. Die pompe des Königs hatte die Szene erreicht.

Agamemnons Einzug erfolgte im vierrädrigen Wagen. Bewaffnete zogen ihn in den Schauplatz.[21] Der Heros stand hochaufgerichtet auf ihm. Er wurde bis in das linke Drittel der Orchestra vor dem Paraskenion gefahren und dort so aufgestellt, daß sich der Schauspieler, der auf ihm stand und stehend sprach, nach beiden Seiten wenden konnte: nach der Orchestra, wo ihn der Chor in hochgespannter Bewegung begrüßte, und nach dem Frauenhaus, wo gleich nach dem Einzug oder noch währenddessen die Königin in vollem Ornat mit ihren Frauen erschienen war und zunächst stehen blieb, um dann später über die Stufen herab auf den Wagen zuzuschreiten. Das große Tor in der Mitte sollte erst geöffnet werden, wenn die Überraschung, die der Dichter für seine Zuschauer vorbereitet hatte, inszeniert werden würde.

Es war von dramatischer Bedeutung, daß sich Agamemnon nicht der Königin, sondern dem Chor zuwandte. Dies und sein späteres Verhalten ließen darauf schließen, daß er Verdacht geschöpft hatte; wären die Gerüchte, von denen immer wieder die Rede ist, nicht schon vorher zu ihm gedrungen, so hätte sie ihm doch sicher der Herold gemeldet. Auch haben die Anapäste, mit denen der Chor den König begrüßt, einen auffallenden Mangel an Zeremoniell – so als wären sie unvorbereitet gesprochen, als hätte Klytaimestra schon zu ihrer Begrüßungsrede ansetzen wollen und als hätte Agamemnon sich zu ihrer und der allgemeinen Überraschung zuerst und womöglich brüsk an den Chor gewandt. Solcher Affront lag im Sinne der dramatischen Situation. Dazu stimmt, daß auch Klytaimestra den ersten Teil ihrer Rede, wenn sie endlich zu sprechen beginnen würde, nicht an Agamemnon, sondern an den Chor richten würde: zu den Alten sprechend, würde sie durch dick aufgetragenes Pathos (Selbstmordversuche!) den Gatten schließlich zwingen, ihr zuzuhören.[22]

«Dike hat dieses Haus verlassen» – die Worte des Chorlieds waren noch kaum verklungen. Da begrüßte der Chorführer Agamemnon als denjenigen, der gekommen sei, die Dike des Hauses wiederherzustellen. Endlich hat der Rat der Alten, der während seines Fernseins mißachtet worden war, seinen Beschützer wiedererhalten. Die Aggression gegen die Königin war die Kehrseite der Sympathie-Erklärung für den König. Die Spannung riß die Akteure sozusagen auseinander und gegeneinander. Klytaimestra erkannte genau, was da vor sich ging: wer anders als diese Alten sollte gemeint sein, wenn sie von «demothrus anarchia», von öffentlicher Anarchie, sprechen würde (883 – demgegenüber Agamemnon rühmend: demothrus pheme, öffentliche Meinung 938), von Zuständen in der Polis, die sie gezwungen hätten, den gefährdeten Thronfolger außer Landes zu bringen? Der Gegensatz zwischen dem Volk von Argos und der Herrscherin im Haus der Atriden war aufgedeckt. Der Chor versicherte Agamemnon seiner Ergebenheit, d. i. der Ergebenheit des Volkes, weil nur er diesen Gegensatz zu beseitigen in der Lage war. Agamemnon zeigte, daß er genau wußte, worum es ging: «Mit Feuer und Schwert» werde Ordnung gemacht werden (848 ff).

Die Ansprache des Chorführers hatte noch eine weitere Funktion im dramatischen Bau der Szene: in ihrer betonten Kargheit, die sogar vor Kritik nicht zurückscheute (799 ff), bildete sie den Kontrapost zu Klytaimestras falschem Pomp. Wenn man genau hinhörte, konnte man sogar eine Warnung heraushören: Viele, sagte der Chorführer, überschreiten das Maß, indem sie das Scheinen dem Sein vorziehen (787); sie klagen zu laut oder sie jubeln zu laut, weil sie zu verbergen suchen, was sie in Wahrheit fühlen: «Doch wer ein guter Hirte des Volkes ist, dem bleibt nicht verborgen, wenn mit wässeriger Freundlichkeit das Auge eines Menschen Wohlgesinntheit heuchelt» (795 ff). Diese letzten Worte ließen nichts an Deutlichkeit übrig: »Wenn du alles prüfst, wirst du erkennen, wer von den Bürgern der Polis die Polis gerecht verwaltet hat und wer (hier folgt statt des zu erwartenden adikaios mit Rücksicht auf Klytaimestra das schwächere akairos, 808) nicht, wie es sich gehört.«

Agamemnons herrscherliche Gestalt – die Maske mag dem jüngst aus dem Meer gefischten Kopf des bärtigen Poseidon geglichen haben – stand hochaufgerichtet im Wagen. Hinter ihm (oder im anderen Wagen) zog die verschleierte Gestalt der

Die Orestie: Agamemnon

Kassandra die Blicke auf sich. Sie mitzuführen und der Gattin als «die schönste Beute» vorzustellen, war eine Herausforderung und wurde so verstanden; in der Raserei ihres Hassens würde Klytaimestra sie als die Hure ihres Mannes beschimpfen: «Bettgenossin, Beischläferin, Liebchen» (1438 ff), Schimpf und Schande. Die Absicht des Dichters ist unmißverständlich: der Kindesmörder kehrte als Ehebrecher heim – so mußte es die Gattin und Mutter empfinden. Was immer für ein Mensch sich unter den Schleiern verbarg – ihre aufreizende Präsentation war eindeutig. Klytaimestra maß sie mit mörderischen Blicken. Damit hatte sie nicht gerechnet; mit einem Doppelmord.

Wie sollten die Zuschauer Agamemnon sehen? Seine heroische Würde, seine ruhmbedeckte Größe, seine Königlichkeit standen außer Frage. Aber außer Frage standen auch die befremdenden Züge. Der Chor hatte keinen Zweifel darüber gelassen, wie das Volk über den Krieg dachte, in den er «eines Weibes wegen» die Polis verstrickt hatte; und wenn der Krieg ungerecht war – um wieviel mehr war das dann die Opferung des Kindes! Auch wenn er jetzt mit dem Kranz des Sieges erschienen war, der ihm «von Ende her» recht zu geben schien (wie der Chor selbst es sah, 806), versetzte ihn die Ausstellung der mitgebrachten Kebse erneut ins Zwielicht. (Selbst in der Männergesellschaft der attischen Demokratie wahrte man doch den Schein). Es sind die archaischen Züge, die befremden sollten, Züge freilich, deren Grausamkeit keineswegs aus der Welt verschwunden war. Obwohl Agamemnons Königtum in ein Zeitalter verlegt war, dessen Ende die Orestie verheißen sollte, war dieser König, wie Theseus, ein «Hirt seines Volkes», also keineswegs so reaktionär wie diejenigen, die an seiner Stelle regierten: Klytaimestra und Aigisthos, die eindeutig als «Tyrannen» bezeichnet wurden. Es gab in Argos eine panegyris, eine bule (845 f), also eine Volksversammlung, mit welcher der wahre König sich beriet. Klytaimestra hatte sie mißachtet. So war klar, daß die Wiedereinberufung durch den heimgekehrten Herrscher zugleich auch den politischen Status der Polis wiederherstellen würde. Zwar würde Agamemnon möglicherweise dem Rat der Volksversammlung so wenig folgen wie damals, als er gegen Volkes Stimme (938) den Kriegszug beschlossen hatte. Aber er würde diesen Rat doch achten. Er tadelte Klytaimestra, die ihn verachtete.

So mischten sich die archaischen und die moderneren Züge in dieser Gestalt, die dadurch problematisch und schließlich tragisch wird. Dazu kommt, daß die Zuschauer ihn nicht nur an seinem Verhalten in der jetzigen Situation messen konnten und sollten, sondern zugleich an dem, was geschehen war und was das aus ihm gemacht hatte. Jenes «en chrono» oder «chronistheis», in der Zeit oder wenn die Zeit gekommen ist, hat für die Orestie eine tiefsinnige und vieldeutige Bedeutung. Darüber wird noch zu sprechen sein. Was hier und jetzt in Agamemnons Reden mitklingt, ist die Einsamkeit, in die er seit dem Entschluß zur Opferung Iphigenies immer tiefer geraten ist; die «Treue» derer, die treu zu sein schienen (wörtliche

Anknüpfung an die ersten Verse des Chorführers 788), hatte sich als trügerischer Schein (eidolon skias, Schattenbild 839) erwiesen; nur einer habe sich als Freund bewährt, Odysseus – aber keiner weiß, was aus ihm geworden ist, ob er noch lebt oder auch tot ist wie so viele andere. Sein erster Gruß hatte den Göttern gegolten: er kannte seinen Ruhm, aber er wußte, wie er errungen war: Ja, Troja ist hin, noch weht dort Ates Sturmwind; der Drache von Argos (dakos 824) hat die Stadt zertreten. Und alles für ein Weib! Jawohl! Soviel zu den Göttern. Und nun von den Menschen: was ist das anderes als Machtgier, Neid und Mißgunst, falsche Treue? Man müsse es nehmen, wie es ist, und «das Notwendige tun»: kümmern wir uns also um die polis und das Haus. Es klang wie verächtlicher Hohn, wenn er schloß: Nike werde mit ihm sein, wenn er das Haus betrete ...

In diesem Augenblick, als er sich anschickte, vom Wagen zu steigen, trat die Königin dazwischen; sie schritt die Stufen hinab, ihm entgegen und wandte das Wort doch nicht an ihn, sondern an den Chor: sie rief die Alten auf, zu bezeugen, wie sie zu leben gezwungen gewesen sei, während «dieser» (860) vor Troja lag. Dreimal hätten Gerüchte Agamemnons Tod gemeldet, sie sei dem Selbstmord nahe gewesen. Wem sie in Wahrheit nahe war, wußten die Alten ebenso wie die Zuschauer. Und dann diese Polis! Warum wohl, glaubst du, mußte ich Orestes fortgeben? Jetzt erst wandte sie sich direkt an Agamemnon, um ihn gegen die Bürger, die sich als seine Freunde bekannt hatten, aufzuhetzen. Sie könne nicht mehr weinen. Nächtelang habe sie gewacht, wartend auf das Fanal: so habe sie um ihn gelitten. Jetzt aber sei der Frühling ausgebrochen, alle Not vorbei: «Wir haben genug durchgemacht!»

Wieder ist die Rede in zwei Teile zerlegt. Steht am Schluß des ersten die maßlose Lüge von den Selbstmordversuchen, so endet der zweite in der gleissnerischen Unterwürfigkeit, deren pompöse Übertreibung Agamemnon schon deswegen durchschauen mußte, weil er den Charakter dieser Frau kannte; sie besaß die Gabe, an ihre Lüge zu glauben, während sie sie von sich gab, und so die anderen an sie glauben zu machen; andererseits konnten solche manischen Ekstasen nicht von Dauer sein; wenn sie sich dann der Kälte bewußt wurde, die ihr Plan erforderte, sah sie sich auf ihre Klugheit zurückverwiesen, und ihre Augen blickten plötzlich in die Tiefe: der Bogen dieses dämonischen Charakters war von der ersten Szene an im Steigen; er würde nach den Morden seinen Gipfel erreichen, um dann jäh abzufallen.

Jetzt trieb sie die Theatralik in den Exzeß. Sie warf sich vor Agamemnon nieder und stieß von Tränen erstickte Schreie aus (905 f):

>   Nun, o du mein teures Haupt
>   Steig' mir von deinem Wagen; auf die Erde nicht
>   Setz' deinen Fuß, Herr, den Zertreter Ilions!

Auf ihr Geheiß rollten die Mägde purpurrote, silberbestickte (949) Tücher [23] aus wie Teppiche, vom großen Mitteltor, das sich jetzt geöffnet hatte, über die Stufen hinunter bis zum Wagen. Das war ein gewaltiger Moment dieses «Theaters des Zeigens». Große Bewegung auf der Bühne, sich fortpflanzend in den Zuschauerraum. Dazu ungeheuerlich zweideutige Worte der die Szene beherrschenden Königin: So solle ihn Dike über purpurnem Pfad, wie er es nicht erwartet habe, ins Haus führen; das Weitere werde ihre «Fürsorge gerecht richten», wie es von den Göttern bestimmt sei (912 f). Agamemnon reagierte, wie man es nicht anders von ihm erwarten konnte: abweisend, fast zornig, tadelnd, ironisch. Er machte kein Hehl daraus, daß er Klytaimestra durchschaut hatte: Sie habe viele und zu große Worte gemacht; jetzt bereite sie ihm einen Empfang, wie ihn weibische Barbarenfürsten lieben; so ehre man einen Gott, nicht einen Menschen; auch ohne «Fußabtreter» (926) und bunten Prunk erhebe ihn der Ruhm. Die größte Gottesgabe sei, nicht übel gesinnt zu sein, und, als ob er ahnte, was ihm bevorstünde, fügte er hinzu: selig heiße der, dessen Leben glücklich ende: «Wenn mir alles so gut ausgehen würde, wäre ich guten Mutes.» (930) Welch ein Irrealis! Aber sie ließ nicht locker. Sie bettelte, er möge ihren Wunsch erfüllen. Er verwies ihr, mit ihm zu streiten. Und schließlich gab er doch nach.

Über dieses Nachgeben [24] sind verschiedene Deutungen verbreitet. Die einen sagen, es sei ein Zeichen seines schwankenden Charakters; aber das Schwanken, für das es einen einzigen Hinweis gibt, nämlich das Dilemma vor der Opferung Iphigenies, ist in dieser Trilogie niemals ein Charakterzug, sondern stets eine tragische Alternative vor der Entscheidung. Andere meinen,[25] er sei schließlich doch seiner Lust an der Macht erlegen, und Klytaimestra habe auf diese seine Schwäche mit Erfolg spekuliert. Wir neigen im Ganzen zu Fraenkels Auffassung,[26] daß es sich nach allem, was geschehen sei, für Agamemnon nicht mehr lohnte zu kämpfen; er habe Klytaimestra durchschaut und ahne, was sie mit ihm vorhatte.

Das ist jedoch nicht alles. Entscheidend ist die Geste, zu der er sich entschlossen hat. Erst als ihm diese eingefallen war, konnte er nachgeben. Er befahl, daß ihm die Schuhe abgenommen werden sollten. Dies konnte nur in einer Demonstration vorgenommen werden. Es war eine Art gestisches Ritual, denn es handelte sich ja um den Kothurn, die hohen Schaftstiefel des Dionysostheaters – übrigens die Stelle, die beweist, daß diese keine dicken Sohlen haben konnten, denn Agamemnon hätte sich wohl kaum kleiner machen wollen...[27] Seine Begleiter machten sich ans Werk. Möglicherweise hat er die Schuhe schließlich fortgeschleudert (nach 955). Jedenfalls war der Hohn nicht überhörbar in den Worten, mit denen er das Ritual begleitete: er werde mit nackten Sohlen über die Tücher gehen, damit diese ja nicht beschädigt würden; und um das Maß des Hohnes voll zu machen, wies er Klytaimestra auf die verschleierte Kassandra: da, du Kriechende, du wirst mir diese «schönste Blüte» (954) freundlich ins Haus führen! So sprang er vom Wagen und ging barfuß über die Teppiche die Stufen hinauf in den Palast. Hätte er nicht Klytaimestra auffordern müssen, ihn zu begleiten? Hätte er nicht, wie es in anderen Stücken geschah, ihre Hand nehmen müssen? Nein, er ließ sie im Staub liegen; er wollte sie nicht an seiner Seite haben; wenn das große Tor rasselnd geschlossen wurde, sah sie sich ins Frauenhaus verwiesen, und zwar mit der Kebse!

So warf sie sich nun hoch. In maßlosem kompos schleuderte sie den Geifer hinter ihm her: als ob dieses Geschlecht je verstanden hätte, arm zu sein! Es scheint, also ob sich ihre manische Dämonie Luft machen müsse, in den folgenden Versen (965 ff):

> Für dein gerettet teures Leben Freudendank,
> Denn lebt die Wurzel, so umgrünet Laub das Dach,
> Und breitet Schatten vor dem heißen Sirius;
> Du, heimgekehrt mir an den heimatlichen Herd,
> Mir kündest Frühlingswärme du in Winterzeit;
> Und wieder wenn in herber Beere glühend Zeus
> Den Wein läßt reifen, wehet Kühlung durch das Haus.
> So auch, da nun gebietend waltet drin der Mann.
> Zeus, Zeus Vollender, mein Gebet vollende jetzt!
> Du leite gnädig, was du willst vollendet sehn!

3

Die Mägde haten die Tücher zusammengerollt und über die Schultern gehoben. Klytaimestra folgte ihnen ins Frauenhaus. Sie hinterließ Grauen. Die Unheimlichkeit, die sich über das Theater ausbreiten sollte, drückte sich in der Choreographie der Alten aus. «Deima» (976), wovon der Chor zu singen anhob,[28] ist mehr als phobos. So wurde der von den Erinyen hervorgerufene Schrecken genannt; das Entsetzen, das vom Gewaltig-Schrecklichen herrührt, ein Entsetzen, das lähmt. Wir sehen den Chor zu trochäisch-daktylischen Metren (vorwiegend das ungewöhnliche Lekythion), vom Aulos geführt, in zögernden, fast wankenden Schritten den Wagen mit der dunklen Gestalt umkreisen. (975 ff Karl Reinhardt):[29]

> Warum flattert unentwegt
> Dieses Grauen, das nicht weicht,
> Vor dem Seherblick der Seele?
> – – –
> Längst gealtert ist die Zeit,
> Seit die Trossen auf dem Sand
> Rauschten und gen Ilion
> Fuhr das eingeschiffte Heer.

> Eignen Auges eigner Zeuge
> Sah ich seine Wiederkehr.
> Und doch singt im Innern mir die harfenlose
> Die Erinys-Hymne...
> ---
> Beten kann ich nur: o fiele
> Meiner Ahnung Würfel nichtig,
> Daß sie nimmer sich erfüllt.
> ---
> Wäre dies nicht Götterfug,
> Daß sich Teil zu Teil verhielte
> Gleichen Rechts an seinem Ort,
> Käm' das Herz zuvor der Zunge,
> Doch nun murrt's in seinem Dunkel
> Leidend und verzweifelt schier,
> Je das Rechte rechter Stunde zu entwirren
> Aus der fieberheißen Brust.

Reinhardt spricht von einem «Stil der Innerlichkeit». Das trifft, denken wir, nicht die Absicht. Der Chor projizierte die Vorstellungen, die sich in diesem Moment des Ablaufs allen aufdrängten, in Wort, Klang und Bewegung. Moira (moira ek theon 1026) hatte ihre schwarzen Schleier über die Bühne geworfen. Der Tod stand unsichtbar, von allen verspürt, vor der Sonne. So war gleichsam die Opsis des Unsichtbaren inszeniert.

Nach dem Ende des Lieds wandte sich der Chor dem Wagen zu, auf dem die noch immer Schweigende kauerte. Er übernahm damit die auf diesen einzigen Punkt gerichtete Spannung der Zuschauer – so ging der «Transport» der Empfindungen und Gedanken hin und her. Wenn sich Kassandra erheben würde, mußte das ein großer Moment werden.

Da erschien Klytaimestra noch einmal in der offen gebliebenen Tür des Frauenhauses. Zwischen den Säulen des Paraskenions stand sie, nach dem Wagen gewandt, wütend, geifernd. Sie herrschte die Schweigende an, indem sie sie höhnte: Sklavin (1041, 1045), tu, was man dir befiehlt; steig vom Wagen und laß den Hochmut; ergib dich in den Zwang deines Schicksals (1042); sei froh, daß du zu reichen Leuten kommst; bei denen wirst du alles bekommen, was dir zusteht.

Der Chor mischte sich ein; sobald sich Klytaimestra wieder entfernt hatte, würde er die «Sklavin» seines Mitleids versichern; jetzt schon mußte in seinen Worten und Gesten dieser Versuch der Begütigung zum Ausdruck kommen; entsprach er doch der Grundhaltung der Alten: sich in das Unvermeidliche zu fügen. Klytaimestras Wut steigerte sich zu Hohn: Vielleicht kann die Barbarin nicht griechisch; da werde ich dafür sorgen, daß sie den Ton versteht (1052). Als die Schweigende sich auch auf die ausdrückliche Aufforderung des Chors, vom Wagensitz herabzusteigen, nicht rührte, wandte sich die Königin jäh ab: Ich habe keine Zeit, mit der da zu schwatzen! Ich muß mich um die Opfer am Herd kümmern. Dann rannte sie ab. Es war ihr dritter Auftritt. Dieses Hin- und Herrennen gehörte zu den betonten Zügen des «königlichen Raubtiers», wie man sie genannt hat.[30] So rennt eine im Käfig ihrer Zwänge.

Die Schwelle zur vielleicht größten Szene des Stückes war erreicht. Für die Zuschauer im Dionysostheater, die wußten, was drinnen im Haus geschehen würde, war sie eine Überraschung. Denn das Entscheidende war neu, Erfindung des Dichters. Man wußte aus der Odyssee, daß Kassandra, die Königstochter, dem Agamemnon als Sklavin folgen mußte und von Klytaimestra erschlagen wurde. Aber nirgends stand etwas davon, daß sie eine Priesterin[31] war. Als sie sich jetzt endlich langsam erhob, erkannte man unter den schwarzen Schleiern das Gewand der mantis,[32] das agreuma, ein Netzwerk, wie es die Jäger benützten, und darauf hatte der Chorführer angespielt, als er sie so nannte: «halusa morsimon agreumaton – verstrickt in des Schicksals Netzwerk» (1048). Der Moment, in dem sich Kassandra erhob, um ihr Schweigen zu brechen, ihr Anblick im Netz der Seherin, ihre zum Schrei hochgeschleuderten Arme – das war ein großer Moment.

Kassandra, die Priesterin, von Apollon im vieldeutigen Sinne des Wortes heimgesucht, weil sie ihm nicht zu Willen war, Opfer des Gottes, verflucht durch die Gabe, die Wahrheit des Kommenden zu wissen und zu sagen, ohne daß jemand sie glauben würde, – welch eine Figur! Der sie so gesehen und auf die Bühne gebracht hat, wie sie im musée imaginaire des Bewußtseins der Überlieferung unsterblich bleiben sollte, hat hier das Wesen der poetischen Erfindungskraft bewiesen: Wahrheit in Gestalt zu übertragen.

Auch diese Szene hat, wie alles bei Aischylos, ihre Folie in der vorhergehenden (und in der folgenden). Karl Reinhardt hat sie so gedeutet:[33] auf den blinden Untergang folge der sehende. Wir sind nicht ganz der Ansicht, daß Agamemnon ahnungslos den Palast betreten habe; mindestens ahnte er, was geplant war; er wäre weder König noch Heros gewesen, wenn er nicht in der gleichen Haltung der Gefahr entgegengegangen wäre, die Kassandra am Ende der Szene zeigen würde. Ihr, die alles voraus wußte und dennoch (oder deswegen) den Gang ins Mordhaus antreten würde, zollte der Chor Bewunderung für ihre Unerschrockenheit.[34] Es ist die Wesensart des Heroischen, vor der die vielen, den Chor, auf dem Niveau der Gewöhnlichkeit, Schauder erfaßt. Täter und Opfer des Stückes sind gleichermaßen von einer dämonischen Macht ergriffen, die nicht von dieser gewöhnlichen Welt ist. Unsichtbar ist Gott auf der Bühne. Eine sieht ihn, sie sieht nicht nur, daß er da ist, sondern daß er wirkt – dies das Wesen des Göttlichen, des unsichtbar Wirkenden –, er wirkt durch die Handelnden, er wird weiterwirken über deren Taten hinaus, erbarmungslos, als Fluch. Ist es aber nicht von größter Bedeutung, daß Kassandras Prophetie alles Kommende nennt, nur eines nicht: den Freispruch des Orestes? Menschenopfer, Selbstzerstörung, Blutrache – das alles ereignet sich in der archaischen Welt, und auch die mania der Prophetin ist archaisch; auch ihre Kraft wird sich einer neuen Wahrheit stellen müssen, wenn Dike an die Seite der Themis treten wird, wenn das Verbrechen nicht mehr nur von den Betroffenen gesühnt werden wird (was dennoch auch weiter immer möglich bleiben wird), wenn die Herrschaft der Gewalt von den Gesetzen der Polis eingeschränkt werden wird. In dieser anderen Welt würde auch Kassandra nicht mehr das unschuldige Opfer werden, das sie war, einmal weil sie den Zorn eines Gottes erregt und dann weil sie ein Sieger zur Kebse genommen hatte. Schon deutete selbst der Chor an, daß das Herrenrecht gegenüber dem Sklaven nicht mehr das letzte bleiben würde; hatte Agamemnon noch Menschlichkeit gegenüber der Sklavin als gottgefällig bezeichnet (951f), so ging der Chor jetzt im Hinblick auf Kassandra weit darüber hinaus mit dem in die Gegenwart des Jahres 458 gesprochenen Wort: «Auch in des Sklaven Brust wohnt das Göttliche» (1084). So nahe also sind alle, der Sklave wie der Chor, der Chor wie die Heroen, gleichermaßen den Bekundungen des Numinosen. Ausdrücklich sagte der Chor von sich selbst (979): «mantipolei akeleustos», es weissagt unwillkürlich in mir. Und so nahe ist andererseits die Mantik der menschlichen Seele, daß nur ein Gradunterschied der visionären Kraft den gewöhnlichen Menschen vom Seher trennt. Dem Darsteller der Kassandra (der zuvor den Herold gespielt hatte) wurde außerordentliche Schauspielkunst abverlangt: äußerste Wahrheit und große Form, genauer: die Form der Ekstase. Die choreographisch-musikalische Komposition, folgte wohl einem bestimmten Muster: «Das Schreckliche singst du mit düsterem Klang, zugleich melodisch in strengem Satz», heißt es in einem der Wechselgesangspaare (1152ff). Der zweite Teil hat eine einzige, sich steigernde Entwicklung. Zuerst tritt Kassandra, wie sie selbst sagt, aus den Schleiern ihrer Ekstase hervor: nun will ich nicht mehr in Rätseln sprechen (1138); sie bringt ihre Visionen in Zusammenhang mit Vergangenheit, Gegenwart und nächster Zukunft (und zwar genauso diskursiv, wie sich das anhört); sie schildert, wie der Gott ihr die Gabe verliehen habe, derart, daß sie zugleich ihre Strafe wurde: unglaubwürdig zu sein. Dann wird sie erneut in die Qual der Orthomanteia, der zwanghaften Wahrsagung hineingerissen, und wieder versucht sie, in der Stichomythie den Chor durch Argumente zu überzeugen. In der letzten Partie vermischt sich die Prophetie der ferneren Zukunft mit der ihres eigenen Schicksals, worauf sie in der Stichomythie der Ananke gehorcht und in einer Haltung in den Tod geht, die unerklärliche Schau mit klarstem Bewußtsein vereinigt.

Der dichterischen Struktur entsprach die szenische. Während der ersten Partie des ersten Teils hat sie sich erhoben, um sich zu entschleiern; die Choreographie der zweiten Partie ließ den Chor in Evolutionen sich um die hymnisch singende und in großen Gebärden ausgreifende Gestalt gruppieren. Die Zäsur zwischen dem ersten und zweiten Teil wurde dadurch markiert, daß sie vom Wagen herabstieg, um sich dem Chor zum Dialog zu konfrontieren. Auf diese erste Aussprache folgte die erste große Gesamtbewegung: Kassandra stürzte auf das große Tor zu, hinter dem der Schauplatz ihrer Visionen war, um diese dort gestisch gleichsam ins Nichts zu entwerfen. Darauf wurde der Höhepunkt erreicht: sie zerbrach den Priesterstab, sie riß sich die Binde der Seherin von der Stirn und das Netzgewand vom Leib, um beides mit Füßen zu treten. Diese Szene in der Mitte zwischen dem Teppichritual Agamemnons und dem Herausfahren des Ekkyklema mit der Mordgruppe zeigt die Strenge, mit der dieser tragische Szeniker den Ablauf wie auf Stufen anordnete.

Das Thema der Visionen wurde gleich zu Beginn als ein doppeltes fixiert: hier Apollon (als der Gott, der bis zum letzten Stück eine entscheidende Kraft darstellt), dort das «Haus» (das «Menschenschlachthaus» 1092). Man sah den Gott: eine steinerne Säule hinter den Säulen des rechten Paraskenions; es war nur eines der Götterbilder gewesen, an denen geopfert worden war und die der Herold begrüßt hatte (519): jetzt, von Kassandra entdeckt, angesprochen und schließlich verflucht (1269 ff), schien Apollon der einzige geworden zu sein. Vergangenheit und Zukunft schlangen sich ständig ineinander: das Blut des grausigen Thyestes-Mahls und das Blut Agamemnons. Die Vision der Badeszene, das Bild des Ermordeten mit der Sprecherin selbst – «einzig darum hast du mich hergebracht, daß ich mit dir stürbe» (1139) – lenkte zurück zum Ursprung all dieses Leidens (Paris) und zum Untergang Trojas: «ponoi, ponoi poleos» (1167), denn nicht allein die Täter litten ja, sondern immer die Polis mit.

Der zweite Teil verband den neuen Erinyen-Tanz mit dem alten des verfluchten Hauses und alsbald wieder Kassandras Schicksal mit dem der Atriden. Sie hatte sich gegen Apollon versündigt; er hatte ihr die Sehergabe verliehen; dann kam er zu ihr, aber sie belog ihn; um so grausamer mußte seine Strafe erscheinen: zu wissen, wie alles enden werde, und es nicht abwenden zu können. So hatte sie bei Helenas Ankunft Trojas Schicksal vorausgesehen; so nannte sie jetzt, wieder in Trance, zum erstenmal Klytaimestras Mordhelfer, den einzigen Sohn des Thyestes, der dem Kindermord des Atreus entgangen war. Der Chor schauderte. «Agamemnons Ende werdet ihr heute sehen!» Flehend hoben die Greise die Arme zum Himmel. «Ihr betet, und die drinnen rüsten zum Mord!» Wieder wandte sie sich gegen Apollon – die letzte Partie begann wie die erste: Feuer habe sie gepackt; zu dem Grauen über das Mordbild, das sie vor sich sah und in dem sie sich selber als Opfer wahrnahm, kam das Nichtverstehen des Gottes. Jetzt war der Gipfel erreicht. Den Worten und Gesten folgte die Aktion: «Was sollen mir noch der Stab und die Binden des Sehers? Ins Nichts (phthoron 1267) mit euch!» Sie schrie zu dem Gott: «Da, sieh Apollon selbst! *Er* reißt mir das Seherinnengewand vom Leib!» Und vollends außer sich (1277 ff):

> Statt meiner Väter Altar harret mein der Block.
> Drauf meinen Nacken treffen wird der blut'ge Streich!
> Jedoch wir sterben nicht den Göttern ungerächt;
> Denn wieder wird einst unser Rächer nahe sein,
> Der Muttermörder, der des Vaters Mord vergilt;
> Ein irrer Flüchtling, kehrt er aus der Fremde heim,
> Und setzt den Schlußstein aller Schuld der Seinigen.

«Und türmt zum Gipfel des Geschlechtes Fluch» – so trifft Emil Staiger[35] den Wortlaut genauer, der im Griechischen (1238) noch tragischer klingt. Sie fuhr fort: Ilions Fall habe sie vorausgesehen; aber diejenigen, die handelten, handelten wie sie mußten; so werde auch sie nun handeln, indem sie gehe: «als Hades' Pforte grüße ich dieses Tor» (1291). Sie riß die große Türe auf. Sie ging denselben Weg wie Agamemnon. «O Menschenlos! Im Glück wandelbar durch einen Schatten! Im Unglück – ein feuchter Schwamm löscht seine Schrift» (1328f, Karl Reinhardt).[36] So verklangen ihre letzten Worte, während das Tor rasselnd hinter ihr ins Schloß fiel. «Mordgeruch», hatte sie gesagt (1309, 1911), wehe aus diesem Haus wie aus einem Grab...

Es waren nur wenige Worte, die der Chor hinter ihr her sprach, bis man von drinnen Agamemnons Todesschreie hörte: Die Sonne stand schon hoch. Das Haus lag in ihrem schwarzen Schatten. Von ihm sprachen die Alten, und von Troja, und vom Ruhm des Städtezerstörers (1337 ff):

> Und soll der jetzt abbüßen das Blut
> Einst Erschlagner, und sollen dann seinen Tod
> Wieder Künftige büßend entgelten –
> Wer rühmte sich noch, wenn er solches vernimmt,
> Daß sein Leben kein Dämon versehre?

So unauflösbar erschien nun den Alten die Aporie.

4

Und so unauflösbar zeigten sich die Gegensätze im fünften und letzten Teil der Tragödie. Agamemnons Todesschreie, die aus dem Haus schauerlich in das Theater heulten, waren das Zeichen, daß die erwartete Tat geschah. Die Alten stoben in Erregung und Ratlosigkeit auseinander; sie liefen wieder zusammen und suchten noch einmal einzelne Positionen. Dieses einzige Mal sprachen hier alle zwölf Choreuten in Verspaaren einzeln, als Individuen: in ihre persönliche Reaktion mischte sich die ihnen auferlegte Sorge um die Polis. Zwar zogen sie die Schwerter, aber sie waren sich der Kraftlosigkeit des Alters bewußt (Parodos 73 ff). Müde ließen sie sie sinken. Sie waren keine Heroen. Worte wie «Mehrheitsbeschluß» (1370) oder «Ratsbeschluß» (1358) klangen hohl gegen die Drohung der Tyrannis (1355). Und das Wort, das einer ausrief, der neunte, «lieber sterben, als die Moira der Tyrannis [37] ertragen» (1364f), verhallte, so vertraut es den Athenern klang, ins Leere. Das war die Absicht. Das Fazit der Thesis, das die erste der drei Tragödien zog, sollte Gewalt und Ohnmacht als scheinbar definitiven Zustand einander konfrontieren.

Die Tore wurden aufgestoßen, und dumpf dröhnte das Rollen der Räder in den Scharnieren. Das Bild, das sich auf dem Ekkyklema zeigte, erfüllte alle Bedingungen des Schrecklichen. Phobos, Angst, Schauder, legte sich über den Chor und jenseits der Orchestra über die Vierzehntausend. Da stand die Mörderin mit dem blutigen Beil.[38] Nicht nur ihr Königsgewand war blutüberspritzt, auch die Stirn ihrer Maske wies Blutspritzer auf (1429). Die Leichen lagen unter roten Decken (vielleicht den gleichen, über die Agamemnon in den Palast gegangen war). Die eine lag in einer silbernen Badewanne, die andere daneben. Die Wanne hatte, wie jeder wußte, doppelte Funktion: droite (1540) ist sowohl Wanne wie Sarg. Anders als Homer ließ Aischylos hier Aigisthos noch nicht in Erscheinung treten. Im Epos wird Agamemnon von Aigisthos und nur Kassandra von Klytaimestra erschlagen. Der Tragiker machte seine Herois zur Doppelmörderin. Er war es, der die Szenerie des Mordes erfunden hatte: das Bad. So sollte sich das Bild unvergeßlich einprägen: die Wanne als Sarkophag, das archaische Beil, blutbefleckt, und darüber die Mörderin, blutbespritzt. In dem Schauder, der davon ausging, fühlten die Zuschauer den Flügelschlag der Ate. Gott hatte zugeschlagen. Die da, die das Beil noch hielt, war nichts als sein Werkzeug. Alles, auch das Furchtbarste, kam von den Göttern – so sagte es der Chor (1486ff), so rief es Klytaimestra in die Welt (1497ff): «Ihr glaubt, es sei mein Werk? Denkt nur nicht, ich sei Agamemnons Weib. Der alte strenge Alastor, der Rachegeist (Alastor ist auch ein Beiname der Erinys) hat die Gestalt der Frau dieses Toten angenommen (1500 phantazomenos: er ist erschienen in dieser Gestalt), um alte Schuld zu rächen.»

Diese Verse sind wörtlich zu nehmen. Klytaimestra befand sich im Zustand der mania. Sie war eine Besessene. Sie war besessen von einem Dämon, der sie als Werkzeug seines Willens benützte. So fühlte sie sich. So erschien sie dem Chor: sie «rast» (1427). In einer trance-artigen Ekstase stand sie über den Leichen, das Beil gereckt, wie zur Statue des Mordes erstarrt. So sprach sie, nein, so sprach es aus ihr, ohne ihren Willen, ohne ihr Bewußtsein. Die Worte selbst rasten nicht: sie waren von furchtbarer Klarheit und großartiger Schönheit. Aber was sie sagten, war entsetzlich: Sie habe es nicht im Affekt getan, nein, es sei von lang her geplant gewesen; die Zeit habe den Sieg zur Reife gebracht; hier stehe sie, wo sie zugeschlagen habe, nach vollbrachter Tat. Mit einem Tuch habe sie ihn wie in einem Netz gefangen; zweimal habe sie zugeschlagen (so wie man es von drinnen gehört hatte); als er am Boden gelegen sei, habe sie ihm den dritten Schlag versetzt, der ihn dem Hades, dem Schutzherrn der Toten, weihte. Das Blut sei ihm wie ein

Strahl entströmt, «der mich mit rotem Tau benetzt» (1390), zu meiner Freude, nicht anders wie wenn die Gottesgabe des Morgentaus die Saat benetzt. «So steht es jetzt, Argeier. Freut euch! Wenn ihr euch freut, frohlocke ich laut. Es ist Sitte, den Toten Opfer zu spenden. Bei diesem da wäre es gerecht, mehr als gerecht (hyperdikos 1396): er hat den Krug so vieler Flüche gefüllt, nun hat er ihn selbst ausgetrunken, heimgekehrt» (1397 ff).

Die Rede hat Größe, die ins Übermenschliche reicht. Der Heros (auch der negative) bekennt sich zu seiner Tat. Er stellt sie aus und stellt sich dem Urteil der Menschen. Er hat als Richter gehandelt, Gerechtigkeit vollstreckt. Auf Mord steht Mord. Das ist das alte Recht, das uralte, die Satzung, themis. Das war die Stelle, an der die Konfrontation ihre schärfste Spitze erreichte. Jetzt waren die Alten nahe daran, die Schwerter zu ziehen. Die Königin habe demothrous aras (1410), öffentliche Verfluchung, Verfluchung durch Volkszorn auf sich geladen. Sie sei den Bürgern verhaßt geworden: «apedikes, apetames, apopolis» (1411)! Das waren Formeln der Rechtssprechung: Du bist verworfen, du hast dich abgetrennt, du sollst stadtlos sein! Eine Verbannte!

Kriegserklärung also, offener Aufruhr, stasis. Die Königin blieb unerschüttert. Gut, wenn ihr es so haben wollt, sollt ihr es so haben. Sie hat die Macht. Ihr habt das Urteil gesprochen: Verbannung, Volksfluch. Warum habt ihr solches Urteil nicht über den Mörder meines Kindes gesprochen? Wäre es nicht gerecht gewesen, diesen wegen der miasmata zu ächten, die er begangen hat? Meine Tat verurteilt ihr als harte Richter, aber darauf bin ich vorbereitet. Nur mit Gewalt könntet ihr meiner Herr werden. Aber wenn Gott sich anders entscheidet, werdet ihr lernen, was es heißt, vernünftig zu sein: sophronein (1425). Noch wich der Chor nicht zurück: Dir wird vergolten werden, Schlag auf Schlag! (1430).

Da fiel die letzte Maske. Klytaimestra: So wahr mir Dike, Ate, Erinys, meines Kindes Rächer, zur Seite stehen – ihnen habe ich ihn geschlachtet! –, so wenig habe ich Grund zur Furcht: Aigisthos ist mein Schild! Das öffentliche Eingeständnis des Ehebruchs, das die Wut des Volkes doppelt herausfordern mußte, quittierte sie alsbald mit der Beschimpfung Agamemnons. Da liegt er, der Ehebrecher! Vor Troja hat er es (wie jeder aus dem Homer wußte) mit Chryseis getrieben, auf dem Schiff war die Wahrsagerin sein Bettschatz. Da liegt sie jetzt, die Kebse, willkommene Zukost meinem Mahl (1447).

Hier haben wir einen Einschnitt zu machen. Nicht nur weil nun Musik einsetzte, ein Kommos, Wechselgesang mit solistisch-chorischen Evolutionen, die erforderten, daß Klytaimestra das Ekkyklema verließ, sondern weil sich die gesamte Situation verändert hatte. Der Chor hatte kapituliert. Die Drohung mit Aigisthos hatte ausgereicht, ihn in die Knie zu zwingen. Aigisthos – das hieß, wie sich zeigen würde, Waffengewalt. Er war ja nun in der Tat der erste Mann in Argos. Einzig die Drohung «Orestes lebt!» konnte ihn noch treffen – aber wo war Orestes...

Allmählich sollten sich die Schauer des Furchtbaren aus dem Theater verziehen. Das Spiel kehrte aus der Ekstase zurück auf den Boden der Tatsachen. Die mania begann aus Klytaimestra zu weichen. Der Chor fiel in die Haltung des schwachen Alters zurück. Dies ist in drei Phasen mit größter Kunst entworfen und gestaltet.

Die erste Phase: Zwei je dreigeteilte Strophen des Kommos (Strophe, Antistrophe, Ephymnion 1448–1520). Der Strophenbau, der einem traditionellen Muster folgen mochte, ist irrelevant für die Phasen: gerade in der Verschränkung der musikalischen Form mit der dramatischen Entwicklung erweist sich die Kunst, die wir meinen: es ist eine Art Enjambement des Sinngehalts. In der ersten Phase wirkte noch der Aufruhr der Gefühle und die vorangegangene Hochspannung nach. Klytaimestra hatte noch Haß genug in sich, um die ersten Klagen zurückzuweisen: weder Helenas, der Urheberin des ganzen Leids zu gedenken, noch sich selbst den Tod zu wünschen (wie es der Chor getan hatte), sei jetzt das Rechte. Aber sobald ihr der Chor das Stichwort gab – der Fluchdämon, der Alastor des Geschlechts singe sein Rachelied über den Leichen –, griff sie dieses auf: Ja, durch den Daimon werde blutlechzender Eros genährt; kaum sei das alte Leid vergessen, eitere schon die neue Wunde. Und der Chor, im Bewußtsein seiner Ohnmacht dem allen gegenüber, sah nun hinter dem Alastor keinen anderen als Zeus selbst, den Allurheber (panaitios 1486) und Allwirker. Was vollendet sich den Sterblichen ohne Zeus? Was von alledem ist nicht von Gott verhängt?

Wenn irgend etwas beweist, daß der Sinn der Orestie sich in dieser Feststellung der Alten, die ihrem Rollencharakter entspricht, nicht erschöpft, so die Wendung, die nun Klytaimestra vollzieht, als habe sich endlich eine gemeinsame Basis zwischen ihr und dem Chor, also dem Volk, ergeben. Jetzt war sie soweit, daß es sie vor der eigenen Tat schauderte: die mania war vorbei. Sie könne es nicht gewesen sein, sagte sie, der Alastor müßte sich ihrer bemächtigt haben, um Rache für Atreus' Kindermord zu nehmen. Solonische Theodizee: «Einmal kommt's und es büßt, auch schuldlos, Kind oder Enkel künftig die Freveltat schwer, welche die Väter verübt», denn die Moira schläft nicht.[39]

Mit diesem Gedanken hat schon die zweite Phase eingesetzt. Ist Klytaimestra deswegen unschuldig, weil sie Werkzeug des Fluchgeistes war? Der Chor verneint es ausdrücklich: helfen mochte dir der Alastor, aber schuldlos bist du nicht. Sie kontert: nicht ohne eigenes Zutun hat auch dieser seinen Tod gefunden. Der Chor zieht den Schluß: «Es gibt keinen Ausweg aus diesem Unheil. Schon schleift Moira auf anderem Wetzstein den Stahl der Rache» (1535).

Dies ist die Verschränkung zur letzten Phase. Der Chor richtet die Gedanken aus tödlicher Verzweiflung auf das Nächstliegende: Wer wird diesen Toten begraben? Klytaimestra: Das laß meine Sorge sein, Iphigenie wird ihn begrüßen, wenn er über den Strom des Hades setzt. Und nun folgt, Höhepunkt und Zusammenfassung des Kommos, in Strophe und Gegenstrophe tatsächlich eine Verständigung zwischen dem Chor und der Königin: Vorwurf steht gegen Vorwurf, wir sind nicht imstande zu entscheiden: «pherei pheront'» – das Schicksal reißt mit sich fort (1652),[40] der Mörder muß büßen, das ist Zeus' Gesetz (thesmion): «pathein ton exranta» wer handelt, muß leiden. Wer kann des Fluches Wurzel ausreißen aus dem Haus? Unlösbar klebt der Stamm am Unheil.

Darauf Klytaimestra (1567 ff):

> An dieses Fluchwort hast du geführt
> Mit Wahrheit nun! Und ich schlösse wohl gern
> Mit dem Dämon im Pleisthenidengeschlecht[41]
> Einen Pakt: er lasse sich g'nügen an dem,
> (Zu tragen ist's kaum!), nur verlaß' er fortan
> Dies Haus, und suche ein ander Geschlecht,
> Das sich tötend zerfleische mit eigener Hand!

Abschied von der mania. So weit also war sie gekommen. Man vergleiche die Worte mit denen, die sie im Munde führte, als die Szene begann. Welch ein Dichter! Welch ein Dichter auch, der sie nun, als Aigisthos auftrat, um die letzte Aktion in Szene zu setzen, in Schweigen versinken ließ.

Aigisthos zeigte sich weithin als Prahler. Der Chor nannte ihn feige. Das war mutig, denn er war natürlich nicht allein gekommen. An der Spitze seiner Leibwache präsentierte er sich als der neue Herr. Zynisch übernahm er die Verantwortung als «dieses Mords gerechter Schmied» (1604). Die Alten lehnten sich heftig auf. Und er antwortete nach Tyrannenart: mit Drohung und Terror. Als die Leibwache gegen den Chor vorzugehen begann, fuhr Klytaimestra auf aus ihrer Versunkenheit. Sie sprach ein ungeheuerliches Wort (1654 ff): «Fang nicht von neuem an: wir sind mit Blut befleckt. Geht nach Hause, ehrwürdige Greise! Uns, die der Dämon geschlagen hat, wäre es lieb, wenn des Jammerns ein Ende wäre.»

Aber der Streit der Männer ging weiter. Als ob ihn Klytaimestras Worte ermutigt hätten, drohte der Chor mit Orestes. Dike werde mit Füßen getreten! Wie ein Hahn, der neben der Henne stehe, prahle Aigisthos! Da riß Klytaimestra die Geduld: Laß sie kläffen (1672). Komm, wir werden Ordnung schaffen, hier im Haus werden wir «schön» regieren! Sie zog ihn ins Haus. Die Tore schlossen sich.

Da kein Abgesang des Chors vorhanden ist, kann angenommen werden, daß die Leibwache ihn von der Bühne trieb.

II. Die Choephoren

Es war Nachmittag, als das zweite Stück begann. Die Sonne stand im Südwesten. Die Szenerie war fast unverändert. Die Götterbilder in den Paraskenien lagen im Halbschatten, im rechten Apollon, im linken die Hausgötter; was dort hinter den Türen war, wird im Stück gesagt: links das Frauenhaus (thalamos 878), rechts das Männer- und Gästehaus (xenion 712). Auf dem Hügel an der linken Parodos war ein Grab errichtet worden, ein tymbos, geschichtete Steine, wie man sie überall in Hellas kannte: das Grab Agamemnons.[1] Kein Zeichen deutete darauf hin, daß es, wie sonst üblich, gepflegt und geehrt wäre; keine Kränze, keine Bänder, keine Krüge, keine Säule. Das erste dramatische Zeichen also: ein verwahrlostes Grab. Die beiden Stücke haben, wenigstens im Auftakt, vieles gemeinsam, und es ist oft darüber nachgedacht und geschrieben worden. Das schweigende Grab und das schweigende Haus.[2]

In der Sonnenglut[3] kamen zwei junge Männer von rechts, vom Meer, herauf. Sie trugen die Schlapphüte, die weiten Mäntel und die hohen Stäbe der Wanderer. Sie waren staubbedeckt und sahen nicht aus wie reiche Leute. So hatte Kassandra es vorausgesagt (Ag. 1282): «Ein Flüchtling, ein Landstreicher (aletes, landfremd), kehrt er heim». Die Schwerter trugen sie unter den Mänteln.

Die erste Seite der Handschrift ist verloren. Alle Ausgaben lassen das Stück mit dem Zitat beginnen, das in Aristophanes' «Fröschen» (1138 ff) steht. Danach wären die ersten Worte am Grab gesprochen worden: «O Hermes, Grabgott...» Dem möchten wir nicht zustimmen. Wie kamen die beiden Wanderer zum Grab? Sollte eine pantomimische Szene die Reaktionen ausgedrückt haben, ohne die Orestes' «Heimkehr» doch nicht zu denken ist? Zum erstenmal sah er, Mann geworden, das Haus seiner Väter wieder, dieses «Haus», von dem wir aus dem ersten Stück wissen, wie tragisch es mitspielte! Und wie, wenn sie gesehen worden wären? Nur weil Frauen aus dem Haus kamen, würden sie sich gleich darauf verstecken! Mußten sie sich nicht am Haus vorbeischleichen, um das Grab zu finden, das ihr Ziel war? Und woher wußten sie, wo sie es zu suchen hatten? Heimlichkeit, Suchen, ergriffene Verwirrung – das muß in den Worten zu hören gewesen sein, mit denen die Ermatteten und nun am Ziel aus ihrer Müdigkeit Aufgeschreckten ihre Empfindungen zum Ausdruck brachten. Orestes sprach zu Pylades. Dieser, eine «stumme Rolle», würde nur ein einziges Mal den Mund auftun, und das würde dann, wie man gesagt hat, einen «Schock» auslösen (900 ff). Sie entdeckten das Grab. Sie schlichen sich dorthin. Orestes muß in die Knie gesunken sein. Als er sich aufrichtete, um den Grabgott, der zugleich der Gott der Wanderer und der «Heimlichen» und somit der Bote des Todes und der Toten war,[4] anzurufen, zeigte sich zum erstenmal ein Grundzug seines heroischen Charakters: die Entschlossenheit. Er kam als Rächer. Er betete zu dem Gott als «Heiler» (soter) und Mitstreiter (symmachos).

Der erhaltene Text setzt in dem Moment ein, in dem Orestes aufschrak. Das Tor des Frauenhauses (im linken Paraskenion) hatte sich geöffnet. Der Chor betrat die Szene, und zwar hochdramatisch. In schwarzen halbzerissenen Trauergewändern, Blutstriemen auf den Masken, als hätten Nägel sie gerissen, mit lautem

Klagegeheul (24 ff). Jeder der Zuschauer erkannte die rituelle «prostrope» (21), den Bittgang zum Grab. Aber was sollte das? Das Grab war doch verwahrlost und abgesperrt? War ein neuer Schicksalschlag erfolgt, eine neue symphora (12)? Was kündigte sich hier an?

Jetzt erkannte Orestes (im Versteck) Elektra, nein, er glaubte, sie zu erkennen (doko 16), denn er hatte sie doch zuletzt als Kind gesehen, und sie trug nichts, das sie als die Königstochter hätte erkennen lassen; sie war gekleidet wie eine unter den anderen, und die Zuschauer mochten gewußt haben, daß es sich um Sklavinnen handelte, wie sie sich bald zu erkennen geben sollten: gefangene Troerinnen, schon ältere Frauen, älter jedenfalls als Elektra (171), die nicht viel älter war als Orestes, und wie lange war es her, daß Ilion gefallen war... Als Orestes sah, daß Elektra die Tracht der Sklavin und der Klageweiber trug, schrie es aus ihm: «O Zeus! gib mir zu rächen den Tod des Vaters!» Nicht mehr Hermes also, sondern Zeus selbst möge sein Mitstreiter (symmachos 19) sein! Zu Pylades: «Wir wollen aus dem Weg (ekpodon 20) gehen!» An dieser Pagos-Parodos gab es Versteck genug.

Das Lied der Prozession war archaisch.⁵ Der Chor vollzog das Ritual, und schon die erste Gegenstrophe nannte Klytaimestra als diejenige, die es befohlen hatte. Die Gaben, die zum Grab getragen wurden, waren Spenden der Mörderin: Beschwichtigungsmittel für die «Unteren», die chthonischen Götter (meiligmata nerterois 15). Was hatte sie bewogen, dem vernachlässigten Grab endlich die Ehren zu erweisen, die ihm gebührten? Die Zuschauer hörten es ebenso wie Orestes: ein Albtraum. Dieser wußte jetzt: seine Mutter hatte Angst.

Die dritte Strophe zog die Dramatik steil aufwärts: «Solche Gnade gnadenlos zu erlangen», klagten die Frauen, «sendet uns das gottlose Weib. Glaubt sie, sie könne sich loskaufen von der Blutschuld?» «Sebas» – Ehrfurcht, Gottesfurcht, früher «amachon, adamaton, apolemon» (54), also dreifach unangefochten, «ist aus der Welt verschwunden. Jeder hat Angst. Während sie nichts im Sinne haben, als daß es ihnen gut geht – das ist ihr Gott und mehr als Gott – hebt Dike schon die Arme, zu treffen, die im Glück sind ebenso wie die im Zwielicht und die in der Finsternis. Die Zeit bringt es an den Tag. Dann wird Leid über sie kommen. Ate», so schloß die dritte Strophe, in großem Gesang, «harrt des Schuldigen». Denn die Wasser aller Ströme der Welt vermögen das Blut nicht abzuwaschen.

Da diese Klage über eine Welt, die aus den Fugen ist, zugleich aus den Herzen derer kam, deren Rollen der Chor spielt, der versklavten Troerinnen, wandte sich die Epode zu den Klagenden zurück (75 ff): Wir, die wir «zwischen zwei Städten stehen», verschleppt aus der Heimat, sind gezwungen, der Mächtigen Befehle auszuführen, gleichgültig, ob sie gerecht oder ungerecht sind, und unseren bitteren Haß zu bezwingen. «Doch wir verhüllen das Haupt und beweinen das nichtige Glück der Herrschenden, starr vor geronnenem Gram».

So ist der Befehl, dem toten Agamemnon beschwichtigende Opfer zu bringen, ins Gegenteil umgeschlagen: zur Anklage gegen die Königin, die es befohlen hat. So hörte es Orestes, so sah und hörte es Elektra. Auch sie stand unter der Gewalt der Despoten (82); auch ihr war es nicht möglich gewesen, sich dem Befehl zu widersetzen; aber jetzt war ihr Augenblick gekommen: keineswegs friedfertig, das seiner Lage nicht voll bewußte Mädchen (wie man gesagt hat), provozierte sie mit ironischer Bitte den Rat der Sklavinnen, mit denen sie sich identifizierte, als «antidulos» (135),[6] als Gegenstück einer Sklavin («einer Magd gleich» – so wird übersetzt): Sagt mir, wie soll ich das machen, gutgesinnt (euphron 88), nämlich im Sinne des Befehls? Soll ich so zum Vater beten: sieh, ich bin von der lieben Frau zum lieben Mann gesandt? Nein, dazu fehle es ihr an Dreistigkeit (tharsos); ob sie nicht besser den Spruch sagen solle, den das Gesetz (nomos) den Sterblichen gebiete: Möge er (der Vater) denen, die diese Kränze schicken, die Gabe zurückgeben (96), nach ihrer Verbrechen Verdienst? Oder ob sie schweigend die Weihgüsse (choai, daher der Titel des Stücks: Weihgußträgerinnen, nach dem Chor) ausgießen und die Schale dann fortwerfen solle, als hätte sie Spülwasser geleert? Was ist das für ein Rat, um den sie bittet? Die Wahl zwischen zwei Möglichkeiten, ihren Haß auszudrücken! Ja, das war es: koinon echthos (101), gemeinsamer Haß, der sie, die Freie, mit den Sklavinnen verbinde.

Die folgende Stichomythie hat den Charakter einer Verschwörung. Die Frauen kauerten zu Füßen Elektras, während sie die Stichworte herausforderte, die ihr der Chor zuwarf: Du und alle, die Aigisthos hassen, beten zum Vater. Denk an Orestes! Bete, daß einer komme, der Mord mit Mord vergilt! Die dialektische Basis, die hier dem Kommenden unterlegt ist, definiert den archaischen Status: die Blutrache als das gültige Recht, das Recht der Gewalt.[7] Der Terminus: antapoktonein (121), wiedermorden. Im Gebet, das Elektra dann, wie Orestes, an Hermes, den Grabgott, richtete, ist dieses «Auge um Auge», dies «Böses mit Bösem vergelten» (123), zusammengefaßt als Rechtsgrundsatz (dike): «Deine Mörder treffe wieder Mord» (144).[8]

Dann begann der Chor den uralt-rituellen Jammergesang (kokytos 150), während Elektra die Spenden opferte. Die letzten Verse schrien nach dem «speerschwingenden Mann», dem «Erlöser des Hauses»: wann werde er kommen, der gleich Ares das Schwert schwingen werde?

Das war das Stichwort für Orestes. Die Männer traten hervor. Orestes: «Die Götter haben dein Gebet erfüllt; nun bete, daß auch das Künftige gelingen möge» (212/3).[9] Die Erkennungsszene (Anagnorisis) stand unter den Zeichen stärksten Affekts. Der Chor wich beim Auftauchen der fremden Männer in die Orchestra zurück.

Am Grab standen die Geschwister einander gegenüber, Elektra noch am Steinhügel, von wachsender Erregung übermannt, atemlos keuchend, noch immer von Zweifeln gepackt, sein glückliches Lachen mißverstehend, dann auf seinen Vor-

Die Orestie: Die Choephoren

wurf: «Jetzt, da ich leibhaftig vor dir stehe, erkennst du mich nicht!» (225), vom Hügel herunterstürzend und ihm um den Hals fallend. Wie mochte das Lachen der Freude, das Keuchen der Erregung, das Aufstöhnen des Chors ineinander geklungen haben!

Und aus dieser Affektlage heraus stieß Orestes, wie im Prolog, die verzweifelt klagende und anklagende Anrufung des Zeus hervor (246 ff):[10] Sieh nur herab auf uns, Zeus! Zeus, sieh die vaterlos gemachte Braut, beide zur gleichen Flucht aus ihrem Haus verdammt – wer wird dir wie der Vater Opfer bringen, wer unter den Sterblichen wird noch deinen Zeichen glauben? Geleite uns! Erhebe uns aus der Niedrigkeit! Es ist der Trotz des Heros, der hier den Gott verantwortlich macht dafür, daß die Kinder des Königs sich als Sklavin und Flüchtling wiedersehen müssen. Er rechnet mit dem Gott, in des Wortes wörtlichem Sinn: es ist dein eigenes Interesse, Zeus, daß du unser symmachos, unser Bundesgenosse wirst; die jetzigen Machthaber hier sind gottlos; wenn sie die Macht behalten, wird keiner einen Groschen mehr für die Götter geben. Das war mit der Heftigkeit zum Himmel gerufen, die den Chor in Schrecken versetzte: «Still, still» mahnte die Chorführerin: wenn man das hört, seid ihr verraten!

Orestes, kaum leiser werdend, verkündete die gottgebotene Mission, die ihm das Orakel aufgetragen habe! Jedes Wort des Textes ist hier von Bedeutung. Feierlichkeit, ja, Größe spricht aus den ersten Versen (269 ff):

> Nicht mich verraten wird der allgewalt'ge Spruch
> Des Loxias, der dieses Wagnis mir gebeut,
> Der laut mich aufrief, Qualen, sturmgegeißelte,
> In meinem heißdurchglühten Herzen mir verhieß,
> Wenn ich des Vaters Mörder nicht verfolgte,
> Zur Rache sie zu morden mit dem selben Mord.

Also ist das Gebot der Blutrache Apollons Gesetz. Und darauf folgt der Orakeltext im Wortlaut: hier spricht nicht mehr Orestes, sondern Apollon durch die Pythia. Die Drohungen haben etwas furchtbar Archaisches; sie versetzen den delphischen Gott ganz in die Nähe der unteren Götter, der chthonischen; wie merkwürdig, daß selbst die Erinyen hier in seinem Dienst erscheinen. Angedroht werden Krankheit, Seuche, Aussatz, Auszehrung, dann Ausstoßung, Verfremdung, elender Tod (283 ff):

> Und andre Qualen nannt' er der Erinyen
> Aus meines Vaters wachem Blut, wie's deutlich mir
> Zu schaun im Dunkel, wie er das Auge zürnend rollt,
> Denn dieses nächt'ge Graungeschoß der Unteren
> Von umgebrachter Blutsverwandten Flehn erweckt,
> Wahnsinn, Entsetzen, nächt'ger Träume hohle Furcht
> Verstöre, jag' mich und verfolg' aus aller Stadt
> Mit eherner Geißel meinen gottverfluchten Leib...

Orestes starrt auf Elektra und den Chor. Keine Antwort von diesen. Darauf wieder er (298 ff), Verse von größter Bedeutung. Sie zeigen eisige Kälte des Verstands, des Erkennens, der weitblickenden Überlegung und sie zeigen den Heros in der gleichen Einsamkeit wie jenen anderen, seinen Vater, in Aulis. Er sei berufen, die Tat zu tun; selbst wenn er nicht an das Orakel glauben würde: «Die Tat ist zu tun» (298); viele Antriebe (himeroi) fielen in eins zusammen: der Auftrag des Gottes, das Leid des Vaters, die eigene Mittelsosigkeit, doch das Wichtigste zuletzt: daß die ruhmreichsten Bürger dieser Zeit, Trojas Bezwinger, nicht länger mehr zwei Weibern untertan sein sollten, ja, weibisch sei der andre... Es ging also um die Polis.

Der Kommos der «Choephoren», der Wechselgesang zwischen Orestes, Elektra und dem Chor, gehört zu den berühmtesten und umstrittensten Partien der griechischen Tragödie. Seine dichterische Schönheit beruht in seiner strengen Form. Es sind Triaden, die sich fünfmal wiederholen. Sie sind so kunstvoll ineinander verschränkt, daß sie sich wie Glieder einer Kette ineinanderfügen. Zweifellos entsprach der poetischen Form die musikalisch-tänzerische, die wir nur erahnen können.[11] Sie muß sich völlig mit dem Sinn gedeckt haben. Dieser ist, daß Orestes aus dem logos heraustritt und in den ekstatischen Zustand der orge hineingesteigert wird, in der er allein imstande ist, die Tat zu tun. Nirgends wird Apollon angerufen. Alles wird ergriffen und hineingerissen in die Gewalt der «Unteren», die Besitz ergreifen vom Denken, Empfinden und Handeln der Menschen. Der gedankliche Weg ist dem emotionalen gleichgeschaltet. Bevor Orestes von der orge erfaßt wird, gerät er in eine Phase hellsichtiger Erkenntnis, die ihn verstummen läßt. Aus dem Schweigen erwacht er als der tragische Held schlechthin. Er weiß, was er auf sich ziehen wird, wenn er die Tat vollstreckt. Er wird sie dennoch tun. Jetzt erst, oder genauer: erst nachdem er so weit gelangt ist, zu erkennen, daß logos in dieser Welt nicht ausreicht, unterwirft er sich der orge.

Die Positionen waren weit gespannt: der Chor in der rechten Hälfte der Orchestra, immer in seinen Evolutionen ausgerichtet auf das Paar, das die Beziehung zum Grab nicht verlieren durfte. Denn der Grundansatz ist die Beschwörung einer Epiphanie, ähnlich der des Dareios in den «Persern», nur mit dem bedeutsamen Unterschied: der Beschworene erscheint nicht. Es hilft nichts, anzunehmen, daß er ja unsichtbar den ekstatischen Beschwörern nahe sei. Noch in den letzten Versen wird er nicht nur angerufen, sondern gerufen. Warum verzichtet Aischylos auf die Epiphanie des Agamemnon, während er doch in den «Eumeniden» den Geist der Klytaimestra ohne Beschwörung auftreten läßt? Die Frage aufwerfen, heißt sie beantworten. Wie der Chor der «Choephoren» von Menschen dargestellt wird, so bleibt das ganze Stück im Bereich des Irdischen. Erst im dritten Stück tritt das Über- und Unterirdische auf, dann freilich mit überwältigender, den einzigen Menschen (neben dem stummen Chor der Areopagiten) fast verdrängender Wucht.

Die Orestie: Die Choephoren

Weder die Götter noch die Toten werden für die Tat des Orestes voll verantwortlich gemacht. Auch wenn das Orakel nicht gesprochen hätte, würde er sie tun. Auch der Vater nimmt ihm die Verantwortung nicht ab: er erscheint ihm nicht. Der Heros ist im Menschlichen allein; noch die Hypostase der Erinyen, mit der er am Schluß den Schauplatz verlassen wird, ist eine ganz und gar menschliche, eine fast selbstverständliche Regung. Und doch ist es dieses ganz und gar Menschliche, das ohne den Ruf aus dem anderen, dem Menschen nicht erreichbaren Bereich unbegreiflich wäre. Das Blut des Ermordeten klebt unsichtbar an dem Mörder. Aus der Tiefe rufen die Toten, denen die ihnen gebührenden Ehren verweigert werden. Aus dem Ungreifbaren schlagen die Himmlischen zu. Die Moiren werfen das Los, das unabänderliche.

Mit der Anrufung der Moiren setzt der Kommos ein. Mögen sie das Ende so bestimmen (genauer: bestimmt haben), daß es mit Gott (diothen 306) sich zum Rechten (dikaion) wende. Dike wird angerufen. Aischylos weckt die Erinnerung an die Parodos der Alten aus dem Stück, das die Zuschauer am Morgen gesehen hatten. Ein «uraltes Wort» (trigeron mythos 314) wird neu ausgerufen, gleich einem Motto, das für das ganze gilt, so den Schritt der Zeitalter stets überholend – denn jenes für diesen Dichter so wichtige «mit der Zeit, in der Zeit, wenn die Zeit gekommen ist (chronistheis)» ist stets eingegrenzt durch die Auffassung, daß es Uraltes gibt, das durch die Veränderungen hindurch gültig bleibt –: drasanti pathein (313), dem Täter ist es bestimmt zu leiden. Das ist der Zusammenhang: die Moiren – das absolut Jenseitige, Unbegreifliche, noch über den Göttern; Zeus und Dike – die gottgewollte Ordnung, von Menschen zu verwirklichen; pathos – das Los derer, die bestimmt sind, sie zu verwirklichen. Orestes, zum Grab gewandt; «Vater, was soll ich dir sagen, was kann ich tun, um dich zu erreichen, von weit her – nach dort drinnen (hekathen, entha 319)?» Freude in der Nacht solle ihm das Klagelied sein, denn es besinge den Ruhm der Atriden.

Aber so fern sei man doch nicht den Toten, weist ihn der Chor zurecht: wenn der Tote beklagt werde, werde der Verbrecher ans Licht gebracht. Das sei der Sinn des goos endikos, der rechten Klage (330); indem sie alles aufspüre, schaffe sie Empörung. «Kind» (324), sagen die Frauen zu Orestes – so wird der Unterschied der Generationen betont.

Hier setzt Elektra ein: Höre, Vater, die doppelte Klage: Schutzflehende, Flüchtlinge stehen an deinem Grab: «Was ist da gut, was ohne Übel? Ist Ate unbezwingbar?» (335 ff). So trennt sich auch das zweite «Kind» von dem Chor, für den sich die Tat von selbst versteht: das Klagelied werde sich in einen Paian verwandeln, wenn sie ins Königshaus einziehen würden.

Orestes erläutert die Tragik der Situation durch einen ungeheuerlichen Gedanken, der die nächste Triade erfüllt: Wieviel besser wäre es gewesen, wenn Agamemnon vor Troja gefallen wäre! Große Ehren wären dem Heros zuteil geworden. Ja, das wäre hyperboreisches Glück, Märchenglück, antwortet der Chor, auch Elektra stimmt ein, – diese sich träumerisch verlierende Partie ist die einzige lyrische im Kommos –, aber jetzt sei es nun einmal so, daß die Mörder leben. Es bedarf nur dieser Erinnerung, um Orestes aufzuschrecken. Mächtig schleudert er (in der neuen Triade) den Zeus-Anruf empor (380ff).

Darauf der Chor, den das nicht kümmert: einen Hymnus möchten wir anstimmen, jubelnd über des Mannes Leichnam und des Weibes Bahre. Warum halten wir den Haßgesang zurück? Und Elektra, wie Orestes weg vom Grab, die Hände erhoben zu Zeus (394ff): Weh, weh, wann wirst du sie treffen und ihre Schädel spalten? Dann käme Vertrauen ins Land zurück; «Recht fordere ich für Unrecht!» Wieder beruft sich der Chor auf die uralte Satzung: Blut schreit nach Blut. Mord ruft die Erinys! Und absichtslos dann die Worte, die Orestes auf sich beziehen muß: Ate führt von den früher Erschlagenen immer neue Ate herauf.

Orestes fährt auf, als hätte ihn der Blitz getroffen. Ein Aufschrei (405): «Weh, weh, o, Tyrannei der Unterirdischen! Seht die übermächtigen Flüche, seht, was uns Atriden bevorsteht! Wie soll das einer wenden, Zeus?» (409). Die Bedeutung der Frage wird dreifach unterstrichen. Einmal dadurch, daß Orestes nach ihr länger schweigt als irgendwann sonst im Kommos; er fällt in das berühmte Schweigen des tragischen Helden. Dann dadurch, daß der Chor, der jetzt endlich begreift, wie das, was er vorher gesagt hatte, auf Orestes wirken mußte, tief erschauert; nach einer Pause des Schreckens setzt er ein: «Entsetzt ist mein Herz, wenn es solchen Jammer hört»; pepalpatai, das griechische Wort (410) wird stets mit dem Erlebnis solchen Schreckens verbunden,[12] auch oiktos im folgenden Vers ist mehr als nur Jammer: tödlicher Jammer: «Das Grauen der Nacht füllt die Brust.» Schließlich wird die einschneidende Zäsur dadurch unterstrichen, daß nun, da die Dialektik ans Ziel gelangt ist, das musikalisch-tänzerische Ritual der orge beginnt. Mit der orge setzt Orgiastik ein, ein Grundelement der Tragödie, wie wir es aus dem Schluß der «Perser» kennen.

Vorher hat Elektra noch einmal das Wort: Was sollen wir sagen? Ist es nicht so, daß wir Schmerzen leiden um unserer Eltern willen? Man kann es beschönigen, aber was nützt das? Wölfisch wild ist, der Mutter Erbteil, unser Wesen (418/24). Die Mutter ist «asantos», wir haben es von ihr, daß wir nicht «sainein» können, nicht schmeicheln, uns nicht abfinden. Ja, das wäre doch die einzige Alternative: sich damit abfinden, und wir wissen ja, daß die Tat neue Ate auf den Täter ziehen wird. Aber dazu eben sind wir nicht imstande.

Man hat gesagt, in Orestes' ohnmächtigem Ausruf komme ein Schwanken zum Ausdruck; er werde überhaupt erst im Verlauf des Kommos von Zweifeln befreit und entschlossen, den Auftrag des Orakels auszuführen. Das ist nicht der Sinn des Ausrufs. An Orestes' Entschlossenheit ist kein Zweifel möglich, wenn man sich sein Eintreten in das Geschehen, sein Auftreten gegenüber Elektra vor Augen hält

(274, 304); auch wußte ja jeder Zuschauer, daß er die Tat ausführen würde. Bis zum Beginn des Kommos lief die Aktion geradlinig und in einem einzigen Crescendo auf den Augenblick zu, in dem nicht mehr von den Gründen der Tat, sondern von ihrer Ausführung die Rede sein mußte. Der Kommos hält das Geschehen an. In ihm kommt es sozusagen zur Deutung. Jetzt werden die Dimensionen aufgerissen, in denen die Tat zu sehen ist. Orestes' Frage an Zeus ist, wie wir sahen, die gleiche wie die, die Agamemnon in Aulis gestellt hat. Mit einem einzigen, freilich entscheidenden Unterschied: Agamemnons Opfer ist unschuldig; Orestes' Opfer ist schuldbeladen. Dadurch verschärft sich die Antinomie, die in der folgenden Steigerung des Kommos auf dem Gipfel der orge den letzten Schleier zerreißt: *dike steht gegen dike*. Und eben das ist es, was er Zeus vorhält: «Wie sollte das einer wenden? Wie kann einer aus einer solchen Lage herauskommen?» [13]

Musik setzt also ein, asiatische, d. i. orgiastische Musik. Der Chor wiederholt das Klageritual der Parodos. Noch einmal ertönt das Klagegeheul, um im Sinne der Verse (328 f): «wenn der Ermordete bejammert wird, wird der Mörder ans Licht gebracht», den Haß zu schüren, den Täter also in jene orge (Trance) zu versetzen, deren er bedarf, um die Tat begehen zu können. Dem dient Elektras Fluch gegen die Mutter: «Ohne das Geleit der Bürger, ohne Trauer und Klage hast du ihn eingescharrt» (430 ff). Orestes wird von der neuen emotionellen Erregung ergriffen. Diese Schande kann nicht ungesühnt bleiben: Die Entehrung des Vaters wird sie büßen, nach dem Willen der Dämonen, dann mag ich zugrundegehen (438). Jetzt, heißt das, hat er sich der orge überlassen: er wird die Tat begehen, die ihn ins Verderben stürzt. Damit löst er sich von den anderen, wohl auch von Elektra. Einsamkeit ist um ihn. Er ist allein mit seiner Tat. Das macht ihn zum tlemon, zum Täter-Dulder, wie er nach der Tat genannt wird (933).

Der Chor schürt weiter die orge. Nicht nur die Bestattungsehren hat Klytaimestra dem Ermordeten verweigert, sie hat die Leiche der archaischen Scheußlichkeit des maschalismos [14] unterworfen. Elektra: Schreib dir das ins Herz, Bruder! Der Chor: Grab dir's tief ein. So verhält es sich! Das Weitere lehre dich dein Zorn (orge 455)!

Aus der Ekstase des Pathos erhebt sich die letzte Steigerung. Der Geist des Vaters muß herbei! Er muß von dem Heros Besitz ergreifen. Die Unteren sollen heraufkommen! Es ist so, wie Hermann Fraenkel es beschreibt: [15] «Die Person hat sozusagen noch keine undurchlässige Außenhaut, und der Gott ist keineswegs etwas Fremdes. Kräfte strömen in den Menschen frei hinein; er weiß, daß sie göttlich sind, weil sie über ihn kommen wie eine Gabe und Gnade – oder auch wie ein Fluch und eine Geißel. Sie sind spontan und lassen sich nicht aus den mechanischen und motivischen Gegebenheiten ableiten; sie transzendieren seine eigene Person und haben Weltgeltung und Weltwirkung. Und doch darf er die Kräfte, die in ihn einzogen, seine Kräfte, ein Stück der eigenen Natur nennen, die durch sie erhöht und geadelt wird ... Je größer eines Menschen Natur ist, desto mehr Göttliches ist in ihr und kommt zu ihr.» Und doch gerät Orestes nicht ganz in die Trance der Bewußtlosigkeit.[16] Er erkennt die letzte Dimension der Tragik (464):

So kämpfe denn Ares mit Ares, Dike mit Dike!

Und wieder, wie nach dem Aufschrei zu Zeus, befällt den Chor Zittern beim Hören solcher Worte. Dann erfüllt ein Unisono die Szene: (464f): «Das Gottverhängte harret längst! Flehet ihr drum, herauf steigt's!» Das Verhängnis (morsimon) meint Klytaimestra so gut wie Orestes. Und folgerichtig bricht der Chor in die Klage aus: «O Not dieses Geschlechts!» Ja, dike steht gegen dike. Das wird **das Thema der «Eumeniden»** sein. Orestes schreitet zur Tat in der Erkenntnis, daß der Mord, den das Orakel ihm auferlegt hat, Mord ist und bleibt, und Muttermord eben Muttermord ist und bleibt.

Was geht das uns an? Worin trifft es in unsere Gegenwart? Nun, die politische Dimension ist klar; es geht um Befreiung, gegen Illegalität, Despotismus, Terror; dafür, daß das nie vergessen wird, sorgt der Chor, eine Gruppe extrem Unterdrückter; Orestes spricht an bedeutender Stelle davon (304f); und im Kommos selbst steht der Vers: Gerechtigkeit für das Land! (397f). Doch ist ohne Zweifel die entscheidende Dimension die persönliche; sollte unsere Zeit nicht durch die Orestie daran zu erinnern sein, daß alles öffentliche Handeln, und das heißt auch alles ins Öffentliche hinein reichende Handeln, an eine persönliche Entscheidung gebunden ist, daß jeder Verantwortung trägt, der Große wie der Kleine, die Oberen wie die Unteren, Regierung wie Regierte, und daß das Bewußtsein dieser Verantwortung in der so oder so getroffenen Unterscheidung den Gedanken an das Recht (Rechtsdenken) voraussetzt, mag man denken, an wen man will. Von hier aus erschließt sich die dritte Dimension mit der Frage: Was soll uns das Mythische, der Fluch, das verfluchte Geschlecht? Die Antwort darauf ist dem dritten Stück vorbehalten; hier nur soviel: alles, was geschieht, kommt aus dem Vergangenen; jede Gegenwart gründet auf Geschichte; was wir sind, sind wir von den Vätern (oder den Müttern, wie Elektra sagt: 421f); das Böse, das in der Welt ist, ist nicht nur von heute: die Frage der Theodizee. Die dritte Dimension ist also eine theologische, auf jeden Fall eine philosophische, wie auch der Nichtgläubige zugeben wird.

Die letzte Steigerung des Kommos ist ein Duett. Orestes und Elektra sind zum Grab hinaufgestiegen. Noch einmal wenden sie sich dem zu, was es bedeckt: den ‹Unteren›. Noch einmal wird der Geist des Vaters aufgerufen. Die Appelle werden immer dringlicher: Es geht um dich selbst, deinen Nachruhm, deine Unsterblichkeit: du rettest dich, wenn du diesen logos würdigst (509). Aber der Geist erscheint nicht.

Die furchtbare Doppeldeutigkeit, die nun alles annimmt, was Orestes tut oder betrachtet, drückt sich in den Versen aus, zu denen die Geschwister vom Grab herabsteigen. Er fragt, was sich Klytaimestra wohl gedacht habe, als sie die Weihegüsse befohlen habe: alle Güsse der Welt nützen nichts gegen einen einzigen Tropfen Blut, der vergossen wurde – so sage ein alter Spruch (519f). Auch ihm also würden sie nichts nützen ... Das ist das Stichwort für das Sinnbild, das der Chor, antwortend, enthüllt: Klytaimestra habe geträumt, sie hätte einen Drachen geboren (527). Ich bin der Drache, antwortet schauerlich Orestes (549). Von einem Monstrum war schon einmal die Rede (252) und wird noch die Rede sein, wenn Klytaimestra, Orestes' Absicht erkennend, aufschreien wird: «Weh, diesen Drachen hab ich geboren und genährt» (928). Jetzt weiß Orestes, daß der Drache in ihm geboren wurde. So haben wir ihn von nun an zu sehen: allein mit seinem Drachen.

Der Kommos ist zu Ende. Mit ihm der erste Teil des Dramas. In dessen Ende ist der Beginn des zweiten verschränkt. Orestes entwirft seinen Plan und setzt ihn in Gang. Dieser Drache benötigt des mythischen Stachels nicht; wenn er Hamlet ist, so ohne den Geist; er ist der Kälte fähig. Eiskalt ist sein Plan. Mit List hat Klytaimestra Agamemnon umgebracht; also List gegen List: Orestes und Pylades werden als Wanderer aus Phokis ans Tor klopfen und um Gastfreundschaft bitten (nur so können sie unerkannt in den Palast kommen, und nur dort, allein mit den Opfern, kann der Täter die Tat begehen); sollte der Pförtner sie nicht aufnehmen, werden sie sich vor die Tür setzen und warten, bis einer sagt: wie kann Aigisthos den hiketes (den Schutzflehenden) vor der Tür stehen lassen? Darauf müsse der Herrscher befehlen, sie zum mindesten hereinzulassen, denn das Gastrecht werde er nicht zu verletzen wagen. Er werde ihnen entgegenkommen oder sie auf Agamemnons Thron begrüßen; aber noch ehe er fragen könne, woher die Fremden kommen, werde ihn Orestes «zur Leiche machen» (575f), wie es heißt.[17]

Was soll Elektra tun? Orestes weist sie an, drinnen im Palast für alles Notwendige zu sorgen; er ermahnt den Chor, zu schweigen oder, falls nötig (es wird nötig werden) das Richtige zu sagen (582). Als ob ihm beim Anblick des Götterbilds im rechten Paraskenion einfiele, wer der Gott dieser Tat ist, wendet er sich zum erstenmal an Apollon: er, der alles befohlen habe, möge jetzt dafür sorgen, daß alles seinen rechten Gang nehme.

Beeinträchtigt Aischylos nicht die Spannung, in dem er so bis ins Detail vorwegnimmt, was geschehen wird? Im Gegenteil. Er steigert sie. Vieles bleibt ja offen. Die Frage, wie sie in den Palast hineinkommen, zum Beispiel. Wichtiger ist, daß der Plan in einem entscheidenden Punkt mißlingen wird, weil eine Möglichkeit nicht bedacht wurde. Wir werden sehen.

Dieser zweite Teil hat ein anderes Tempo als der erste: er besteht aus einer Reihe rasch wechselnder und betont knapper Szenen. Die Chorlieder (kürzer als die bisherigen) werden im Zustand höchster Erregung gesprochen. Eilen wir im gleichen Allegro (also im Präsens) dem Ende der Tragödie entgegen.

Das überleitende Chorlied setzt ein, während Orestes mit Pylades nach der rechten Parodos hin verschwinden: sie müssen ja, falls sie jemandem begegnen sollten, den Eindruck erwecken, daß sie aus der Fremde kommen, und das heißt: eben erst angekommen sind; gleichzeitig sehen wir Elektra im Frauenhaus verschwinden: sie wird nicht mehr wiederkehren, denn der Schauspieler, der ihre Rolle spielt, wird die des Aigisthos übernehmen. Das Lied führt[18] mythische Greuelszenen vor Augen, die den Hintergrund für das Kommende bilden sollen. Wesentlich waren hier Ton, Klang und Rhythmus der Musik. Die Metren steigern sich mit dem Entsetzen, das den Chor jetzt ankommt, wenn er sich vorstellt, wer erscheinen wird: Erinys! Hier distanzieren sich die Frauen (als Gruppe der polloi) von den Tätern: Wer nennt des Mannes maßlos wagenden Mut (594), der Frauen maßlos wagende Liebeslust (597) gleichbedeutend (598) mit dem Fluch der Sterblichen? In gleicher Weise «synonym» ist, wie es in der letzten Antistrophe heißt, Dike mit Erinys.

Nach dem Lied heißt es: Bühne frei! Die Frauen kauern sich auf die Stufen und zwischen die Säulen des linken Paraskenions; in ihren schwarzen Gewändern sind sie fast unsichtbar.

Orestes und Pylades eilen von rechts herein. Sie wenden sich an das nächste Paraskenion. Sie steigen die Stufen hinauf und pochen an das dortige Tor. Ein Diener erscheint. Orestes bittet um Gastfreundschaft. Der Diener geht ab, um der Herrschaft die Ankunft der Fremden zu melden.

Hier folgt die Überraschung. Es ist nicht Aigisthos, der erscheint und die Gäste hineinbittet. Aus der Tür des anderen Paraskenions tritt Klytaimestra mit Mägden und Dienern. Fahles Zwielicht ist um das Spiel, das nun gespielt wird. Wer ist die Frau? Die Fremden tun so, als wüßten sie es nicht. Klytaimestra läßt offen, wer sie ist; also kann sie die Zeichen ihrer Würde nicht getragen haben (716). Die Fremden werden freundlich und fromm willkommen geheißen; den Müden werden Bad und Lager angeboten; für das Weitere werden die Männer sorgen, denen man es melden wird (668 ff). Später werden wir erfahren, daß hinter der Freundlichkeit Argwohn lauert.

Orestes ist erstarrt. Was alles hat er nun zu verbergen! Die orge angesichts der mörderischen Mutter, die Verwirrung, daß der Plan gleich zu Beginn schlecht läuft, den Zwang, eine neue List zu erfinden. Sie seien gekommen, erklärt er umständlich, den Herren dieses Hauses eine Botschaft zu bringen. Sie lautet: Orestes ist tot!

Das ist ein Schock für Klytaimestra, die sich dennoch nicht zu erkennen gibt (aber die Mägde, die Diener, der Chor wissen ja, wer sie ist). Orestes umgarnt sie weiter mit seiner List: da gebe es eine Urne im Phoker-Land – übrigens muß der Schauspieler den phokischen Dialekt angedeutet haben (564) –; sie seien gekommen, um die Eltern zu fragen (Orestes gibt vor, nicht zu wissen, daß Agamemnon tot ist), ob diese Urne nach Argos gebracht werden solle, damit der Verstorbene in seiner Heimat bestattet werden könne. Scharf klingt die Frage im Zwielicht: Spreche ich zufällig mit den Angehörigen (689)?

Die neun Verse, die Klytaimestra spricht, sind ein Meisterstück des Doppelspiels der Verstellung nach beiden Seiten. Den Ihrigen spielt sie Mutterschmerz vor; aber für den Fremden mag es klingen wie die Klage einer Hofdame (so wie nachher die Amme um den angeblich Toten jammern wird). Warum, fragt man sich, gibt sie sich nicht zu erkennen? Es gibt nur einen einzigen Grund: daß sie Verdacht geschöpft hat; sie weiß nichts von dem Manne, der da zu ihr spricht; er spricht wie ein Phoker; in Phokis lebt (oder lebte) Orestes; sie hat ihn als Kind dorthin gegeben; wer sagt ihr, daß es der hier nicht ist? Hat am Ende der Mutterinstinkt das Kind erkannt? Natürlich denkt sie auch an den Albtraum der Nacht; sie ist auf der Hut; und unglücklicherweise ist Aigisthos nicht im Haus: er ist mit der Leibwache in der Stadt. So greift sie ihrerseits zur List. Sie muß verhindern, daß die Fremden zu früh erfahren, wer sie ist; sie wird ihnen selbst Bad und Lager richten; niemand wird sich, solange sie dabei ist, trauen, mit ihnen zu reden. Unterdessen wird sie dringend nach Aigisthos schicken: er möge mit der Leibwache sofort in den Palast kommen. So treibt sie die Heuchelei auf die Spitze, indem sie sich zur Sprecherin der Leute im Haus macht, während diese selbst glauben sollen, es rede die Mutter: O dieses Hauses Fluch! (692) Orestes, er, der doch seinen Fuß aus diesem Sumpf des Verderbens gesetzt hatte, unser Arzt und unsre Hoffnung! So könnte Elektra gejammert haben.

Orestes entschuldigt sich: er habe nicht gewußt ... Klytaimestra drängt die Fremden, ins Haus zu gehen. Sie befiehlt den Dienern, sie ins Männerhaus (das andere Paraskenion) zu führen: man soll ihnen alle Bequemlichkeit verschaffen. «Wir aber», wendet sie sich an die Frauen, sich selbst einbeziehend, «werden der Herrschaft (tois kratusin 716) berichten und, da es uns an Freunden nicht fehlt, über diesen Schicksalsschlag (symphora 719) beraten».

Orestes, Pylades mit den Dienern ab ins Männerhaus, Klytaimestra mit den Mägden ins Frauenhaus.

Der Chor fliegt in die Orchestra. Beten wir für Orestes! Heimliche Anrufe, zur Erde gebeugt: Gebt Beistand, du Göttin Erde, du, göttliches Grab, du Peitho, Göttin der List, und du Hermes Chthonios, der Todesbote (723 ff).

Die folgende Szene verwickelt den Chor in dramatische Aktion. Die Frauen sehen die Amme weinend aus dem Frauenhaus laufen. Sie verstellen sich: Es scheint, der Fremde habe nichts Gutes gebracht. Wohin gehst du, Kilissa?

Die Herrin schicke sie zu Aigisthos, antwortet die Amme, heulend, geschwätzig, ihren Haß auf Klytaimestra nicht verhehlend: vor uns verstellt sie sich, aber heimlich jubelt sie! Oh, ich Arme, ich habe den kleinen Orestes aufgezogen, es war meiner Seele süße Plage, und nun muß ich seinen Tod dem Manne melden, der dieses Haus geschändet hat! Wie gern wird der meine Nachricht hören ...

Den Chor packt Angst um Orestes. Die Frauen sind sich darüber im Klaren, daß Aigisthos, wenn er rechtzeitig mit der Leibwache kommt, den Plan zum Scheitern bringen wird. Und wie wird es Orestes ergehen, wenn er erkannt wird? Hat ihn die Mutter womöglich bereits erkannt? Das Zwielicht verdichtet sich. Jetzt greifen auch die Frauen zur List. Hat die Herrin angeordnet, daß Aigisthos allein kommen soll? Nein, nein, ausdrücklich habe sie gesagt, er solle die Speerträger als Geleit (also zu seinem Schutz) mitbringen! Da appelliert die Chorführerin an den Haß der Amme: Das wirst du ihm nicht melden! Du wirst sagen, er soll allein kommen! Dann wird alles gut gehen.

In den wenigen Versen werden hohe Anforderungen an die Schauspielkunst gestellt. Die Frauen müssen der Amme begreiflich machen, daß mit dem Fremden etwas nicht stimmt. Die Amme stutzt: Ihr freut euch offenbar – ist es denn nicht wahr, daß Orestes tot ist? Nein, er ist nicht tot! Die Amme schreit auf: Was sagst du da? Jetzt wird sie zur Mitverschworenen gemacht: Geh, richte deine Botschaft aus! Schick Aigisthos allein! Fürs andere laß die Götter sorgen. Die Amme, atemlos, dann laufend: Ich gehe! Ich werde es so machen, wie ihr sagt! Mögen die Götter helfen!

Der Chor rennt zusammen, um die Arme zu Zeus zu erheben. In diesem dritten Stasimon identifizieren sich die Frauen so sehr mit Orestes, daß sie zum erstenmal über die Erinys hinaus denken. Gib ihm den Sieg, Zeus! Aber laß ihn nicht wieder bezahlen! Und ihr Götter dieses Hauses, endet den Fluch, der auf ihm liegt! Sühne das Blut durch neue Rechtssprüche (prophatois dikais 804)! Nicht soll der greise, der überlebte Mord, sich mehr fortzeugen in diesem Haus. Laß es wieder hell erscheinen, laß das strahlende Licht der Freiheit leuchten aus den Schleiern der Nacht.

Auftritt Aigisthos. Man hat seinen Wagen gehört, den er hinter der linken Parodos verlassen hat; die Leute, die ihn gezogen haben, bringen ihn weg. Man weiß, daß die Leibwache folgen wird. Die Frauen, die in der Orchestra kauern, atmen zwar auf: er ist allein. Aber jetzt tut drinnen Eile not. Aigisthos eilt herein. Gegen seine Gewohnheit wendet er sich an den Chor. Er heuchelt Kummer über die Nachricht. Aber auch Zweifel. Sind es nur Gerüchte, oder ist es Gewißheit?

Die Chorführerin weist ihm den Weg: dort im Männerhaus sind die Fremden, frag sie selbst, von Mann zu Mann. Ja, antwortet er hastig; wie Agamemnon (Ag 795 f) spricht er von seinem scharfen Auge, dem nichts verborgen bleiben werde; Murray hat recht: er hat Verdacht geschöpft, doch nicht Verdacht genug.

Er ist ins Haus gegangen. Jetzt kann der Chor seine Aufregung zeigen. Was sich drinnen abspielt, wird an den Horizont der Zuschauer projiziert. Ganz und gar sei das Haus nun dem Mordschwert geweiht. Allein geht der göttliche Orestes – hier ist die Stelle, wo er zum erstenmal dieses Beiwort hat, das den Ruhm des Heros bezeichnet – seinen Gang. Möge er siegen!

In diesem Augenblick dringen die Todesschreie Aigisthos' aus dem Palast.
Die Frauen kauern sich schaudernd nieder. «Laßt uns zur Seite gehen, damit wir nicht in das Unheil verstrickt werden». So huschen sie zum linken Paraskenion.

Das Tor des Männerhauses öffnet sich. Der Diener, der Orestes und Pylades hineingeführt hat, läuft schreiend heraus: «Aigisthos ist tot». Er stürzt zum Frauenhaus. Die Tür ist von innen verriegelt: das ist Elektras Werk. Er hämmert gegen die Tür, er ruft nach Klytaimestra, obwohl er ahnt, daß nun auch über sie das Gericht (884) kommen wird.

Die Riegel werden zurückgeschoben. In der Tür des Frauenhauses erscheint Klytaimestra. Was ist geschehen? Was schreist du da?

Ungeheuerliche Antwort aus dem Mund des Dieners: «Die Toten morden die Lebenden» (886)!

Klytaimestra versteht sofort: »Ich weiß, was das Rätselwort bedeutet. Weh mir! List mordet uns, so wie wir einst mit List gemordet haben.» Aber sie gibt nicht auf. Sie weiß, was ihr bevorsteht: sie hat es geahnt, ja, geträumt! Der Drache ist da, den sie an der Brust gesäugt hat. Sie schreit ins Haus: (889) «Holt mir das Beil! Ich will doch sehen, ob wir siegen oder besiegt werden! Denn soweit ist es nun mit mir gekommen!»

Das Beil ist kein beliebiges: androkmeta wird es genannt (889), das männermordende. Die Zuschauer wissen, um was für ein Beil es sich handelt: sie haben es in der Hand Klytaimestras gesehen, als sie über den Leichen Agamemnons und Kassandras erschienen war. Soweit ist es gekommen, daß sie es gegen den eigenen Sohn erheben muß. Sie würde auch vor diesem Mord nicht zurückscheuen.

Aus dem Männerhaus sind Orestes und Pylades mit blutigen Schwertern erschienen. Der Täter ist im Zustand der mania. Gleich dem Alastor, dem Fluchgeist des Hauses, als den sich Klytaimestra im «Agamemnon» gefühlt hatte, geht er auf die Mutter zu. Sie könnte weglaufen. Sie tut es nicht. Wartet sie auf das Beil? Nein, sie rennt die Stufen herunter, ihm entgegen. Sie schlägt gegen die Brüste: «Hier hast du süße Milch getrunken» (898)!

Orestes' mania ist von anderer Art als die seiner Mutter im ersten Stück. Aischylos gibt ihm dieses wahrhaft tragische Zögern (899): «Pylades, ti draso?» Pylades, was soll ich tun?

Bis zu dieser Stelle hat Pylades kein Wort gesprochen. Aber wenn er nichts anderes wäre als der Gefragte dieser Frage, könnte er nicht aus dem Stück entfernt werden (wie einige wollten).[19] Ihm ist die Antwort in den Mund gelegt, die Orestes benötigt; «Du hast es dir geschworen und du folgst dem Orakel. Glaubst du, du könntest die Erfüllung der Prophezeiung verhindern? Du bist ihr Vollstrecker! Folge den Göttern!» (900 ff)

Orestes übernimmt die Verantwortung: «Ich entscheide, daß du recht hast. Du mahnst mich gut.» Und dann zu Klytaimestra: «Komm! Folge mir: bei dem dort drinnen werde ich dich schlachten!» Dort drinnen (904): im Männerhaus. Die Stichomythie zwischen Mutter und Sohn unterstreicht mit jedem Vers, daß es keinen Ausweg gibt. Schritt für Schritt, Vers um Vers, kämpft das Opfer um sein Leben. Er scheucht sie vor sich her mit dem blutigen Schwert.

«Ich zog dich auf, um mit dir alt zu werden».
«Die Vatermörderin will mit mir zusammenwohnen?»
«Moira ist an allem schuld».
«So wird Moira auch diesen Mord vollenden».
«Fürchtest du nicht die Flüche deiner Mutter?»
«Indem du mich geboren hast, hast du mich ins Unglück gestürzt».

An den Stufen des Paraskenions, in das er sie hineindrängt, noch einmal: «Du willst die Mutter morden, Kind?!»
«Du selber mordest dich!»
«Nimm dich in acht vor den wütenden Hunden der Mutter!» Die sprichwörtlichen Hunde: die Erinyen.
«Und vor denen des Vaters soll ich davonlaufen?»

Verzweifelt, an der Tür, jammernd: «Es scheint, ich klage lebend einem Grab – umsonst!»
«Des Vaters Los [20] bestimmt dir diesen Tod!»
«Weh mir, ich habe diesen Drachen geboren und gesäugt!»
«Ja, wahrgesprochen hat die Angst aus deinen Träumen. Du hast gemordet, den du nicht morden solltest. Nun leide, was ebenso nicht sein sollte (930).»

«To me chreon – was nicht sein sollte!» Noch mit dem letzten Wort, mit dem er das Opfer in das Haus stößt, verrät Orestes, daß er weiß, was er tut. Er nimmt das miasma auf sich. Die Tür fällt hinter ihnen ins Schloß.

Stöhnen des Chors. Er beweint *beider* doppeltes Los (931). «Zu vieler Blutschuld Gipfel steigt Orestes, der Dulder (tlemon 933) – möge er nicht ganz dem Verderben anheimfallen!»

Während drinnen das Schauerliche geschieht, der Muttermord gleich einem Todesurteil vollstreckt wird, lenkt ein Chorlied die Gedanken auf Dike. Jauchzen müsse das Herrscherhaus, weil das schändliche Paar sein Ende gefunden habe. Dike, Zeus' Kind, sei gepriesen! Das Dunkel ist zerstreut. Es ist Licht geworden. Wir dürfen es schauen (961):

> Abfiel das schwere Joch nun von des Hauses Stirn!
> Richte dich auf, o Haus! Lange, zu lange Zeit
> > Im Staube lagest du gebeugt
> > Tief unter Fluches Last.
>
> Geschick, Künftiges, erglänzt heiter vor unserem Aug'.
> > Den Ruf, stimmt ihn an:
> «Die hier mitgewohnt, bald sind verjagt sie ganz!»
> > Ich darf schauen das Licht.

Das Jauchzen, das Licht, die Reinigung – alles wird ins Zwielicht der Ironie versetzt werden. Nichts werden die Reinigungen (katharmoi) ausrichten (wie wir im letzten Stück erfahren sollen); das «Licht» wird sich schrecklich verdunkeln, wenn die «Mitbewohner (metoikoi domon 971)» gleich in der nächsten Szene dem Täter erscheinen! Das Lied hat Stellenwert, als Folie für das Kommende, und Rollencharakter: Die Frauen, Sklavinnen, Troerinnen, feiern den Tod des Tyrannenpaars.

Noch tanzt der Chor jubelnd auf das Haus zu, da öffnet sich wie am Ende des «Agamemnon» das Mitteltor. Mitten in der Bewegung erstarren die Frauen. Man hört das Knarren der Scharniere. Die sich öffnenden Flügel geben das Schreckensbild preis; das Ekkyklema rollt es heraus ins Licht der Sonne, die jetzt von Westen her schräg auf die Szene fällt und Schatten wirft. Das Jauchzen des Chors erstickt im Geheul des Schauderns. Zurückweichend sinken die Frauen in den Staub der Orchestra. Da steht Orestes mit dem blutigen Schwert. Seine Hände triefen von Blut (1055), seine Maske ist blutbespritzt. Zu seinen Füßen liegen, von einem roten Tuch zugedeckt, die beiden Leichen.

Das also ist das Bild, das der jubelnde Chor besungen hatte: «Künftiges Geschick erglänzt heiter vor unseren Augen» (969 f).

Das ist die Sprache dieses Dichters. Die Szene antwortete auf das Wort, und das Wort wird auf die Szene zu antworten haben. Alles, was geschieht, ist mehr als eindeutig. Wenn es nach dem Chor ginge, könnte die Orestie mit dem Muttermord zu Ende sein. Aber der Heros weiß es anders.

Aischylos zeigt Orestes über den Leichen, in der einen Hand das Schwert, in der anderen einen mit Wollbinden umschlungenen Ölzweig, das Zeichen des hiketes, des Schutzflehenden. Als er Klytaimestra ins Haus getrieben hatte, waren dies seine letzten Worte: «Du hast gemordet, den du nicht morden solltest. Nun leide, was ebenso nicht sein sollte» (930). Als er den Todesstreich geführt hatte, nahm er den Ölzweig, um vor aller Augen als ein Verfolgter zu treten. Er wußte, was nun kommen mußte. So *zeigt* die Szene den Unterschied zu der Szene, als deren genaue Wiederholung sie angelegt ist: zum Ekkyklema des «Agamemnon». Hier wie dort zwei Leichen, das rote Tuch, die blutige Waffe, die blutbespritzte Maske. Aber Orestes ist nicht Klytaimestra. Das Zeichen, das ihn von dieser unterscheidet, ist der Ölzweig. Doch ist dieser nur das Zeichen.

Wir haben gesehen, wie Klytaimestra, noch im Blutrausch, auf dem Ekkyklema erschienen war, um sich der Tat zu rühmen, in rasender Prahlerei, wie sie das Recht auf ihrer Seite befeuert hatte, Ate und Erinys gegen Kindesmörder und Ehebrecher, und wie sie schließlich, ermattend, erkennend, allmählich von der mania verlassen, den Dämon des Geschlechts für alles verantwortlich gemacht hatte, den Alastor, dessen Werkzeug sie gewesen sei. Wir haben gesehen, wie sie Aigisthos zu Hilfe rufen mußte, um dessen Leibwache gegen das aufbegehrende Volk antreten zu lassen. Die dämonische Größe, die sie ausgestrahlt hatte, als sie blutbefleckt erschienen war, um sich zu ihrer Tat und zu dem Recht auf diese zu bekennen, hatte sie immer mehr eingebüßt. Sie hatte die Bühne schließlich an der Seite des Mannes verlassen, mit dem sie die Ehe gebrochen hatte, Tyrannin neben dem Tyrannen. Zum Chor hatte sie gesagt: «Es ist mir gleichgültig, ob ihr mich loben oder tadeln werdet ...»

Dagegen Orestes! Zweimal wendet er sich an das Volk:[21] «Da seht ihr dieses Landes Doppeltyrannei, des Vaters Mörder, reichsten Gutes Verschleuderer!» (973 ff). Und: «Ihr aber alle, dieser Leiden Zeugen, seht dies Truggewirk an (mechanema 981), meines armen Vaters Garn, die Fessel seiner Hände, seiner Füße Zwang.» Er befiehlt den Dienern, das rote Tuch von den Leichen zu nehmen und hochzuhalten, es ist das Netz, in dem Agamemnon seinen Tod gefunden hatte; er läßt es herumzeigen im Kreis, eine Szene von gestischer Suggestivität.

Das erste also, was Orestes anspricht, ist die Polis. Und das zweite ist das Gericht (dike 987), dem er das corpus delicti vorzuführen gedenke, das Zeugnis (martys) des Mordes, den er zu Recht gerächt habe.

Damit, mit der Polis und dem Gericht, die sich zwischen die Tat und den Täter schieben, hat die Trilogie die Stufe erreicht, auf der das dritte Stück spielen muß. Es gibt keinen Alastor, als dessen Werkzeug Orestes sich bezeichnen könnte, er beruft sich weder auf Ate noch auf Erinys. Er hat es selbst getan. Wenn es der Wille der Götter war, so hat er sich diesen zu eigen gemacht (436 f). Er hat keinen Aigisthos, hinter dessen Schild er sich zurückziehen könnte. Wo ist Pylades? Wo ist Elektra?[22] Sie werden nicht mehr benötigt. Orestes ist allein. Er ist der Täter. Er fordert sein Gericht.[23]

Der Chor, aus des Entsetzens Starre auffahrend und nun ganz dem Schauder über den Muttermord ausgeliefert, bricht in heulende Klagen aus: er nennt die Tat «meleos», das ist «eitel, vergeblich»; es sind Frauen, vielleicht Mütter, die da sprechen, und es ist, als ob sie aus Orestes' Wissen sprächen: «Dem (übrig) Bleibenden auch blüht Leid» (1019).

Der Umschlag steht bevor. Kassandra hat ihn angekündigt. Im Kommos ist er vorausgesehen worden. Und wird nicht in diesem Umschlag von richterlicher Selbstgerechtigkeit zu unausweichlicher Angeklagtheit etwas spürbar, was den Fall exemplarisch macht über seine Faktizität hinaus? Was? Die ungeheure Anmaßung, die darin liegt, daß sich einer zum Herrn und Richter, nein, zum Henker von Menschenleben aufwirft! Der Fall ist extrem: als Beispiel eines Menschenlebens wurde das allernächste ausgewählt: die Mutter. Aber das verschärft das Exemplarische. Wäre die Anmaßung für irgendein Menschenleben rechtens, dann wäre deren Rechtlichkeit im Falle der Mutter nur die letzte Konsequenz. Und daß eben diese Anmaßung absurd war und ist und immer sein wird, das mußte den Zuschauern damals aufgehen wie uns heute; es war schon zu ahnen angesichts des schauerlichen

Bildes, das herausgefahren worden war; es ist jetzt, da die Reflexion eingesetzt hat, unabweisbar.

Aischylos zeigt, daß Orestes selbst sich dieser Seite seiner Tat bewußt ist. So hat er ihm Ölzweig und Kranz in die Hand gegeben; er läßt ihn die Absicht kundtun, damit nach Delphi zu ziehen, um sich dem Gott zu stellen; er legt ihm die Worte in den Mund, auf die es ankommt: «auf der Flucht vor dem gemeinsamen Blut» (1038). Aber Bewußtsein ist nicht alles; noch hat ihn nicht wirklich gepackt, was ihm bevorsteht. Noch sind es nur Worte, wenn er sagt, daß er die Tat beklage (1014), daß sie ihn mit Schmerz erfülle, und zwar mit einem Schmerz, der ihn aus der Bahn des eigenen Willens werfe (1022 f); noch scheint sich alles so allgemein zu verhalten, wie es in der Parodos des «Agamemnon» die Alten sagten: daß wer handelt, eben leiden muß: «Es schmerzt mich meine Tat, mein Leid und das ganze Geschlecht» (1015 f), wobei man «der Atriden» ergänzen kann, aber ebensogut «thneton», das Menschengeschlecht überhaupt, wie es der Chor in seiner Replik andeutet (1018 f):

> Kein Sterblicher ist, welcher unversehrt
> Und ungebüßt führt sein Leben zu End' –
> Denn ach, Leid kommt, wenn nicht heute, so morgen!

Noch ist in dem Status, den Orestes für sich gewählt hat, in der hikesia, mehr als ein «Flehen» ausgedrückt, wie es unser Wort «Schutzflehen» meint, nämlich ein Rechtsanspruch nach geltendem Brauch, ein Anspruch, dem sich auch der Gott nicht entziehen kann.

Aber schon hat ihn erreicht, was mit Reflexion, Entschluß, Bewußtsein nicht zu bewältigen ist. Wie es im «Agamemnon» (991 ff, Reinhardt) beschrieben ist:

> Und doch singt im Innern mir die harfenlose,
> die Erinys-Hymne, von sich selbst gelehrt (autodidaktos)...

so spielt es sich nun in ihm ab, nach seinen eigenen Worten: «Die Angst singt vor, das Herz will danach tanzen» (1025 f Reinhardt). Während der Chor das Zucken der Qual, den Tanz des Schreckens, das Zurückweichen vor unsichtbaren Schlägen für den Ausbruch einer Krankheit hält, für «doxai» (1051), Wahngebilde, die der Blutgeruch an seinem Leib hervorrufe, starren Orestes' Augen in die Vision, die von ihm Besitz ergriffen hat: *Die Erinyen sind da*, es werden immer mehr, sie gehen wie «Mutters Hunde» (so Klytaimestra 924) auf ihn los, Blut tropft aus ihren Augen, gräßliches Blut!

Welch ein Augenblick, da die Vatermörderin die Kraft zeigt, aus dem Totenreich den Muttermörder zu verfolgen. Hier endet Menschenmacht, nein, menschliches Begreifen. Klytaimestra war vom miasma des Ehebruchs befleckt, ehe sie die Tat beging; dies war so wenig abwaschbar wie das Mordblut. Aber Orestes? Wo war ein miasma an ihm, ehe er die Tat beging? Und war er nicht ein Werkzeug des Gottes? Auch Klytaimestra hatte sich als ein solches gefühlt und Alastor, Ate, Erinys beschworen, aber sie war von Natur eine Natter – wenigstens in des Täters Augen; die Frage, woher sie diese Natur hatte, sofern sie sie hatte, oder ob sie nicht erst durch den Mord an Iphigenie in sie hineingewachsen war, ist noch nicht gestellt. Aber Orestes jedenfalls war bisher – trotz der ererbten physis («wölfisch» hatte Elektra diese genannt 421) – rein. Die Tat hat er in aller Offenheit und bei vollem Bewußtsein begangen. Er hatte sie auf sich genommen, obwohl er wußte, was sie ihm einbringen würde, und daß es so kommen mußte, wie es jetzt gekommen ist. Er hatte den Willen der Götter zu seinem eigenen gemacht (936 f), er hat sich zu seiner Verantwortlichkeit bekannt, aber er hat auch Anspruch darauf erhoben, daß sich derjenige seiner Verantwortung nicht entzieht, der ihn unter Drohungen zu der Tat gezwungen hat. Und was alles hatte der Gott ihm angedroht, falls er sich dem Befehl widersetzen würde: Aussatz, Wahnsinn, Verfolgung, «verkommen, ehrlos, ohne Freund, so sterb' er spät elenden Siechtums, ausgedörrt bis in den Tod ...» (295 f)!

Wir werden noch über das Wesen der Erinyen zu sprechen haben. Sie sind, das wurde schon betont und sei hier noch einmal vorweggenommen, nicht einfach Hypostasen des Gewissens. Sondern die Personifikation göttlicher Kräfte, die außerhalb des Menschen existieren und nur darauf warten, sich in ihm zu manifestieren. In dem Bereich, in dem die «Choephoren» spielen, können sie so wenig leibhaftig erscheinen wie Agamemnons Geist. Aber sie werden realiter auftreten in dem Bereich, in dem auch Klytaimestra als Geist erscheinen wird: im Drama der Götter, Geister und Dämonen, nämlich dem letzten Stück der Trilogie. Aber Orestes sieht sie schon jetzt: «Ihr seht sie nicht, ich seh sie wohl» (1061). Nun hat ihn, nachdem er die befohlene Tat ausgeführt hat, genau das erreicht, was ihm angedroht war, wenn er sie nicht getan hätte: Als Flüchtling wird er durch die Länder irren; «Mich jagt's davon! ich kann nicht mehr bleiben» (1002).

Vom Ekkyklema, auf dem das rote Tuch die Leichen wieder bedeckt, stürzt Orestes die Stufen der Skene herab in die Orchestra. Der Chor weicht schaudernd vor dem Blutbefleckten zurück. Der Schauplatz ist voller Menschen – das Volk von Argos füllt die Paraskenien und die Parodoi. Eine Gasse tut sich auf. Orestes wankt durch sie hindurch zur rechten Parodos, er läuft hinaus, von den unsichtbaren «Hunden» gehetzt, in die Fremde.

Dann setzt die Exodos ein. Das Ekkyklema fährt knarrend zurück. Das große Tor wird geschlossen. Der Chor wendet sich nach der linken Parodos, zur Stadt (1065):

> So hat sich denn nun in dem Königspalast
> Dreimaliger Sturm
> Dreifachem Geschlechte vollendet:

Die Orestie: Die Eumeniden

> Zum ersten begann's mit kindfressendem Greu'l,
>   Unerträgliches litt ja Thyestes!
> Zum zweiten des Herrn unköniglich Los,
>   Dem im Bad er erlag, des achäischen Volks
>   Kriegsherrlicher Fürst;
> Zum dritten erschien – ob Retter ich ihn,
>   Ob Mörder ihn nenn'?
> Wo endet sie noch, wo findet sie Ruh',
>   Besänftigt die Wut dieses Fluches?

Die letzten Verse lauten nicht ganz so, wie sie in der Übersetzung klingen, sondern wörtlich: «Wo soll das enden? Wohin will sie noch hinaus, bis sie endlich Ruhe gibt, die Macht der Ate?»

III. Die Eumeniden

Was erwarten wir von dem dritten Stück? Worauf war die Spannung der Zuschauer im Dionysostheater gerichtet? Fragen wir diese zuerst.

Im «Agamemnon» war ein Stück wohlbekannten Mythos' in ungewohnte Perspektiven gerückt worden. Waren die Ereignisse im Hause der Atriden ihrer traditionellen Selbstverständlichkeit entzogen worden, so mußten neue Aspekte an ihnen zur Kenntnis (zur Erkenntnis) genommen werden. Nicht in Frage gestellt wurden die historisch-mythischen Begebenheiten selbst, also der Krieg, seine Gründe und seine Folgen. Es traten nur die Opfer hervor, in doppelter Gestalt: einmal das Mädchen, das «für den Wind» auf dem Altar der Gottheit geschlachtet worden war, und die andere Königstochter, die jungfräulich-priesterliche, die als Sklavin und Kebse verschleppt wurde, Opfer der Sieger; dann der demos, die politai, der Chor der Alten, der um Väter und Söhne klagt und die verantwortlichen Oberen anklagt: das alles um Helena ..., «ich möchte nicht Städtezerstörer sein». Dabei mochten die Zuschauer im Dionysostheater genickt haben, aber kaum einer würde deswegen die Rolle der «Städtezerstörer» in dieser Welt und ihrer Geschichte herabgesetzt haben. Auf deren Seite war der Ruhm. Agamemnon, Achilleus, Odysseus waren unsterblich, weil sie Heroen gewesen waren. Die polloi, die vielen beneideten sie nicht. In ihren Augen erschien der Ruhm teuer bezahlt. Aber das mochten sie unter sich abmachen, so wie Eros sie als Familie, als Geschlecht aneinandergebunden hatte: den Kindesmörder mit der Mutter, den Mann, der die Kebse nach Hause brachte, mit der Frau, die ihn betrogen hatte. Wenn auch dieses Private nun der Öffentlichkeit vorgeführt wurde, um vergleichbar zu werden mit anderem, möglicherweise mit allem Privaten, wie es sich nun einmal «zuhause» abspielt, so war doch der Schritt über das Homerische hinaus neu: die Gleichsetzung von Heroentum und Ruhm mit Herrschaft und Macht übertrug den

Beherrschten (den Nichtmächtigen, den Opfern) eine Rolle im Spiel. Die Politai stellten den Chor. *Des Verhältnis der Herrschenden zu den Beherrschten war ein Teil der dramatischen Motivierung geworden.*

Das zeigte sich im Negativen: Das Flammensignal und die Teppichszene wurden inszeniert, um die privaten Verhältnisse vor der Öffentlichkeit zu vertuschen. Der Demos war unterdrückt. Und im Positiven: Der heimgekehrte Herrscher stellte alsbald das alte Verhältnis der Gegenseitigkeit wieder her. So wurde er, der mit dem Volk regiert hatte, zum Kontrapost derjenigen, die gegen das Volk regiert hatten: der Tyrannen.

Als das zweite Stück begann, herrschten in der Polis die Usurpatoren, die Mörder waren, Tyrannei. Als das zwei Stück endete, war das in Ordnung gebracht: die Tyrannen waren getötet, die Legalität war wiederhergestellt; der Gatten- und Vatermord war gerächt, der göttliche Auftrag erfüllt. Warum war das Spiel nicht zu Ende?

Stellen wir zunächst die andere Frage: Was erwarten *wir*? Wenn wir am Ende des zweiten Stückes sehen, wie der Tyrannenstürzer und Muttermörder Orestes von den Erinyen heimgesucht wird, erkennen wir den Schauplatz, auf dem Geschichte, Gesellschaft, Staat und Politik von jeher im Theater gezeigt worden sind und, wie uns scheint, allein gezeigt werden können: in jenem Schnittpunkt nämlich, wo sich Öffentlichkeit und Individualität, die Gesellschaft und der Einzelne, Subjekt und Objekt (oder wie immer man diese Polaritäten benennen mag) treffen. Die Bühne vermag Ideen, Ordnungen oder Mächte nur durch Personen darzustellen: solche Personen bewegen sich weder nur in der abgeschlossenen und bewachten Unnahbarkeit moderner Machtzentralen, wie sie der Kreml oder das Weiße Haus darstellen, noch nur in einer Öffentlichkeit, vor der sie die Rolle zu spielen haben, als die sie zu erscheinen wünschen. Beide Sphären, die geheime und die öffentliche, läßt die Bühne ineinander übergehen. Sie veröffentlicht die geheime und zeigt so die Zweideutigkeit der öffentlichen (und umgekehrt). Orestes' Tragik ist nicht anonym. Sie ist persönlich. Sie ist darum nicht privat in dem Sinne, daß sie keinen etwas anginge. Denn das Persönliche tritt, ausgestellt auf der Bühne der Tragödie in den Schnittpunkt, wo sich, wie wir sagten, die Polaritäten treffen und überschneiden. Für das Ende der «Choephoren» bedeutet das Folgendes:

Die Bürger von Argos wären möglicherweise bereit gewesen, Orestes nach dem Tyrannenmord als Herrscher anzuerkennen: «Du hast (nicht nur dich selbst und dein Geschlecht, sondern) die ganze Polis befreit» (1046), hat der Chor dem schon das Nahen der Erinyen wahrnehmenden Orestes zugerufen. Aber der erste Eindruck der auf dem Ekkyklema ausgestellten Greuel – Agamemnons rotes Tuch und die beiden neuen Leichen – hatte die Frauen erschauern lassen: «Leid blüht auch dem, der zurückbleibt» (1009). Und dieses «pathos» ist das gleiche, das wir schon aus dem «Agamemnon» kennen (1562): «Mit sich fort reißt das Schicksal. Aber zu

Die Orestie: Die Eumeniden

bezahlen hat der Mörder. Es bleibt bestehen, solang' Zeus' Herrschaft bestehen bleibt: leiden muß der Täter. Denn so ist's heilige Satzung. Wer vermöchte den Keim des Fluches zu tilgen aus dem Haus? Fest haftet ein Geschlecht an seinem Unheil«.[1] Es ist das »skandalon«, von dem das Evangelium spricht (Matth. 18,7): «Es muß ja Ärgernis kommen; doch weh dem Menschen, durch welchen Ärgernis kommt». Das Schreckensbild auf dem Ekkyklema der «Choephoren» hatte zwei Aspekte: nach der einen Seite blickt Orestes in die Polis – kann ein Mörder, blutbefleckt, den Thron besteigen? Nach der anderen Seite blickt Orestes in sich selbst: kann ich, das Blut der Mutter an den Händen, leben? Der Mord war unvermeidbar. Aber ein Sohn kann nicht mit dem Muttermord leben und ein Mörder kann nicht einfach den Thron besteigen.

Das ist die Aporie, aus der das dritte Stück hervorwächst. Die Entscheidung, die getroffen werden muß, ist von doppelter Tragweite: von einer öffentlichen und einer persönlichen, wobei die letztere uns alle angeht und die erstere keinen von uns unbetroffen läßt. In den öffentlichen Bereich fällt Orestes' persönliches Problem durch den Aspekt der Familie (des genos), deren Legitimität zur Ordnung der Polis gehört; in den persönlichen Bereich fällt Orestes' politisches Problem durch den Aspekt der miasma, das es ihm selbst unmöglich erscheinen läßt, die ihm zustehende Herrschaft auszuüben. Beide Aspekte überschreiten die aktuellen Grenzen von Raum und Zeit. Wenn es richtig ist, daß, wie der Chor es ausgesprochen hat, Orestes' Familie durch den Fluch (Ara, Alastor) «fest am Bösen klebt» (403 f) – oder daß, wie Elektra klagt, ihr «wölfisch-wildes Herz» von der Mutter geerbt ist (421 f) –, Orestes also auf jeden Fall ins «Böse» gefallen wäre, dann erhebt sich die Frage, ob ein solcher Fluch, das Erbe der Vergangenheit, noch als «gerecht» angesehen werden kann.

Der Aspekt des genos, in den rational so unwägbare Phänomene wie Mutter- oder Vaterliebe auf der einen und Vererbung auf der anderen Seite einbezogen sind, führt also notwendig zur Theodizee. Wenn es andererseits richtig ist, daß, wie es heißt, Blut nicht abgewaschen werden kann, und zwar um keinen Preis, so stellt sich unausweichlich die Frage, was das denn für eine göttliche Macht ist, die Orestes angetrieben hat, sich so zu beflecken. Auch hier also Theodizee. Die Zuschauer kannten die Antwort auf die durch die Grundaporie menschlicher Existenz aufgeworfene Frage so wenig wie wir sie heute kennen. Sie und wir kennen sie *noch nicht*. Das dritte Stück soll sie geben.

Es war notwendig, die Grundaporie in der extremsten Schärfe herauszuarbeiten. Dies ist in der Person und der Situation Orestes' geschehen, der dadurch eine Art Stellvertreter des Menschen überhaupt wird. Sie lautet: das Übel, das Böse ist unentrinnbar auf dieser Erde; warum es überhaupt auf der Erde ist und warum es (wie sich daraus von selbst ergibt) unentrinnbar ist für jeden – die Antwort darauf liegt ebenso außerhalb der Grenzen des Menschlichen wie das Entrinnen;

also hängt das Übel, das Böse mit den Göttern zusammen; es hat seine Ursache und seine Bestimmung im göttlichen Ratschluß. Das ist jedoch nur die eine Seite der Grundaporie: die andere liegt in der ebenso unabweisbaren Tatsache, daß der Mensch imstande ist, das Böse als Böses zu erkennen und die böse Tat zum miasma zu erklären, bzw. als solches zu empfinden. Die Kraft, die den Menschen zu dieser Erkenntnis und der daraus (wie wir sehen werden) gefolgerten Einsetzung der Dike befähigt, ist nach griechischer Auffassung (wir verweisen wieder auf die Darstellung Hermann Fraenkels[2]) eine göttliche. Die Götter schicken das Böse und fordern die Bestrafung des Bösen.

So stellt sich der Fall Orestes am Ende des zweiten Stückes dar. Gott (oder die Kraft, das Böse zu erkennen und es nicht straflos zu lassen) hat ihm aufgetragen, die Ermordung des Vaters an der Mörderin zu sühnen. Und zwar «in gleicher Münze, Blut für Blut» (Wilamowitz), «mit gleichem Mord» (Droysen). Aber Muttermord ist böse. Indem er den göttlichen Auftrag vollstreckt, zieht Orestes das Böse, von dem er vorher, anders als Agamemnon, anders als Klytaimestra, frei gewesen war, auf sich. Damit wird die Unentrinnbarkeit des Bösen demonstriert. «Alle Kreatur weidet unter Gottes Peitschenschlag», sagt Heraklit (fr. B 11 D).[3] «Alle trifft die Geißel Gottes» heißt es in den «Sieben» (608). Jetzt aber macht sich ein Mensch auf, Rechenschaft zu fordern von denen, die ihn in diese Lage gebracht haben. Die Antinomie ist aufgedeckt. Sie besteht darin, daß Gott gegen Gott ist und wirkt.

Diese Theodizee unterscheidet sich schon im Ansatz von der anderer Gottesauffassungen, insbesondere der christlichen, dadurch, daß sie den Satan nicht kennt. Das Göttliche ist nicht identisch mit dem Lichten, mit dem die Finsternis als das Reich des Bösen im Streit liegt. Das Göttliche ist sowohl im Lichten wie in der Finsternis. Einige Götter (alle?) gehören zu beiden Bereichen. Wir kennen den «Todes-Zeus» aus den «Schutzflehenden» (159). Wir wissen, daß Dionysos auch Hades ist (Heraklit fr. B 15 D). Apollon ist der Gott, der die Pest schickt, und der Gott, der sie heilt. In den «Choephoren» wird der Hermes Chthonios angerufen (1, 124, 727). Es gibt viele Beispiele für diese Ambivalenz. Im dritten Stück wird Aischylos ihnen eine weitere hinzufügen.

Der tragische Einzelfall Agamemnon war über sich selbst hinaus gewachsen in den Fall Orestes, der seinerseits in die Spitze der Aporie getrieben worden ist: der Einzelfall ist zur causa humana geworden. Gefordert wird dike: Gerechtigkeit. Nun müssen zu den von den Mächten gehetzten Menschen die sie Hetzenden in Erscheinung treten: Götter, Geister, Dämonen. Denn was sind Götter, Geister und Dämonen ohne den, der an sie glaubt, den Menschen?

I

Schatten hatten sich auf das Theater gesenkt. Wachsende Schatten. Sie fielen vom Burgberg her zuerst auf die westliche Seite der Zuschauerreihen und breiteten sich allmählich auf die östliche aus. Nur die Bühne stand noch im hellen Licht. Zwielicht kennt die attische Dämmerung nicht. Es war nicht die Stunde der Mystik. Das Dunkel ist tief wie die Schatten, der Tag ist hell wie die Sonnenstrahlen; zwischen beiden sind keine verschwimmenden Übergänge; scharfe Konturen grenzen sie voneinander ab; das griechische Mysterium ist dialektisch, es gleicht diesem Wandel der Konturen; die Gegensätze sind klar und entschieden: Leben und Tod, Zeit und Ewigkeit, Tag und Nacht, Licht und Finsternis, Oben und Unten.

Der Streit ist so unentscheidbar wie das Ereignis der Zeitlichkeit selbst. Es gibt keine «Lösung» im Sinne einer Aufhebung oder gar einer «Erlösung» in der Transzendenz. Diese wird es auch im Prozeß Orestes nicht geben. Aber es gibt eine Antwort. Es gibt vielleicht mehrere Antworten. Was die Zuschauer sehen und hören würden, was wir sehen und hören werden, wird die Antwort dieses einen sein: Aischylos.

Als die Schatten wuchsen, trat gleichsam das Dunkel ein. Mit ihm die Dämonen, die von unten kommen, aus der Tiefe der Erde, die chthonischen. Mit ihm die Geister, die aus den Gräbern steigen oder noch immer ruhelos umgehen, weil sie keinen Frieden gefunden haben. Wenn aber das Dunkel sich in Gestalten verkörperte, mußten auch Gestalten des Lichts auftreten: Götter. Die oben sind. Die beiden Hälften der Welt entsandten ihre Emanationen, ihre eidola, ihre Bild gewordenen Mächte. Dazwischen mußte das Wesen, das Anteil an beiden Hälften hat, seinen Platz einnehmen: der Mensch. Wie würde er dort bestehen?

Auf der Skene war eine Veränderung eingetreten.[4] Die wie Mauern bemalten Wände des Palasts (Scherwände auf Rollen oder Schienen) waren mit den Flügeln des Mitteltors nach beiden Seiten auseinandergefahren worden und hinter den Paraskenien verschwunden; vielleicht waren Säulen, die vorher das Tor mitgebildet hatten, stehengeblieben. Unter dem Fries des Daches, auf dem sich im ersten Stück der Wächter von seinem Lager erhoben hatte, öffnete sich, wie durch eine Pergola, der Blick in den Hain. Die beiden Paraskenien mit den Götterbildern wiesen sich nun als das aus, was sie in ihren Propylen darstellten: Tempel, links der Athenas, rechts der Apollons. Dieser sollte der Schauplatz des ersten Teils sein, jener der des zweiten; der dritte Teil, würde unter und vor der Pergola spielen, die dann als Areopag ausgewiesen war. (Das ist die einfachste Lösung eines vieldiskutierten Problems, und die einfachste ist immer vorzuziehen.)

Der Schauspieler, der (vielleicht) in der Mitte der Pergola, wo ohne Zweifel eine unsichtbare Treppe endete, erschien, nachdem das Zeichen zum Schweigen gegeben worden war, heißt in den Handschriften «prophetis». Es trug die Maske einer alten Frau (38), das lange Gewand und die Stirnbinde der Priesterin. Jeder erkannte ihn als die Pythia, die zu den Pilgern in Delphi zu sprechen pflegte, nachdem sie, auf dem Dreifuß durch Erddämpfe in Ekstase versetzt, Eingebungen von oben, von ihrem Gott, von Apollon, empfangen hatte; und Apollon wiederum galt als der Prophet des Zeus. Von ihm selbst also kam das Orakel. So war die Dimension[5] gewaltig aufgerissen: der erste Anruf der Prophetin, die nun die Arme zum Himmel erhob und zur Erde senkte, galt Gäa, der Urmutter, die sie «protomantis» (2) nannte, Urseherin; die so begonnene Rede endete mit der Anrufung Apollons als «dios prophetes» (19). Die Pythia ist ein Mensch: nur ein Mensch, heißt das, kann so wie sie am «Nabel der Welt», dem wie ein steinernes Ei gebildeten Omphalos, auf dem Dreifuß über der Erdspalte, aus der einst das Leben vom Dunkel ins Licht getreten ist, die Mitte einnehmen, durch die beider Mächte Ströme hindurchgehen.[6] Der friedlichste Anruf des Rituals galt «dem höchsten, dem Vollender» (28), Zeus. Danach schritt die Pythia die Stufen von der Skene herab und wandte sich zum rechten Paraskenion, dem Apollon-Tempel. Doch nur einen Moment blieb die Bühne leer. Plötzlich wurden die Zuschauer aufgeschreckt von verzweifeltem Schreien.

War es gelungen, mit dem Auftritt und den Anrufungen der Priesterin auch nur einen ahnungsvollen Schauer vor der Heiligkeit des Ortes wachzurufen, wie sie jedem Athener vertraut war und jedem heutigen Besucher Delphis verständlich ist, so mußte der schneidende Kontrast eine hochdramatische Wirkung ausüben. Entweihung, Tempelschändung, Gottesfrevel, alles Sakrilegische erregt noch im Ungläubigen, der den Glauben der anderen achtet, den Schauer, den wir Schauder nennen. Phobos, Horror ist plötzlich eingetreten und, wenn auch noch unsichtbar,[7] gegenwärtig: ablesbar an der Wirkung auf den Schauspieler, vorstellbar nach den Worten, die schildern, was er gesehen hat.

Die Pythia war mit dem Rücken zum Publikum aus dem Tempel gewichen (35). Sie stürzte auf den Stufen; auf den Händen kroch sie weiter (37); sie schleppte sich fort, immer den Blick nach dem Grausigen (deina, deina, 34) gerichtet, das sie drinnen gesehen hatte. Ihr Angstgeheul schrillte aus den Versen. Was hatte sie gesehen?

Am Omphalos kauerte ein Mann, das gezückte Schwert in den bluttriefenden Händen (es ist, wie man später erfahren würde, das Blut des Opfers der rituellen Reinigung, die ihn nicht von den Erinyen hatte befreien können), in der anderen Hand den Ölzweig, das Zeichen des Schutzflehenden.

Das heißt: Orestes hat sein Ziel erreicht und doch nichts erreicht. Wir sehen Apollon an den Grenzen seiner Macht: weder kann er Orestes erlösen noch sein eigenes Heiligtum vor der Befleckung bewahren. Denn in Sesseln hocken, schlafend, um ihn herum die Wesen, deren Aussehen schrecklicher ist als alles, was sich die mythische Phantasie der Griechen ausgedacht hat. Die Pythia wird nicht müde, diese Vorstellungen zu beschwören: sie sehen aus wie Weiber, wie alte Weiber, aber auch nicht wie Weiber, wie Gorgonen mit dem versteinernden Blick (Medusa ist die berühmteste von ihnen, wir sprechen vom Medusenhaupt), aber auch wieder nicht wie Gorgonen, sondern wie Harpyien, Vögel mit Weiberköpfen und scharfen Krallen, aber auch wieder nicht wie Harpyien, denn sie haben keine Flügel. Am Ende bleiben außer den Eindrücken des Schreckenerregenden nur noch zwei Bestimmungen, die wir schon aus den »Choephoren« kennen: sie sind schwarz gekleidet und tragen Masken mit bluttriefenden Augenhöhlen. Ihr Kostüm (kosmos 55) ist so, daß man in ihm weder vor Gott noch unter die Menschen treten dürfte, also zerfetzt, beschmutzt, widerwärtig. «Ich habe solches Volk noch nie gesehen» (57). Noch etwas ist wichtig, weil es den Kontrapunkt der Parodos bilden wird, in der die Vision Wirklichkeit, d. i. Darstellung werden wird: das Schnarchen «mit unsäglichem (unartikuliertem 53) Schnaufgetöse«.[8]

Die Priesterin lief dorthin ab, von wo sie gekommen war. Ihre letzten Worte waren an Apollon gerichtet, den iatromantis, den Arzt und Seher; das letzte Wort heißt «katharsis» (63).

Apollon ist erschienen. Wie ist er erschienen? Wir neigen zu der Ansicht, er sei auf dem Dach aufgetreten. Schon einmal war ja das Dach der Schauplatz gewesen: in der ersten Szene des ersten Stücks. Es war nun kein Haus mehr unter der Pergola, aber hinter dem Giebel des Paraskenions, das seinen Tempel darstellte, konnte der Gott leicht und plötzlich hervortreten.[9] Dafür spricht noch ein anderer Gedanke, den wir als typisch aischyleisch bezeichnen möchten: Während die «unteren Götter» im Dunkel anwesend waren, erschien der obere Gott im Strahl der Abendsonne: die Dialektik zwischen Licht und Finsternis war so inszeniert.

So läßt sich auch die erste Klippe, vor die uns der hellenische Götter-Anthropomorphismus in diesem Stück stellt, umschiffen. Solange das Göttliche (oder der Gott) noch «erscheinend» auftritt und aus der Epiphanie heraus spricht, haben wir keine Schwierigkeit, es zu inszenieren. Erst wenn die Götter auf gleichem Boden wie die Sterblichen auftreten, handeln und sprechen, beginnen die Probleme. Nicht daß das Numinose in der Welt ist und erscheint, bereitet uns Schwierigkeiten; noch immer ist die Menschheit voller Glauben, und das Unsichtbare ist des Theaters liebstes Kind. Auch mit Dämonen (wie den Erinyen – oder Macbeth's Hexen) und mit Geistern (Klytaimestra in der gleich folgenden Szene und Hamlets Vater) haben wir es nicht schwer. Nur wo sich die Vorstellung des Göttlichen mit der Idee des «Ebenbildlichen» verbindet, wo außer Glanz und Heiligkeit so etwas wie Schönheit gefordert wird, versagt die Vergegenwärtigungskraft unserer Vorstellungen, zumindest auf der Bühne, wo der Anthropomorphismus in der Person nicht nur Bild (wie in der Epiphanie) bleiben kann, sondern «Ebenbild» werden muß, in der lebenden Person, Gott also immer ein Mensch *ist*. Noch sind wir nicht soweit. Erst in der Prozeßszene, wo der Boden der Bühne zugleich irdisch und überirdisch ist, wo die Götter und Dämonen neben und unter die Menschen treten, geraten wir hart an die Crux der Vergegenwärtigung.

Apollon stand also auf dem Dach, im langen hellen Faltengewand, den Köcher an der Seite, den Bogen in der Hand, mit dem heiligen Lorbeerkranz über der Stirn der Maske; Orestes, aus dem Tempelinneren hervorgewankt, jetzt zwischen den Säulen, starrte zu ihm hinauf.

Es ist bedeutsam, daß Apollon mit keinem Wort auf den letzten Vers der Priesterin eingeht, die ihn aufgefordert hat, den Tempel zu reinigen. Er teilt mit, daß er die rasenden Weiber in Schlaf gezwungen habe. Er nennt sie Jungfrauen, Greisinnen, uralte Kinder (68f) in einem Atemzug. Aus seinen Worten spricht Haß und Abscheu. Götter, Menschen und Tiere haben keinen Umgang mit ihnen, denn sie sind nur um des Bösen willen geboren, und darum ist ihnen die Finsternis des Tartaros zugeteilt. «Um des Bösen willen» (72) kann wohl nur heißen: weil das Böse, das Übel in der Welt ist, müssen sie da sein; Apollon ist, hier wie später, ungerecht: nicht die Erinyen sind «böse»; aber böse ist die Tat, deren Täter kein Gott von den Verfolgern befreien kann. So ist er gezwungen, sich einer List zu bedienen, um sein Hilfsversprechen wenigstens einigermaßen zu erfüllen: «Ich gebe dich nicht preis. Ich werde bei dir sein, nah oder fern, und deinen Feinden niemals nachgeben» – so beginnt er seine Rede an Orestes: er werde ihm seinen Bruder Hermes als pompos, als Geleiter, senden.[10] Denn, so weissagt der Gott, sie werden dich über Länder, Meere und Inseln hetzen, und erst in Pallas' Stadt wirst du eine Instanz finden, die dir möglicherweise helfen kann: «Dort werden wir Richter und Mittel finden, wie du ganz von diesen Nöten befreit werden kannst.» Denn er selbst sei es ja gewesen, der ihm die Tat befohlen habe. Nirgends wird erklärt, warum die Irrfahrten so lang sein müssen; sie sind so lang wie dieses Leben, und Orestes ist eben *der* Mensch...

Orestes' drei Verse haben das Gewicht eines Anspruchs (85 ff): «Herrscher Apollon, du weißt einerseits, daß ich nicht unrecht gehandelt habe (wörtlich: du weißt das Nicht-unrecht-Tun); da du es aber weißt, lerne nun auch andererseits, wie du es machst, daß du nichts unversucht läßt (wörtlich: lerne auch das Nicht-unversucht-Lassen).» Der letzte Vers klingt fast wie eine Herausforderung: «Macht, das Richtige zu tun, ist aber dein Bürge», d. h. die Bürgschaft deiner Macht. Dies klingt wie die Antwort auf Apollons Rat, Orestes solle fliehen, solange die Erinyen schlafen (als ob er ihnen entfliehen könnte), und er solle «nicht weich werden» (74): welch billiger Rat!

Schweigend schritt der Erschöpfte die Stufen hinab, um seine Irrfahrt anzutreten, in die Fremde, also durch die rechte Parodos hinaus. Und der Gott verschwand.[11]

Die «Sache», die causa Orestes, war durch Apollon und Delphi nicht abgetan. Der Mensch als Opfer des Widerstreits gleichberechtigter Mächte, ist in den Mittelpunkt eines Denkens gerückt, das man nach Snell als «Entdeckung des Geistes» definieren kann, das aber auch in einem freilich nicht gegen die Götter, nicht gegen Göttlichkeit und göttliche Mächte gerichteten Sinn unter der neuen Devise «Der Mensch das Maß der Dinge» steht. Apollons helle scharfe, harte Göttlichkeit beherrscht eine Stufe des Denkens, die der aischyleischen Zeit nicht mehr genügte. Der Prozeß wird zeigen, warum. Die Verdienste der apollinisch-delphischen Kirche (wenn der Ausdruck erlaubt wird) um den Fortschritt der Humanität werden dadurch nicht verkleinert; sie sind, in Aischylos' Augen, von bleibender Gültigkeit und werden durch die neue, auf neue Erfahrungen gegründete Einsicht nicht außer Kraft gesetzt. Die neue Einsicht kommt in dem Zweifel an der Reinigungsfähigkeit der kirchlichen Zeremonien zum Ausdruck. Sie führt zu Solon und zur Polis.

Aus seiner Überzeugung vom *gleichzeitigen* Fortwirken der oberen und der unteren Mächte hat Aischylos die großartige dramatische Konsequenz eines Prozesses gezogen (denn ihn kündigt Apollons Rede an). Was als Fortschritt erscheint, ist in Wahrheit nur die geschichtliche Erweiterung der Erkenntnis als Enthüllung eines stets vorhandenen Tatbestandes. In solchem Lichte steht der Apollon der «Eumeniden», wie ihn Wilamowitz deutet:[12] «Apollon ist Partei; darin liegt deutlich, daß er dem Dichter nicht das Recht zu vertreten schien (wir ergänzen: nicht das einzig gültige Recht, denn dike steht ja gegen dike). Dementsprechend ist er gezeichnet. Er ist ein gewaltiger Gott, ... aber gerecht und maßvoll ist er nicht.»

Der Gott hat das Dach verlassen. Orestes ist den Blicken entschwunden. Die Bühne blieb einen Augenblick leer. Vielleicht hörte man aus der offengebliebenen Tür des Paraskenion-Tempels das schreckliche Schnauben der Dämonen. Da tauchte, vielleicht von einem schrillen Flötenton angekündigt, aus der nun ganz im Schlagschatten des rechten Zuschauer-Flügels liegenden Parodos eine schemenartige Gestalt auf. Wie er ruhelos auf Erden irrte, so wankte nun Klytaimestras[13] Geist, ein lebendes eidolon, in die Szene. Keine Beschwörung geht dieser Epiphanie voraus. War Agamemnons Geist im Kommos der «Choephoren» aller Beschwörung zum Trotz nicht erschienen, so war jetzt Klytaimestra, ungerufen, doch zwingend angezogen, da. Allein das Wissen, daß die Erinyen schliefen, hat sie hergetrieben. Sie irrte zum Tempel, die Stufen hinauf, sie rief: «Ihr schlaft wohl?!» (94). Und immer wieder setzte sie zum Rufen an, an der Tür, und wieder zurück, mit verzweifelter Geste zu den Zuschauern, und als das Rufen nichts half, riß sie das Gewand am Hals[14] auf, um die Wunde zu entblößen, die der Mörder ihr geschlagen hatte; sie zeigte das blutige Stigma den Zuschauern, sie lief hinauf zur Tür, drang ins Innere, und kehrte wieder jammernd zurück (114 ff D):

> Hört mich! Um meiner Seele willen sprach ich ja!
> Erwacht, ihr Göttinnen, dunkler Tiefe Gewaltige!
> Denn traumgestaltig ruf ich, Klytaimestra, euch!

«Ich, Klytaimestra», der Name sollte als mächtigster Anruf erklingen; er muß aus dem Mund des Schauspielers schauerlich den Raum erfüllt haben. Weiter rief der Geist: «Leide unter den gerechten Vorwürfen: wie Stacheln treffen sie den Besonnenen!» (136f). Welche Vorstellung: die verkörperten Gewissensbisse sollen selbst Gewissensbisse verspüren! Die Erinyen müssen gehorchen. Sind sie doch nichts anderes als die Emanationen der Flüche, die von der ruhelosen Seele der Ermordeten dem Mörder nachgesandt werden.[15]

So setzte nun die Choreographie des Horrors ein. Wie sie bei der ersten Aufführung, und offenbar noch bei mancher Wiederholung in späteren Zeiten, empfunden wurde, bezeugt ein alter Bericht:[16] «Manche behaupten, er habe bei der Aufführung der ‹Eumeniden› den Chor einzeln auftreten lassen und hierdurch das Volk so erschreckt, daß kleine Kinder gestorben und Ungeborene tot zur Welt gekommen seien.» Daß die Erinyen «einzeln» (sporaden) aufgetreten sind, entspricht genau dem Text. Ja, zuerst vernahm man nur ihr Nahen. «Mygmos-Ächzen», dann «ogmos-Stöhnen», schließlich «mygmos diplus oxys – doppelt scharfes Stöhnen» – kostbare Regieanweisungen in den Handschriften. Angestachelt von immer neuen Beschwörungsrufen des Geistes, der dann, als die Geister auftauchten, lautlos verschwand, jaulte das Crescendo der tierischen Laute zu schrillen Tönen des Aulos in das Theaterrund. Laute, wie zwischen den Zähnen hervorgestoßen, Bluthunde, die sich gegenseitig hetzen, getreu der Doppelfunktion dieser Dämonen, zugleich Ursache und Wirkung des Übels zu emanieren: viermal wiederholt das «labe» (pack an 130), gefolgt von dem lautmalerischen «phrazu» (Droysen: hetz, Wilamowitz: such). Dann sprangen sie aus dem Tempel heraus, eine nach der anderen, huschende Gespenster in Schwarz, mit bluttriefenden Augen (wie sie die Pythia geschildert hatte), sie tauchten zwischen den Säulen auf, sie rannten in die Orchestra, bald hierhin, bald dorthin, immer einander aufscheuchend, als würden sie den aufgezwungenen Schlaf von sich stoßen: «Weck auf, weck auf, und du, wecke die da, ich wecke dich...» (140). Knäuel bildeten sich und lösten sich auf. Das Grundmotiv war das Suchen: die verlorene Spur, Hatzrufe, die in Wehrufe umschlugen, bis sich schließlich daraus der strophische Chorgesang bildete (Parodos): «Iu, iu, popax» (Jammerrufe 143), korrespondierend mit «Io, pai Dios», Anrufung des Zeus-Sohns Apollon, gegen den sie nun ihren schmerzhaften Zorn schleuderten: «Uns greise Götter überrennst du, junger Gott» (150). Wie ein Dieb habe er ihnen ihr Opfer gestohlen! Und weiter (162ff): «So treiben sie's, die neuen Götter. Sie lassen dem Recht vorgehen die Macht.» Der Omphalos sei mit verpestetem Mord besudelt, noch sei das Blut an dem Stuhl zu sehen, an dem er gesessen sei, der Mörder. Der Sehergott selbst habe seinen Tempel entweiht: «Wider das Götterrecht hilft er dem Menschenvolk! Weltengesetz, geltend von Ewigkeit, hat er zerstört. Mir ward er widrig, aber den erlöst er nicht!» Und das Fazit der Blutrache-Justiz: «Gejagt wird er getroffen werden, wie er getroffen hat, vom Rächer (miastor, eigentlich Beflecker 177) aus eigenem Blut!»

Die Orestie: Die Eumeniden 119

Hier ist nicht von Muttermord die Rede, und die Erinyen machen keinen Unterschied zwischen Mord und Mord – das fällt besonders auf, da es doch die ermordete Mutter war, die sie aufgescheucht hatte.

In diesem Moment trat der Gott ihnen entgegen; mit drohend gespanntem Bogen stand die helle Gestalt im Licht zwischen den Säulen des Tempels: «Hinaus mit euch, ich befehle es!» (179) Während er mit seiner Geste die Weiber in die Orchestra trieb, stieß sein Zorn schreckliche Beschimpfungen hervor. Der neue Gott beschuldigte die Erinyen, verantwortlich zu sein für uralte, barbarische, längst abgeschaffte, aber eben doch noch nicht ausgerottete Bräuche der Rache: Verstümmelung, Kastration, Köpfen, Augenausstechen, Steinigung, Pfählung. «Hört ihr, wie verhaßt den Göttern die Lust ist, die ihr daran habt?» (191) Jeder Zug ihrer ekelhaften Gestalt sei davon gezeichnet. Wie eine Herde, aber hirtenlos jage er sie hinaus. Er weiß, daß er sie nicht vernichten kann, aber er will sie in ihre Höhle zurückscheuchen, in die Nacht, wo sie hingehören.

Diesem blitzenden Zorn setzen die Erinyen eine eher maßvolle Dialektik entgegen. Doch endet die Stichomythie zugunsten des Gottes. «Du hast Muttermord befohlen», so lautet die Anklage, «und Muttermord in Schutz genommen» (202). Die Antwort: «Und ihr? Ihr verfolgt Muttermord wohl, aber Gattenmord nicht?» (211) Hier geraten wir in Schwierigkeiten der Vergegenwärtigung: was den Zeitgenossen eingeleuchtet haben mag, befremdet uns. Die Erinyen berufen sich darauf, daß sie nur «blutsverwandten» Mord verfolgen (212). Mag Aischylos Blutrache und Blutsverwandtschaft in eine Beziehung gebracht haben, die er als archaisch empfand (und die also, wie wir gesehen haben, deswegen keineswegs aus der Welt war), so zeigen bald die Überspitzungen des Arguments in der Prozeß-Eristik, daß wir hier nicht folgen können.[17] Apollon selbst verweist schließlich auf Athena, die als Schiedsrichterin entscheiden soll, was da Recht sei (224).

Der Chor wich zurück. Aber dieses Weichen war ja zugleich die Wiederaufnahme der Verfolgung. Die Weichenden wußten, wo und wie sie den Gott treffen konnten. «Groß, übergroß, giltst du, neben Zeus' Thron. Wir aber hetzen den Verbrecher nach unserem Recht» (229 ff). Denn, heißt das, du kannst uns verjagen, aber nichts verbieten. So schlurften sie hinaus, auf der Fährte des Opfers, schnuppernd wie Jagdhunde (231), die «Hunde der Mutter»,[18] durch die rechte Parodos.

Apollon blieb allein zurück. Drei Verse sprach er hinter ihnen her, einsehend, daß er nicht die Macht hat, sie zu bändigen und Orestes vor ihnen zu schützen (232 ff W):

> Und ich, ich wehr' es: meinen Schützling mach' ich frei:
> wer einen Mörder reinigt und ihn hinterher
> im Stich läßt, der büßt es bitter, Mensch und Gott.

Das mag frei übersetzt sein, aber es trifft den Sinn. Der Gott wird den Schutzflehenden schützen. Er beruft sich auf einen «mächtigen Zorn», eine «menis deine»

(233 f.), die für Götter und Sterbliche gleichermaßen gilt, also über beiden steht, ebenso schrecklich wie der Schrecken, der von den Erinyen ausgeht. Es ist der Zorn des prostropaios, also dessen, der bei Gott oder einem Menschen um Hilfe bittet und von diesem «hekon, freiwillig», vorsätzlich verraten wird. Diese neue Macht, die von den oberen Göttern der Macht der unteren entgegengesetzt worden ist, beruht nicht mehr auf dem Blut, sondern auf der Erkenntnis, auf der Idee der sozialen Sittlichkeit, der Polis-Idee. Im Namen des Zeus Hikesios beansprucht Orestes Hilfe. Und doch ist eben diese Hilfe in Frage gestellt. Schon wenige Verse später nennt er sich «u prostropaios», nicht mehr im Status des Schutzflehenden (237); er ist trotz Apollons Beistand noch immer ein Verfluchter. Delphi, die Anti-Instanz gegen die Dike der Erinyen, kann nicht die Instanz sein, die das Urteil über ihn fällt.

2

Der Gott ist ins Dunkel zurückgetreten. Die Bühne blieb eine Weile leer. Zweiter Akt. Imaginärer Szenenwechsel. Apollon hatte die nächste Station benannt: Athen. Gleich im ersten Vers ist sie genauer bestimmt: das Götterbild im linken Paraskenion wird angesprochen, «anass Athana» mit Schild und Lanze, das Palladion (235).[19] Es ist die kultische Anrede, geheiligt durch die altertümliche Form, altertümlich wie das Bildwerk selbst, das noch Phidias vor sich sah, als er, bald nach der Orestie, die goldelfenbeinerne Statue für das Parthenon schuf.

Alles, was nun folgt, wird von Athena beherrscht. Wie hat Aischylos sie gesehen? Was bedeutet sie für seine Theologie? Apollon hat Orestes an sie gewiesen; also vertritt sie eine höhere Instanz. Davon muß ausgegangen werden.

Athena gehört selbstverständlich zu den «oberen Göttern», mit denen die «unteren», die Erinyen, im Streit liegen; dennoch wird sie von diesen als Schiedsrichterin anerkannt (435). Von Apollon hieß es, er sei «Zeus' Prophet» (19); Athena sagt, sie sei mit Zeus «vertraut». Das ist offenbar mehr: «Durch und durch bin ich des Vaters» (738). Zeus spricht nicht nur aus ihr: sie ist in Zeus, und Zeus ist in ihr. Gehen wir zu weit, wenn wir den Namen «Dios pais», den auch Apollon führt, in einem gesteigerten Sinn verstehen? Gottes Kind als Mittlerin! Zeus' Mittlerin für die Polis, und insbesondere für die Polis Athen, ist Athena. Sie verkörpert das Numinose in und über der Stadt. Ja, sie ist in diesem Sinn die Polis selbst, nämlich deren Göttlichkeit als Idee und Wirklichkeit (dynamis Dios). Das ist keine Säkularisierung, im Gegenteil: es ist der Glaube des Dichters, daß das Göttliche *ist;* Athena ist das Bild der wirkenden Kraft des Göttlichen, das die Idee der Polis aller Politik voranstellt. Sie ist auch nicht einfach Athen, obwohl schon bei Homer[20] Athena und Athen identifiziert werden; sie ist auch Athen als Idee (Bild) einer wirkenden Macht, die Athen zu dem machen soll, was es nicht – noch nicht – ist, aber sein soll (und nach Aischylos' Glauben werden könnte, wenn es wollte). Athenas Position unterscheidet sich in den «Eumeniden» also von der des Apollon, der nur in der Unnahbarkeit der oberen Götter erscheint, dadurch, daß sie zum einen für die Athener die Mittlerin zu Zeus ist und dann durch ihre Verbindung mit dieser Polis selbst Athenerin ist. Ihre Befugnis, den Vorsitz im Prozeß Orestes zu führen und das Urteil zu entscheiden, das der Sehergott vorausgesehen hat, verdankt sie dieser Zwischenstellung zwischen den Göttern und den Menschen. Sie ist gewiß nicht, wie Christus, «des Menschen Sohn» und «Gott-Mensch», aber ihre «Mittlerschaft» bewirkt, daß das Menschliche dem Göttlichen näherzukommen vermag (in der Selbstverwirklichung der Polis, nach Aischylos' Glauben) und daß dadurch auch das Göttliche sich mehr als zuvor, nämlich *«en chrono»*, mit der Zeit zum Menschlichen herabsenken konnte und wird.

Noch immer war das Theater von den Schauern des Metaphysischen erfüllt. Aber mit der Verlegung des Schauplatzes nach Athen rückte die Bühne näher an die Wirklichkeit der Zuschauer heran. Delphis heilige Ferne blieb zurück. Der Tempel der Athena mit dem Palladion war allen vertraut.

Dumpfe Schläge, die näher kamen. Becken (kymbala), Trommeln (tympana), Flöten (auloi), noch in der Ferne, weit hinten rechts. Dorthin wurden die Blicke gelenkt. Von weither sah man Orestes herauflaufen. Die Musik [21] zeigte an, daß der Chor der Verfolgerinnen hinter ihm her war.

Es war nicht mehr der Orestes des ersten Bildes. Lange Zeit mußte vergangen sein, Jahre vielleicht. Jahre der Verfolgung und der vergeblichen Flucht.[22] Ruhelos, gehetzt von einem Ort zum anderen, stets die Bluthunde auf den Fersen, war der Mörder nun am Ende seiner Kraft. «Nicht müde werden», hatte ihm der unmenschliche Gott zugerufen (74), «ich bin bei dir.» Wo war er? Wo war Hermes? Alle haben ihn verlassen. «Von den Göttern vergessen», gottverlassen, würde ihn der Erinyenchor nennen (300).[23] Orestes, wie er jetzt auftritt, ist in der absoluten Einsamkeit des tragischen Heros angelangt.

So wankte er aus der Parodos in die Orchestra. Vielleicht hatte er die Maske gewechselt, oder diese war mit Zeichen der Auszehrung versehen worden. «Amblys» (238), stöhnte er, sei er: stumpf, abgestumpft, kraftlos, und «prostetrimenos»: aufgerieben, abgezehrt: er kann nicht mehr. Sie haben ihn von Haus zu Haus gehetzt, sie sind seinen Schiffen gefolgt, schneller als diese. Noch mehr: er habe zahllose Reinigungen hinter sich; er sei nach Form und Kraft des Ritus entsühnt; aber kein katharmos habe geholfen, obwohl er schließlich, «in schweren Leidens Schule wohl belehrt», viele, ja, alle kennengelernt habe. Sie waren noch immer da, die Hunde der Mutter, schon näherte sich ihr Stampfen, ihr Schnauben, ihr Geheul (cf 372 ff). Dann sank er nieder, um das Bild der Göttin zu umschlingen: «Sei gnädig dem Verfluchten» (236).

Warum ist Orestes, so fragen wir uns (und so haben sich wohl die Athener gefragt), nicht längst vor Athenas Bild in Athen erschienen? Hatte es ihm Apollon nicht im vorigen Akt geraten (80)? Es ist unmöglich, daß Aischylos «vergessen» hätte, auf diese Frage eine Antwort zu geben. Apollons Worte waren nicht Rat, sondern Prophetie. Das Irren und Gehetztwerden gehört zum Tatbestand des Falles, es ist das Menschenlos. Orestes hätte es sich auf keinen Fall ersparen können. Wäre er gleich nach Athen gegangen, wäre er abgewiesen worden. Er mußte durch die Prüfungen hindurch.[24] Jetzt ist er soweit, daß er nicht mehr Hilfe erwartet, sondern nur noch «telos dikes», das Ende, den Schluß des Rechts (243).

Die Macht der hikesia hat versagt. Diese war eine apollinisch-delphische Macht (hikesia als Grundpfeiler einer neuen Ordnung der Zivilisation), so wie die Macht der Erinyen eine chthonisch-dämonische ist. Bisher war die letztere stärker. Warum? Weil sie stärker war *in* Orestes! Den Glauben an die andere Macht hat er verloren; er ist des Kämpfens überdrüssig; er will nur noch das telos, das Ende. Viel fehlt nicht mehr zum Sieg der Unterirdischen: schon ist er im Leben ein Schatten geworden (skia 302), ein lebender Leichnam, ein Bürger des Hades auf dieser Welt.

Ein zweites Mal zog der Chor ein, wieder einzeln und in Gruppen, die sich gegenseitig hetzten (255), die schwarzen, alterslosen Weiber, schnaubend wie Hunde, auf der Spur des Opfers, das sie nicht gleich, aber bald im linken Paraskenion wahrnahmen. In der Wiederholung wirkte das Schreckliche ein wenig abgestumpft, und es bedurfte gewaltiger Sprachmacht, um noch einmal den Horror zu wecken. «Die ganze Erde ist abgegrast und das Meer überflogen» (349f): die Welt als Weide der Dämonen.[25] «Da steht er», rief eine, «geflochten um das Götterbild, der Verbrecher, der will, daß er bekommt, was ihm gebührt (chreon 260)».[26] Das Rudel rannte zum rechten Paraskenion. Sie höhnten das Opfer.[27] Es bedurfte, nach Ansicht der Erinyen, überhaupt keines Rechtsspruchs. Das Recht war die Verfolgung, Bestrafung und Vernichtung des Täters. Das Recht war, die Welt abzugrasen, bis der Verbrecher erledigt war: Vergeltung (264), Auge um Auge, Zahn um Zahn. Mit nahezu advokatorischer Präzision formulierten sie dann die Legalität ihres Auftrags, der ihre Existenz ist (347); «Dort drunten (kato 267) wirst du alle anderen sehen, die sich an Gott oder einem Gast oder an den lieben Eltern vergangen haben: jeder hat den Lohn des Rechts. Denn groß ist Hades, der Richter der Sterblichen, tief unter der Erde, auf der Schreibtafel ist alles notiert, worüber er wacht.»

Orestes antwortet. Das ist einfach hingesagt. Aber er antwortet aus einem bestimmten Zustand und aus einer Lage heraus, die seinen Worten tiefen Hintergrund verleihen. Im ersten Akt hatte er nur drei Verse zu sprechen: wir haben gesehen, daß sie fordernd waren und nicht ohne Zweifel an Apollons Macht. Wir haben ihn hereinstürzen und am Götterbild zusammenbrechen gesehen, das Wrack eines Menschen, der nicht mehr weiter kann, in neun Versen die letzten Kräfte

Die Orestie: Die Eumeniden 123

verröchelnd. Schweigend hatte er den Einzug der Erinyen ertragen. Nun erhebt er sich aus seiner geduckten Haltung. Er tritt unter die Säulen des Propylons und beginnt zu reden. Zu wem spricht er? Zu den Erinyen? Nein. Zu Athena? Noch nicht in den ersten der 22 Verse. Er spricht zum Publikum (277 ff): «Ich, gelehrt in Übeln, verstehe viele Reinigungen, und wo es recht ist, zu reden, wo zu schweigen, gleichermaßen. In diesem Tatbestand zu reden, hat mich ein weiser Lehrer bestimmt.»

Die Rede von den vielen Reinigungen hat einen bitteren, ja erbitterten Sinn. Denn ihre Vergeblichkeit liegt auf der Hand. Die Macht der Erinyen, das ist jetzt klar, besteht vor allem in den Vorstellungen, die sie hervorrufen; der Schauder, den jeder Mord und damit jeder Mörder in jedem Menschen hervorruft, bezeugt ihre Realität. Aber auch die archaischen Drohungen, die Apollon ihm verheißen hatte, wenn er die Tat nicht begehen würde (Choeph 275 ff) und deren Schrecken er über sich hereinbrechen sah, nachdem er die Tat begangen hatte (Choeph 1041 ff), sind in Orestes wirksam geblieben. Das ist die Aporie. «Ich bin ein Mörder» will er sagen, «jeder weiß, warum ich ein Mörder geworden bin. Nun sagt mir, warum ich es nicht ertragen kann, ein Mörder zu sein.»

Aischylos bringt diesen Sachverhalt (pragma) nachdrücklich mit dem Reden und Schweigen des Helden zusammen. («Sigan» steht an der Spitze einer Verszeile, der eine Verszeile mit «phonein» an der Spitze folgt, 278/9). Schweigend hat Orestes die kaka, die Übel, ertragen, während er, ein Gehetzter, über Länder und Meere geirrt ist. Schweigen war die Haltung, in der er die Entsühnungs-Rituale über sich hatte ergehen lassen. Aber nun ist die Zeit des Redens gekommen. Der Entsühnte und noch immer Verfluchte beruft Athena, die «Herrin dieses Landes», zum arogos, zum Rechtsbeistand (289): von ihr erwartet er nun das telos dikes, des Rechtes Schluß.

Die Art, wie dieser Beistand erbeten wird, ist überaus merkwürdig und auffallend. Orestes spricht als König. Er bietet der Göttin Bundesgenossenschaft an: Bundesgenossenschaft zwischen Argos und Athen für alle Zeit. Er bietet sie nicht an für seine Person, sondern für das argivische Volk (leos 290 ist das Volk im politischen Sinn, der Demos). Das mag griechisch gedacht sein, ein Handel, bei dem beide Teile Vorteile haben, aber es hatte sicher auch einen aktuellen Bezug,[28] der in Orestes' Abschiedsrede noch einmal klar zu Tage treten wird (754 ff). Es ist der gleiche Bezug, der Aischylos bewogen hatte, den Schauplatz der Geschehnisse in den beiden ersten Stücken von Mykene nach Argos zu verlegen, eine Korrektur der Überlieferung, die nur unternommen werden konnte, wenn sie des Beifalls der Zuschauer sicher war. Argos bedeutete viel für Athen. Nirgends wird so eindeutig klar wie hier, daß Athena die «Verkörperung des attischen Staates» (Wilamowitz) ist und als solche von Orestes angesprochen wird. Nicht von der Göttin erwartet er das telos dikes, sondern von dem Göttlichen, das im Wesen der attischen Polis wirksam geworden ist. Wenn er ruft, daß ihn die Göttin hören werde, ob sie nun gerade in Afrika[29] oder in Makedonien[30] weile, und wenn Athena selbst bei ihrem Erscheinen berichten wird, sie komme vom Skamandros,[31] also aus Kleinasien, so wird dadurch nichts anderes beschrieben als das Imperium, das Athen in dieser Zeit beherrschte: überall dort, im hohen Norden, im Osten drüben, im fernen Süden hörte Athena die Stimme, die sich hilfesuchend an die Göttin-Polis wandte. Sie möge kommen, auf daß mir ein «lyterios» werde (298): lytron ist juristisch das Sühnegeld; lyterios derjenige, dem das Sühnegeld bezahlt werden kann (erst im Neuen Testament wird lytrotes zum «Erlöser»); das Sühnegeld ist das Versprechen der Bundesgenossenschaft. So sollen die Athener bewogen werden, aus staatspolitischen Gründen für den Freispruch zu stimmen. Wären dies die einzigen Gründe, könnten wir die Orestie nicht mehr spielen. Der historisch-außenpolitische Aspekt wirkt auf uns eher wie eine Beeinträchtigung der Legalität des Prozesses. Aber wir müssen ihn uns vergegenwärtigen, um zu erkennen, wie nahe und aktuell dies alles den Zuschauern damals erscheinen sollte.

Orestes hatte bei der Anrufung der Göttin die Arme erhoben; nun sank er in seine Erschöpfung zurück, in jenes Kauern am Götterbild, das seine Lage und seinen Zustand bildhaft zeigte. Vergeblich versuchte die Chorführerin, seine Aufmerksamkeit auf sich zu ziehen und sein Schweigen zu brechen. Sie konnte ihm nichts Neues sagen: Apollon und Athena können dich nicht schützen, du Gottverlassener, von den Göttern Vergessener. Orestes schwieg. Wie, du willst widerreden? Dich ekelt meine Rede? Gut, so sollst du das Erinyenlied hören, den desmion hymnon (306), das Lied, an das du gekettet bist. Orestes kannte es wohl: es war das Lied, das in ihm selber sang (Choeph 1025).

Das Chorlied,[32] erfüllt von grausiger und sprachmächtiger Aggressivität, ist die großartigste Kundgebung der Erinyen. Es enthält nichts, was dem Zuschauer von heute nicht nachvollziehbar wäre. Die «Nacht», mit deren Anrufung es einsetzt (321), ist die Nacht, in der das Verbrechen geboren wird, in die sich der Verbrecher begibt, wenn er die Tat plant, in der er sich verbirgt, wenn er sie begangen hat. Es ist die Nacht, die die Erinyen gebiert. Was die «furchtbare Muse», die Muse des Styx (308) an den Tag bringen wird, ist nichts anderes als die Wahrheit über die Lose der Menschen, wie sie «unser Amt» (stasis, Status 311) zuteilt. Einmal mehr werden hier die Erinyen mit den Moiren auf eine Stufe gestellt. Wir halten uns für «streng gerecht»[33] (312). Unser Anspruch ist einwandfrei: «Wo der Wandel rein, die Hände rein, kommen wir nimmer mit Zorn und Rache, und in Frieden fließt das Leben hin. Aber wer wie dieser eine blut'ge Mörderhand verbirgt, dem erscheinen wir. Für den Erschlag'nen zeugen wir in Treue (martyres orthai), von dem Mörder fordern unerbittlich wir sein Blut» (312 W). Wie an dieser Stelle, so berufen sich die Erinyen im ganzen Chorlied nicht mehr nur auf das alte Blutracherecht, sondern auf das Recht der Sühne von Kapitalverbrechen überhaupt.

So öffnet der Dichter ihnen den Weg hinauf zu jenem Status, den sie später in der Ordnung der Polis einnehmen sollen.

Der dichterische Text ist von dunkler Erhabenheit (321 ff): «Mutter Nacht, du hast uns geboren – den Sehenden und Nichtsehenden zur Strafe.» Apollon habe sie ehrlos und rechtlos gemacht, indem er ihnen die Sühne des Muttermords entziehen wollte. Zweimal drei sich wiederholende Refrains steigern die choreographische Wucht. Der erste: Über dem Opfer tönt dieses melos: Sinnesbetörung, Sinnesverstörung, Seelenqual – der desmios hymnos, dem sich keiner entziehen kann. Ist es nicht so, scheint der Text zu fragen, kennt ihr das nicht alle, diese Phänomene nach der Tat?

Der zweite Refrain: «Häuser zu stürzen, Geschlechter zu löschen, ist mein Beruf» (355 f): wo in ihnen Mord geschieht, sind wir zur Stelle. Der dritte Refrain ist auf die Form bezogen, in der das Lied getanzt worden sein dürfte: er beschreibt den mächtigen Sprung, den wuchtigen Fall, die schlotternden Glieder der Flüchtigen, ihr düsteres Schicksal (372 ff).

Die Verse (359 ff), in denen der Chor zugibt, daß die Götter mit den Erinyen nichts zu schaffen haben wollen, sind von erheblicher Bedeutung für den Schluß: jenes Mahl, von dem es heißt, daß es niemand mit ihnen zu teilen wünsche, jene homolia euphronon, jene Gesellschaft der Wohlgesinnten, wird ihnen ja am Ende in Athen zuteil. So verstehen wir, daß dies in der Antistrophe (360 ff) noch einmal unterstrichen wird: Zeus selbst wird genannt, weil er einst einen Gott der Verfolgung entzogen und die Erinyen aus der Götternähe verbannt habe (das Wort für Verfolgung ist anakrisis, eigentlich Verhör, also genau das, was Orestes fordert). Es folgen die großartigen Verse (368 ff, D):

> Menschenruhm aber, wie herrlich er unter dem Himmel
> Prange, zur Erde hinsinkend hinschwindet er elend
> Unserem schattengewaltigen Anspruch, unsrer
> Sohle neideswildem Tanz.

Die doxai, der Menschenruhm, werden semnai genannt, heilig, genau so wie sich die Erinyen wenige Verse später (383, anspielend auf ihre künftige Identifikation mit den den Zuschauern wohlbekannten Gottheiten) selbst nennen. In der Tat ist Ruhm imstande, Heiligkeit zu stiften, wie die Unsterblichkeit der Heroen beweist, an der Orestes bereits Anteil hat. Wenn die Erinyen darauf bestehen, daß sie solch himmelhohe Ehren zu zerstören vermögen, so kann das nur bedeuten, daß sie eine Änderung der doxai bei den Menschen herbeiführen können, indem sie die Wahrheit über die Frevel ans Licht bringen. Die Antistrophe lehrt aber, daß sie noch einen anderen Weg haben, den Sturz herbeizuführen, und hier geraten wir ins Innerste der Tragik (377 ff D):

> Hingestürzt – nicht sieht er's in seiner Betörung;
> Also, ein irrendes Dunkel, umnachtet die Schuld ihn;
> Doch um den Schatten, der finster das Haus ihm umdüstert, wehklagt
> Stöhnend vieler Stimmen Ruf.

Schuld heißt mysos, also besser Frevel, denn Orestes, der auf eines Gottes Befehl gehandelt hat, ist eben nicht schuldig; phatis ist mehr als Ruf: das Gerücht, die Fama, die der Täter überall flüstern zu hören vermeint. Seine Sinne sind umdüstert, sein Denken setzt aus: Symptome der wirkenden Erinyenmacht.

Dies alles ist zusammengefaßt in der Feierlichkeit der vierten Strophe. Der Tanz hat sich aus der Wildheit zur Ruhe gesteigert.[34] «Wir Heiligen sind das Gedächtnis des Übels. Den Menschen nicht erreichbar, von den Göttern verachtet, walten wir unseres Amtes aus der Finsternis» (389 ff D):

> Wo ist ein Mensch, welcher nicht
> Erbangt, erbebt, wenn er anhört
>   Meines Amtes Satzung,
> Von Moira gottbeschieden mir,
> Daß ich es völlig erfülle, verhängt.
> Auf mir ruht uralte Würde, wehrlos gelt' ich nicht,
>   Hausen wir auch in den schaurigen Tiefen der Erde
>   Und in sonnenleerer Nacht.

Das ist ein Stück aischyleischer Theologie: zwar versagen die oberen Götter die uns zustehenden Ehren (Opfer), aber die Menschen sind gar nicht imstande, sie uns nicht zu bringen, da sie die Macht unsres Wirkens an sich und in sich erleben.[35] So ist ihr von der Moira verliehenes Amt älter als das «Amt» der oberen Götter, und daß diese nicht in der Lage sind, die Menschen vor ihrem Zugriff zu sichern, haben wir erlebt, wir erleben es jetzt bei Orestes. Die Macht des oberen Gottes hat ihre Grenze in Orestes selbst, der, als Sterblicher, der Macht der unteren Götter, der Nacht, dem Tod unrettbar verfallen ist. Tod und Mord stehen in unlösbarem Zusammenhang. Wir haben einen Schatten aus ihm gemacht (302), sagen die Erinyen. Bald wird er ein Schatten drunten sein, und auch dann werden wir nicht aufhören, ihn zu jagen.

Nach diesem Chorlied, das die dike der Erinyen anklägerisch und unwiderlegbar begründet, war das Erscheinen Athenas die zwingende Folge, welche die Spannung auf den Ausgang forderte. Es war ein spektakuläres Ereignis, das die Zuschauer mit feierlichem Schauder erfüllen mußte: war es doch ihre Göttin, die nun die führende Rolle übernehmen sollte: «Athena Polias» und «Athena Parthenos», Schirmgöttin der Polis und Verkörperung alles Heiligen, das sich im Glauben an diese kundtat. So mußte der Auftritt der Göttin auf eine spektakuläre Weise inszeniert worden sein. Sie konnte nicht einfach durch eine Parodos hereinlaufen; auch für die Verwendung der Maschine gibt es keinerlei Hinweis, doch gute Gründe dagegen. Der Vers, in dem von einem Wagen die Rede ist (405), gilt als interpo-

Die Orestie: Die Eumeniden

liert. Keine der angebotenen Lösungen [37] entspricht den Erfordernissen. Doch es war eine Epiphanie. Wir denken sie uns so:

Rollendes Geräusch hinter der Bühne, wie Wagenrattern und Windesrauschen. Die Erinyen, in den letzten Strophen zum Publikum gewandt, fahren herum. Orestes, am Götterbild hingesunken, richtete sich auf. Aller Blicke wurden ins Zentrum gelenkt. Dort trat die Göttin ins Licht. Plötzlich stand sie da, schimmernd in der Aigis, dem Brustpanzer über dem Lammfell, das sich im Winde bauschen konnte (404), im Goldhelm [38] – alles funkelte in den Strahlen der sinkenden Sonne. Wo konnten diese sie voll umfassen, eine Aura des Schimmerns bildend? In jenem offenen Mitteltrakt zwischen den Paraskenientempeln, wo sie mit wenigen Schritten nun die Position einnehmen konnte, die ihr zukam. Hatte man nicht um solcher Positionen und Auftritte willen die Bühne umgebaut?

Die Göttin sagt, sie komme von weit her, vom Skamandros, also aus Troja. Zählen wir die Jahre,[39] wie es die Trilogie nahelegt, so müssen etwa zehn vergangen sein, seit der «Städteeroberer» Ilion vernichtet hatte. Aber als das Stück gespielt wurde, gab es dort eine attische Kolonie:[40] Troja war ein Teil des Imperiums der Polis. Die Göttin hatte das Reich der Athener überflogen.

Dann wandte sich Athena an die Parteien. Der Satz, daß der «ungewöhnliche Besuch» (406), den sie auf ihrer Erde erblicke, nicht ihr Schaudern (tarbos), sondern nur ihre Verwunderung errege, bezieht sich auf beide, die sie «gemeinsam» (408) anspricht: auf den schutzflehenden Fremden (409) in ihrem Tempel und auf die schwarzen Weiber, die weder Göttern noch Menschen gleichen. Aber mit erklärter Rechtlichkeit fügte sie gleich hinzu: es sei nicht themis der Gerechten, andere zu schmähen, wenn man selbst ohne Makel sei (413). Die Feststellung, daß die Erinyen zwar abscheulich aussehen, aber nichts dafür können, führt aus der archaischen Vorstellung heraus, für die das Abscheuliche eben abscheulich ist, gleichgültig ob es von einem Eindruck oder von einer Eigenschaft herrührt. Zugleich aber war es in den Ohren der Zuschauer eine eindeutige Zurechtweisung Apollons, der die Erinyen wegen ihrer Ungestalt (192) so maßlos beschimpft hatte.

Es ist noch nicht der Prozeß, was jetzt eröffnet wird. Es gibt noch kein Gericht, nur einen Schiedsrichter. Doch war auch dies gewiß dem Rechtswesen des damals gegenwärtigen Athen nachgebildet, ähnlich unserem Vergleichs-Termin.

Der Ankläger hat das erste Wort: er wird zur Person vernommen. Denn jenes «Wer seid ihr?» (408) war die formelle Frage. (Natürlich wußte die Göttin, wen sie vor sich hatte.)

«Wir sind die schwarzen Töchter der Nacht. Unser Name ist Arai. So werden wir in unserem unterirdischen Wohnsitz genannt.»

Es ist das erste Mal, daß sich die Erinyen so nennen. Sie treten damit aus ihrer mythologischen Tradition heraus und bestimmen ihre Position im aischyleischen Weltbild. Arai heißt Flüche. Ara ist ein Schlüsselwort der Tragödie. Es war von entscheidender Bedeutung in den «Sieben»: dort wurden Ara und Erinys zusammen genannt, Ara als der Fluch des Oedipus, die Erinys als dessen Vollstreckerin. Hier sind nun beide identifiziert.[41]

Schon im «Agamemnon» hatte der Chor der Mörderin die Auslegung verwiesen, nicht sie habe Agamemnon getötet, sondern der Alastor, der Erbfluch des Hauses, der sie nur als Instrument benützt habe. Klytaimestras Vorstellung ist die archaische. Daß sie selbst, sobald sie die mania verlassen hat, nicht mehr ganz an sie glaubt, beweist ihr Verhalten in den «Choephoren»: sie fürchtet die Arai Agamemnons und opfert dem Toten; sie brüstet sich vor den Erinyen in Delphi, daß sie ihnen, den Arai, heimlich geopfert habe. Im Falle Orestes ist es völlig klar, daß Aischylos die archaische Auslegung verwirft; er leugnet keineswegs die wirkende Macht der Flüche; aber Orestes weiß sich nicht mehr in der Lage, seine Tat auf sie abzuwälzen. Es ist so, wie der Chor Klytaimestra vorgeworfen hat (Ag 1505 ff, nach W): «Dein ist die Tat. Kein Zeugnis spricht dich frei von dem Morde. Nein, nein. Nur Mithelfer der Untat sind die Sünden der Väter.» Immerhin, Mithelfer (sylleptor) ist der Alastor doch. Darin eben liegt jenes Dilemma, das schon im Schluß des ersten Stücks artikuliert worden ist (Ag, 1560 ff)[42] und das Orestes im Kommos der «Choephoren» bewußt geworden ist: ich jedoch muß die Tat tun, sowohl kraft der Dämonen, als auch kraft meiner Hände Willen.

Es ist notwendig, diese Grundaporie der causa Orestes klar einzusehen; denn im Verlauf des vorandrängenden Verhörs wird sie von Athena alsbald zur Sprache gebracht, und sie ist es, die schließlich zur Einberufung des Areopags führt. Es geht um nichts anderes als um das Problem der Willensfreiheit, und zwar nicht nur in dessen philosophisch-theologischer Bedeutung, sondern im Hinblick auf das Recht und den Rechtsstaat. Daß die Erinyen als Arai die Anklägerinnen im Prozeß Orestes sind, ist von großer Bedeutung. Als Arai befinden sie sich bereits in dem Status, der sie den Schauervorstellungen des Volksglaubens oder der bewußtlosen Angst vor der Unterwelt enthebt. Es ist dieser neue Status, den Heraklit meint, wenn er sie «der Dike Helferinnen» nennt (D 94).[43]

Im Prozeß Orestes vertreten die Arai also die Anklage in dem Sinne, daß sie repräsentieren, was dem Täter in den Augen der Öffentlichkeit durch die Tat nachfolgt: das Odium des Mörders, ja, des Muttermörders. Das ist nicht eine Hypostase im psychologisierenden Sinne: zwar weiß auch Orestes, daß ihm dieses Odium, dieses miasma sichtbar-unsichtbar anhaftet, und er verlangt ja eben deswegen die Befreiung davon, die ihm die rituelle Entsühnung nicht gewähren konnte. Aber daß es innerhalb des Prozesses eine objektive, fast konkrete gesellschaftliche, ja polisbildende Kraft ist, deren Ursprung jenseits aller Rationalität liegt, eben im Bereich des Göttlich-Dämonischen, das zeigt folgende Überlegung. Warum klebt Blut an des Mörders Hand? Warum schaudern wir vor einem Menschen zurück, der getötet hat? Aischylos gab die Antwort, indem er durch Mythologisches veranschaulichte, was der Erkenntnis nicht erklärlich, aber auch nicht abweisbar erscheint; seine Antwort: *weil der Mörder in einem Konnex mit seinem Opfer steht und nach der Tat bleibt.* Wen hatte Klytaimestra zu fürchten? Nicht Elektra, die, jedenfalls bei Aischylos, nur die Kraft hatte, den Rächer herbeizuwünschen, nicht die Rache selbst zu vollstrecken. Nur Orestes also! Wen aber hatte Orestes zu fürchten? Unter Klytaimestras Blutsverwandten kennen wir nur Frauen: Helena und Elektra, Schwester und Tochter. Undenkbar, daß eine von ihnen für den Auftrag des Gottes in Frage käme (abgesehen davon, daß dieser sich zwar um den «Herrn», nicht aber um die Frau kümmerte). Es wäre für Aischylos ein Leichtes gewesen, einen solchen Blutsverwandten zu erfinden. Aber es gehörte zum Plan der Trilogie, daß Klytaimestra zwar die Erinyen durch ihre Arai rufen konnte, nicht aber einen Vollstrecker des Auftrags in Menschengestalt. Der Sachverhalt des Prozesses (470) verlangte, daß Orestes durch göttlich-dämonische Wesen zu Tode gehetzt werden sollte, durch Wesen aber, die keine Macht hatten, selbst zu töten. Die Kraft, als welche die Arai in der Öffentlichkeit gegen Orestes wirken und als welche er selbst ihre Wirksamkeit erkennt, ist somit in der irdischen Sphäre folgenlos geworden. Das heißt aber nichts anderes, als daß ein Rechtsnotstand besteht, für den eine Lösung gefunden werden muß.

So vernahm nun Athena als Schiedsrichterin die Erinyen weiterhin zur Person. Geschlecht und Namen waren geklärt. Jetzt ging es um die «timai», um Amt und Würden (419). Die Erinyen: Verfolgung der Menschenmörder. Wieder war weder vom Muttermörder, noch überhaupt vom Blutsverwandtenmord die Rede; es ging auf dieser Ebene ganz allgemein um Mord. Athenas Antwort wurde mit einem Blick auf die Schutzflehenden gegeben: Die Erinyen hatten gesagt, sie treiben den Mörder aus dem Haus, sie sorgen dafür, daß er, unstet, die Menschen meide; so fragt Athena logisch zurück: Und wohin treibt ihr den Mörder? Bis zu welchem terma, Ziel der Flucht (422)? Antwort: Das Ziel ist dort, wo das Sich-freuen (to chairein 423, cf 301) nirgends wohnt. Genau das bezeichnet die Kraft der Arai: Wo der Mörder sich auch hinwendet, er kann kein Glück mehr finden, weder in sich noch mit den anderen. Der Mörder verstößt sich selbst in die Verlassenheit, weil die Menschen vor dem Blut schaudert, das an ihm klebt. Das also ist die Strafe, die von den Arai ausgeht: Zerstörung des Glücks.

Athena wandte sich dem Angeklagten zu: er hatte sich, so haben es die Anklägerinnen formuliert, angemaßt[44] (425), Mörder der Mutter zu sein. Furchtbare Anklage. Die Allwissenheit der Göttin spielt keine Rolle, denn ihre Antwort muß nun, im Sinne des juristischen Verfahrens, lauten: «Aus anderen Zwängen heraus oder aus Furcht vor irgend eines (Wesen, Gottes oder Menschen) Groll?» (426). Es ist die Frage nach dem Motiv. Mord ist also nicht mehr einfach Mord. Der Angeklagte hat das Recht auf Verteidigung. Nicht jede Tat, die gleich aussieht, muß gleich sein. Die Bewertung allein entscheidet über das Strafmaß. Die anankai

(Zwänge) können so schwerwiegend gewesen sein, daß Mord zum Beispiel auch als Notwehr klassifiziert werden kann. Nicht anders zählt die «Angst vor einem», der Druck, unter dem der Täter gestanden hat. Wir wissen ja, wer ihm diese Angst eingeflößt hatte: Apollon (Choeph. 275 ff). Aber die Erinyen fragen nicht nach dem Motiv: Es war Muttermord! Wo ist ein solcher Stachel denkbar, daß er zum Muttermord anspornen könnte? Nach dem Recht der Arai entzieht sich Muttermord jeder Qualifikation: der Tatbestand selbst reicht hin zum Urteil.

Darauf Athena: Ich sehe zwei Parteien, erst die Hälfte ist vernommen (428): audiatur et altera pars. Die Erinyen widersprechen. Eid ist genug: er wird nicht zu schwören wagen. In der archaischen Rechtsprechung gibt es die Heiligkeit des Eides bei Gott. Bleibt der Schwörende außerhalb der Verfolgung durch den Gott, wird sein Eid als Beweismittel anerkannt. Die alte Vorstellung, daß der Donner grollt, wenn einer falsch schwört, geht darauf zurück. Athena mußte die Anklägerinnen also belehren, daß, nach neuerer Auffassung, niemand bloß durch Eide obsiegen kann (432). Gut, antworteten die Erinyen, dann ermittle nach diesem wahren, dem rechten Recht (433). Athena: «Also übertragt ihr mir die Entscheidung (433)?» – «So ehren wir würdig die Würdige.»

Athena ist ihnen anders entgegengetreten als Apollon. Sie hat sie nicht nur nicht beschimpft und bedroht, sondern ihre «timai», ihren Rechtsstatus als Klägerinnen in dieser Sache anerkannt. Auch den Zuschauern mußte jetzt klar werden, daß die Schrecklichen nicht nur waren, was sie schienen. Die Göttin, an die sie glaubten, legte eine andere Beziehung zu den «Unteren» an den Tag als der delphische Gott. Das ist Aischylos' Weg und Überzeugung: Die Wahrheit kommt allmählich zur Kenntnis, tritt erst am Ende ins Licht der Erkenntnis.

Die Richterin wandte sich zum Verhör des Angeklagten. Die Fragen zur Person und zur Sache (symphora 437, das Schlüsselwort der Tragödie wird hier juristisch gebraucht) koppelte sie mit der Aufforderung, sich zu verteidigen.[45]

Orestes trat vor. Der Angeklagte wies zunächst den Verdacht zurück, er könnte sich als «Befleckter» (495) dem Götterbild genaht und dieses berührt haben. Es sei uraltes Gesetz, daß der Bluttäter bis zur rituellen Reinigung «aphthongos», ohne Stimme sei; er aber, hieß das, redete. Zur Person und Sache berichtete er seine Geschichte, ohne sich zu schonen: «Ich tötete, die mich geboren hat, ich werde es nicht leugnen.» (463) Seine Verteidigung faßte er in zwei Verse zusammen: es war Gegenmord gegen den Mord am Vater, und «daran ist Loxias gemeinsam (mit mir) schuldig». Apollon habe ihm «stachelgleiche Qualen» prophezeit – es könne keinen Stachel geben, der zum Muttermord treibe, hatten die Erinyen gesagt –, wenn er die «Schuldigen» (467) nicht zur Rechenschaft zöge. Und wie die Erinyen beschloß Orestes seine Aussage mit der Anerkennung der richterlichen Legitimität Athenas: er sei bereit, das Urteil in vollem Umfang anzunehmen, wie es auch ausfalle.

Athenas Antwort führt zum Kern der Tragödie, ins Zentrum der Aktion, um derentwillen sie geschrieben worden ist. Sie war und ist in jeder Hinsicht überraschend. Wir denken uns, daß sie nach einem langen Schweigen der Spannung gesprochen wurde. Im Schweigen der Göttin zeigte sich, was sie selbst ihre «amechania» (481) nennen würde, ihre Ratlosigkeit, ihre Unfähigkeit, die Entscheidung zu treffen, was doch wohl nur heißen kann, daß es Göttern nicht möglich sei, diesen Fall oder Fälle wie diese zu lösen.

Einerseits besitze Orestes das Recht des rituell gereinigten Schutzflehenden: so müsse er in die Polis aufgenommen werden. Zum erstenmal fällt hier das Wort, das nun in den Mittelpunkt rückt: polis (475). Andererseits haben die Anklägerinnen die Moira auf ihrer Seite, und diese sei, so uralt sie ist, nicht gut abweisbar (476); würden sie diesen Prozeß nicht gewinnen, «so trieft von dem gekränkten Stolz ein Gift auf unseren Boden nieder, das Mißwachs erzeugt und arger Seuche schauerlichen Brand» (478 ff W). Die geheimnisvolle Erwägung greift voraus auf das Chorlied, das die Erinyen unmittelbar nach der Urteilsverkündung anstimmen; die Bedrohlichkeit der dort angenommenen Situation steht in tiefem Zusammenhang mit der Bedeutung des Chthonischen für die Polis im Sinne der aischyleischen Philosophie. Die Drohung mit der physischen Pest, unerträglicher, finsterer Krankheit (479), setzt der Macht der oberen Götter Grenzen. Woher kommen Mißwachs und Krankheit? – das ist eine Frage der Theodizee. Die Göttin der Polis schickt sie nicht, aber sie kann sie auch nicht verhüten. Wir wissen, daß Athen wenige Jahre vor der ersten Aufführung der Orestie von der Pest heimgesucht worden ist; und Perikles würde einst an ihr sterben...

«So steht es», fuhr Athena fort (480 ff): doch da dieser Fall nun hierher gebracht worden sei, wähle sie geschworene Richter: «die Besten unter meinen Bürgern» (487), die von nun an in diesen Fällen zuständig sein sollen: «Und diese Satzung (thesmon 484) stifte ich für alle Zeit». Damit brach sie auf: sie trat den Weg in die Polis an, durch die linke Parodos, ein feierlicher Gang, ein Abgang von sinnbildlicher Tragweite. *Die Göttin zog aus, ein Menschengericht einzusetzen, um einen Götterstreit zu schlichten.* Gott braucht Menschen.

Kein Mensch, hatte es doch vorher geheißen, könne in diesem Fall richten, nicht einmal ein Gott. Nun würden doch Menschen richten. Horkos (Eid), hatte es geheißen (432), sei kein Beweismittel, nun werden Richter geholt, die durch nichts als horkos legitimiert sein sollen: Geschworene (488). Was sollen diese Widersprüche?

Die Athener wußten, worum es sich handelte: um die Einsetzung des Areopags. Neues Recht soll davon ausgehen. Es soll jedoch von Menschen gesprochen werden, die schon auf altes Recht vereidigt waren: denn Eid war ja, wie die Erinyen versichert haben, ein Bestandteil des von ihnen vertretenen Rechts. Das Alte, heißt das offensichtlich, soll und kann vom Neuen nicht überholt werden. Was das Neue an den Tag bringt, ist von alters her schon da gewesen. Auch das Recht ereignet sich *«mit der Zeit»*.

Wir müssen hier weiter ausholen, wenn wir die Orestie für uns vergegenwärtigen wollen. Das Rechtsdenken ist in unserer Zeit so wenig unumstritten, so wenig definitiv gesichert, wie in irgend einer Zeit. So ist es unerläßlich, immer wieder den Prinzipien auf den Grund zu gehen, die den Institutionen zugrundeliegen. Geben wir uns selbst zu bedenken, was ein großer politischer Denker wie Solon und ein großer politischer Dichter wie Aischylos in ihrer Zeit begründet haben.

Darüber heißt es in Victor Ehrenbergs Untersuchung über «Die Rechtsidee im frühen Griechentum»:[46] «Das Gericht ist die im Dienste der Rechtsidee stehende, die Verwirklichung des Rechts erstrebende Institution. Seine Geschichte ist der fortdauernde Kampf des Rechts gegen die Selbsthilfe.» Wir vergegenwärtigen: gegen die Gewalt. So werden, nach Ehrenberg, vergleichbare Rechtsfälle aufgezeichnet: «Man sollte nicht übersehen, daß die Voraussetzung, die der Aufzeichnung einen Sinn gibt, die Tatsache ist, daß hinter dem Richter nicht mehr die Autorität der Gottheit oder die seiner Stellung stehen. Diese Autoritäten sind von der früh erstarkten Vernunft und dem Widerstande gegen richterliche Willkür gestürzt worden. Dafür zwingt jetzt die Polis Richter wie Gericht in ihren Kreis. Der Richter hat Autorität als Vertreter dieser Polis, die ihrerseits seiner Willkür Fesseln anlegen muß. Im Wesen dieser aus dem Geiste der dike, sich emporringenden Gemeinschaft liegt die Forderung, daß gleiche Fälle gleiches Urteil empfangen... Indem aber die gerichtliche Tradition geschaffen wird, erwächst dem Rechtsbewußtsein der Politen allmählich die Autorität, deren Beständigkeit erst ihren Äußerungen den Charakter des Normativen gibt. Denn zum Wesen der Rechtsnorm gehören eben Autorität und Macht als Bestand und Dauer der normensetzenden Stelle. Damit ist die Erscheinung des *Gesetzes* als der formulierten Rechtsnorm geboten.»

Dieser folgenschwere geschichtliche Vorgang, der sich einmal in der Welt ereignet hat und der sich seitdem in der sich verändernden Welt immer wiederholt, ist das Thema der «Eumeniden». Für Aischylos und seine Zeitgenossen war er noch relativ neu. Solon, mit dessen Namen er verbunden ist, war keine hundert Jahre tot.[47] Ehrenberg:[48] «In der Tatsache, daß der nomos sich an die Stelle des thesmos setzt, daß die ‹Sitte› zum ‹Gesetz› wird, ist der gewaltige Wandlungsprozeß enthalten, den die Polis im 6. Jahrhundert durchlebt... Zum erstenmal in der griechischen Geschichte ist es, daß im eigentlichsten Sinne der ‹Mensch dem Menschen gehorcht›. Erst damit ist die Bahn dafür geöffnet, daß die Gesamtheit des Volkes von dem Bewußtsein durchdrungen wird, mit der Polis eines zu sein. Dike hat dem Gesetze den Weg gebahnt. Dieses aber, der nomos, als Menschenwerk nicht ewig und unverletzlich, ist doch bindend als Ausdruck des Willens der dike, der Polis, des Volkes. Es öffnet der Demokratie die Tore, aber es schlägt sie gleichzeitig in seine Fesseln... Nicht ‹Gesetze› regieren die Polis, sondern der Nomos, d. i. der Staatsgedanke als die Verkörperung der Rechtsidee.»

Doch hat sich bei Aischylos auf der Grundlage dieser Gegebenheiten Entscheidendes verändert. Hinzugekommen war die Erfahrung der Perserkriege und der Nachkriegsjahre. Hinzugekommen war das weitere Vordringen der «unteren Schichten», die Wandlung der Gesellschaft und ihrer Sitten, die «Entdeckung des Geistes» (Snell) durch die Philosophie und die neuen Bewegungen der Religiosität. Unter der Erfahrung von Krieg und Pest wuchs das Bewußtsein von der Anwesenheit des «Übels», von wannen es auch kommen möge, in dieser Welt und unter den Menschen der Polis, ablesbar zum Beispiel am Schicksal der Großen und am Wechsel der Macht. Auch neue Götter waren angekommen (Dionysos). Die Mysterien nahmen den unerfüllten Wunsch nach einer erhellenden Einsicht in das Dunkel des Schicksals auf. So mußte auch die Rechtsidee eine neue Deutung erfahren. Schon in dem nun folgenden Chorlied kündigt sie sich in mächtigen Trochäen und düsterem Crescendo an. Dann, nach Athenas Abgang, hatten die Erinyen das Wort. Von Orestes war da keine Rede mehr. Und doch stand der Rechtsbrecher die ganze Zeit vor aller Augen am Pranger seiner Ankläger.[49]

Das folgende Chorlied der Erinyen steht im Aktschluß: es trennt und bindet den zweiten und dritten Akt. Es schließt jenen ab und bildet den Grundton, auf den dieser gestimmt ist. Weitere Schleier heben sich von den Erinyen; sie wachsen hoch über sich hinaus, sie treten ins Licht der Wahrheit, die sich hinter ihnen verbirgt.

Der Chor setzt mit unheilschwangeren, doppeldeutigen Worten ein (490): «Nun kommt die Zeit der Katastrophen neuer thesmoi». Katastrophal sind Wandlungen; der folgende Bedingungssatz enthält nur ein Wort, das negativen Charakter hat: Neue Gesetze verändern die Welt, sofern obsiegen werden dike und blaba dieses Muttermörders. Blaba verstehen wir nicht als «Sünde» (Wilamowitz) oder «Schuld» (Droysen), sondern als Makel, als Odium in dem oben auseinandergesetzten Sinn. Was würde dieser Freispruch bedeuten, wenn er so einfach zustandekäme, wie ihn der Mythos vorsah und Apollon verlangte? «Allen Mord geb ich euch frei!» (502) Macht euch das klar, Zuschauer, Bürger, Menschen! Ihr werdet schon merken, was das für jeden von euch heißt: vergeblich wird der Leidende Abhilfe fordern, keiner wird künftig mehr rufen: «O Dike, o Thron der Erinyen» (511f); jammernd werden Vater und Mutter nach uns schreien, wenn das Haus des Rechts fällt.

Die zweite Antistrophe ist ganz ins Positive gewendet: der darin ausgesprochene Gedanke wird ebenso wie der die dritte Strophe einleitende wörtlich in die Verkündigung der neuen Satzung durch Athena aufgenommen (691–699). Die Lösung, das telos des Prozesses kann nur gefunden werden, wenn das hier formulierte Recht, die Dike der Erinyen in die Polis eingebracht wird (516ff):

> Ja, es wirkt, was furchtbar ist, heilsam auch an seinem Ort,
> Und ein Herzenshüter muß
> Bleiben stets; Zucht in Tränen lernen frommt.
> *Wer, in dessen Seele nicht*
> *Weilt und wirket rechte Furcht*
> *Sei's ein Mensch, ein Volk, ein Staat,*
> *Scheut aus eigenem Trieb das Recht?*
> Weder drum unbeherrscht
> Noch gewaltgeknechtet sein
> Lobe du!

Versachlichen wir die Übertragung! «Herzenswächter» ist phrenon episkopon: das zu Fürchtende muß am Sitz der Furcht (phren ist eigentlich Zwerchfell) Aufseher sein. «Zucht in Tränen»: es ist zuträglich (sympherei), unter dem Zwang der Not, vernünftig zu sein (sophronein). Die Alternative Anarchie oder Despotismus – «unbeherrscht», «gewaltgeknechtet» (anarkton, despotumenon) – ist kategorial für die Polis-Idee. Dann werden «dyssebeia» und «hybris» der «hygieia phrenon» konfrontiert: Mangel an Pietät, Übermut gegen Gesundheit der Seele. Soweit haben wir uns also schon von Apollons Standpunkt entfernt, daß die Pietät vor den «verfluchten» Weibern «gesund» genannt und ihre Vernachlässigung als hybrid erklärt wird.

Die nächsten Strophen führen jedoch noch tiefer in den Sinn der Rechtsidee: «Du wirst bestraft, wenn du aus Profitgier (kerdos idon 541) das Recht mit Füßen trittst! Entscheidend bleibt das Ende (telos). So ehre jeder die Eltern und den Gastfreund. Wer danach ohne Zwang (550) gerecht ist, wird nicht ohne Segen bleiben.» Damit scheint der Chor selbst auf die Möglichkeit anzuspielen, die Athena für Orestes in Anspruch genommen hat (426). Diese Berücksichtigung des Ausgangs, wie ihn jeder kannte, erhöht die Wucht der Verwünschung, mit der die Erinyen nunmehr in ihr altes, aber ungebrochenes, unbrechbares Wesen zurückkehren: sie sind jetzt wieder die Arai, die den Rechtsbrecher jagen; vergeblich wird er um Hilfe rufen; der Dämon lacht nur: er wird untergehen, scheiternd am Fels des Rechts, unbeweint, ein Nichts.

3

Von allen Seiten drängte sich Volk auf die Bühne. Athena schritt an der Spitze eines Zuges von Bürgern durch die linke Parodos in den Schauplatz. Diese Bürger waren die von ihr ausgewählten Richter. Hinter ihnen folgte die Komparserie, der «stratos» (566, 569), das Volk. Es ist von der «ganzen Stadt» (572) die Rede, von einer Ratsversammlung (buleuterion 570), die sich mehr und mehr füllt. Hier war Massenregie notwendig. Aischylos benützte Herolde, um die Menge zu ordnen und auf ihre Plätze zu verweisen. Er ließ Athena rufen: «kerysse, keryx» (566: wörtlich «Herolde, Herold!»). So konnte er die durch den Umbau ermöglichte Symmetrie voll zur Geltung bringen. Athena nahm ihren Platz über den Stufen in der Mitte der Pergola ein; Orestes, der Angeklagte, stand rechts von ihr auf den Stufen des Paraskenions (ihres Tempels), links würde Apollon im Paraskenion stehen (seinem Tempel), die Orchestra blieb frei für die Anklägerinnen, den Chor, und in den Parodoi, wohl auch auf der Pergola, drängte sich das Volk. Die Menge auf der Bühne schloß sich mit der Menge im Zuschauerraum zum Kreis der Polis zusammen.[50]

Nachdem Athena ihre zentrale Position eingenommen hatte, nahmen auch die Richter ihre Plätze ein. Bis dieses Bild sich geordnet hatte, erfüllte erregte Bewegung den Schauplatz. Grelle Trompetenstöße mahnten auf Athenas Geheiß zur Ruhe. In dieser Phase der Bewegung mußte Apollon erschienen sein. Es gibt keinen Anhaltspunkt dafür, wie und wann sein Auftritt erfolgte. Daß der Regisseur Aischylos die Licht- und Schatten-Möglichkeiten des sinkenden Tags zu nutzen gewußt hat, kann nicht zweifelhaft sein. So ist es nicht schwierig, sich vorzustellen, daß der fast unbemerkt aus dem Dunkel seines Tempels (des rechten Paraskenions) aufgetretene Schauspieler plötzlich im ganzen Glanz des Gottes dastand, nachdem er einfach aus dem Schattendunkel ins Sonnenlicht getreten war. Dieser Auftritt hatte die Wirkung einer Epiphanie, wenn sich diese auch deutlich von der früheren (im ersten Akt) unterschied: Götter, Dämonen und Menschen befanden sich ja jetzt auf einer, der gleichen Ebene. Wie Athena mit der Aigis fügte sich auch Apollon mit dem Bogen bei aller Göttlichkeit anthropomorph in den Kreis. (Womit die Schwierigkeiten angesprochen sind, die sich hier wieder für unsre Bühne einstellen.)

Für die folgende Szene ist eines von großer Bedeutung: die Position der Erinyen hat sich verändert; das Chorlied, das eben verklungen ist, ließ keinen Zweifel mehr übrig, daß der Dichter sie auf der gleichen Stufe sah wie Apollon. Noch mußte die hereingeströmte Menge den phobos gespürt haben, den der Anblick der Dämonen im ersten Akt hervorgerufen hatte. Sie schauderte vor ihnen zurück. Es war etwas wie ein magischer Kreis, in dessen Mitte sie standen, unnahbar, unberührt. Aber der Umwandlungsprozeß war bereits in vollem Gang.

Was anderes konnte die Aufgabe des Dichters sein angesichts eines Publikums, dem der Ausgang der Verhandlung durchaus bekannt war: Orestes würde freigesprochen werden, das war keine Frage, darauf konnte die Spannung nicht gerichtet sein. Worauf denn? Auf die Erinyen. Was würde aus ihnen werden, wenn sie den Prozeß verloren hatten? Die Antwort war das Wort des Dichters, seine eigene, das eigentlich Neue des ganzen Werkes, der Grund, warum er es geschrieben und zur Aufführung gebracht hatte. Das bedeutete nun vor allem, daß die Gewichte anders verteilt werden mußten als dies im Mythos vorgesehen war. Das Wagnis war kühn. Denn wenn die Argumente der Erinyen wichtiger genommen werden sollten als bisher, konnte der Freispruch Orestes' nicht mehr selbstverständlich sein. Daraus aber folgte, daß Apollon ins Unrecht gesetzt werden mußte, mindestens bis zu einem gewissen Grad.

Daß dies die wesentliche Absicht der nun folgenden Gerichtsszene war, sollte nicht bestritten werden, und wenn der klassische Respekt vor Apollon und dem Apollinischen noch so tief sitzen sollte.[51] Wir zögern auch nicht, zuzugeben, daß zu den erwähnten Schwierigkeiten mit dem Anthropomorphismus hier noch weitere hinzutreten, die es uns mit der Vergegenwärtigung nicht leicht machen. Die Argumente des Gottes sind sophistisch, spekulativ und durch den Affekt getrübt. Nichts daran ist Götterkritik, wie wir sie später bei Euripides gelegentlich finden. Daß ein Gott furchtbar, zornerfüllt und menschlicher Ratio unbegreiflich ist, war für Aischylos kein Grund, an der Realität der von seiner Göttlichkeit ausgehenden Wirkung zu zweifeln. Auch das Publikum, zu dem er sprach, mochte hierin nicht anders reagiert haben. Apollons schreckliche Macht blieb auch nach seinem Abgang (der ebenso unscheinbar, ja unbemerkt erfolgte wie sein Auftritt) unverrückbar, eine Realität. Athena trat nicht an seine Stelle. Sie stand dort, wo sie immer gestanden hatte, auch wenn sie jetzt erst ins Licht der Zeit getreten war. Das Licht der Zeit verdunkelte Apollons Macht nicht. Nur die Stellung der Polis hatte sich verändert: sie stand näher bei Athena als bei Delphi. Apollons «Unrecht» war die Grenze der Rechtsauffassung von Delphi, die durch Athenas neue Stiftung überholt, wenn auch nicht außer Kraft gesetzt war.[52]

Apollon ist also erschienen. Jetzt lag tiefes Schweigen über dem Theater. Die Sprache des Götter-Dämonen-Menschen-Prozesses unterschied sich in der Sache so wenig von den Prozessen der attischen Realität wie in den Formalien;[53] dennoch: es waren Verse; das Kreuzverhör wurde in die traditionelle Struktur der Stichomythie gefaßt; die Reden hatten jene Art strophischer Komposition, die vor allem bei Aischylos in allen Tragödien nachweisbar ist. Das bedeutete, daß die Realität des Prozesses, bekanntlich eines der ältesten Theatermotive,[54] als eine poetische dargestellt war, konzentrisch, gesteigert, als Prozeß der Prozesse, als Dialektik des Dialektischen. So müssen wir immer wieder auf die Wortwahl und die Syntax achten.

Auffallend doppeldeutig ist Athenas Begrüßung des Gottes (594f): «Apollon, wo du Herr bist, schalte, wie du willst, doch hier, sag an, was geht dich dieser Handel an?» Das ist von Wilamowitz ebenso farblos wie scharf übersetzt: in seinem Machtbereich möge er mächtig sein (kratei autos), aber hier trete er in einer Sache auf, für die er den Nachweis seiner Zuständigkeit erst zu erbringen habe. Apollon antwortet juristisch exakt: er sei sowohl als Zeuge (martyreson 576) wie als Anwalt (xyndikeson 579) erschienen, denn er habe ja die aitia am Muttermord des Angeklagten, im juristischen Sinne also die Schuld; korrekt erkennt er Athena als Richterin an. Diese gibt zuerst den Klägerinnen das Wort. Deren Sprecherin

Die Orestie: Die Eumeniden 137

nimmt alsbald Orestes ins Kreuzverhör (585 ff): «Hast du sie umgebracht?» – «Ja.» – «Wie hast du sie umgebracht?» – «Ich habe ihr den Hals durchschnitten.» So wird der nackte Greuel bewußt gemacht. – «Warum hast du sie umgebracht?» – «Nach dieses Gottes Spruch. Er ist mein Zeuge.» – Wirklich, der Seher habe ihn getrieben? Darauf Orestes: auch sein Vater habe ihm Beistand geleistet. Damit sind wir auf dem Boden der juristisch-theologischen Dialektik, in der von nun an der Prozeß weiterverhandelt wird. Beides ist also im Spiel: Göttliches (das delphische Gebot) und Menschliches (das Gesetz des genos). Klytaimestra habe sich eines doppelten Verbrechens schuldig gemacht: des Gattenmordes und des Mordes an seinem Vater. Das wird zurückgewiesen: Tatbestand ist, daß die Mörderin tot ist, aber der Mörder lebt. Orestes: Warum habt ihr Klytaimestra nicht verfolgt, solange sie lebte?

Hier folgt nun die Zuspitzung, die uns ebenso fremd ist wie später Apollons gleichartige Argumentation, jene Rabulistik, die Grillparzer ein «Meisterstück von Parteilichkeit und Ungerechtigkeit» genannt hat.[55]

Es geht um die uns irrwitzig erscheinende Frage, was abscheulicher sei, Muttermord oder Gattenmord. Wir kennen den Standpunkt der Erinyen, wir verstehen auch noch die Zusammenhänge der Vorstellungen von Erde, Blut und Mutterschaft. Aber das Argument, mit dem sie jetzt, im Prozeß, Orestes' Frage beantworten, ist absurd: für Klytaimestras Mord seien sie sozusagen nicht zuständig, da es sich bei Agamemnon nicht um einen Blutsverwandten gehandelt habe. Viele Stellen in der Trilogie zeigen, daß die Erinyen in Aischylos' Vorstellungen jeden Mord verfolgen.[56] Nur hier, in der juristischen Eristik, überspitzen sie so ihr Selbstverständnis. Wir sind der Ansicht, daß der Dichter sie hier ebenso der Kritik aussetzt, wie gleich darauf Apollon.

Für den Gott, der das Recht der homerisch-delphischen Männer- und Herrenwelt vertritt, versteht es sich von selbst, daß er in der juristischen Auseinandersetzung den gegenteiligen Standpunkt einnehmen muß. Klytaimestra hat nicht nur das Herrenrecht verletzt, sondern auch die von Delphi sanktionierte Heiligkeit der Ehe mißachtet. In zwei Punkten setzt der Dichter auch Apollon ins Unrecht. Gegen das Vorrecht des Herrn und Vaters bringen die Erinyen vor, daß Zeus selbst seinen Vater in Banden geschlagen habe; ja, in Banden, kontert der Gott, aber nicht mit Blut und Mord – als ob Unsterbliche getötet werden könnten; höhnisch folgern die Erinyen, daß er sich in der eigenen Schlinge gefangen habe; denn um Blut und Mord gehe es ja bei Orestes! Nicht nur, daß ihn hier wieder die Wut zu den Beschimpfungen der Erinyen hinreißt, von denen sich schon Athena distanziert hatte, soll den Gott ins Unrecht setzen, sondern mehr noch, wie wir meinen, das nun folgende, wahrhaft sophistische Argument: die Mutter habe kein andere Aufgabe, als den Samen des Vaters zu hüten, sie sei nichts als die «Gastgeberin», eine Fremde dem Fremden (660). Wir wissen, daß diese groteske Vorstellung in der Zeit, in der die Orestie geschrieben wurde, diskutiert worden ist;[57] uns scheint, es spielt keine Rolle, ob sie von den aufklärerischen Sophisten stammte oder von den Pythagoreern – aus dem Munde des Gottes klang sie so überspitzt, wie sie es ist, und so sollte sie in den Ohren des Publikums klingen.

Eristische Überspitzungen auf beiden Seiten also – die Athener mochten ihren Spaß daran haben; *uns* bleibt wohl nichts als: streichen. Die Frage ist, ob damit der ganze Prozeß, wie Grillparzer meinte, seine Glaubwürdigkeit verliert. Dieser Meinung sind wir nicht. Die göttlich-dämonischen Mächte, die hier einander konfrontiert sind, konnten damals so gut als gegenwärtig wirkende verstanden werden wie heute. Bluttat und Mord sind nicht aus der Welt. So können auch die «Schrecklichen», die dämonischen Rächerinnen, nicht aus der Welt sein. Deren Verächter setzen sich ins Unrecht, nicht anders als der Gott, zu dem sie sich bekennen. Es genügt nicht, hier die Lehren von Bachofen heranzuziehen; Aischylos mochte die beiden Kulturstufen des Matriarchats und des Patriarchats im Auge gehabt haben, aber, wie die «Eumeniden» lehren, war es nicht seine Absicht, den Übergang von der einen zur anderen darzustellen: beide sind, nach seiner Auffassung, sowohl im Recht wie im Unrecht, das heißt: sie sind weder gegenwärtig noch vergangen, sondern wirkend von Anfang an und künftighin. Mag jetzt die patriarchalische Rechtsauffassung vorherrschen, wie in der Demokratie, in der Polis, der Gesellschaft und im Besitzrecht, so wirkt doch das Matriarchalische fort in dem, was wir heute «das Unbewußte» nennen; so sehr es einst notwendig gewesen sein mag, dem chthonisch-mütterlichen Blutrecht das männlich-geistige Recht der Verträge (z. B. in der Ehe) entgegenzusetzen, so sehr ist es heute notwendig, die Überspitzung des Herrenrechts und des Intellektualismus zu vermeiden; ja, daß die Intellektuellen gemeint sind, geht eben aus dem Zitat der «modernen» Auffassung von der Mutterschaft hervor; das Apollinische wirkt nicht nur im archaischen delphischen Recht, sondern ebenso in der aufklärerischen Philosophie, die alles Nichtintellektuelle, also auch das Chthonisch-Mütterliche verachtet. Nur wenn diese Antinomie des Prozesses gesehen und zur Darstellung gebracht wird, läßt sich begreiflich machen, warum das Urteil offenbleiben muß und ein göttlicher Gnadenakt notwendig wird. Und nur so wird die Tragweite des dem Prozeß folgenden Geschehens ermeßbar. Das hoffen wir zeigen zu können.

Bevor das Urteil gefällt wird, erfolgt die Stiftung des Areopags. Dem neu eingesetzten Gericht wird die höchste politische Autorität verliehen. Die causa Orestes wird zur causa der Polis. Athena appelliert an das Staatsbewußtsein der Bürger, deren Stolz es war, nicht nur die besten, sondern die ersten Gesetze besessen zu haben (687 ff): «Vernimm denn meine Stiftung, Volk von Attika: (wörtlich) erste Rechtssprüche entscheiden über vergossenes Blut (juristisch), erstes Gericht über Kapitalverbrechen.» Sollte den Athenern der Übergang vom Matriarchat zum Patriarchat noch lebendige Erinnerung gewesen sein, wieviel mehr traf dies dann zu auf den Übergang vom Blutsverwandtenrecht zum Staatsrecht, von der Herrschaft der Clans zur Herrschaft des demos, von der Aristokratie zur Demokratie. Rechtsprechung sollte von nun an im «krinein» (682) bestehen, im Scheiden und Entscheiden, in der Abwägung der Motive, in der Qualifikation der Tat durch die Beurteilung ihrer Umstände, Gründe und der Person des Täters. In den Zusammenhängen, die Aischylos aufrollt, spielt die zeitgebundene Prozeßordnung, konkret: das jeweils geltende Strafgesetzbuch, keine Rolle. Es handelt sich nicht darum, ob das oder jenes Gesetz gerecht ist, sondern darum, daß vor der Gerechtigkeit das Gericht steht, nämlich ein Ausschuß von Männern, die, wie die Göttin will (704f), «unbestechlich, fromm und zornig» Tag und Nacht über das Land wachen.

Diese Worte sind genau gewählt (und es ist geradezu grotesk, wenn noch immer behauptet wird, Aischylos habe hier nur das «Mordgericht» im Auge gehabt). Keines der Worte ist selbstverständlich. Das merkwürdigste ist «oxythymos» (705), eigentlich jähzornig: es verweist auf die irrationale Eigenschaft, die Athena dem Richter zuspricht: *die Fähigkeit zur Empörung über das Unrecht*. Daß das Übel, das Böse, das Unrecht in der Welt ist, kann nicht geändert werden: aber daß der Zorn über das Unrecht, das einer dem anderen mit Willen zufügt, nicht einschläft, dafür muß die Wache sorgen. Dafür sollen die Männer sorgen, die, vom Staat eingesetzt, dieses Zornes fähig sind, weil sie – hier das andere wichtige Wort – «aidoios» (705) sind. Aidoios, von aidos, ist schwer zu übersetzen. Wilamowitz umschreibt: «Erbarmen kennt er», Droysen sagt «Ehrfurcht gebietend», Buschor «voll frommer Scheu». Hesiod kennt die Aidos als Göttin wie Eirene oder Eunomia oder Dike. In Athen hatte sie einen Altar. Theognis stellt sie über Dike. Ohne Zweifel ist sie das Gegenteil von Hybris. Vielleicht kommt man dem Wortsinn am nächsten, wenn man die etymologische Grundbedeutung einsetzt: Scham. Nicht schamlos zu sein ist eine der irrationalen Eigenschaften der Richter, die sie in Gegensatz stellt zu den vor keinem Tabu zurückscheuenden Intellektuellen.

Schließlich noch «unbestechlich». So allgemein und zweifelsfrei diese Eigenschaft erscheint, so konkret und aktuell wurde sie von den Zuschauern der ersten Aufführung verstanden. Hier muß erneut die damalige Gegenwart belichtet werden. Vier Jahre vor der Orestie hatten die Führer der radikalen Demokraten, der «Linken», wie wir heute sagen, jene Veränderung des Status des Areopags durchgesetzt, die als einer der folgenschwersten Eingriffe in das Gefüge der solonischen Demokratie gewertet werden muß, gleichgültig wie die Historiker, meist selbst «links» oder «rechts» eingestellt, sie verstehen. In der Zeit, in der sich Aischylos entschloß, die Orestie zu schreiben und zur Aufführung zu bringen, wurde die Polis von der Partei regiert, deren Führer durch den Sturz des bis dahin regierenden Kimon, eines Vertreters der «Rechten», zur Macht gekommen waren: Ephialtes und Perikles. Wir folgen Adolf Heuss:[58] Ephialtes «war eine leidenschaftliche Natur und ein moralischer Rigorist. Seine eigene Untadeligkeit gab ihm das Recht und die Tauglichkeit, in die dunkle Geschäftsführung der Areopagiten hineinzuleuchten (offenbar hatten sie mit der Verwaltung des Staatsschatzes zu tun). Vielen von ihnen machte er den Prozeß. Das ganze Gremium wurde dadurch kompromittiert. Ephialtes war unerbittlich in der Verfolgung der ‹Volksfeinde›. Grimm und Wut steigerten sich auf beiden Seiten ins Unerträgliche. In dieser vergifteten Atmosphäre traf Ephialtes der Stahl des Meuchelmörders. Aber seine Sache war deswegen nicht verloren. An seine Stelle trat sein engster Kampfgenosse. Perikles trat offen auf den Plan und leitete fortan den attischen Staat als Exponent einer durch Umsturz radikalisierten Demokratie».

Das Hauptstück der Verfassungsreform war die Entmachtung des Areopags. Man ließ ihm als Rest seiner alten Zuständigkeit die Blutgerichtsbarkeit, aber in der Politik hatte er nichts mehr zu suchen. Seine Aufsicht über die Legislative entfiel. Das Volk war praktisch unumschränkter Herr über diese. In gewissem Sinne stellte sich also Aischylos mit dem Prädikat «unbestechlich» hinter die zur Macht gekommenen Führer der Demokraten. Trotzdem: Auch wenn Areopagiten zu Recht der Korruption beschuldigt worden waren, ja, wenn die ganze Institution durch korrupte Praktiken in Mißkredit geraten war, so durfte das nach seiner Ansicht noch lange nicht dazu führen, daß die Funktion, die sie in der Demokratie auszuüben hatte, außer Kraft gesetzt wurde; denn dadurch wurde nicht nur das Funktionieren der Demokratie, sondern die Idee der Polis selbst in Frage gestellt. Warum?

Der politische Moment, in dem die Orestie zum erstenmal aufgeführt wurde, muß scharf ins Auge gefaßt werden. Aristoteles nennt den Namen des Ephialtes-Mörders und läßt durchblicken, daß er von der Gegenpartei gedungen war, ein bezahlter Killer. Das war in den Augen des politischen Denkers Aischylos geradezu ein Beweis dafür, daß der Parteienhaß in der Polis die Grenzen der Erträglichkeit überschritten hatte: die Notwendigkeit einer jenseits und über den Parteien amtierenden Institution lag nun offen zutage. Wer konnte die Parteien daran erinnern, daß der Staat einer gemeinsamen Basis bedarf und daß gerade die Parteien in der Demokratie diese zu respektieren hatten, wenn Dike das höchste Gut der Polis bleiben sollte? Die an Ephialtes begangene Bluttat war, so gesehen, geradezu ein Argument für die Integrität und die Legitimität des Areopags. Als die Dionysien des Jahres 458 anbrachen, war das politische Klima der Polis vergiftet. «Grimm und Wut steigerten sich auf beiden Seiten ins Unerträgliche.»

Und da wagte es ein Dichter, in Ehren ergraut, vom Volk gefeiert, keiner Partei verpflichtet, im Theater der Polis zu Füßen der Akropolis die Göttin der Polis auftreten zu lassen, zu keinem anderen Zweck, als den soeben entmachteten und kompromittierten Areopag zu stiften, mit folgenden Worten (638 ff D):

Die Orestie: Die Eumeniden

Es soll des Aigeus Bürgern (Aigeus, Vater des Theseus, der mythische
    Gründerkönig) dieses Tribunal
Für alle Zukunft fürder bleiben und bestehen
Denn dieser Felsenhügel, der Amazonen Ort
Und Lager, als sie gegen Theseus neidesvoll
Zu Felde zogen, unsrer neugebauten Burg,
Der hochgetürmten, gegentürmten ihre Burg,
Und sie dem Ares weihten, dessen Name nun
Der Berg Areiospagos trägt – *auf dem beruht*
Des Volkes Ehrfurcht und die blutsverwandte Furcht
    (sebas syggenes mit phobos 690 f)
Dem Frevel (genauer: dem Nicht-gerecht-Sein) wehren beide nächtens
    und am Tag,
Wenn nicht die Bürger selber trüben mein Gesetz
Mit schlechtem Zuguß. Doch so du den klaren Quell
Mit Schlamm verunreinst, labt er nicht den Durst'gen mehr.
Nicht unbeherrscht und nicht gewaltgeknechtet sein
    (genau die Worte der Erinyen 525/6: nicht Anarchie und nicht
    Despotismus)
Das sei dem Volk, fürsorgend rat ich's, hoch und wert!
Und nicht entfernt euch alles Furchtbare aus dem Staat!
Denn welcher Mensch bleibt, wenn er nichts mehr scheut, gerecht?
    (das Furchtbare: deinon – so hatten sich die Erinyen selbst
    genannt: 128)
Wenn solcher Ehrfurcht frommen Sinn ihr redlich hegt,
Des Landes Bollwerk, eures Staats Kraft und Heil,
    (der also keineswegs auf Blutgerichtsbarkeit beschränkte Areopag),
So nennt ihr euer, was der Menschen keiner hat,
Der Skythe nicht, noch auch des Pelops nahes Land.
Goldunbestechlich hab' ich dieses Tribunal,
Ehrfurcht gebietend (aidoion), strenge zürnend (oxythymon),
    Schlafenden
Zur immer wachen Hut des Landes eingesetzt.
Nach dieser Wendung (parainesin 707: Mahnung), die für alle Zeit
Gegeben meinem Volke sei, erhebt euch,
Nehmt euren Stimmstein und entscheidet diesen Streit,
Des Schwurs in Ehrfurcht denkend. Alles wißt ihr nun!

Eiretai logos – lauten lapidar die letzten Worte. Sie unterstreichen, was der Dichter nicht müde wird, zu versichern: Mahnung, Warnung, Botschaft, und zwar für alle Zukunft (708). Sebas und phobos, nicht rationalisierbare Kategorien der Polis-Idee, sind hier institutionalisiert. Wer sie aus dem Staat entfernt, führt das Volk in Anarchie oder Despotismus. Und dies noch unmittelbarer in die Aktualität: Wenn die Bürger die Gesetze korrumpieren, wird zwar die Reinheit des Gesetzes durch Schmutz getrübt, nicht aber das Gesetz selbst in Frage gestellt, und das heißt: *die Furcht vor dem Gesetz, das über der Gewalt ist.* Erhaltet euch die Furcht davor! Erhaltet also die Institution, in der diese Furcht für alle Zeit verkörpert sein soll!

Kann es einen Zweifel daran geben, daß die Volksversammlung, die Aischylos zur feierlichen Einsetzung des Areopags im Theater inszeniert hatte, Spieler und Publikum zu einer Einheit zusammenschließend, diese Mahnung so verstanden hat, wie sie hier interpretiert wird?

Natürlich bekannte sich Aischylos damit keineswegs zur Partei der Antidemokraten. Die Verse über den Schlamm, mit dem das klare Wasser des Gesetzes beschmutzt worden sei, sind eindeutig. Keiner hatte die Gefahr der Korruption, die jeder Demokratie droht, klarer erkannt als deren Begründer Solon.[59] Seine Gedichte sind voller Anklagen gegen den Mißbrauch, der mit dem Geld getrieben wurde, gegen Profitgier, Schacher und Bestechung. So hatte er bestimmt, daß die Mitglieder des Areopags ehemalige Archonten sein sollten, also Minister, die über ihre Amtsführung Rechenschaft abgelegt hatten und gleichsam entlastet worden waren. (Schlimm genug, daß gerade diese sich gegen Solons Idee vergangen hatten.) Parteienherrschaft unterliegt dem Wechsel; ja, dieser gehört zum Wesen der Demokratie. Um so mehr bedarf es über den Parteien einer Institution, deren Funktion dem Wechsel der Mehrheit entzogen ist. Nur um diese geht es in der Orestie, aber da sie eine der Grundlagen der Demokratie bildet, geht es zugleich um diese selbst. Das Göttliche, das in ihr wirkt, wird durch die nicht rationalisierbaren Kategorien von sebas und phobos, vereinigt im aidos, sanktioniert werden. «Heiligkeit» fordert übriges auch Kant für das «moralische Gesetz» als «Wille eines allervollkommensten Wesens».[60] Gesetzlichkeit und Gerechtigkeit sind «heilig» in diesem Sinne, heilig wie die Göttin, der sich die Polis und ihr Demos opferten. Diese Verehrung ist politische Realität geworden in der von der Göttin eingesetzten «Wache des Landes», deren Heiligkeit durch die Stiftung[61] auf der Bühne ins politische Bewußtsein der Zeit gerufen wurde. Es war Gegenwart auf höchster Ebene, zu der sich dieses Theater bekannte.

Im Jahre 456, ein Jahr nach der Aufführung der Orestie, «reiste» Aischylos nach Sizilien, wo er im gleichen Jahr starb. Auf dem Stein des Grabes in Gela konnte man folgende Verse lesen (Werner):

> Aischylos birgt, des Euphorion Sohn, aus Athen dieses Grabmal,
> Der in der kornreichen Stadt Gela sein Leben beschloß.
> Kampfmut bezeugt ihm Marathons Feld, das höchlich berühmte,
> Und der Meder mit tiefwallendem Haar, der ihn kennt.

Kein Wort vom Dichter, vom Theater. Jedes Wort von der Polis. Aber sein Theater war, wie man gesagt hat, die Polis. Warum sollte er beides verlassen haben, die Polis und dieses Theater, warum sollte er beides im Jahr nach der Orestie verlassen haben, wenn nicht wegen dieser? Perikles, der in der ersten Reihe gesessen haben mochte, war noch nicht auf der Höhe der Macht, die ihm erlaubt hätte, den größten Dichter der Polis öffentlich zur Rechenschaft zu ziehen. Er war wohl auch zu klug, um das zu riskieren. Aber er hatte andere Mittel, sich des Mannes zu entledigen, der seiner Herrschaft gefährlich werden konnte. Aischylos ging ins Exil, ohne den Glauben an seine Polis zu verlieren, wie die Grabschrift beweist. Die Mahnung der Orestie mochte auf den ersten Mann der Polis nicht ohne Eindruck geblieben sein. Der Historiker [62] stellt fest, daß er, je älter er wurde und je länger er lebte, desto maßvoller geworden sei. Dennoch erwies sich die Entmachtung des Areopags als ein Verhängnis für die Entwicklung der Demokratie. Das lehrt Thukydides, der die Geschichte der kommenden Jahre geschrieben hat.

Auf der Bühne hatte der Prozeß seinen Höhepunkt erreicht. Die Entscheidung stand bevor. Zwei Urnen wurden aufgestellt, eine in der rechten, eine in der linken Hälfte vor der Skene; die Stimmsteine wurden ausgeteilt; auch Athena, als Vorsitzende, erhielt sie. Während die Richter sich erhoben und einzeln an die Urnen traten, um ihren Stein einzuwerfen, schleuderten Anklage und Verteidigung noch einmal ihre Argumente gegeneinander (713 ff). Hier fehlen völlig die sophistischen Haarspaltereien der vorhergehenden Szene (was die dort von uns vorgeschlagenen Striche erleichtert). Beide Seiten beriefen sich auf die Göttlichkeit des von ihnen vertretenen Rechts. Das letzte Wort der Erinyen: «Wir werden abwarten, wie das Urteil ausfällt. Aber wir wissen noch nicht, wie wir danach dieser Stadt gesinnt sein werden» (731 ff).

Inzwischen war der Urnengang beendet. Man brachte die Urnen zu Athena, und die Göttin vollzog symbolisch die Vereinigung von göttlicher und menschlicher Polismacht auf der Basis der Gleichberechtigung, indem sie ihren Stimmstein einwarf. Freilich, sie schien zu wissen, wie das Urteil ausgefallen war. Hätte sie sonst einen Grund, die Athener an ihre Schwurgerichtsordnung zu erinnern, die im Falle von Stimmengleichheit bestimmte, daß pro reo gesprochen war, also Freispruch! «Es siegt Orestes, auch wenn stimmengleich entschieden wird!» (741). Ihre Begründung, daß sie, wie Apollon gesagt hatte, als mutterlose Tochter Zeus' nur des Mannes und nicht des Weibes Sache vertreten könne, erinnerte nur auf den ersten Blick an die Sophismen der Streitszene; ausdrücklich sagte sie, sie sei nicht imstande, den Mord am Vater schwerer einzuschätzen als den Mord am Gatten und «episkopos domaton» (Herrn des Hauses 740). Das richtete sich gegen Apollon. Und damit stellte sie beide Morde auf eine Stufe. Mord ist Mord. Nicht Klytaimestra war ja angeklagt. Die vom Manne geborene Frau sprach den Mann, der eine Frau ermordet hat, frei, weil sie als Repräsentantin der Polis die Kette des Blutrechts zu beenden wünschte, obwohl sie keinen der Morde, genauer: Mord überhaupt nicht, billigte.

Die Spannung war aufs höchste gestiegen. Während zwei Richter, auf Geheiß Athenas die Steine aus der Urne schütteten und zählten – ein Vorgang, dessen Feierlichkeit nicht nur durch die vorausgegangene göttliche Stiftung, die Erstmaligkeit, sondern auch noch durch eine Mahnung Apollons unterstrichen wurde, drang Orestes' angstvolle Frage an die Ohren aller: «O Phoibos Apollon, wie wird der Fall entschieden werden?» (744). Dann war die Zählung [63] beendet. Die Richter zeigten der Göttin die Steine. Athena ergriff das Wort, um das Urteil bekanntzugeben: «Dieser Mann ist dem Blutrecht entgangen. Denn gleichgroß ist die Stimmenzahl» (751 f).[64]

Ein großer Augenblick. Wir denken uns, daß eine rauschende Bewegung durch das Theater ging. Von der Spannung befreit, machten die Bürger, welche die Bühne füllten, ihrer Erregung Luft, und dies übertrug sich auf die Zuschauer. Vielleicht umringten einige Orestes, der nun vortrat, um zu danken, während sich die Erinyen in ohnmächtiger Verzweiflung auf der Orchestra zusammenkauerten.

Orestes wiederholte die Zusicherung, die schon Apollon gegeben hatte (667 ff): das ewige Bündnis zwischen Argos und Athen.[65] Durch den Freispruch war er wieder in seine Legitimität als Herrscher eingesetzt. Sein Dank galt nicht nur Athena und Apollon, sondern dem dritten, dem allentscheidenden, dem «Retter Zeus», der diesen Fall entschieden habe, indem er des Vaters Los zugleich mit den «syndikoi» (761) der Mutter, den Erinyen, betrachtet und gegeneinander abgewogen habe. So ging er ab: nach Argos.

Warum der sonderbare Freispruch durch Stimmengleichheit? Nur auf dieser Basis, die den Freispruch einzig und allein als das Ende des Blutrechts, nicht als das Urteil über den Mord (das offenbleiben mußte) verstehen ließ, konnte der letzte Teil der Tragödie entwickelt werden, das erfolggekrönte Bemühen der Göttin, die Anklägerinnen durch Peitho, durch Überredung, davon zu überzeugen, daß sie zwar den Prozeß nicht gewonnen hatten, daß aber ihr göttliches Recht durch das Urteil in keiner Weise außer Kraft gesetzt werden sollte.

Der Prozeß war zu Ende. Aber die Trilogie, das war klar, konnte so nicht enden. Das Entscheidende war nicht nur noch zu sagen, sondern zu tun. Gleich der erste Vers des vierten und letzten Teils (778) sprach aus, worum es jetzt ging: um das alte und das neue Recht.

4

Glühendrot war der Abend hereingebrochen. Schon lagen die Fackeln bereit, die am Schluß der Tragödie entzündet werden sollten, um die Prozession als Exodos aus dem Theater zu geleiten. Und in ihrem Schein würden dann noch die zottigen Satyrn auf die Skene springen, um den langen Tag in Heiterkeit ausklingen zu lassen.

Was noch zu sagen war, lag in diesem und in anderem Schein, in diesem, der Spiel war, wie es eben nun einmal das Theater ist, in anderem, der ans Licht bringen mußte, was mit dem Spiel gewollt war, den Sinn, die Wahrheit.

Die Orestie: Die Eumeniden

Im Spiel waren Menschen als Götter, Dämonen und Geister aufgetreten; die Spieler standen einander noch auf der Bühne gegenüber: der Protagonist als die Göttin, der Chor als die Dämonen des Schreckens. Noch hatte das Numinose die Scheinbarkeit des Spiels nicht überschritten, selbst wo es sich mit dem Glauben verbündet hatte. Denn, das dürfen wir von unserer Gegenwart her nicht vergessen, die Unsterblichen, die hier gespielt wurden, lebten wirklich in den Vorstellungen der Zuschauer, und, wie gleich hinzugefügt sei, selbstverständlich in der Welt, wie sie dieser Dichter sah. (Doch kann kaum bezweifelt werden, daß auch in unserer Zeit die Zahl der Gläubigen die der Ungläubigen übertrifft; es sind nicht diese Götter, an die geglaubt wird, und es ist für das Problem der Vergegenwärtigung der Tragödie ganz unerheblich, woran geglaubt wird; wichtig ist allein, daß der Glaube noch immer in der Welt ist, eine große, eine überwältigende Kraft, wie immer man dazu stehen mag.)

Die gespielte Göttin hatte den Prozeß entschieden. Der Darsteller des Helden hatte die Bühne verlassen. Was zwischen der Göttin und den Dämonen noch zu spielen war, konnte nur auf *einen* Punkt ausgerichtet sein: die Versöhnung als Sinn, als Quintessenz, als glaubwürdige Wahrheit. Das war nicht erreichbar, ohne daß des Glaubens liebstes Kind, das *Wunder,* beschworen wurde. Und an diesem Punkt mußte das Ereignis eintreten, mit dem das Spiel in Wahrheit umschlug. Die Transzendenz des Wunders mußte in die Wirklichkeit des Glaubens einströmen. Das Wunder mußte glaubwürdig sein.

Wir sehen das sehr nüchtern. Es handelte sich um ein griechisches Wunder. Dazu gehört, daß das Wunder als Wunder einsehbar blieb, oder genauer gesagt, daß sowohl an die Notwendigkeit des Wunders – warum es nämlich nicht anders ging – wie an die Wirklichkeit des Wunders – wie es sich in der Wirklichkeit tagtäglich ereignen konnte – geglaubt werden konnte, nein, mußte.

Athena sagt in dieser letzten Szene, nachdem die Versöhnung geglückt ist, sie preise Peitho, die Göttin der Überredung. Das klingt so, als hätten sich die Erinyen schließlich durch die Vernunft der Argumente bewegen lassen, sich in Eumeniden zu transfigurieren. Wenn das wirklich der Fall gewesen wäre, müßte es nicht dialektisch, also Schritt für Schritt, geschehen sein, sondern blitzartig. Der Umschlag[66] findet (nach Vers 891) in einem Moment des Schweigens statt. Bis zu diesem Moment waren Klage und Anklage des Chors unverändert gegenüber dem ersten Ausbruch zu Beginn dieses letzten (vierten) Akts, den man besser das Nachspiel nennen sollte. Nach diesem Moment waren Wort, Musik, Gesang und Tanz des Kommos beendet. Dialogverse folgten, dann setzte das letzte Chorlied ein: neue Musik, andere Töne, die Worte der Versöhnung. Daraus geht hervor, daß die Kraft, die Athena preist, im Umschlag liegt. Peitho ist selbst das Wunder. Peitho als die Alternative von Bia.

Hier ist das Tor zum Sinn des Ganzen weit aufgestoßen. Die helle Wahrheit ist

146   Aischylos

eine göttliche, die sich als wirkliche, als wirkende erwiesen hat: in der Polis. Vor Peitho stand Dike. Aber um dike zu verwirklichen, bedarf es des Wunders, daß eine Polis ihr mehr vertraut als der bia. Dabei ist die Logik des einzelnen Falls nicht zwingend: das besagt zum Beispiel die Stimmengleichheit der Richter im Prozeß Orestes. *Das Wunder ist der Verzicht auf Gewalt.* Peitho ist in der Polis gleichsam präjudiziert. Was sie bewirkt, heißt im «Prometheus» (und bei Heraklit): «*harmonia*».[67] Nicht im Sinne des Wortes, wie es heute gebräuchlich ist, sondern im ursprünglich griechischen Wortsinn: Zusammenfügung der Gegensätze. Wer das, was man den Optimismus des Aischylos genannt hat,[68] richtig verstehen will, muß diesen Gedanken einsehen: daß der Umschlag von bia in peitho, wie er in der Polis verwirklicht worden ist, mit der normalen Logik nicht zu verstehen ist, daß es vielmehr eines Wunders dazu bedurfte und daß sich in diesem (wie in ähnlichem anderen) Göttliches manifestiert, Göttliches in jenem Sinne, wie ihn das griechische Wort für Wahrheit meint: *aletheia als das, was sich mit der Zeit, en chrono, enthüllt* («entbirgt» nach Heidegger). Daß die so verstandene peitho genau das bewirkt, was wir heute als das Mittel vernünftiger Politik verstehen, nämlich den Kompromiß, sei schon hier angemerkt: die Folgerungen erreichen unsere Probleme noch wesentlicher, wie gezeigt werden soll.

Der Kommos (778–891) besteht aus zwei Doppelstrophen des Chors, vorwiegend Dochmien, und Athenas Repliken im Dialogvers. Dialektik und Chorisches sind also scharf voneinander abgesetzt.[69] Dochmien sollen von Aischylos in die Tragödie eingeführt worden sein. Sie vermitteln den «Ausdruck höchster Erregung», hier wie in der Kassandra-Szene; sie vereinen «Heftigkeit mit Stocken, wie wenn dem Singenden der Atem versagte».[70]

Es ist also rasender Zorn (Athena: «orgai» 847), was der Chor vor dem Umschlag tanzt, singt und stöhnt (789, 794), ein «Crescendo of violence»:[71] Ihr, junge Götter, habt uns entehrt, entmachtet, entrechtet! Gift werden wir auf dieses Land speien, Pesthauch, Mißwachs, Unfruchtbarkeit! Aller Segen der Erde soll also von den Chthonischen in Unheil verwandelt werden.

Dem hält Athena drei Argumente[72] entgegen: 1. Ihr seid doch gar nicht besiegt; es gab ja Stimmengleichheit im Prozeß. 2. Ich biete euch Sitz und Verehrung an in meinem Land. 3. Zeus selbst hat durch den Mund des Zeugen gesprochen, und ich selbst weiß, was Zeus will.

So kann die Komposition des Kommos, wie sie der Dichter angelegt hat, daß nämlich auf Athenas Reden der Chor mit Wiederholungen der Strophen als Antistrophen antwortet, als habe er überhaupt nicht zugehört, nur als ein einziges dramatisches Furioso verstanden werden, wobei die Erregung der Zuschauer bis auf den Punkt getrieben wurde, an dem die Göttin die ohnedies nicht zuhörenden Partner zwar anredet, aber nicht meint, nämlich in der vorletzten, der dritten Replik (859 ff):

> Darum, so schleudre nicht in unser Land umher
> Den blutgewetzten Hader, Haßverwilderung
> Ins Herz der Jugend, Trunkenheit weinloser Wut;
> Noch Trutz entzündend wie in Hahnes Herz laß
> In meinen Bürgern Stätte du dem Ares sein
> Des Bürgerkrieges und des wechselseit'gen Grimms.
> Der Krieg bleib vor der Grenzmark! Leicht ja flammt's dort auf,
> Dort suche sich ihr Feld die furchtbare Gier nach Ruhm!

Die Zuschauer im Dionysostheater wußten, was gemeint war. Ephialtes war ermordet worden; später würde der versöhnte Chor selbst die Athener beschwören: Bürgerkrieg möge die Stadt verschonen, der Staub möge sich nicht mit dem Blut der Bürger tränken; Rachgier solle nicht Mord mit Mord vergeltend die Stadt zerrütten (980 ff). Bürgerkrieg drohte in der Tat. Der verbannte Kimon sammelte Truppen an den Grenzen (später erlaubte man ihm die Rückkehr). Das war also direkt in die Aktualität hinein gesprochen.[73] Und doch ging es in aller Gründe Tiefe um nichts anderes als darum, daß der Konflikt zwischen den unteren und den oberen Göttern ausgehalten werden mußte. Das Wunder war fällig. Das wiederbelebte Bewußtsein seiner Möglichkeit und Wirklichkeit sollte den Glauben stärken, daß auch die Probleme der Aktualität lösbar waren, mit seiner Hilfe.

Noch einmal hatte Athena ihr Angebot wiederholt: «Ich werde nicht müde, euch zu sagen, was euch gut ist» (881). Es war nichts Neues darin, nichts, was die Umstimmung im Besonderen hätte herbeiführen können. Nur eine Nuance mochte den Boden vorbereiten, auf dem das Wunder möglich war. Die Göttin drohte nicht mehr (wie vorher, als sie von den Blitzen des Zeus gesprochen habe, über die sie verfüge, 827); im Gegenteil: jetzt wies sie es weit von sich, zu drohen. Zum erstenmal wurde jetzt der Name der Göttin genannt, die herbeigerufen wurde: Peitho (885). Damit war die Alternative zur Bia definitiv gewählt. Die «Oberen» würden die «Unteren» nicht zwingen; Apollon war ganz im Hintergrund verschwunden; Athena ging so weit, den Erinyen freizustellen (890), wie sie sich entscheiden wollten; nur für den Fall der Ablehnung stellte sie fest, daß es nicht gerecht (888) wäre, wenn sie dem Volk, das ihnen ehrenvolle Aufnahme biete, Schaden zufügen würden.

An dieser Stelle muß das geschehen sein, was den Umschlag herbeiführte. Vielleicht in einer «langen» Pause.[74] Doch ist das nicht zwingend. Was vorging, kann nur von Athena ausgegangen sein. Es war mehr, als Worte sagen konnten, eine Geste, die alle Überzeugungskraft in sich trug, der Beweis für den Glauben an Peithos Macht. Theater des Zeigens also:

Wir denken uns, daß Athena die Stufen von der Skene hinuntergegangen ist, um zur Orchestra zu schreiten, wo sich der Chor, am Ende seiner orgai, zusammengeschart hatte. Auch das spielte eine Rolle dabei: daß, nach der Methode der Tragiker, Affekte zwar wie eine mania ausbrechen und alles überborden, aber daß sie nicht von Dauer sind, sondern allmählich matter werden, um schließlich von Erschöpfung abgelöst zu werden. Solche Ermattung der «orgai» schien der Göttin das Zeichen zu geben, daß die Zeit gekommen war für die Geste, die Peitho ihr riet. Sie trat zu den zurückweichenden Dämonen. Sie tat genau das, was Apollon verabscheut hatte; sie streckte ihnen die Hand entgegen, wohl mit der Geste der hikesia, die für den Schutzflehenden das Zeichen war, daß er aufgenommen wurde, mit ausgestreckten Armen also, mit dem Wunsch, die noch immer schrecklichen Weiber, die noch eben ihr Gift verspritzt hatten, zu berühren und sich schwesterlich mit ihnen zu verbinden. *Das war das Wunder.* Nichts anderes. Keine Mystik, kein Blitz vom Himmel, keinerlei Zauber. Nichts anderes, als daß Gewalt durch Verträglichkeit ersetzt war – das sollte nun den «Vertrag» ermöglichen.

Denn um diesen ging es in der folgenden Stichomythie. Vers um Vers ließen sich die Erinyen bestätigen, was ihnen zugesagt werden sollte, den Sitz (hedra 892) in der Polis, die Verehrung (time 894), die Macht (sthenein, potestas, sozusagen Amtsgewalt 896), die Dauer (propantos chronu 898). Mit der Versicherung, daß kein Haus gedeihen (euthenein 895, florieren) solle ohne sie, wurde die Macht des Chthonischen zugleich anerkannt und in Segen umgewandelt: solche Ambivalenz durchzieht heraklitisch die ganze aischyleische Theologie.

Erst nach der letzten Versicherung setzen wir die «lange Pause» an, in der Athena mitten unter den Erinyen stand, mit offener Hand und die eine oder die andere an sich ziehend. Und dann die choreographisch gelöste Zustimmung, alsbald in die Freude der «charis» übergehend, in Musik also, wie die Verse zeigen (902 ff R):

    Was sing' ich segnend auf das Volk herab (genauer:
                                          chthoni, auf diese Erde)?
    Was eines reinen Friedens Hut bedeute,
    Als: daß vom Boden, von den Meeres Feuchte,
    Vom Himmel her, von Ost und West die Winde
    Mit mild durchsonnter Luft das Land durchwehen,
    Und daß der Felder Wuchs, der Herden Segen
    Den Meinen nimmer müde sich erneue,
    Wie auch der Menschensaaten Wohlgedeihen!
    Was aber gottlos, schaff dafür hinaus!
    Denn wie ein Herdenzüchter lieb' ich mir
    Mein rechtlich Volk von solcher Räude rein.

Die letzten, gesprochenen Verse Athenas öffnen das Weitere nun vollends über alle «Rampen» hinweg ins Publikum, ins Volk, in die Polis Athen: «Solcherart ist das deine! – Das Meine: nicht ruhn und rasten im Wettstreit um den Ruhm: zu Ehren dieser meiner Siegesstadt!»

Gemeinsam mit Athena sang und tanzte der Chor nun das letzte Lied, den Hymnus auf die Polis Athen. Das Versmaß ist feierlich und beschwingt. Anapäste

Athenas unterbrechen fünfmal den Gesang. Anklänge an Sakrales sind unüberhörbar. Religion ist das Thema. Athen wird gefeiert als Protektorin hellenischen Glaubens. Gerühmt wird die Macht der Dämonen «bei den Unsterblichen, unter der Erde und im Umkreis der Menschen» (951 f). Nicht verschwiegen wird ihre Ambivalenz: sie versprechen ihre Segnungen, und die Göttin weiß, daß Schreckliches von ihnen kommen kann: sie rächen die Sünden der Väter (933), denn «zu schaffen der Sterblichen Wohl wie Weh /Ward ihnen zuteil; / Wem sie nicht hold, nicht weiß er, woher/ Ihn treffen die Schläge des Lebens» (930 ff). Dem einen schenken sie frohen Gesang, dem andern die Tränen (954 f). Die Moiren, ihre Schwestern, rufen sie an, die alles richten (orthonomoi 963), jedem das Seine geben, rechtlicher Gemeinschaft Wohl und Macht allezeit. Da ist Athenas Stichwort, noch einmal Peitho zu preisen, vor allem aber den, der über sie gebietet und sie eingesetzt hat, den «Zeus Agoraios» (974),[75] den Zeus der Volksversammlung, also den Gott der Demokratie. Hier werden dem Chor die Worte an die Athener im Zuschauerraum in den Mund gelegt (978 ff), die Warnung vor dem Bürgerkrieg.

Athena ruft die Vernunft zum Guten auf; sie formuliert die Quintessenz: daß von den Masken des Schreckens großer Gewinn diesen Bürgern hier komme, sofern sie den «Freundlichen» – das Wort «Eumeniden», das der dritten Tragödie den Titel gab, wird nirgends ausgesprochen – stets die hohe Ehre erweisen und Land und Stadt in der «rechten Gerechtigkeit» (994) halten würden. «Chairete, chairete» jubelt nun der Chor, aber es folgen die hochbedeutsamen Worte: «es aisimiaisi plutu», was ganz gewiß nicht nur «im Glück und Glanz des Reichtums» heißt, allerdings wohl auch nicht, wie der Marxist[76] sagt», daß der Reichtum gleichmäßig verteilt ist, sicher aber das «Angemessene» des Reichtums[77] meint, wie es Solon verstanden hat.

Angemessen – der letzte Teil ist voll solcher Bezüge. Worauf bezogen? Da es nun nicht mehr um Orestes geht, geht es um die rechte Polis. Dieser politische Generalnenner muß uns endlich auf die Frage bringen, warum denn für die rechte Polis die Erinyen so wichtig sind. Was sollten sie für die Athener von damals bedeuten, und, im Sinne unseres Versuchs der Vergegenwärtigung, was können wir damit anfangen?

Was ist Unangemessenheit? Zum Beispiel die Anmaßung des Strebens nach Reichtum. Schon im «Agamemnon» war davon die Rede, von den rauchgeschwärzten Hütten, in denen die Menschen «angemessen» leben, weil sie dike achten, und den goldstrotzenden Palästen, die schmutzig seien, weil in ihnen dike mißachtet werde. Solonisches klingt hier nach :«Reichtümer haben sie nur, weil sie das Unrecht nicht scheuen.» Was ist, so gesehen, Anmaßung und Mißachtung des Rechts anders als der Mangel an Scheu vor den Erinyen? In der berühmten ersten Elegie hatte Solon gefragt,[78] was denn der Sinn, das telos des Jagens und Hastens nach immer mehr und mehr sein solle; stets könne Zeus den «Fluchgeist» entsenden, Ate, ein anderer Name für die Macht der unteren Götter, die nur darauf warten, zuschlagen zu können. Denn, so erklärt die Solonische Theodizee, das Böse, das Übel *ist* in der Welt: ihr müßt es ja gar nicht einmal selbst verschulden, es ist schon da, ehe ihr geboren seid, von den Vätern her ist es über euch gekommen, und die Erinyen verfolgen euch, weil ihr es ererbt habt. Der Erbfluch[79] als eines der Grundmotive des Falles Orestes wurde von Athena selbst noch einmal ins allgemeine Bewußtsein gerufen: «denn die Vergehen der Väter liefern ihn diesen da (den Erinyen) aus», und wer das nicht erfahren habe, der wisse nicht, woher die Schläge des Lebens kommen (931 ff). Es sind die Schrecklichen, die «zu Fürchtenden», die da zuschlagen.

Doch stehen weder Reichtum noch Erbfluch im Vordergrund der Orestie, auch wenn sie dazugehören. Der Fall Orestes wurde aufgeworfen und auf die Bühne gebracht, weil die *Gewalt* das vordringlichste Problem geworden war.[80] Anlaß mag der Mord an Ephialtes gewesen sein, doch wurde dieser nur als Symptom verstanden, wie die zitierten Verse beweisen, in denen davor gewarnt wird, daß Blut mit Blut, Mord mit Mord vergolten werde (980 ff). Der Rechtsstaat selbst schien in Frage gestellt. So mußte seine Stiftung ins Gedächtnis zurückgerufen werden. Der Mörder, der sich sein Recht genommen hatte, wurde von denen zur Rechenschaft gezogen, die dazu berufen waren und immer berufen sein werden. Die metaphysische Verfolgung, die ihn durch sein eigenes Bewußtsein, sein Gewissen, ruhelos machte, konnte durch keine Berufung auf göttliches Gebot aufgehoben werden. So blieb nichts anderes, als das göttliche Gebot selbst aufzuheben. Das Recht der Gewalt mußte dem Einzelnen entzogen werden. Aber wenn das Recht selbst, nämlich die Bestrafung der Schuldigen, damit nicht ebenfalls zunichtegemacht werden sollte, mußte es delegiert werden auf eine Instanz, die als solche nicht an dem Konflikt beteiligt war. Das Gericht, das Athena einberief, sollte von nun an im Namen der Polis Fälle wie diesen aburteilen. *Damit hatte die Staatsgewalt das Recht zur Gewalt übernommen.*

Man hat gesagt, Solon habe als erster davon Gebrauch gemacht,[81] und in der Tat beruht die Herrschaftsform der Demokratie darauf, daß der Staat den einzelnen Bürger derart zugleich zur Verantwortung zieht und beschützt. Doch ist in der Orestie zum erstenmal das exemplum crucis dieser Fälle vor Augen und ins Bewußtsein geführt worden, derart nämlich, daß der betroffene Einzelne gezeigt wurde als einer, der zugleich subjektiv unschuldig und objektiv schuldig ist und bleiben mußte (wie die Stimmengleichheit beweist), und daß zugleich die Polis zu einer Institution ermächtigt wurde, die das Dilemma zwar nicht aufzuheben, aber nach freiem Ermessen auszutragen imstande sein sollte. Das Entscheidende ist, daß die hier widerstreitenden Mächte niemals befriedet werden können; sie sind fortwirkend, weil sie göttlich sind. Oder auch umgekehrt: sie sind göttlich, weil sie fortwirkend sind. Ihr Widerstreit kann deshalb auch nicht vor eine göttliche Instanz gebracht werden. Es können nur die Betroffenen selbst sein, die Sterblichen, die hier eingreifen, um eine Möglichkeit zu finden, ihn auszuhalten. Das allein ist die Aufgabe, die Aischylos dem Rechtsstaat zuschreibt. Der Staat ist nicht, wie Hegel meinte, so etwas wie Gott selbst, auch wird es niemals jenes ideale Gemeinwesen geben, von dem manche träumen. So wie das Übel immer in der Welt sein wird, weil es von jeher da war und weil wir seiner Ursache, seiner Entstehungsgründe nicht mächtig sind und sein werden, so wird es auch immer Fälle geben, in denen wirkendes «Recht» (also göttliches Recht) gegen wirkendes Recht steht, und es muß der Willkür der Staatsgewalt überlassen bleiben, eine Lösung zu finden, die dem Fortbestand der Gemeinschaft noch am ehesten dienlich ist. Das ist das Wesen des Kompromisses, der durch Konsens entsteht, das Mittel einer Politik also, die sich nicht anmaßt, das Jüngste Gericht zu spielen, und die sich ihrer Grenzen bewußt bleibt, weil sie das «zu Fürchtende» nicht aus dem Staat geschafft hat. Wenn Aischylos die Erinyen in ihrer «orge» mit Mißwachs und Pest drohen läßt, die sie, aus Rache, über das Land und die Stadt bringen würden, als «Gifthauch» (780 ff), so hat das parabolische Bedeutung.[82] Es heißt nichts anderes, als daß Mißwachs und Pest jederzeit über Land und Stadt kommen können, gleichgültig, welche Politik von welcher Macht gemacht würde, und es heißt wohl auch, daß jederzeit Blut fließen könnte, woraus Bürgerkrieg (stasis) werden würde; es heißt also, daß Politik, die sich der Grenzen der Machbarkeit nicht bewußt wäre, Hybris sei. In diesem Sinn kann kein Staat ohne Furcht vor den Göttern regiert werden. Und genau das ist der Sinn, warum die «zu Fürchtenden» gleichsam in den Staatsverband aufgenommen werden müssen, als ständige «Mitbürger», deren scheue Verehrung die Macht vor Mißbrauch bewahrt und so den inneren Frieden nach Menschenmöglichkeit sichert. In Athen schwuren die Richter des Areopags bei den Erinyen. Die Instanz, deren Stiftung in der Orestie zur Darstellung gebracht wurde, sollte die Funktion der Staatsgewalt sichern als einen Teil der Struktur der Polis, in der Macht nicht hybrid mißbraucht werden konnte, weil sie sich selbst «die ewige Wache» verordnet hatte, die Aufsicht über jene Struktur, in der zwar die Veränderungen der Geschichte zu neuen Gesetzen zwingen würden, jedoch die Grundbeziehung des Einzelnen zum Ganzen erhalten bleiben sollte: größtmögliche Freiheit.

In dem historischen Moment, in dem die Orestie zum erstenmal gegeben wurde, sah sich das Theater gezwungen, die Furcht vor den Erinyen gegen die Anmaßung der Politik ins Bewußtsein zurückzurufen. Der herrschenden Macht mußten die Grenzen der Gewalt vorgehalten werden. Die Freude an der Polis, in der die «Eumeniden» ausklingen, alle umfassend, ist demnach keine utopische, sondern im Sinne des Aischylos eine glaubwürdige und daher realistische; sie bedarf nur einer gemeinsamen Anstrengung, nämlich des Verzichts auf Gewalt, im Konsens des Bewußtseins der Freiheit. So mögen wir die Mahnung verstehen und uns vergegenwärtigen, die Aischylos seltsamerweise den Erinyen in den Mund gelegt hat, freilich an einer Stelle, wo sie die ihnen von Athena zugewiesene Position in der Polis vorwegnehmen: Nicht Anarchie, nicht Despotismus soll herrschen, Gott gab die Macht «dem mittleren Maß in allem (panti meso 530)».[83]

Damit ist nicht der berühmte «goldene Mittelweg» gemeint, der so leicht ins Mittelmaß führt. Unmaß und Maßlosigkeit sind zwar die Motive der Hybris, die Leidenschaft nicht bändigt und Macht unter das Diktat der Gewalt stellt; solche hybris überschreitet das Maß, indem sie sich der Dike verweigert. Aber die Mittelmäßigen entziehen sich den Entscheidungen, die den Außergewöhnlichen, den Heroen auferlegt werden. Nur diesen wird jener Ruhm (eukleia 865) zuteil, der, wie die Griechen glaubten, Unsterblichkeit verleiht.

Nicht «Städtezerstörer» wünschte der Chor des «Agamemnon» zu sein, aber der Städtezerstörer Agamemnon war unsterblich geworden. Um des Ruhmes willen mag er nach Troja aufgebrochen sein, um des Ruhmes willen hatte er seine Tochter in Aulis geschlachtet, und schon in diesen beiden Entscheidungen wirkte das Böse, das Übel, das kakon mit, das ihm überkommen war durch den Fluch seines Geschlechts. Doch fügt Aischylos der Solonischen Theodizee die neue Erfahrung hinzu, die lehrt, daß das Böse nicht nur in der unverschuldeten Erbschuld wirkt, sondern von der Person selbst im freien Entschluß angenommen oder abgewiesen werden kann. Agamemnon hat nicht nur die Schandtaten der Eroberer in Troja nicht verhindert, sondern er tritt, als Heimkehrer, auf mit dem Sinnbild der selbstgewählten Hybris: der mißbrauchten Kassandra. Und ebenso ist Klytaimestra durch keinen Erbfluch entschuldigt, auch wenn sie die Dike ihrer Tat als Blutrache versteht. Erst in Orestes wird die Aporie auf die Spitze getrieben: ihm kann auf keinen Fall angelastet werden, daß er das Böse gewählt habe; er wählte das miasma bei vollem Bewußtsein, auf göttliches Geheiß. So stellte er sich unter das Gesetz der Theodizee, wie sie die Lehre vom Erbfluch ausdrückt (daß, nach Winnington-Ingram,[84] unsre Entscheidungen nun einmal «das Produkt unzähliger Ursachen in der Vergangenheit sind, über die wir keine Kontrolle haben»), zugleich aber unter das Gesetz der condition humaine überhaupt: daß, nach dem mehrfach zitierten Wort aus dem «Niobe»-Fragment, die Götter eine aitia suchen, wenn sie einem Menschen übelwollen.[85] So wird Orestes zum Jedermann, und sein Fall zum Fall des Menschen schlechthin, freilich des nicht gewöhnlichen, des nicht mittelmäßigen Menschen, der sich den Entscheidungen nicht entzieht, sondern im Gegenteil bei vollem Bewußtsein sich ihnen stellt und so in der Lage ist, Rechenschaft zu fordern von den Göttern.

Hier wirkt Heraklitisches Denken: daß die Kreatur nun einmal «weidet unter Gottes Peitschenschlag», und Aischylos interpretiert das als die «Unbegreiflichkeit» selbst des höchsten Gottes. Wir wissen nicht, was Zeus, oder «wer es auch sei» (Ag. 160), mit uns vor hat. Mag Dike an seiner Seite stehen – wie könnten wir ermessen, was diese Dike uns zumißt? Vielleicht könnten wir es «*en chrono*» lernen (177), aber wenn, dann nur durch Leiden, also in Furcht (phobos), Sorge und Angst, denn das ist die Grundbefindlichkeit unsrer Existenz. So haben wir schon manches gelernt, vor allem die Wahrheit, daß es so ist, wenn wir es überblicken und einsehen, daß wir uns also unsrer Begrenztheit bewußt sind und mit der Unbegreiflichkeit dessen, was uns geschieht, zu rechnen wissen. Auch diese Einsicht kommt, wie alles, von Zeus. Aischylos versteht sie als eine göttliche Kraft. Und es ist eine Göttin, die sie vermittelt: Athena, die sich selbst so nennt: Mittlerin zwischen den Menschen und Zeus.

Das ist doch nicht ganz zutreffend formuliert. Denn so sehr Orestes für *den* Menschen und sein Erdenlos stehen mag, so wird doch erst Prometheus der Mittler zwischen dem Gott und den Menschen werden, mit allen Konsequenzen, die sich daraus ergeben müssen, wenn man die Dinge zu Ende denkt. Athena bedarf dieser Konsequenzen nicht. Sie hat keine Schwierigkeiten, weder mit Gottvater noch mit den Menschen. Denn sie steht für die Idee der Mittlerschaft, jenes mögliche «meson», das sich als göttliche Macht auf Erden verwirklicht hat: die Polis. Athena ist nur die Mittlerin zwischen den Athenern und – sagen wir es überspitzt – Athena. Die Polis ist, obwohl Menschenwerk, ihre Idee. Die Idee einer Struktur nämlich (wie wir es oben genannt haben), die den Menschen als Bürger instandsetzt, das Widersprüchliche und Unvorhersehbare in jedem Fall aufzuhalten, indem er einen Consensus darüber mit den Mitbürgern herbeiführt. Es ist das Calcul des Unbegreiflichen, das zwar nicht zur Wahrheit selbst führt, aber ihre Möglichkeit, wenn auch in ständiger Korrektur der eigenen Entscheidungen, zu erkunden sich vornimmt. Dike ist, so gesehen, ein Prozeß. Nicht ein Progreß. Denn was sich allmählich durch pathos lernen läßt, ist immer nur ein Stück der Wahrheit, die sich nicht anders als schrittweise erkennen läßt und, auf diesem Weg, immer neuen Irrtümern unterliegen kann, doch sind diese Irrtümer jeweils, und sei es wiederum nur durch pathos, aufklärbar. Damit gibt die Idee der Polis den politai, den Bürgern, genauer: den Bürgern Athenas, die Struktur, in der sie sich auf die Wahrheit zu bewegen, und zwar gleichsam nach rückwärts, denn *die Wahrheit ist immer schon da, sie muß nur – aletheia – enthüllt werden,* und das allein ist, wenn man so will, «Fortschritt».

Man hat (wie erwähnt) vom «Optimismus»[86] des Aischylos gesprochen und diesen dem tragischeren Weltbild des Sophokles konfrontiert. Jener habe den Erfolg, dieser den Niedergang der Polis miterlebt. Tatsächlich muß Aischylos' Glauben an die Polis in diesen Aspekten gesehen werden. Er hatte unwiderlegbare Argumente: die Polis-Idee hatte, kaum hundert Jahre zuvor, die Demokratie in die Welt gebracht, und damit jenes «meson» zwischen Anarchie und Despotismus begründet, das sich nicht nur als lebensfähig, sondern auch als lebenswürdig erwiesen hatte. Aus der Polis-Idee war zweitens der Rechtsstaat hervorgewachsen, der das

Zeitalter der Gewalt und des Blutes beendet hatte. Und drittens hatte sich beides als Macht bewiesen im Sieg über die Barbaren: die Perserkriege waren jene Erfahrung, die den Marathon- und Salamis-Kämpfern den Glauben an die Polis nicht nur unverzichtbar, sondern unverlierbar machte. Was dann in der Nachkriegszeit geschehen war, die Entscheidung der Politik für den Imperialismus nach außen, die unaufhörlichen Machtkämpfe im Inneren, zuletzt der neuerliche Aufstand der Gewalt, mußte doch immer im Licht dieses Glaubens gesehen werden. Aischylos (und das Theater, das die Polis war) verstand es als Herausforderung und Auftrag. Er übernahm die Mission des Mahners. In dem historischen Moment, in dem die Orestie zur Aufführung gebracht wurde, mußten die Politiker, und das heißt: die Athener, denn sie alle machten die Politik ihrer Demokratie, an die Realität des Unvorhersehbaren erinnert werden; es galt, den phobos vor dem Unbegreiflichen zu wecken, gegen die Hybris der Macht und der Machbarkeit, auch gegen die Aufklärung, die sich anmaßte, das Dunkel völlig zerstreuen zu können und die Gewalt in den Dienst des Nutzens stellte. *Das hieß, daß die Erinyen beschworen werden mußten!* Im Mythos sollte die Vernunft der Polis neu gestiftet werden. Es mußte eine Instanz über den Parteien, wenn nicht neu geschaffen, so doch wieder erfunden werden. Der Glaube an die Polis konnte nur dann die göttlich wirkende Kraft bleiben, die Athena verkörperte, wenn seine Grundlagen wiederhergestellt wurden: die bedingungslose Abschaffung der Gewalt. Was die Dämonen über Athen hereinbrechen lassen konnten, wenn man sich weigerte, sie ins Calcul (und das heißt: in die Furcht) zu setzen, das war die stasis, der Bürgerkrieg, das Blut der politai, das den Sand der Polis röten würde. So war die Trilogie entworfen worden, und den Nachdenkenden war klar, daß in ihrem Beginn ihr Ende enthalten war: der Schluß wurde für die Gegenwart gefolgert, und wir meinen, nach allem, was wir hier zu interpretieren versucht haben, dieser Schluß kann auch für die heutige Gegenwart noch als bedenkenswert gelten. «Gewalt und Macht» – wann wäre dieses Problem veraltet?

5

Der Schluß der «Eumeniden» ist unvergleichlich. Wir sind glücklich, hier alles bestätigt zu sehen, was wir uns zu zeigen vorgenommen haben. Nichts ist hier nur lesbar, Buchstabe, Buch, Literatur. Das Theater schreitet in doppeltem Kreis den Radius seiner Möglichkeit aus, in dem einen, der seinem Wesen entspricht: Harmonie = Zusammenfassung der Künste («das Theater ist eine zusammengesetzte Kunstart» – so lautet unsere Definition), und in dem anderen, der seine Bedeutung umschreibt, als Darstellung aller Bereiche menschlichen Bewußtseins.

Für das, was hier zum Strahlen gebracht wird, haben wir kein anderes Wort als Glanz. Doch ist es nicht der Glanz von Schau und Oper oder irgend einer Art von Pomp. Es ist ein Glanz, der aus der Tiefe leuchtet. Poesie wird gleichbedeutend mit Sinn, Darstellung erschließt sich als das Zeigen dieser Bedeutung.

Betrachten wir so die vier Verse des Chors, mit denen die Schlußpartie einsetzt (996). In der Komposition des letzten Chorlieds eröffnen sie, zuerst in Daktylen, dann in Trochäen, die dritte Strophe. «Chairete» lautet das erste Wort, ein Grußwort wie «lebe wohl», aber auch ein Wunschwort wie «freut euch», und etwas wie «pax vobiscum» klingt wohl auch noch mit; so übersetzt es Emil Staiger: «Freude und Friede mit euch!» Klang, der mitschwang, wurde von den Instrumenten gesteigert, und doch folgte darauf gleich der einschränkende Sinn, jenes «en aisimiaisi plutu», über das schon gesprochen wurde, also nicht Freude um der Freude willen, sondern die Freude des meson, die zugemessene, die angemessene. Noch einmal «chairete», hingesprochen zum «astikos leos», zum Stadtvolk, zu dem in der Stadt geeinigten Volk, und wieder die Einschränkung:[87] «sofern du nahe bei Zeus wohnst»; daß dies einschränkend gemeint ist, unterstreicht der nächste Vers: das Volk, das der freundlichen Göttin freundlich ist (philos hier im gleichen Sinn wie in dem berühmten Vers der «Antigone»), indem es *en chrono* zur Einsicht gelangt; «en chrono» wurde von einzelnen Gelehrten nicht verstanden (und daher geändert), aber es ist, wie wir gesehen haben, ein Schlüsselwort der aischyleischen Theologie und Philosophie: mit der Zeit kommt die Wahrheit aus ihrer Verborgenheit heraus, ans Licht, ins Bewußtsein, und es ist Athena als Göttin der Polis, deren Flügel, wie es dann heißt, diesen Prozeß beschirmen, worauf der Vater gnädig ist: das Verb ist «hazetai», wie es an bedeutender Stelle schon einmal gebraucht worden ist (392 cf Hiket 652), und dort wird es übersetzt: «wer fühlt nicht Scheu», gleich danach, Furcht, wenn er diesen «thesmon», das Lied dieser Satzung, nämlich des Auftrags der Erinyen, hört. So ist wohl auch hier die Gnade mit Scheu gemischt: Zeus respektiert Athenas Schirm.

Der erste der Bewußtseinsbereiche, die das Theater hier zusammenschließt, der oberste und alles umgreifende, ist der religiöse. Das Kultische, dessen Funktion das Drama längst aufgegeben (und an die dromena der Mysterien abgegeben) hat, wird herangezogen und hereingeholt, um den Glanz des Schlusses in der religio, der Scheu vor dem Heiligen, zu verankern. Die Aktion ist ja in der Tat eine kultische: die Erinyen sollen zu ihrer Kultstätte drüben am Areopag geleitet werden; es ist der Auftakt ihrer feierlichen Inthronisation; dargestellt wird er auf der Bühne wie im Kult durch eine Prozession, zu der sich nun alle auf der Bühne versammeln. Und diese Prozession soll an die größte des Jahres erinnern, die panathenäische. Damit ist aber schon der zweite Bereich erreicht, der politische, denn die Panathenäen waren das «Gesamtfest» der Polis; der Name hatte nur dann einen Sinn, wenn (so Deubner[88]) «das Fest von einer Gemeinschaft begangen wird, die sich als solche fühlt, wenn es einen politischen Hintergrund hat». Die Heranziehung der panathenäischen Prozession erhob die Inthronisation der Erinyen in ihren Kult und die feierliche Zusicherung der Verehrung, die sie zu allen Zeiten in der Polis genießen sollten, zu einem Staatsakt. So wurde nun die Überwindung der Gewalt durch eine zu fürchtende Institution besiegelt. So wurde «das zu Fürchtende», phobos in seiner Personifikation durch die Dämonen, als ein integrierendes Element des Rechtsstaats konstituiert. Wir haben dargelegt, was das für die beschlossene Struktur, in der das «Übel» auszuhalten war, bedeutete; panathenäisch war es die Garantie der menschenmöglichen Freiheit in der demokratischen Gemeinschaft.

Es versteht sich von selbst, daß ein dritter Bereich damit erschlossen werden sollte: der des Bewußtseins, daß ein historischer Moment zur Darstellung kam, eine Wende in der Geschichte der Polis, deren Bedeutung keinem der Zuschauer verborgen geblieben sein konnte, zumal sie noch nicht so lange zurücklag, wie sie das für uns heute ist, die wir das Bewußtsein dieses Moments zuweilen schon eingebüßt zu haben scheinen.

Und der letzte Bereich, den der Vorgang auf der Bühne aufschloß, war der des moralischen Appells, gerichtet an die «agathe dianoia» der Bürger (1014): dianoia ist das Denken, die Denkkraft; diese ist «gut», wenn sie das Gute denkt und will. Man hat uns eingeredet, daß das Moralische in der Politik keine «Relevanz» besitze; Athena widerlegt das mit einer einfachen Logik: nur wenn «die zu Fürchtenden» den Bürgern gut sein können, kann deren Denken gut sein; wer zum Beispiel die Lüge nicht fürchtet, demoralisiert die Politik, und auch wenn dies jeden Tag tausendfach geschehen sollte, muß die «Furcht» davor in Kraft bleiben, das Bewußtsein der Betroffenen nämlich, daß es verwerflich ist und Rechenschaft fordert.

So ist der Glanz, in den die «Eumeniden» münden, gleichsam von innen her erleuchtet durch den Sinn.

Und zugleich erschließt sich hier der andere Kreis: das Fest, das sich das Theater am Ende gleichsam selber gibt. Der Greuel sind weißgott genug geschehen, die Leidenschaften waren bis zur Manie erhitzt worden, das Schreckliche war im letzten Stück als Chor auf der Bühne erschienen, und der Weg der Wahrheit, mit dialektischer Strenge und zwingender Folgerichtigkeit bis ans Ende, an dieses Ende ausgeschritten, hat nun den Gipfel erreicht, auf dem die Bewegung in sich selbst kreist, in Freude und Frieden, in jener Ruhe, deren Töne und Bilder die zusammengefaßten Künste zur Harmonie mit dem noch immer kündenden, verkündenden und hier zugleich ankündenden, appellierenden Wort vereinigen.

Das Bild zeigt die plastische Kinese, wie wir sie in den Parthenon-Friesen in Stein gehauen wahrnehmen; es ist, in der Sprache des Theaters, die Choreographie, als deren Regisseur sich Athena selbst ausgibt, den Schein der Freiheit als Improvisation entfaltend, während natürlich dies alles in langen Proben bis zur letzten

Die Orestie: Die Eumeniden 157

Nuance einstudiert worden war; die Musik, als musiké verstanden,[89] läßt die Auleten, die Kitharisten und Kitharoden, die Spieler der Tympana und Krotala als Orchester die Rhythmen und Melodien zum Gesang begleiten, und gewiß hat der Bläser der Trompete, mit deren Stoß das Gericht eröffnet worden war, an wichtiger Stelle sein gebieterisches Zeichen gegeben. Aber die Musik ist ja bei den Griechen stets Gesang, und diesmal hören wir, daß auch wortlose Jubelrufe, jauchzende Freudentöne angestimmt worden sind; doch werden auch diese, wie in der Plastik, schließlich zusammengefaßt in der Komposition einer Monodie Athenas und eines doppelchorischen Gesangs, ja, es sind zwei Chöre, die zwölf Erinyen, und ihre «propompoi», ihr Geleite, das wir uns wohl als Mädchen vorzustellen haben.

Athena ruft die wogende Menge auf, und so formiert sich die Prozession: die Göttin wird als erste voranschreiten. Durch ein Spalier, das sich vor dem Exodos-Chor gebildet hat, werden die «Schrecklichen» schreiten; man hat ihnen die Purpurmäntel übergeworfen, die im panathenäischen Festzug die Metoeken zu tragen pflegten. Irgendwo im Zug werden die Areopagiten in ihren feierlichen Roben aufgestellt. Auch die priesterlichen Gestalten, die das Geleite bilden, in Safrangelb und Goldschmuck, mit Myrten- und Ölbaumzweigen, sind in der Ordnung angetreten, die der Kult vorschreibt: die Träger von Kannen und Schalen, von Zisten und Körben, andere, die das Räuchergerät schwingen, und wieder andere mit den Opfertieren, Schafen, vielleicht auch Kühen, von denen die Rede ist (1006). Und immer wieder werden die Fackeln angesprochen, ihr heiliges Licht (1005), der Glanz ihrer Flammen (1022), noch einmal der Feuerglanz (1029), die feuerverzehrende Leuchte (1042).

Ja, das Theater lag nun ganz im Schatten der Akropolis, nur die Berge im Westen und Osten und das Meer erglühten noch im Abendlicht. Da war es heiliges Licht, das die Theaterfackeln, stellvertretend für den Kult, verbreiteten.

Und doch ist noch im Aufbruch und Abgang der Prozession die Macht des Wortes, auch des gesungenen, demonstriert. Denn die propompoi gebieten in den Refrains der ersten Strophe des Exodos-Chors Schweigen (1035, 1039). Das muß ein gewaltiger Moment gewesen sein, als die Bewegung plötzlich zum Stillstand gebracht wurde, als auch in dem schon vom Raunen des Aufbruchs erfaßten Zuschauerraum, die Vierzehntausend (oder wieviele es immer waren) in diesem unerhörten Schweigen sich mit der vom gleichen Schweigen ergriffenen Bühne vereinigten. Und dann der letzte Aufbruch! Gewaltiger Gesang: «ololyxete nyn epi molpais» – «Jauchzet nun zu hymnischen Chören»;[90] ololygmos ist eigentlich Geschrei, klagendes und jauchzendes, hier meint es das Rufen aller, das wie eine einzige Stimme, der überwältigende Laut der Übereinstimmung, aus dem Theater über die Polis schallt. Und noch in den letzten Versen klingt die aischyleische Theologie mit als der Weisheit letzter Schluß: Zeus, der panoptos, der «Allschauer», und Moira, die älter ist als er, Tochter der gleichen Nacht, die als die Mutter der

Erinyen angerufen worden ist, sind zusammengefügt, weil sie alles so zusammengefügt (synkateba 1047) haben.

So schwingt die Faszination des Theaters, das alle seine Künste aufgeboten hat, um den Glanz des Schlusses zu inszenieren, über in die Botschaft des Glaubens an den «ewigen Bund» (spondai d'es to pan 1044), was wir lieber (mit Verrall)[91] übersetzen als den «ewigen Frieden»: das Ende der Gewalt.

Prometheus – *Der Gott und der Menschenfreund*

Kosmos, Götter, Mythos: kosmische Götter – Mythologie: Prometheus, im griechischen Wortsinn: der Vorausdenker, wird auf die Bühne geschleppt, auf der ein riesiger Felsen aufgebaut ist. Zwei wüste Gesellen, Kratos und Bia, Macht und Gewalt, treiben einen dritten – Hephaistos, den Gott der Schmiede – an, den Befehl des Zeus auszuführen: Prometheus, der Titane, der den Zorn des «neuen Tyrannen» der Welt erregt hat, soll an den Felsen geschmiedet werden. Und so geschieht es. Die Grausamkeit kennt keine Grenzen: ein Pfahl wird ihm durch die Brust gerammt. Da soll er hängen, allen Widrigkeiten der Witterung ausgesetzt, dem Schnee und der Sonne, bis sein Trotz gebrochen ist: ein «theama dystheaton», eine «unschaubare Schau» (69).

Der Schauplatz ist am Ende der Welt, an der Nordgrenze Europas, in Skythien. Der Fels liegt am Ozean, der die Erde umfließt. Es ist Urzeit: Kurz zuvor hat Zeus seinen Vater Kronos vom Thron gestürzt und die Weltherrschaft übernommen. In den Wirren, die sich daran anschlossen, hatten sich die Titanen gegen den neuen Herrn erhoben, und dieser hatte sie besiegt: sie wurden in den Tartaros, die Unterwelt, wo die Nacht zuhause ist, geschleudert, dorthin, wo auch der gestürzte Kronos gefangen ist.

I

Das Thema ist Macht und Gewalt. Es wird gleich in der ersten Szene mit jener vergrößernden Wucht demonstriert, die der Mythos ermöglicht und die seine Wahl erklärt. Die Täter sind so gigantisch wie das Opfer, der Titane. Da der Tod gleichsam ausgeschaltet ist, wächst die Mißhandlung ebenso ins Ungeheuerliche wie das Leiden, das kein Ende hat. So gerät das Thema von selbst in die Transzendenz; die Frage nach dem Warum und Wozu wird wichtiger als der Anlaß selbst. Der Mythos mündet in die Theodizee.

Insofern ist klar, daß die Thematik, die in der Orestie behandelt worden war, im «Prometheus» weitergeführt und ins Universale gesteigert werden soll: denn es ist nun nicht mehr die Polis, um die es geht, sondern die Welt.

Doch kann schon diese Feststellung nicht einfach so stehen bleiben. Wir wissen ja nicht, ob der «Prometheus» *nach* der Orestie geschrieben worden ist, oder, wie früher allgemein angenommen worden ist, *vor* ihr. Wir wissen so wenig über die Geschichte des Stückes in seiner Zeit, daß die heute noch ernstgenommene These aufkommen konnte, es sei gar nicht «echt», d. h. nicht von Aischylos, sondern von einem Späteren, einem Sophisten und Aufklärer, der vielleicht Aischylos nachzueifern suchte, aber nach seinem Tode auftrat.[1] Das populärste und wohl meistgespielte Stück unter den sieben, die unter dem Namen Aischylos in unseren Ausgaben stehen, stellt uns vor Probleme, die uns keines der anderen aufgibt. Sie umfassen drei Komplexe: den Mythos, die Bühne und den Sinn.

Was den Mythos betrifft, so geht es zunächst um die Frage, auf deren Bedeutung Murray[2] hingewiesen hat: was hat Aischylos vorgefunden und was hat er daraus gemacht? Aber so aufschlußreich es sein mag, zu untersuchen, was er weggelassen hat und was ihm wichtig war, so drängt sich doch die andere Seite der Problematik vor: was ist aus dem Mythos geworden, wenn auch erst nach ihm und das heißt durch ihn? Das bedeutet für unsere Aufgabe, die Vergegenwärtigung, daß wir in eine Aufführung des Stückes, die wir heute erleben, Vorstellungen mitbringen, die im Musée imaginaire des modernen Betrachters umgehen. Diese stammen gewiß nicht von Calderons tiefsinnig christlicher Allegorie («La Estatua di Prometeo» 1670), sondern im Gegenteil von Goethes «sansculottischem» Gedicht,[3] das Karl Marx vorschwebte, als er Prometheus den «vornehmsten Heiligen und Märtyrer im philosophischen Kalender» nannte.[4] Sie reichen von da, über Nietzsche, weiter bis zu Ernst Bloch:[5] «Das aber ist die Metaphysik der Tragödie, eine kriegerische, die noch im Untergang des Helden ihr Nein zur alten Ordnung an den Mast nagelt und ihr tieferes Ja zu einem anderen Zeitalter, einem neuen Himmel. Es ist eine prachtvolle Hybris und mehr als das: eine durch Leid gereinigte, durch Genius vertiefte, die die alten Zusammenhänge aus Schuld und Schicksal vernichtet. Auch wenn Prometheus dadurch selber untergeht: er vertritt etwas, das besser ist als die griechischen Götter.» So hat sich uns eingeprägt, was der junge Goethe gesehen hat, und das ist so wenig aischyleisch wie jenes «forme Menschen nach meinem Bilde», das Aischylos weggelassen hat, ebenso wie die später von Goethe aufgegriffenen Geschichten von Pandora (dem Urweib mit der Büchse allen Übels), die Epimetheus, der «hinterher denkende» Bruder des Vorausdenkers, zu seiner Frau gemacht hat.

Was ist «aischyleisch»? Das Stück, das wir haben, «Prometheus Desmotes», der «Gefesselte», war ja für eine Trilogie entworfen, aus der wir den Titel eines anderen Stückes kennen: «Prometheus Lyomenos», der Befreite»; also muß es eine Erlösung des Geschundenen gegeben haben, und daß es sie eines Tages geben würde, weiß der Vorausdenker sogar in unserem Stück. Und doch ist es nachdenkenswert, daß nur das Stück vom Geschundenen übriggeblieben ist und daß somit nur die Gestalt des «theomachos», des Kämpfers gegen Gott, durch unser Musée imaginaire geistert, das Urbild des großen Rebellen, wie ihn auch Shelley nach den Thesen seines Essays «Necessity of Atheism» verherrlicht hat: in «Prometheus Unbound».[6] Der «Titanentrotz» ist sprichwörtlich geworden. Er wenigstens stammt von Aischylos ab, denn wir wissen, daß Prometheus zum erstenmal bei ihm als Titane auftritt.[7]

Doch ist auch die aischyleische Symbolfigur des Opfers, des «Gekreuzigten», wie man ihn nicht ohne Hintersinn genannt hat, nicht aus dem Bewußtsein verschwunden. Das beweist Albert Camus in «L' homme revolté»:[8] «Der wahre, der ewige Prometheus hat nun das Antlitz des Opfers angenommen. Der gleiche, aus der Tiefe des Jahrhunderts aufsteigende Schrei ertönt noch immer in der skythischen Wüste.» Das «Prinzip Hoffnung» klammert sich an die gleiche Figur wie die Verzweiflung des Pessimisten: «Kehrte Prometheus wieder, würden die Menschen heute wie die Götter damals handeln: sie würden ihn an den Felsen schmieden im Namen jener Menschlichkeit, deren erstes Symbol er ist. Und die feindlichen Stimmen, die jetzt den Besiegten schmähen würden, wären wieder die der äschyleischen Tragödie: die Stimmen der Macht und Gewalt.»

Ehe wir zum Thema zurückkehren, sollte das geklärt werden: Der Mythos, der uns angeht, mag aus geheimnisvollen Quellen stammen und er mag, kraft deren Ursprünglichkeit, noch immer in der Weise fortwirken, wie ihn etwa Karl Kerényi deutet:[9] die «Titanen als Urwesen, die vor den Göttern waren, gestirnhaft, ja, die meisten ungestüm sonnenhaft, Prometheus aber mondhaft unter ihnen» ... Aber für das Theater des Aischylos besagt das so wenig wie das, was er, jedenfalls in unserem Stück, nicht verwendet hat: zum Beispiel die Geschichten, die Hesiod berichtete. Schlauer Trug ist darin sein mythisches Wesen: er stiehlt das Feuer und schenkt es den Menschen – aus keinem anderen Grund, als um Zeus zu ärgern, der die Ephemeriden vernichten will. Der Kult der Schmiede dankte ihm und dem neben ihm verehrten Hephaistos für das Element dieses Handwerks.[10] Aischylos hat nicht nur die Philanthropie (11, 28) in andere Zusammenhänge gerückt, er hat nicht nur die Strafe für den Diebstahl in eine erpresserische Folter umgewandelt[11] – er hat den Dieb zum Titanen, und damit zum exemplarischen Widersacher des Zeus gemacht, und er hat vor den Feuerraub eine andere philanthropische Gabe gestellt, die ihm offenbar wichtiger erschien, ja, die diesem erst den vollen Sinn gab: die Hoffnung. Der Mythos, der uns angeht, ist also der poetische, im Wortsinn: der nicht ursprüngliche und aus sich selbst fortwirkende, sondern der «gemachte», d. i. gedeutete, jener nämlich, den wir erkennen müssen, wenn wir verstehen wollen, warum Aischylos damals und dort den Stoff zu diesem Stück gewählt hat.

Damals und dort – ja, wann und wo? Der zweite der drei Problemkomplexe macht es uns am schwersten, das Stück nach unserer Methode zu vergegenwärtigen. Nichts deutet daraufhin, daß es jemals in Athen zur Aufführung gekommen ist.[12] Ist es überhaupt gespielt worden? Einige halten es für ein «Lesedrama». Warum eigentlich? Es ist doch ganz und gar szenisch erdacht, mit einem spektakulären Auftakt und einem nicht minder spektakulären Schluß, für deren Ausführung es keinerlei technische Schwierigkeiten gegeben hat, wie wir zeigen werden. Es könnte in Sizilien gegeben worden sein, ja, vielleicht ist es überhaupt für Sizilien geschrieben worden? Aischylos hat drei Reisen dorthin unternommen, die ersten beiden vor 470, die letzte ins Exil, wo er starb.[13] Auch gegen Sizilien spricht nichts. Die Theater der Tyrannen wetteiferten dort mit dem attischen. Aischylos hatte die «Perser» in Syrakus inszeniert; ein Stück von ihm, die «Aitniai»,[14] ist im Auftrag des Tyrannen Hieron geschrieben worden, der ihn eingeladen hatte; daraus, daß dieses an fünf Schauplätzen spielte, läßt sich schließen, daß die Technik hinter der des Dionysostheaters nicht zurückgestanden hat; im Gegenteil: die Mittel dürften reicher geflossen sein. Nun ist der «Prometheus» das technisch aufwendigste Stück von allen Tragödien, deren Texte wir haben. Das bedeutet, wie wir gezeigt haben,[15] keineswegs, daß es in eine späte Zeit zu datieren ist, im Gegenteil: der Höhepunkt des Bühnen-Aufwands wurde in der Zeit um die Orestie erreicht; danach muß eine gewisse Ernüchterung eingetreten sein; Sophokles zum Beispiel scheint die Maschine nicht geliebt zu haben. In die Nähe zur Orestie ist der «Prometheus» von vielen gerückt worden. Mit guten Gründen, wie uns scheint. Dennoch haben wir zu konstatieren, daß «alles unsicher bleibt».[16] Wir sehen uns auf Hypothesen verwiesen. Versuchen wir, diese einigermaßen evident zu machen.

1. Das Stück ist undenkbar ohne die Zentralperspektive. Es muß also *nach* dem Umbau aufgeführt worden sein. Dieser läßt sich mit einiger Sicherheit auf die Zeit um 460 datieren. Das Haus auf der Skene der Orestie war gewiß einfacher zu bauen als der Fels. Aber daß dieser von vornherein mit geplant war, lehrt die «Kontinuität der Konventionen»:[17] es gab vorher Felsenstücke, also mußte es auch nachher Felsenstücke geben: «Philoktet», «Kyklops», «Eirene» zum Beispiel. Ferner: der Umbau hatte die Erfindung von Maschinen ermöglicht und gefordert. In der Orestie wurde zweimal das Ekkyklema herausgefahren; für den Kranen (mechane) finden wir in ihr keine Notwendigkeit. Der «Prometheus» war nicht ohne Maschinen zu inszenieren: die Okeaniden erschienen auf Flügelwagen, Okeanos auf einem geflügelten Roß; der Sturz in den Tartaros wurde mit Hilfe des Ekkyklema bewerkstelligt.[18] Man hat gesagt, die Szenerie des «Prometheus» und dieses ganze Maschinentheater müsse bei der Uraufführung wie eine Sensation gewirkt haben.[19] Aber hat es dies – wann und wo? Wir können nur sagen: es war als Sensation erdacht und der Dichter-Regisseur verfügte über die Möglichkeiten, sie auszuführen.

2. Macht und Gewalt, sagten wir, sind das Thema. Darin schließt sich das Stück an die Thematik der Orestie. Auf die Orestie folgte das Exil. Da scheint uns ein Hinweis von V. Ehrenberg interessant.[20] Die attische Komödie hat Perikles, den sie oft attackierte, mit Zeus, dem «großen Tyrannen», verglichen. So sollte jedermann den Atem anhalten, wenn gleich im zehnten Vers des «Prometheus» (und dann immer wieder) Zeus «der Tyrann» genannt wurde. Es liegt uns fern, diese

Anspielung überzubewerten. Doch kann es, nach der Interpretation der Orestie, für uns keinen Zweifel daran geben, daß sie beabsichtigt war. Dieses Stück ist so wenig wie irgend ein anderes des Aischylos für die Ewigkeit geschrieben worden. Das Thema «Macht und Gewalt» war, nach der Machtübernahme durch Perikles, das brennende Thema der attischen Innenpolitik. Die Gefahr, daß der neue Mann, der ebenso «neos», d. i. «jung» war wie der Zeus unseres Stücks (bei der «stasis», dem Staatsstreich, noch keine vierzig), nach der Tyrannis streben könnte, wurde von vielen gesehen, so von einem seiner schärfsten Gegner, der deswegen in die Verbannung gehen mußte.[21] Solche Gegenwart wurde – das eben war die Methode der Tragödie – mit der Theogonie und der Theologie verspannt. Der politische Konflikt wurde in die Perspektive unabänderlicher Verhaltensweisen gerückt – unabänderlich, denn offenbar hatte sich nichts geändert seit der stasis des jungen Zeus bis zu der stasis des jungen Perikles, – unabänderlich und darum kalkulierbar, eine Gefahr, mit der gerechnet werden konnte und mußte.

3. Der erwähnte Titel eines weiteren Stückes aus der Trilogie «Prometheus Lyomenos» bedeutet (nach Reinhardt)[22] die Befreiung des Prometheus, den Vorgang im Drama also, und nicht die Folge: nicht der schon befreite Prometheus stand im Mittelpunkt dieser Tragödie; sie muß vielmehr gezeigt haben, wie er befreit, d. i. vom Felsen «gelöst» wurde. Das hat Kopfzerbrechen gemacht. Daß im erhaltenen Stück eine Puppe an den Felsen geschmiedet wurde, ist klar (65); wie soll die Puppe im folgenden Stück vom Felsen herabgestiegen oder herabgebracht worden sein, wie soll sie plötzlich durch einen Schauspieler ersetzt worden sein? Nun, wir glauben gerade darin einen jener Theatercoups erblicken zu können, mit denen Aischylos die Zuschauer in Staunen zu setzen pflegte. Der da im neuen Stück am Felsen hängen sollte, sollte haargenau der Puppe des früheren gleichen: er brauchte nur Maske und Kostüm anzulegen; die Stimme hatte er ohnedies schon gesprochen. Das Wunder, daß er nach der Entfesselung den lebenden Prometheus zu spielen begann, mußte seine Wirkung tun. Wir können das noch durch folgende Überlegung evident machen. Man hat bisher kaum darüber nachgedacht, wie und warum Prometheus in dem anderen Stück ein zweites Mal an den Felsen geschmiedet erschienen ist, nachdem er doch am Ende des früheren mitsamt dem Felsen in den Tartaros geschleudert worden war. Das muß in dem verlorenen Stück begründet worden sein und es muß im Zusammenhang mit der Befreiung der Titanen gestanden haben, die nachweislich den Chor dieses Stückes gebildet haben: Zeus hatte ihnen und Kronos verziehen; sie waren auf dem Weg zu den Gefilden der Seligen, die ihnen als künftiger Wohnsitz zugewiesen waren. Nur Prometheus hatte keine Gnade gefunden. Warum? Weil er noch nicht bereit gewesen ist, das Geheimnis preiszugeben. Also wurde er ein zweites Mal ans Kreuz geschlagen, und wiederum am Ende der Welt, diesmal im Kaukasus. Es ist unwahrscheinlich, daß die Schmiedearbeit wiederholt werden sollte. Die Zuschauer mußten ihn so vorfinden,

als das nächste Stück begann.²³ Wenn nun ein Schauspieler in Maske und Kostüm der Puppe am Felsen hing, konnte er den Pfahl nicht mehr in der Brust haben, und gerade das wurde nun ausdrücklich begründet: Zeus hatte eine neue Strafe, eine neue Folter verhängt, jene nämlich, die der Mythos vom Adler und der Leber berichtet. Vielleicht an der Stelle, wo der Pfahl den Leib durchbohrt hatte, klaffte nun, im durchlöcherten Kostüm, die blutige Wunde. Ein Fragment²⁴ lehrt, daß Herakles in diesem Stück aufgetreten ist, um, wie Prometheus im ersten Stück prophezeit hatte, den Adler mit dem Pfeil zu erlegen. Und da Zeus das geschehen ließ, muß er auch mit der Entfesselung einverstanden gewesen sein, die wohl den Schluß des Stückes gebildet hatte. Dem dürfte ein Vertrag vorausgegangen sein, eine «harmonia» (= Fügung, Pakt) zwischen dem Gott und dem Helden.²⁵

Das dritte Stück: War es jener «Pyrphoros», von dem wir außer dem Titel nur einen einzigen Vers haben, der etwas besagt? 30 000 Jahre sei Prometheus gefesselt gewesen.²⁶ Es sind Papyri mit Textfetzen gefunden worden, deren Zuweisung umstritten ist.²⁷ Alles, worüber hier gestritten wird, läuft auf die jeweilige Deutung hinaus, die man für den Schluß der Trilogie zu rekonstruieren bemüht ist. Aber wir haben sie nicht. Könnte der «Pyrphoros» nicht ein Satyrspiel gewesen sein, was die Darstellung eines Fackellaufs von Satyrn auf einer Berliner Vase nahelegt?²⁸ Gewiß sind aitiologische Kombinationen, ähnlich denen der Eumeniden, verführerisch: aber was gibt der Fackelzug der attischen Prometheia²⁹ wirklich her für die Lösung?³⁰

Da alles, was über das dritte Stück gesagt worden ist, auf Vermutungen beruht – und das ist doch bei der Popularität, die das erste genossen hat, zumindest merkwürdig –, neigen wir dazu, anzunehmen, daß *es dieses dritte nicht gegeben hat.* Die These von der «Dilogie» ist mehrfach vertreten worden.³¹ Wir fassen unsere Hypothese so, wohl wissend, daß es sich nur um eine Hypothese handeln kann:

Aischylos hatte den «Prometheus» im Gepäck, als er Athen verlassen mußte. Die Tetralogie war entworfen für das Dionysostheater, wurde jedoch niemals dort aufgeführt. Der «Gefesselte» und der «Befreite» wurden in Sizilien vollendet: beide Stücke sind wohl auch nach Aischylos' Tod dort und anderswo aufgeführt worden. Über dem dritten Stück ist er in Gela gestorben.

2

Uns bleibt ein resignierendes Geschäft: uns zu vergegenwärtigen, was Aischylos sah und hörte und vielleicht plante, als er die Verse niederschrieb, die wir haben.

Wie dachte er sich die Bühne?

Der Blick sollte auf den Felsen gerichtet sein, der sich hochgezackt – Dörpfeld errechnete drei bis dreieinhalb Meter, es waren vermutlich noch mehr³² – auf der

Skene erheben sollte, eine ganze Felsenszenerie, die sich bis in die Fundamente der Paraskenien erstreckte, dergestalt, daß sie links und rechts abfiel, als ob sich dort Schluchten in die Tiefe zögen, Schluchten, die bis hinunter zum Meer reichten, das immer wieder angesprochen wird: der Felsen steht am Ende der Welt, am Ozean, in unwirtlicher Öde, wohin keines Menschen Fuß dringt, es sei denn, einer ist auf der Irrfahrt und wird, halb wahnsinnig, gejagt, wie Io... Dort, wo hinter der Skene der Geländesprung war, sollten sich die Zuschauer (wie in vielen anderen Stücken) das Meer denken. Io droht, sich dort hinunterzustürzen (748). Zacken, Klippen sind erwähnt, einmal sogar Grotten (133f). Mehrfach wird «pharanx» angesprochen: ein Bergschlund (15, 142, 1017). Das ist wichtig, weil das Gebilde, wie es sich der Dichter ausgedacht hatte, eine Höhle besessen haben mußte, in der am Ende alles, was sich auf der «Bühne» bewegte, verschwinden sollte, um in die Finsternis des Tartaros gestürzt zu werden. Dies war nur möglich, wenn das Ekkyklema benützt wurde. Die Plattform auf Rollen und Walzen war also von Anfang an vorgesehen. Auf ihr war der Sockel, auf dem Prometheus das ganze Stück über stehen würde (und von dem im zweiten Stück der Schauspieler heruntersteigen sollte); um diesen herum mußte Platz sein für die Choreuten, die mit ihm verschwinden würden, unter Donnergetöse, wie es heißt (1081 ff).

Natürlich konnte das nicht als gemalte Kulisse gedacht sein, sondern als ein plastisches Gebilde. Die stuckierten, grau bemalten Attrappen waren auf dem Gerüst zu montieren, das wir als bleibende Grundform der Aufbauten für das Theater nach dem Umbau annehmen.[34] Noch etwas ist bemerkenswert: «Des Felsen Ellbogen hält dich noch», sagt Hermes zu Prometheus (1019). Das könnte bedeuten, daß sich ein Felszahn über dem Haupt des Gefesselten befinden sollte, daß er also nicht nur angekettet, angeschmiedet und gepfählt, sondern auch aufgehängt werden sollte. Aischylos muß das mit dem Bühnenbauer besprochen haben, während er an dem Stück arbeitete: was er sich vorstellte, mußte machbar sein.

Der Sturz in den Tartaros war technisch kein Problem, wenn es diese Höhle gab, wie sie die Berliner Prometheus-Vase aus dem 5. Jahrhundert zeigt.[35] Das Ekkyklema wurde mit dem Felsenstück, an dem Prometheus hing, zurückgefahren, und in dem schwarzen Schlund, der sich so öffnete, verschwand auch der Chor, der sich zu seinen Füßen gekauert hatte.

Wohl aber gab es ein anderes Problem: das Erscheinen des Chors, wie es Prometheus (115 ff) ausführlich beschreibt. Zwölf (oder fünfzehn) als Meermädchen kostümierte Choreuten, angekündigt von einem Hall (acho = Echo 115) wie Vogelrauschen (kinathisma oionon 124), sollten in einem Flügelwagen (ocho pteroto 135) hereingefahren werden, als kämen sie durch die Lüfte (apedilos 135). Darüber ist viel debattiert worden. Man hat den Wagen, in dem die Choreuten gesessen sein sollen, als «Flügelomnibus» verspottet. Aber wir kennen solche Wagen aus Vasenbildern; auf einem wurde Klytaimestra mit ihren Dienerinnen auf die Bühne gefahren: in Euripides' «Elektra»; geflügelt war auch Medeas Drachenwagen.[36] Es ist schon so, wie Dörpfeld annahm, daß der Chor an einem Ort erschien, der über dem Bühnengrund erhöht war; wir denken uns eine Rampe, die in die Felsenarchitektur eingebaut war; dort sollte der Wagen – vielleicht waren es auch zwei? – hereingefahren werden; und es mußte möglich sein, daß er dort auch abgefahren wurde, denn zwischen die Ankündigung des Herabsteigens und das Wiedererscheinen des Chors zum ersten Stasimon schob der planende Dichter-Regisseur eine neue Szene: auf einem weiteren Wagen wurde Okeanos hereingefahren, der Vater der Mädchen, der dennoch keinerlei Notiz von diesen nimmt (weil sie nicht auf der Bühne sind), auf dem «Flügelroß» (286): als solches sollte der Wagen verkleidet sein.[37]

Noch einmal: Macht und Gewalt – das ist das Thema. Wie auf einem Titelbild erscheinen die Begriffe als Gestalten. Ja, es ist ein ganzer Aufzug, der demonstriert, was da gespielt wird. Die wüsten Gestalten, die schon Hesiod als die «treuesten Begleiter» des Herrschergotts vorgestellt hatte, heißen Kratos und Bia – so werden sie angesprochen (12), während der Name des Helden erst in den letzten Versen der Prologszene fällt, höhnisch dort: sie nennen dich «Prometheus», den «Vorausdenker», jetzt hast du selber «Voraussicht» nötig. Kratos ist Macht, Bia Gewalt. Jenem sollten Grausamkeit und Rücksichtslosigkeit in Kostüm und Maske gezeichnet sein (42); seine Stimme, die er als erster erhob, sollte gröhlen, wüst wie sein Aussehen (78). Bia ist weiblich: eine Megäre, eine Gorgone oder Ähnliches: das Paar mußte phobos hervorrufen, zumal wenn man sah, was sie da schleppten: ein «großes Stück Fleisch», wie es später heißt, die Puppe natürlich, eine titanische, von deren Gliedern der lange Chiton schlotterte. Sie trugen sie unter den Armen, wie es auf ähnlichen Vasenbildern dargestellt ist, der eine den Oberleib, die andere die Beine. Daß es eine Puppe war, konnten die Zuschauer noch nicht wissen; die leblose Gestalt konnte einer sein, der zusammengeschlagen[38] worden war; das würde erklären, warum sie während der ganzen Prozedur keinen Laut von sich gibt und erst dann zum Monolog ansetzt, wenn die drei fort sind. Der dritte, Hephaistos, als erster angesprochen (3), ist vorausgeschickt;[39] denn die Antreiber hatten auch ihn in ihre Gewalt gebracht: er sollte den «Befehl des Vaters» ausführen und den Verbrecher an den Felsen schmieden; seine Maske war rußbedeckt, und er schleppte die Instrumente seines Handwerks. So sollte der Zug aus der linken Parodos[40] kommen, die Orchestra überqueren und zur Skene, also zu den Felsen hinaufsteigen. Dort würde die Puppe «hochaufgerichtet» (32) auf den Sockel gestellt und an den Felsen geschirrt werden (5), um als «theama dystheaton» (69) ausgestellt zu sein – vor wem? Nun, vor keinem der damals Lebenden, denn die Weltenferne und Unzugänglichkeit des Schauplatzes (apanthropos pagos 20) wurden alsbald ausgemalt, wohl aber vor den Zuschauern.

Wie in Regieanweisungen werden die Phasen der Prozedur[41] beschrieben. Das

Hämmern dröhnt, die Ketten klirren. Alles ist Aktion, und noch dazu dramatische: denn Hephaistos macht kein Hehl daraus, daß er nur unter Zwang handelt, und aus Angst vor dem «Vater» (14). Klagend spricht er den Leblosen an (19 ff D):[42]

> Gezwungen dich Gezwungen (akonta s'akon) muß ich jetzt in Erz
> Unlösbar schmieden hier an menschenöd' Geklüft,
> Wo nie Gestalt, nie Stimme eines Menschen dir
> Sich naht, vom glühenden Strahl der Sonne dir versengt
> Der Glieder blühnde Kraft dahinwelkt...

Das Pathos dieser Rede vermittelte wichtige Ansichten über die «Schuld» des Verbrechers: «philanthropia» (28) und Aufsässigkeit (29). Zeus ist unversöhnlich (34): so, wie sie eben sind, die neuen Herren (35); schon Kratos hatte die neue Herrschaft «Tyrannis» genannt (10). All das ist Kritik an Zeus. Und wenn Aischylos den Prometheus zum Sohn der «rechtratenden» Themis (18) macht, so ist das ebenso eine Korrektur an Hesiod wie das Beiwort «aipymetes»,[43] was sich umschreiben läßt als hochgemut, steilgesinnt (Droysen), voll kühner Pläne – keine Rede mehr von dem heimlichen Dieb und seinen schlauen Listen.

In Stichomythien treibt Kratos den Hinkenden an, der vor dem Höhepunkt der Marter in Heulen ausbricht (66): «Aiai, Prometheus!» – Kratos: «Wie, du willst wieder nicht? Du heulst über Zeus' Feinde? Paß auf, daß du nicht bald über dich selbst jammerst!» Das ist die Sprache von Macht und Gewalt.

Nachdem das Letzte getan ist, hinkt Hephaistos davon. Die Dämonen folgen. Um sich an dem Anblick zu weiden, drehen sie sich in der Orchestra noch einmal um. Man soll ihr Hohngelächter noch lange hören.

Die Menschen- und Gottverlassenheit des Gekreuzigten wird erst in der nun eintretenden Stille voll bewußt. Dann muß sich die Puppe bewegt haben (wir zweifeln nicht an einer derartigen Vorrichtung). Der Kopf unter der Maske hob sich. Es schien, als ob die Augen weit hinausblickten.

Ein dreiteiliger Monolog: zuerst 13 Anapäste, dann 13 gesprochene iambische Trimeter, und als drittes noch einmal halb Gesungenes, erregte Rhythmen.

Wo eben noch das Hämmern des Stahls (133), das Gröhlen des Antreibers, das Knirschen der Unterdrückung das Theater erfüllt hatte, erklingt jetzt Musik; und zur Lyra die Poesie wundervoller Verse, beschwörende Anrufung all der Kräfte, die in der Welt sind, obwohl Macht und Gewalt sie beherrschen: der heilige Äther, das Strömen des Meeres und das «unermeßliche Lächeln der Wogen» (89), die alles schauende Sonne: «Seht, was ich von Göttern leide, ein Gott» (92). Auch über das Mitleid vermögen Macht und Gewalt nicht zu gebieten, sie können es nicht verbieten: eleos strömt nun in die Welt. So wird gleichsam das Gleichgewicht der Kräfte wiederhergestellt: im kosmischen Drama kann die Tyrannei nicht das einzige und, wie gleich (nun in nicht gesungenen Versen) der Logos hinzufügt, auch nicht das letzte Wort haben.

Der «Vorausdenker» rühmt sich seiner Gabe, die Zeus nicht besitzt (101 ff, R):

> «Weiß ich alles doch,
> Was kommen wird, genau voraus. Es kann
> Kein Leid mir neu sein. Was mir vorbestimmt,
> Gilt es, so leicht ich kann, zu tragen, da ich weiß:
> Mit der Notwendigkeit ist nicht zu rechten.

Aischylos ist genauer als der Übersetzer: die Gewalt der Notwendigkeit (ananke) ist unbezwingbar (105). Es ist also nicht nur Tyrannei, nicht nur Willkür, was durch Zeus geschieht, sondern ananke, und daß ananke solche Macht in dieser Welt hat, ist Gegenstand der Klage, der Anklage, das Motiv des Wider-den-Stachellöckens, das sich in Prometheus personifiziert hat. Denn auch das ist unleugbar: Zu den Kräften, die in der Welt sind, zählt Liebe: philia, das Wort wird gleich vom Chor gerufen werden (128). Und ihr entquillt Mitleid: philanthropia, alle Schuld des Gekreuzigten: «daß ich die Menschen zu sehr geliebt habe» (123), die aitia (226), die Ursache seiner aikeia [44] (93, 227), seiner Mißhandlung.

Schauder hat Prometheus zuletzt erfaßt, wie er auch die Zuschauer erfassen sollte: denn sie hörten ein Rauschen «hinter der Szene», aber da kam nichts Schreckliches durch die Lüfte, sondern der geflügelte Märchenwagen, und zauberische Wesen darin, Antipoden der wüsten Gesellen, und das Rauschen wurde übergeleitet in Musik und Poesie: «Fürchte dich nicht – philia kommt im Reigen unsres Flügelschlags» (128).

Die Parodos ist ein Kommos. Daß kein Tanz inszeniert werden konnte – unbeweglich der Gefesselte und die Gefahrenen im Wagen –, muß ein Grund gewesen sein, den Gesang und die instrumentale Begleitung doppelt faszinierend zu komponieren.

Warum gerade dieser Chor? Wir haben es schon angedeutet. Zum kosmischen Charakter der Tragödie gehört die weitgespannte Konfrontation: dem Wüsten tritt jetzt das Zarte entgegen, der bia die charis. Und diese unsterblichen Wesen sind keineswegs dem Poesiealbum entnommen. So lesen wir es bei Snell:[45] «An die früheren Chöre erinnern die zarten Meermädchen durch ihre etwas gezierte Scheu und durch die Neugier, Fremdes zu erfahren, die noch größer ist als ihre Ängstlichkeit (193, 282). Aber daß sie neugierig der Außenwelt geöffnet sind, findet hier die Richtung auf das Leiden des Helden, so daß der alte phobos und die alte Freude am Fremden zu neuer Einheit verschmelzen.» Man hat gesagt, ihr Entschluß, am Ende des Stückes mit Prometheus zum Tartaros zu fahren, sei ein reiner Theatercoup,[46] durch nichts vorbereitet. Aber wie kann man das meinen, da doch schon der erste Vers, den die Okeaniden singen, das Motiv nennt: philia? Diese ist so kosmisch wie ihre Neugier. Zum Weinen der Mädchen (145) gehört die Klage, die ihnen die Tränen entlockt. Und die Klage wird getragen von dem Bekenntnis, daß Kühnheit, Trotz, Ausdauer nicht sinnlos sein werden. Hier setzt

Prophetie ein, und damit eröffnet sich der geplante Ausblick auf das telos des Dramas. Zeus ist hart, und er scheint unversöhnlich, aber er weiß nicht, was Prometheus weiß, und die Macht wird nicht mächtig bleiben, wenn sie sich nicht mit dem Wissen arrangiert (186 f D):

> Wohl weiß ich, wie hart, wie in Willkür Zeus
> Sein Recht ausübt; und doch wird sehr
>   Sanftmütig dereinst
> Er erscheinen, wenn so er gebrochen sich fühlt;
> Denn tilgend den unnachgiebigen Zorn
> Wird wieder zum Bund und zur Freundschaft mir
>   Er bereit dem Bereiten sich zeigen.

Damit enden die Doppelstrophen der Parodos. Das Pathos ist verströmt. Der Logos hat das Wort. In einer großen Rede, deren Höhepunkt stichomythisch gefaßt ist, berichtet Prometheus, was geschehen ist und was ihm vorgeworfen wird. Er habe es gewagt, gegen den Willen des Zeus die Sterblichen vor der Vernichtung zu bewahren, die schon beschlossen gewesen war (235 ff). Es ist sehr merkwürdig, daß Zeus diesen seinen Plan aufgegeben haben soll, *weil* Prometheus sich der Menschen erbarmt habe. Wir versuchen es so zu verstehen: Zeus, als der Träger von Macht und Gewalt, ist der Herr über den Tod. Todesangst hätte die Menschheit vernichten müssen: diese nahm ihnen Prometheus, indem er ihnen die Hoffnung schenkte (250); jetzt erst konnten sie ans Werk gehen, um ihre Lage zu verbessern; nur wenn sie blind vor Hoffnung waren – denn Macht und Gewalt konnten nicht aufhören, die Welt zu regieren –, waren sie «ephemeroi» (253)[47], in der Lage, das Feuer zu nützen, das ihnen der Widersacher von Macht und Gewalt gebracht hatte, und die technai der Weltveränderung, der Weltverbesserung zu erfinden, die erst später (476 ff) aufgezählt werden.[48] Die Hoffnung – das war das Wunder vor dem Feuer,[49] aber zu dem «Prinzip», wie es der Vorausdenker durchschaute, gehörte, daß, was vorauszusehen war (und was die ephemeroi vorher vorauswußten), unveränderlich blieb: die Macht und der Tod. Es ist überaus wichtig, und auch das beweist die Kompetenz des Chors, daß die Rede von der Hoffnung alsbald auf Prometheus selbst gerichtet wird. «Und du? Wo sind Preis und Ziel deiner Bestimmung?» – Es gebe nichts anderes, als was er, der die Macht hat, beschließe. – «Und wie? Welche Hoffnung?» (257/9). – Das ist es ja: Prometheus war nicht blind. Er lebte nicht von der Hoffnung, sondern vom Wissen. Er hat «gefehlt» (hemartes 260), «mit Wissen» (hekon, hekon 266). So ist es bestimmt in dieser Welt: das Wissen und die Liebe zu den anderen (267) haben zu büßen, zu leiden – nur, so schlimm, bekennt er, habe er es sich nicht gedacht: das Bewußtsein wird von der Wirklichkeit überholt. Es wird leichter sein, wenn jemand die Not mitleidet. So fleht er die Mädchen an, vom Wagen zu steigen und bei ihm zu bleiben. Und sie willigen gerne ein: «Dein traurig Geschick / Mich verlanget, es ganz zu vernehmen» (82 f D). Die Szene, die folgt, ist von höchster Brisanz. Sie zeigt diesen Dichter auf der selbstverständlichen Höhe einer Meisterschaft, die bühnenpraktische Notwendigkeit nicht einfach hinnimmt, sondern in die dramatische Struktur verplant. Der Chor muß abgehen: der Wagen oder die Wagen müssen von der Bühne, die Choreuten müssen den Schauplatz erreichen, der ihnen zukommt: die Orchestra; also wird der Chor über die Rampe hinter die Felsenszenerie gefahren (und der Wagen im Geländesprung abgestellt); von dort tanzen die Mädchen über die andere Rampe in die Bühne zurück; die Evolutionen werden noch während der folgenden Szene entwickelt, denn aus dem Chorlied geht hervor, daß sie mitangehört haben, was gesprochen worden ist.

Der Gedanke, den notwendigen Abgang des Chors für den Auftritt einer neuen Person zu nutzen, lag auf der Hand. Aber daß es diese sein würde, die sich so zwingend in den Plan verspannte, das eben beweist die Meisterschaft. Den Töchtern folgt der Vater, den Okeaniden Okeanos. Er sollte auf dem gleichen Weg kommen, über die Rampe hereingefahren, in seinem Wagen, dessen Räder (tetraskeles, vierschenklig 395) mit Flügeln verkleidet waren – von seinem geflügelten Vogel spricht er selbst (286).[50] Okeanos, ein Titan wie Prometheus, gehörte zu denen, die Zeus bei seiner Machtübernahme unterstützt haben; er ist noch immer mit diesem konform und rühmt sich seiner guten Position bei ihm, die gewiß auf Belohnung rechnen könne: so werde er ein gutes Wort für Prometheus einlegen, aus alter Freundschaft (338, 297). An seinem guten Willen (341) zweifelt dieser nicht, wohl aber durchschaut er seine Verhaltensweise. Alles, was hier verhandelt wird, sollten die Zuschauer von damals – und die von heute etwa nicht? – in ihre politische Gegenwart versetzen. Es gibt nur drei Verhaltensweisen gegenüber der Macht: entweder man macht mit oder man leistet Widerstand oder man hält sich draußen. Okeanos ist der Konformist; Reinhardt nennt ihn den «Mitläufer».[51] Prometheus gibt ihm den Rat, sich in seine Sache nicht einzumischen: er möge «ektos aitias, außerhalb der Ursache» (330) bleiben. Die Ratschläge, die Okeanos ihm gibt, sind eindeutig: er könne ja denken, was er wolle, aber er solle vorsichtig sein mit der Zunge (329), mit den Worten (311); vielleicht komme ihm das altmodisch vor (317), aber es habe doch einfach keinen Sinn, «wider den Stachel zu löcken» (pros kentra kolon ekteneis 323), zumal wenn der Machthaber (monarchos 326) hart sei und niemandem Rechenschaft schulde; da müsse man es eben anders herum versuchen: mit guten Worten und Willfährigkeit.

Daß Okeanos sich, wie Snell, fünf Jahre bevor Hitler die Macht übernahm, schrieb,[52] «hart an der Grenze der Lächerlichkeit bewegt», scheint uns nicht ganz so ausgemacht zu sein. Sein Verhalten und seine Gesinnung sind weit verbreitet. Es ist mehr Mitleid als Hohn in dem Verfahren, mit dem ihn Prometheus davon überzeugt, daß es wirklich besser für ihn sei, sich da nicht einzumischen. Er erinnert ihn daran, daß Zeus nicht nur mit ihm, sondern schon vorher mit ihren Brüdern

Atlas und Typhos genauso grausam umgesprungen sei, weil sie sich gegen die
«tyrannis» (357) aufgelehnt hätten; und es spricht eher für Naivität, wenn Okeanos schließlich zugibt, daß er die Lehre aus der symphora des Bruders ziehen wolle
(391), um seine jetzige Position (392) zu halten.

Man hat gesagt, die Chorlieder des «Prometheus» seien nicht von gleichem Rang
wie die der früheren Stücke – aber wie denkt man dann über die klagende Schönheit des ersten Stasimons? Es ist, als ob die Mädchen nun erst, da sie nicht mehr in
die reglose Position auf dem Wagen gezwungen sind, die sympatheia [53] ganz verströmen könnten. Sie tanzen sie aus. Sie singen über Himmel, Meer und Erde. Und
die Tränen netzen wie Tau «der Wange Flur». Es klagt das ganze Land (406), es
klagt die Menschheit (414), es klagt das Meer (431), ja, selbst der Hades hallt
wider vom Wehlaut der Schmerzen.

Gewiß, Mit-leiden ist nicht alles; auch der Chor wird sich vom Widerstand
(kratos antipalon 527) des Gefesselten distanzieren, im zweiten Stasimon
(541 ff R):

        Zitterst du nicht vor Zeus? Eigensinniger!
        Du dienst den Sterblichen zu sehr, Prometheus!
        Sage mir, wo bleibt der Dank,
        Freund, da, wo Kraft gebricht?
        Woher dir Hilfe?
        Sahest du nicht,
        Welcher Ohnmacht Fessel
        Wie die Träumenden sie bindet?
        Sterbliches Entwerfen,
        Langt es je hinaus
        Über Zeus' Fügung?

Für dieses erste Stasimon mag die Musik der sympatheia hinreichen, um zu erklären, was Prometheus nun bewegt, dem Chor fast alles anzuvertrauen: Es sei nicht
Weichheit (chlide), nicht Anmaßung (authadia 436), weshalb er lieber schweigen
würde. Das heißt, daß da mehr auf dem Spiel steht, ein Konflikt von alles umgreifendem Ausmaß, eine Antinomie, die der Chor, ahnungsvoll, mit den geheimnisvollen Worten beschreibt: «Du wirst, wenn du entfesselt sein wirst, um nichts
weniger mächtig sein als Zeus» (510).

Die Apologie (442 ff), dem Chor anvertraut, ist dem Gericht der Zuschauer
vorgetragen, die sich das Urteil bilden sollen. Sie repräsentieren die Menschen;
ihnen wird in Erinnerung gerufen, was die gegen Zeus gerichtete Kraft, die Prometheus verkörpert, der Menschheit geschenkt hat. So ist die Aufzählung der
«technai» zu verstehen. Das alles hat die weltverändernde Kraft auf Erden bewirkt: die Kunst, Häuser zu bauen, die Erkenntnis der Jahreszeitenfolge, Sternkunde, die Zahl, die Schrift, Viehzucht, Schiffahrt, Heilkunst, Mantik (dieser sind
nicht weniger als 16 Verse gewidmet) und Bergbau. Fazit: «alle technai der Men-

schen stammen von Prometheus». Seine Macht ist die der Machbarkeit, des Machers. Demgegenüber ist die Macht des Zeus die Macht des Unveränderlichen und Unvorhersehbaren, der ananke (515). Und doch steht hinter beidem noch eine größere Macht: Moira (511), die alles ans vorbestimmte Ende bringt (telesphoros).[54]

Dem folgt die stärkste, wildeste, mächtigste Szene des Stückes: Io. Mit 325 Versen ist sie dessen umfangreichster Komplex; 561, nicht einmal doppelt soviele Verse sind vorausgegangen, und nur 208 folgen. Die Frage ist berechtigt: warum dieses Übergewicht einer Episode? Die Antwort kann nur lauten: es ist keine Episode. Tatsächlich öffnet sich hier, wie nirgends sonst, der Ausblick auf das weitere Geschehen der Trilogie. So sehr die Reden[55] überwiegen, so geschieht doch auch Aktion. Io will sich, verzweifelt über das, was ihr vorausgesagt wird, vom Felsen hinunterstürzen (747), und das ist nur der heftigste Ausdruck der Demonstration, mit der hier durchgehend die Wirkung erzielt wird, die beabsichtigt ist: nämlich die Macht des Grauens in der Vorstellung und das Aufquellen des Mitleids im Bewußtsein. So gesehen geschieht in der Tat Außerordentliches. Prometheus, der sich nur mit Mühe Teile seines Wissens hatte entreißen lassen, wird hier, durch Io's Leiden und durch das Mit-leiden mit ihr, bewogen, Stück für Stück des Geheimnisses preiszugeben, und auf dem Höhepunkt der Szene (756 ff), fast genau an der Stelle, wo die Technik der Tragödie die imaginäre «Mitte» (akme) anzusetzen pflegt, wird die schauerlichste Vision an den Horizont der Vorstellungskraft projiziert: Zeus' Sturz, die Götterdämmerung; und zugleich das womöglich noch Ungeheuerlichere: daß Zeus nur von Prometheus davor bewahrt werden kann, was wiederum gekoppelt ist mit einer weiteren Konstellation: daß nur ein Sohn des Zeus, Herakles, der bogenberühmte (872), Prometheus retten könnte. In solchen kosmischen Verstrickungen, die im Schoß der Zeit (632), und das ist wohl Moira (694), aufbewahrt, vorgesehen und, wie sich hier zeigt, vorhersehbar sind, in solcher Synkrisis und Synthese (= harmonia) haben wir wohl die Lösung zu suchen, die Aischylos am Ende zu zeigen sich vorgenommen hatte, an jenem Ende, das er vielleicht nicht mehr niederschreiben konnte und das dennoch als logische Entelechie im ersten Stück schon vorgesehen sein mußte.[56]

Den Schauplatz betritt eine Irrsinnige auf einer Irrfahrt, die sie ans Ende der Welt geführt hat; sie befindet sich in physischer und psychischer mania: der Schauspieler hat die Schmerzen zu spielen, die die Bremsenstiche hervorrufen (568); die Maske zeigt die aufgerissenen Augen einer Kranken (596, 632), die von Wahnvorstellungen verfolgt wird: der tausendäugige Argos, der in Wahrheit längst gestorben ist, verfolgt sie; sie sieht ihn nicht, aber sie spürt ihn, eine Gehetzte. So tanzt sie in die Bühne. Sie umkreist die Orchestra, sie erblickt den Gekreuzigten, fühlt sich in unwiderstehlicher Ahnung zu ihm hingezogen, aber zugleich weggerissen von ihm durch ihre Schmerzen und Ängste; sie erkennt in Prometheus den

Menschenfreund, und sie weiß, wofür er büßt; sie kennt den Rächer, es ist ihr eigener Verfolger: Zeus. Diesen Zusammenhang von Wahn und Erkenntnis, von Schmerz und Angst hat der Schauspieler in dem Tanzgesang (hektische Anapäste und stockende Dochmien) darzustellen, und – dies ein phantastischer Einfall – zur sanften Flötenmusik eines Schlummerlieds (574 f).

Der Dulder und die Dulderin, so heißt es gleich (595), der Mensch, der für alle Menschen steht, und der Gott, der nichts darstellt als sich selbst, beide die Opfer der tyrannischen, weil rechtlosen (614) Gewalt. Weil Zeus sie begehrt hat, wird Io von Heras Haß verfolgt (ein Interpolator hat das durcheinandergebracht); nun hat sie den «Vorausdenker» gefunden, und sie fleht ihn kraft ihrer Leiden an, ihr zu enthüllen, wie es weiter gehen wird. Und er kann ihr das nicht versagen.

Verfolgen wir Io's Irrfahrt (788, 828), wie sie der Vorausdenker sieht, an bedeutender Stelle die eigene Prophetie unterbrechend, um aus der Objektivität der Schilderung in die Subjektivität des Mit-leidens zu geraten; das eine Mal (734 ff D):

> Wahrlich, scheinet euch
> Nicht aller Orten dieser Götter-König (tyrannos) gleich
> Grausam? Denn, weil, ein Gott, er diese Sterbliche
> Umarmen wollte, lud er ihr dies Irrsal auf.
> Dir, armes Mädchen, ward ein arger Bräutigam.

Das Griechische ist genauer: «Dieser Sterblichen da hat ein Gott, der sie zu besitzen wünschte, solche Leiden verhängt.»

Die Voraussagung gliedert sich in zwei Teile. Der erste zeigt Io auf dem Weg vom Ende der Welt, das sie hier erreicht hat, zu den Skythen und Chalybern, zum Kaukasus (der also, nach dieser Vorstellung, schon nicht mehr so menschenfern ist wie die erste Leidensstation), durch das Land der Amazonen, zum Bosporus. Doch das ist nur das Vorspiel ... Hier stöhnt Io auf; sie läuft zum Felsen, um sich in den Tod zu stürzen, das ist gleichsam das Stichwort für Prometheus, um ihr vorzuhalten: für meine Leiden gibt es nicht einmal dieses Ende, denn ich kann nicht sterben. In der Partie aus dem «Lyomenos», die uns Cicero überliefert hat, steht das Wort vom «amor mortis»...[57] Hier setzt, wie wir uns denken, im Affekt des Zorns die Schau des Göttersturzes ein, in der Stichomythie höchster Erregung (755 ff): nur dies, das Wissen, daß es ein Ende haben kann mit Zeus, wenn er in seinen «sinnlosen Plänen» (762) verharrt, hält ihn aufrecht im Widerstand gegen die Gewalt. Und nun blickt des Sehers Auge in noch tiefere Zukunft; es ist, als ob der Sprecher, überwältigt von den eigenen Visionen, das Wunder erleben würde, das Io's Ziel mit seinem Schicksal dereinst verbinden wird. Sie hat den Bosporus überschritten und ist nach Asien gelangt. Bizarre Märchenländer nehmen sie da auf, wo die Phorkiden, die Gorgonen, die Greifen wohnen (die Szenerie der «Klassischen Walpurgisnacht» des «Faust»), bis sie Ägypten erreicht; wo der Nil endet (nahe dem heutigen Abukir), wird das Wunder geschehen: ein anderer Zeus wird sich dem Menschenkind nähern; besonnen wird er sie mit nicht mehr erschreckender Hand (849) berühren, und danach wird sie einen Sohn gebären, der so heißen wird: Epaphos (der durch Berührung Entstandene). Von ihm wird Herakles abstammen: «Aus Zeus' Samen und aus Io's Schoß wird der Befreier kommen»: das «Mysterium der Erlösung» (Reinhardt).[58] Ja, es ist ein Mysterium. An die Stelle von Kratos und Bia ist Charis getreten. Ein merkwürdiger Vers deutet auf die Kraft, der auch Zeus nicht widerstehen kann: «So möge meinen Feinden Kypris nahen» (864). Die kyprische Liebe ist eine andere als die philia des Menschenfreundes. Wen sie packt, der wird schwach: das ist der Wunsch, den Prometheus äußert; aber das Mysterium wird möglich, wenn sie sich mit Charis vereinigt: so deutet der Dichter wohl das Symbol des Handauflegens als den Keim der Erlösung. Zweimal war schon auf den Erlöser hingewiesen worden: «Der dich erlösen wird, ist ja noch nicht geboren», hatte Hephaistos gesagt (27); und in der ekstatischen Stichomythie hatte Prometheus selbst das Geheimnis preisgegeben (772 ff): aus Io's Blut werde, im dritten Glied, der kommen, der ihn von den Übeln befreien werde.

Aber an der gegenwärtigen Wirklichkeit zerbricht die Vision. Io wird wieder von der mania gepackt. Der Krampf kehrt zurück, der Schmerz durchbohrt sie wie Feuer (883 ff D):

> Von der Bahn mich hinweg reißt Wahnsinns Sturm
> Aufwirbelnd den Geist, wild wirrend das Wort.
> Und der Zunge Gelall, andringt es umsonst,
> In der steigenden Flut des Entsetzens.

So wankt sie hinaus, von unsichtbaren Geißeln gejagt, wie Orestes am Ende der «Choephoren» von den Hunden der Mutter...

Entsetzen und Mitleid wirken fort in das dritte Chorlied hinein: Nur nicht von Göttern geliebt und begehrt werden, nur nicht auserwählt werden zu großem Schicksal, nur mit Gleichem die Ehe schließen, doch wie soll einer dem Planen des Gottes entfliehen (907)...

Als ob ihn gerade diese Haltung in seiner Aufsässigkeit bestärken würde, wirft sich der Gekreuzigte nun hoch auf, um das Geheimnis preiszugeben. Ins Nichts wird Zeus vom Thron seiner Tyrannei stürzen, wenn er ihm nicht rate: «Kein Gott außer mir vermag ihm den Weg zu zeigen, ich allein weiß, auf welche Weise er sich retten kann» (912 ff). Soll er doch droben mit Blitz und Donner thronen, «atimos» (schmählich) wird er fallen, und dann wird er lernen, wie zweierlei das ist: Herrschaft und Knechtschaft (927).

Der Chor schaudert vor solchen Reden zurück: Du scheust dich nicht, so deine Wünsche herauszuschleudern? – Was sollte er fürchten, da ihm zu sterben nicht bestimmt sei? – Er wird noch schlimmere Qual auf dich werfen. – Soll er doch: mir

kommt nichts unerwartet. – Der Chor: Die Weisen beugen sich der Adrasteia (der
«Unentrinnbaren», der ananke 936). Darauf Prometheus auf dem Gipfel der
Empörung (938 ff D):

> Bet an in Demut, schmeichle stets den Herrschenden!
> Mich aber kümmert minder dieser Zeus denn nichts!
> Er schalt' und walte diese kleine Spanne Zeit,
> Wie's ihm gefällt; lang bleibt er nicht der Götter Herr!

Es ist klar, daß Aischylos seinem Helden diese Worte in den Mund gelegt hat, um
zu zeigen, daß auch er nicht immer der «sophos» ist, als der er sich selbst sieht.
Denn Zeus ist nicht gestürzt worden. Und in klareren Momenten hat Prometheus
es selbst so vorausgesehen. Nicht nur er, der Gefesselte, wird befreit werden; auch
Zeus wird vor dem Unheil bewahrt – wodurch? Durch eben des Mannes Rat, der
ihm jetzt den schmählichen Sturz wünscht.

Und da kommt schon der Läufer, sagen wir ruhig: der Laufbursche (diakonos)
des «Tyrannen» (942) angelaufen: Hermes. Die letzte Szene beginnt: sie wird mit
dem Sturz in den Tartaros enden; das ist Zeus' Antwort auf die prahlerische
Prophetie seines eigenen Sturzes.

Mania, Logos und Vision werden nun abgelöst von dramatischer Aktion. Das
Stück wendet sich wieder dem Thema zu, das es aufgeworfen hat: Macht und Gewalt.
Die Tyrannei will ihr Opfer haben. Das Stück kehrt zum Anfang zurück, um in
einem Furioso der Gewalt zu enden.

Hermes erscheint. Prometheus hat ihn als erster gesehen (941). Also läuft er auf
den Flügelschuhen des Boten durch die Parodos herein. Wir stellen ihn uns strahlend vor: den jüngsten der jungen Götter, Zeus' Sohn; «Kind» nennt ihn der Gefesselte. Sein Verhalten ist schändlich. Er stellt sich in Positur, um Hephaistos'
Werk zu betrachten. Er weidet sich an dem Anblick. Er höhnt den Wehrlosen. Na,
du sophistes (944), du Feuerdieb und Menschenfreund! Der Vater habe ihn «prahlen» (947) hören, vom Sturz der Macht, von irgendwelchen Hochzeiten. Heraus
mit der Sprache!

Prometheus überläßt sich dem Zorn des Augenblicks. Sie werden nichts von ihm
erfahren, und zumal du nicht, du Henkersknecht (hyperetes 983, 954) mit dem
stolzen Mundwerk, du Götterssklave (latreia 966): Ja, ich habe zwei Götterstürze
erlebt, ich werde auch den dritten erleben; Angst kenne ich nicht, und nichts werdet ihr aus mir herausbekommen! Niemals werde ich vor den neuen Göttern
kuschen (960). – Hermes kontert: Du weißt genau, daß du dir alles selbst zuzuschreiben hast. – Antwort: Nicht einmal diese meine Qual möchte ich mit deinem
Dienste tauschen! – Da weicht selbst Hermes zurück: Bist du wahnsinnig? Was hat
er gesagt? – Er hasse alle Götter, die Gutes mit Bösem vergelten, ekdikos (976),
widerrechtlich, es ist das Wort, das er im letzten Verse wiederholt: um dike (die
in diesem Stück nur an zwei Stellen, und da im ursprünglichen Sinn, als «Zutei-

lung», erwähnt worden war 30, 614) muß es wohl in den folgenden Stücken gehen. – Auch Hermes hat einen merkwürdigen Vers: «Unerträglich wärst du, wenn es dir gut ginge» (979) – das ist geradezu die Definition des Rebellen aus dem Munde der Herrschenden: man muß ihn in Ketten legen, man kann gar nicht anders.

Und darauf stöhnt Prometheus tief auf: «Omoi, weh mir!» Etwas muß eingetreten sein, etwas, das seine Art zu sprechen veränderte (nur im Stimmklang konnte es der Schauspieler, der für die Puppe sprach, zum Ausdruck bringen – oder war der Kopf bewegt worden, derart, wie wir es schon einmal angenommen haben, daß er sich an den Felsen zurücklehnte um in die Ferne zu blicken?): er spricht von der *Zeit,* die jeden alles lehre, wenn sie altert. Die Wut des Augenblicks hat sich gelegt. Er redet mit Hermes wie mit einem Kind, und dieser fühlt sich dadurch verhöhnt: «Ja, bist du denn kein Kind, noch vernunftloser als ein Kind, wie du daher kommst und glaubst, du könntest etwas von mir erfahren, bevor man mich von diesen schimpflichen Fesseln löst?» Er weiß – und das muß es gewesen sein, was ihm den Schmerzensruf entlockt hat: das plötzlich erinnerte Wissen um das, was kommen wird –, er weiß, was beschlossen ist (998), und nichts wird ihn so tief sinken lassen, daß er nach Weiberart (1005) um Gnade flehe: «Das sei ferne von mir» (1006).

Da gibt es Hermes auf. Er hat die Vollmacht mitgebracht, die ihm Zeus gegeben hat: anzukündigen, was der Herrschergott verfügt – gegen Anmaßung und Unverstand (1012: authadia – das Schlüsselwort für die Haltung des Rebellen): zuerst der Sturz in den Tartaros, dann die Rückkehr ans Licht, um die neue Folter zu erleiden: den Adler, der die Leber zerhackt, und das so lange, bis sich einer der Götter erbarmt und an seiner Stelle in den Hades zieht. Die Stelle ist kaum zu enträtseln – sie muß auf Späteres vorausweisen.[59] Entscheidend ist, daß die Macht verfügt, was die Zukunft bringen soll, während das Wissen weiß, was sie bringt.

Hermes appelliert noch einmal an die sophe eubulia (1034 f), die Klugheit und Besonnenheit, mit der er besser fahren werde als mit seiner authadia.

Der Chor nimmt das auf. Die Mädchen müssen sich beim Erscheinen des Gottes zum Felsen bewegt haben. Dort kauern sie, von dort heben sie bittend die Arme zu dem Gekreuzigten, ganz im Sinne der Haltung, die sie im dritten Chorlied eingenommen haben; es ist die Haltung der vielen: nicht wider den Stachel löcken. Dennoch muß in diesem Flehen das Mitleid der eigentliche Antrieb gewesen sein, denn der Chor ist keineswegs auf Hermes' Seite, im Gegenteil: «Unerträglich ist, was du sagst!» (1064 f.)

So beginnt das letzte Spektakulum. Die Maschinen knarren. Geräusche von Donner und Orkan werden laut und nehmen an Stärke zu. Der Fels beginnt sich zu bewegen. Eine letzte Aktion: die Mädchen pressen sich an den Felsen, um mit Prometheus zu versinken: «Was not tut, wollen wir mit ihm erdulden: wir spukken auf Verräter» (1066). Schön hat das Reinhardt gedeutet: «Der Leidende zieht um so stärker an, je mehr der Peiniger abstößt. Im Triumph der Anziehung behauptet sich der Geist gegen die Macht.»[60] Das Ekkyklema rollt, wie oben beschrieben, ins Innere des Felsens. Gegen das Getöse werden Anapäste geschleudert. Dann läuft Hermes davon, und Prometheus hat das letzte Wort, ehe die Puppe mit dem Chor in der Finsternis verschwindet (1081 ff D):

> Es erbebet die Erd'
> Und der Donner, er brüllt dumpfhallend empor,
> Und es zuckt und es zischt der geschlängelte Blitz
> Sein Flammengeschoß; auf wirbeln den Staub
> Windstöße; daher, wie im Taumel gejagt,
> Rast allseits Sturm; ineinander gestürzt
> Mit des Aufruhrs Wut, mit Orkanes Geheul
> Ineinander gepeitscht mischt sich Himmel und Meer!
> Und offen schreitet des Zeus Ansturm
> Mir entgegen, Grauen erweckend,
> O Mutter, du heil'ge! Und Äther, du
> Gemeinsames, weltumspannendes Licht,
> Du siehst, wie ungerecht ich leide.

Das Stück ist, wie wir sagten, zum Anfang zurückgekehrt. Die Ausgangssituation ist wiederhergestellt. Die Macht ist in voller Aktion.

Was wird weiter geschehen? Prometheus, der Befreite – so heißt das andere Stück. Aber die Gegenwart, in der es spielt (und in der das dritte spielen sollte), beweist, daß Zeus noch immer regiert. Der Sturz hat nicht stattgefunden. Wenn also Prometheus frei ist und als Freier in dieser Welt wirkt, so kann er nur *mit* Zeus wirken. Etwas wie ein Vertrag muß zwischen Macht und Wissen geschlossen worden sein. Vor die Moira, die über allem ist, tritt also Dike.

War das der Plan? Wir wissen es nicht. Daß er ausgeführt worden ist, glauben wir nicht. Wie hätte man sonst im ganzen Altertum darüber geschwiegen? Der große Einsame hinterließ, als er in Gela starb, der Nachwelt die Tragödie des Empörers; diese und nicht die der «harmonia» hat ihn überlebt. Liegt etwas wie ein Sinn darin, daß er, fern von der Polis, die er wie nichts anderes geliebt hat, nicht mehr imstande war, die Versöhnung zu dichten?[61]

3

Aischylos' Weltbild ist nicht das unsrige. Staunend betrachten wir seine folgerichtige Geschlossenheit. Vielen mag das Fremdartige, das nicht mehr Nachvollziehbare überwiegend erscheinen. Anderes ist aus unserem Blickfeld geraten. Aber zeigt *unser* Blickfeld die ganze Wahrheit? Wenigstens *einen* Ansatz des Nachdenkens sollten wir zurückgewinnen. Es sieht geradezu so aus, als wäre seine Wiederentdeckung fällig.

Hinter allem, über allem ist Moira. Was von ihr ausgeht, was sie, in germanischer Vorstellung, «spinnt», was aus ihr in unsere Existenz, aber auch ins Spiel der göttlichen Mächte oder Kräfte wirkt, ist die Zeit.

Die göttlichen Mächte oder Kräfte, Götter genannt, spielen im Apeiron. Wir verstehen den vieldeutigen Begriff als das, was jenseits der Grenzen unseres Begreifens liegt. Man könnte es das «Irrationale» nennen. Doch ist nicht ausgemacht, daß es ohne Vernunft ist. Es ist nur unserem Begreifen entzogen: das Unbegreifliche, auch das Unendliche in dem Sinn, daß es jenseits aller Grenzen, alles Begrenzbaren in die Zeit wirkt. Jenseits des «peras» ist Dunkelheit. Aber unser Nachdenken ist imstande, das aus dem Dunkel Wirkende bis an die Grenze zu verfolgen; je mehr wir «lernen», desto mehr lichtet sich das Dunkel, das, von draußen hereinwogend, gleichsam herüberlappend, unser Diesseits noch erfüllt. Es ist das telos unseres Lernens, die Grenze zu bestimmen und für immer im Blick zu behalten.

Was wir von den Göttern erfahren, lehrt uns, daß ihre Mächte und Kräfte, wo immer sie in unserer Welt, in unserem Leben spürbar, faßbar, ermeßbar werden, gegeneinander wirken. Zwischen diesem Wirken und dem, was hinter allem ist, thront einer, der, so dachte Aischylos wohl, den Überblick über das Ganze hat, wenn er auch, da Moira noch über ihm ist, nicht alles weiß, was die Zeit bringt, was in der Zeit ist: *en chrono*. Er hält die Waage. Diese ist nicht das Recht im einzelnen Fall, sondern die Idee der Gerechtigkeit. So kann Dike auf verschiedenen, ja entgegengesetzten Seiten der göttlichen Mächte sein, aber einer ist da, der sie gegeneinander abwägt, weil sein Auge auf das Ziel gerichtet ist: Zeus teleios.

Vor allem zwei Folgerungen, die daraus gezogen werden, bereiten uns Schwierigkeiten, auch wenn wir ihre Folgerichtigkeit bewundern. Die eine: Auch Zeus weiß nicht, was ihm bestimmt ist (die These des erhaltenen «Prometheus»). Natürlich, wenn Moira hinter und über ihm ist, muß sein Vorauswissen dort eine Grenze haben, wo die Wahrheit im Schoß der Zeit verborgen ist. Daraus folgt auch, daß es alte und junge Götter gibt, daß Götterherrschaft gestürzt werden kann, ja, daß Gott selbst altert. Dürfen wir vermuten, daß hinter dieser Vorstellung eine andere verborgen ist, gleich einem Spiegelbild? *Daß es nämlich nicht die Götter sind, die wechseln und altern, sondern die Bilder, die wir uns von ihnen machen?* Der Zeus, der jetzt die Welt regiert, erscheint doch ohne Zweifel «gealtert» gegenüber dem Zeus, wie ihn Homer gesehen hat. Und was noch vor Homer war – sollte es nicht eine arche, einen Ursprung gehabt haben, in dem noch kein Zeus zu sehen war?[62] So lesen wir bei H. Fraenkel:[63] «Dinge und Ereignisse haben im apeiron ihre arche, und das apeiron erfährt in den Dingen und Ereignissen seine Realisierung.»[64] Aus der arche, die im apeiron liegt, kommt die Zeit. Götter, so sieht es also aus, wechseln und altern mit der Zeit.

Die andere Schwierigkeit hängt mit dieser zusammen; es ist die (wohl von Solon übernommene) Theodizee, wonach die Götter das Unrecht verfolgen bis ins dritte und vierte Glied. Es war schon die Rede davon. Der Gedanke liegt uns näher, weil er auch biblisch-christlich ist und nicht aufgehört hat, die Philosophen zu beschäftigen. Der Versuch, zu erklären, warum das Übel in der Welt ist, obwohl wir seinen Grund und seinen Sinn nicht verstehen, wird in der Orestie in mehr als einer Hinsicht differenziert. Elektra sagt, sie habe das «wölfische Blut» von der Mutter; also wirkt der Alastor, der Fluchgeist des Geschlechts, in der Vererbung. Aber Orestes besitzt das gleiche Blut; dennoch wird er sich vor der Entscheidung klar der Aporie bewußt, daß dike gegen dike steht; so bestätigt er die andernorts vorgetragene Ansicht, daß der Fluchgeist nur fortwirke, wenn er sich «in jedem Glied» erneuere, wenn also jeweils der freie Wille die «verfluchte» Entscheidung trifft. Das ist so, wie es ist, und nicht zu ändern. Und dennoch sind wir, nach Aischylos, nicht ganz ohnmächtig gegenüber solchem Verhängnis. Hier setzt die tiefe Zuversicht an, die in der Orestie den Menschen gestiftet wird.

Moira und die Zeit, die Götter und das apeiron – darunter wir, die Eintagsfliegen, die Menschen. Das gewaltige Memento, mit dem die Orestie die Zeitgenossen an die Menschenmöglichkeit, das Unabänderliche auszuhalten, erinnerte, sollte im «Prometheus» ins Metaphysische vertieft werden. War die Zuversicht der Orestie auf die Stiftung des Rechtsstaats, also auf die – göttliche – Idee der Polis gegründet, so konnte sie in der Deutung des Prometheus-Mythos legitimiert werden durch die zwingende Schlußfolgerung, daß so, wie die Menschen jetzt zusammenleben, wenn auch «unter Gottes Peitschenschlag», etwas wie ein Pakt vorausgesetzt werden müsse, der, wenn auch ungeschrieben, so doch unverbrüchlich zwischen den Göttern und den Menschen geschlossen wurde, dank der Mittlerschaft des «Vorausdenkers».

Hatte die Orestie ihre Argumente aus der Gegenwart gewordenen Geschichte bezogen, so mußte der Prometheus-Mythos die Vergangenheit mit der Zukunft in Einklang bringen. Das Argument war schlüssig: War es den Menschen gelungen, mit der Verwirklichung der Polis, das Recht auf Gewalt an den Staat zu delegieren (wodurch selbstverständlich die Möglichkeit der Gewalt des Einzelnen nicht aufgehoben werden konnte), so sollte es ihnen auch gelingen, zwar nicht das jeweilige Übel, aber die *jederzeitige Möglichkeit des Übels vorauszusehen* und in ihre Pläne einzukalkulieren. Wer die Grenze des Apeiron stets im Blick behält, als «das zu Fürchtende», der hat mit den Göttern das geschlossen, was man einen «Pakt» nennen kann. Je weniger er dagegen frevelt (hybris), desto weniger haben sie Grund, zu strafen. So ist es in der Tat möglich, daß die Götter «mit der Zeit» nachsichtiger und geduldiger würden. Das ist es, was die zu Eumeniden gewordenen Erinyen meinen, wenn sie in dem berühmten Vers 1001 sagen, die Athener würden weise mit der Zeit (sophronuntes en chrono).[65]

Das Übel wird dadurch nicht aufgehoben, daß es einsehbar geworden ist als die jederzeitige Möglichkeit seines Eintretens. Es kann über uns kommen als Sturm, als Krankheit, als Erdbeben und Überschwemmung, als Dürre und Hagel, als Atomknall und Ölpest, aber auch als eingeborene und ausbrechende Gewalt. In dem Zusammenhang, in dem die Maxime «durch Leiden lernen» in der Orestie zum erstenmal ausgesprochen wird (Ag 180), steht ein tiefsinniges Wort: «mnesipemon»; man kann es verdeutschen als «das Bewußtsein des Übels»; die Alten sprechen davon; dieses Bewußtsein raube ihnen den Schlaf, und sie fügen hinzu: ob wir wollen oder nicht, wir müssen es einsehen; mit Gewalt (biaios) regiert der Götter charis... Das ist heraklitisch gedacht: das Übel kommt von den Göttern, wir können es nicht verhindern; und: auch das Bewußtsein, die Einsicht, die Fähigkeit, mit dem Übel zu rechnen, ist eine göttliche Kraft.

«Alles lehrt die alternde Zeit», heißt es im «Prometheus».[66] Die Zeit geht durch den Einzelnen hindurch, ein «Vorlaufen zum Tode» als dem telos, so wie sie durch die Polis hindurchgeht, als Kontinuum, in dessen Mitte stets die fordernde Gegenwart ist. Diese aber gilt es zu bewältigen. Wir könnten es nicht, würden wir nicht fortwährend das Bewußtsein der Unentrinnbarkeit des Übels wachhalten; solches Wachhalten mag denen vor allem zustehen, die dem telos näher und näher kommen. Die Handlungsfähigkeit der Jugend und des Mannesalters beruht auf der zeitweiligen Verdrängung von Angst und Sorge durch die Hoffnung; Prometheus weiß, warum er diese «blind» genannt hat; die Kraft zu handeln, also, das Übel nicht hinzunehmen und angesichts seiner Unvermeidlichkeit nicht dahinzuvegetieren wie Ameisen, gewinnen die Menschen durch die Konzentration auf das, was hic et nunc zu tun ist (ta deonta, das Notwendige tun, nannte Perikles das Ziel aller Politik).

Dem Täter ist, wir wissen es, Leiden zugewiesen; er wird dennoch handeln, als wäre er sich der Vergeblichkeit nicht bewußt, die der Rückblick des Alters als Summe der Erfahrung einsieht. Wer diese Verblendung in Kauf nimmt, ist in der Lage, dem Übel mit Vorsicht zu begegnen, und so, wenigstens in der jeweiligen Gegenwart, eine gewisse Balance zwischen der Notwendigkeit und ihrer Erträglichkeit herzustellen. Darauf läuft alle Menschenmöglichkeit hinaus – im Leben des Einzelnen sowohl wie im Zusammenleben der Polis.

Die aischyleische Aufklärung ist nicht der Glaube an den Sieg der Vernunft in irgend einer erreichbaren Zukunft. Das Übel ist durch Vernunft nicht besiegbar; es ist durch die Vernunft nur aufklärbar und damit leichter ertragbar.

Jede Zeit und jedes Menschenleben ist in diese polarisierende Konstellation gestellt. *Der Gedanke, daß es künftige Generationen besser haben sollten als die jeweils gegenwärtige und die vielen vergangenen, ist nicht griechisch, und auf keinen Fall aischyleisch.* Daran, daß die Polis durch Erfahrung lernen könnte, haben die beiden anderen Tragiker nicht mehr mit der gleichen Kraft geglaubt, die der

Dichter der Orestie noch besaß. Sollte auch er am Ende aus der Erfahrung des Exils zweiflerische Konsequenzen gezogen haben? Kam er mit der Metaphysik dieses Glaubens um so weniger zurecht, je länger er am «Prometheus» arbeitete? Darauf haben wir, wie gesagt, keine Antwort.

Und doch, so will uns scheinen, ist die Lehre der Orestie nicht veraltet. Im Gegenteil! So sinnlos es wäre, das einzelne Menschenleben der Vorstellung einer progressiven Evolution zu unterwerfen, so zweifelhaft erscheint uns allmählich diese zum Syndrom unserer Zeit gewordene Zwangsvorstellung im Hinblick auf das Zusammenleben der Menschen miteinander. Man diskutiert über «zuviel Staat»; der politischen Machbarkeit hat schon Aischylos die Mahnung entgegengesetzt, das Unkalkulierbare, das «zu Fürchtende» nicht zu übersehen, also sich der Grenzen des Staates bewußt zu bleiben. Andererseits zeigt die blutige Gewalt in den beiden ersten Stücken der Orestie, wie wir leben müßten, wenn wir «zu wenig Staat» hätten; Gewalt, eines der jederzeit drohenden Übel, das nicht aus der Welt zu schaffen ist, kann, wenn wir uns dieser Wahrheit bewußt sind, durch Vorsicht eingeschränkt werden; die Delegation der Bestrafung eines Verbrechens von der Gewalt der Betroffenen an die Staatsgewalt kann gewiß auch die Folge haben, daß die letztere, in einer Hybris von «law and order», zum Terror entartet; aber wenn wir wissen, daß diese Möglichkeit stets gegeben ist, ist unsre Vernunft in der Lage, davor zu warnen. Zwischen den Extremen liegt der Kompromiß; gewiß nicht der «faule», der gedankenlose, der konformistische; sondern jener «göttliche», den Athena in der Orestie dadurch stiftet, daß sie die Erinyen nicht verbannt, sondern in Eumeniden verwandelt. «Harmonia» also, wie die Tragödie sie lehrt: nicht Ausgleich, sondern Aushalten. Die von jeder Gegenwart geforderte Notwendigkeit des Handelns quia absurdum. Dazu die Einsicht, daß Geschichte nicht Evolution von Zuständen, also Fortschritt ist, sondern Aufdeckung des wahren Zustands: aletheia.

Sophokles

Bei Sophokles ist vieles anders als bei Aischylos. Wir wissen mehr und zugleich weniger über ihn und sein Werk in der Zeit, in der er lebte und schrieb. Mehr aus seinem Leben: in seiner Jugend trat er als Tänzer, Sänger und Schauspieler hervor; später bekleidete er dreimal ein hohes politisches Amt: er war Bundesschatzmeister (443/2), Stratege (Admiral 441) und Mitglied des Rats der Zehn Probulen (413), die eine neue Verfassung ausarbeiten sollten. So war er mehr als nur Zeuge der Größe und des Niedergangs seiner Polis. Als er starb, 406/5, war Athen belagert und eingeschlossen; als die Nachricht von seinem Tod über die Mauern drang, erboten sich die Belagerer, für den Trauerkondukt die Straße zum Friedhof vor der Stadt zu öffnen; sein letztes, nachgelassenes Stück wurde drei Jahre nach der Kapitulation im Dionysostheater aufgeführt. Eine Garnison der Besatzungsmacht lag auf der Akropolis; wenigstens das hatte der Neunzigjährige nicht mehr erleben müssen.

Unser Wissen über sein Werk ist arm an gesicherten Daten. Anders als bei Aischylos, bei dem nur der «Prometheus» strittig ist, läßt sich die Chronologie der sieben erhaltenen Tragödien nicht einmal im Ablauf fixieren.[1] Außer dem Jahr der Uraufführung des nachgelassenen Stückes steht nur noch ein Datum fest: das des «Philoktetes», 409. Für «Antigone» hat man sich auf 442 geeinigt. Er selbst soll rückblickend von drei Perioden gesprochen haben,[2] einer ersten, die stark unter Aischylos' Einfluß stand, einer zweiten im Zeichen von künstlich «bitterer Erfindung» und einer dritten, der «ethischsten», einer Charakterisierung, die sich wohl auf die Zeichnung der Menschen und des Menschlichen bezog. Wie Aischylos, den er als etwa Dreißigjähriger beim dionysischen Agon besiegt haben soll, war er ein Neuerer der Bühne. Von Sophokles übernahm Aischylos die Erhöhung der Schauspielerzahl von zwei auf drei; daß er auch den Chor von 12 auf 15 Choreuten erhöhte,[3] zeigt die Richtung an, in die das zielte: das Klassische, wie es sich gleichzeitig in der bildenden Kunst realisierte (symmetrisches Arrangement).[4]

Wir wissen nicht, welches von den sieben Stücken, die wir von ihm haben, das älteste ist; am meisten spricht für den «Aias», dessen Szenerie der alten Pagos-Bühne noch am nächsten steht; aber sicher ist, daß alle anderen für das umgebaute Theater geschrieben worden sind, das sich nach der Orestie im Grundriß nicht mehr verändert hat. Vier von ihnen spielen vor der Palastfassade mit den Paraskenien, in die sich die Skene durch den letzten Umbau definitiv versteinern sollte («Antigone», «Oedipus tyrannos», «Trachinierinnen», «Elektra»). Es waren temporäre

Aufbauten, die jedes Jahr und für jedes Stück neu errichtet wurden; zu den stereotyp und traditionell gewordenen Szenerien gehörten das Zelt und der Felsen mit der Höhle; letzteren kennen wir aus dem «Prometheus», und in der Tat könnte der «Philoktetes»[5] in dem gleichen Aufbau gespielt worden sein; man sah auf halber Höhe im Felsen die Öffnung der Höhle, ähnlich der, in welcher Prometheus beim Sturz in den Tartaros mit dem Chor verschwand. Das Zelt war im «Aias» aufgebaut; seine Planen konnten weit zurückgeschlagen werden und gaben so den Blick ins Innere frei.[6] Für den «Oedipus auf Kolonos» wählte Sophokles die freie Bühne mit dem unbehinderten Blick in den Hain, in den der Held zuletzt hinabstieg, um entrückt zu werden; es war wie eine Reminiszenz an die Bühne, auf der er einst seine ersten Stücke zur Aufführung gebracht hatte.

Es schien uns richtig, anstelle einer nur vermutbaren chronologischen eine andere Disposition zu wählen. Wir fassen den wichtigsten Komplex zusammen: die thebanischen Stücke, «Antigone» zuerst, als das zweifellos früheste, dann «Oedipus tyrannos» und «Oedipus auf Kolonos»; obwohl wir so wenig Chronologisches wissen, können wir sicher sein, daß wir dabei ein halbes Leben durchqueren. Um zuvor in die Denkweise und die Vorstellungswelt dieses Tragikers einzuführen, unternehmen wir einen Vergleich des «Aias» mit dem «Philoktetes»; es sind zwei thematisch ähnliche Stücke, die ebenfalls durch Jahrzehnte voneinander getrennt sind. «Die Trachinierinnen»[7] und «Elektra» sind nahezu undatierbar; jedes dieser Stücke zeigt, obwohl beide vor der gleichen Szenerie spielen, wie zwingend dieser Dichter die dramatische Form aus dem Thema abgeleitet hat, wie wenig also formale Entscheidungen zur Konstruktion einer «Entwicklung» herangezogen werden dürfen.

Aias und Philoktetes – *Tragische Krankheit*

Homerische Geschichten.[8] Die eine spielt vor Troja, in der anderen ist Troja der Hintergrund, in beiden ist es das letzte Jahr des Krieges, die Zeit vor Trojas Fall. In beiden geht es um Waffen. In der einen um die berühmten des Achilleus, die Odysseus geborgen hatte, als Apollons Pfeil den größten aller Helden getroffen hatte, während Aias die Leiche dem Zugriff der Feinde entriß. In der anderen Geschichte geht es um den berühmten Bogen des Herakles, den dieser vor seinem Flammentod dem Philoktetes geschenkt hatte. Waffen haben mythische Kraft;[9] der Ruhm ihrer Träger überträgt sich auf diejenigen, die sie besitzen. Die Griechen kannten keinen Waffenkult, aber Waffen waren für sie wie in diesen Tragödien: Zeichen.

Aias, Sohn des Königs von Salamis, einer der großen Helden der Ilias, hatte Schreckliches getan, und Schreckliches war mit ihm geschehen. Als die Atriden-Könige die Waffen des toten Achilleus nicht ihm zusprachen, der sie als der erste nach Achilleus selbstverständlich beanspruchen zu dürfen glaubte, sondern Odysseus, wurde er von rasendem Zorn ergriffen. Er zog sich in sein Zelt zurück und sann auf Rache. In der Nacht, bevor das Stück beginnt, hatte er sich aufgemacht, um mit dem Schwert in der Hand die Atriden und Odysseus in ihren Zelten zu stellen. Aber die Göttin Athena schlug den Rasenden mit einer «Krankheit», einer mania, die ihn die Koppeln des Beuteviehs für das Lager der Griechen halten ließ. Nachdem er ein Blutbad unter dem Vieh angerichtet hatte, kehrte er mit blutigen Kadavern und gefesselten Tieren zurück, von denen er eines für Odysseus hielt: diesen wollte er zu Tode foltern.

Das Stück beginnt mit einem Prolog, in dem Athena mit Odysseus vor dem Zelt des Aias erscheint, die Göttin unsichtbar für den Mann, dem sie den geschehenen Greuel vor Augen führt. Sukzessive wird das Schreckliche enthüllt. Als die Bahnen des Zeltes zurückgeschlagen werden, zeigt sich das Bild des Grauens und mitten drin der aus der mania erwachte Held: «Da schaut, was aus dem Kühnen geworden ist! Hört ihr das Gelächter?» Am Ende wäscht der Gottverlassene den Makel seiner Würde ab, indem er vernichtet, was befleckt ist: sich selbst. Die Tat wird ihm die Achtung der Gerechten und den Ruhm der Nachwelt sichern. So geht er in den Tod. Der Rest ist Klage, Ritual und Schimpf. Die Atriden wollen die Bestattung verhindern. Aber Odysseus überredet Agamemnon, den Toten nicht zu schänden. In feierlicher Prozession wird die Bahre vom Schauplatz getragen.

Philoktetes, der Träger des Herakles-Bogens mit den nie ihr Ziel verfehlenden

Pfeilen, war vor zehn Jahren mit den Griechen nach Troja gefahren. Aber da eine offene Wunde, die er sich durch einen Schlangenbiß zugezogen hatte, durch Eiterung unerträglichen Gestank verbreitete und die Schmerzensschreie die Moral der Truppe zu zersetzen drohten, hatten die «obersten Kriegsherren», die Atriden, auf Rat des Odysseus beschlossen, den Kranken auf einer unbewohnten Insel (Lemnos) auszusetzen und seinem Schicksal zu überlassen. Zehn Jahre hatte er dort das Leben eines Robinson geführt, ohne ärztliche Hilfe, die wenigstens die Schmerzen hätte lindern können, mit nichts als dem Bogen, der es ihm ermöglichte, notdürftig sein Leben zu fristen und sich vor dem Raubwild und den Raubvögeln zu schützen. Ein Orakel führt nach zehn Jahren die Wendung herbei. (Nicht was prophezeit wird, ist bei Sophokles wichtig, sondern nur, daß es geglaubt wird.) Der Spruch besagt, daß Troja nicht ohne die Hilfe des Philoktetes und seines Bogens erobert werden könne. Er muß zurückgeholt werden, aber die «obersten Kriegsherren» wissen wohl, daß das nur mit List geschehen könnte. Odysseus, der den Auftrag erhalten hat, wählt den jungen Neoptolemos, den Sohn des toten Achilleus, zum Begleiter: ihn kennt Philoktetes nicht; Odysseus wird aus dem Hintergrund das Unternehmen dirigieren. Nun liegt das Schiff mit den Matrosen in einer Bucht der einsamen Insel vor Anker.

Das Stück spielt vor der Höhle, in welcher der kranke Held haust. Die erste Szene zeigt Odysseus und Neoptolemos, die endlich die Höhle entdeckt haben. Sie ist leer. Sie müssen warten. Da hört man Stöhnen hinter der Szene. Der kranke Held wankt herein, ein Bild des Jammers: in Lumpen gehüllt, verwildert und verwüstet, von der jahrelangen Qual der Krankheit gezeichnet, ein «lebender Leichnam», wie er sich selbst nennt. Die List des Odysseus: Neoptolemos soll sich als Feind der Atriden ausgeben und die Freundschaft des Kranken gewinnen; in einem günstigen Moment soll er sich des Bogens bemächtigen. Zwar gelingt die List, aber der junge Mann, überwältigt vom Leiden des Helden, gesteht die ganze Schurkerei. Vergeblich versucht Odysseus, die Rückgabe des Bogens zu verhindern. Er zieht ab, um dem Heer das Scheitern und den Schuldigen zu melden.

Der Moment ist erreicht, in dem nur noch der deus ex machina hilft, die Geschichte in Ordnung zu bringen, wie sie geschehen ist: Troja ist ja gefallen, und Philoktetes war mit seinem Bogen dabei. Zwar erscheint kein Gott, aber doch ein Unsterblicher: Herakles. Seiner wunderbaren Milde kann der Held nicht widerstehen.

Homerische Geschichten? Nicht auf die Geschichten, die sie alle kannten, waren die Zuschauer damals gespannt, sondern auf die neue Deutung. Was gehen die Zuschauer von heute, die sie nicht kennen, die gedeuteten Geschichten an?

I

Der Vergleich reizt: die Stücke, durch ein halbes Menschenalter voneinander getrennt – «Aias» vielleicht vom Fünfzigjährigen, «Philoktetes» vom Siebenundachtzigjährigen geschrieben – haben nahezu das gleiche Thema und manch andere Ähnlichkeit.

Das Thema muß den Dichter tief beschäftigt haben. Was ist Krankheit? Wie kommt sie in einen Menschen? Was bedeutet sie für die condition humaine? Die Ästhetik des vorigen Jahrhunderts hat das Thema verpönt. «Dann (in der Krankheit) herrscht der Begriff nicht als alleinige Macht, sondern andere Mächte teilen die Herrschaft. Durch solche Existenz ist dann auch eine schlechte und verkrüppelte Lebendigkeit, welche nur noch lebt, weil die Unangemessenheit von Begriff und Realität nicht absolut durchgreifend, sondern nur relativ ist. Denn wäre gar kein Zusammenstimmen beider mehr vorhanden, fehlte dem Leibe durchaus die echte Gliederung wie deren wahre Idealität, so verwandelte sich sogleich das Leben in den Tod, der das selbständig auseinanderfallen läßt, was die Beseelung in ungetrennter Einheit zusammenhält.» So Hegel.[11]

Das Echte, das Wahre = das Gesunde. Unmenschlicher Idealismus – wann sind wir, genaugenommen, nicht «krank»? Man muß nicht das Leben selbst als die «Krankheit zum Tode» verstehen, wenn man feststellt, daß ein Teil unsres Lebens Kranksein ist, Angst vor dem Krankwerden, Ertragen und Überstehen des Krankseins, Einblick in einen Bereich unsrer Existenz, der sich unserem Willen und – wie oft – auch dem Zugriff anderer (Ärzte) entzieht. Nietzsche, der viel Gefährliches über die Gesundheit (die «Bestie») gesagt hat, kam zu spät zu einer wenigstens ästhetischen Korrektur: «Die Kranken und Schwachen ... haben mehr Mitgefühl, sind ‹menschlicher› –: die Kranken und Schwachen haben mehr Geist, sind wechselnder, vielfacher, unterhaltender... Sie sind interessanter als die Gesunden.»[12] Nietzsche meinte das Kranke als Zustand; er sah in ihm ein Stadium des Gesunden; Krankheiten nannte er die «großen Stimulantia des Lebens». Ach, wieviel krankhafte Prahlerei setzt sich hier über etwas hinweg, das doch schlicht eine Konstante unsrer Existenz ist? Seit Freud den Bereich des Krankseins durch die Psychoanalyse verdoppelt hat, sollten selbst Hegelianer, die darauf beharren, daß das Tragische eine «dialektische Modalität»[13] sei, die Darstellung der Krankheit als eines schlechthin nichtdialektischen Phänomens in einer freilich durch keinen Dreischritt aufhebbaren Dialektik der Menschen-Existenz für erlaubt, ja für notwendig halten.

Der große Sophokles hat das lange vorher gewußt. Er hat die Tragik des Krankseins in beiden Bereichen dargestellt: im physischen an Philoktetes, im psychischen an Aias.[14] Sterbenskrank ist der alte Oedipus. Auch die Tragik der «Trachinierinnen» kreist um Krankheit; doch rückt diese unmittelbar neben die furchtbare

Verwundung, die sich Oedipus zufügt, da menschlicher Wille sie verschuldet hat. Gerade die schuldlos erlittene Verstörung der Physis und der Psyche, also der Schlag von außen her, das jeder inneren Notwendigkeit ermangelnde Leiden – das ist das Thema, das Sophokles so tief beschäftigt hat.

Gewiß sind es die Götter, die Krankheit schicken: die Pest im Theben des «Oedipus tyrannos» wird als Geißel Apollons gedeutet. Auch unsre beiden Tragödien enthalten eine klare Aitiologie der Krankheit: Aias ist von Athena mit der mania geschlagen worden; Philoktetes ist im unbetretbaren Hain einer Göttin von der Schlange gebissen worden, deren Gift sein Bein verfaulen läßt und ihm in Anfällen rasenden Schmerzes das Bewußtsein raubt. Mag Aias' Erkrankung als «Bestrafung» erklärt werden, so wären die Folgen des Schlangenbisses bei Philoktetes eine «Strafe», die in keinem Verhältnis zu der «Schuld» der Fahrlässigkeit stünde; dennoch wird auch Philoktetes' Krankheit als «göttliches Schicksal» (1326) gedeutet.

Daß Götter die Krankheit schicken, ist nahezu eine Tautologie; denn alles kommt ja von den Göttern, sie «machen» das Schicksal. Das Nachdenken fängt hier erst an: Warum schicken Götter Krankheit? Die Frage mag nicht so weit gehen wie die der Theodizee: warum ist das Böse überhaupt in der Welt, in einer Welt, die Gott geschaffen hat? Aber sie umkreist in beiden Stücken ein ähnliches Problem: Warum schlagen die Götter die Gerechten, während die Ungerechten so oft leer ausgehen? Noch härter: Warum lassen es die Götter zu, daß die Ungerechten über die von ihnen Geschlagenen lachen? Es ist dieses ungeheuerliche, unverdiente Gelächter, das Aias in den Tod, Philoktetes an den Rand des Todes treibt. Und auch in diesem Gelächter lachen die Götter mit! Athena, die einzige Göttin, die bei Sophokles auftritt, sagt: «Ist es nicht das Süßeste, über die Feinde zu lachen?» (79). Im Gelächter der Feinde, die sich über seine Krankheit und über seine «Ohnmacht» (1023, 1125) lustig machen, spürt Philoktetes den «göttlichen Stachel» (1039), der diese antreibt. Es ist der Stachel eines Gottes, in beiden Fällen der gleichen Gottheit: Athena. Hier geraten wir an die Grenzen unsres Verstehens.[15]

2

Die Ähnlichkeit der beiden Stücke erstreckt sich nicht nur auf das Thema der Krankheit. Homerische Geschichten: Ins Vorzeitliche weist, wie gesagt, der Wert, der den heroischen Waffen zugemessen ist: sie stehen im «Aias» als Ausweis für den Ruhm des ersten Helden vor Troja: wenn die Heerführer der Griechen Aias die Waffen des toten Achilleus verweigerten und sie dem Odysseus zusprachen (der sie, wie wir von Sophokles erfahren, kämpfend den Feinden entrissen hatte), so verletzten sie den heroischen Status der Tapferkeit, dem Odysseus niemals seinen

Ruhm verdankt hatte; sie verletzten diesen Status (wie sie im Stück kaum verhehlen) mit Absicht: die Feindschaft zwischen ihnen und Aias war älter als der Streit um die Waffen; sie verletzten ihn aus Rache und Bosheit. Für den kranken Philoktetes, der auf der Fahrt nach Troja, sozusagen vor Kriegsbeginn, auf der wüsten Insel Lemnos [16] ausgesetzt worden ist, bedeutet der ihm mythisch zugehörige Bogen in doppelter Hinsicht mehr als eine Waffe: die Zugehörigkeit bestimmt einmal seinen Status als eine Art «erster Held» – wie die Waffen bei Achilleus oder das Schwert bei Siegfried; darüber hinaus ist der Bogen aber jetzt für Philoktetes unentbehrlich als das einzige Mittel, sein Heroentum zu verwirklichen, indem er ihm Macht über die Feinde gibt, und als das einzige Mittel, sich mit Nahrung zu versehen und des Raubwilds zu erwehren: ohne den Bogen, heißt das, ist er «nichts» (951, 1030, 1217); im «Philoktetes» ist also die reale Kraft der Waffe der zeichenhaften gleichgesetzt – nicht zufällig, wie wir sehen werden.

Dennoch unterstreicht die Bedeutung der Waffen den vorzeitlichen Charakter der Stücke. Es sind nicht Herrscher-Dramen (wie die thebanischen Stücke), sondern Ritter-Dramen. An der Stelle der Polis steht die Waffenkameradschaft, das Heer. Der Wertmaßstab ist nicht politisch, sondern heroisch. Trotzdem wird in beiden Stücken die Dialektik durch ein quasi politisches Moment ausgelöst. Waffenruhm ist nicht identisch mit Macht; Aias und Philoktetes werden durch gottgesandte Krankheit außerstand gesetzt, den ihnen zukommenden heroischen Status mit der Waffe in der Hand zu verteidigen. So gewinnen die Träger des Nichtheroischen Übermacht über sie. Sie werden verhöhnt und mißbraucht.

Daß die Gegner der Helden in beiden Stücken dieselben sind, beweist, wie wenig sich für Sophokles im Laufe der vielen Jahre, die zwischen den Stücken liegen, in der grundsätzlichen Einstellung zum Heroischen geändert hat. Dieses ist unlösbar mit dem «Rechten» (chreston) verbunden, und zwar ist sein Träger «recht» von Natur (physis), als «rechter» Mensch geboren (ephyn), wie seine Feinde «unrecht» sind, ungerecht von Natur. In solcher Einstellung erweist sich Sophokles als Moralist, sein Leben lang. Heroisch ist es, sich nicht mit dem Naturgegebenen zu begnügen, sondern für das Recht zu kämpfen, ja, wie Antigone, zu sterben. Heroisch ist, sich dem Unrechten nicht zu unterwerfen, auf gar keinen Fall, selbst gegen die Macht der Götter. Die Würde des Heros wird nicht nur verliehen, sondern muß in der Welt und vor den Menschen verwirklicht werden. Es ist die condition humaine, daß der rechte Held dabei schuldlos in Tragik gestürzt wird. Aias spricht in einer vielumstrittenen Rede (der «Trugrede», auf die wir zurückkommen werden) von Unterwerfung. Philoktetes muß sich vorhalten lassen, daß Unterwerfung das sicherste Mittel wäre, sein Unglück zu beenden, und daß nur Trotz ihn hindere, das einzusehen. Aber Unterwerfung würde für beide mehr als den Verzicht auf die eigene Würde einschließen: die Anerkennung des Unrechts, das die Welt regiert.

Werfen wir einen Blick auf die Gegner. Agamemnon und Menelaos treten im «Aias» auf; im «Philoktetes» erscheinen sie nur in den Haßreden des Helden. Ihr Verhalten ist in beiden Stücken negativ: sie verweigern der Leiche des Aias die Bestattung; sie haben befohlen, den kranken Philoktetes auf der wüsten Insel auszusetzen und seinem Schicksal zu überlassen. Philoktetes' Krankheit ist ebenso unheilbar wie Aias' Wahnsinnstat unauslöschbar ist; das Verbrechen der Ungerechten besteht darin, daß sie, im einen Stück, den Haß bis über den Tod hinaus erstrecken und den Wehrlosen der Schändung auszusetzen gedenken, und daß sie, im anderen Stück, dem Unglücklichen, der ihnen nichts zuleide getan hat, die ärztliche Hilfe verweigern und ihn so dem Elend preisgeben. Sophokles' Urteil ist in dem späten Stück eher schärfer geworden.

Das scheint auch auf Odysseus zuzutreffen, der beide Male den Atriden zugesellt ist, aber im «Aias» zu ihnen in Gegensatz tritt und so die Schändung des Toten verhindert. Eine ähnliche Haltung zeigt der Odysseus des «Philoktetes» nicht, aber hat sich sein Grundcharakter wirklich verändert? Er vertritt im «Aias» den Standpunkt der aufgeklärten Vernunft aus politischen Motiven; er verurteilt die archaischen Terror-Bräuche, die von Machthabern (den zeitgenössischen von damals, siehe den Fall Kreon–Antigone, wie von heute) gegen Feinde in Gang gesetzt werden; er leugnet nicht, daß ihm Aias verhaßt war; jetzt, da er tot ist, kann er sich erlauben, ihm Ehre zu erweisen, denn er kann ihm ja nicht mehr schaden; er selbst aber wird desto eher als «recht» (chrestos) erscheinen, so wie er es Agamemnon versichert, nachdem dieser nachgegeben hat (1369). Er weiß sehr wohl, daß Aias' Ruhm berechtigt ist (1342) und daß ein Verbrechen an der Leiche den oder die Täter vor der Mit- und Nachwelt belasten würde; aber ist er deswegen wirklich «chrestos»? Wäre er es, hätte Aias ihn ja zu Unrecht gehaßt. Und Aias' Bruder Teukros, der Odysseus die Anerkennung nicht versagt (1381), verweigert ihm dennoch die Mitwirkung an der Bestattung, «um nicht dem Toten dies Schwere (1395) anzutun». Odysseus kann nicht als des toten Aias Freund auftreten (wie er es zu sein vorgibt 1377), nachdem er dem lebenden solches Unrecht angetan hat.[17]

Andererseits ist der Odysseus des «Philoktetes» nicht der Ausbund an Abscheulichkeit, wie er manchem modernen Zuschauer erscheinen mag; so distanziert er sich ausdrücklich von der verbrecherischen Aussetzung des Kranken, die auf Befehl der «Herrscher» (6) erfolgt sei, da der Verbleib des Brüllenden und Stinkenden im Lager unerträglich geworden sei; die Intrige, zu der er sich gezwungen sieht, hat unwiderlegliche Logik: er handelt ja nicht aus persönlichem Interesse, sondern im Dienste des Ganzen: wenn die Griechen vor Troja siegen wollen, müssen sie sich Philoktetes' und seines Bogens bemächtigen (der jahrelange Krieg hat allen gezeigt, daß das Orakel recht hat); daß Philoktetes um keinen Preis bereit ist, freiwillig mitzukommen, beweist er hinlänglich durch sein Verhalten im Stück; was bleibt also im Gemeininteresse der Griechen anderes übrig, als sich seiner durch Betrug zu bemächtigen? Odysseus ist der Realpolitiker schlechthin. Er ist, wie im «Aias», moderner als der Heros und dessen Gegner. Der Zweck heiligt jedes Mittel. Wenn er sagt, er sei in allem, was er sich vornehme «von Natur» (ephyn 1052) gewohnt, den Sieg (Erfolg) zu wünschen (1052, cf 80), so kann ihm daraus nur der einen Vorwurf konstruieren, der nicht wahrhaben will, wie seit eh und je Politik gemacht wird. Odysseus sagt im Stück: wir müssen heute mal unrecht handeln, aber schon morgen – nach dem Erfolg – werden wir die gerechtesten Leute der Welt sein. Sophokles legt ihm ein Wort in den Mund, das die Athener nur allzugut kannten: Wenn etwas getan werden *muß*, dann bin ich eben so, wie Philoktetes mich hinstellt (1049). Dieses «muß» (dei) erinnert, zumal es durch Wiederholung unterstrichen wird (1060), an den Grundsatz der Politik, zu dem sich kein Geringerer als Perikles bekannt hatte: «das Notwendige (deonta) zu erkennen».[18] Hier spricht also nicht nur der Realpolitiker, sondern der Politiker schlechthin.

In beiden Stücken tritt ein junger Held neben den älteren: Teukros, Aias' Bruder, der die Ehre des Toten verteidigt; er hat keinerlei Bedeutung für die Tragik des Heros; seine dramaturgische Funktion ist deutlich auf das Geschehen nach dessen Selbstmord eingeschränkt; hier vertritt er das Recht der Pietät als Schützer dessen, was Aias hinterlassen hat: die Leiche, die Geliebte, das Kind. Tekmessa, die «Kebse»,[19] wird, so liebevoll sie durch ihr Schicksal als Mensch gezeichnet ist, von Aias selbst kaum gewürdigt; sie erschöpft ihre Funktion in Aias' Tragik als Mutter des Kindes; nach ihrer Klage an der Leiche verschwindet sie völlig aus dem Geschehen, ein stummes Bild; in den letzten Versen würdigt der Bruder nur das stumme Kind einer Erwähnung, die darauf deutet, daß es mit auf der Bühne ist.

Im «Philoktetes» jedoch steht der Jüngling Neoptolemos[20] in der Maske des Kuros[21] für ein Stück Welt. Er ist das Zwischenglied zwischen dem Heros und dessen Feinden. Von den letzteren als Werkzeug vorgeschoben, macht er sich arglos zum Mitschuldigen; aber aufgestört durch das Mitleid gewinnt er die Einsicht in das Unrecht; und doch tritt er nicht einfach auf die Seite des Verdammten. Dieser Neoptolemos markiert genau den Punkt, wo sich der sehr alte Sophokles in liebevoller Resignation von seinem Helden distanziert, um dessen Erlösung zu ermöglichen. Im «Oedipus auf Kolonos» wird er dem Helden selbst dieses umfassende Wissen schenken. Aber Oedipus ist ja auch der schlechthin Wissende, der Held des «nus». Philoktetes weiß wenig, ja, er ist der Feind des Wissenden: des Odysseus. In der Unterscheidung zwischen dem Wissen des Odysseus und dem Wissen des Oedipus stoßen wir auf den Sinn dieser letzten Tragödien. Er bildet sich in der Figur des Neoptolemos ab, zu der sich der Dichter nirgends distanziert. Die Dialektik zwischen ihm und Odysseus wird in der letzten Szene auf den Nenner gebracht. Neoptolemos weigert sich, den Bogen, den er durch Betrug an sich nehmen konnte, zu behalten. Odysseus bietet alles auf, die Rückgabe an Philoktetes zu verhindern. Sein stärkstes Argument: «Es gibt, es gibt noch jemand, der dich hindern wird, das zu tun» (das doppelte estin tis estin tis, 1241, zeigte dem Schauspieler, wie das zu sprechen war: mit größtem Nachdruck – da spricht eben nicht nur der «tückische» Odysseus). «Was sagst du?» antwortet Neoptolemos, «wer ist da, der mich hindern könnte?» Odysseus (groß): «Das ganze Heer der Achaier zusammen, in diesen aber ich!» (1243: an ihrer Statt, aber kraft ihrer Vollmacht). – Neoptolemos hat darauf keine direkte Antwort; er kontert sonderbar: «Du kluggeborener (sophos ephykos) Mann sprichst da nichts Kluges aus.» – Odysseus: «Du aber sprichst weder, noch wirst du tun: Kluges.» – Neoptolemos (stark): «Doch wenn es Gerechtes ist, ist das gerade stärker als das Kluge» (1246). Das ist der Satz, auf den es ankommt. – Odysseus: «Du fürchtest nicht das Achaier-Heer, wenn du das tust?» – Neoptolemos (entschieden): «Bin ich gerecht, so fürchte ich nicht deinen Terror.» Sie ziehen die Schwerter. Der Chor, Neoptolemos' Leute, macht Anstalten, sich gegen Odysseus zu werfen. Dieser zieht es vor, zu verschwinden, um «dem ganzen Heer» zu melden, was geschehen ist: Neoptolemos wird bestraft werden (1258).

Auf diese Spitze hat der Dichter die Entscheidung getrieben. Vor die Wahl gestellt zwischen sophia und dike [22] entscheidet sich der chrestos für dike. Neoptolemos ist die Schlüsselfigur zum Verständnis des «Philoktetes», aber er ist selbstverständlich niemals die zentrale Figur; seine Entscheidung für dike beruht weniger auf Erkenntnis als auf Mitleid. Sie hat nicht die spontane Entschlossenheit der Entscheidung Antigones. Neoptolemos ist, verglichen mit dieser, naiv. Daher auch die widerstandslose Verführbarkeit zum Betrug im ersten Teil. Aufgewachsen in einer Welt, die von den ihm überlegenen sophoi und den ihm ebenso überlegenen Machtmenschen regiert wird, entwickelt er keinerlei Widerspruch gegen das, was «die oben» (385) beschließen. Er handelt auf Befehl. Daß er nicht das Zeug zum Heros hat, wird durch sein Verhalten im Streit um die Waffen seines Vaters beleuchtet. Odysseus kann die Stirn haben, ihm eine Trugrede einzuflüstern, in der gerade dieses Motiv verwendet wird, ohne daß der Ahnungslose eine Konsequenz daraus zieht: Um Philoktetes' Sympathie zu wecken, soll er ihm einreden, er habe die Griechen vor Troja aus Zorn verlassen, weil die Waffen seines Vaters nicht ihm, sondern Odysseus zugesprochen worden seien; er schmückt das selbst noch aus in einer merkwürdig schillernden Rede, die vermuten lassen könnte, daß es ihm plötzlich ernst damit geworden sei (362ff); und Odysseus hat Philoktetes gut genug gekannt, um zu wissen, daß der den Anspruch des Sohns auf die Waffen des Vaters für selbstverständlich halten würde. Nein, Neoptolemos ist nicht der Heldensohn des Helden. Er hat kein anderes Argument als das der nichtheroischen Welt: sich dem Unabänderlichen (anankaion 1317) zu unterwerfen und nicht wider den Stachel zu löcken (ausdrücklich: wider den Stachel des Übels oder der Üblen: «Lerne, nicht thrasys zu sein den kakois» 1387).

Aber der alte Sophokles zeigt nicht mehr das rückhaltlose Einverständnis mit der Rigorosität des Heroischen wie im «Oedipus tyrannos», in der «Antigone» oder – wir kommen gleich darauf – im «Aias». An Elektras Maßlosigkeit übt Orestes Kritik; dem Zorn (thrasos) des alten Oedipus ist die Klugheit und Kühnheit vereinende Überlegenheit des Theseus konfrontiert; und Philoktetes darf nicht den Weg gehen, für den er sich entschieden hat; wenn Neoptolemos nicht imstande ist, ihn daran zu hindern, muß ein Größerer eingreifen: Herakles, der deus ex machina. Trotzdem kann es keinen Zweifel darüber geben, daß Sophokles seinen Neoptolemos geliebt hat:[23] gerade weil sich der Junge nicht kraft heroischer physis, sondern schlicht aus Rechtschaffenheit gegen die Betrüger und ebenso schlicht aus Mitleid für den mißhandelten Unglücklichen entscheidet, hat er nun die ganze Sympathie des Dichters.

Ein Vergleich zwischen dem Ende des «Aias» und dem Ausgang des «Philoktetes» soll diese Deutung veranschaulichen.

3

Aias hat vier Auftritte: Im ersten, prologartigen, der Exposition des miasma, das er sich, von den Göttern geschlagen, selbst zugefügt hat, ist er nur vom Töten, nicht vom Tod beschattet. Da lebt er in dem Wahn, die Atriden ermordet zu haben und Odysseus zu Tode zu foltern. Schon der zweite Auftritt setzt den Entschluß zu sterben voraus; er hat ihn Tekmessa bereits mitgeteilt (326). Vorangegangen ist, was diese dem Chor in bedeutender Breite darlegt und klarmacht: die Erkenntnis, das zweite Übel sei so groß und größer als das erste; nie habe sie ihn, der nicht gewohnt war, zu zeigen, daß er leide, so schreien gehört (317ff); dann sei er in stummes Brüten verfallen. Das Auftauchen aus der mania hat Aias in das Wissen gestürzt: er sah sich von einer Schande befleckt, die nie mehr abzuwaschen sein würde; er hörte das Hohngelächter der anderen, vor allem der Feinde. Er hat verloren, was ihm alles ist: die Ehre. Seine Würde ist geschändet, sein Ruhm vor der Welt und der Nachwelt vernichtet. Er weiß wohl, was nun zu tun ist, und jeder Denkende wird es ebenso wissen (416).

Aber es ist doch nicht so einfach, daß er das Schwert nehmen und sich in die Brust stoßen könnte. Da ist zweierlei, was noch in ihm lebt und wütet: die geliebte Welt und die verhaßte Welt. Es gibt für Aias nicht die Welt schlechthin. Sie ist gespalten durch das, was sie für ihn bedeutet. Dort sind die Feinde: er kann nicht sterben, ohne sie verflucht zu haben; hier sind die Lieben, nach denen er aus dem Zelt schreit, der Sohn, der Bruder, dann der Vater, die Mutter, die Heimat (Tekmessa existiert immer nur als Mutter des Kindes), die Erde, das Licht: er kann nicht sterben, ohne sich das alles zuvor aus der Brust gerissen zu haben. Das ist die eine

Seite seiner Tragik: das Liebste verlassen zu müssen, ohne das Verhaßte zur Strecke gebracht zu haben. Die andere liegt in der Krankheit, die ihm zeigt, daß ein Gott auf der Seite der Verhaßten steht, und daß dies – «ich spreche ein großes Wort» (424) – dem Manne geschehen konnte, der ohnegleichen ist in der Achaier Heer. Heroisch ist es, das Unerträgliche nicht um den Preis des bloßen Lebens zu ertragen: «Würdig leben oder würdig sterben» (479). Er sieht das Ende des Weges, den sein Wesen und sein Heroentum ihm vorschreibt: «O Dunkel, du mein Licht, o Grab, wie strahlst du mir!» (394/5). Aber es bleibt ein Weg: das Ende ist noch nicht da; etwas muß durchschritten werden, damit das Ende werden kann, was es sein soll: eine *peira* (470: in der Doppelbedeutung von Probe oder Erprobung und Wagnis) von der Art, daß der Vater daran erkennen muß: Aias ist seiner würdig dahingegangen. Zwei Möglichkeiten hat er erwogen und verworfen: Heimfahrt und Tod in der Schlacht. Selbstmord ist die dritte. Aber Selbstmord eben als peira, die seiner würdig ist. Der «schöne Tod» (479).

So wird alles, was Aias nun tut, zum Manifest. Der Sohn wird geholt, damit er vom Liebsten, was er hat, Abschied nehme vor aller Welt. Das Kind ist stellvertretend für die Welt der philia, den Bruder und die Eltern eingeschlossen: Edel bist du, mein Sohn, mögest du glücklicher sein als dein Vater, dann wirst du niemals kakos werden, übel, so wie ich es jetzt bin, ohne Schuld. Und nun die Frau: sie muß weg von ihm, sie hat ihm zu sehr zugesetzt mit ihrer mitleidheischenden Liebe, mit der Sorge um des Kindes Zukunft, die sie in ihm aufruft: «Bei den Göttern», fleht sie ihn an (588), «werde nicht zum Verräter an uns!»

Da fällt das Wort, das zeigt, wie Aias jetzt zu den Göttern steht: «Weißt du nicht, daß ich den Göttern keinen Dienst mehr schuldig bin?» So steht es nun. So wird er weiter handeln, gottverlassen, ohne die Götter. Tekmessa wirft sich ihm an den Hals. «Ich habe Angst, Herr!» (593). – «So haltet sie doch»! herrscht er seine Leute an. – «Bei den Göttern», schreit sie wieder auf, «hab Erbarmen». – Hart wendet er sich ab: «Bist du so dumm, zu glauben, du könntest jetzt noch meinen Sinn (ethos) erziehen?» – Er stößt sie vor sich her ins Zelt. Er holt das Schwert.

Die Szene, die dem ersten Stasimon folgt, ist von Aias inszeniert: nur so wird die «Trugrede» [24] verständlich. Dreierlei Absichten wirken hier übereinander:

1. Die alsbald erreichte Täuschung der Partner auf der Bühne, die ihn nicht daran hindern können, die geplante Tat auszuführen, die ihn jedoch dabei stören könnten: er will allein mit sich selbst sein; das ist seine Sache; nichts geht es diejenigen an, die von Mäßigung, Rettung oder gar Unterwerfung reden. Da er mit dem Schwert in der Hand erscheint, inszeniert er den Auftritt mit der Frau, um das Motiv glaubhaft zu machen: sein Mund sei erweicht wie Stahl durch Eintauchen (baphe 651). Die Wortwahl kennzeichnet den Doppelsinn; nur der Mund ist weich geworden; Stahl wird durch die «baphe» sowohl gehärtet wie geschmeidig

gemacht, gehärtet durch Eintauchen in kaltes Wasser, geschmeidig gemacht durch Eintauchen in heißes Öl – von Öl ist jedoch nicht die Rede. Doppeldeutig ist auch die Rede vom Eingraben des Schwertes in die Erde:[25] so wie er es beschreibt, wird er es dann wirklich tun, und das Schwert, Hektors Schwert, werde er so verbergen, daß niemand es sehe, außer der Nacht des Hades und der «Rettenden» da drunten (660).

2. Die Atriden sollen es erfahren. Sie sollen triumphieren: der große Aias hat sich unterworfen. «Wir wollen uns den Göttern fügen und lernen, die Atriden zu ehren. Die Herren sind sie, also heißt's gehorchen. Oder nicht?» Gnomische Rede folgt, Beispiele aus der Natur, die Ruhe nach dem Sturm – in der Lehre gipfelnd: «Wie sollten wir nicht lernen, vernünftig zu sein?» (666 f). Das *Wir* ist wichtig, es nimmt die dritte Absicht vorweg. Die zweite ist, den Atriden den Schein ihres totalen Sieges zu übermitteln; dem dient auch der Szenenwechsel; es ist Zeit genug, daß man im Lager drüben erfährt, was vor Aias' Zelt geschehen ist. Und sie erfahren es auch, wie sie gleich danach die Wahrheit erfahren. Noch im Tod hat er sie verhöhnt. Der Tote triumphiert über die Sieger, die aus den Wolken fallen, als sie hören, was wirklich geschehen ist. Menelaos erscheint in voller Wut: das Bestattungsverbot ist der ohnmächtige Rache-Schachzug gegen den Mann, der die Disziplin im Heer in Frage stellt (1075): «Und keiner glaube, man könne straflos handeln, wie es einem paßt» (1085). «Die Klugen haben überall die Macht», ruft Agamemnon aus (1252), aber gleich darauf muß er sich von Odysseus belehren lassen, daß es unklug sei, den Haß zu weit zu treiben; das größere Prestige steht auf dem Spiel: gerecht (chrestos 1369) genannt zu werden.

3. Das *Wir* zeigt schließlich die dritte Absicht, die eigentliche peira, durch die Aias geht. Diese Absicht zielt auf Aias selbst und auf die Zuschauer, auf uns. Er führt ein Experiment vor. Nehmen wir einmal an, will er sagen, ein Mann wie ich würde dem Rat der anderen folgen und am Leben bleiben – was wäre dann? Er wäre wie sie – «wir» –, ein Knecht der Atriden, kein Heros mehr, nicht einmal mehr ein Herr. Er würde diese Welt akzeptieren, wie sie ist: Der Feind ist «uns» nur soweit feindlich, wie «wir» ihn auch wieder lieben könnten; und dem Freund werden «wir» nur soweit helfen wollen, wie er einmal auch nicht mehr Freund sein könnte. «Das hab ich jüngst gelernt» (679). «Denn den *vielen* unter den Menschen ist trügerisch (683) der Hafen der Freundschaft» (hetairia: Zusammengehörigkeit, Brüderlichkeit). Das ist die Welt der polloi[26] des «Wir», des «Man», von der sich Aias scheidet. Das Experiment ist ein Schlußstrich unter den Erkenntnisakt, aus dem die Selbstbestätigung hervorgeht. Schön hat es in diesem Sinn Karl Reinhardt beschrieben:[27] «Dem Aias öffnen plötzlich sich die Augen...: wollte ich mich dieser Welt und ihren Göttern fügen, die kein Äußerstes, Beharrendes, kein letztes Ja und Nein vertragen, so dürfte kein Feind mir mehr so feind sein, daß er nicht mein Freund sein könnte..., und kein Freund so freund, um nicht mein Feind zu

sein! ... Nicht nur, weil er aus seiner heldischen Umgebung sich gelöst hat, muß er untergehen..., sondern weil er in die Welt nicht mehr hineingeht.»

Mit keinem Wort kommt Aias in dem Monolog, mit dem er von der Welt Abschied nimmt, auf die «Trugrede» zurück. Wozu auch? Es ist doch alles gesagt. Die Welt ist wie sie ist. Die Götter sind wie sie sind. Viel erwartet er nicht mehr von den Olympiern, nur «eine kleine Gabe». Zeus möge wenigstens dafür sorgen, daß er anständig bestattet werde. Den Verhaßten gilt sein letzter Fluch, an die Erinyen gerichtet, an deren Macht er glaubt. Den Lieben möge gemeldet werden, daß er würdig gestorben sei. Er grüßt den Tag, das Licht, die Erde mit Salamis, Athen und Troja; ja, auch Troja ist besser als die Finsternis, die seiner wartet. Der Heros liebt das Leben. Daß er es sich nehmen muß, ist seine Tragik: das Unerträgliche kann er nicht tragen.

Was die Götter gefügt haben, kann Aias nicht ändern, aber auch nicht hinnehmen. Gottverlassen, ohne die Götter zu fürchten, wäscht er die Befleckung seiner Würde ab, indem er vernichtet, was befleckt ist: das Leben. Aber gerade dadurch gewinnt er die Würde zurück. Die letzte Tat sichert ihm die Achtung des Vaters, die Ehrfurcht des Heeres und den Ruhm der Nachwelt.

4

Warum wählt Philoktetes nicht den Tod? Von den Göttern mit der ekelhaften Krankheit geschlagen, von den Menschen auf einer wüsten Insel ausgesetzt, lebt er dahin, zehn Jahre lang, bis das Stück beginnt, elend, leidend, armselig – was hält ihn am Leben?

Nur in einer Welt, die so ist, wie sie Aias sieht, hat der Selbstmord einen Sinn. Als Demonstration vor Göttern und Menschen. Vor wem soll Philoktetes demonstrieren? Die fernen Götter würde sein Tod so wenig kümmern wie die Krankheit, die sie ihm geschickt haben. Die Menschen sind nicht weniger fern; sie haben seine «berühmten Übel» vergessen (251). Er könnte dennoch sterben, einfach, um den Qualen ein Ende zu machen. Er könnte es, wäre er nicht ein Heros. Ihn hält am Leben, daß er den Bogen hat, als Zeichen der Kraft und Hoffnung, eines Tages doch noch diejenigen zu strafen, die ihm Übles getan haben, und als Antwort an die Götter, daß die Krankheit zwar imstand ist, ihn leiden zu lassen, nicht aber, ihn zu vernichten. Der in diesem Sinn wichtigste Satz des Stückes wird vom Chor ausgesprochen, nachdem das Unglück des Helden auf eine Spitze getrieben worden ist, die er zu Beginn des Stückes nicht ahnen, geschweige denn fürchten konnte: «Er hat sich dem Übel nicht unterworfen» (1064). Hoffnung, Trotz und Haß halten ihn am Leben: «Mich lehrte die Not, zu leben mit der Not» (538).

Schon Oedipus, in dem zwanzig Jahre früher als der «Philoktetes», zwanzig

Jahre nach dem «Aias» geschriebenen Stück, hat nicht den Tod gewählt. Die Blendung ist schlimmer als der Tod: er hat das Schlimmere gewählt. Warum? Weil der Tod nicht Antwort auf das, was mit ihm geschehen ist, gewesen wäre, sondern Kapitulation, Flucht, Ausflucht. Auch die Blendung ist Demonstration: die Tat des Heros, der weder gewillt ist, das miasma zu vertuschen, noch sich von ihm vernichten zu lassen; er hat es nicht gewollt; er ist nicht schuldig; so stellt er sich Menschen und Göttern als der Gezeichnete und Verdammte, der in der Welt ist, um schuldlos das Zeichen der Verdammnis zu tragen. In dem nach dem »Philoktetes» geschriebenen Stück, das sein Sterben zeigt, gesteht er rückblickend, er sei damals zu weit gegangen: das beweist, daß sich die Meinung des Dichters geändert hat. Auch das Ende des «Philoktetes» beweist es. Suchen wir zu verstehen, was sich geändert hat, gegenüber dem «Oedipus tyrannos» und gegenüber dem «Aias».

Die Helden sind Dulder geworden. Das ist der tiefste Unterschied zum «Aias», der gerade das Ertragen des Unerträglichen verwirft. Oedipus hatte ein zweites Mal die Wahl, vor der Aias gestanden hatte: als ihm von der Polis und den Söhnen Übles angetan wurde wie Aias von den Atriden (und was dessen Krankheit war, das miasma der mania, trug er von eigener Hand gezeichnet mit sich: die Blendung als Zeichen); er wählte das elendeste aller Leben, die Fremde, mittellos, hungernd, bettelnd. Er ist, wenn das späte Stück beginnt, vom Tod gezeichnet: das Bild des tlemon, den Leiden und Dulden so weit gebracht haben, daß er nur noch ein Schattenbild (eidolon) des einstigen Oedipus ist. Auch Philoktetes, der das Alter des König Oedipus hat, zeigt das Bild des tlemon: in Lumpen gehüllt, verwüstet, von der Qual der Krankheit gezeichnet, bettelt er auf den Knien um Hilfe (485); er nennt sich einen lebenden Leichnam (1018), einen «Toten, einen Schatten aus Rauch, ein Gespenst» (kapnu skian, eidolon, 946 f). Wie merkwürdig erinnern diese Worte an «Aias», wo Odysseus angesichts des von der Göttin geschlagenen Helden ausruft: «Ich sehe, daß die Lebenden nichts sind als Gespenster (eidola) und flüchtige Schatten» (kuphen skian 126). Aber diese Dulder, die sich so elend fühlen, haben nichts von der Art indischer Büßer oder christlicher Heiliger. Sie sind nicht gottergeben und quietistisch. Sie sind der Empörung und der Verzweiflung fähig. Sie haben nicht aufgegeben. Wofür leben sie, so leidend und duldend?

Nicht nur die mythische Ähnlichkeit und die Verwandtschaft des Themas lassen darauf schließen, daß der alte Sophokles an seinen frühen «Aias» gedacht hat, als er den «Philoktetes» schrieb. Er stellt die Situation des frühen Stückes durch das von ihm großenteils erfundene Geschehen des späten wieder her. Dabei bedient er sich des Orakels (wie im «Oedipus tyrannos»): nur mit Hilfe des Bogens und seines Besitzers kann Troja erobert werden. Machen wir es uns noch einmal klar! Odysseus wird beauftragt, den auf der Insel Ausgesetzten zur Stelle zu schaffen. Das kann nur durch Betrug geschehen. Was Aias vor Beginn des Stückes angetan worden ist, wird hier im Geschehen selbst vorgeführt. Odysseus kann dem Helden, an dessen Aussetzung er mindestens mitgewirkt hat, nicht unter die Augen treten; er schickt also Neoptolemos vor. Selbst in der Schein-Situation, in der Philoktetes noch an die Aufrichtigkeit des Jungen glaubt, wird die Identität mit der Aias-Situation breit ausgemalt. Dazu bedient sich der Dichter eines Kunstgriffs: er läßt dem Helden gleich bei der ersten Begegnung von Neoptolemos berichten, wie es vor Troja steht, und das Fazit ist, daß die Besten tot sind, Achilleus, Aias, Patroklos, daß Nestor dahinsiecht, während die Üblen (die kakoi), nicht nur die Atriden und Odysseus, sondern sogar Thersites, der Schwätzer, leben, und zwar in voller Pracht (419f). Dort sitzen sie und lachen, wie sie gelacht haben, als sie Philoktetes (gleich Aias) so übel mitspielten (256, 1023).

Und doch ist da etwas anders. Philoktetes' Haß ist noch immer stark genug, um den Übeltätern alles Böse an den Hals zu wünschen, aber nicht ein einziges Mal erwägt er wie Aias, sich aufzumachen, um mit der Waffe in der Hand der Clique der Verhaßten entgegenzutreten. Gut, er ist krank; aber den Bogen vermag er noch immer zu spannen, so wie er es tut, als Odysseus gezwungen ist, sich zu zeigen, um Neoptolemos zu hindern, den durch Betrug gewonnenen Bogen zurückzugeben; nur weil ihm Neoptolemos in den Arm fällt, kann er den Todesschuß nicht abgeben (denn alle Pfeile des mythischen Bogens treffen tödlich), und Odysseus kann fliehen. Philoktetes hat den Bogen wieder. Trotzdem will er dann nur zurück in die Heimat; er will Frieden, Linderung der Krankheit, fort von den Verhaßten, heraus aus dem Elend, in dem er lebt.

Die veränderte Haltung setzt eine veränderte Einstellung zur Welt und zu den Menschen voraus. Für Aias gibt es nur Freunde und Feinde, Gutes und Böses, er teilt die Welt ein, wie er sie sieht und wie sie sich zu ihm stellt. Schon in der erwähnten Schilderung der Lage vor Troja zeigt sich, daß nicht nur die Feinde Philoktetes' vor Troja leben, prassen und lachen, sondern daß dies die Üblen überhaupt sind. So ist die Welt, klagt Philoktetes: «So muß es sein. Nichts Übles verdirbt, sondern wohl wollen ihm die Götter ... Immer lassen sie das Rechte und das Gerechte im Stich. Wie das annehmen, wie es loben, wenn ich, das Göttliche preisend, die Götter übel finde?» (446ff) Noch dem Odysseus ruft der Gottverlassene zu: «Nichts Gutes haben mir die Götter zugeteilt. Du lebst im Glück, ich leide» (1020). «Hol euch der Tod. Er wird euch holen, wenn bei Göttern noch Dike waltet. Ich weiß aber, wie das waltet; nie wärt ihr hierher gekommen, hätte euch nicht der Stachel eines Gottes getrieben» (1035/1039).[28] Die Erfindung der Handlung unterstreicht das: endlich, nach zehn Jahren, scheint sich das Los des Unglücklichen zu wenden; da stellt sich heraus, daß in Wahrheit die schlimmste Wendung eingetreten ist; der Junge, in dem er den Freund gefunden zu haben glaubt und auf den er die Hoffnung der Heimfahrt gesetzt hatte, hat ihn betrogen und um das Letzte gebracht, was er besaß: die Waffe. Wehrlos wird er auf der Insel zurückbleiben, den Raubtieren ausgesetzt, denen er nicht entfliehen kann, den Geiern und dem Verhungern. Und doch ist er noch in dieser äußersten Not nicht bereit, auf sein Heroentum zu verzichten. Der Kommos, der angestimmt wird, als Odysseus und Neoptolemos mit dem Bogen abgegangen sind und nur der Chor zurückgeblieben ist (um Philoktetes für den Fall, daß sein Sinn sich noch ändern sollte, zum Schiff zu bringen), führt dies vor Auge und Ohr. Einsam klagt der Held den Lüften, den Felsen, nur nicht den Göttern und den Menschen. Viermal setzt der Chor an, um ihm die Sinnlosigkeit seines Verhaltens darzutun; viermal hört er gar nicht hin. 1. (so singen die Leute, die für die Menschen sprechen, die vielen, wie sie sich selbst nennen, 1143): Du bist selber schuld, denn du brauchst ja nur nachzugeben; 2. Götterwille ist dein Schicksal, nicht Menschenbetrug; 3. Odysseus hat nicht aus eigenem Willen gehandelt, sondern auf Beschluß der vielen und im Interesse des Ganzen; 4. Sieh doch ein, daß du einen Freund hast, der dir helfen will, die Krankheit zu lindern, die schwerste Last, die du leidest. – Schon glauben sie, als er die Abziehenden zurückruft, er wolle nachgeben, da wirft er sich groß auf in seinem Widerspruch zu dieser Welt, wie sie ist: «Niemals! Niemals! Unabänderlich ist es entschieden, und wenn der Blitzesschleuderer selbst mich treffen sollte! Ilion soll untergehen, aber die anderen auch, allesamt!» (1197 ff).

Selbst Neoptolemos, der sich endlich vom Mitleid zur Entscheidung durchgerungen hat, hält ihm dies alles noch einmal vor:[29] daß die Krankheit gottgesandt sei, daß aber schlimmer die Leiden seien, die der Mensch sich selber schaffe; das Orakel habe doch verkündet, daß er, geheilt, als Erster der Griechen vor Ilion den höchsten Ruhm gewinnen werde. Philoktetes' Antwort treibt auch diese Dialektik auf die Spitze: Soll ich weichen? Aber, wenn ich weiche, was ist dann? Werden diese Augen es ertragen, mich mit den Atriden und Odysseus zusammen zu sehen! Nicht der Schmerz von gestern verzehrt mich, sondern was ich noch künftig von ihnen zu leiden haben werde! «Denn wem der Sinn und die Meinung (gnome) zur Mutter der Übel geworden sind, der erzieht auch andere zu Übeln» (1350/61). Darum geht es: wenn er nachgibt, gibt er den Widerspruch gegen das Böse auf, das nun einmal ist, wie es ist, und sich nicht ändern wird, höchstens andere, wie ja Neoptolemos selbst bewiesen hat, in seinen Sog zieht. «Wenn du Üblen hilfst, wirst du im Wesen selbst den Üblen gleich erscheinen» (1372). Neoptolemos versteht es genau: «Lerne endlich, dem Übel (oder den Üblen) nicht zu trotzen!» (1387). Philoktetes: Laß mich leiden, was ich leiden muß.

Alles ist in diesem Stück ins Allgemeine erweitert.[30] Die Welt ist nicht mehr Aias' Welt, weil sie *die* Welt geworden ist. Aus Odysseus spricht nicht nur mehr der Feind des Helden, sondern (wie Reinhardt sagt) der Zeitgeist.[31] Philoktetes widerspricht einer Welt, in der sich die vielen so verhalten wie die Atriden oder von solchen wie den Atriden regieren lassen. Der Chor bildet ein Modell der Menschen, wie sie sind. Die Matrosen mögen ehrliches Mitleid mit dem Unglücklichen zeigen, aber als dieser nach dem Anfall in den Schlaf gesunken ist, überreden sie

Neoptolemos alsbald, die Gelegenheit zum Diebstahl des Bogens zu ergreifen und zu verschwinden; denn das Beste sei immer das Ungefährliche (864); sie lehnen es ab, zu entscheiden: zu befehlen habe Neoptolemos. Dieser seinerseits handelt wieder im «Befehlsnotstand». Er ist jedoch keineswegs nur der «Leutnant mit dem General» (Wilamowitz),³² sondern hinter ihm steht wie hinter Odysseus die ganze Sache der Griechen samt dem Orakel und damit den Göttern.

Wir werden sehen, wie Sophokles das Personal seiner Stücke (von der «Antigone» an, noch nicht im «Aias») als Konfiguration der Menschenwelt aufbaut. Dies trifft, freilich in der großartigen Vereinfachung, die auch dem «Oedipus auf Kolonos» eigentümlich ist, auf den «Philoktetes» zu: Hier steht der Heros im Widerspruch zu der Welt, wie sie ist; dort steht die Welt, wie sie ist, die Welt hinter Odysseus. Nur eines ist neu: zwischen dem Helden und der Welt steht jetzt Neoptolemos. Der ist gut geboren und wird von den Üblen angestiftet zum Übel; aber angesichts des Unglücklichen und Betrogenen wendet er sich, selbst wider bessere Einsicht, dem Rechten zu. Indem er den Bogen zurückgibt, demonstriert er, daß Philoktetes' Urteil über die Welt und die Menschen nicht das letzte Wort sein kann. Die Möglichkeit, daß einer sich für das Rechte entscheidet, ruft gleichsam den deus ex machina herbei, und daß es eine Entscheidung gegen den «nus» ist, zeigt uns, was sich in den Jahren zwischen dem «Oedipus tyrannos» und dem «Oedipus auf Kolonos» geändert hat. Der alte Mann blickt weiser in die Welt, wie sie ist. Auf die Ratio mag kein Verlaß sein; aber die Rechtschaffenheit ist nicht aus der Welt. Wie der «Oedipus auf Kolonos» ein schmerzlich Hohes Lied auf die Polis ist, die einmal war und damit ihre Möglichkeit in dieser Welt bewiesen hat, so ist der Wandel in Neoptolemos, aufgebrochen aus dem Mitleid und schließlich gegen die Vernunft verwirklicht, ein Beweis dafür, daß nicht nur das Böse, nicht nur das Macchiavellistische, nicht nur die Politik in unserer Existenz da ist, sondern auch der Wunsch und Wille, das Rechte zu tun, dike höher zu stellen als selbst sophia. Es gibt also nicht nur den einen Rechten, den Helden, sondern zwei, und das heißt, daß es Freundschaft zwischen den Rechten geben kann (philia, wie Antigone sagt), auch sie eine Macht in dieser Welt. Damit wird aber auch ein Teil des religiösen Weltbilds wiederhergestellt und gegen die Aufklärung verteidigt. Die Götter sind nicht nur feindlich gegen die Menschen, wenn sie das auch faktisch sein *können,* wie Antigone, Oedipus und Philoktetes zeigen. Sie können auch freundlich sein. Darum darf Herakles³³ herabsteigen, um Philoktetes auf den vorbestimmten Weg der Erlösung zu weisen. Wie schön ist, was der Menschgott begründend sagt: «Zuerst will ich dir sagen, was mein Geschick war – wie deines war es Mühsal, und durch Mühsal gehend habe ich unsterbliche arete erlangt, wie du siehst. Auch dir wird, wisse es wohl, solcher Lohn für solches Leiden beschieden sein: ruhmreiches Leben nach dieser Mühsal» (1418–1422). Ruhm ist Unsterblichkeit. Auch Philoktetes wird fortleben, in dieses Wortes Doppelsinn. Ist «Oedipus auf Kolonos» eine schmerzliche Elegie, so ist «Philoktetes» ein Appell: Gebt den Glauben an das Rechte nicht auf! Entscheidet euch für die, denen mehr als Macht und Geist das Rechte gilt!

5

Wie stehen wir heute zu «Aias» und «Philoktetes»?

Wäre Aias nur der große Held, der die Schande nicht überlebt, der Selbstmörder aus Ehre, hätte er uns wenig mehr zu sagen. Aber auch für Sophokles war dies Homerische vorzeitlich, archaisch, romantisch. Sofern es uns möglich ist (was für die Zuschauer im Dionysostheater selbstverständlich war), für ausgemacht zu halten, daß Aias einen Rechtsanspruch auf Achilleus' Waffen hat und von seinen Feinden um diesen Anspruch betrogen worden ist, rückt die gottgesandte Krankheit in ein anderes Licht: das Unrecht, das Menschen begangen haben, vergrößert sich zum unverdienten Schicksalsschlag von Gottes Hand. Der Entschluß zu sterben wird zum Erkenntnisakt. Das ist, wie wir gesehen haben, der Sinn der «Trugrede». Aias weigert sich, in einer Welt zu leben, die unerträglich ist, weil sie vom Unrecht regiert wird und sich vom Unrecht regieren läßt. Er weigert sich auch, Unrecht anzunehmen, das offensichtlich die Götter gesandt haben. Sein Tod ist Demonstration und Protest.

Das, denke ich, geht ein Publikum auch heute noch an, heute zumal. Aber es ist eingekleidet in manches, was uns stört, vor allem im Vorspiel und im Nachspiel. Das Gezänk an der Leiche befremdet in seiner Ausführlichkeit durch die das Publikum im Dionysostheater keineswegs befremdende Lust an der Eristik. So wird das Stück ohne Striche nicht zu spielen sein. Das besagt noch nicht viel: kein Stück von Shakespeare wird ohne Striche gespielt. Aber was bleibt übrig? Drei große Szenen vom Leiden und Sterben eines Menschen, den die Welt, wie sie ist, vernichtet. Ein lyrisches Triptychon mit Musik in einem nicht nur archaischen, sondern dramatischen Rahmen. Ein Stück für einen großen Schauspieler ohne Gegenspieler, aber mit einer Gegenwelt.

Wie nahe wir dem Sinn des «Philoktetes» sind, braucht kaum betont zu werden. Das Leiden am Unrecht ist hier ebenso dramatisch wie das Leiden an der Krankheit. Die Konfiguration der Welt auf der Bühne ist ein Abbild der condition humaine. Der arme Dulder hat sich so wenig aus unsrer Welt entfernt wie das Mitleid mit ihm und die Empörung über die Schuldigen. «Miser et pauper sum», kritzelte Beethoven in sein Skizzenbuch: wen träfe dieser Aufschrei des Tauben nicht, wenn er die Musik hört, die dieser zur gleichen Zeit komponiert hat? So wird auch das Homerische an Philoktetes zum Gegenbild der Existenz, die wir ihn tragen sehen. In den schimmernden Rüstungen der anderen spiegeln sich die Lumpen des schuldlos Verdammten. Der Anfall der Krankheit schreckt uns nicht mehr (wie

Hegel, der das Stück wegen der »stinkenden Geschwüre«, des «Ächzens und Schreiens» für unaufführbar gehalten hat),³⁴ im Gegenteil: eingespannt in die «Übel», die dem Kranken gleichzeitig, ja, unter Ausnützung der Krankheit zugefügt werden, vervollständigt sie das Bild der Welt, wie sie ist. Greuel und Grausamkeit sind von jeher Mittel des Theaters gewesen. Wenn es im «Aias» beim «grausenerregenden» Anblick (A. W. Schlegel ³⁵) des blutüberströmten Helden heißt, wir seien alle nur Schattenbilder, wieviel mehr heißt es dies beim Anblick des Kranken, in dem wir unseren Nachbarn, einen unserer Lieben oder uns selbst erkennen mögen.³⁶

Die Trachinierinnen – *Tod eines Helden*

Als die Athener hörten, daß eine Tragödie gegeben werden sollte, die von Herakles handelte und in Trachis spielte, wußten sie, was sie sehen würden: das Ende des Herakles, der hier in der thessalischen Stadt, am Fuße des Öta, gestorben war. Am ganzen Leib zerfressen vom Gift des Nessos-Hemdes hatte er befohlen, auf dem Gipfel des Öta einen Scheiterhaufen zu errichten und ihn darauf dem Flammentod zu übergeben: ein Fanal für die Welt und die Götter. Diese, hieß es, holten ihn dann zu sich herauf auf den Olymp. So erlangte er mehr als den heroischen Ruhm der Unsterblichkeit: er wurde ein Gott, der Menschgott.[1]

Auch die Geschichte vom Nessos-Hemd war ein Märchen, das jeder kannte: es hing mit Deianeira zusammen, der letzten der vielen Frauen, die im Leben des Herakles eine Rolle gespielt haben. Er hatte die schöne Königstochter einem Flußgott abgerungen, der in vielerlei Gestalt um sie geworben hatte, zuletzt als Mensch mit einem Ochsenkopf. Als er mit ihr weitergezogen war, um endlich irgendwo Ruhe zu finden – die ihm von Zeus auferlegte Strafe der zwölf berühmten «Arbeiten» (ponoi), die er im Dienst des Königs Eurystheus zu leisten hatte, war erfüllt –, hatte er den Kentauren Nessos dabei überrascht, wie er Deianeira Gewalt antun wollte; er hatte ihn mit seinem Bogen erschossen; aber der Sterbende hatte noch Gelegenheit gehabt, der jungen Frau zuzuflüstern, sie möge die Kruste seines Blutes abkratzen und aufbewahren, denn damit könne sie Herakles für immer an sich binden; ja, für immer, so würde es dann geschehen: denn er würde daran sterben ...

Die Nessos-Geschichte müßte viele Jahre vorher geschehen sein. Denn die Deianeira, die im Stück auftritt, ist nicht mehr die jüngste; sie hat große Söhne von Herakles; einen, Hyllos, schickt sie gleich in der ersten Szene aus, um den Vater zu suchen, der wieder einmal fort ist. Der ewige Herumtreiber kann nicht ohne die Abenteuer leben, die «Arbeiten» heißen. Diesmal hatte er sogar sein Testament gemacht, ehe er aufgebrochen war, denn das Orakel von Dodona hatte ihm prophezeit, daß er nach einem Jahr und drei Monaten entweder tot sein oder von nun an ein leidloses Leben (168) führen werde. Und jetzt, so heißt es, sind schon fünfzehn Monate verstrichen, ohne daß man in Trachis mehr von ihm gehört hätte als Gerüchte.

Doch als das Stück beginnt, ist endlich Botschaft gekommen. Herakles ist auf dem Weg nach Trachis. Es ist ein schrecklicher Weg, denn er muß enden, wie der Mythos es verlangt. Wie es dazu kam und wie es geschehen würde – das ist im

Wesentlichen die Erfindung des Dichters. War er der erste, der diesen Helden tragisch sah? Denn die Popularität, die Herakles zu dieser Zeit besaß, verdankte er den Geschichten von seiner Kraft, seiner Wildheit und seiner Trunkenheit, märchenhaften und fröhlichen Geschichten; er war der Liebling der neuen Schichten, die jetzt hochkamen; so hat man ihn mit Recht – im Gegensatz zu den homerischen – einen «demokratischen»[2] Helden genannt. Aber die Tragiker sahen ihn anders. Auch von Euripides, der ihn noch in seiner frühen «Alkestis» so lustig gezeigt hatte, wie ihn das Volk und die Komödienschreiber liebten, haben wir einen tragischen «Herakles». Welches der Stücke das frühere war, wissen wir nicht.[3] Wichtiger ist ja wohl auch die Frage, was ihre Dichter mit ihnen wollten. Und eines kann vorweggenommen werden: Verherrlicht wird Herakles in den «Trachinierinnen» nicht.

I

Der viehblutbespritzte Held vor Troja, der stinkende, schwärende, brüllende Lumpenheld auf der einsamen Insel, dazu Oedipus mit den ausgestochenen Augen, aus deren Höhlen schwarzes Blut rinnt, die lebendigen Leibes eingemauerte Antigone – das ist der «sanfte, der fromme, der freundliche» Sophokles, von dem wir so viel und so lange gehört haben![4] «Die Trachinierinnen» bringen neuen Greuel auf die Bühne. A. W. Schlegel fühlte sich so abgestoßen von dem Stück, daß er es für unecht hielt («vielleicht von seinem Sohne Iophon») und seufzte: «Man vermißt das tiefe Gemüth» des Dichters.[5]

Worin liegt das Befremdende? Der Mangel an «Gemüt» läßt auf Härte schließen. In der Tat ist die Gegenüberstellung der beiden Hauptpersonen, Herakles und Deianeira, von kaum überbietbarer Rigorosität. Eine liebende Frau und ein rasender Heros (so Seneca: «Hercules furens»), aneinandergekettet durch eine grausige Fabel, die berühmte Geschichte vom Nessoshemd. Nur ein Viertel, das letzte des Stückes zeigt den Heros: röchelnd, tobend, brüllend unter den Qualen des seinen Leib zerfressenden Giftes, solange, bis er den Befehl gibt, daß man ihn verbrennen solle. Drei Viertel sind dem Motiv gewidmet, das schon die Sage der unschuldigen Mörderin zugestanden hat: sie wollte doch nichts als sich die Liebe des Geliebten erhalten. Aber was ist sie für diesen? Ein Nichts ...

Sicherlich müssen wir, wie so oft beim Studium der Tragödie, die Hindernisse einer Optik beseitigen, die uns den Blick auf den phobos, den Horror, auf dessen Möglichkeiten in dieser Welt verstellt hat. Es ist, als ob erst eine Zeit, die selbst der Greuel voll war und ist, den unverstellten Blick dafür hätte wiedergewinnen können, daß sie wahr sind und daß es nichts hilft, sie zu vertuschen, im Gegenteil. Idealismus, Romantik, aber auch noch der psychoanalysierende Realismus und die Mystifikation der Archaisierung haben gleichermaßen den Blick von der nackten

Wahrheit weggelenkt, wie sie die Tragödie, wenn auch in nichtillusionistischer Form, zeigt. Wenn Schiller am 4. April 1797 an Goethe schrieb, er habe den «Philoktetes» und auch die «Trachinierinnen» mit «besonders großem Wohlgefallen» gelesen, so hatte er nur «die Hausfrau des Hercules» im Auge – von diesem kein Wort. Bis in unser Jahrhundert hinein teilten die Gelehrten diese Ansicht: wie wunderbar modern ist doch diese Deianeira und wie abscheulich der Heros. «Peinlich» nennt ihn Wilamowitz.[6] Neuere Interpreten urteilen vorsichtiger.[7] Doch ist das Unbehagen gegenüber dem Stück keineswegs geschwunden. Man hält es für ein «Frühwerk», gar für «noch archaisch». Daß das Archaische nicht notwendig auf eine frühe Stufe des Autors schließen läßt, beweist Euripides, dessen letzte Tragödie, «Die Bakchen», seine archaischste ist. Bei den «Trachinierinnen» kann es der Stoff gewesen sein, der den Dichter zu dem Verfahren des «reihenden Satzbaus» bewogen hat: «Ein Stück Schicksal setzt unvermittelt, oft großartig, an das andere an ... Die Schicksalsform bedingt die Szenenform» (so Karl Reinhardt zu diesem «archaischen» Element).[8]

In der Tat mischt sich in unserem Stück mehr als in irgendeinem anderen unablässig Märchenhaftes, Mythisches, Vorzeitliches in das als gegenwärtig gezeigte Geschehen ein. Da tritt eine Frau auf, die von sich selbst sagt, in ihrer Jugend habe ein Flußwesen mit einem Ochsenkopf um sie geworben, Wasser sei ihm ständig aus dem Bart gelaufen – wie könne man so was heiraten, fragt sie sehr modern das Publikum. Das Nessoshemd ist ein uraltes, bei allen Völkern auftretendes Märchenmotiv. Die Selbstverbrennung des Helden, in die das Stück wie in ein ungeheuerliches Fanal mündet, war für die Griechen ein historisches Ereignis der Vorzeit, an das sie glaubten (wie wir seit 1919 wissen: Archäologen haben die Feuerstätte auf dem Öta ausgegraben).[9] Mußten die Quader eines solchen Stoffes nicht anders behauen werden als die der «Antigone», in der das Vorzeitliche auf einen kaum wahrnehmbaren Anschein eingeschränkt ist und schlechterdings nichts Märchenhaftes mitspielt?

In der Einleitung zu Jebb's Kommentar[10] finden wir einen interessanten Hinweis: In den achtziger Jahren des vorigen Jahrhunderts habe ein bedeutender Philologe gesagt: «Laßt nur einmal Salvini den Helden spielen!», und die machtvolle Wirkung der letzten Szene werde alsbald erkannt werden. Dieser Salvini war einer der großen italienischen Schauspieler, die aus der Schule Talmas kamen: sie verfügten noch über die Grandeur des Pathos, aber sie begannen schon, die erhabenen Konturen von innen her zu füllen durch eine außerordentliche Bewegung der Seele. So hat Stanislawsky Salvini geschildert, den er sich selbst zum Vorbild erkor:[11] wenn er gespielt habe, habe er sich den ganzen Tag in die Welt der Rolle zurückgezogen, und was aus solcher Versenkung auftauchte, erschien den Zeitgenossen, gemessen an den klassizistischen Mustern, die sie gewohnt waren, als aufwühlender Realismus. Salvini hätte, als Herakles, den Horror als die Qual der erhabenen Seele gespielt, und er wäre darin als Schauspieler ebenso groß gewesen wie etwa ein Bassermann, der ihn als Naturalist gespielt hätte; andere Möglichkeiten der Schauspielkunst zeigen uns Erinnerungen an die zwanziger Jahre: Kortner, Klöpfer, George; die animalische Wucht, der besessene Exzeß, die schäumende Raserei – wie oft haben wir das auf der Bühne noch erlebt! Und doch erhebt sich gerade bei solchen Überlegungen die Frage: wären sie imstande gewesen, das Stück zu vergegenwärtigen, nachdem zuvor eine ganz anders geartete Gestalt die «innigste Frauenseele, die Athens Bühne beschritten hat» (Erwin Rohde),[12] unsere Anteilnahme geweckt hätte? Hätten sie das Publikum für sich zu erwärmen vermocht, ohne daß ihnen das Leiden einer Frau (wie hier) auch nur *ein* Wort des Mitgefühls entlockt hätte? Hier ist die Crux, der mit Einfühlung und Verwandlungskunst allein nicht beizukommen ist.

So war wohl ein anderer Ansatz zur Vergegenwärtigung fällig. Ezra Pound[13] hat ihn unternommen, und es war kaum ein Zufall, daß die Wahl dieses Dichters gerade auf die «Trachinierinnen» gefallen ist. Seine «new version» rückt das Stück in vordem kaum geahnte Dimensionen.[14] Wir werden fragen müssen, ob dies sophokleische Dimensionen sind, oder am Ende doch nur Pound'sche. Freilich, dieser «poeta doctus» unserer Zeit hat den originalen Text mit einer Treue übertragen (wenn auch an vielen Stellen konzentrierend), die kein Gelehrter erreichen kann, einfach, weil Sprachkraft identisch ist mit Wortwahl und Wortwahl Wort-Auswahl bedeutet: die jeweils einzig treffende Möglichkeit aus vielen anderen, deren Zahl reziprok ist zum Grad des Talents. Wenn wir also die Möglichkeit einer Vergegenwärtigung der Tragödie anhand der Pound'schen Version untersuchen, so bedienen wir uns der Hilfe einer Kongenialität, deren Erkenntnisse und Erfindungen möglicherweise authentischer sind als die gelehrte Interpretation. Und wir haben zudem die Bühne der Gegenwart vor Augen, für die Ezra Pound seine Version entworfen hat.

2

Halten wir uns vor Augen, daß von dem Moment an, in dem Deianeira, gefolgt von einer Dienerin (der Amme), angstvoll, unruhig, aufgeschreckt aus bösen Träumen (29, 175), die Bühne betritt,[15] das ganze Stück hindurch von nichts anderem die Rede ist als von Herakles. Er stand den Zuschauern vor Augen, wie sie sein Bild in ihrer Vorstellungszeit mit sich trugen, in seiner ganzen sieghaften Herrlichkeit. Was bedeutete ihnen Deianeira? Oh, sie war eine der zahllosen Frauen, die er gehabt hatte, die letzte freilich und die traurigste zumal: denn sie war ja seine Mörderin. Daß das entschuldigende Motiv nicht viel besagte, bezeugt Aischylos' Altersgenosse Bakchylides: «Eifersucht, die weithin gewaltige, richtete sie zugrunde!»[16] Ohne Herakles war Deianeira nichts. Und was alles war Herakles ohne sie! Dennoch war das Bild des geliebten Helden von Anfang an gleichsam mit Trauerflor behängt. Denn da das Stück in Trachis spielte und Deianeira die Partnerin war, wußten sie alle: das Thema war sein Ende, sein schrecklich glorioser Tod. So mußten sie die neuen Erfindungen verstehen, mit denen sie überrascht wurden: diese Geschichte mit dem Testament und dem dahinterstehenden Orakel (157 ff), das Deianeiras Angst begründete (denn die Zeit, die es vorhergesagt hatte, war abgelaufen), dann der Sohn Hyllos, ein Kuros wie Neoptolemos oder Haimon, der aus der Stadt herbeigeeilt kommt, wo er Gerüchte gehört hat, daß Herakles schon in der Nähe sei, nämlich auf Euboia, und nun ausgeschickt wird, dem Vater entgegenzueilen, und dieser durchgehende Grundton des phobos, mit dem das Stück einsetzt (1 ff, 27 ff):[17]

> Ein alter Spruch ist Menschen kundgetan:
> Du weißt von keinem Leben, eh es endet,
> Ob es gesegnet, ob es elend war.
> Ich aber, ehe ich noch zum Hades schreite,
> Weiß, daß das meine kläglich ist und schwer.
> ... Da ich von Herakles
> Zu Ehe erkoren, nähre Furcht aus Furcht
> Und sorge mich um ihn. Den Kummer scheucht
> Die Nacht hinweg und bringt die Nacht mir wieder.

Wie wird sich zuletzt das neu erfundene Orakel zu dem alten fügen, daß der Mythos überliefert hatte: Ein Toter werde den Lebenden töten? Denn der Tote ist Nessos.

Die erste Botschaft bringt ein alter Mann aus der Stadt. Er ist Lichas, dem Herold, begegnet, und jedermann fragt sich wie Deianeira, warum dieser sich so viel Zeit lasse, ehe er das Haus und die Gattin aufsuchte. Denn er hat eine gute Nachricht: ein Sieger wird heimkehren aus der Schlacht. Für einige Momente könnte auch Deianeira frohlocken; denn nun, so sagte doch das Orakel, da er lebend heimkehre, werde das süße Leben beginnen (81, 168).

Angst und Sorge zielen auf Mitgefühl. Drei Viertel des Stückes verwendet Sophokles darauf, die Zuschauer am Schicksal dieser Frau teilnehmen zu lassen. Und ehe sie tragisch ins Herz getroffen wird, hat er noch einen Kontrast geschaffen, der das Leid verdoppeln wird, weil er seine Unausweichlichkeit unterstreicht.

Die Trachinierinnen, die als Chor aufgetreten sind, sind nicht irgendwelche Frauen: es sind junge Mädchen (144). Und Deianeira trägt die Maske der alternden Frau. Im Harm der Verlassenen hat sich längst die Angst vor dem Alter festgesetzt. Und der Aufzug der Mädchen bringt sie alsbald zur Sprache. Auch Herakles ist natürlich nicht mehr der jüngste, aber was bedeutet das bei ihm, dem Kraftstrotzenden, dem superman? Zur Sorge um sein Ausbleiben kommt die andere: was wird sein, wenn er zurückkommt, was kann ich, die Verblühte, ihm noch bieten? Beachten wir doch, wie in dem allem Herakles fast leibhaftig da ist! Nichts, das nicht auf ihn bezogen wäre, nichts, das nicht von ihm spräche! So doppelsinnig spricht es die Unglückliche auch aus (175 ff). «So fahr ich oft aus süßem Schlummer auf, bebend vor Angst, ob es einen Sinn hat, ohne ihn weiterzuleben ...»

Die zweite Botschaft naht, und wenn es ein paar frohe Minuten gegeben haben sollte, so sind sie schon vorbei. Der Herold, der auf sich warten ließ, erscheint an der Spitze einer pompe: fremde Frauen, offenbar Beutesklavinnen des Siegers, und in ihrer Mitte ein blühend schönes, junges, stolzes Mädchen. Nicht einen Moment länger hat Deianeira Hoffnung. Sie empfängt die Botschaft mit starrem Blick auf die Rivalin; sie weiß, daß sie verloren hat. Erneut füllt der Bericht des Herolds die Bühne mit Herakles' nun schon fast greifbarer Nähe.

Deianeira kann die anderen nicht darüber hinwegtäuschen, daß sie nicht imstande ist, Freude zu empfinden. Sie gibt vor, tiefer Jammer (298) über die unglücklichen «Gefangenen», die fern der Heimat in Sklaverei zu leben verdammt seien, habe sie befallen (275 ff). Sie hat mit dem Ahnungsvermögen der Frau erkannt, was hier gespielt wird. Sie weiß jetzt wohl, warum der Herold, den sie seit langem kennt, gezögert hat, und dieser wird es selbst zugeben: aus Scham (481 ff). Aber Herakles, wird er dann sagen, das muß man ihm lassen, der kennt keine Heimlichkeit: Jole – sie ist das Mädchen, die Prinzessin, Tochter des besiegten und erschlagenen Königs von Oichalia – wurde vorausgeschickt, damit, wenn der Held selbst eintreffen würde, kein Zweifel sei, wer die neue Frau sein wird. Deianeira hat keine Wahl; sie muß sich damit abfinden; sein süßes Leben wird Herakles nicht mit einer Alternden verbringen! Für dieses Mädchen hat er ein Königreich zusammengeschlagen, und dieses Reich heißt, wie das Orakel es verkündet hatte, Euboia!

Zur dritten Botschaft zwingt Deianeira den der Lüge überführten Herold mit einer Trugrede. Wie im «Aias» ist sie doppelsinnig (wenn auch nicht so hintergründig und folgenschwer), denn mindestens die Hälfte dessen, was sie vorbringt, glaubt sie wirklich. Ihre Vernunft redet ihr zu: Menschen und Männer sind nun einmal so, was kann man gegen eine «Krankheit» machen (eros 441 als nosos 445). Und Jole? Sie ist die erste nicht (459 f); mir tut sie leid: gegen ihren Willen hat ihre Schönheit sie und ihr Land ins Unglück gestürzt (466). Das klingt unüberhörbar nach Deianeiras Worten über ihr eigenes Schicksal in der Prologszene, und jetzt verstehen wir erst ganz deren Tragweite: damals, als Herakles den wüsten Flußgott besiegte, sei sie von Angst betäubt gewesen, ihre Schönheit könne ihr Leid bringen; doch Zeus habe es gut gefügt; und da hatte sie hinzugesetzt: «wirklich gut?» (27), denn sie hatte nun erlebt, was für ein Leben sie an der Seite des geliebten Retters zu führen gezwungen war. So sieht sie in Jole ihr eigenes Bild, ihr Bild von damals. Wenn nicht schon vorher, so wissen wir jetzt: Deianeira steht nicht nur für sich selbst; in ihrem Schicksal ist ein Stück Frauenschicksal schlechthin abgebildet, so wie andererseits Herakles in Frauenaugen den Mann schlechthin spiegelt, den ewig Schweifenden, den Abenteurer, den Polygamen. Und doch ist Deianeira nicht nur *die* Frau; auch in ihrer allgemeinsten Feminität ist sie noch durch Sehnsucht (pothos 631) und Schicksal als eine Einzelne an diesen einzigartigen Einzelnen gekettet. Für einen anderen Mann könnte sie vielleicht wirklich so fühlen, wie sie es in der Trugrede vorgibt: nachsichtig und ein wenig herablassend zu warten, bis er sich ausgetobt hat – er wird schon zurückkehren, wo er hingehört... Nicht aber für Herakles! Sie hat es hundertmal erleben müssen, aber jedesmal hat es ihr das Herz zerrissen, und das war der Grund, warum sie früh verblühte.

Unter den Geschichten, wie sie die Zuschauer in Athen von Herakles gekannt haben, ist keine, in der Herakles eines seiner Weiber mit nach Hause gebracht hätte. Diesem Zug hat Sophokles eine demonstrative Bedeutung gegeben. Was Deianeira dem Chor auseinandersetzt, während sich der Herold zur Rückreise nach Euboia rüstet, macht das klar: «Ich kann ihm nicht zürnen; ich habe es ja oft genug mitgemacht. Aber das kann er mir nicht antun, das nicht: die Schande, in einem Haus mit dem Mädchen zu wohnen (545), unter einer Decke mit ihr zu schlafen (539f), die Ehe mit einer Frau zu teilen, die er sich zur Gattin genommen hat (536, 545). Ihre Jugend sehe ich blühen, während die meine geschwunden ist» (547). Nur noch dem Namen nach wäre sie dann die Frau des Herakles, während die Jüngere es «ist» (552). Und zur Schande, die unerträglich ist, weil sie den Mann, der sie ihr antut, liebt, komme noch Schlimmeres hinzu: jetzt wird er, wie das Orakel verheißen hat, nicht mehr fortgehen; das Abenteuerleben wird zu Ende sein; er wird seine alten Tage an der Seite des Mädchens genießen, lange, vielleicht für immer.

In dieser Not, erst jetzt, zum erstenmal in all den Jahren und nach allem, was sie mit den Liebeleien ihres Mannes hatte erleben müssen, fällt Deianeira das Nessos-Mittel ein. Es ist Verzweiflung, die sie, eine Frau von Verstand und Besonnenheit, nach dem Zauber greifen läßt. Sie weiß auch nicht, ob wirklich etwas daran ist; sie zweifelt noch, als sie den Chor fragt: «Ist es albern? Was meint ihr? Dann laß' ich's» (587). Auch der Chor ist nicht sicher: man müßte es *wissen*. Aber wie soll sie's denn wissen, wenn sie es nicht einmal ausprobiert? Wieder ist es, wie im «Aias», eine peira, ein Experiment (581, 591, 593).

Da kommt der Herold aus dem Haus. Er ist in Eile. So gibt sie ihm kurz entschlossen den versiegelten Behälter mit dem selbstgewobenen Gewand, das sie mit dem Nessos-Blut eingerieben hat: es soll ein Willkommensgeschenk der Gattin für den Gatten sein. Der Herold zieht damit ab.

Nun glauben die Zuschauer alles zu wissen. Aber ehe der Greuel geschieht, sehen sie Deianeira noch einmal aus dem Haus stürzen. Jetzt hat der Schauspieler die von Szene zu Szene gesteigerte innere Erregung in die höchste Exaltation hochzureißen. Aus der Verzweiflung, in der noch Hoffnung war, ist sie ins nackte Entsetzen gestürzt: der Wattebausch, mit dem sie das Gewand eingerieben hatte, war, als sie ins Haus zurückkam, auf eine ekelhafte Weise zersetzt. Jetzt weiß sie, was sie in ihrer Besinnungslosigkeit angerichtet hat: das «Tier» hat sie belogen; es hat ihr das Gift für seinen Mörder in die Hand gespielt. Ein Toter wird den Lebenden töten. Und sie ist eine Mörderin geworden. Mörderin nicht nur des geliebten Mannes, sondern des Ersten aller Menschen! Das wird sie nicht überleben. Wenn er stirbt – dies Fünkchen Hoffnung hat sie noch –, wird sie mit ihm sterben (720).

Schweigend – wie Eurydike in «Antigone», wie Iokaste im «Oedipus tyrannos» – stürzt die Mörderin ins Haus. Sie wird durch die Räume irren, Abschied nehmend von allem, was ihr lieb war, schluchzend und sich verfluchend. Dann wird sie sich auf das Bett des Gatten werfen und sich in ein Schwert stürzen, in sein Schwert. Was sie im Leben nicht sein konnte und wollte, wird sie durch diesen Tod: Herois.

So ist alles auf diesen letzten Akt hin gebaut, der nun beginnt. Ein Chorlied bildet den Übergang: Die Sprüche sind in Erfüllung gegangen; eine Göttin war am Werk, um sie in Erfüllung gehen zu lassen, Aphrodite; die Wahrheit ist ans Licht gekommen: nein, der Sterbende braucht keine Knechtsdienste mehr zu leisten – er ist am «Ziel».

Deianeiras innere Erregung war Schritt für Schritt bis zum Äußersten gesteigert worden. So sagt es die Amme, die meldet, was geschehen ist (874 f): «Sie ist den letzten aller Wege gegangen.» Nur wer die Einbildungskraft geringschätzt, die mit Worten und Stimmungen greifbar zu machen vermag, was nicht sichtbar da ist, kann diesen unerbittlich zielstrebigen Zug im Bau der Tragödie verkennen. Eins mag (wie Reinhardt sagt) übergangslos ans andere gereiht sein; aber es bedarf keiner Übergänge, wenn nichts anderes angestrebt wird, als das Ziel näher und näher zu rücken. Jeder Athener hat das Ziel erkannt; nun ist alles geschehen, was ein Dichter darzustellen und auseinanderzusetzen vermag, so, daß es jetzt mit Augen gesehen, mit Gefühlen erlebt und mit Erkenntnis verstanden werden kann.

Sophokles läßt keinen Zweifel darüber, daß Deianeira subjektiv unschuldig ist (1136: sie fehlte in guter Absicht). Aber wie Oedipus schreibt sie sich allein die Folgen ihrer Tat zu. Es ist nicht Angst, was sie in den Tod treibt, nachdem der Sohn die vierte Botschaft gebracht hat.[18] Sein Bericht ist von dem Pathos getragen, das ihn noch einmal mit wildem Schmerz erfüllt, während er das Erlebte schildert. Und Herakles ist nun ganz nahe. Die Wortkulisse zeigt den Furchtbares Leidenden aus nächster Nähe. Noch ist seine Kraft nicht gebrochen: er schleudert den unschuldigen Herold gegen einen Felsen, daß der Schädel birst und das Meer sich blutrot färbt; alles Volk brüllt auf – wir glauben es zu hören.

Da läßt dieser «heitere Dichter» uns noch näher an den Greuel herantreten, und es ist doch nur ein Vorgeschmack dessen, was sich vor unseren Augen wirklich ereignen wird; Hyllos berichtet, was der Vater zu ihm sagte (796 ff): «Komm,

Die Trachinierinnen

mein Sohn, zu mir; scheue nicht mein Übel, und müßtest du mit mir sterben!»
Groß hingesprochen wird dann die Ankündigung der nahenden pompe. «Gleich
werdet ihr ihn sehen, lebend oder tot.» Und mit dem Finger auf die Mörderin:
«Das hast du Mutter meinem Vater angetan, mit Vorbedacht, die Tat bezeugt es.
Dike soll dich strafen, und die Erinys. Ich bete darum, sofern noch Recht gilt. Und
Recht ist's, da du das Recht mit Füßen getreten hast, mordend den besten aller
Männer auf der Welt, wie du keinen anderen mehr schauen wirst» (806 ff).

Der Mythos: ein Nessos-Hemd hat Herakles getötet; Eifersucht und Liebe haben
den größten Helden mit unfreiwilliger List zu Fall gebracht.

Die Tragödie: der größte Held hat die Frau, die ihn liebte und mit ihm leben
mußte, durch seine Helden-Lebensweise in die Verzweiflung getrieben, aus der sie
keinen Ausweg mehr wußte, als unwürdigen Zauber zu Hilfe zu rufen (so hat sie
es selbst genannt, 581 ff); wenn da jemand «Mörder» genannt zu werden verdient
– wer ist es wohl? Herakles hat Deianeira getötet. Je größer der Held, desto unglücklicher die Frau, die ihn liebt und mit ihm leben muß. Männerart und Frauenlos – was so allgemein klingt, ist höchst konkret und anwendbar: das hat die Szene
mit den kriegsgefangenen Frauen gezeigt. Kriege, diese Männersache, waren eben
so, sind eben so und werden so sein; Frauen sind die Opfer, als Hinterbliebene
oder, schlimmer, als Beute.

Der letzte Akt ist, in sich gesteigert, der krönende Schlußstein des Ganzen, die
conclusio.

Man erwartet einen rasenden, brüllenden, schmerzgepeitschten Helden. Statt
dessen erscheint langsam, mit leisen, behutsamen Schritten in der rechten Parodos
eine stumme pompe. Auf einer Bahre wird Herakles hereingetragen. Decken verhüllen den Leib. Nur der bärtige Kopf ist zu sehen. In Athen mag ein Künstler
die Maske gebildet haben, wie sie auf zahllosen Vasen, Reliefs und in Skulpturen
dargestellt ist. Keule und Bogen, das Löwenfell – die berühmten Attribute – werden hinter ihm her getragen. Es scheint, daß er tot ist.

Man hat gesagt, die folgende Szene sei unecht, weil überflüssig.[19] Es ist kaum
zu glauben. Einer mußte doch den scheinbar Toten aufwecken; wer anders hätte es
sein sollen als einer, der nicht weiß, daß er schläft: es ist Hyllos, der Sohn, der aus
dem Haus stürzt (wo er die tote Mutter gefunden hat) und nun der pompe entgegenläuft, um in die Totenklage auszubrechen. Ein Greis aus dem Gefolge mahnt
ihn, still zu sein. Und Hyllos flüstert: «Was sagst du da? Er lebt?!» (977). Im
«Philoktetes» hat Sophokles das Motiv wieder verwendet: den Schlaf nach dem
Anfall der gräßlichen Krankheit; aber hier ist er grausamer: Der Sohn hat den
Vater geweckt und mit dem Bewußtsein die Schmerzen.

Immer wieder kann man lesen, das Theater der Tragödie lasse die ärgsten
Greuel nur hinter der Szene spielen. Gewiß, gemordet wird nicht auf offener
Bühne. Das ist aber auch alles. Blutüberströmte Leichen werden herausgefahren,

und über ihnen stehen die Mörder mit blutiger Waffe. Und dann diese beiden Bilder fürchterlicher Krankheit: der aussätzige Philoktetes mit den eiternden Wunden! Der vom Gift zerfressene Herakles, der die Decken abwerfen wird, um den Greuel auszustellen, vor aller Augen, vor den Augen der Zuschauer! Theater der Grausamkeit... Angeekelt haben sich zartbesaitete Gelehrte abgewandt. Aber Shakespeares «horrors» sind nicht weniger grausig. Nicht die Ausstellung des Grausigen ist das Ziel der Dichter. Aber durch das Grauen der Sinne und des Bewußtseins greifen sie, wie man so sagt, «an die Nieren». Erschütterung im Wortsinn reißt die Physis, die Psyche und den Logos des Menschen aus der gewohnten Haltung, so werden sie gezwungen, der Wahrheit, auf die es ankommt, ins Auge zu blicken.

Auf die pompe-Einleitung folgen vier, durch Stimmung und Gehalt voneinander abgesetzte, gegeneinander kontrastierende Partien. Die erste, vorwiegend affektiv, mit Musik, halb gesungen, halb geschrien, in drei Strophen gesteigertes Rasen bis zum Verzweiflungsschrei: «Reißt mir doch den Kopf ab!» (1015), und schließlich aus neuem Ansatz zur direkten Bitte an den Sohn: «Stoß mir das Schwert in die Brust!» (1031 ff). Die Götter werden angerufen, die «gottlose Mutter» (mater atheos 1036) wird verflucht; dann sinkt das Toben zum Murmeln herab: «Ruhe gib mir, süßer Hades!» (1040 ff). Den Chor packt tiefes Grauen (1044).

Die zweite Partie ist dialektisch. Mit ungeheurer Anstrengung zwingt der Heros die Qualen nieder, um das Ausmaß dessen, was ihm geschehen ist, sich selbst und allen zu Bewußtsein zu bringen. Ihm mußte das geschehen, nach all dem, was er geleistet, bezwungen und gesäubert (kathairon 1061) hat! Da liegt er wie eine heulende Jungfrau (1071), niedergestreckt von einem Weib. Der einzige Gedanke, den er noch fassen kann: Bring sie her, mein Sohn, zeig, wer dir mehr wert ist, das Jammerbild deines Vaters oder das deiner Mutter, zeig, daß du mein Sohn bist – entscheide dich, heißt das, für die Welt der Männer oder für die Welt der Weiber –, bring sie mir her, daß ich sie erwürge! Alle wissen, was Deianeiras Schicksal gewesen wäre, hätte sie sich nicht selbst das Leben genommen: ob schuldig oder unschuldig, danach fragt dieser Heros nicht, er hätte sie umgebracht (so wie er auch später die Wahrheit, die Hyllos ihm sagt, nicht zur Kenntnis nimmt).

Der Höhepunkt wird erreicht, wenn Herakles, in seiner Ohnmacht, zum letzten Mittel greift, um dem schwankenden Sohn seinen Willen aufzuzwingen: Er schlägt die Decken zurück. Wir können nur ahnen, was nicht nur der Sohn, sondern die Zuschauer zu sehen bekommen haben: es muß schauerlich gewesen sein. Man hat ja gehört, was passiert, wenn das Gift dem Licht ausgesetzt wird (Deianeira hat es berichtet, 697): es beginnt doppelt zu wirken. Das, gerade das, soll der Sohn sehen. Sofort packt den Heros ein neuer Anfall. Das größte Pathos spricht aus ihm, der jetzt bei vollem Bewußtsein ist: «O Hände, meine Hände! Was habt ihr alles bezwungen, Untiere und Ungeheuer, und nun gelähmt, geschunden, von der blinden Ate verdorben, ich, der besten Mutter Sohn, der Sohn des Zeus!» (1089–1106). Und dann, zusammenfassend, geradezu das Wesen dieses Heros demonstrierend: «Dies aber wisset wohl: auch wenn ich nichts bin und nichts mehr tauge, die Täterin erwürge ich mit diesen meinen Händen! Schafft sie mir her, damit sie es erfahre und allen melde: so strafe ich, lebend oder tot, die Üblen!» (1107).

Der Chor spricht aus, was die Zuschauer fühlen mußten: «O armes Hellas, welches Leid kommt über dich, wenn dir dieser Mann genommen wird!» (1112 f).

Das Schweigen der Erschütterung bricht Hyllos. Die dritte Partie beginnt. Sie wendet die Dialektik in die Stichomythie. Es geht um Deianeira. Der Sohn zeigt sich des Vaters würdig, indem er widerspricht. Daß Deianeira dem Helden nichts mehr bedeutet, zeigt die Wendung, auf die der Dichter zielt: die Nennung des Kentauren. Die Dialektik über die Schuld der Täterin ist nur der Anlaß, den Heros in den Status der letzten Erkenntnis zu setzen. Wie Schuppen fällt es ihm von den Augen: jetzt fügen sich die Orakel ineinander, das alte, daß er von einem Toten getötet werde, und das neue, daß seine Mühsal in Euboia Erlösung finden werde; Erlösung, ja, «denn den Toten stößt keine Mühsal mehr zu». So ist nun alles klar (1174). Kein Gedanke mehr an die Frau, doch ein neuer Auftrag an den Sohn.

Letzte Partie. Das Vermächtnis des Heros. Nichts könnte die Meinung des Dichters deutlicher zeigen als die Doppelnatur dieses Testaments. Es ist zusammengesetzt aus Größe und Brutalität. Der Held bleibt seinem Wesen treu. Die Reihenfolge ist bedeutsam. Das Große zunächst: Du wirst mir einen Scheiterhaufen errichten, hoch oben auf dem Öta (der Berg ist über 2000 m hoch), dort wirst du tränenlos meinen lebenden Leib verbrennen, wenn du ein Mann bist. Als Hyllos entsetzt zurückweicht und ausruft, er wolle ihn zum Vatermörder machen, richtet sich Herakles hoch auf: «Nicht das! Du sollst mein Heiler sein, der einzige Arzt für mein Übel!» (paionion: Staiger übersetzt «Heiland», kai munon iatera 1208 f). Das ist Herakles' letzte Tat. Er ist nicht mehr imstande, mit seinen Händen ein Werk zu vollbringen; aber er wird die Qual seines Leibes durch noch größere Qual besiegen, die ihm zugefügte Qual durch die Qual der Tat. Tod ist nicht einfach Sterben. Hyllos könnte auch sein Schwert nehmen, wie Herakles selbst es in der ersten Partie gewünscht hatte. Der Tod soll Zeichen sein. Vor den Menschen – und vor den Göttern. Diese Flammen sollen hochauf züngeln bis zum Himmel des Zeus. Sie werden vernichten, was sterblich an ihm war, aber nicht zerstören, was ihn zum Heros gemacht hat: den Willen zur Tat. So stirbt ein Held.

Doch nicht nur so. Herakles nimmt nicht nur nichts zurück von seiner Rücksichtslosigkeit gegen Deianeira; er besteht darauf, daß sein Sohn das Mädchen zur Frau nimmt, dessentwegen seine Frau in den Tod gegangen ist. Da wird nichts beschönigt, und es ist nichts zu beschönigen. Hyllos äußert den Verdacht, sein

Vater sei verrückt geworden (1231); er hält, was von ihm verlangt wird, für so schändlich, daß er lieber sterben möchte (1235 ff). Der Sohn ist mitten in die tragische Aporie (so wörtlich 1243: aporein) gestoßen, die der Dichter zwischen der Welt seines Vaters und der Welt seiner Mutter aufgerissen hat. Das ist die Methode dieses Dichters, den Vordergrund aufzureißen, um im Hintergründigen das Gegenwärtige zum Bewußtsein zu bringen. Herakles muß den Sohn bei den Göttern beschwören, um ihn zum Nachgeben zu bewegen. Er gehorcht dem Zwang des Befehls (1258), nicht der Einsicht, sondern dem letzten Willen des großen Unglückseligen, der noch im Sterben sein «hartes Herz» (1260)[20] und seine Macht über die Menschen beweist. So lebt ein Held.

Furchtbare Größe spricht aus Herakles' letzten Worten: «Auf jetzt, ehe die Krankheit wieder ausbricht! O hartes Herz, leg einen Reif aus Stahl um mich und schließe mir den Mund wie Stein, daß er nicht schreie. So sei das aufgezwungene Werk freudig vollendet» (1259 ff). Noch einmal umreißt der Gegensatz «aufgezwungen (anekusion) – freudig (epicharton)» die Tragik des Heros. Die Götter haben ihn geschlagen; aber er weigert sich, anders zu sterben, als er gelebt hat: nach seinem Willen. So bietet er ihnen die Stirn.

«Was man verlangt, daß der Heros, der zur Selbstverbrennung schreitet, sich der Erhöhung zum Gotte würdig erzeige, ist gar nicht versucht.» Wilamowitz[21] hat recht, wenn auch in einem anderen Sinn, als er – gegen Sophokles – urteilt. Die Apotheose war für die Zuschauer in Athen ein Faktum.[22] Wenn im Stück nichts auf sie verweist, so ist das Absicht. In der Welt, in der Herakles gelebt hat, jenseits von Gut und Böse, gleich den Göttern, die ihn zu sich erheben, kann er nicht vergöttlicht werden: zuviel haben die Menschen unter seiner Gewalt (bia) gelitten; zu sehr hat er noch im Sterben gegen dike gehandelt. Die nicht mehr von ihm betroffene Nachwelt wird ihn verehren, nämlich das Göttliche an ihm, die menschenmögliche, übermenschliche Größe seines Erdenwegs. Wenn alle tot sind, an denen er übel gehandelt hat, bleiben die Segnungen, die er der Nachwelt als Reiniger (kathairon 1061) hinterlassen hat. In Trachis muß Hyllos das letzte Wort haben. Der Widerspruch gegen den Heros im Namen der unschuldigen Mutter, die spontane Weigerung, das Mädchen zu heiraten, das den Tod der Mutter unschuldig verschuldet hat, das Zurückweichen vor dem entsetzlichen letzten Willen des Vaters – das alles rückt den jungen Menschen näher an die sophokleische Gegenwart, näher auch an die unsrige. Hyllos zieht das Fazit. Es ist eine einzige Anklage gegen die Götter, wahrhaftig nicht die einzige im Werk des Sophokles, aber die schwerste. Sie ist gesprochen aus der condition humaine, wie sie ist, unter der Macht der Götter, die sind. Hier spricht kein Atheist, hier wird das Göttliche nicht geleugnet, im Gegenteil. Hier wird Heraklits oft zitiertes Wort bestätigt und den Zuschauern zugerufen: das Wort von der Kreatur, die unter Gottes Peitschenschlag weidet. Es ist der Sinn der Tragödie, dies den Menschen vor Augen zu bringen, den Unteren wie den Oberen, den Mächtigen wie den Kleinen, den Glücklichen wie den Unglücklichen (1264 ff):

> Hebt, Gefährten, ihn auf und legt
> Mir ein gewaltiges Zeugnis ab.
> Gewaltig in allem Geschehen ist,
> Ihr seht's, der Götter Vergessen.
> Die zeugen Söhne und sind gerühmt
> Als Väter und sehen dem Leiden zu.
> Was künftig geschieht, sieht keiner voraus.
> Was jetzt besteht, ist kläglich für uns
> Und schmählich für sie,
> Das Schwerste jedoch, was Menschen erwächst,
> Für ihn, der solches erduldet.

Die pompe bricht auf. Hyllos geht hinter der Bahre. Im Abgehen singt der Chor:[23]

> Auch ihr, Jungfrauen, bleibt nicht zurück!
> Großes, tödliches Schicksal, Leid
> In Fülle, seltsames, habt ihr gesehen.
> Darin ist nichts, was nicht Zeus ist.

Der Heros hat einen Menschen geschlagen. Die Götter haben durch den Heros den gleichen Menschen geschlagen. So schließt sich der Kreis. Nur eines leuchtet fort: der Trotz des heroischen Menschen im Tod.

3

Können wir das heute vergegenwärtigen? Wir befragen zunächst Ezra Pound, der es so entschieden bejaht.[24]

So entschieden glaubt Pound an die Gegenwärtigkeit der «Trachinierinnen», daß er Teile des Dialogs in englisch-amerikanischen Slang übertragen hat.[25] Wen die bloße Vorstellung solcher Elemente in einem Tragödien-Dialog schockiert, dem sei entgegengehalten, daß Sophokles selbst seine Hirten, Bauern, Sklaven, Ammen eine Sprache reden läßt, die sich von der der Oberen unterscheidet. Nicht anders verfährt Pound: in seinen «Women of Trachis» reden die Amme und der Bote das populäre Idiom; allerdings werfen auch die Soldaten, der Frontoffizier Lichas und der General Herakles mit solchen Ausdrücken um sich, wobei der Offizier gelegentlich, wie ähnliche Typen in Shakespeare's histories, französische Brocken fallen läßt; neben diesen Gassen-Slang tritt aber auf einer anderen Stufe der society-slang, die «conversation»: so spricht vor allem Deianeira mit ihren «Ladies» (die merkwürdigerweise nicht, wie der Titel sagt, «women», sondern «girls of Trachis» heißen). Amerikanischen Ohren klingt gewiß vertraut, wenn die Amme ihre Lady mit «Ma-am» anredet, ebenso wie die Anrede «madam» einen anderen Klang hat, als wenn man bei uns «Madame» oder «Meine Dame» sagen würde. Und «Lady» ist sowohl als moderne Anrede wie als «Lady Macbeth» oder gar als Anrede der Mutter Gottes verwendbar.[26] Die Sprache der Personen soll also einem heutigen Publikum so vertraut klingen wie dem attischen der Sophokles-Zeit. Daß sie durch den Vers angehoben ist, spielt dabei zunächst nur eine geringe Rolle. Es ist oft festgestellt worden, daß der jambische Trimeter bei Sophokles eine «Leichtflüssigkeit» aufweist, die der Tragödie vor ihm nicht eigentümlich war: «Der Zug zur wirklich gesprochenen Sprache setzt sich durch» (Schadewaldt).[27] Von dieser Basis der Selbstverständlichkeit aus erfolgen die Aufschwünge und Steigerungen, und nichts anderes erstrebt Pound.[28] Sein Rhythmus ist hart. Das Wichtigste ist ihm «directness». Härte verbindet sich mit Schmucklosigkeit. Die «Direktheit» der Slang- und Konversations-Elemente befindet sich auf beiden Stufen in voller Übereinstimmung mit der Direktheit des Einfachen. Dennoch baut Pound eine dritte Stufe bewußt aus: in den großen Momenten treten die Elemente der beiden unteren Stufen ganz zurück. Das Einfache gewinnt Wucht, Schlagkraft, Leidenschaft, ja Größe durch die Wortwahl.[29]

Es versteht sich, daß zu diesen drei Sprachstufen eine vierte kommen muß: die der Chorlieder. Pound schuf hier Poesie im Stil seiner Cantos. Es ist Sprache für Musik. Zu jedem Chorlied (zuweilen in den Strophen wechselnd) ist Begleitung bestimmter Instrumente vorgeschrieben. Streicher und Schlagzeug; Pfeifen, Kesselpauken, Oboen mit Flöten- oder Klarinetten-Solo; Cello, Contrabaß und gedämpftes Schlagzeug.[30]

Pound spricht nicht von einer Übertragung, sondern von einer «new version»; er hat gekürzt und erweitert, aber oft entspricht die Verszahl genau der des Originals. So im letzten Akt, der zeigt, welch dunklen Glanz diese Sprache auszustrahlen vermag. Doch geht die «new version» über die faszinierende Erfindung einer gegenwärtigen Sprache hinaus. Und hier sind wir an dem Punkt, in dem Pound, wie wir glauben, Sophokles gegen Sophokles interpretiert, freilich auch an dem Punkt, in dem wohl jeder Vergegenwärtigungsversuch der «Trachinierinnen» scheitern muß. Die Identität der beiden Punkte zeigt, wie exakt Pound vorgegangen ist. Um an dem Scheitern vorbeizukommen, hat er eine Epiphanie des Numinosen in die Tragödie hineingedeutet, die Sophokles, wie wir gesehen haben, gerade nicht zu zeigen wünschte.

Schon das Motto der new version weist in diese Richtung. Die «‹Trachinierinnen› stellen den Gipfelpunkt griechischer Sensibilität dar ... und sind, gleichzeitig, am nächsten der ursprünglichen Form des Gott-Tanzes». «Gott-Tänzer» hat der amerikanische Gelehrte Fenollosa[31] (dessen Nachlaß Pound herausgegeben hat) die Spieler des japanischen No genannt, das er für den Westen entdeckt hat. So widmet Pound seine Version den No-Spielern.[32]

Das Nō deutet legendäre oder mythologische Fabeln aus dem Geist des Zen-Buddhismus. Die zentrale Kategorie ist die Wandlung, und zwar die Wandlung, die einem menschlichen oder göttlichen Wesen, auch dem «Geist» von Toten, auf der Bühne zuteil wird. Reinigung und Erleuchtung sind zugleich Erkenntnisakte und mystische Prozesse. Pound interpretiert schon im Personenverzeichnis die Figuren der «Trachinierinnen» nach solchen Vorstellungen. Deianeira heißt «Daisair», «The Day's Air», die Luft des Tages. Herakles mit dem Beinamen «Zeuson» wird als «The Solar Vitality», die sonnenhafte Lebenskraft, vorgestellt. Jole ist das «Tomorrow», das Morgen, die Jugend, die Zukunft. Während der letzten Strophe des ihr geweihten Chorlieds (4. Stasimon) läßt Pound Aphrodite «erscheinen», als dea ex machina: sie war in einer Nische hinter einem Gazeschleier versteckt, der nun so stark angestrahlt wird, daß er transparent wird. Die Göttererscheinung gehört bei ihm zum Plan der Struktur, die das Numinose aus dem Dunkel der Tragik erstrahlen lassen soll: «The splendour of ruin» heißt bei ihm das griechische «aspeton ti thauma» (961, s. o.), analog seinem schönen Vers: «Im Düstern sammelt das Gold das Licht auf sich».

Von Herakles heißt es, er trage die «Maske der göttlichen Agonie». Der Heros ist also der Gott-Tänzer, der die Agonie als letzte Stufe der Wandlung darzustellen hat. Zu den Versen, in denen er Hyllos die Stelle zeigt, wo er ihm den Todesstoß geben soll, erklingen «leise Cello, Contrabaß, gedämpftes Schlagzeug» in den Pausen zwischen den Sätzen. «Sotto voce» soll Herakles die Verse sprechen: «Bruder Gottes, süße Hölle, sei gnädig. Laß mich drunten liegen und bleiben. Schnellflügliger Tod, laß die Schande enden (that art the end of shame).» Misterioso. «Misery», «Erbarmen», sagt er später, «ich gehe unter und mein Licht ist erloschen. Schwarz alles.» Und dann kommt die Stelle, die Pound gewaltig aufwertet, um seine Interpretation zu stützen: als Herakles erkennt, daß die beiden Orakel zusammenpassen und das «Ende seiner Leiden» der Tod ist, heißt es im Griechischen, nun sei alles «lampra» (1174), also «manifest», «geklärt». Pound setzt die Worte in Versalien: «Come at it that way, my boy, what SPLENDOUR, IT ALL COHERES». «Was für ein Glanz – alles fügt sich zusammen». Regiebemerkung: «Er wendet sein Gesicht vom Publikum ab; dann sitzt er aufrecht, das Gesicht jetzt ohne die Maske der Agonie; das enthüllte Make-up ist das der sonnenhaften Klarheit. Das Haar golden und so elektrisiert wie möglich». In einer Anmerkung der Kommentar: «Dies ist der Schlüsselsatz, um dessentwillen das Stück existiert.»

Der Heros zeigt also auf der Bühne die Wandlung in den Gott, die Heiligung. Da ist nun freilich kein Sinn mehr in den Worten, die der Mensch vor der Selbstverbrennung an sich selbst richtet: «Hartes Herz, betoniere dein Gesicht, auf daß das Ende heiter sei».

Wir brauchen kaum noch auseinanderzusetzen, worin und warum wir Pounds «new version» nicht annehmen können. Trifft unsre These zu, daß Vergegenwärtigung der alten Stücke nur möglich ist, wenn deren immanente Gegenwärtigkeit in ihrer eigenen Gegenwart entdeckt werden kann, dann ist Pounds Übertragung der «Trachinierinnen» in den «Gott-Tanz» eines No-Spiels eine Aufhebung der Sophokleischen Gegenwart. Kein Vers des griechischen Textes, am wenigsten der gewaltsam als «Erleuchtung» interpretierte Vers 1174, läßt die Deutung zu, daß der griechische Dichter in diesem Stück auch nur entfernt an eine Heiligung auf der Bühne gedacht hat. Herakles ist als Heros nicht einmal vom Logos erleuchtet: er erkennt, was sich zusammenfügt, als den Willen der Götter, wie ihn die Sprüche verkündet haben. Seine Antwort ist weit entfernt von der Antwort des Oedipus, von dem er sich dadurch unterscheidet, daß sein Wesen nicht der Geist ist, sondern die Tat: «meine Hände», wie er es selbst nennt. Dennoch bleibt er, wie dieser, Mensch bis ans Ende. Seine letzte Tat ist das Fanal der Weigerung, sich zu unterwerfen. Angesichts der Aporie zwischen der Übermacht der Götter und der Ohnmacht alles Menschlichen bleibt dem Heros nur dies eine: bestehen. So verkörpert dieser Herakles eine Möglichkeit des Menschseins in der Tragik der Existenz. Mit Bedacht hat Sophokles jeden Anklang an die Apotheose vermieden. Diese kann nur Sache einer Nachwelt sein, für die mit der Existenz eines Menschenlebens auch die Aporie erloschen ist.[33]

Hätte Pound wie Brecht, der seinerseits in einer bestimmten Phase seines Schaffens das Modell des No vielfach für seine Zwecke benützt hat, auf die zen-buddhistische «Erleuchtung» durch das Wunder der Wandlung verzichtet, oder hätte er wie Samuel Beckett in einigen seiner Spiele, die man geradezu als Anti-No-Spiele definieren kann, diesem Erleuchtungswunder eine eigene Deutung der condition humaine entgegenzusetzen gehabt, dann wäre er nicht dem Irrtum verfallen, die Tragödie mit dem No zu identifizieren. Aber vermutlich ist gerade dieser Irrtum das Wesentliche, was Pound aus Eigenem in die «Trachinierinnen» hineingedeutet hat; denn bei ihm wird das Numinose eine Ausdrucksart des Poetischen. Höchste Kunst, so scheint es, sublimiert das Wesen der Existenz in den «Gott-Tanz». Herakles wird zu einer poetischen Metapher, so wie alle mit ihm konfigurierten Gestalten Symbole am Himmel einer erdichteten Welt geworden sind.

Eine Vergegenwärtigung der «Trachinierinnen» wäre aber nur möglich, wenn Möglichkeit und Wirklichkeit der Existenz des Heros, der, wie wir gesehen haben, das Stück vom Anfang bis zum Ende beherrscht, als selbstverständlich vorausgesetzt werden könnte. In dieser Selbstverständlichkeit lebt und stirbt Deianeira. Wer sie als eine «moderne Frau» ansieht (oder als eine «Athenerin» wie Wilamowitz)[34], muß tiefenpsychologische Motive zu Hilfe rufen, um zu erklären, warum diese personifizierte Sensibilität ihr Leben widerspruchslos der Brutalität dieses Mannes unterworfen hat. Warum verläßt sie schweigend die Szene, um zu sterben, obwohl noch der Chor hinter ihr herruft, daß sie damit ja ihre Schuld eingestehe. Ganz einfach, weil sie sich schuldig fühlt und schuldig ist: ihre Schuld ist es, ohne es zu wissen oder zu wollen, den Tod des ersten Mannes der Welt verursacht zu haben. Es ist eine «Schuld» wie die des Oedipus, der freilich, als Mann des *nus* nicht bereit ist, sich selbst auszulöschen, indem er das miasma sühnt. Aber während das miasma des Oedipus auch in den Augen heutiger Menschen, ob gewollt oder ungewollt, ungeheuerlich ist, wird Deianeiras Vergehen aus dem Mythischen erklärt, also aus der Vorstellungswelt, in der Herakles, als Mythos, gelebt hat, wenn er auch dazu beigetragen hat, ihre Ungeheuer zu vernichten. Und genau darin liegt auch der Unterschied zwischen der Selbstblendung und der Selbstverbrennung. Die erstere ist der Willensakt eines Menschen, der seine Existenz vor den Göttern, den Menschen und der Polis mit einem Stigma versieht. Die letztere ist der Willensakt eines Übermenschen, der den Mythos seiner Existenz in den Mythos seines Todes überführt. Was im Text des Sophokles kaum angedeutet, geschweige denn ausgeführt ist, wird tatsächlich zur Voraussetzung der Tragödie: der Glaube an die Menschen-Möglichkeit, nein, Menschen-Wirklichkeit eines Herakles. Alle, die im Dionysostheater saßen, hatten diesen Glauben. Sophokles rechnete nicht nur mit ihm, sondern er entwarf, wie die letzten Verse des Hyllos beweisen, sein Stück gegen die Götter, in deren Welt der Glaube an einen solchen Menschen möglich und notwendig ist. Die Verherrlichung des Täters, der zugleich Reiniger (kathairmon) und Gewalttäter ist, war ein Stück Wirklichkeit in der damaligen Welt, zu deren Wirklichkeit diese Götter gehörten. Sophokles' Absicht war es, seine Zeitgenossen daran zu mahnen, daß die Götter auch diesen Übermenschen zerbrochen haben. Er gab ihm die Größe eines übermenschlichen Todes als seiner letzten Tat, aber er distanzierte sich von dieser Größe dadurch, daß er dem Sterbenden die Erkenntnis versagte und ihn mit einer letzten Grausamkeit Abschied nehmen ließ vom Nächsten, der bei ihm war, von einem Nächsten, den er unmöglich geliebt haben kann, denn er ist, so wie er ist, der philia überhaupt nicht fähig. Und trotzdem hat ihn seine Welt bewundert, trotzdem ehrt ihn die Nachwelt durch Vergötterung. Pound, der sehr wohl erkannte, daß wir an diesen Herakles nicht mehr glauben können, rief das No zu Hilfe, um ihn zu wandeln und zu heiligen. Aber anders als im No, wandelt sich sein Herakles nicht durch Einsicht und den Willen, zu ändern, was er vorher gewesen ist, sondern nur durch Poesie.

Die Schroffheit, die das Stück in die Nähe des «Oedipus tyrannos» rückt, hat erst der sehr alte Sophokles korrigiert. In den späten Stücken ist das Göttliche nicht mehr nur groß durch agnomosyne (1266),[35] durch «der Götter Vergessen» (Staiger), dem die mitmenschliche syngnomosyne (1265), das ebenfalls «groß» genannte Verzeihen, entgegengestellt wird. In ihnen erscheint am Ende langen Leidens die Möglichkeit der Erlösung, ja, der Heiligung – freilich auch dann nicht wie bei Pound auf der offenen Bühne dieser Welt, sondern jenseits der Schwelle des Todes als Wunder. Daß auch das Mitleid Unsterblichkeit verleihen kann, das ist der Gedanke, der den alten Mann bewog, die früheren Stücke, wie wir sagten, zu korrigieren. Eine solche Korrektur ist der «Oedipus auf Kolonos» zum «Oedipus tyrannos». Und so verstehen wir den Schluß des «Philoktetes», dessen Heros nicht nur den Bogen des Herakles trägt, sondern in seinem Wesen ein Gegenbild zu diesem darstellt, als eine Korrektur der «Trachinierinnen». Nun sind es die *ponoi,* die Mühsale, um derentwillen Herakles die Unsterblichkeit errang. Nicht mehr die Taten, sondern die Leiden. Der Blick des Alten in die Menschen-Existenz ist milder geworden. Nicht nur durch Grausamkeit, agnomosyne, waltet das Göttliche in der Welt, sondern auch durch syngnomosyne, durch Mitleid.

Elektra – *Rächer und Richter*

nec spe nec metu [1]

Moderne Erklärer, so Karl Reinhardt [2] und Kurt von Fritz,[3] üben an Sophokles' «Elektra» [4] ähnlich lautende Kritik. Der Schluß der Tragödie sei zwar «gewiß nicht unwirksam, aber kein Sinn an sich und mehr Tragödie des Theaters als der Dichtung» (Reinhardt). Ein «Rest» sei vor allem in der Gestaltung des Orestes geblieben: «Die ganz auf das Seelische konzentrierte Motivation, die für das Drama des Sophokles charakteristisch ist, konnte, wenn die Umrisse der überlieferten Sage beibehalten werden sollten, nicht an Orestes vor Augen geführt werden» (von Fritz). In der Tat mögen Orestes und der Schluß nicht befriedigen, sofern man von der Voraussetzung ausgeht, daß «seelische Motivation» das eigentlich Dichterische der Tragödie sei. Demgegenüber wagen wir die Behauptung, daß der Schluß der «Elektra» (freilich nicht nur die Szene nach der Ermordung Klytaimestras, die Reinhardt im Auge gehabt hat, sondern der ganze letzte «Akt» vom Wiederauftreten Orestes' an) zum Größten gehört, was Dichter je für das Theater erdacht haben und, daß Orestes' Gestalt ebenbürtig neben der Elektras steht, ja diese schließlich, im Sinne des Mythos und mit dem Willen des Dichters, überragt.

Wir finden die Argumente für diese These, wenn wir versuchen, die Tragödie einmal nicht von Elektra, sondern von Orestes her zu sehen. Betrachten wir die erste Szene. Ist Orestes hier wirklich so «untragisch, frischgemut und unorestisch», wie Reinhardt annimmt? Wir sehen drei Männer von rechts her, von wo man aus der Ferne kommt, die Szene betreten. Es ist früh am Morgen.[5] Der Zeitpunkt (mehrfach wird vom *kairos* gesprochen, 22. 39, 75) ist mit Bedacht gewählt. Nach der weiten Reise haben die Männer irgendwo genächtigt, vermutlich am Grabe des Agamemnon vor der Stadt, wo sie auch das Gefolge und die Urne mit der angeblichen Asche des tödlich verunglückten Orestes gelassen haben müssen. Heimlichkeit ist in ihrem Auftreten. Eile ist geboten. Was führt sie zur frühen Stunde her, solange das Tagewerk im Palast noch nicht angebrochen ist? Einer von ihnen, der alte Mann, der sich gleich als Erzieher des Orestes zu erkennen gibt, soll in den Palast geschmuggelt werden, um den kairos der Tat zu erkunden. Orestes, als gebietende und zentrale Gestalt angesprochen, lobt den alten Mann, weil er «in den Gefahren den Mut nicht verliert» (26). Diese Gefährlichkeit ist die Grundstimmung, in die uns die Szene versetzen soll.

Spricht man von «seelischer Motivation» – und selbstverständlich darf und muß

man das, auch wenn man darüber hinaus noch andere Ziele des Dichters im Auge
hat –, so muß dem Umstand Gewicht beigemessen werden, daß Orestes' Vorgehen
von einsamen Entschlüssen getragen ist; erst jetzt enthüllt er den Begleitern seinen Plan, und es ist überaus bedeutsam, daß er damit einen doppelten Hintergrund der Tat sichtbar macht: einmal den göttlichen Auftrag und dann das Wissen, daß dies allein seine Sache ist. Man hat gefragt,[6] warum wohl Orestes das
Orakel aufgesucht habe, nicht um zu erfahren, ob er die Tat begehen solle, sondern
nur wie er sie begehen solle. Aber daß die Tat geschehen mußte, war für den griechischen Zuschauer so klar wie für Orestes; es genügt nicht, darauf hinzuweisen,
daß er vom Paidagogos dazu erzogen und von Elektra in zahlreichen Botschaften
dazu ermahnt worden ist (169, 320). Man verfehlt den Sinn der Tragödie überhaupt, wenn man die folgenden Chor-Verse nicht für eine alle Griechen bindende
und unzweifelhafte Wahrheit hält (1419 ff):[7]

> Es leben die unter der Erde
> Begrabenen
> Denn sühnend fließendes Blut
> Entziehen ihren Mördern
> Die lange schon Gestorbenen.

Der junge Orestes, im Exil herangewachsen, hatte keinen anderen Umgang als
diese beiden Vorstellungen: den Geist des ermordeten Vaters und den von Mördern besetzten Thron seines Vaterlandes. Sophokles hat dem Orestes einen Wesenszug gegeben durch das Motiv, daß er ihn nicht bei erster Gelegenheit oder mit
Hilfe fremder Truppen zur Tat schreiten ließ, sondern erst nachdem das Orakel
ihm jenes Zeichen gegeben hatte, das er erwartete und das ihm auftrug, die Tat so
auszuführen, wie es ihm gemäß war: allein.

Freilich zeigt Sophokles an der angeblich «ungestalteten» Figur gleich noch einen
weiteren Charakterzug: Das Orakel hat Orestes empfohlen, die Tat heimlich und
mit «Listen» zu vollbringen: «gerechte Hinrichtungen mit der Hand» (36f).
Orestes verteidigt sich gegen Vorwürfe, die er sich seinem Wesen gemäß dieserhalb
machen muß. Die Art, wie er sich ausdrückt, läßt erkennen, wie zuwider ihm List
und Heimlichkeit sind. Es zeugt nicht nur für seine Frömmigkeit, sondern für
seine Besonnenheit, wenn er dennoch zu ihnen greift. So ungewiß wie der Ausgang
eines offenen Kriegszuges wäre der des tollkühnen Wagnisses gewesen, den Mördern offen entgegenzutreten. War er von der «Heiligkeit» oder Unabdingbarkeit
der ihm bestimmten Tat überzeugt, mußte er das schärfste Kalkül für das Gelingen errechnen. Wir werden sehen, daß er zuletzt den Befehl des Orakels ausdrücklich übertritt, um seinem Wesen gerecht zu werden: er setzt seinen eigenen Plan
(und den Rat Elektras) außer Kraft, indem er dem einen der Mörder offen entgegentritt.

Der Grundstimmung der Gefährlichkeit, welche die erste Szene aufweist, wirkt die tragische Grundstimmung entgegen, die dem Geschehen alsbald die Dimension der Größe verleiht. Orestes steht vor dem Palast des Vaters, vor *seinem* Palast: nach all den Jahren, in denen er nur im Geiste gesehen hat, wohin er gehört, hat er nun, zum erstenmal, die Wirklichkeit vor sich. Welch ein Schauder übertrug sich da von ihm auf die Zuschauer! Und wie wuchs der Schauder, wenn nun zweierlei ins Bewußtsein gehämmert wird: dies war die Stätte des Mordes und dies wird wiederum die Stätte von Morden sein!

Sehen wir so Orestes bereits in der ersten Szene mit bestimmten Zügen gezeichnet, so läßt ihn Sophokles bereits hier auf jene *hamartia* stoßen, jenes Allzumenschliche, das nach Aristoteles[8] jeder tragische Heros besitzen muß, wenn er als glaubwürdig menschlich erscheinen soll. Aus dem Palast dringen klagende Schreie. Wer ist es? Eine Magd, sagt der Erzieher. Aber Orestes weiß es ahnend: es ist Elektra. Die Wirkung, die das schauerliche Schreien auf ihn ausübt, zeigt sich darin, daß er auf einmal nicht mehr weiß, was er tun soll, der Alte soll ihm raten: «Willst du, daß wir hier warten und die Klagen hören (81)?» Während von drinnen die Schreie weiter an sein Ohr dringen, verläßt er in schweigender, aber verstörter Entschlossenheit die Szene. Daß hier nichts hineininterpretiert ist, wird sich in der Analyse der ersten Begegnung mit Elektra zeigen: dort wird sich Orestes der hamartia voll bewußt werden, deren er sich, nur erfüllt von der ihm auferlegten Tat und der Größe des Ziels, wenn man so will, «schuldig» gemacht hat. Elektras Schreien hinter der Bühne läßt ihn den menschlichen Aspekt ahnen, an den er nicht gedacht hat: was da jemand litte, bis er endlich kommen würde und warum er nicht längst schon gekommen wäre...

Es ist eine Erfindung des Sophokles, daß fortwährend geheime Botschaften zwischen Mykene und dem Phokerland hin- und hergegangen sind. Elektra spricht es in aller Schärfe aus (170 ff):

> Denn was an Botschaft kommt mir nicht,
> Das nicht als Täuschung sich erwiesen?
> Denn immer sehnt er, aber, sehnend,
> Hält er für wert nicht, zu erscheinen.[9]

Nirgends im Stück ist dieses Zögern anders erklärt als dadurch, daß Orestes zauderte wie Hamlet. Daß er nach Delphi gegangen war, um zu fragen, wie er die Tat ausführen solle, beweist: nun endlich war er soweit; der Entschluß war der Befragung vorausgegangen. Was kann Sophokles damit anders gemeint haben, als daß er für Orestes und die Zuschauer klarzustellen wünschte: Muttermord ist keine Kleinigkeit? Wer da von Frischfröhlichkeit spricht,[10] hat zumindest dieses Moment nicht bedacht.

Wie um diese hamartia wieder auszugleichen, erfüllt Sophokles ziemlich genau in der Mitte der Tragödie das ganze Theater mit dem Glanz des Helden. Daß dies in einer Scheinrede geschieht – der Erzählung des Paidagogos von dem angeblichen

Unglückstod (680 ff) –, tut dem keinen Abbruch. Das ganze Stück rollt auf den Kugellagern solcher Ironien.¹¹

Es mag sein, daß unsere Schauspieler den Bericht des Paidagogos nicht zu jener Wirkung zu bringen in der Lage wären, wie sie der Darsteller im Dionysostheater, sicherlich ein Meisterspieler, ausgelöst hat. Der rhetorische Schwung, das Feuer des sich selbst begeisternden Erzählers, die Spannung auf das Ende hin – das mag die leicht erregbaren Athener von den Steinsitzen gerissen haben. «Theater», sicherlich; aber auch der berühmte Botenbericht der «Perser» war solches Theater. Wir sollten doch fragen, ob Sophokles eine solche Wirkung beabsichtigt hat, und wer wollte das bestreiten? Durch die Lüge hindurch sollte Orestes in den wahren Glanz des Heros gerückt werden. Diese Aura wird nun um ihn sein, wenn er wieder auftritt: sie tritt als neues Element zu seiner Besonnenheit, seiner Verschlossenheit und seiner hamartia.

Die Zuschauer wissen, daß der Rächer gekommen ist. Elektra weiß es nicht. Das versetzt ihre größte Szene – den Entschluß, die Tat selbst zu begehen – ins Imaginäre. Das dem Auftritt voraufgehende Chorlied (1058 ff), das die Einsamkeit und Einzigartigkeit der Herois aus der schaudernden Bewunderung der anderen heraus besingt, bildet die Kulmination der Entwicklung Elektras an dem Punkt, wo sie Übermenschliches, zumindest im Geist, erreicht hat. Aber mit Orestes' Auftritt beginnt der Abstieg. Auf Kosten Elektras erfolgt stufenweise die weitere Erhöhung Orestes'.

Die Erkennungsszene ist mit einer unvergleichlichen Meisterschaft aufgebaut. Orestes, wie schon zuvor in der Tracht eines Wanderers ohne auszeichnende Embleme, betritt von rechts an der Spitze eines Trupps von Männern die Szene; an seiner Seite befindet sich, gekleidet wie er selbst, Pylades; ihnen folgen Männer, welche eine große Urne tragen. In der Orchestra richtet sich der Chor, der das eben erwähnte Lied ohne Tanz (1067) gesungen hat, aus seiner erstarrten Haltung auf, den Fremden zugewandt. Elektra muß sich an einer Stelle befunden haben, an der sie die Fremden nicht gleich sehen konnte. Mit ihrem Aufschrei (1108) durchbricht sie die Mauer der Frauen, die Arme nach der Urne ausgestreckt, welche die angebliche Asche Orestes' birgt. Dieser, ein Fremder, bedeutet ihr nichts: er ist der Unglücksbote.

Was bedeutet Elektra Orestes? Es ist mit keinem Wort gesagt, daß er sie sofort erkennt. Aber er hat das Schreien schon einmal gehört und dabei der richtigen Ahnung Ausdruck gegeben. Hier ist ihm kein Ausdruck erlaubt: denn er muß ja den Fremden «spielen». Aber der Schauder, von dem Elektra spricht (1112), muß auch in der Haltung des Schauspielers sichtbar geworden sein. Hinter dem gespielten Schmerz des Mitgefühls (1113 f) wird der verborgene wahre Schmerz, der Orestes beim Anblick der Unglücklichen erfaßt, spürbar. Zum erstenmal sieht er Elektra. Erst viel später gibt er in Worten dem Ausdruck, was ihn bewegt. Elektra

– das war für ihn vorher ein Bild der Herrlichkeit (kleinon eidos 1177), und was zeigt sich ihm da! «O Leib, unwürdig und gottlos zerstört!» ruft er später aus (1181). Elektra trägt das schwarze Gewand einer Magd, schmucklos, ohne Gürtel (den hat sie der Schwester Chrysothemis als Opfergabe für Agamemnon mitgegeben, da man ihr alles andere weggenommen hat), vielleicht zerfetzt, wie die Klagenden aufzutreten pflegen; aber das Bild des Jammers ist auch in die Züge der Maske gezeichnet (1187); und nun erlebt Orestes den Ausbruch der Armen, eine einzige Steigerung, die, von der Ironie der Form diktiert, Satz um Satz auf ihn zielt, bis die Gewißheit, daß es Elektra ist, ihm ins Gesicht springt. Jeder Satz ist Vorwurf: Als Strahlenden habe sie ihn hinausgesandt, nachdem sie ihn vor den Mördern gerettet hatte; mit welchen Hoffnungen! Und nun kehre er als ein Nichts wieder, nicht einmal von den Seinen bestattet, wie es sich schickt: «Liebster, wie hast du mich vernichtet» (1163). Orestes erkennt die Rohheit der List, und Elektra steigert sich gerade in dieses nur scheinbar Schreckliche immer mehr hinein, bis zur rhythmischen Ekstase: die Urne, die sie in den Armen hält, ist an ihre Brust gepreßt, wie der brüderliche Leib (1168 ff):

> So sehn' ich mich auch jetzt, daß ich, gestorben,
> Von dir nicht abgeschieden sei, im Grab.
> Denn die Gestorbenen, sehe ich, sind ohne Leid.

Da steht Orestes; die Blicke der wissenden Zuschauer sind auf ihn gerichtet; sie fühlen mit, was in ihm vorgeht. Ist das eine «ungestaltete Figur?»

Es bleibt nicht beim Schweigen. Der Chor verweist Elektra das maßlose Klagen mit einer wieder auf Orestes gezielten, unwissend schneidenden Ironie: «Wir sind alle sterblich, sterblich bist du, sterblich war Orestes» (1171 f). Aber nun bricht es aus dem «Fremden»; es ist, als ob er die Mahnung des Chors zurückweisen wollte: so *muß* ja eine klagen, die das erlitten hat! Und ich bin unschuldig schuld daran – nicht nur, weil ich mit dieser rohen List ihren Schmerz auf die Spitze getrieben habe, sondern weil ich so lange zauderte, mit keinem Gedanken daran denkend, was die Schwester deswegen leiden und überhaupt durchmachen könnte. In den jammernden Ausrufen der folgenden Verse öffnen sich drei Dimensionen: einmal der Mitjammer (eleos) mit Elektras Geschick, wie es sich in deren Elendsbild darbietet, dann die Anklage gegen seine eigene hamartia, und schließlich das Bewußtsein, daß er im Begriff ist, das Gelingen des Planes aufs Spiel zu setzen, wenn er sich nicht nur vor Elektra, sondern vor den Frauen verrät. Dieses Dreifache hat der Schauspieler auszudrücken (1173 f.): «Weh, weh, was sag ich? Wo find ich die Worte, / Ratlos? – Beherrschen kann ich nicht mehr meine Zunge!» Der Bezug ist im Griechischen noch deutlicher: wohin gerate ich, amechanon [11]. Elektra begreift diesen Mitjammer des Fremden nicht, der sie unverwandt anstarrt: «Was siehst du, Fremder, so mich an und seufzest?» Da antwortet Orestes in seiner tiefsten

Betroffenheit: «Wie wußte ich doch nichts von *meinen* Übeln!» (1185). In dieser Frage erreicht der Heros seine Tragik: es ist ein Erkennen, nicht von dem gleichen Ausmaß, aber von der gleichen Blitzartigkeit wie das des Oedipus.

Orestes: «Gezeichnet seh' ich dich von vielen Leiden» (1187). Da antwortet sie: was du siehst, ist wenig gegen das, was nicht zu sehen ist. Und nun folgt Schlag auf Schlag der Enthüllung: Ich lebe zusammen mit Mördern! (Ein letztes Mal versucht Orestes sich hier hinter der Maske des unwissenden Fremden zu verstecken: mit was für Mördern?) Sie haben mich zur Sklavin gemacht und zwar mit Gewalt! – Orestes: Wer hat das gewagt?! – Elektra: Eine, die sich Mutter nennt! – Orestes: Wie hat man es getan? Mit den Händen oder durch Aushungern? – Elektra: Mit den Händen, mit Aushungern und mit allen Übeln! – Und jetzt folgen die tragischsten Verse (1197 ff):

Orestes: Und keiner ist, der helfen und es hindern könnte?
Elektra: Nein nicht! denn der mir war, den brachtest du als Asche.
Orestes: Unselige! Wie jammert mich dein Anblick längst!
Elektra: Der Einzige dann bist du, wisse!
　　　　Der unter Menschen meiner sich erbarmt hat je!
Orestes: Komm ich als Einziger doch, der an den gleichen Uebeln leidet.

Man hat gesagt, es mangle dem Sophokleischen Orestes an der «seelischen Motivation»,[12] die Elektra in so hohem Maß zuteil geworden sei. Hat man diesen Satz nicht beachtet? Sicherlich: Elektras Lage im Haus und angesichts der lachenden Mörder war unerträglicher als die Orestes' in der Fremde. Aber wäre diese Unerträglichkeit der Situation das eigentliche und einzig nachvollziehbare Motiv der Tat, dann bliebe der allgemeine Hintergrund der Tragödie unaufgedeckt. Nicht der Gatten- und Königs-Mord wäre dann das Motiv des Muttermordes, sondern die Schmach, welche die Mörder Elektra zugefügt haben. Diese Schmach ist jedoch, wie Sophokles klar darstellt, nur die Folge des größeren Greuels, der ungesühnt ist. Dieser Greuel kann nur aus der Welt geschafft werden, wenn einer die Vergeltung als *Richter* auf sich nimmt. Die Richterlichkeit Orestes' wäre getrübt, wäre ihm die gleiche Behandlung zuteil geworden wie Elektra. Gerade aus der Unerträglichkeit der Situation durfte der Muttermord *nicht* motiviert werden.[13] Wir werden noch sehen, daß Elektra, nach Sophokles' Darstellung, nicht nur nicht bestimmt war, sondern auch gar nicht fähig gewesen wäre, das göttliche Urteil mit Erfolg zu vollstrecken.

Orestes war sich der schauerlichen Größe und der Gefährlichkeit seines Auftrages voll bewußt. Nun aber ist er, wie schon zum erstenmal, als er Elektra schreien hörte, aus der Heroen-Höhe dieser Bewußtseinslage gleichsam auf die Menschen-Erde herabgestürzt. Es ist notwendig, daß er durch diese seine eigene Tragik hindurch geht, um der Vollstreckung des Auftrages selbst die Tragik zu verleihen. Wie bringt Sophokles das zuwege? Die Antwort legt einmal mehr die Härte dar, deren dieser Tragiker fähig ist,¹⁴ wenn es ihm darum geht, die tragische Verstrikkung allen menschlichen Tuns darzutun, Sophokles zwingt seinen Orestes in eine Lage, *in der er sich der Schwester entledigen muß*, der eben noch sein tiefster Mitjammer und sein tragisches Schuldbewußtsein gegolten hatte. Sehen wir zu:

Die eigentliche anagnorisis beginnt mit einem Streit, der bis zur Tätlichkeit ausartet. Orestes entreißt der sich wehrenden Elektra die Urne. Zum erstenmal packt ihn der Zorn über den Starrsinn dieser Frau, die droht, ihm das Gesicht zu zerkratzen. Aus solchem Affekt glüht das überwältigende Licht der Geschwisterliebe auf: Sich-zu-erkennen-geben, Erkennen, Umarmung, höchstes Glück. Aus der Ekstase der Halbverse wendet sich Elektra an den Chor, der, Tränen in den Augen, atemlos die Szene miterlebt hat, mit einer Gebärde, die mehr sagt als alle Worte: Hier habt ihr ihn, «liebste Frauen, Bürgerinnen»! In dem Wort «polítides» (1227) klingt mit, was sie sagen will: nicht nur der Bruder, der Retter, der Rächer – der wahre König ist gekommen.

Der nun folgende Kommos ist dramatisch so angelegt, daß Elektra sich in ihrer manischen Ekstase hält, ja sich immer mehr in diese hineinsteigert, immer wilder, immer trunkener und, was das Schlimmste ist, immer lauter, während Orestes die lyrischen Verse der Schwester mit klaren, harten, nüchternen Iamben beantwortet. Der Darsteller muß zeigen, wie Orestes sich von der nicht zu bändigenden Schwester mehr und mehr distanziert, ja, wie in ihm geradezu Widerwille, wenn nicht Abscheu gegen diese mania, die alles zum Scheitern bringen kann, entsteht. Die Klarheit und Besonnenheit seiner Ermahnungen steht in krassem Gegensatz zu Elektras schäumendem Ungehorsam: Schweige und warte! Sei still – man hört dich ja drinnen! Hör auf zu reden, wir haben keine Zeit dazu! Elektras trotzende Ekstase versteigt sich zur Anklage: Du hast mich hoffnungslos gemacht und nun, da du endlich nach so langer Zeit erschienen bist, willst du mir den Mund verbieten!¹⁵ Orestes antwortet heftig (1271 f.): «Zwar mag ich dir die Freude nicht verwehren, / Doch fürchte ich, daß du *zu sehr der Lust* erliegst.» Aber Elektra ist nicht einfach zu bändigen. In ihrer mania scheut sie nicht vor der Unwahrheit zurück: bisher habe sie ihr Ungestüm (orge) lautlos und ohne Jammerruf zurückgehalten – wir wissen, daß das Gegenteil der Fall war, ja, daß gerade ihr lautes Jammern der Grund für die üble Behandlung durch Klytaimestra und Aigisthos gewesen ist! –, jetzt könne nichts ihre orge mehr zurückhalten.

Diese Übertriebenheit hatten ihr schon der Chor und die Schwester vorgehalten. Orestes nimmt den Tadel mit den gleichen Worten auf (1288 ff):

> Den Überfluß der Worte spare dir ...
> Denn über jedes Maß der Zeit hinaus
> Ginge die Rede dir! Nur was mir jetzt
> Zur gegenwärtigen Zeit mag dienlich sein
> Das zeige an.

Mit diesen herrischen, befehlenden Worten zwingt er sie zur Vernunft. Er weist ihr ihren Platz in dem Plan zu. Sie wird gehorchen müssen, wenn die Sache gelingen soll. Sie müssen Klytaimestra gegenübertreten, das bedarf kalten Blutes: «Daß dich die Mutter nicht erkennt an deinem strahlenden Gesicht, wenn wir zwei das Haus betreten!» Wehklage zum Schein! Wenn alles vorüber ist, ist Zeit zur Freude und zum Lachen – «in Freiheit».

So steht Orestes jetzt über Elektra. Diese ist aus der Kulmination ihres heroischen Ruhms (kleos) heruntergeholt auf den Platz, der ihr zukommt. Es scheint, daß sie selbst einsieht und ausspricht, was die Szene zeigen soll (1317 ff):

> Da du mir endlich nun auf solchem Wege
> Gekommen bist, so gehe du voran (arch' = befiehl)
> Nach deinem Sinne. Wär' ich allein geblieben:
> Ich hätte von zwei Dingen eines nicht verfehlt:
> Und rühmlich selber mich gerettet oder
> Rühmlich wär' ich zugrunde gegangen!

Verfehlt ist hemarton: Trotz ihrer hamartia hätte Elektra wenigstens den Tod erlangt.

Die folgende Szene unterstreicht die Richtigkeit von Orestes' Verhalten. Der Paidagogos kommt aus dem Palast und macht den Geschwistern schwere Vorwürfe wegen der lauten Reden, die man drinnen hören kann. Noch einmal verfällt Elektra bei der anagnorisis des alten Dieners, dem sie seinerzeit Orestes als «dem einzigen Treuen» anvertraut hatte, in die Ekstase. Auch hier stößt sie auf Zurückweisung. Und Orestes hat nun genug. Schroff wendet er sich von Elektra ab, zu Pylades. Als wäre die Schwester nicht vorhanden, erhebt er mit dem Freund die Arme zu den Göttern, ehe er den schweren Gang der Tat antritt. Das ist Männersache, seine Sache. Es ist nicht mehr die Rede davon, daß er gemeinsam mit Elektra vor Klytaimestra treten werde, wie er geplant hatte (1296). Nicht nur das: als die Männer im Palast verschwunden sind, stürzt Elektra, nachdem sie Apollon um Beistand angefleht hat, ihnen nach; sie kann nicht anders – doppeldeutig beschreibt sie der Chor wie Ares, den Mordgott, oder die Erinys (1384 f): [16] «Seht, wie sich, weidend, voranbewegt, Blut schnaubend, gegen das nicht anzuhadern: Ares!»

Aber noch ehe Klytaimestras Schreie ertönen, kommt Elektra aus dem großen Tor zurückgelaufen: «Die Männer werden jetzt sogleich das Werk vollbringen. Darum still und wartet». Dramaturgisch braucht der Dichter diese Wendung, um den Vorgang drinnen auszumalen, aber das Motiv, das er ihr gibt, ist eindeutig: Elektra ist hinausgeschickt worden.

Als Klytaimestras Todesschreie von drinnen gellen, jagt Sophokles Elektra in die schrecklichste Spitze der mania (wie oft gesagt worden ist): während der Chor sich in Entsetzen windet, läßt er sie brüllen: «Schlage zu, wenn du die Kraft hast, zum zweitenmal» (1415)! Es ist, als sähen wir Schaum vor ihrem Mund.[17]

Blutbefleckt, mit blutigen Schwertern (1422) treten Orestes, Pylades und der Paidagogos aus dem offenen Haupttor des Palastes. Eine der Frauen schreit auf: «Blut»! Die Männer bleiben vor dem Tor stehen; sie schreiten die Stufen nicht herab; keiner sagt ein Wort. Lähmende Stille liegt über der Bühne, über dem ganzen Theater: phobos. Da bricht es aus Elektra: «Orestes, wie steht es?» (1424f) Langsam, aus großer Ferne, mit allem Hintersinn, der den Worten innewohnt, antwortet der Muttermörder: «Im Haus zwar gut, *wenn* Apollon gut gesprochen hat.» Dem zwar (men) folgt kein aber, das «wenn» wird nicht erklärt...

Der folgende Ausruf Elektras ist seltsam: «Ist die talaina tot?»[18] Die «Elende» ist doppeldeutig. Oft nennt sich Elektra selbst so. Wenige Verse vorher hatte sich die sterbende Klytaimestra «talaina» genannt. Und der Chor hatte das Wort aufgenommen «o genea talaina», «o unglückliches Geschlecht». Das ist echter Sophokles: Die Ermordete ist nicht nur elend, sondern auch arm.

Die Lücke in dem folgenden Text[19] ist besonders bedauerlich. Kann man aus der erhaltenen Chorzeile: «Schweigt still! Da vorne seh ich deutlich den Aigisthos!» – «pausasthe» (1428) heißt eigentlich «hört auf» – schließen, daß wieder ein Zwist zwischen Elektra und Orestes ausgebrochen war? Es fällt auf, daß mehrfach Stellen eliminiert sind, an denen Herabsetzendes über Elektra gesagt worden sein könnte.

Der Chor und Elektra drängen die Männer, sich im Palast zu verstecken. Man hört und sieht Aigisthos von links («aus der Vorstadt» 1431 – es scheint der einzige Auftritt von links gewesen zu sein) mit seiner Leibwache nahen. Elektra mahnt Orestes: «Schnell dorthin, wo du gedacht» (1434) (wörtlich: «Geh jetzt, wie du's im Sinn hast»: sie glaubt, er habe den alten Plan im Sinn); geplant war, Aigisthos im Palast hinterrücks zu überfallen. Orestes folgt scheinbar: «Gut, ich gehe» (1436). Aber er weiß, daß er anders wiederkehren wird, als Elektra denkt und der Gott es geboten hat. Nun, da der Muttermord an ihm haftet, tut er das Seinige nach seinem Willen. Das Tor schließt sich hinter den Männern.

Elektra übernimmt die Führung in der Szene, von der wir sagten, daß sie die Ironie ins Schauerliche überhöht. Aigisthos weiß von Orestes' 'Tod'. Die Nachricht hat ihn hergerufen. Triumph ist in seinem Aufzug (mit der Leibwache). Vor seinem Tod erlebt er den Schein der höchsten Macht. Er befiehlt, alle Tore aufzutun und dem ganzen Volk den Leichnam zur Schau zu stellen (1450ff). (Sophokles will, daß die Nachricht, die ihm überbracht worden ist, nichts von der Urne gesagt hat: der Sarg des Totgeglaubten wird so zur Bahre der Ermordeten.) Alle werden und sollen sehen: Orestes ist tot. Wer wagt es jetzt noch, gegen ihn zu sein?

Die Bewaffneten eilen in den Palast. Während Aigisthos auf das geöffnete Tor zugeht, höhnt Elektra hinter ihm her (1464ff): «Nun, meinesteils / Erfüllt sich's schon! denn mit der Zeit / Fand ich die Einsicht, daß ich's halte mit den Stärkeren!»[20]

Vor dem Tor weicht Aigisthos zurück. Orestes, Pylades und der Paidagogos – die blutigen Schwerter unter Mänteln verborgen – schreiten die Stufen herab; ihnen folgen Leute, die eine verhüllte Bahre tragen.[21] Aigisthos, in höchster, unbewußter Ironie (1466 f): «O Zeus! ich sehe vor mir die Gestalt des Mannes / Der nicht gefallen ohne Götterneid!» «Des Mannes» fehlt im Griechischen; «phasma» = die Gestalt ist also doppeldeutig: die Zuschauer wissen, wer da herausgetragen wird. Aber irgend etwas irritiert Aigisthos. «Deckt die Leiche auf!» befiehlt er. Orestes (1470 f): «Decke du selber auf! nicht *mein*, nein *dein* Teil ist es, / Dies hier zu sehn und liebreich anzusprechen!» Aigisthos stimmt zu, während er Elektra auffordert, Klytaimestra zu holen. An ihrer Stelle antwortet Orestes: «Sie ist dir nahe, suche sie nicht anderswo!»

Aigisthos deckt das Tuch auf und weiß, was geschehen ist. Die Enthüllung vollendet die Aktion, mit der Orestes sich Mann gegen Mann, ohne List, dem Aigisthos gegenüberstellt. Elektra, die erschreckt zurückgewichen ist, als Orestes mit der Bahre im Tor erschienen war, stürzt nun vor, um ihm zuzurufen, er solle ihn sofort töten: «Laß ihn, bei den Göttern, nichts mehr sagen!» (1483). Es sind ihre letzten Worte, zehn Verse, – wir kommen noch auf sie zurück.

Orestes handelt anders als Elektra will. Er treibt Aigisthos vor sich her, er allein: «Du wirst nicht sterben, wo du Lust hast!» Er wird ihn an der Stelle töten, wo Agamemnon ermordet worden ist. Aigisthos winselt: «Geh du voraus!» Orestes: «Du hast voranzugehen!» Das sind *seine* letzten Worte.[22]

Die beiden Mordszenen sind, wie schon bemerkt, in vollendeter Symmetrie abgefaßt. Das macht uns der gelesene Text klar; den Zuschauern im Dionysostheater muß es durch die Darstellung bewußt geworden sein. Das Wesen der Wiederholung ist, daß ein einmal Gesagtes und Dargestelltes in den Stil eines Zeremoniells gehoben wird. Der Mord wird zum Ritual, indem er nach strengster Form ausgeführt wird. *Nur durch die zweite Mordszene, also jenen Schluß, der pures «Theater» sein soll, wird auch die erste zu einer rituellen Handlung von jener Größe, die dem Täter aufgegeben ist.*

Es ist eine gewaltige Idee, daß Sophokles diese Imagination des Rituals erweckt, indem er den Menschen das Gebot des Gottes übertreten läßt. Orestes kehrt zu seinem Wesen zurück, indem er aus dem Schein in das Sein tritt. Er ist es, der das Sein, das heißt: den Mord, zum Ritual erhebt. Dieses Ritual ist nicht kultisch, sondern tragisch.

Nicht einmal das widerwärtige Winseln des zur Schlachtbank getriebenen Opfers fällt aus dem Rahmen dieses Entwurfs. Denn der Winselnde spricht Wahrheit (1498 f):

> So ist es durchaus not denn, daß dies Haus
> Der Pelops-Söhne Leiden sieht: die jetzigen
> Wie die da kommen werden?

Orestes weiß es wohl. Die Zuschauer wissen es: die Tragödie ist nicht zu Ende. Was wird kommen? Die Erinyen, Delphi, am Ende, nach langer Zeit, der Freispruch in Athen. Nur für Elektra scheint alles zu Ende zu sein. Ihre letzten Worte blicken nach rückwärts: Aigisthos' Tod ist für sie die «lösende Entsühnung» (lyterion 1490) der vergangenen Übel. Was ist aus ihr geworden? Was wird weiter mit ihr sein? Keine Antwort. Orestes beachtet sie nicht mehr. Er ist allein.

Wie der Schluß szenisch gespielt worden ist, kann nur vermutet werden. Man muß die Todesschreie Aigisthos' von drinnen gehört haben. In dem Schauder, den sie hervorrufen sollten, hat sich wohl die pompe formiert, welche die Bahre ins Haus zurücktrug. Dahinter fiel das Tor ins Schloß.

In den Versen, die der Chor im Abgang sang, ist die ganze Vieldeutigkeit der Sprache dieser Tragödie noch einmal zusammengefaßt (1508 ff):

> O Same des Atreus,
> Wie bist du, nachdem du gelitten viel,
> Mit Mühe zur Freiheit hinausgelangt,
> Durch den heutigen Aufbruch vollendet.

Der letzte Vers hat doch wohl einen anderen Sinn als die Übersetzung ihn durch die großen Worte «Aufbruch» und «Vollendung» nahegelegt. «Telos» (teleothen) heißt eben einfach finis; «horme» wird an einer Stelle der «Antigone» (1135) mit «mainomenos», rasend verbunden; «nyn» steht davor. Also etwa: «Nach dem Stürmen heute».

Worte erreichen Größe durch den Sinn. Wo sie groß zum Tönen gebracht werden, erreichen sie das Ohr, nicht die Erkenntnis. Im Schluß der «Elektra» ist eine Abbreviatur der Worte angestrebt, die mehr ausläßt als sie ausspricht. Die Sprache grenzt an das Unaussprechliche. Jenseits der Grenze kann Unausgesprochenes, Unaussprechliches noch der Erkenntnis zugeführt werden durch sprachlose Darstellung: Gebärde, Regie, Musik. In diesem schweigenden Bereich übersteigt das Theater die Möglichkeiten der Wort-Poesie. Hofmannsthal hat das, was die größten Dramatiker solcherart in ihre Stücke eingeplant haben, das «Inkomplette» genannt. Sophokles war Regisseur wie Aischylos. Er schrieb die «Elektra» für eine einzige konkrete Aufführung, deren Einstudierung er leitete. Wir müssen aus dem Text zu erschließen suchen, was er jenseits der Worte gezeigt hat. Nur wenn wir die Tragödie so als Theater imaginieren, sehen wir sie richtig, d. i. «komplett». Einige Hilfsmittel fehlen uns: vor allem die Musik. Dennoch kann, glauben wir, ein vollständigeres Bild der «Elektra» erschlossen werden, als es so bedeutende Gelehrte wie Karl Reinhardt und Kurt von Fritz gesehen haben: mit Hilfe der Imagination des Theaters.

Was Schadewaldt im Spätwerk des Sophokles die «Götterferne» genannt hat,[23] ist in unserem Versuch, das Unausgesprochene der letzten «Elektra»-Szenen zu veranschaulichen, von selbst in Erscheinung getreten. Die Griechen wußten, daß es hinter der Grenze des Sagbaren noch eine weitere Grenze gibt, an der auch das schweigende Zeigen endet: die Grenze des Unbegreifbaren. Sie belebten den dunklen Bereich mit Bildern. Aber die Tragiker zeigten, daß das Geisterhafte, das Dämonische oder das Göttliche nicht dadurch begreifbarer wird, daß man es sich in Bildern denkt. Das Ende der «Elektra» stößt an die Grenze, wo Menschen-Einsicht nur noch das Eine weiß: daß sie nichts weiß. Soll eine Darstellung dorthin geführt werden, muß sie zuvor alle Bereiche des Erkennbaren durchmessen, die des Sagbaren und die des Zeigbaren. Es ist noch Erkenntnis, wenn an der letzten Grenze die Grenze des Menschlichen spürbar wird: gnothi seauton, erkenne deine Grenze.

In Szenen wie den letzten der «Elektra» weht das Unheimliche, das unsere Existenz umgibt, in das Theater hinein. In diesem Schauer haben die Dichter den Sinn der Tragödie gesucht. Wer den Weg an die Grenze zu kurz nimmt, mystifiziert die Wahrheit; wer die Grenze leugnet, erliegt der Hybris. Die Tragiker haben sie so weit wie möglich gesetzt. Sie führen ihre Helden in die Menschenferne, indem sie sie eine äußerste Möglichkeit des Menschseins in einer Grenzsituation verwirklichen lassen. Aber an der Grenze der Menschenferne lassen sie sie erkennen, daß sie den Göttern nicht näher gekommen sind. Dieses ihr Ende in unausweichlicher Einsamkeit ist, ob sie scheitern oder nicht, das Tragische. Indem sie uns so vor der Aporie alles Menschlichen schaudern macht, verwirklicht die Tragödie ihren Sinn.

Ein finsteres Stück. Finster wie die Zeiten, in denen es verfaßt und aufgeführt worden ist. Die Hoffnungen, die noch den Ausgang der Orestie beflügelt hatten, waren erloschen. Auch die Polis war in den tragischen Sog geraten. Nie zuvor war Athen im Inneren so zerrüttet und von außen her so bedroht. Man kann sagen, Sophokles habe die Tragödie dorthin verlegt, wo nun ihr Ort war, nachdem Aischylos' Zeit vorbei war. Was blieb dem Menschen noch angesichts der «Übel»? Die furchtlose Einsicht in die Strenge der Notwendigkeit. Nec spe nec metu.

Theben als Beispiel
I. Antigone – *Ein Mädchen gegen die Welt*

Sophokles war fast siebzig, als er «Oedipus tyrannos» schrieb. «Oedipus auf Kolonos», die Tragödie, die der Neunzigjährige hinterließ, konnte erst fünf Jahre nach seinem Tod im Dionysostheater gespielt werden, drei Jahre nach der Kapitulation der Polis. Die nachgelassene Tragödie, geschrieben als Athens Schicksal besiegelt war, ein Nachruf auf die Polis, wie sie einst war,[1] zeigte, um es nach Hölderlin zu sagen, «Schicksal seiner Zeit und Form seines Vaterlands».[2] Hölderlin sprach von der «Antigone», die, wären die Stücke eine Trilogie,[3] das letzte sein müßte; aber sie war das erste. Stellt man sich Sophokles' thebanische Tragödien hintereinander so vor, als sähe man durch die erste hindurch die zweite und dahinter die letzte, so scheinen sich Dimensionen und Perspektiven prospektiv zu erweitern. Gegenüber der letzten wirkt der Rahmen der ersten streng und schmal, wenn auch der Blick in die Tiefe sich bis an die Grenze jenes «apeiron» öffnet, an das die Welt der Tragödie überall stößt; der Rahmen der zweiten ist nach allen Seiten erweitert, wenn auch noch immer streng eingegrenzt. In der letzten lösen sich die begrenzenden Ränder auf. Der Mythos wird transparent, und die Bühnenwelt geht ohne Rahmen über in die Welt schlechthin.

In dieser Welt liegt Theben: ein Beispiel.

1

Von allen Tragödien der Antike ist «Antigone» die volkstümlichste geworden. Alles scheint sich hier von selbst zu verstehen, wenn wir das Stück auf der Bühne an uns vorüberziehen sehen. Die Heldin besitzt die Leidenschaftlichkeit und Entschlossenheit einer Jeanne d'Arc und ist dennoch liebenswert, ja rührend in ihrem selbstgewählten Opfergang, ein Mädchen gegen die Welt. Das Motiv, das sie in die Welt hinausruft – «nicht mitzuhassen, mitzulieben bin ich da» (523)[4] –, hebt ihre Tat über alle Zweifel hinweg in unsere Gegenwart, in jede Gegenwart.

Und doch ist gerade die Selbstverständlichkeit dieses Verses in neuerer Zeit bezweifelt worden.[5] Man glaubt zu wissen, daß der berühmte Ausruf nicht in dem allgemeinen Sinne gemeint war, wie er, frühestens nach Platon, letztlich aber erst nach den Evangelien denkbar geworden ist. Antigone, sagt man, habe nichts anderes gemeint, als daß sie ihren zum Staatsfeind erklärten Bruder nicht hassen könne, sondern weiter lieben müsse. Nicht Menschenliebe also, sondern Geschwisterliebe, Sippenliebe.

Eine andere Allgemeinheit, die in die Tragödie hineingedeutet wurde, Hegels These vom Widerstreit zwischen Staatswohl und Familienliebe,[6] wird heute einmütig verworfen, so wie übrigens auch Hölderlins Auslegung der Tragödie als politisches Drama – «die Vernunftform, die hier tragisch sich bildet, ist politisch, und zwar republikanisch»[7] – kaum ernsthaft diskutiert worden ist.

Auch die Form der Handlung, die so selbstverständlich abzurollen scheint, ist von vielen getadelt worden: der «zweite Teil»[8] sei viel zu umfangreich geraten. «Wer ehrlich ist», so lesen wir bei Wilamowitz,[9] «muß gestehen, daß der letzte Teil abfällt ... Groß war damals die Kunst des Sophokles, aber reif war sie noch nicht». Auch Karl Reinhardt war der Meinung, daß «der Hauptgestalt des zweiten Teils» (Kreon) die Stütze des tragenden Mythos mangelt, ja, er sprach geradezu von einer «Leere des Ausgangs».[10] Die Zweifel verhärten sich, wenn wir überlegen, daß Antigone ihr Leben nicht hingibt, um ihren Bruder zu retten, sondern nur um seinem Leichnam die letzte Ehre nicht zu verweigern; und diese war nur ein symbolischer Akt: der Tote blieb realiter auch unter der Handvoll Staub «vogelfrei», ein «miasma» für die Stadt, wie es im Stück heißt (1042, 1080 ff).

Neuerdings ist darauf hingewiesen worden,[11] daß fast alle Interpreten einen historischen Umstand übersehen haben: auf Landesverrat sei damals, als das Stück geschrieben und aufgeführt wurde, tatsächlich jene gesetzliche Sühne gestanden, die Kreons Edikt verordnet: Nichtbestattung des Täters. Der Nachweis dafür kann als erbracht gelten. Daraus wird der Schluß gezogen: Antigone habe ihr Leben doch für eine «allgemeine Sache» hingegeben, nämlich für ein kommendes Menschenrecht, für die Humanität. Aber war es wirklich ein «neues Recht», für das Sophokles seine Antigone sterben ließ? Beruft sie selbst nicht auf die uralten, die «ungeschriebenen Gesetze», die heiliger seien als das «neue, eben erlassene» (454)?[12] Die Geschichte der Perikles-Zeit und der ihr folgenden Epoche überliefert zahllose Fälle, in denen man alte Gesetze hervorholte, um politische Gegner zu treffen. Vor allem die Asebie-Prozesse haben wohl durchweg fatale Hintergründe gehabt. Hätten sonst ein Aischylos und ein Phidias angezeigt werden können? Rückfall in die Barbarei ist immer schon politisch begründet worden. Unter das Nichtbestattungsgesetz war in Athen neben anderen Themistokles gefallen. Der Chor, der (mindestens Kreon gegenüber) den Demos, das Volk repräsentiert, läßt keinen Zweifel daran, daß das Bestattungsverbot gegen das religiöse Gesetz verstieß. Daß man in der Polis Theben ebenfalls dieser Meinung war und daher für Antigone Partei ergriff, berichtet Haimon seinem Vater (693, 733). So muß vorausgesetzt werden, daß die Zuschauer im Dionysostheater Kreons neues Gesetz als das ansehen sollten, was es ist: als Rückfall in die Barbarei,[13] wie er im politischen Kampf nicht eben ungewöhnlich war.

Das alte «ungeschriebene» Gesetz gegen das neue, soeben «erlassene» Gesetz (kerygma) – geben nicht doch einige Verse Anlaß zu der Vermutung, daß archaische Vorstellungen in Antigone lebendig sind und wirken? Es sind die ominösen Verse (905 ff),[14] in denen sie bekennt, daß sie weder für Kinder noch für einen Gatten getan hätte, was sie für den Bruder habe tun müssen; denn Kinder und Gatten seien ersetzbar, aber für einen Bruder gebe es keinen Ersatz, wenn Vater und Mutter tot seien. Schon Goethe fand die Verse so anstößig, daß er den Wunsch aussprach, sie mögen «eingeschoben und unecht» sein. Wilamowitz tadelt den Dichter: «Ihre letzte Rede hat Sophokles freilich durch die Aufnahme des orientalischen Novellenmotivs verdorben von der Frau, die von allen Verwandten nur den Bruder losbittet. Freisprechen können wir ihn von diesem Mißgriff nicht, werden aber mit Goethe die Verse für immer wegwünschen.»[15] Während Reinhardt noch 1942 schreiben konnte, daß die Echtheit der Verse heute wohl kein Philologe mehr bezweifle,[16] haben inzwischen angelsächsische Gelehrte[17] heftig dafür plädiert, daß sie interpoliert seien und ausgemerzt werden sollten. Hält man sie (wie Ehrenberg)[18] für «dichterisch schwach, aber gedanklich bedeutsam» oder nimmt man sie so ernst wie Reinhardt (in freilich gewundener Logik), wird man nicht leugnen können, daß ihnen archaische Vorstellungen zugrundeliegen, Vorstellungen eines Blutsverwandtenrechts, dessen Überwindung in der Orestie dargestellt worden war. So würde Antigones Handlungsweise ganz ins Irrationale verschoben werden. Hauptsächlich darauf, und darüber hinaus noch auf die mehrfach eingestandene Todessehnsucht (463 ff, 542, 555, 559), stützt sich eine ebenfalls neuerdings vorgetragene Interpretation, in der das «Clan-Bewußtsein» in den Mittelpunkt gerückt und die Gestalt der Heldin eine «zutiefst archaische, von einem spezifisch chthonischen Lebensgefühl geprägte» gedeutet wird (Käte Hamburger);[19] jene «unteren Götter», auf die sich Antigone beruft (451), wären dann die chthonischen, vorolympischen Gottheiten der Vorzeit; die Heldin würde sich schon aus der Gegenwart des Dichters entfernen und für unsre Augen in noch dunklere Fernen rücken.

Das ist also die «volkstümlichste aller Tragödien». Ein Bündel von Problemen, ein Schleiergewebe aus Vieldeutigkeiten, eine der «schwerstverständlichen Tragödien», wie Ehrenberg sie genannt hat.[20] Und Wilamowitz: «Sophokles wollen wir verstehen; er hat es uns nirgend so schwer gemacht wie in der Antigone».[21] Wir haben die Schwierigkeiten benannt; wir werden uns ihrer bewußt bleiben, wenn wir nun unseren Weg der Vergegenwärtigung antreten. Am Ende werden wir dann vielleicht eine Antwort finden auf die Frage, warum das Mädchen, allen Schwierigkeiten zum Trotz, doch unsterblich geworden ist.

2

Das Stück setzt ein, wo Aischylos' «Sieben» geendet haben. Der Feind ist abgezogen. Theben feiert den Sieg und den Frieden. Bakchantisch dröhnen die Feste in der Stadt. Man hört und sieht die Zeichen: mit dem Einzug des Chors erreichen sie noch am Morgen die Bühne; die Geronten tanzen und jauchzen noch immer (153 ff): «Zu allen Göttertempeln, mit Chören, die Nacht durch, kommt her! und, Thebe erschütternd, herrsche der Bacchusreigen!» (Hölderlin); «Zu allen Tempeln, bis der Tag graut, Tanzet die Weihe-Nacht!» (Reinhardt). Wir denken an den «Agamemnon». Wie dort sah man wohl nah und fern die Flammenzeichen der Altäre, hörte man wohl nah und fern trunkene Chöre, tympana, krotola ...

Was die Geräuschkulisse übertönte, den politischen background, erfuhren die Zuschauer erst allmählich. Wir fassen es zusammen. Am Tag, der dem Geschehen des Stücks vorausging, hatte Kreon, der Befehlshaber des Heeres («Stratege» nennt ihn Antigone gleich in Vers 7, es ist der gleiche Titel, den zur Zeit der ersten Aufführung Perikles in Athen führte),[22] die Herrschaft übernommen oder besser: die Macht an sich gerissen; sein Anspruch gründete sich darauf, daß er, als Onkel der gefallenen Könige, der nächste männliche Verwandte war.[23] Er war jedoch auf beträchtliche Opposition gestoßen (290 ff) und hatte seinen Anspruch nur mit Unterstützung des hohes Ansehen genießenden Sehers Teiresias durchsetzen können (993 ff). Über eine Alternative hören wir nichts Direktes. Jedenfalls war das Volk – oder die Volksvertretung, der Rat der Greise (Gerusia), der mit höchsten Titeln angesprochen wird: «Herren Thebens» (988), wir lernen ihn kennen als Chor – nicht befragt worden. Da Antigone selbst sich als Königin bezeichnet (941) und da sich nach ihrer Verurteilung die Mehrheit der Polis auf ihre Seite stellt (693 ff), da ferner Kreon von den Schwestern sagt, er habe zwei «Umstürzlerinnen» (533) ernährt und da er schließlich Teiresias gegenüber in der Wut selbst von der «adikia» der Machtübernahme spricht (1059), muß wohl die Inthronisierung der wirklich Nächstverwandten, eines echtbürtigen Sprosses des Labdakidengeschlechts (mit dem Kreon nur durch seine Schwester Iokaste, die Mutter und Frau des Oedipus, verwandt war), eine solche Alternative gewesen sein. Jedenfalls hat sich Kreon bereits des Königspalastes, der Stadtburg, vor der das Stück spielt, bemächtigt; dort wohnten noch die beiden Prinzessinnen, Antigone, die ältere, und Ismene, die sehr junge, während Kreons Frau Eurydike,[24] die ihren Sohn Menoikeus[25] im Krieg verloren hatte, die Gemächer der Königin bezogen hatte.

Im Morgengrauen des Tages, an dem das Stück spielt, war Kreon mit seiner Leibwache aufgebrochen, um in der Stadt sein erstes königliches Edikt (kerygma) zu proklamieren: feierliche Bestattung des gefallenen Eteokles, Ächtung des Landesverräters Polyneikes mit der Rechtsfolge der Nichtbestattung des Leichnams und der Todesstrafe auf Zuwiderhandlungen. Sophokles läßt keinen Zweifel darüber, daß es sich hier um ein politisches Manöver handelte; Kreon erklärt später selbst, daß das Edikt die Opposition zu offenem Widerstand provozieren sollte, den er mit Gewalt zu brechen gedachte. Bei dieser Machtprobe sollte die Verdächtigung der politischen Gegner des neuen Herrschers als Anhänger des Landesverräters eine wichtige Rolle spielen. Karl Reinhardt[26] hat auf die Tragweite solcher «Benennungen» hingewiesen, die zu den Erfahrungen der jüngsten Geschichte zählt: «Wir haben erfahren, welche Macht von den Benennungen ausgeht. Welch ungeheurer Aufwand von Apparaturen benötigt wird, um die Benennungen durchzusetzen; besonders in den totalitären Staaten, aber nicht nur da. Auch die Antigone ist zum nicht geringen Teil ein Streit um Benennungen.» Durch ein politisches Manöver wird Antigone als Landesverräterin «benannt». Es ist charakteristisch, daß Kreon den Rat der Greise erst einberufen hat (162), nachdem das Edikt bereits in der Polis verkündet war; er selbst befindet sich noch in der Stadt, während die Volksvertretung vor dem Palast zusammentritt, sozusagen zum Befehlsempfang.

Kurz vorher setzt das Stück ein.

Es ist Morgen. Zwei Mädchen stürzen aus dem linken Flügel des Palasts auf den Schauplatz. Die Ältere, Antigone, befindet sich im Zustand großer Erregung, die Jüngere folgt ihr mit allen Zeichen gespannter Besorgnis. Der Auftritt ist hochdramatisch. Antigone hat Ismene aus dem Palast geholt, wo sie nicht unbelauscht reden können, um ihr das Entsetzliche mitzuteilen und sie zur Mithilfe bei einem Plan aufzufordern, der keine Mitwisser duldet – daher die Heimlichkeit des Zwiegesprächs. Die Vorstellung, daß der Leib des toten Bruders draußen auf dem Feld den Aasgeiern zum Fraß überlassen werden soll, ist ihr unerträglich; sie ist bereit, alle Folgen auf sich zu nehmen, um das zu verhindern. Ismene, tief erschrocken und verängstigt, versucht sie zurückzuhalten, erntet aber nur den Zorn der Schwester. Wütend stößt Antigone Ismene zurück. Sie stürzt nach rechts davon, durch die Parodos, die nach draußen, vor die Stadt, aufs Feld führt. Verzweifelt läuft Ismene in den Palast zurück. Kreon wird sie dort nach seiner Rückkehr aus der Stadt antreffen: ihr Zustand läßt ihn Übles wittern.

Der Chor nähert sich aus der Stadt. Er zieht durch die linke Parodos ein. Die Greise befinden sich noch immer im Taumel der Siegesfeier. Sie singen und tanzen mänadische Rythmen. Sie grüßen die eben aufgegangene Sonne, sie danken den Göttern, sie rühmen den Sieg. Dionysos (Bakchios 154) führt sie an. Auf Angst und Verzweiflung folgt trunkener Jubel, auf trunkenen Jubel die schneidende Nüchternheit: Waffengeklirr läßt die Tanzenden innehalten. Kreon erscheint an der Spitze der Leibwache (von links, aus der Stadt).

Jetzt erinnern sich die Alten: Kreon hat sie durch seinen Herold zusammenrufen lassen. Der neue Herrscher besteigt die Stufen und postiert sich vor dem Mitteltor, um, flankiert von der Leibwache, eine Art Thronrede zu halten.

Er verlangt Gehorsam und Solidarität: «Wer in des Staates Führung nicht das

Beste zu leisten willens ist, wem eine Furcht den Mund verschlossen hält, ist ein Verräter» (178 ff).[27] Das sind die «Benennungen». Wer nicht für ihn ist, wird zum Staatsfeind erklärt. In solchem Geiste erfolgt die Bekanntmachung des Edikts: «Man laß' ihn nackend, seinen Leib zum Fraße für Hund, Vogel, seiner Schmach ein Mal» (205 f).

Die Scheußlichkeit ist unverhohlen. Wer wagte, sich dem Terror zu widersetzen? Die Zeitgenossen unseres Jahrhunderts sind in der Lage, zu ermessen, was Antigone wagt.

Von rechts, vom Feld her, schleicht sich ein Bewaffneter herein. Es ist kein junger Mann. Er hat eine Meldung zu machen und weiß, was seiner harrt, wenn er sie gemeldet hat. Todesfurcht und Schuldbewußtsein lassen ihn schlottern. Nur mit Mühe und unter Drohungen bringt er heraus, was er zu sagen hat: Jemand hat den Leichnam bestattet! («Bestattet» im Sinne des Brauchs, für den es genügt, ihn zu bestäuben). Die Wächter haben geschlafen. Der Täter konnte unerkannt entkommen.

Kreon rast. Er sieht in der Tat natürlich sofort das Werk seiner Gegner. «Ich weiß wohl, daß schon lange in der Stadt gegen mich gemurrt wird, man tuschelt heimlich, man will sich nicht ducken (289 ff). Aber ich kenne sie! Bestochene Subjekte haben das verübt, ich weiß, wer dahinter steckt. Das sag ich euch: Wenn ihr mir den Täter nicht liefert, werdet ihr es selber büßen, und sei es in der Folter!»

Schweigen. Die Alten wenden sich von dem Schäumenden ab. Endlich getraut sich der Wächter, den Mund aufzumachen. Er wagt es, dem Machthaber vorzuhalten, daß *er* jedenfalls nicht der Täter sei. Das hat Kreon noch gefehlt. «Schafft ihr bestochenen Burschen den Verbrecher nicht herbei, so werdet ihr schon sehen, was mit euch geschieht.»

Das Tor wird aufgestoßen. Kreon verschwindet mit der Wache im Palast. Kopfschüttelnd trottet der Wächter davon, zurück aufs Feld. Und der Chor stimmt den berühmten Gesang an: «Ungeheuer ist viel. Doch nichts / Ungeheurer, als der Mensch» (332 f Hölderlin). Fazit des Geschehenen, Folie des Kommenden – so endet der erste Teil.

Einige Zeit ist vergangen. Die Sonne steht schon hoch (416).[28] Chorlieder sind Zeitraffer. Die letzte Strophe endet gleichsam mit einem Doppelpunkt: Wer die Gesetze nicht achtet, soll nicht bei mir sitzen, der hypsipolis (369 der sich außerhalb der Polis gestellt hat, ein Geächteter).[29] Denn aus solcher Reflexion werden die Alten aufgescheucht. Sie fahren herum, die Blicke nach der rechten Parodos gerichtet. Was sehen sie?

Der Wächter ist zurückgekehrt: mit Antigone. Langsam betreten die beiden den Schauplatz. Er schleppt sie nicht, sie ist nicht gefesselt,[30] sie geht einfach vor ihm her. So hat sie es ja gewollt. Nicht heimlich, sondern vor aller Welt...

Die Alten trauen ihren Augen nicht; sie hatten das nicht erwartet. Anders

Kreon, der alsbald im Mitteltor erschienen ist, er hat zwei und zwei zusammengezählt: drinnen die halb wahnsinnige Ismene (492) und hier die andere – er kennt sie, die Tochter ihres Vaters (471 W: «roher Sproß des rohen Vaters»). Tyrannen sind mißtrauisch; dieser ahnt und fürchtet jetzt die Alternative, deren sich die Opposition zu bedienen scheint; wenn sie ein Symbol der Rebellion sucht, könnte es nur diese sein. So mischt sich politisches Calcul in seine orge, zumal die Verbrecherin herausfordernd kalt vor ihn tritt (448 ff):

Kreon: «Du hast gewagt, dem kerygma zuwiderzuhandeln!?» – Antigone: «Es war kein kerygma von Zeus, noch eins von Dike, die bei den Göttern der Toten wohnt. Die Göttergesetze, nach denen ich gehandelt habe, sind ungeschrieben und unwandelbar (454 f). Keines Menschen Sinn macht mir angst ... Daß ich sterben muß – das wußte ich, auch ohne dein kerygma. Sterb ich nun vor der Zeit, so acht' ich es als kerdos, als Gewinn.» Kerdos ist das Wort, das Kreon, Bestechung witternd, mit besonderer Wut ausgesprochen hatte (326); es ist sophokleische Ironie, wenn es ihm nun Antigone, die nichts davon gehört hat, so zurückgibt. «Denn wer wie ich in vielen Übeln lebt ,wie fände der im Tode nicht Gewinn (kerdos)? Mich schmerzt der Tod nicht. Aber schmerzen würde mich, wenn meiner Mutter toter Sohn unbegraben bleiben müßte.» Einen «Toren» (220) hatte der Chor denjenigen benannt, der gegen das Edikt verstoßen würde; jetzt schließt Antigone: «Schein ich dir aber töricht jetzt in meinem Tun, / Mag mich ein wenig wohl ein Tor der Torheit (moria) zeihen» (469 f, Sch).

«Ein wenig wohl» – man hat bemerkt,[31] mit welcher Herablassung die Herois den Gegner behandelt. Kreon zähmt seine Wut, indem er den Versuch macht, von der Höhe der Macht mit diesem «Sklaven» (479) zu sprechen, von der Höhe der Macht und mit dem Mannesstolz, der sich von einem Weibe nichts bieten lassen wird (484). Er weiß auch, wie er sie blutig treffen kann: Die Schwester her! «Zusammen sollen sie sterben, beide!»

Sippenhaft also – das sollte uns nicht unbekannt sein. Wie konnte man nur angesichts solchen Terrors auf den Gedanken kommen, Kreon personifiziere die Staatsidee! Wo sind da die gegen die «unteren Götter» ins Feld geführten «Tagesgötter des freien, selbstbewußten Volks- und Staatslebens» (Hegel)?[32] Denken wir doch daran, daß Sophokles dem Stück den Prolog der Mädchen unter anderem deswegen vorangestellt hat, weil er Ismene vor uns als unschuldig ausweisen wollte. So sollen wir den Tyrannen sehen: im vollen Unrecht des Terrors.

Bewaffneten wird befohlen, Ismene zu bringen. Sie begeben sich ins linke Paraskenion, das Frauenhaus.

Antigone, zum erstenmal außer sich, und doch zugleich noch auf der Höhe ihrer Kühnheit: «Willst du mehr als meinen Tod?» Sie versucht, ihn so zu reizen, daß er diesen auf der Stelle befehlen müßte; dann, so denkt sie wohl, könnte Ismene, der Schwester vielgeliebtes Haupt (1), gerettet werden. Sie prahlt: «Konnte ich rühmlicheren Ruhm erringen als mit dieser Tat?» Sie hetzt den Chor gegen Kreon auf: «Die alle würden mir recht geben, wenn ihnen die Angst nicht den Mund verschlösse!» (505). Und voller Ironie wirft sie ihm die Wahrheit an den Kopf, die ihm keiner zu sagen wagt: «Die Tyrannei hat viele Vorzüge: sie kann machen und sagen, was sie will» (506 f).[33]

Die Dialektik ist auf den Punkt zugespitzt, wo der Schleier der mythischen und der damaligen und wohl jeder Gegenwart durchsichtig wird im Hinblick auf eine bleibende Situation: der Einzelne und die Macht. Die Herois spricht für alle Einzelnen, sie allein hat den Todesmut, dem Tyrannen die Wahrheit zu sagen.

Kreon zeigt, daß er getroffen ist. Er eröffnet die Stichomythie, die das Stück seinem ersten Höhepunkt zutreibt:

«So siehst du das als einzige in Theben» (508).

«Auch diese sehen es, aber sie ducken sich vor dir.»

«Schämst du dich nicht, dich außerhalb (510: nämlich aller anderen) zu stellen?»

Antigone blickt um sich. Da der Chor schweigt, greift sie das Wort «sich schämen» auf. «Es ist keine Schande, Brüdern die letzte Ehre zu erweisen.»

«‹Brüder› sagst du? Und der andere war nicht deines Blutes (512)?»

«Das war er.»

«Wie kannst du also jenem Ehren verweigern, die du diesem erwiesen hast?» (Es wäre, heißt das, eine Ehre für Eteokles, daß der feindliche Bruder unbegraben bliebe).

«Das wird dir der Tote nicht bezeugen.»

Kreon weiß, daß er hier ein Argument gegen Antigone hat: «Der eine hat dieses Land verheert, der andere hat es verteidigt» (519).

Aber Antigone weiß, daß es jenseits der Politik einen Bereich gibt, über den kein Machthaber Macht hat: «Vor dem Tod sind alle gleich».

Kreon (empört): «Auch die Schlechten und die Guten?» ... «Feind wird auch im Tod nicht Freund.» Und dagegen, gegen diesen Haß übers Grab hinaus, stellt nun Antigone den berühmten Satz: «Nicht mitzuhassen, sondern mitzulieben bin ich geboren» (523).

Bleiben wir, wie stets bei diesem Durchgang durch das Stück, so nahe wie möglich am Text.

Sie ist dazu geboren, weil sie als Schwester geboren wurde, gewiß. Aber ist in der Wahl des Wortes «ephyn», das mit physis zusammengehört, nicht doch ein Naturrecht mit einbekannt, das den «Fall» überschreitet? Kreon hat keine Antwort darauf. Mindestens diese unbestreitbare Tatsache deutet darauf, daß Sophokles *den Satz als Schlußstrich unter die Dialektik gesetzt* hat. Dann steht er aber auf der gleichen Ebene wie die vorangegangenen, in denen die Frage aufgeworfen worden ist, was wohl der Tod über die Lebenden vermöge, der Tod, der allein Antigone ermächtigen kann, so mit einem Lebenden zu sprechen, so gegen den Willen und die Macht eines Lebenden zu handeln, sich so über die allgemeine Unterwerfung der Ohnmächtigen hinwegzusetzen. *Was ist, vom Tode her gesehen, mächtiger über den Tod hinaus: der Haß oder die Liebe?* Das ist die Frage, um die es geht, und sie ist es, auf die alles weitere Geschehen die Antwort gibt: Am Tod seiner eigenen Nächsten wird Kreon lernen, was stärker ist. So bleibt, auch wenn wir alles Platonisch-Christliche beiseitelassen, die schlichte Wahrheit des todbereiten Mädchens bestehen: *Über die Toten soll die Politik keine Macht haben.* An den Grenzen, wo das andere Reich beginnt, muß der Haß enden. Denn es gibt eine Macht, die mehr ist als die irdische.

Kreons Antwort, nach einem Schweigen, zeigt gerade, weil sie nicht mehr dialektisch ist, daß er verstanden hat, wenn auch – noch – ohne Einsicht: «So geh hinunter, wenn du lieben mußt, und liebe jene» (524 f). Die Toten nämlich. Wenn dir der Tod mehr bedeutet als das Leben, als dein Leben und als mein Leben, dann sollst du recht haben. Und mit einem (scheinbaren) Sprung aus der Logik setzt er hinzu: «Solang ich lebe, wird mich keine Frau beherrschen» (525). Es ist gar nicht so unlogisch: seinem Mannesstolz erscheint der Gedanke an den Tod als Schwäche. Ich, Kreon, bin nicht weibisch. Also weg mit diesen weibischen Gedanken!

Der Chor ist in Bewegung geraten. Aus dem linken Flügel wird Ismene von den Bewaffneten auf den Schauplatz geführt. Sie sieht die Schwester und stürzt mit einem Aufschrei auf sie zu. Der Chor beschreibt ihre Maske: das Gesicht ist blutig zerkratzt (529). Die Szene muß so gespielt worden sein, daß Kreons alsbald wieder aufschäumende Wut aus ihr erklärbar wird. Die Bewaffneten reißen die Schwestern auseinander. Und Kreon schreit: «Diese Nattern habe ich im Haus gehabt und nicht bemerkt, daß ich zwei Umstürzlerinnen ernährte!» (531 ff) Das Griechische ist noch allgemeiner: zwei Greuel und Thron-Umstürze. Zu Ismene: «Gestehst du?»

Und diese, überraschend nicht für Kreon, aber für Antigone und die Zuschauer, gesteht wahrhaftig! Ihr Motiv ist klar. Außer sich vor Angst um die Schwester sieht sie nun vor sich deren Tod. Was wird ihr bleiben? Was würde dieser Despot mit ihr machen, selbst wenn sie, die Wahrheit sagend, am Leben bliebe? So sagt sie es selbst: «Was wäre, einsam, ohne diese, mir das Leben?» (566) Sie ist in Panik. In dem schwachen, liebenswerten, ganz mädchenhaften Wesen, wie es sich im Prolog gezeigt hat, peitscht die Angst den Wunsch zu sterben hoch. So stellt sie sich neben die Schwester, unwissentlich Wasser auf Kreons Mühle gießend, aber die gemeinsame Hinrichtung herbeisehnend.

Antigones Verhalten ihr gegenüber wird stets als Schroffheit gedeutet. Aber man braucht sich nur in die Situation auf der Bühne hineinzuversetzen, um zu verstehen, worum es hier geht. Kreon hat Antigone ins Herz getroffen, als er drohte, ihr mehr als das Leben zu nehmen: die Schwester. Sie hat ihn bis aufs Blut gereizt, um ihn zu provozieren, das Todesurteil vollstrecken zu lassen, ehe Ismene gebracht würde. Endlich hatte Kreon so reagiert, wie sie wollte: «Hinunter mit dir in den Hades!» Aber es war zu spät. In diesem Augenblick erschien Ismene. Sophokles hat die Worte genau gewählt. «Mitlieben» hatte Antigone ausgerufen (sym*phil*ein 523) – «Ismene *phil*adelpha» (527) kündigt der Chor das Mädchen an, die «liebe Schwester». Mehrere Male erscheint diese *philia* [34] in verschiedenstem Licht (543, 548), bis in Antigones Aufschrei «o liebster Haimon» (o philtath' Haimon 572) der Superlativ erreicht wird.

Man hat in dem Verhalten der Herois vor Kreon und ihrem schmerzbewegten Abschieds-Melodrama einen Widerspruch sehen wollen. Dieser Widerspruch löst sich auf, wenn wir verstehen, was der Dichter wollte, als er der Figur der Schwester den Charakter gab. Ismene erscheint geradezu als die Personifikation des unschuldig Liebenswerten. Philia ist mehr als Macht – das war der Sinn des berühmten Ausrufs. Und nun steht ihr hier ein Stück ihrer eigensten philia gegenüber, tödlich bedroht, das letzte, was ihr geblieben ist. Warum hat Sophokles noch ein weiteres Stück dieser ihrer eigenen philia ins Spiel gebracht: Haimon, den Bräutigam? Er wird am Ende der Szene herbeizitiert, um das Maß der Tragik voll zu machen. Was wäre das für eine Antigone, die, fanatisch-übermenschlich, in den Tod ginge, um für eine Idee oder einen Glauben ihr Leben zu lassen? Nein, das ist weder eine Märtyrerin, noch eine Partei-Heroine. Sophokles will, daß sie mit ihrer ganzen persönlichen Existenz ein blutiges Exempel liefert für das Verbrechen an der philia, das im Namen der Politik begangen wird. Mit Ismenes Bedrohung wird ihr die eigene Brust aufgerissen. Haimons Schicksal ist eine Folge ihrer philia-Tat für den Bruder. Sie kennt Haimons Liebe. Sterbend wird sie wissen, daß er ihretwegen sterben wird.

Aber nun Ismene. In einer modernen Inszenierung ließ der Regisseur die Schwestern nah zueinander treten und den Dialog flüstern, damit Kreon ihn nicht hören sollte. Das Gegenteil wäre richtig gewesen. Jedes Wort Antigones ist für Kreon bestimmt und dient der Entlastung Ismenes (die ja schließlich auch erreicht wird 771). Dike werde nicht zulassen, daß die Schwester einen Teil der Schuld trage (538): »Du hast es nicht gewollt, und ich habe dir nicht daran teil gegeben.» Sie *spielt* jetzt die Schroffheit, um vor Kreon Ismene von sich wegzuschieben: «Die liebt mit Worten, deren Liebe mag ich nicht!» (543) – logoi sind nicht erga, und wenn Ismene noch so mit ihnen um sich wirft. «Du sollst nicht mit mir sterben ... Mein Tod genügt» (546). Und jetzt verdreht sie geradezu zynisch die Wahrheit: «Frag doch Kreon – der war doch deine Sorge!» (549) – Ismene: «Warum kränkst du mich so sinnlos?» Antigone (in tiefem Doppelsinn): «Schmerz zerreißt mich, wenn ich lachend dich verlache.» – Ismene: «Wie könnte ich dir jetzt noch nützlich sein?» – Antigone: «Indem du dich rettest!» (553) Auf Ismenes Klage wird Antigone noch deutlicher: sie habe sich für diese da, also für Kreon und die anderen entschieden, «ich habe mich für jene (die Toten) entschieden». Noch einmal versucht Ismene, sich zu beschuldigen: sie habe doch das Gleiche begangen. Da zerschneidet Antigone das letzte Band: «Sei getrost. Du wirst leben. Meine Seele ist schon lange tot. So mag sie den Toten dienen» (559f).

Jetzt reißt Kreon die Geduld. Diese Kinder sind ja wahnsinnig, beide! Ismene wendet sich verzweifelt zu ihm, um Antigones Leben zu retten: «Deines Sohnes Braut wirst du doch nicht töten?!» Und gerade hier setzt Sophokles die schroffste Antithese zum Geist der philia in Kraft: «Es gibt Weiber genug.» Zynischer könnte man nicht antworten. Und es ist reiner philia-Geist, wenn Ismene erwidert: nicht darauf komme es an, sondern auf das, was nur zwischen zwei Menschen sein kann. Antigones Schmerz bäumt sich auf: «O liebster Haimon, wie erniedrigt dich dein Vater» (indem er der Meinung Ausdruck gibt, für Haimon sei eine wie die andere). Jetzt wirft sich sogar der Chor ins Mittel: «Du willst wirklich deinen eigenen Sohn der Braut berauben?» – «Es ist beschlossen, daß sie sterben soll?» (574, 576). Von Ismene ist nicht mehr die Rede. Kreon befiehlt, die Weiber wegzuschaffen und anzupflocken:[35] das sicherste Mittel, um Fluchtversuche zu verhindern.

Die Mädchen werden abgeführt. Das ist ein Vorgang, der Zeit in Anspruch nimmt. Kreon, der während des folgenden Chorlieds auf der Skene bleibt, ist mit Anweisungen an seine Leute beschäftigt. Nach der ersten Strophe und Gegenstrophe, wenn der Chor die Gedanken auf Zeus richtet, kehrt er in seine Herrscherposition zurück: er steht in der Mitte der Skene vor dem großen Tor, das geschlossen ist. Denn nun zielen die Worte verschlüsselt auf ihn, und das ist die dramatische Funktion dieses zweiten Stasimons: Antigones Schicksal ist besiegelt, aber was es bewirkt, Kreons Schicksal, hebt jetzt an. Dabei zeigt sich, daß die Alten, wie von Anfang an, ihre «Rolle» spielen. Das Lyrische ist dramatisch schon in der Beschwörung des Geschlechterfluchs. Was der Feststellung, daß dieser bei Sophokles keine Rolle mehr spiele,[36] zu widersprechen scheint, bestätigt sich im Gedankengang der Alten. Indem sie – erste Funktion des Chorlieds – den Transport der hervorgerufenen Emotionen von der Bühne in den Zuschauerraum vollziehen, also das Theater mit dem Schauder vor der nun entschiedenen Unausweichlichkeit des Schicksals der Heldin erfüllen, distanzieren sie sich zugleich von dieser, einmal weil sie das Schreckliche dem Geschlecht anlasten, das nun einmal zu solchen Übeln verdammt sei bis zu den letzten Wurzeln (593f), dann aber, indem sie wieder aufnehmen, was sie schon im ersten Stasimon ausgesprochen hatten: «apolis», hatten sie gesagt (370) sei der, der sich «empört»; jetzt nennen sie als Ursache für Antigones Schicksal «Des Denkens Unverstand und der Sinne Verwirrung» (603 Sch). Doch wie von selbst scheint im Anruf des Gottes, der keine Zeit und kein Alter kennt (604ff), der Blick auf Kreon zu fallen, der im Begriffe ist, seinem eigenen Geschlecht ein Schicksal gleich dem der Labdakiden zu bereiten. Die Gnome, daß «nichts im Leben der Sterblichen sehr weit außerhalb des Unheils wandelt», wird verstärkt durch das Zitat eines «berühmten Wortes», in dem – zweite Funktion des Chorlieds – die Folie des Kommenden pointiert ist: Das Üble erscheine demjenigen als edel, den ein Gott ins Unheil stürzen wolle (622 ff). Altersweisheit, uralte Weisheit (sophia 627); sie stammt aus der Ilias.[37] Sind sie sich der Doppeldeutigkeit bewußt? Sie sprechen zu Kreon, der, ahnungslos, natürlich alles auf die Labdakiden beziehen kann; aber sie sprechen auch zu den Zuschauern, die nicht ahnungslos sind. Sophokleische Ironie, die sich in einem dritten Aspekt gegen die Sprecher selbst wendet. Während sich diese von der «Unvernunft» (603) Antigones distanzieren, wird schon der Auftritt vorbereitet, in dem gerade die Vernunft sich zu Antigones Tat bekennt. Haimon ist in der linken Parodos erschienen. Der Chor begrüßt ihn als «letzten» seiner Söhne;[38] er sieht in das Gesicht des Jünglings hinein, was die Maske nicht zeigen kann: den «Kummer um die Braut, den Schmerz um das Bett, um das man ihn betrogen» (629 f Sch).

Haimon kommt aus der Stadt. Das Gerücht des Todesurteils erregt das Volk. Kreon appelliert an die Gehorsamspflicht des Sohnes. Noch einmal proklamiert er die Grundsätze seiner Herrschaft: Ordnung im Staat, Gehorsam den Gesetzen und denen, welche die Macht haben, sie zu erlassen. Der Übel größtes ist anarchia (672), der Güter höchstes peitharchia (676): Gehorsam ist die erste Bürgerpflicht.

Haimon erweist sich als klug. Er kennt seinen Vater. Er weiß, daß Argumente der philia keinen Eindruck auf ihn machen würden. So appelliert er an seine politische Vernunft: Die Polis steht in dieser Sache nicht hinter dir; ich denke nur an dein Interesse, wenn ich dir zur Vorsicht rate (701 ff).

Aber Kreons Mentalität ist weit entfernt von politischem Verstand. Der Junge soll klüger sein als er? Der ist doch nur verrückt nach dem Weib. Ein Weib soll wider ihn recht behalten? «Bin ich ein Mann oder nicht?» Das Volk will ihm Vorschriften machen? Wer ist hier Herr im Haus?

Leise warnt Haimon: Monarchie – im Wortsinn: Alleinherrschaft – ist gut für Wüsten (739). Kreon wird wieder vom Zorn übermannt. Haimon reizt ihn durch die Ruhe der Bestimmtheit; die gewohnten Charaktere sind umgekehrt: die Jugend ist besonnen, das Alter cholerisch. Als Haimon erklärt, wenn Antigone sterbe, werde sie «jemanden» (751) sterbend verderben, hört Kreon nur die Drohung heraus; er fühlt sich erpreßt. Haimon: «Wenn du nicht mein Vater wärest, würde ich sagen, du bist nicht bei Verstand» (755). Das ist das Letzte: Wild wirft sich Kreon in die Brust, ganz Popanz der Macht, wenn er befiehlt: «Her mit dem Miststück (misos 760); hier, vor den Augen des Verlobten soll sie sterben!»

Haimon stürzt hinaus, nach rechts, ins freie Feld. Seine letzten Worte lassen keinen Zweifel an seinen Absichten: sein Vater wird ihn nie mehr wiedersehen! Der letzte Vers ist auf den Chor gemünzt: «Rase du mit denen, die dir gefügig sind» (765: «philon» werden sie ironisch genannt).

Der Chor, offensichtlich betroffen, versucht Kreon zuzureden. Aber dieser reagiert in seiner gewohnten Art. Er wirft sich in die Bewußtlosigkeit verdoppelter orge. Jetzt sollen auf einmal wieder beide Mädchen sterben (769). Dann gibt er plötzlich wieder nach; die Sprunghaftigkeit verrät erste Unsicherheit; doch kompensiert er diese durch um so fürchterlichere Anordnungen gegen Antigone: sie soll lebendig in ein Felsengrab gesperrt werden! Zynisch fügt er hinzu: man wird ihr etwas Speise mit hineingeben, damit nicht die Polis mit dem miasma befleckt werde. Seine letzten Worte lassen sogar noch einen Ausweg offen, für den Fall, daß Antigone zur Vernunft käme: das Grab hat ein Tor (1216); sie könnte durch Klopfzeichen zu erkennen geben, daß sie bereit sei, sich zu unterwerfen; noch der Hungertod soll quasi als selbstgewählt, als Selbstmord erscheinen. Und das ist nicht die einzige Rettungsmöglichkeit, die offenbleibt. Haimon, von dem wir wissen, daß er draußen auf dem Feld ist, wo die Grabkammer sein wird, könnte die Exekution mit dem Schwert verhindern und Antigone außer Landes schaffen. Da Kreon am Ende nur «zu spät» kommt, wäre auch denkbar, daß er, von den Henkern gerufen und vor die Wahl gestellt, den eigenen Sohn (der sich in die Grabkammer mit eingeschlossen hat) mit umkommen zu lassen, umgefallen wäre, so wie er in der Tat ja umfallen wird, als ihm der Tod des Sohnes prophezeit wird. Sophokles will, daß sich diese Tragik allen menschlichen Machinationen entziehe. Sie ist so sinnlos wie das Wirken Moiras oder Ates, die über den Göttern sind – gleich Eros, dessen unwiderstehlicher Gewalt der Chor, nachdem Kreon ins Haus gegangen ist, um die Exekution vorzubereiten, zwei düstere Strophen widmet.[39]

Im offenen Mitteltor erscheint Antigone, schattenhaft im Schlagschatten der Sonne, die hinter dem Palast ihrem Zenit entgegenstrebt. Das Haar ist geschoren, sie trägt das Delinquentenhemd, die Arme sind auf dem Rücken in den Pflock geschlossen.[40] Hinter ihr, noch gespenstisch im Halbdunkel, die Henker.

Der Chor bricht bei dem Anblick in Klagen aus. In tiefer Bewegung geben sich die Alten ihren Gefühlen hin: sie können den Strom der Tränen nicht halten; das Bild der Todesbraut ist mächtiger als die Angst vor dem Tyrannen. Was hier ausgestellt wird, ist ein Greuel. Phobos ergreift das Theater.

Musik setzt ein. Die große Abschiedsszene, mit 144 Versen Höhepunkt und Hauptstück der Tragödie, ist in drei Teile gegliedert: 1. Ein Wechselgesang (Kommos), bei dem die Lyrik der Solistin refrainartig von schweren Anapästen des Chors interludiert wird, zwei Strophenpaare, die in einen Abgesang (Epode) ausklingen. 2. Eine Dialogpartie, ausgelöst von Kreons Auftritt, in gesprochenen Iamben. 3. Ein kurzer zweiter Wechselgesang, in den auch Kreon eingeschlossen ist.

Die formale Anlage der Dialogpartie ist für die Interpretation von Bedeutung. Antigone beginnt in hochgesteigertem Ton, fast noch klagend, psalmodierend in Wehrufen; die letzten Verse, verzweifeltes Ringen um Erkenntnis, zeigen sie bei vollem Bewußtsein. Sie hinterläßt mit ihrem gegen Kreon und den Chor geschleuderten Fluch die tiefste Betroffenheit, aus der sich der Chor nur mit der Auslegung retten kann, sie wisse nicht, was sie rede (929 f), während Kreon sich selber Mut zuspricht. Daß dieser dritte Teil von Chor und Kreon gesungen wird, zeigt, wie stark der Affekt gespielt werden soll. Antigones letzter Gesang hat die Größe feierlicher Anklage, die dann vom Chor im Aufruf mythologischer Parallelen weitergetragen wird, tief bewegend die Zuschauer von damals, uns heute aus dem Dunkel der Ferne höchstens durch entsprechende Musik erreichbar. Kreon haben wir während dieses Liedes in schweigendem Grübeln zu denken, während er hinter dem nach rechts abgegangenen Exekutionszug herstarrt.

Auch die Lyrik hat ihren Verlauf, ja ihre Logik. Sie mag in den Motiven der ersten Strophe rituell gewesen sein: Antigone singt sich selbst das Klagelied (threnos), das sonst an den Gräbern gestorbener Mädchen von den Trauernden angestimmt wurde.[41] Man pflegte den Jungfrauen Hochzeitsembleme aufs Grab zu stellen. So singt auch Antigone von ihrer Hochzeit – von ihrer Hochzeit mit dem Tod, dem allbettenden (804, 810). Und der Chor, noch ganz befangen im Mitjammer (eleos) des unsäglichen Bildes, feiert sie durch Rühmung (817) und Bewunderung (821 f) als die Herois, die ihren selbstgewählten (821, 875) Weg geht, allein unter den Sterblichen. Und sie, getragen von Rühmung, in der Ekstase der Einsamkeit, ruft das Bild einer Frau herbei, die ebenso gestorben ist: Niobe, Königin eben dieser Polis Theben, von Apollon und Artemis schrecklich bestraft für Prahlerei durch den Tod aller ihrer Kinder, verwandelt in Stein, der noch immer Tränen tropft.

Aber es ist des Dichters Wille, daß Antigone aus ihrer klagenden Ekstase herabgeholt wird auf den Boden ihrer irdischen Tragik. Ist es Verweis, wenn der Chor sie daran erinnert, daß sie sich mit einem Gotteskind und einer Göttin verglichen habe: «Wir aber sind Menschen!» (835)? Vielleicht. Oft läßt Sophokles solche Auslegungen offen. Hört man die Anapäste zu Ende, möchte man eher glauben, sie seien immer noch Rühmung: «Groß ist der Ruhm, mit Gottgleichen zu teilen das Los im Leben und dann im Tode» (836 ff Sch). Ruhm, das ist ja bei den Griechen nicht der prahlerische Stolz auf das Lob der Mitwelt, sondern die durch das Fortleben nach dem Tod bewiesene Unsterblichkeit. Die Zuschauer wissen, was der Chor nicht weiß: In dieser Stunde hat Antigones Unsterblichkeit begonnen.

Und die Götter? Das ist die Frage, die Antigone nun in tiefer Verstörung aufwirft.

Sie ist es, die «göttergleich» (isotheos 837) genannt wurde. O, wie sie mich höhnen (839; wie ich verlacht werde, Hölderlin: «Weh, närrisch machen sie mich!»): Göttergleich ich, solange ich noch am Leben bin und das zu ertragen habe, was mir bevorsteht! Ja, wenn der Tod alles wäre! Aber was wäre dann das, wofür ich sterbe? Die Bande alle, die mich an die Lieben binden, das Gedächtnis der Meinen, das in mir lebt und liebt, die Zugehörigkeit zu meiner Polis? Der Gedankengang beschreibt einen einzigen gewaltigen Bogen, der aus dem Affekt dieses Verhöhntwerdens aufsteigt. Was logisch am Ende stehen müßte, bildet psychologisch die Basis: das plötzlich klargewordene Bewußtsein der Verlassenheit. Die vielberufene Einsamkeit des tragischen Helden, welche zugleich Götterferne und Menschenferne bedeutet. Menschenferne: «O Polis» – wie gemahnt dieser Ausruf an den erst Jahrzehnte später gedichteten des Oedipus (Oed. tyr. 629). Wie dort ist er auch hier aus der Verzweiflung des Heros gerufen, der niemals für sich allein lebt, sondern für die Polis, mit der Polis. Es ist die Polis, um derentwillen Antigone tun mußte, was sie getan hat. Und Verzweiflung läßt sie aufschreien, weil die Polis, ihre «vielbegüterten Männer» (843), sie höhnen (hybrizeis 840). Unbeweint von den Lieben (philon 848) stirbt sie für die philia. Nach welchen Gesetzen? Mitbürgerin (metoikos 851) weder der Lebenden noch der Toten. Es ist diese Gasse der Verlassenheit, durch die sie noch hindurch gehen muß wie durch ein Martyrium.

Als ob der Dichter Antigone noch tiefer in den einsamen Jammer stürzen wollte, legt er dem Chor Worte in den Mund, deren Ungeheuerlichkeit das Pathos der Herois bestätigen und aufpeitschen. Ja, so sprechen die Alten wieder ganz aus der Rolle der altersweisen Vernünftigkeit,[42] du bist vom höchsten Gipfel der Kühnheit gestürzt – thrasos (853) ist die Eigenschaft, die allein den Heros zur Tat ermächtigt –, gestürzt bist du auf den Boden der Dike (854)! So mußt du väterliches Übel (856) büßen. Also auf den Erbfluch reden sich die Alten hinaus – das ist genauso gedankenlos grausam, wie es Antigone trifft: «Du rührst an meines Kummers wundestes Weh» (857 f R); die Verfluchten sind ja ihre Lieben, und wie diese alle, Vater, Mutter, Brüder geht nun auch sie elend unter, verflucht und unvermählt (869), die letzte, wie sie später hinzufügen wird, Ismene «vergessend».

Der Dichter treibt den Chor noch tiefer in seine konformistische Verständnislosigkeit: Frommsein, also den Bruder begraben, das ist schon recht; aber Macht ist eben Macht, man darf nicht gegen sie handeln. Dich hat selbsterkannte orge vernichtet (875 R: «eigenen Trachtens Starrsinn»).

So stößt die Polis die Herois von sich. Sie klagt: Unbeweint, ohne Liebe (aphilos 876), ohne Brautgesang werde ich Arme diesen Weg geführt. Nie mehr soll ich die Sonne sehen. Keiner der Lieben beklagt tränenloses Geschick.

Vor den letzten Versen haben die Schergen Antigone die Stufen hinuntergestoßen. Sie wehrt sich. Sie bleibt noch einmal stehen. Jetzt fällt das volle Licht auf sie, sie ist aus dem Schatten des Palastes getreten, aus dessen dunklem Tor nun Kreon herausstürmt: Wie lange soll das Geheul noch dauern?! Marsch, fort, hinaus!

Aber Antigone hat noch immer Macht über die Menschen. Es ist die Macht des Mitleids, die sie ausstrahlt. Als ob es Kreon nicht gäbe, spricht sie, diesem den Rücken zuwendend, aus ihrer Position zum Chor, ins Publikum. Allmählich legt sich der Sturm der Schmerzen. Es ist Sophokles' Absicht, sie das Wesen ihrer Tragik noch einmal in voller Klarheit, besonnen und ruhig aussprechen zu lassen. Nun macht sie klar, warum alles so kommen mußte, wie es gekommen ist. Geschlechterfluch und Tyrannenmacht haben nicht vermocht, ihre Hoffnung, daß sie recht gehandelt habe, zu verdunkeln: Liebe zum Vater, Liebe zur Mutter, Liebe zum Bruder haben sie soweit gebracht. Sie wird sie drunten wiedersehen und ihnen willkommen sein.

In diesem Zusammenhang folgen die ominösen Verse (905 ff), über die schon gesprochen wurde:[43] wir müssen die Verse wohl als echt hinnehmen (auch wenn sie in Aufführungen gestrichen werden sollten). Der dialektische «Rationalismus» ist nun einmal griechisch; er erinnert an ähnliche Überspitzungen in den «Eumeniden» (652ff). Sophokles wollte zweierlei: erstens, daß Antigone in diesem Moment «rationalisiert» und somit ihre intellektuelle Klarheit unter Beweis stellt, und zweitens, daß sich die Herois zu einer philia bekennt, die nichts als arete ist, «Tugend», wenn wir das Wort von dem faden Geschmack befreien und im Sinne einer durch nichts-als-gut-sein-wollen bestimmten Leistung verstehen. Da muß Eros ausgeschlossen werden. Philia ist, gerade weil sie nicht eros ist, eine arete, die von Menschen geleistet wird, auch wenn alles wider sie zu sein scheint. Sophokles ist ja auch keineswegs bereit, dem «Calcul» der Herois eine definitive Bedeutung zu geben. Er korrigiert ihre Bedeutung auf das «Gesetz» (907) ausdrücklich, indem er am Schicksal Eurydikes und Haimons zeigt, daß auch Mutterliebe und Gattenliebe imstande sind, das Nicht-ertragen-können des Unerträglichen durch den selbstgewählten Tod zu besiegeln. Auch um dieser ausdrücklichen Korrektur willen müssen die Verse als echt gelten. Sie zeugen für die rätselhafte Objektivität, mit der sich der große Dramatiker zugleich in seine Figuren hineinversetzt und von ihnen distanziert.

Sophokles führt Antigone noch einen Schritt weiter in den Kern der Tragik. So läßt er sie Erkenntnis suchen und nicht finden in letzten Fragen: Wenn das recht ist, was ich getan habe, nach welchem Recht bin ich dann von Menschen und Göttern verlassen worden? «Was soll ich Unglückliche noch zu Göttern aufblicken? wen zum Beistand anrufen? da ich durch frommes Tun (eusebeia 924) als unfromm (dyssebeian) in Verruf gekommen (922 ff Sch)». Dieses dyssebeia darf nicht vertuscht oder verwässert werden. Kreon hat eindeutig (301) das Verbrechen, auf das Todesstrafe steht, so benannt. Die Mitwelt ist es, die, mit den Worten des Chors, Antigone eines Verbrechens der dyssebeia gegen dike (854) und einer Übertretung des dem Menschen auferlegten Maßes (872 ff – auch dort ausgehend von der eusebeia) bezichtigt. Dieser Mitwelt erscheint die Hinrichtung Antigones zwar traurig, aber gerecht.

Und so sieht diese sich selbst: daß kein Gott da ist, den sie um Hilfe bitten kann, bestätigt das Urteil der Menschen. Sie fährt fort (925 ff): «Aber wenn das jetzt vor den Göttern kala = schön, recht und gut ist» – das nämlich, was ihr angetan wird –, «so würden wir Leidenden gern erkennen, was wir gefehlt haben» (926). Hamartia (926) ist das Schlüsselwort der Tragik, die Schuld der Unschuld, das unwissentliche Vergehen des Oedipus, das gottbefohlene Verbrechen des Muttermörders Orestes. Antigones hamartia ist gleichsam noch reiner als die Taten dieser beiden Heroen, denn weder Blut noch miasma klebt an ihr, im Gegenteil. Sie ist die pure Verstrickung. Antigone ist weder subjektiv noch objektiv schuldig. Sie weiß das. Sie möchte begreifen, was das denn für eine hamartia sein soll, für die sie büßt. Weder sie noch wir können es begreifen. Die Gottverlassenheit gehört in Fällen wie diesem zur condition humaine.

Doch ist der Dichter der «Antigone» nicht (noch nicht) bereit, die Unbegreiflichkeit des Götterwillens mit der Schuld der Mitwelt gleichzusetzen. So gibt er der Herois zwei letzte Verse, in denen mit dem Finger auf die Schuld der Schuldigen gedeutet wird: «Wenn aber diese – Kreon und der Chor als Repräsentanten der Polis – fehlen (hamartusi 927), dann mögen sie nicht mehr Übel leiden, als sie mir mit ihrem ‹Recht› (endikos 928) antun.» Die hamartia des Hauptschuldigen wird noch im Verlauf der Tragödie eine Sühne finden, die wahrhaft «mehr Übel» (927) auf ihn häuft, als es der Tod allein vermöchte. Und während Chor und Kreon in verschiedenen Affekten den Abzug des Exekutionskommandos begleiten, rafft Antigone, noch einmal aus dem Abgang zurückrufend, in wenigen flammend großen Versen die Anklage zusammen, die der Dichter der Mitwelt entgegenschleudert, der Mitwelt Antigones wie seiner eigenen und doch wohl auch der unsrigen: *Wie hättet ihr euch denn verhalten?*

In solcher Perspektive rückt der Machthaber mit denen zusammen, die sich der Macht unterwerfen. Antigone hat mit der Macht des Mitleids dagegen gewirkt. Jetzt wirft sie sich mit einer anderen Macht gegen sie: mit der Macht des Fluches. Wir sehen sie den geschorenen Kopf hochreißen, während sie sich dem Zerren der Stricke entgegenstemmt, an denen sie die Schergen, von Kreon mit Auspeitschung bedroht (932), fortschleppen. Sie ruft die Polis an, die wahre, nicht die von Kreon und dem feigen Volk verderbte, die Götter der Ahnen, die wahren Herren Thebens: Seht, wie sie mich behandeln, was ich von diesen Leuten leiden muß, ich, die Königliche, die noch allein übrig ist, ich, die ich Gottesfurcht geheiligt habe (eusebeian sebisasa 943)!

Das Ziel ist Schauder (phobos). Die wahre Königin, angepflockt und fortgezerrt wie eine notorische Verbrecherin! Eusebeia behandelt als dyssebeia! Und ihr, Zuschauer, würdet ihr das zulassen, so wie die Leute von Theben es zulassen?

Der Chor rettet sich aus seiner Betroffenheit wieder in die Unverbindlichkeit der Mythologie; sein Lied 44 beschwört Beispiele von Sagengestalten, die wie Antigone in eine Felsenkammer eingeschlossen worden sind, mit einem Gemeinplatz als Fazit: «Unbegreiflich ist das Wirken der Moira» (951, 986f). Durch schlecht verstandene Religiosität verschleiert der Chor seine Hilflosigkeit. Weder dieser noch ein anderer Sinn sind heute zu vergegenwärtigen. Doch ist die düstere Großartigkeit der Bilder die unentbehrliche Folie für die folgende Szene.

Antigone hat die Bühne für immer verlassen. Kreon beherrscht die Szene; er ist nicht abgegangen, wieder hat er die starre Position als Popanz der Macht eingenommen, die nicht so sehr als Ausdruck charakterlicher Gewalttätigkeit wirkt, wie als Maske eingeborener Unsicherheit. In der Szene des Sehers, die folgt, wird ihm die Maske heruntergerissen werden. Aber das Stück fällt nicht «in zwei Teile» auseinander.[45] Formal hat Sophokles einen wichtigen Kunstgriff[46] bereits vorher angewandt: er hat die Haimon-Szene vor die Abschiedsszene Antigones gelegt. Das heißt, daß der angebliche «zweite Teil» in den ersten verschränkt ist und daß das Geschehen nach Antigones Abgang nicht einmal mehr ein Drittel der Tragödie umfaßt. Die Analogie zu Shakespeares «Julius Cäsar» trifft also nicht zu: in viel stärkerem Maße als der tote Cäsar beherrscht Antigone nach ihrem letzten Abgang und noch mehr nach ihrem Tod den weiteren Verlauf des Stückes vom Faktischen her, und zwar durch ihr (wenn auch nur berichtetes) Handeln. Sie handelt, indem sie stirbt: würde sie sich nicht im Felsengrab mit eigenen Händen (autocheir 1175) das Leben nehmen, und würde Haimon nicht das Gleiche tun, müßte es Eurydike nicht tun (autocheir 1315). *Die Kettenreaktion der Selbstmorde ist unlösbar mit der auslösenden Tat verbunden.* Noch wichtiger ist jedoch die durch Antigones Abschied ausgelöste Aktion des *Zerfalls der Macht des Machthabers* und des Umfalls der Greise, die alsbald die Fahne in den neuen Wind hängen (auf den sie sicherlich gewartet haben). Es ist grausam zu sagen, daß Antigone im Tod triumphiert, aber es ist wahr. So greifen mit der Teiresias-Szene die Zahnräder der Struktur ineinander. Der Seher fährt dort fort, wo Haimon geendet hatte: die Lage in der Stadt hat sich weiter verschärft.

Kreon erblickt den greisen blinden Seher, der, geführt von einem Jungen, mit dem Krummstab in der Hand den Schauplatz betritt, erst, als er die linke Parodos bereits durchschritten hat. (Ein Teil der Zuschauer hatte ihn schon lange kommen sehen). Auch wenn das Ansehen der Mantik[47] zu der Zeit, als das Stück aufgeführt worden ist, nicht mehr unbestritten war, gehörte doch das Bild, das sich hier darbot, noch immer zu den archetypischen Vorstellungen, welche Pietät selbst von den Widerwilligen erzwingen.[48] Was hat den Seher hergetrieben?

Zur Stimmung in der Stadt sind Zeichen getreten. Gräßliche Zeichen: Blutige Fetzen vom Fleisch des Leichnams, von Vögeln und Hunden in die Stadt getragen, verseuchen die Altäre. Das miasma, das Kreon abzuwehren gedacht hatte (776), ist über die Stadt gekommen. Der Seher waltet seines Amtes, wenn er sich aufgemacht hat, den Machthaber im Namen der Polis um Abhilfe zu ersuchen. Sophokles hat in dieser Szene Numinoses und Realistisches geradezu raffiniert vermischt.

Kreon erschauert (997) unter den dunklen Sprüchen des Sehers: «Wieder stehst du jetzt auf Schicksals Schneide» (996 Sch). Wir erfahren, daß Kreon der Protektion des Sehers die Übernahme der Herrschaft verdankt. Unausgesprochen steht zwischen beiden die Frage: Warum hast du meinen Rat nicht eingeholt, ehe du das kerygma erlassen hast? Ja, Kreon hat sich rasch des mächtigen priesterlichen Einflusses entledigt. Und es ist Teiresias, der zunächst nicht an die Furcht, sondern an die Einsicht des Machthabers appelliert. Er weiß genau, wie unsicher Kreon ist; er spürt, daß es längst nicht mehr die Überzeugung von der Richtigkeit seiner Entschlüsse ist, was Kreon so unnachgiebig macht, sondern verkrampfter Trotz, die Angst, das Gesicht zu verlieren, «authadia», wie es Teiresias nennt (1028)! Und man traut seinen Ohren kaum, wenn man aus dem Munde des heiligen Mannes die vernünftigste Mahnung hört: «Was ist das denn für ein Heldenstück (1030), einen Toten noch einmal zu töten?»

Der Dichter treibt Kreon ins Äußerste. Es ist der pure Verfolgungswahn, der jetzt aus ihm ausbricht. Nicht nur, daß der Seher von seinen Gegnern in der Stadt bestochen sein soll – die ganze Bande da, nämlich der Chor, die Volksvertretung, habe ihn verraten und verkauft! Aber kein Gott in der Welt werde der Leiche zur Bestattung verhelfen! Nicht einmal Zeus könne daran etwas ändern (1042).

Noch einmal wird in der Stichomythie die Dialektik von Argumenten entwickelt, aber sie artet gleich in Beschimpfungen aus: Mantik gegen Tyrannis. Als Kreon Teiresias mit der Unterstützung, die er selbst von dem Seher erfahren hat, höhnt: ja, adikein (1059), darauf verstehe er sich (also ist Kreons Machtübernahme eine adikia gewesen), da reißt diesem die Geduld. Nun erst greift er zum Mittel des Numinosen, der Prophetie. Es sind mehr die Worte und der Ton, in dem sie der Schauspieler zu sprechen hat, als der Sinn, was den tönernen Koloß ins Wanken bringt.[49] Dem eigenen Sohn hatte Kreon nicht geglaubt, jetzt glaubt er dem Propheten, der ihm Schuld und Jammer ausmalt: Wehgeschrei werde bald durch sein Haus gellen, alle Städte werden sich gegen die Stadt erheben, in der Vögel und Hunde den Toten den letzten Dienst erweisen und Leichengestank die Altäre verpestet (1070 ff).

Es ist soweit. Das Furchtbare (deina 1091, 1096) ist im Schein des Numinosen hereingebrochen. Kreon bricht zusammen. Er gehorcht der Not (1106). Schnell, schnell – mahnen ihn die Alten, die jetzt endlich den Mund aufzutun wagen: Hinaus aufs Feld! Die Leiche begraben! Die Eingekerkerte befreien!

Und da sich der Chor selbst einredet, nun werde alles gut werden, das miasma werde ausgelöscht, Antigone und Haimon werden im Triumph heimkehren, Kreons Sohn und Oedipus' Tochter werden die Zukunft der Polis lenken – oh, senile Schönfärberei! –, fängt er wieder an zu singen und zu tanzen (wie in der Parodos), mythologisierend wie immer, ein hyporchema, das traditionell mit großer Mimik ausgestattete Tanzlied.[50]

Auch wenn der erste Vers nicht in fast krasser Parallelität dem ersten Vers des unmittelbar folgenden Unglücksberichts entspräche (1115–1155), könnte die grausige Ironie dieses vorweggenommenen «happy ends» keinem Zuschauer verborgen geblieben sein. Der Hymnus galt Dionysos, dem Stadtgott, dem Herrn der mänadischen Thiaden, dem Gott des Theaters. Sophokles' Grausamkeit geht weiter! Der Chor unternimmt es, die Zuschauer in sein Jauchzen und Tanzen hineinzureißen: der Enthusiasmus des Tanzliedes gipfelt in dem Jubelruf «Iakchos!» Dies war der rituelle Ruf, mit dem alljährlich im Frühling die Staatsprozession der Athener auf der Heiligen Straße nach Eleusis zog, um dort die Mysterien zu feiern.[51] Solche Wirkung wollte der Dichter also hervorrufen: die größte Allgemeinheit des Scheins der Freude vor dem Hintergrund der schauerlichsten Wahrheit. Zu allen Zeiten ist das ein legitimes Mittel des Theaters gewesen. Nichts wirkt so beklemmend wie der Anblick von Glückseligkeit in einer schmerzzerissenen Welt.[52]

Immer enger wird nun alles verzahnt.

Von rechts hört man Jammerrufe: ein Bote – wir werden begründen, warum wir glauben, daß es der Wächter ist, den wir kennen – kommt angelaufen. Jäh bricht die Musik ab. Im Iakchos-Rausch erstirbt der Tanz.

Die Klage gilt Kreon. Beneidenswert war er eben noch, in seiner totalen Herrschergewalt (1163), «und nun ist alles hin!» Der Chor hat sich dem Boten zugewandt: «Welch neues Leid der Könige bringst du uns wieder?» fragt einer. Da schreit er laut: «Haimon ist tot. Von eigner Hand (autocheir) verblutet» (1175).

Ein Aufschrei, verröchelnd in Ohnmacht, lenkt die Blicke nach links. Im Paraskenion war eine kleine pompe erschienen. An der Spitze Eurydike, Kreons Frau, erkennbar am Diadem der Königin, das sie trägt, gefolgt von Frauen, die Opfergaben in den Händen halten, sorgend ahnungsvoll wollte sie zu Athena beten (wie sie später sagt, 1184), deren Statue im rechten Paraskenion aufgestellt war. Als sie den schreienden Vers des Boten hörte – sie hatte gerade den Riegel der Tür geöffnet –, war sie rücklings ihren Mägden in die Arme gesunken. Langsam kommt sie zu sich. Sie geht auf den Boten zu. Sie hat nur neun Verse. Man hat den Dichter deswegen getadelt. Aber auf der Bühne drückt sich ein Mensch nicht nur in dem aus, was er sagt, sondern auch darin, wie er schweigt. Während des Botenberichts, den sie zu hören wünscht, sind die Blicke der Zuschauer auf die Mutter gerichtet, die das Ende ihres letzten Sohnes vernehmen muß. Wir wissen von den Masken tragenden No-Spielern, welche Erschütterung eine einzige Geste des Schmerzes zu bewirken vermag; im Spiel der Griechen war es gewiß nicht nur eine einzige. Der Schauspieler mußte spüren lassen, wie die Verzweiflung die von ihm gespielte Person übermannte; er mußte die Empfindungen zum Ausdruck bringen, mit denen sie der schrecklichen Schilderung folgte, er mußte zeigen, wie sich das Herz in ihr verkrampfte und wie zugleich der tödliche Entschluß in ihr wuchs. Im Abgang mußte etwas von der Verfluchung des schuldigen Vaters zu ahnen sein, mit der sie sterben würde, sich ins Schwert stürzend wie Haimon, am Bett des gefallenen Menoikeus, vor dem Hausaltar, mit ihren letzten Worten den «Kindesmörder» (1305) verfluchend. Das ist ein Schicksal.

Der Bericht: Nur noch Shakespeare konnte solche Greuel so erfinden. Da sehen wir Kreon, von der Leibwache gefolgt (nachdem er andere Bewaffnete zur Felsenkammer entsandt hatte), ins Feld hinaus jagen; das erste ist, daß die Leiche bestattet werden muß: die Logik der Geschehnisse zwingt den Mann, der das Verbot erlassen hat, das Verbot zu übertreten; er kann nicht zuerst nach dem Sohn fahnden, denn wäre das miasma der Leiche nicht beseitigt, hätte er kein Argument, Haimon zu retten und Antigone zu befreien. Aber – das ist die «wolkenlose Heiterkeit» dieses Dichters![53] – die Spanne Zeit, die Kreon zur Bestattung der Leiche benötigt, ist genau diejenige, in der Haimon die tote Antigone entdeckt. Wäre Kreon zuerst zum Grab gegangen, hätte er vielleicht das Mädchen noch aus der Schlinge des Obergewands lösen können, in der es sich erhängt hat. Als er dann mit den Männern eindrang, fanden sie im tiefsten Innern Antigone erhängt und Haimon, sie umschlungen haltend. Als er den Vater im Lichtschein, der von draußen einfiel, sah, sprang der Sohn auf; er spie ihm ins Gesicht und zog das Schwert. Die Bewaffneten stellten sich dazwischen. Da stürzte sich der Jüngling in sein Schwert; sterbend schlang er noch einmal die Arme um die Erhängte, und der Blutstrom, aus der Wunde, die er sich geschlagen hatte, spritzte über deren Gesicht: «So liegt er tot der Toten bei, die Hochzeit hat er im Hades gefeiert» (1240f.).

An dieser Stelle des Botenberichts stürzt Eurydike in den Palast. Die Dienerinnen laufen hinter ihr her. Schweigen brütet über dem Schauplatz. Nach einer Weile wird der Bote hineingeschickt, um nachzusehen, was die beängstigende Stille bedeutet.

Da nähert sich von rechts Klagegeheul. Musik setzt ein. Kommos als Finale. Eine schaurige pompe zieht durch die Parodos auf den Schauplatz. Der Chor beschreibt sie, ehe sie allen Zuschauern sichtbar wird: «Kreon kommt, in den Armen ein Zeichen und Mahnmal» (1258): die Leiche des Sohnes.[54] Und wie wahr, wie groß, wie erschütternd dieses Bild, das einer Pietà gleicht, dargestellt werden kann, hat uns Peter Brook gezeigt, als er Lear mit der erwürgten Cordelia so auftreten ließ:[55] von weit her hörte man sein Heulen, dann erschien das Bild im Hintergrund, mit dem fünfmaligen «never» schleppte es sich nach vorne. Shakespeares Theater des Zeigens. Sophokles' Theater des Zeigens.

Und der grausame Sophokles begnügt sich nicht damit. Er läßt jetzt den Boten aus dem Palast zurückkehren: Mörder! Doppelmörder! Auch Eurydike ist tot. Und damit noch nicht genug! Jetzt werden die Riegel des Mitteltors aufgestoßen. Diener tragen die verhüllte Bahre der Selbstmörderin aus dem Dunkel des Inneren ins Licht. Noch hält Kreon den Leichnam des Sohnes in den Armen. Da wird das Tuch über der Bahre zurückgeschlagen. Die Schreie des «Doppelmörders» gellen über die Bühne. Im Dreimaligen «pheu» (1300) entsinkt dem Wankenden der Tote.

Erbarmungslos meldet der Bote das Ende der Frau: ihr letztes Wort war der Fluch. Man sieht das Messer im Körper der Frau. Der Mann reißt das Gewand auf und bietet den Umstehenden, den Dienern, der Leibwache, dem Chor sein Herz: «Wer stößt mir das Schwert von vorn in die Brust?» (1308 f). Warum tut er 's nicht selbst? Er ist nicht einmal dazu imstande. «Schafft mich fort, schafft den Narren fort!» (1339). Das zweimal am Verseingang jämmerlich hinausgeschrieene «ego» (1319, 1320) verweist zurück auf die vielen prahlerischen «ego's», die man von ihm in seinen großen Reden gehört hat (etwa 173 ff), auf jenes zynische: «Soll mir die Polis sagen, wie ich herrschen soll?» (734). Was ist aus diesem ego geworden! Er sagt es selbst: «Nicht mehr bin ich als nichts!» (1325). Nur noch bei Shakespeare finden sich solche Formulierungen.

Die Leute haben Haimons Leiche auf die Bahre neben Eurydike gelegt. Kreon wirft sich über die Toten – «wie soll ich auf dich, wie auf dich blicken?» (1340 f). Die Bahre wird hochgehoben. Langsam schreiten die Träger durch das große Tor. Der jammernde Kreon folgt ihnen. Das große Tor fällt ins Schloß. Der Chor zieht ab. Die Exodos faßt vereinfachend das fabula docet zusammen: Zwar ist das weitaus höchste das Denken (phronein 1349); not ist aber auch, nicht gegen die Götter zu freveln, und dies zuletzt (1350 ff Hölderlin):

> Große Blicke aber,
> Große Streiche der hohen Schultern
> Vergeltend,
> Sie haben im Alter gelehrt, zu denken.

3

Die Handlung ist an uns vorübergezogen. Wir haben die Personen agieren und reagieren gesehen. Stellen wir sie nun nebeneinander. Beschreiben wir die Welt, in die Sophokles den Fall versetzt hat. Und bedenken wir dabei, daß es zum großen Teil eine Welt ist, die er erfunden hat.

Zunächst der *Chor*: Greise, Mitglieder der Gerusia, des Ältestenrats, die als oberste Instanz der Polis neben dem Herrscher stehen: «Herren Thebens» (988). Patrioten und, wie es ihrem Alter entspricht, die konservativen Repräsentanten des Demos, des Volkes, Würdenträger, würdige Alte. Ihre Gesänge haben meist etwas Archaisches: Götterpreis, Ritual, die alten Bräuche. Durch ihre Sprache ragt die noch immer lebendige und fortwirkende Vorzeit in die Welt herein, die sich hier aufbaut.

Versetzen wir uns zurück in den Apriltag des Jahres der ersten Aufführung, an dem bei Sonnenaufgang die Zuschauer das Dionysostheater gefüllt haben. Da sahen sie den Chor einziehen und hörten: «Strahl der Sonne, schönstes Licht...» (100). Als sie ihre Plätze einnahmen, hatten sie den Parthenon auf der Akropolis in der Morgensonne leuchten sehen, so wie er heute noch leuchtet, als schwebte er über den Mauern. Aber damals war das Bauwerk neu! Alle wußten, wessen Wille dieses Werk geschaffen hatte, das den Ruhm der Polis weithin künden sollte. In Perikles' Reden kommen die Götter kaum vor, aber der Göttin der Polis ließ der «Stratege» den schönsten Tempel der Welt errichten. In mythischen Bildwerken feierte sich die Stadt. Seit ein paar Jahren war Friede. Was mußten die Athener fühlen, als sie die Verse hörten (151 ff R): «Breitet Vergessen/ Alle denn über den Krieg!/ Zu allen Tempeln, bis der Tag graut/ Tanzet die Weihe-Nacht!»

So ragt Vorzeit in jede Gegenwart hinein. Als Bild und Dichtung, als Kunst und – für wie viele noch trotz aller Aufklärung! – als Glaube. Dieser Glaube, den die tanzenden Alten feierten, wurde von den Mächtigen in Athen durch Pietät geehrt. Wo immer gefeiert wurde, erklangen die Hymnen und Paiane. So lebten die Götter, trotz allem. Und «warum sollten wir noch tanzen, wenn das alles nichts mehr bedeuten würde?» – so ließ Sophokles noch zwanzig Jahre später einen anderen Chor von Greisen singen.[56] «Bakchios», der sie jetzt anführen soll, ist ja Dionysos, der Gott des Festes, für das die Dichter ihre Stücke schrieben. So bedeutet in allen Tragödien, gleichgültig, wann sie entstanden sind, das zwar verschieden behandelte, aber niemals aufgegebene Formelement des «choreuein» die wirkende Kraft des Alten, des Hergekommenen, das nun einmal in jeder Zeit ist, auch wenn es die Nachwachsenden außer Kraft zu setzen wünschen.

Wie zeigt sich vor diesem Chor, den Alten, der Volksvertretung, nun *Kreon*? Er tritt im Königsmantel auf, mit Szepter und Krone; so zeigt der «strategos» (8), der er bisher war, Befehlshaber des Heeres unter dem König, daß er in der Siegesnacht den Thron bestiegen hat. Als «König des Landes» begrüßt ihn formell der Chor (155), der jedoch hinzufügt: «nach den neuesten Fügungen der Götter», und das hieß für die Zuschauer im Dionysostheater, daß die Polis nicht gefragt worden war. Antigone nennt ihn ironisch den «guten Kreon» (31), während sie sich selbst für die wahre Königin hält (941). Daß Kreons Status umstritten ist, gibt er selbst zu (290 ff). Er stützt sich auf die Protektion des Teiresias (953, 1058) und auf das Militär, das er als strategos kommandiert. Gleich in der ersten Szene wird klar, daß er entschlossen ist, als Tyrann zu regieren. Er hat das Edikt erlassen, ohne die Zustimmung der Volksversammlung einzuholen; ja, er brüskiert diese rücksichtslos, indem er sie vor den Palast zitiert, um ihr bekanntzugeben, was die ganze Stadt schon weiß. Er fordert von ihnen den Respekt, den sie den Labdakiden-Königen erwiesen haben. Sein Standpunkt: Wer die Macht hat, ist der Staat (738); er erläßt die Gesetze; Gesetzen ist das Volk Gehorsam schuldig; nur Gehorsam schützt vor Anarchie. Das ist der Tenor seiner «Staatsreden» (173 ff, 290 ff, 473 ff, 639 ff, vor allem 664, 734 ff). Es ist die Redeweise der Diktatoren. So ist klar: Kreon kann nicht der Repräsentant der Idee des Staates sein. Wozu brachte Sophokles eine Gerusia ins Spiel, wenn er nicht in ihr eine Institution der Legalität darstellen wollte? Er brachte sie ins Spiel, um zu zeigen, daß Kreon nach dem «Recht» der Macht das Recht des Volkes mißachtet. Das waren geläufige Diskussionen der Sophokles-Zeit. Über der Polis Athen schwebte stets das Damokles-Schwert der Tyrannis; argwöhnisch belauerte das Volk seine Führer. Haimons Warnung vor der Alleinherrschaft – «monarchia» ist nur für Wüsten (739) – war den Demokraten aus dem Herzen gesprochen. Immer wieder handelt Kreon tyrannisch, d. i. selbstherrlich, autokratisch, autoritär. Das Edikt ist eine Machtprobe, der Terror gegen Ismene die reine Willkür.

In allen wittert er Verräter, am Ende gar in Teiresias, der ihm zur Macht verholfen hat. Und doch scheut er vor der Macht des Sehers zurück, der ihm ausmalt, was die Welt über ihn denkt. Prestige ist alles. Antigone, die seinem Prestige ins Gesicht schlägt, wird des Umsturzversuchs beschuldigt und zur Hochverräterin erklärt; sie wird ohne Gerichtsverhandlung zum Tod verurteilt: «Führerbefehl» genügt. Trotzdem ist Kreon nicht zum Autokraten geboren. Wäre das Edikt ohne Widerspruch durchgeführt worden, wäre er möglicherweise der «gute Kreon» geblieben. Das Umfallen ist von Anfang an in seinem Charakter angelegt. Die Schwäche, die er ständig überkompensiert, äußert sich in dem Mißtrauen, das ihn zu Kurzschlüssen und Zwangshandlungen treibt (seine *authadia* 1028). Er glaubt, das Prestige, das er sich angemaßt hat, um jeden Preis wahren zu müssen. Er wird Terrorist und Tyrann aus Angst. Er ist ein kleiner Geist, der sich übernimmt. Er besitzt nicht die Spur von dämonischer Größe. Er erscheint wie der Prototyp des Politikers, der, an die Macht gelangt, scheitert, weil er die Fäden, aus Furcht, sie könnten ihm entgleiten, bis zur Zerreißprobe überspannt. Er ist gar nicht in der Lage, seinen Terror durch eine «Idee» zu rechtfertigen. Sein Verstand reicht nur bis zum Bewußtsein der Gewalt, die er in der Hand zu haben glaubt. In dem Moment, in dem ihm klar wird, daß es eine Sphäre gibt, in der Gewalt nichts ausrichtet, fühlt er den Boden, auf den er sich gestellt hat, wanken. Er scheitert nicht mit einer Idee oder als Typus, sondern als Mensch. Daß ihn Sophokles an sich selber scheitern läßt, statt an einem Gegenschlag von außen her, verweist auf den Sinn der Tragik des Stückes.

Als Politiker und in seiner Handlungsweise als politischer Machthaber ist Kreon eine höchst realistische Figur. Er war in der Welt des damaligen Athen so gut denkbar wie in der heutigen Welt. Den Athenern muß er die beängstigende Möglichkeit vor Augen geführt haben, einem solchen Mann (oder eben überhaupt einem einzelnen Mann) könnte solche Macht in die Hand gegeben werden. Auch diese Möglichkeit war realistisch gegeben. Sophokles warnte vor ihr. Er warnte den Mann, der in Athen die größte Macht besaß, vor der Hybris, sie zu mißbrauchen. Perikles, ein Mann in den Fünfzigern (wie der Dichter), stand um die Zeit, in die wir «Antigone» setzen, auf der Höhe seiner Laufbahn. Alle Politiker, die vor ihm ähnliche Machtpositionen errungen hatten, waren, nachdem sie solche Höhen erreicht hatten, gestürzt worden: Miltiades, Themistokles, Kimon. Sophokles führte dem Mann, mit dem ihn Freundschaft verbunden haben soll, die Möglichkeit solchen Sturzes vor Augen. Aber er motivierte diese Möglichkeit nicht mit dem Wankelmut des Volkes, dem die Vorläufer Perikles' meist zum Opfer gefallen waren (und dem er selbst kurz vor seinem Tod vorübergehend zum Opfer fallen sollte). Er motivierte sie mit Antigone. Kreon scheiterte am Tod der Antigone. Von daher erreichen ihn die schrecklichen Schläge. Es mag sein, daß er am Ende, wie man gesagt hat,[57] noch unser Mitleid findet; es findet ihn, weil nun seine Schwäche offenbar ist, nicht weil er tragisch ist. So paradox das im Licht der alten Schulästhetik erscheinen mag: er ist deshalb nicht tragisch, weil er schuldig ist. Nur Antigone erleidet die Tragik dieser Tragödie; Kreon ist nichts als ein Werkzeug. In der Frage, warum Antigones Tod Kreons Sturz herbeiführen konnte, liegt der Schlüssel zum Sinn des Stückes.

Wie verhält sich der Chor zu dem Machthaber? Sophokles gibt den Alten mehrfach Gelegenheit, sich von Kreon zu distanzieren. Schon in der doppelsinnigen Äußerung (211 ff), ja, er habe das Recht, den einen Landesfeind, den anderen Landesfreund zu nennen; die Summierung solcher Äußerungen steigert das Mißtrauen, das Kreon den Alten gegenüber schon in seiner ersten Rede an den Tag gelegt hat (175 ff), bis zum offenen Haß: «ein Pack bestochener Verräter» (1036). Kreon erklärt (184 ff), er halte jeden, der schweige, für einen Verräter; wer aus Furcht den Mund verschlossen halte, sei kakistos, ganz und gar schlecht. Gerade dagegen verstößt der Chor von Anfang an: er schweigt. Er äußert höchstens gelegentlich einmal Bedenken, und es ist bezeichnend, daß er an einer Stelle, an der er sich relativ weit vorwagt, durchaus etwas erreicht: die Rettung Ismenes (770 ff).

Diese Volksvertreter sind im Ganzen nicht nur vorsichtig bis zur Feigheit, sondern auch überzeugt, daß sie sich so vernünftig verhalten. Alle ihre Äußerungen sind unter das Motto zu stellen, das sie selbst formulieren (220): wir sind doch nicht so blöde, uns umbringen zu lassen. So sieht sie Antigone mit Recht: «Die reden dir doch nur nach dem Mund» (509). Von ihrem konformistischen Standpunkt aus ist Antigones Handlungsweise verwerflich: als Überkühnheit (853), als Unvernunft (382), als eigenwilliges Aufbegehren (875). Und doch wird diese Haltung des Chors nicht simplifiziert. Sophokles läßt ihn Mitleid mit Antigone empfinden, und in dieser Aufwallung sogar soweit gehen, daß er sie rühmt (817 ff). Es ist erst die zweite Regung, die diesen Primäraffekt zum Schweigen bringt: die Furcht vor der Macht, die Vernunft, die zum Kuschen rät. So hat man das Glaubensbekenntnis dieser Alten zu verstehen, wie es in der letzten Strophe des berühmten Liedes vom gewaltigen Menschen zum Ausdruck kommt (368 ff): «Wer die Gesetze des Landes ehrt, steht hoch in der Stadt (hypsipolis – scharf gegen das folgende apolis); stadtlos, vaterlandslos ist, wer sich dem Unguten ergibt, aus Empörung (tolme); der soll nicht an meinem Herd sitzen, noch mir gleichgesinnt sein, wer das tut.» Worauf der Täter alsbald auf dem Schauplatz erscheint: die gefesselte Antigone. Hält man die Worte des Chors wirklich für die Meinung des Dichters, so heißt das, daß Sophokles die tolme der Antigone «apolis» genannt hätte, ja, daß er die ganze Polis für «apolis» erklärt hätte, weil sie sich nach Haimons Bericht auf die Seite Antigones gestellt hat (freilich nur, wo das Auge des Machthabers nicht hinreicht). Am Ende der Tragödie sagt jedoch der Chor selbst zu Kreon: «So spät erkennst du nun offenbar das Recht», und dieser antwortet: «Ja, ich habe es gelernt» (1271 f). Er hat am eigenen Leibe erfahren, wo die wahre dike war: bei der Empörerin. Wo aber die wahre dike ist, ist auch die wahre Polis. Die Volksvertreter, die sich der Macht unterwerfen und das Unrecht dulden, ja, die Empörung gegen das Unrecht verdammen, verderben die wahre Polis, für die Antigone stirbt.[58]

In die Konfiguration um die Empörerin tritt nun neben die adligen «Herren der Stadt» und den Machthaber als erster der aner demotes (690), der Mann aus dem Volk. Gut hat Karl Reinhardt die Bedeutung des *Wächters,* den wir mit dem Boten im genau korrespondierenden letzten Teil der Tragödie identifizieren, erkannt:[58] «Mit ihm tritt ein ganzer menschlicher Bezirk herein, die hohe Würde durch sein bloßes Dasein unterwühlend. So erscheint der Mächtige plötzlich von unten aus gesehen!» Und wieder ist es für Sophokles bezeichnend, daß weder nur ein Typus aus der Wirklichkeit (Mann des Volkes), noch nur ein Typus aus der Theaterwelt (Bote oder Rüpel) auftritt, sondern eine Individualität. Der Mann ist nicht mehr jung. Kreon beschimpft ihn als «dummen Alten» (281). Er hat Mutterwitz und verfügt über eine wortreiche Suada (lalema 320).

Mit Recht sagt Reinhardt von der Schilderung des zweiten Bestattungsakts, Sophokles habe in den «gemeinen Mund den wunderbarsten Preis gelegt». Hier wird auch der Schauplatz imaginär erweitert. So wie im Einzugslied des Chors (und später in den Berichten Haimons und Teiresias') die Stadt vor Augen geführt wird, so blickt nun, in den Berichten des Wächters, die Natur in die Szene herein: «Wortkulisse», wie wir das bei Shakespeare nennen: die Szenerie am Leichenhügel, der Wirbelsturm, zuletzt das Felsengrab. Und doch ist das nicht einen Moment lang nur lyrisch. Die lebendige Anschaulichkeit versetzt uns mitten in den Trupp Soldaten, der zur Wache an der Leiche postiert ist; das Naturereignis des Wirbelsturms wird erfunden, um zu erklären, warum die Posten ein zweites Mal den Täter nicht bemerkt hatten (vor dem aufgewirbelten Staub hatten sie die Augen zugekniffen); das Himmelswunder rückt die Tat selbst ins Wunderbare. Später, im Schreckensbericht des Boten erkennen wir die gleiche Optik, die das Gesehene nicht nur meldet, sondern noch einmal erlebt: der Schauder, der aus solcher Einfühlung dringt, verwandelt die facts; man spürt, wie Mythisches entsteht; so wandelt sich Wirklichkeit in Legende.

Dieser Mann ist kein Sklave. Er trägt Waffen. Hopliten wie er waren in Athen wichtige Leute.[59] Der Waffendienst der Bürger hatte den Demokratisierungsprozeß beschleunigt. Ehrenberg sagt: «Der Hoplite war zugleich der Polite.» Das also ist das zweite Moment, das der Mann ins Spiel bringt. Der polites, wie er hier auftritt, scheinbar der Komödie entsprungen, in der solche Leute die Helden waren, sollte keine Angst vor dem Mächtigen haben dürfen. Daß er sie dennoch hatte und haben mußte, setzte Kreon im Urteil der Zuschauer ins Unrecht. Und doch ist es pure Schlauheit, wenn der Mann den Furchtschlotternden in der Rolle eines homerischen Boten spielt, der darauf gefaßt ist, daß der Zorn über das gemeldete Übel an dem unschuldigen Melder ausgelassen wird (276 f). In Wahrheit hat Kreon recht in seinem Zorn und mit seiner Ungeduld; denn die gewundenen Weisheiten, mit denen der Wächter die dann in drei knappen Versen herausplatzende Meldung aufbaut (245 ff), dienen doch nur der Verschleierung der Tatsache, daß die Wache geschlafen hat. Trotzdem freut sich jeder über die Dupierung des Despoten, weil im Schlaf der Wache das ganze Desinteresse des Volkes an dieser Politik des Machthabers zum Ausdruck kommt: was für ein Unsinn, einen Toten zu bestrafen, und dafür bekommt man auch noch Nachtwache aufgebrummt, während die Stadt feiert! Und als der Wächter dann die gefaßte Antigone bringt, die nur gefaßt wurde, weil sie gefaßt werden wollte, verhehlt er zwar nicht die Freude, daß er die Angst vor der Strafe los ist, aber er genießt es wieder, die Meldung aufzubauen und seine Respektlosigkeit gegenüber Kreon ziemlich frech an den Tag zu legen.

Und das ist schließlich das Wichtigste: Dieser Mann, der so tut, als schlotterte er vor Angst, und selbstverständlich auch Grund zur Furcht vor der Strafe hat, ist in Wahrheit dem Machthaber gegenüber weit weniger feige als der Chor. Er zeigt Unverfrorenheit in der Unschuldsmiene. Als sich Kreon in großen Worten endlich ausgetobt hat und der Chor «stumm die Antwort schuldig bleibt»,[60] wagt es unser Mann sehr wohl, den Mund aufzumachen: «Darf ich jetzt auch mal was sagen?» (315). Es kommt zu einer Stichomythie, in der er dem Schäumenden ins Gesicht sagt, es sei pure Ranküne, wenn er seine Wut an der angeblich bestochenen Wache auslasse, ja, er versteigt sich zu dem unglaublichen Ausruf: «Schlimm, daß einer, der zu befinden hat, auch Lügen befinden kann» (323).[61] Und hinter dem abgegangenen Kreon bellt er her: «Du meinst, du brauchst bloß zu kommandieren. Meinetwegen. Hauptsache, er hat mich nicht gleich bestraft. Mich wirst du nicht mehr wiedersehen» (327 ff). Er kann davonlaufen, denn er hat, anders als die «vielbegüterten» (843) Alten, nichts zu verlieren. Und wieder anders als diese scheut er sich nicht, nach dem Bericht über die Verhaftung der Täterin seine volle Sympathie mit dieser zum Ausdruck zu bringen: «Sie stritt nichts ab. Das war mir günstig und zugleich tat es mir leid. Zwar ist es angenehm, wenn man selber aus der üblen Sache heraus ist, aber es tut weh, die Freunde (philus 438, die Lieben)[62] ins Übel zu bringen» (435 ff). Auf dem Höhepunkt des unmittelbar anschließenden

Verhörs werden die berühmten Worte vom symphilein durch das Theater hallen. So ist es von tiefer Bedeutung, daß der Mann aus dem Volk die Empörerin in seine philia, seine liebende Sympathie, einbezieht.

Vom ersten zum zweiten Bericht ist der Wächter gewachsen. So scheint es nur konsequent, wenn der Dichter die Gestalt weiter wachsen läßt, indem er ihr den letzten Botenbericht zu sprechen gibt. Denn aus ihm spricht Theben, jenes Theben, das Antigone beim Abschied angerufen hat: «O Thebens Erde, Vaterstadt!», eben jenes Theben, das der Bote bei seinem dritten Auftritt anspricht: «O ihr Anwohner der Burg des Kadmos und Amphion!» (1155). Dieser «Bote» bedient sich der gleichen gnomologischen Redeweise[63] wie der Wächter, freilich ist jetzt keine Zeit mehr für Mutterwitz. Und es ist die schlichte Wahrheit, die wir von ihm kennen, wenn er die Hinfälligkeit des Glücks der Großen beschreibt: «Da sei du reich in deinem Haus, so sehr du willst, und leb in fürstlichem Gepränge! Aber geht dem ab das Frohsein (chairein): nicht um eines Rauches Schatten kauf ich das andere dir ab – gegen die Freude» (1168 ff, Sch).[64] So spricht der aner demotes, und daß es kein neuer Bote ist, sondern derselbe, bestätigt ausdrücklich der Chor: «Was kommst du *wieder* (au), solchen Greuel der Könige bringend?» (1172). Er ist es, der das Urteil über Kreon spricht, nachdem er mit der gleichen Wortgewalt wie zuvor die Tat jetzt die Sühne beschrieben hat: «Er hat vor jedermann gezeigt, daß Unvernunft des Menschen größtes Übel ist» (1242 f).

Und schließlich wird er dieses dritte Mal in letzter Steigerung Kreon selbst als Unglücksbote entgegengeschickt: Nun steht er, der Mann aus dem Volke, oben auf der Skene, vor dem großen Tor, wo der Despot gestanden hatte, als er sich schlotternd vor ihm hatte winden müssen. Und Kreon ist es jetzt, der sich zu seinen Füßen krümmt, heulend und zähneklappernd. Noch einmal, in ungeheuerlicher Verkürzung, bringt er den Bericht in seiner Redeweise vor, das Allgemeine zuerst: «O Despot, du Besitzer und Erlanger der Übel, von denen du das eine in den Händen trägst, das andere zu empfangen und bald zu sehen im Begriffe bist» (1278 ff). Dann erst auf Kreons Frage die lakonische Meldung (wie 345 ff und 402): Die Königin ist tot. Die Ausführung des Berichtes hat noch in dieser gerafften Form die greifbare Nähe der Optik und die nun zu schneidender Schärfe zugespitzte Schlagkraft: «Kindesmörder du!» (1305), «Alleinschuldiger» (1312 f). Und das Letzte: «Unter die Leber stieß sie sich mit eigener Hand, als sie dies jammervolle Leiden (pathos) ihres Kindes vernahm». Das ist der Schlag, unter dem Kreon ins «Nichts» zusammenbricht.

In dieser Grundfigur ist die Welt der «Antigone» angelegt:

Antigone
Kreon ————— Chor ————— Wächter/Bote

Dazu treten die noch nicht besprochenen Figuren: Eurydike neben Kreon, Haimon zwischen Kreon und Antigone, Ismene neben Antigone, Teiresias neben den Wächter/Boten. Sie sind leicht zuzuordnen, und doch ist keine von ihnen entbehrlich für die Konfiguration dieser Welt.

Ismene ist ganz philia, fast deren Personifikation und Grenze. Sie ist unfähig der heroischen Tat, aber fähig zu jedem Leiden. Im pathos wächst sie über sich hinaus. Auch sie muß, wie die Schwester, in die mania gestürzt werden, wenn ihre Selbstaufopferung an Antigones Seite glaubhaft sein soll. Aber eben mit dieser Selbstaufopferung wächst sie in die Dimension hinein, die ihr Wesen und ihr Bühnendasein für die Tragik erschließt. Ismene ist nicht tragisch, weil sie nicht handelt. Aber sie stürzt in die Tragik der condition humaine, weil ihr Versuch, durch die Selbstaufopferung zu handeln, so sinnlos er zu sein scheint, ihre Existenz vernichtet, indem er scheitert. Wer sagt, der Dichter habe sie nach dem letzten Abgang «vergessen», hat nicht begriffen, daß sie vernichtet ist. Wenn Antigone weggebracht wird, muß dieses Herz brechen, das keinen Menschen mehr hat, für den es schlagen könnte. Ismenes Stück Welt ist Kindlichkeit, Mädchenhaftigkeit, Geschwisterlichkeit – wundervolle, nicht rationalisierbare Realitäten der Menschenwelt. Auch sie sind dem Terror derer ausgesetzt, deren Politik weder mit ihnen rechnet, noch ihre Verwundbarkeit kennt und schont.

Haimon ist eine nicht minder anziehende Gestalt.[65] Wozu hat sie der Dichter erfunden? Nun, vor allem, damit sie stürbe. Ohne Haimons Selbstmord gäbe es keinen Zusammenbruch Kreons. Er weckt in dem Despoten schließlich das, wofür Antigone stirbt: philia. Philia, Kindesliebe, war der Antrieb, aus dem der Sohn vergeblich zum Vater sprach: Sorge, freilich auch die Sorge des Kronprinzen, der er in der Nacht geworden war, politische Sorge. Haimon bekundet seine Liebe zu Antigone kaum durch das Wort, um so mehr durch die Tat. Das Wort, logos, gilt einzig dem Vater. Es ist nicht Vorwand, wenn er bekennt, daß ihn die Sorge zu seiner Intervention getrieben habe: Sorge um das Prestige des Vaters. Dieses Prestige freilich ist für den Demokraten Haimon, dem ein geflügeltes Wort über die Monarchie in den Mund gelegt ist (739), untrennbar verbunden mit Rechtlichkeit und Volksvertrauen. So verkörpert er in dieser Welt nicht nur die Jugend, der die Zukunft gehören sollte, sondern auch die Zukunft einer auf Legalität und Vernunft gegründeten Polis. Mit der Vernichtung dieser Jugend und dieser Zukunft zerstört Kreon die letzten Argumente, die er noch für sein Recht ins Feld führen konnte. Haimons Vernichtung ist darum vernichtend für ihn selbst.

Eurydike, die nur neun Verse hat, aber, wie wir gesehen haben, ein Schicksal, steht für einen Bereich, der in Kreons reaktionärer Welt der Öffentlichkeit verborgen bleiben sollte. Sie ist die Frau am heimischen Herd. Mit keinem Wort nimmt ihr Mann vor den anderen von ihr Notiz. Aber auch Haimon nennt sie nicht. Auch die attische Demokratie ist eine Männerwelt. Dennoch ist diese Frau imstand, durch den selbstgewählten Tod dem Mann die letzte und schwerste Wunde zu schlagen. Jetzt erst wird er inne, was sie für ihn bedeutet und daß er mit ihr das Letzte verloren hat. Eurydike ist nicht Iokaste, obwohl sie fürstliche Würde zeigt. Daß Sophokles sie wortlos, ohne einen Laut der Klage, in ihre unselige «Geborgenheit» zurückkehren läßt, sagt mehr über ihr Wesen als viele Verse sagen würden: selbst dem Chor fällt es als ungewöhnlich auf (1244 f). Der Bote meint, sie wolle in der Stille klagen (1256): sige bary, schweres Schweigen umhüllt sie. So hat sie es selbst gesagt: sie sei nicht unerfahren im Unglück (1191). Daß Geheimnisvolles sie mit dem Tod verbindet, zeigt die Anrede «pammeter» (1282), «Allmutter» – so nennt sie der Bote. Das läßt an Demeter denken, die Große Mutter, deren Mysterien in Eleusis gefeiert wurden, darstellend den Raub ihrer Tochter Persephone durch den Totengott. «O Hades' Hafen», schreit Kreon auf, im übernächsten Vers (1284). In diesem Schlußteil des Stückes ist alles so lakonisch, daß Andeutungen viel bedeuten können. Die «pammeter» erschien einigen Erklärern so befremdend, daß sie den Vers eliminieren wollten; aber wenn wir die Frage stellen, wofür Eurydike in der Welt des Stückes vor allem steht, so kann die Antwort nur lauten: für die Mütterlichkeit. Zu Ismene, dem Mädchen, und Antigone, der Braut, tritt die dritte Frauengestalt: Eurydike, die Mutter. Nachdem sie auch den zweiten Sohn hat hergeben müssen, ist sie «nichts» mehr: der Tod hat sie um ihr Wesen, um sich selbst gebracht. So geht sie aus der Welt, die schreckliche Anklage zurücklassend, wie elend eine Welt ist, die die Mütter nicht achtet. Denn es ist eine Welt ohne philia.

Schließlich *Teiresias,* der Uralte, der Blinde, der heilige Mann. Mit ihm, sagten wir, betritt das Numinose selbst den Schauplatz. Ehrwürdigkeit und Frömmigkeit sind verwandte Kategorien. Pietät ist eine Realität im Leben der Polis. Das wissen auch die Aufklärer: wäre sonst gerade damals der Parthenon gebaut worden? Aber Sophokles beläßt die Gestalt nicht im Allgemeinen. Er weiß, daß gerade die Diener der Mantik sich nicht nur dem Gebet ergeben. Das Orakel ist eine Macht, deren sich die Politik bedient.[66] Kreon scheint sich dessen bewußt zu sein oder zu werden, daß seinem kerygma die priesterliche Sanktionierung gefehlt hat, und es ist mehr als wahrscheinlich, daß er die priesterliche Sanktionierung für das kerygma auch nicht erhalten hätte, wenn er darum gebeten hätte und daß er eben das gewußt hatte. Denn Teiresias, der Priester, plädiert für die politische Vernunft (1030f). Die Stichomythie (1048 ff) beseitigt jeden Zweifel daran, daß sich hier zwei politische Mächte dialektisch gegenüberstehen: als Kreon der Mantik den verbreitenden Verdacht der Bestechlichkeit vorhält, antwortet der mantis, die Tyrannen seien bekannt für ihre schändliche Bereicherungssucht (1056). Teiresias ist nicht nur der mystische Seher, sondern ein überlegener politischer Kopf, der genau weiß, wo das wirkliche miasma zu suchen ist: in dem antihumanitären, jeder vernünftigen Hygiene spottenden Frevel an der Leiche. So gewinnt der uralte Repräsentant des Numinosen die Sympathien selbst der aufgeklärten Zuschauer. Das ist mehr als nur sophokleische Ironie. Es weist auf die zentrale aitia (als Ursache und Schuld), die allen Terrorhandlungen Kreons zugrundeliegt: die Mißachtung des Zusammenhangs von Polis (Politik) und Pietät. Teiresias ist der mächtigste Gegner des Tyrannen, weil er nicht nur als Person (und durch die Institution, die er vertritt) Anspruch auf Pietät hat, sondern weil er die Pietät als Lebens- und Wesens-Element der Polis verteidigt. Der Donner des Propheten, der Kreon in die Knie zwingt, beweist seine Macht über die Menschen (jedenfalls über diesen). Aber er ist, nach des Dichters Willen, nicht das erste, sondern das letzte Mittel, nach dem Teiresias greift. Und hier siegt nach des Dichters Willen nicht so sehr die Wahrheit der Prophetie (der Seher kennt ja nur die halbe Wahrheit),[67] sondern die Macht der Glaubenswirklichkeit. Teiresias' Prophetie vollbringt, was Antigones Fluch nicht vermocht hat. Erst das Numinose, das aus der Transzendenz wirkt, verleiht dem Fluch der Herois die späte Erfüllung. Daß sie zu spät kommt – warum ist Teiresias nicht vor Haimon aufgetreten? –, das deutet auf des Dichters Absicht, die Unabwendbarkeit der Tragik in der Menschen-Existenz zur Darstellung zu bringen.

So haben wir Antigone mit den Figuren umstellt, die ihre Welt bedeuten. In dieser Konfiguration erkannten die Zuschauer leicht die Analogien zu ihrer eigenen Existenz. Die Polis Theben stand für jede Polis, auch für die Polis Athen. Mag es kein Königsgeschlecht mehr gegeben haben, so war doch Königlichkeit nicht nur eine mythische Vorstellung. Theseus,[68] den Sophokles noch in seiner letzten Tragödie als Repräsentanten der wahren Polis feiern sollte, war dreißig Jahre zuvor zum Nationalheros erklärt worden: die Gebeine des vorzeitlichen Königs waren nach Athen gebracht und in einem neu erbauten Heiligtum bestattet worden. So war es keine Entrückung aus der Gegenwart, wenn sich Antigone auf ihre Königlichkeit berief (941). Der Machthaber, der sich zum König erhoben hatte, vertrat die Herrschaftsform, von deren Möglichkeit sich die Demokratie ständig bedroht fühlte: Monarchie, Tyrannis, Despotie. Die Volksvertreter, einerseits die legalen «Herren der Polis», als die sie am Ende, nach dem Zusammenbruch des Machthabers, in Erscheinung treten – dieses «Republikanische» hat Hölderlin gesehen –, andererseits als Gerusia die Repräsentanten konservativer Haltung, die in der Polis Athen der modernen Aufklärung opponierte, waren von höchst gegenwärtigem Interesse durch ihr Verhalten in einer nicht demokratisch regierten Polis. Die bedeutende Einflußsphäre des Numinosen verkörperte der Seher. Und abseits von den Einflußreichen trat als eine Art Idealpartner der Heldin der Mann aus dem Volke auf: das Objekt der Macht und das Subjekt der Freiheit.[69]

Und alle Kräfte, die im Spannungsfeld dieser Dimensionen auf der Bühne wirken, schneiden einander, sich kreuzend, in der einen Mitte, wo Antigone steht.

4

Antigone ist anders als die andern. Von der ersten Szene an setzt sie sich in Gegensatz zu ihren Mitmenschen, von denen sie erwartet und fordert, daß sie sich wie sie gegen offenkundiges Unrecht zur Wehr setzen. Sie ist anders, weil sie die einzige ist, die sich zur Wehr setzt. So ist sie die Herois.

Heros und Herois unterscheiden sich von ihren Mitmenschen, den anderen, den vielen (polloi) nicht nur durch ihr Handeln, sondern durch zweierlei Fähigkeiten, die dieses voraussetzen: die eine, unerläßliche, ist, die Notwendigkeit der Tat zu erkennen – nicht eine beliebige, private oder willkürliche, nur eine bedeutende und unbedingte Tat ist heroisch; die andere: das als notwendig Erkannte rücksichtslos gegen sich selbst und die anderen, wer sie auch seien, zu verwirklichen, um den Preis, daß die Ausführung der Tat Angst und Schrecken bei der Mitwelt hervorruft. Dies beides ist nicht unlösbar ineinander verkettet. Von den Alten im Stück nimmt Antigone an, daß sie so denken wie sie; sie seien nur zu feige, so zu sprechen oder gar zu handeln. Todesmut (tharsos, tolme) ist gewiß ein Wesenszug der heroischen Tat. Aber ist die Herois durch diesen Wesenszug bestimmt? Drängt es sie, tapfer zu sein, um so zu leben und, wie es heißt, sich selbst zu vollenden? Ist sie heroisch, weil sie zur Herois geboren ist?

Man hat behauptet, der Stolz auf ihr Geschlecht sei das Motiv ihrer Tat und ihres Zuwiderhandelns gegen das Gesetz; so nennen die Alten sie die «wilde Tochter eines wilden Vaters». Aber wo ist Geschlechterstolz in Oedipus? Und warum ruft Antigone im Abschied die Polis an, warum beruft sie sich auf dike und auf eusebia, warum fühlt sie sich verhöhnt, wenn sie «göttergleich» genannt wird? Ja, von diesem «Widerspruch» ist viel die Rede gewesen. Die Todesmutige stürzt in Todesangst. Der Widerspruch besteht jedoch nur, wenn angenommen wird, Todesmut sei ihr bestimmender Wesenszug. Aber was bedeutet dann die Tat? Und warum «veröffentlicht» sie sich als Täterin, indem sie die Tat ein zweites Mal begeht? Hat der Dichter das Bestattungsverbot nur ins Spiel gebracht, um eine Herois heroisch handeln zu lassen? Wäre es so, hätte er wirklich den sogenannten «zweiten Teil» nicht geschrieben. Ja, Antigone ist stolz und mutig, die «wilde Tochter des wilden Vaters». Aber ihre Tat erklärt sie selbst aus einer für alle verbindlichen Notwendigkeit. Sie handelt für die «Lieben», an denen Unrecht geschieht (10); sie handelt, weil ein Göttergebot verletzt wird (77); sie handelt im Namen der «ungeschriebenen, unzerstörbaren, ewigen Gesetze» (464 f), die mehr sind als alles Menschengebot. Nicht als oder zur Herois ist sie geboren (ephyn 523), sondern um mitzulieben (symphilein). Weil ein Machtgebot Ehre und Recht der philia zu brechen versucht hat, wird sie zur Herois.

Die Mißverständnisse gehen aus von der Prologszene. Antigone befindet sich bei ihrem ersten Auftritt in einem Zustand maßloser Erregung (die Maßlosigkeit ist also nicht in ihrem Wesen angelegt, sondern durch ihre Empörung ausgelöst).⁷⁰ Das heißt nun freilich nicht, daß sie nicht weiß, was sie redet. Aber das Ansinnen, das sie Ismene zumutet, die Tat, die sie plant, muß auf jene Abwehr stoßen, der die Schwester Ausdruck gibt als «die normale Frau, deren Schuld es nicht notwendig ist, daß sie nicht groß ist» (Schadewaldt).⁷¹ Antigones erste Szene zeigt einen Menschen, der groß ist, weil er die schreckliche Tragweite des Bestattungsverbots erkannt hat, der aber keinesfalls so «heroisch» ist, daß er kalt, hart, mit ruhiger Entschlossenheit auf die Erkenntnis in der Tat reagiert. «Du hast ein heißes Herz bei eisigen Dingen» (88 Sch), sagt Ismene schaudernd zu ihr. In der Erkenntnis nimmt die Erregte vorweg, was sie Kreon gegenüber später mit ruhiger Klarheit dialektisch entgegenhält. Die Antithese symphilein und synechthein durchzieht schon den ersten Dialog: «Übles drohen die Feinde gegen die Freunde» (10). «Phile meta philu» (73) will sie bei dem Toten liegen. Und Ismenes letztes Wort, hinter der Davonstürzenden hergesprochen (98 f Sch), faßt das zusammen: «Im Unverstand (anus) zwar gehst du, aber doch /Den Freunden freund auf rechte Art» (tois philois d'orthos phile). Ismene stellt sich durch ihre Weigerung in Antigones Augen auf die Seite der Feinde (echthroi), die sie hassen (echthein) muß. Es ist völlig klar, daß sie die Schwester nicht aus ihrem Wesen heraus haßt (87, 93f), sondern: wer diese Tat nicht für notwendig und unerläßlich hält, ist ihr Feind.

Gewiß kann nur eine Antigone, nicht eine Ismene von solcher Erkenntnis zu solcher Tat getrieben werden. Aber auch Antigone muß, um die Tat ausführen zu können, in einer Verfassung sein, die alle Bedenken der Vernunft für kurze Zeit außer Kraft setzt, so wie Hamlet selbst vom Gewissen sagt, daß es «aus uns allen Feige» mache. Wir haben gesagt, daß sich die Herois im Zustand einer mania befindet, während sie die Tat ausführt. Während der Prologszene wächst sie in jene mania hinein, die wir als Voraussetzung der Tat kennen ... Den Höhepunkt dieser mania läßt sie der Dichter hinter der Szene erreichen, wenn sie aus dem Sandsturm auftaucht, um über der Leiche grell wie ein heulender Vogel ein Wehgeschrei auszustoßen und die Leichenschänder zu verfluchen. Aber das hören wir nur aus dem Bericht des Wächters. Sie selbst ist als Verhaftete vor Kreon ruhig, klar, schlicht – gegen den Despoten eher abweisend als erregt, eher verächtlich als haßerfüllt. Und wenn sie Ismene gegenüber in die Schroffheit der Prologszene zurückzufallen scheint, so ist das, wie wir zeigten, Täuschung. Da ist sogar ein schmerzhaftes Eingeständnis, nur ihr und Ismene verständlich: «Es tut mir weh, wenn ich lachend über dich lache» (551).

Die Kunst des Dichters hat Antigones Linie innerhalb der Struktur des Stückes als eine absteigende angelegt. Aus der mania steigt sie zur Besonnenheit herab, aus der Besonnenheit stürzt sie in die Todesangst. Wie sollte das ein Widerspruch sein? Es ist Menschenkenntnis. Nur in der mania kann die Tat, auf die Todesstrafe steht, ausgeführt werden; was bleibt zurück, wenn sie getan ist? Die Aufgabe, sich zu ihrer Notwendigkeit und Rechtlichkeit öffentlich zu bekennen: das gibt Antigone den Mut zur Klarheit. Was bleibt, nachdem auch diese Pflicht erfüllt ist? Es bleibt der letzte Weg, der schwerste, doppelt schwer, weil sich zeigt, daß es ein Weg durch die gottverlassene, menschenferne Einsamkeit[72] ist, der Abschied von allem, was auf dieser Welt lieb und wert (philos) ist, auch von dem, was einzig die Tat hatte lohnen können und was nun durch die Tat verloren ist. Antigones ganzes Wesen enthüllt sich in dieser letzten Szene. Sie würde alles noch einmal tun; sie besitzt das heroische tharsos, das sie dazu befähigt; aber nicht tharsos ist der Sinn ihres Lebens, sondern philia. Wäre nicht diese Übermacht des Liebenwollens und Liebenmüssens in ihr, dann wäre die Empörung nicht über sie gekommen, die tharsos zur mania steigern konnte und mußte. Sie ist eine Herois, aber noch mehr ist sie eine Frau, ein Mädchen, ein Mensch. Nichts trifft sie tiefer als die Behauptung des Chors, sie habe sich «göttergleich» verhalten. Das klingt ihr wie Hohn angesichts des Menschenschicksals, das sie erleidet. Für einen Gott mag es leicht sein, Gewaltiges zu wagen (deina tolman 915), aber einem Menschen ist bestimmt, daß er dafür Gewaltiges leiden muß (deinon pathein 96), das Schwerste: den Tod.

Antigone ist heroisch, weil sie die Menschenmöglichkeit des Erkennens in ungewöhnlichem Maße besitzt, weil Erkenntnis in ihr ein ungewöhnliches Maß der Menschenmöglichkeit der Empörung hervorruft, und weil diese Empörung ihr die Kraft gibt zu einer zwar menschenmöglichen, aber ganz und gar ungewöhnlichen Tat.[73]

In den nachgelassenen Aufzeichnungen eines Dichters, der durch die «finsteren Zeiten» des Terrors unsrer Zeit gegangen ist, «verzweifelt, wenn da nur Unrecht war und keine Empörung», finden wir folgende Aufzeichnungen (Bertolt Brecht «Me-Ti»):[74] «Wer nicht fähig ist, über ein privates Unrecht, das ihm geschehen ist, zornig zu werden, der wird schwer kämpfen können. Wer nicht fähig ist, über anderen angetanes Unrecht zornig zu werden, der wird nicht für die ‹große Ordnung› kämpfen können ... Mi-en-Leh und Ka-meh haben nicht gerade im Zorn gehandelt, aber sie hätten niemals ohne Zorn gegen das Unrecht gehandelt, wie sie gehandelt haben.» Antigones Zorn steht wie ein Leitmotiv als Prolog vor dem Stück. Der Zorn über das einem anderen, ihrem Bruder angetane Unrecht, ist ihr eigener, und er sollte zugleich der öffentliche sein. Wo immer in Ländern, in denen Unrecht und Unterdrückung herrschen, dieses Mädchen auf einer Bühne erscheint, wird ihr Handeln und Leiden zum Zeichen für viele. Und wir anderen, die wir den Zorn zwar fühlen, aber verschweigen, aus Angst, aus Feigheit, auch aus Klugheit, sollten schamrot werden angesichts der Menschenmöglichkeit einer Tat, zu der wir die Kraft nicht finden würden.

Antigones Zorn ist trotzdem nicht einfach der Zorn über das Unrecht oder der Widerspruch gegen den Terror. Anders als Mi-en-Leh und Kah-meh (Schlüsselworte für Lenin und Marx) kämpft sie nicht für eine kommende «große Ordnung»; sie kämpft für ein öffentliches Recht von anderer Art, für das die Mitwelt sie öffentlich Unrecht leiden läßt. Der Dichter spricht es klar aus. Mit keinem Wort läßt er Antigone in dem Machtkampf ihrer Brüder für den einen oder den anderen Partei ergreifen. Das ist nicht ihre Sache. Ihre Sache ist diese Tat, die sie für den einen wie für den anderen getan hätte. Das heißt: sie läßt es nicht zu, daß der Machtkampf in einem Bereich fortgesetzt wird, zu dem keine Macht Zutritt haben darf. Dieser Bereich ist durch den Tod markiert. Auch der Tod ist Zeichen, aber im Gegensatz zu der Tat, bedeutet er zugleich das, was er ist: Ende, Grenze, Ohnmacht, das Unberechenbare. Daraus folgt, daß sich eine Macht oder ein Machthaber, die sich vermessen, den Tod zu mißachten, der Hybris schuldig machen, die sie mit Verblendung schlägt. «Verbannt aus eurem Staat das zu Fürchtende nicht» – das war das Vermächtnis des Aischylos. Das Wissen, daß uns ein Dunkel (ein *apeiron*) umgibt, das wir nicht zu zerteilen vermögen, in dem jeder von uns enden wird, und aus dem jeden Augenblick ein sinnloser Schlag gegen uns oder einen von uns geführt werden kann, kann für den, der die Macht hat, oder für diejenigen, die sie im Namen anderer, auch im Namen einer «Ordnung» ausüben, nicht ohne Folgen sein. Wo Macht und Machthaber sich ihrer Grenzen bewußt sind, wird der Tod zu einem Zeichen, unter das auch sie sich stellen. Das sind die «ungeschriebenen Gesetze», von denen Antigone spricht; diese sind heilig oder göttlich, weil sie sich der Rationalisierbarkeit entziehen: die Gesetze des fern thronenden Zeus, dessen Walten unbegreiflich ist, der aber eben deswegen die Furcht des Menschen (phobos) fordert; und die Gesetze der Unteren, der Todesgötter, des Reiches, das uns alle erwartet, ohne Unterschied: auch sie fordern phobos, Schaudern. Frömmigkeit (eusebeia) ist das Wissen, daß beide walten, der unbegreifbare Gott und der unentrinnbare Tod. So sagt Antigone: «Mein Teil ist der Tod» (555).[75]

Aber hier öffnet sich tragische Aporie. Antigone ist nicht die Todesbraut, die jubelnd ins Martyrium geht, weil sie der Erlösung gewiß ist. Die Aussicht, daß sie «lieb neben den Lieben» liegen wird (73), und zwar «für immer» (76), gibt ihr zwar die Kraft zur Tat, aber nicht die Kraft zum Sterben. Da ist, nicht zu Ende gesprochen, aber in einer schrecklichen Ahnung eingesehen, die Erkenntnis der Abschiedsszene: Lieblos (aphilos 876), verlassen von den Lieben (eremos pros philon 919), muß sie hinab. Wofür hat sie es denn getan? Nicht nur für den Bruder, nicht nur für sich, sondern für alle vor allen. Gewiß, sie hat es auch für die «ungeschriebenen Gesetze» getan, also im Namen der Götter, aus Frömmigkeit (eusebeia). Doch auch diese haben sie verlassen: «Was soll ich Unglückliche noch zu Göttern aufblicken? Wen zum Beistand rufen? Da ich durch frommes Tun als unfromm in Verruf gekommen» (922ff Sch). Alles wäre, wie sie es bedacht und gewollt hatte, wenn nicht das Nahen des Todes plötzlich alles verändern würde.

Jetzt erkennt Antigone, was stärker ist als die Pflicht gegen die Götter und die Ehre des Bruders: philia, und das bedeutet, daß sie mit tausend Banden an das geknüpft ist, was sie verlassen muß und für immer verloren hat, denn die Tragiker kennen kein Weiterleben nach dem Tode. Sie hat keinen heroischen Tod (so wenig wie Aias). Nicht eine Pflicht, so wenig wie eine «Ordnung» oder ein Glaube, hat ihr die Kraft gegeben, die Tat zu vollbringen: es war philia, symphilia, es waren die tausend Bande, die nun für immer zerrissen werden.

So füllt Sophokles die entleerten alten Vorstellungen neu auf, indem er ihnen Sinn vom Menschen her gibt. «Die Liebe höret nimmer auf» – diese christliche Glaubenskraft ist in dem Menschen angelegt, der den Bruder aus Liebe ehrt, über den Tod hinaus. Pietät vor den Toten, das ungeschriebene Gesetz, wird nicht nur geübt, weil sie «heilig» und somit geboten ist. Sie ist eine Folge der philia. Ein Staat, in dem Pietät nichts gilt, tritt philia mit den Füßen. Terror ist, wo er so ausgeübt wird wie hier von Kreon, nicht nur ein Verbrechen am Einzelnen, sondern ein Verbrechen an all denen, mit denen dieser in philia verbunden ist; so summiert er sich zu einem System der Gewalt, gegen das Antigone ihr Zeichen setzt. Es gibt keine dike ohne philia. Man könnte es auch so sagen: es gibt kein Recht ohne Gnade. Gnade ist die Sanktion der philia durch den Rechtsstaat. Was philia in diesem Sinn ist, nicht rationalisierbar, aber ebenso real wie die Macht, läßt der tiefsinnige Dichter den Mann aus dem Volk öffentlich bekennen: «Die Freunde (philus) ins Übel führen, tut weh» (438). Philia ist nicht nur familiär und allgemeiner als Freundschaft: sie verbindet den Einzelnen mit jedem anderen Einzelnen, der des Mitgefühls, des Mitleidens, des Mitleids fähig ist. Sympathein kommt aus symphilein. Beides ist im Wesen des Menschen angelegt, und das meint Antigone, wenn sie sagt, sie sei so geboren (523), was also doch mehr bedeutet, als die Gelehrten zugeben wollen. Philia gehört zur wahren Menschennatur. Kreon vernichtet nicht nur Menschen, sondern Menschlichkeit.

Wo bleibt Gott? Die griechischen Götter kennen philia nicht. Sie sind zu fern, um mit den Menschen fühlen zu können. Wo sie bei Sophokles zu Menschen herabsteigen, zeigen sie schneidende Fühllosigkeit: Im «Aias» schaudert Odysseus, wenn er hört, wie die Göttin seinen Todfeind im Unglück, das sie ihm zugefügt hat, verhöhnt. Wie Antigone umarmt auch der gottverlassene Aias vor dem Selbstmord noch einmal im Geiste die Lieben, die er verlassen muß. Es ist die gleiche herzzerreißende Klage, die wir von Antigone hören. Und es ist die gleiche Unbegreiflichkeit, nur ist sie jetzt noch schärfer gefaßt: nicht Stolz treibt Antigone in den Tod, der sie von den Lieben scheidet, sondern die Liebe selbst. Diese Aporie ist nicht auflösbar. Sie ist tragisch.

Doch haben wir gesagt, daß der Dichter in dieser Phase seines Schaffens dem Menschen noch eine Kraft zuschreibt, die, wie philia, über den Tod hinaus wirkt, den Fluch. Aias verflucht die Atriden und Odysseus, die ihm das Unrecht angetan haben, und jeder Zuschauer wußte aus seinem Homer, wie die Verfluchten büßen würden. So ist auch Antigones letztes Wort der Fluch (927f) Noch scheint zu gelten, was einmal so gesagt werden wird: «Denn jede Schuld rächt sich *auf Erden*». Aias hat die Erinyen aufgerufen. Antigone erwähnt sie nicht. Nur Teiresias nennt sie (1075). Und eine Stelle in einem Chorlied zeigt, daß auch hier die alten Vorstellungen im Wandel begriffen sind: «phrenon erinys», heißt es da (603) mähe den Menschen nieder, also die Erinys in der eigenen Brust. Kreon schafft sich sein Unglück selbst. Die Mitwelt erlebt, wie Antigones Fluch sich erfüllt. Hier rächt sich wahrhaft «Schuld auf Erden». Aber wo ist Antigones «Schuld?» Was sind das für Götter, die sie wie Kreon strafen? Wo ist Haimons «Schuld», wo die Eurydikes? Welch grausame Vorstellung, daß die Götter Unschuldige vernichten, um den Schuldigen zu strafen! Das kann nicht der Sinn sein. Menschen strafen Kreon – in einer Kettenreaktion von Selbstmorden, die er durch den Mord an Antigone ausgelöst hat. Alles bleibt in der Immanenz, so wie die Kräfte, die gegeneinander wirken, immanent sind: kratos und philia.

Bedeutet Kreons Schicksal, daß am Ende doch die Gerechtigkeit siegt? Der Dichter läßt für die, die daran glauben wollen, eine bejahende Antwort offen. Aber wird dadurch Antigones Schicksal aus der Aporie gelöst? Man muß an ein Jüngstes Gericht glauben, um die Vernichtete in der Glorie auferstehen zu sehen. Sophokles hat nicht an ein solches geglaubt. Daß er auch nicht mehr an die alte Theodizee des Erbfluchs geglaubt hat, beweisen Gestalten wie er sie wohl erfunden oder gesehen hat: Chrysothemis neben Elektra, Ismene neben Antigone; sie setzen die Vererbungslehren außer Kraft. Antigones Tod ist und bleibt sinnlos. Spätestens seit den Perserkriegen war es den griechischen Nachdenkern bewußt geworden, daß der sinnlose Tod zu den Bestimmungen der condition humaine gehört.[76]

Sophokles hat keine Lehrstücke geschrieben. Antigone kämpft, wir sagten es, nicht für eine «neue Ordnung», nicht einmal gegen eine alte. Sie kämpft für ein Recht, das jenseits aller sich ändernden, aller veränderbaren Ordnungen Ehrfurcht fordert. Indem die Tragödie das Dunkel des Unbegreifbaren, das alle Menschen-Existenz umgibt, zur Darstellung und indem sie den Zuschauern zu Bewußtsein bringt, welche Schläge von dorther jedem von ihnen, den Oberen wie den Unteren, den Kleinen wie den Großen drohen, erfüllt sie die Grundaufgabe, die ihr in der Polis (nennen wir es Gesellschaft, Volk oder Staat) gestellt ist: die unveränderbaren Grenzen der Macht und des Machbaren zu vergegenwärtigen. Indem Antigone darüber hinaus Tat und Tod auf sich nimmt, verwirklicht sie eine Möglichkeit des Menschseins in dieser Welt, die zwar – im Schatten aller Aporie der condition humaine – tragisch ist, aber ein Zeichen setzt für die Würde des Menschen, wie er sein kann, in einer Welt, wie sie ist, damals wie heute und morgen.[77]

Theben als Beispiel
II. Oedipus tyrannos – *Ecce homo*

«Oedipus tyrannos» – so nennen wir die Tragödie, die als Modell, als Paradigma der Gattung gilt; «Oedipus rex» und «König Oedipus» entsprechen dem griechischen Titel[1] nicht ganz; ihnen fehlt der besondere Klang, den das Wort «tyrannos» im Bewußtsein der Zeitgenossen hatte; diesen machte es klar, daß das Thema politisch und der Held problematisch waren. Wir nehmen das an.

I

An dem Aprilmorgen des Jahres 428,[2] an dem «Oedipus tyrannos» das Licht der attischen Welt erblickte, summte das Halbrund der mindestens vierzehntausend Sitze des Dionysostheaters wie ein Bienenhaus. Das Lärmen der sich versammelnden Menge schwoll an, je mehr sich die Reihen füllten. Es war wie jedes Jahr um diese Zeit. Wirklich wie jedes Jahr?

Etwas war anders als sonst an diesem Tag. Als die Letzten gekommen waren, blieb es nicht verborgen, daß die Reihen Lücken aufwiesen. Und auf einem der Sessel in den ersten Reihen, die den hohen Beamten vorbehalten waren, saß wohl zum erstenmal nicht mehr der Mann, der viele Jahre lang das Geschick der Polis fast allein, fast wie ein tyrannos, bestimmt hatte: Perikles. Unter den vielen, die heute fehlten, war auch er, der «erste unter den Männern».[3] Kaum einer unter den Tausenden war ohne Trauer. Die Pest hatte grausam gewütet.[4] Seit den Perserkriegen hatte die Stadt keine schrecklichere Zeit erlebt als diese Jahre 430/29. Und wenn die Gedanken sich auf den Mann richteten, dessen Sessel ein anderer eingenommen hatte, konnte Bitterkeit nicht ausbleiben. Perikles war an der Pest gestorben, nachdem das Volk ihn abgesetzt (und schließlich doch wiedergewählt) hatte. Man hat gesagt, es sei sein schwerster Fehler, ein «vernichtender Fehler» gewesen, daß er die Pest nicht vorausgesehen habe. Noch genauer müßte es wohl heißen: daß er die Möglichkeit der Pest nicht vorausgesehen hatte.

Ein Jahr zuvor war der erste der Kriege (der peloponnesischen) ausgebrochen, die schließlich Athens Macht auslöschen sollten. Im zweiten Kriegsjahr war die Stadt von der Pest heimgesucht worden. Die Ohnmacht der Mächtigen, die das Verdienst um Athens «große Zeit» für sich in Anspruch nahmen, gegenüber der Seuche, gegen die kein Kraut gewachsen war, hatte die Gemüter in wachsendem

Maße erregt. Wie immer in solchen Zeiten waren auch religiöse Gefühle aus der Gewohnheit der kultischen Verrichtungen aufgescheucht worden. Zwar hatte es sich Perikles stets angelegen sein lassen, die Götter öffentlich zu ehren. Der Parthenon mit der berühmten Gold-Elfenbein-Statue der Athena von Phidias war der weithin strahlende Beweis dafür. Und doch war das Göttliche, das hier verehrt wurde, von anderer Art als der Glaube an die Zuchtrute der Götter, die den Menschen die Pest geschickt hatten. Jetzt, beim Ausbruch der Seuche, gewannen jene Oberwasser, die Perikles schon vorher zu treffen versucht hatten, indem sie seine Freunde wegen asebeia – Gottlosigkeit, Gottesfrevel – vor Gericht zerrten. Phidias war einer von ihnen gewesen, ein anderer Anaxagoras, mit dem Perikles vertrautesten Umgang gehabt hatte, obwohl der Philosoph lehrte, daß nicht die Götter die Welt lenkten, sondern der nus, die Vernunft. War ein Mann, der solche Freunde hatte, nicht selbst verdächtig? Gab er nicht nur vor, an Orakel und Seherprüche zu glauben, während er diese im vertrauten Kreis, gleich der Mehrzahl der Intellektuellen, verachtete oder gar verspottete? Trotzdem hatte nichts seine Macht ernstlich erschüttern können – erst die Pest war ihr zum Verhängnis geworden, die Pest, die auch seine Ohnmacht enthüllt hatte. Der große Mann, die große Zeit ...

Freilich war die Stimmung im Volk, ein Jahr nach dem Erlöschen der Seuche, ein Jahr nach dem Tod des großen Mannes, nicht mehr die gleiche. In der Erinnerung wuchs sein Ruhm. Der Vergleich mit denen, die an seine Stelle getreten waren, rief jenen Geschmack der Bitterkeit hervor, von dem die Rede war. Da richteten sich viele Blicke auf den Dichter, dessen Stück heute gespielt werden sollte. Sophokles hatte in der ersten Reihe Platz genommen, auf einem der Strategensitze:[5] er war 428 zum zweitenmal in das Kollegium gewählt worden, obwohl er beim erstenmal, an Perikles' Seite, nicht eben militärischen Ruhm erworben hatte. Aber der Achtundsechzigjährige mit dem schönen, freien, Freundlichkeit ausstrahlenden Kopf im grauen Bart und Haar, genoß wie kein anderer die Liebe der Athener. Nicht Erhabenheit oder gar die Wirklichkeitsferne des Poeten, auch nicht die später an ihm vielgerühmte Frömmigkeit hatten ihm solchen Ruhm bei Lebzeiten eingetragen. Freilich auch nicht das Wirken in politischen Ämtern.[6] Sophokles' Ruhm war die Freiheit des Dichters. Jedermann wußte, wie er zu Perikles gestanden hatte. Gegenseitige Wertschätzung hatte ihn nicht gehindert, Kritik zu üben. Er hatte sie im Namen der Polis vorgebracht, nicht im Auftrag einer Partei. Die Gestalt des Kreon in der «Antigone», der erfolgreichsten Tragödie, die er bis da zur Aufführung gebracht hatte, war den Athenern nur zu vertraut. Keinem war verborgen geblieben, wer mit dem «Strategen» gemeint war, von dem Antigone gesprochen hatte, als das Stück kaum begonnen hatte. «Nostra causa agitur».

In ihrer Sache zu sprechen, der Sache der Polis – das war das Vorrecht, das sich die tragischen Dichter seit Aischylos herausnehmen. Kein Mächtiger hatte bisher das Volk hindern können, ihnen dieses Recht einzuräumen. (Freilich, Aischylos hatte nach der Orestie ins Exil gehen müssen.) Es ist wichtig, das zu bedenken, wenn wir uns in den Morgen des Apriltages von 428 zurückzuversetzen suchen. Denn «Oedipus tyrannos» wurde im Schatten der Pest, des Krieges und des toten Perikles zur Aufführung gebracht. Konnte die Bewunderer der «Antigone» ein anderer Gedanke bewegen als diese Frage: Würde Oedipus, ein König Thebens wie Kreon, als ein neuer Kreon auf der Bühne erscheinen? Was war mit dem Titel gemeint: «Oedipus tyrannos»? War es denkbar, daß der Dichter, der «nostra causa» behandeln würde, an den Ereignissen der jüngsten Vergangenheit vorüberginge? *Was hatte Sophokles jetzt den Athenern zu sagen?*

Nicht die Handlung des Stückes interessierte. Jeder kannte den Mythos. Oft war das Schicksal der Labdakiden auf die Bühne gebracht worden. Rekapitulieren wir rasch die mythischen Vorgänge. Ein Orakelspruch: Laios, König von Theben, werde durch seinen Sohn umkommen; ein Verbrechen: Kindesaussetzung mit dem Ziel des Kindesmords; die Rettung des Kindes und dessen Adoption durch den König von Korinth; das Zusammentreffen am Kreuzweg, bei dem Laios von Oedipus, die einander nicht kennen, erschlagen wird; die Lösung des Rätsels der Sphinx und damit die Befreiung Thebens von schwerer Not; Oedipus' Lohn: die Hand der Königin, seiner Mutter, und der Thron von Theben; die Enthüllung der Greuel und Oedipus' Blendung von eigener Hand nach dem Selbstmord der Königin.[7]

Die erste Frage lautet: Warum wählte Sophokles diesen Stoff? Die zweite, darin enthalten: Warum wählte er ihn für die Athener des Jahres 428? Nur wenn wir verstehen, was durch den Mythos hindurch zu den Zeitgenossen gesprochen worden ist, können wir ermessen, was aus der Aktualität von damals in die Aktualität von heute gesprochen sein kann. Gegenwart wird auf diesen zwei Wegen erreichbar: erstens durch die Rekonstruktion der Gegenwart von 428, zweitens durch die Konfrontation der in den Mythos gehüllten Gegenwart von damals mit unserer Gegenwart. Wir beschreiben zunächst den ersten Weg. Er führt zurück in das Dionysostheater des Aprilmorgens von 428.

Die Sonne, dieser einzige gewaltige Scheinwerfer, den die Regisseure (meist die Dichter selbst) zur Verfügung hatten,[8] warf jetzt, zu Beginn des Spiels, noch lange Schatten. Sie illuminierte ein wenig das Innere der offenen Paraskenien[9] und ließ die Palastfassade in einer Art Halbschatten, der sich verstärken mußte, je höher sie stieg – denn sie wich dann in ihrem Bogen nach rückwärts zurück. Kein Morgendunst trübte dieses Morgenlicht. In der Klarheit des attischen Lichts rücken die Menschen auf der Bühne den Zuschauern näher als auf irgendeiner Bühne der Welt. «O heiliges Licht! Und an der Erde gleichbeteiligte: Luft!» so singt Elektra, als sie am Morgen aus dem Haus tritt (El. 86 f); «o phos, o Licht» – wird Oedipus' letzter Ausruf lauten (1183), ehe er sich in die Nacht verbannt.

Musik¹⁰ jetzt hinter der Bühne. Eine Flöte (genauer: ein aulos), oder eine Leier, oder beides zusammen, ein Schlaginstrument dazu, zuerst ferne, dann sich nähernde Menschenstimmen, keine Ouverture, schon dramatisch. «Von Sühngesängen und von Weheruf ist die Stadt erfüllt» (5 ff.). Der «Paian» (5) ist sonst ein froher Hymnus, dem Apollon dargebracht. Aber auch der Chor wird, wenn er ihn später anstimmt, klagend singen: «Und der Paian glänzt und Weheruf» (186), als «gemischter Klang» (5, 30). Und am Ende wird es heißen (1284): «Wehruf, Unheil, Tod, Schande ... nichts ist fern». So tönt Klage dramatisch in den wohlbekannten Klang des Kultgesangs, noch ehe der erste Auftritt beginnt.

Was sich von links nähert und nun in der Parodos sichtbar wird, ist eine pompe, unentbehrliches Darstellungselement in einem Theater ohne Vorhang, das bei Tageslicht spielt. Viele Zuschauer sahen die Auftretenden, ehe sie die Bühne erreichten. Also mußte der Auftritt als solcher inszeniert werden. Die Prozession, die nun, geleitet von Musikern, den Schauplatz betrat, mit jenen klagend tönenden Paianrufen (ieie 154), bestand aus Greisen in Priestergewändern, Jünglingen und Kindern. Sie trugen Ölzweige in der Hand (3), das Zeichen der Schutzflehenden (hikesia). Auf vielen Vasenbildern findet sich die vorgeschriebene Haltung, in die der Aufzug choreographisch mündete; ein lebendes Bild wurde gestellt: auf den Stufen der Altäre (16) kauerten Greise, Jünglinge und Kinder, den Ölzweig in der einen Hand, die andere zum Altar erhoben. Diese Haltung heißt «hedra» (2, 13), was zugleich Stufen und Sitzweise bedeutet.

Wo nahmen die Musiker Platz? Wir wissen es nicht. Vielleicht in der Mitte der Orchestra. Sichtbar waren sie jedenfalls während des ganzen Spiels. Niemand dachte an Illusion, also konnten sie niemanden stören.

Noch tönten die gesungenen Rufe zum Spiel der Instrumente, da hörte man, wie im Mitteltor des Palasts die Riegel zurückgestoßen wurden. Geräuschvoll öffneten sich die Flügel. Aus dem Palast trat Oedipus. Gefolge erschien hinter dem König, die Leibwache. Der hochgewachsene Schauspieler trug das lange, weiße Gewand des Heros mit den Schaftstiefeln, den Dionysosstiefeln;¹¹ deren Sohlen waren nicht erhöht. Vasenbilder zeigen klar, daß im Jahrhundert der Tragödie das menschliche Maß niemals überschritten wurde. Nicht überlebensgroß, sondern lebensgroß sollte der Heros wirken. Wir wissen, daß Sophokles seine Rollen bestimmten Schauspielern «auf den Leib» geschrieben hat,¹² wie Shakespeare. Es ist klar, daß er für den Oedipus einen hochgewachsenen Mann gewählt hat.

Oedipus trug eine Maske. Diese glich nicht entfernt der starren Fratze, die sich als Symbol des Theaters seit der hellenistischen Zeit bis auf unsre Tage vererbt hat. Sie war aus weichem Stoff, leicht bemalt, mit einer Haarperücke versehen, und schmiegte sich dem Kopf eng an. Sie diente dazu, die private Person des Schauspielers zu verbergen. In der Maske erschien der Heros gesteigert, gleich den Skulpturen dieser Zeit».¹³

So schritt Oedipus – seinem impulsiven, jähen, energischen Charakter gemäß, also nicht in statuarischer Majestät – bis zum Rand der Skene. Die Klagen verstummten, aber die Kauernden gaben die Haltung der Schutzflehenden nicht auf. Fast heftig wandte sich der König an sie. Was ist es, das ihr in dieser Haltung erfleht? Er weiß wohl, die ganze Stadt ist voller Opfergeruch und Wehgeschrei: Boten haben es ihm gemeldet. Aber jetzt will er es direkt hören. So kam er heraus: «Ich, der berühmte Oedipus!» (8). Zu einem greisen Priester gewandt: Sprich du für sie! Was fürchtet ihr, was wünscht ihr? Unmenschlich (12 gefühllos) wäre er, würde ihn der Anblick der Schutzflehenden nicht erbarmen.

Hören wir uns genau hinein. Selbstverständlich weiß Oedipus, was die Schutzflehenden an die Altäre seines Hauses geführt hat. Aber die Zuschauer wußten es durchaus nicht. Für sie war es ein unbekannter Grund, der die Stadt mit Klagen und Opferrauch erfüllte. Und da war noch etwas, unüberhörbar: Oedipus, der Herrscher, der tyrannos, konnte nur so fragen, weil man ihn nicht gefragt hatte. Die Schutzflehenden waren gar nicht zu ihm gekommen, sondern zu den Altären. Ihre Aktion war ein Teil der großen Aktion, welche in der Stadt, ohne Weisung und Wissen des Herrschers, an diesem Morgen in Gang gesetzt worden war. Gleich wird es der Priester berichten (19). Das Volk hatte sich auf den Plätzen und an den Tempeln versammelt, um zu den Göttern zu flehen. In Oedipus' Fragen liegt Unmut: Warum kommt ihr nicht zu mir? Als ob ich nicht stets und in allem willens gewesen wäre, zu helfen (12).

Die Antwort des Priesters ist in zwei Dimensionen abgefaßt. Die eine, die dramatisch immanente, zeigt den folgenden Gedankengang: Wir flehen zu den Göttern um Rettung vor der *Pest*. Denn nur von den Göttern kann Hilfe kommen. Du, der erste (33), mächtigste (40), beste (46) unter den Menschen, bist zwar nicht den Göttern gleich, aber da du damals die Stadt von der Sphinx gerettet hast, ohne unsre Hilfe, doch mit Gottes Hilfe, solltest du jetzt wieder Rettung bringen. Komm also, handle, rette die Stadt ein zweites Mal, auf daß es nicht heiße, du hättest sie damals nur aufgerichtet, damit sie später stürze.

Diese Rede ist verzweifelt und herausfordernd. Sie steigert sich zu leidenschaftlichem Affekt in dem doppelten «ithi», «komm», «auf» (46/7), worin mitklingt: warum bist du nicht längst aufgestanden, um zu helfen? In die Bewegung wurden die Schutzflehenden hineingerissen. Bei der Nennung des «feuertragenden Gottes» (27), der die Seuche geschickt hatte, wandten sie sich mit Schaudern nach dem Altar des Apollon im rechten Paraskenion, dann richteten sich die erhobenen Arme auf Oedipus. In die Ausrufe des Priesters stimmten die Flehenden ein. Die Herausforderung, die der tyrannos empfinden und erkennen mußte, war durch den Affekt entschuldigt; sie traf ihn dennoch heftig – denn (wie er gleich sagen wird) auch er weiß keinen Rat. Sein Ruhm steht in der Tat auf dem Spiel: hat ihm damals sein Geist gegen die Sphinx geholfen – was hilft Geist gegen die Pest?

«Tiefe Stille», schreibt Victor Ehrenberg,[14] «muß plötzlich über das Theater gekommen sein, als der Priester die Verse sprach, in denen er die Polis beschreibt, verwüstet vom ‹feuertragenden Gott›, von der ‹verhaßten Pest› (22 ff). Jeder mochte eines Verwandten oder nahen Freundes gedenken, den er in den letzten schrecklichen Jahren verloren hatte, und als der Priester dann den König um Hilfe bat, da werden viele des Mannes gedacht haben, den das Volk unter dem ersten Eindruck von Invasion und Seuche verworfen und den es später zurückgerufen hatte, den Staat zu retten; den Mann, dessen die Stadt wie Theben des Oedipus am dringendsten bedurfte (Thuk. II 65,4), der kurz darauf gestorben war und dessen großes Ansehen, durch keinen Nachfolger überschattet, im Gedächtnis des Volkes weiterlebte. Diese zwangsläufigen Folgerungen aus der Anfangsszene des ‹König Oedipus› müssen unter dem Eindruck der Worte des Priesters über Oedipus noch stärker gewirkt haben. Perikles' Herrschaft beruhte wie die des Oedipus auf seinem Verstand und seiner Weisheit.»

Niemand hatte zuvor den Mythos des Oedipus mit der Pest in Verbindung gebracht. Keiner konnte ahnen, daß es hier geschehen würde. Der Dramatiker benötigte ein Motiv, das die Enthüllungsaktion in Gang bringen konnte. Er verknüpfte den Pest-Gott mit dem Gott von Delphi. Das Orakel sollte Oedipus und die Polis zwingen, eine Untersuchung gegen einen unbekannten Frevler einzuleiten. Das ist die äußere Verknüpfung; sie ist auf doppelte Weise in tiefer greifendes Geschehen verwirkt: einmal, von der Person des Oedipus her, indem sie den «ersten, mächtigsten, besten» aller Menschen an der Grenze seines Wissens, ja am Rande eines Abgrunds zeigt, in dem sein Ruhm, ein Ruhm des Logos, zerschellen könnte, dann, von der Wirkung auf die Zuschauer her: in dem Grauen der Seuche, das sie alle erlebt hatten, hatte sich eine Perspektive der condition humaine enthüllt und in aller Bewußtsein gehoben. Sophokles wählte das stärkste Motiv, das er finden konnte, um den Zuschauern bereits in der ersten Szene einzuhämmern: tua res agitur. Ereignisse wie die Pest beweisen, daß der Menschenmacht Grenzen gesetzt sind; die Einsicht in diese Ohnmacht (gnothi seauton) lehrt, daß Mächte in die Existenz der Menschen eingreifen, die unleugbar sind, ob wir sie nun Götter nennen oder nicht. Oedipus ist in der ersten Szene an dem Punkt angelangt, an dem er den Weg in diese Einsicht zu beschreiten gezwungen wird.

Die Replik auf die Rede des Priesters hat Größe. Sie zeigt Oedipus im Licht des Staatsmanns, der einzig für die Polis lebt: «Was ist euer Schmerz gegen den meinen? Jeder von euch leidet für sich selbst. Ich aber leide für euch alle. Meine Seele klagt um die Stadt und mich und dich zugleich!» (63 f). Schlaflose Nächte liegen hinter ihm. Auch heute haben sie ihn nicht geweckt: «Viele Wege bin ich gegangen in den Irrsalen der Sorge» (67).[15] Das Griechische ist genauer: phrontidos planois; es ist das Denken selbst, der planende Geist, der an die Grenze geraten ist, wo es nur noch Irren gibt: «zur Hand kein Schwert des Denkens» (phrontidos enchos 170).

Die Handlung könnte vom Motiv der Pest allein nicht ausgelöst werden. Das Motiv setzt voraus, daß sich der Herrscher mit der kranken Polis identifiziert. Würde sich Oedipus in sophistischer Vernünftigkeit vom Volk abschließen und in seinem Palast isolieren, etwa folgendermaßen überlegend: gegen die Pest ist nun einmal kein Kraut gewachsen, so etwas kommt, aber eines Tages wird es auch wieder gehen, warten wir also ab und sorgen wir nur dafür, daß wir selbst gesund bleiben – dann könnte ihm nichts geschehen. Aber nicht nur das Leiden der Polis ist ihm unerträglich, sondern auch die Ausweglosigkeit seines eigenen (ruhmreichen) Denkens. Er ist bereits soweit, daß er, obwohl kaum gläubig im hergebrachten Sinn, über die Möglichkeit eines göttlichen Ursprungs der Seuche grübelt. Es ist mehr als eine Konzession an die Frömmigkeit des Volkes (oder, auf Perikles gemünzt, an die im Staatskult wurzelnde und der Polis nützliche Pietät, eusebeia),[16] wenn er öffentlich eingesteht, er habe, schmerzlich grübelnd, nur ein einziges Mittel gefunden, das Heilung bringen könnte; und er habe in diesem Sinne bereits gehandelt: Kreon, sein Schwager, müßte längst von Delphi zurück sein, wo er das Orakel befragen sollte. Nur der Gott, der die Stadt mit der Pest schlug, könnte sie heilen.

Daß Kreon nach Delphi gereist war, war dem Volk nicht verborgen geblieben. Im Gegenteil: in die Wehklagen sind ja Opfer für den delphischen Gott gemischt. Die Gebete Thebens sind bei Kreon. Was Oedipus dem Priester und den Schutzflehenden mitteilt, ist nichts anderes, als daß *er selbst* Kreon nach Delphi geschickt habe (oder wie 45 ff nahelegt, Kreons Rat, dies zu tun, befolgt habe). Denn wie auch immer der Spruch lauten möge, es wird *seine* Sache sein, zu handeln oder zu verkünden, wie die Stadt gerettet werden könne (72). Warum, so stößt er jetzt hervor, ist dieser Kreon noch nicht zurück? Er ist überfällig. Ungeduldige Aggressivität klingt aus den letzten Versen (74 ff). Sophokles gibt sie ihm nicht nur, weil er immer wieder diese Charakterzüge des Oedipus unterstreicht, sondern weil die ironische Verschränkung, die Kreon bereits sichtbar macht, während die erregten Worte gesprochen werden, zu den Strukturmitteln dieser Tragödie gehört.

Kreons pompe erschien in der rechten Parodos, von woher man aus der Fremde kam. Ein Teil der Zuschauer hatte sie längst kommen sehen. Während Oedipus noch sprach (78), hatte sie schon den Schauplatz erreicht. Kreon und seine Begleiter (seine Leibwache) trugen Reisekleider und Wanderstäbe. Kreons Perücke über der Maske war mit schwerem Lorbeer behängt (83), dem Zeichen, daß er Träger einer göttlichen – und daher, wie der Priester meint, guten – Botschaft war. Der Strahl der Sonne traf ihn fast frontal: so erschien er in vollem Glanz. Im Gegensatz zu dem bartlosen Oedipus (der als etwa 35jährig gedacht ist),[17] trug er die bärtige Maske des Mannes von mittlerem Alter (Typus Agamemnon).[18]

Gleich die Begrüßung Kreons konfrontierte zwei entgegengesetzte Verhaltensweisen. Oedipus eilt dem Schwager impulsiv entgegen: Sag den Spruch! Kreon verzögert die Antwort mit betonter Bedächtigkeit; er glaubt, Grund zur Vorsicht zu haben; die Sache sollte besser nicht zu Markte getragen werden: Gehen wir lieber hinein, um sie unter vier Augen zu besprechen.

Entrüstet weist ihn Oedipus zurecht: «*Vor allen* rede!» (93) Das ist, er weiß es, der Unterschied zwischen Kreons Auffassung vom Herrscherrecht und der seinigen von der Herrscherpflicht. Er wiederholt, was er schon vorher bekannt hat (63): er leide um das Leid der Polis schwerer als um sein Leben. Zug um Zug wird er sich so die Auswege aus der Falle, in die er geraten ist, selbst verrammeln.

Kreon gibt den Spruch bekannt. Es sind, wie stets bei der Formulierung der delphischen Orakel, nur zwei dunkel-trächtige Verse (97 ff):

> Man soll des Lands Befleckung, als auf diesem Grund
> Genährt, vertreiben, statt unheilbar fortzunähren.

Wörtlich: Das miasma des Landes, genährt (erwachsen und aufgezogen) in dieser Erde, austreiben (ausjäten) und nicht heillos weiter nähren. Das ist alles. Was Kreon darüber hinaus auf Oedipus' Fragen antwortet, ist bereits Auslegung.

Oedipus, nach einem Schweigen, in dem der Feierlichkeit des Orakelspruchs Rechnung getragen wurde, überspringt seine Gedanken. Ein miasma also. Dafür soll die Stadt büßen? Gut. Unterwerfen wir uns den Bräuchen. Das kultische Gebot fordert im Falle eines miasma den katharmos, die Reinigung.[19] Das Orakel gibt dem modernen Staatsmann Oedipus sofort die Sicherheit wieder. Mord muß Sühne finden. Suchen wir also den Mörder. Wer war der Ermordete? Da die Antwort lautet: «Laios», wird alles klar: Königsmord – ungesühnt! Das ist unerhört. Wie konnte die Polis das zulassen! Der Gott hat recht. Der Rechtsstaat muß wiederhergestellt werden. Oedipus nimmt alsbald die Untersuchung in die Hand. In großartig gesteigerten Schritten besteigt er gleichsam den Stuhl des obersten Richters.

Die Zuschauer überlief ein Frösteln.

Erster Schritt: Was weiß man von den Mördern? Den *Mördern* – die Zuschauer nahmen die Mehrzahl zur Kenntnis. Wo sind sie? – Kreon: In diesem Land. Natürlich, das hat ja der Spruch gesagt. – Oedipus: Wo geschah der Mord? – Kreon: Auf der heiligen Straße nach Delphi. – Oedipus: Gibt es einen Zeugen? – Kreon: Ja. Einer konnte fliehen; der berichtete, es seien Räuber gewesen.

Zweiter Schritt: Räuber? Königsmörder? Und keine Verfolgung?! Oedipus' Logik ist zwingend: die Spur führt in dieses Land; der Mord geschah auf der Heiligen Straße; wer solche Tollheit wagte, kann kein gewöhnlicher Räuber gewesen sein. Also liegt der Schluß auf der Hand: Politik; Laios wurde von seinen Feinden beseitigt; die angeblichen Raubmörder waren bestochene Banditen; und das war der Grund, weshalb nichts unternommen wurde, das Verbrechen aufzuklären. Nein, antwortet Kreon: es war die Sphinx mit ihren Greueln. Die Zuschauer erschraken. Kreons Erklärung stimmte nicht: die Sphinx war doch bereits tot, als

Laios' Tod gemeldet wurde; nicht die Greuel der Sphinx, sondern der Jubel über ihre Vernichtung und den Vernichter ließ die Thebaner die Verfolgung des Königsmordes vergessen.

Dritter Schritt: Das Stichwort ist gut. Wie damals, so werde ich auch jetzt den Fall von Grund auf klären und aus der Welt schaffen! Ich werde diesem Land die Sühne schaffen und dem Gott! Nicht weil ich durch Iokaste mit Laios entfernt verwandt bin, sondern kraft meines eigenen Willens (138) mache ich diese Sache zu der meinigen. Drohend klingt der Schluß (139 ff):

> Denn wer's auch war, der jenen schlug: er will vielleicht
> Auch mich mit solcher Hand es büßen lassen!
> Steh ich dem Toten also bei, nütz' ich mir selbst.

Es folgt die offizielle Einberufung der Volksversammlung. Die Schutzflehenden haben den Schauplatz zu räumen. Hier wird getagt und beschlossen werden. «Denn alles will ich tun!» (145). Das ist sein Lieblingswort: Alles oder nichts! Tragisches Pathos für die Zuschauer: «Wir werden glücklich sein mit dem Gott – oder fallen!»

Oedipus wandte sich zum Palasttor zurück. Er wies Kreon an, ihm zu folgen.[20] Mit ihren Begleitern verschwanden sie im Dunkel des Hauses. Das Tor blieb offen.

Das ist ein Aktschluß.[21]

2

Mit dem Einzug des Chors beginnt der zweite Teil. Die Parodos ist choreographisch inszenierte Prozession,[22] Paian als Trauergesang. Was wir von Oedipus' ersten Worten hörten – daß die Stadt erfüllt sei von Wehklage und Paian-Gesang –, realisiert sich jetzt auf dem Schauplatz selbst.

Die fünfzehn Choreuten trugen die Kostüme des Typus Greis. Embleme ließen ihre Würde erkennen: es waren Mitglieder des hohen Rates der Polis. Indem Sophokles sie durch Oedipus als «Volk des Kadmos» ansprechen läßt (144), ließ er sie den Athenern zugleich als Repräsentanten der Volksversammlung erscheinen.[23] Diese Doppeldeutigkeit war beabsichtigt: Wie die Pest als ein mythisch-historisches Ereignis in einer Fabel aus Theben und zugleich als eine Mahnung an jüngstvergangene Schrecken in Athen beschworen wurde, so erschien Oedipus zugleich als der König in einer Zeit, als es noch Könige gab, und als der Mann, dessen Seele der Polis gehört (63 f). Dazu kam noch ein weiterer Aspekt, der den Zuschauern voll bewußt war. Die Mitglieder des Hohen Rats von Theben waren, schon als Angehörige der alten Generation, Repräsentanten konservativen Geistes. Wenn sie sich in dem berühmten Chorlied, das mit den Worten «hin geht das Göttliche» endet (910), ausdrücklich gegen den Zeitgeist des damals modernen Athen wenden, so mag man da mit Recht die Stimme des Dichters mit heraushören. Aber deswegen den Chor überhaupt, und speziell diesen, die Stimme des Dichters zu nennen, ist oberflächlich und einfach falsch. Sophokles hat seine Alten als Charaktere dargestellt: sie sind ehrwürdig durch ihr Alter und altmodisch in ihren Auffassungen.[24] Er steigerte Gesang und Tanz der Alten aus der Getriebenheit der Angst in die Verwirrung einer orge und es war diese orge, die Oedipus wahrnahm, als er, vor der letzten Strophe mit seinem Gefolge aus dem offenen Mitteltor trat, ohne daß ihn der Chor beachtete. Die Anrufung des Dionysos, die von der Sinnfolge her schwer verständlich ist, gewinnt ihren Hintersinn, wenn sie (worauf auch Metrum und Rhythmus deuten) als Höhepunkt einer Ekstase angesehen wird. Für die Zuschauer gab es hier keinen Zweifel: denn sie sahen und hörten die orgiastische Evolution.[25]

Die Parodos muß also in der ambivalenten Funktion verstanden werden, mit welcher der «objektivste» unter den Tragikern Handlung und Reden des Stückes durchgehend versehen hat, um die Mehrdeutigkeit allen menschlichen Verhaltens ins Bewußtsein zu heben. Einerseits ist sie Charakterbestimmung des Chors als der Alten, der Repräsentanten der alten Generation; andererseits entlädt sie nicht rationalisierbare, durch Musik und Tanz ausgedrückte (orgiastische) Elemente des Theaters der Tragödie. Auf das feierliche – eher statische – Zeremoniell der hikesia folgte hier die zweite Kundgebung des Numinosen in der gesteigerten Ausdrucksform der orge, die im Dionysischen mündet. Die dritte Kundgebung wird das Numinose zur höchsten, ebenfalls nicht rationalisierbaren, aber nicht mehr affektiven oder gar orgiastischen Epiphanie bringen: in der Gestalt des Teiresias.

Sophokles hat den Schluß der affektiven Chorszene in denkbar scharfen Kontrast zur Haltung und Denkweise seines Heros gerückt. Oedipus stand schweigend vor dem Tor hinter und über der Orgie. Seine nun folgende Rede vor dem sich nun endlich zu ihm wendenden Chor hat den Charakter einer königlichen Kundgebung. Die Beschlüsse des tyrannos werden weder beraten noch diskutiert, sondern kategorisch erlassen. Daß sie im Sinne und zu Nutzen der Polis gefaßt worden sind, ist ihre Legitimation. Nachdem der Erlaß in vier dreizeiligen und einer abschließenden achtzeiligen Versgruppe wie in Paragraphen verkündet ist (prophono 223), folgt die Bekräftigung durch die Androhung von Pressionen, hinter denen die Macht, bzw. der Machthaber steht. Es entspricht Sophokles' durchgehend ironischer Konzeption, daß er Oedipus im Verlauf der Rede schließlich auf die gleiche Weise in eine Art orge geraten läßt, die er eben dem Chor mit schneidenden Worten verwiesen hat: Ihr betet. Besser wäre, ihr hörtet auf meine Worte. Dann hättet ihr den Beistand (alke 218, cf 189), den ihr von den Göttern erfleht. Ich bin befugt, in dieser Sache unparteiisch zu sprechen und zu handeln. Denn da ich ein Fremder bin, stehe ich außer Verdacht. Anders, heißt das, als ihr. Aus dem gleichen Grunde besitze ich jedoch keinen Anhaltspunkt. Die Untersuchung, die ich einleite, hat also davon auszugehen, daß Verschwiegenes zur Sprache gebracht werden muß. Daher gebe ich euch Kadmeiern (wieder die unverhohlene Distanzierung, die er kraft seiner vermeintlichen Integrität gegenüber dem miasma-befleckten Volk Thebens unterstreicht) folgendes Edikt bekannt:

Erstens: Alles, was sich auf den Fall beziehen könnte, ist mir zu melden.
Zweitens: Dem, der sich selbst bezichtigt, wird Sicherheit gewährleistet; er kann ohne Schaden die Stadt verlassen.
Drittens: Für Hinweise auf den Täter setze ich eine Belohnung aus.
Viertens: Zuwiderhandlungen bedrohe ich mit folgender Strafe:
Fünftens: Ächtung durch König und Volk.

Auch dieses offizielle Edikt, das den Prozeß des Volkes gegen Unbekannt[26] eröffnet, ist voller Doppeldeutigkeit. Die Formel der Selbstbezichtigung (228) erinnert an die gleiche Formulierung, die Oedipus gebraucht hatte, als er erklärte, er werde die Sache selbst in die Hand nehmen (138); und am Ende wird es soweit kommen, daß er, wie die Zuschauer wußten, sich selbst bezichtigen mußte; freilich, ohne Schaden (ablabes 229) wird er das Land nicht verlassen... Bei den Hinweisen auf den Täter fügt er eine Ergänzung hinzu, die seinen eigenen Integritätsbeweis, zumindest bei den Zuschauern, untergräbt: «Wenn einer einen andern aus einem Land als Täter kennt» (230), also einen Fremden. Strafe wird ausdrücklich auch denen angedroht, die schweigen, weil sie einen Verwandten oder sich selbst decken.

Obwohl Kreon von Räubern gesprochen hatte (100, 122), spricht Oedipus bewußt oder unbewußt durchweg (schon von 124 an) im Singular von *dem* Täter (225, 228, 232, 233, 234, 236 ff). An der einzigen Stelle, an der mehrere Täter genannt werden (248), werden die anderen als Komplizen aufgefaßt; er hat ein Komplott[27] im Sinn. In dem Zusatz «wer er auch sei» (236) kommt die gleiche Ironie zum Ausdruck wie in dem Satz: «denn er ist das miasma, auf das mich das Orakel verweist» (241f). Die Häufung des Ich, begründet in dem angesprochenen Bewußtsein der Distanz, wirkte auf die Zuschauer hybrid. So spricht man nicht zum Volk, es sei denn, man ist ein tyrannos.

Damit wäre alles gesagt, aber es bleibt keineswegs dabei. Oedipus maßt sich im Mantel der Unfehlbarkeit die Positur eines Richters an, wie sie Menschen gegenüber nur einem Gott angemessen wäre. Wiederholungen, Bekräftigungen, Verwünschungen steigern sich bis zur ominösen Verfluchung. Hinter arai (295, cf. 250, 276) steht mehr als Menschliches: die Erinyen. Es ist dieser schreckliche Fluch, mit dem er sich selbst unrettbar an sein Schicksal kettet.[28] «Und wenn er Herdgenosse in *meinem* Hause wäre und ich wüßte darum, soll mir geschehen, was ich ihm geflucht habe. Soweit, was mich betrifft. Euch aber befehle ich, das alles zu erfüllen, in meinem, in Gottes, in dieses Landes Namen. Denn lassen wir einmal Gott aus dem Spiel (wörtlich: wäre die Sache auch nicht von Gott gemacht 255), ihr jedenfalls habt euch schuldig gemacht der schwersten Unterlassung, indem ihr den Mörder eures besten Mannes (aristos 257, wie der Priester Oedipus selbst genannt hatte, 46) und Königs nicht verfolgt habt. «So unrein (akatharton 256) durftet ihr's nicht hingehen lassen!» Nicht nur dem Gott ist ein solches miasma unerträglich, sondern auch dem Staat. Das Verbrechen und eure Unterlassung sehe ich im ganzen Umfang an als gegen meine Person gerichtet: denn mein Thron war sein Thron, sein Stamm ist mein Stamm, meine Kinder sind wie seine Kinder. Daher werde ich dies durchkämpfen und auf alles gehen (wieder sein Lieblingswort: pan 265), *als wäre es für meinen Vater*. Und wie um diesen schauerlichen Schwur noch schauerlicher zu machen – für die Zuschauer –, folgt (im Geist des Heroenkults) die Überhöhung des ermordeten Königs durch die feierliche Nennung seines Namens: Laios, der Sohn des Labdakos, des Sohnes Polydoros', des weiland Kadmos Sohnes, Sohnes des Ahnherrn Agenor. Hätte er seinen eigenen Namen, Oedipus, des Laios Sohn, in dem Stammbaum vorangesetzt, hätte er die ganze Wahrheit ausgesprochen. Dem unbewußt Schauerlichen folgt, unverkennbar in der orge gesprochen, das bewußt Schauerliche: Nicht nur dem Täter, sondern allen, die in dieser Sache nicht mitmachen, also allen, die wider ihn sind, wünscht der Maßlose die Pest an den Hals! Uns anderen, ruft er, steht dike zur Seite (274 f).

In seinem für vieles grundlegenden Sophokles-Buch sagt Karl Reinhardt von dieser Rede des Oedipus,[29] sie sei um so gewaltiger, je deutlicher sie sich gegen den Fluchenden selbst, ohne dessen Wissen, richte: «Das dämonische, fortwährende Hinübergreifen, ohne Wissen, aus dem Scheinbereich in den Bereich der Wahrheit, ist das Menschliche, das, in der Fabel nicht gegeben, erst durch Sophokles sich mit der Oedipus-Gestalt verbunden hat.» Reinhardt versteht also die unwissentliche Hybris als ein Wirken der Götter, als etwas Dämonisches, das den Menschen durch sich selbst ins Verderben treibt. Meint Sophokles das wirklich? Ist nicht das Wissen-wollen, der Erkenntnisdrang ebenso wie auf der anderen Seite die bedingungslose Unterwerfung unter die Rechtsidee der Polis etwas höchst Menschliches, ja das spezifisch Menschliche des Logos schlechthin? Oedipus wird durch sein Wesen ins Verderben getrieben: aber dieses Wesen ist das eines sehr großen Menschen. Nichts, was er bis jetzt getan hat, würde ihn in den Augen derer, die die Wahrheit nicht kennen, als vermessen erscheinen lassen. Er hat durch seinen Logos die Stadt gerettet; der Stachel, der ihn in schlaflosen Nächten gequält hatte, war die Unfähigkeit, durch Menschen-Logos mit der Pest fertig zu werden; so hat er den Gott befragt, und die Antwort war geeignet, ihn von dem Stachel zu lösen. Die Aufklärung des miasma und die Bestrafung des Täters sind Aufgaben für den Erkenntnisdrang und das Rechtsempfinden, also wahrhaft seine Sache. Darin bestärkt ihn das bisher unbezweifelte, ja unzweifelhaft erscheinende Bewußtsein seiner absoluten Unbetroffenheit in dieser Sache. Gerade diese Integrität macht seinen Logos zum «symmachos» (245, 274) des Gottes und der Dike. Nichts, meinen wir, ist daran dämonisch, und gerade darin liegt, wie wir zeigen wollen, das Tragische.

Ein kurzer Dialog erfüllt nun seine dramaturgische Funktion: die Vorbereitung, ja, Ermöglichung der Teiresias-Szene. Die (wie stets angestrebte) Doppeldeutigkeit ist von untrüglicher Prägnanz. Der Sprecher weist Oedipus' Pauschalverdächtigung zurück: Wir sind keine Mörder (auch wenn wir nicht wie du Fremde sind); der Gott hätte den Täter nennen müssen (279). – Oedipus antwortet, kaum ohne Hohn: Richtig, aber kein Mensch kann Götter zwingen, wenn sie nicht wollen. – Der Sprecher zögert; er will wissen, ob der tyrannos überhaupt Wert darauf legt, seine Ansicht zu hören: es wäre wohl noch ein Zweites zu sagen. – Oedipus heftig: Heraus damit! Auch mit einem Dritten! – Der Sprecher: Wenn der Gott nicht sprechen wollte, sollte man den fragen, der nächst ihm das meiste weiß: Teiresias. – Oedipus triumphiert: Nach dem ist längst geschickt, auf Kreons Rat; (wieder in der Ungeduld, die wir schon kennen:) er müßte längst da sein. – Sprecher: Ja, das Dritte – (zögernd wie zuvor) – aber das ist altes Gerede... – Oedipus: Ich will alles wissen! – Sprecher: Wanderer, hieß es, seien es gewesen (Plural!). – Oedipus: Das habe ich auch gehört, aber den Täter sieht keiner. – Sprecher: Wenn er nur eine Spur von Furcht hat, hält er solchem Fluch nicht stand. – Oedipus: Wen die Tat nicht schreckte, der fürchtet Worte nicht.

So ist die Suche mit der Erwartung verknüpft, die auf Teiresias gesetzt wird. In vier Worten ist alles pointiert: «Doch einer wird sein, dem er nicht entrinnt!» (297). Fast im gleichen Atemzug wird das Nahen der pompe des Sehers angekündigt, «des göttlichen, dem allein unter den Menschen Wahrheit eingeboren ist» (299).[30]

Ehe wir uns in die Aufführung versetzen, in der Teiresias den Zuschauern vor Augen trat, legen wir uns die Frage vor, inwieweit die Wahrheit, die Teiresias weiß, wirklich nur göttliche Eingebung ist. Dieser tiefsinnige Dichter hat sich, wie wir glauben, auch hier auf Mehrdeutigkeit eingelassen. Jene «Ungläubigen», mit denen er in seinem Publikum zu rechnen hatte, die Intellektuellen, die Rationalisten, die Aufklärer, sollten der Tragödie nicht vorwerfen können, daß sie mit dem «Wunder» arbeite. Teiresias war in der Lage, durch scharfes Nachdenken die Schlüsse zu ziehen, die ihm die Wahrheit enthüllten. Daß er, der Blinde, mehr sah als die Sehenden, erklärte sich einfach daraus, daß er die Hintergründe wahrnahm, weil ihn der Vordergrund nicht blendete. Der große Mann, der erste in der Stadt, der Retter der Stadt – das war so sehr das Bild der öffentlichen Meinung, des Volkes, also der Sehenden, daß keiner auf den Gedanken kommen konnte, in ihm den Mörder zu suchen. Teiresias brauchte jedoch nur zusammenzusehen, was dem Nachdenkenden nicht verborgen bleiben konnte: Als die Nachricht von Laios' Ermordung in die Stadt kam – Wanderer hätten ihn getötet –, hatte eben ein Wanderer die Stadt betreten: Oedipus, auf der gleichen Straße, an der er die Sphinx vernichtet hatte, war Laios erschlagen worden. Und war da nicht noch etwas, was dem ins Dunkel des Vergangenen Sinnenden nicht verborgen bleiben konnte? Jener einzige Zeuge der Tat, einer von Laios' treuesten Dienern (763 f), hatte Hals über Kopf die Stadt verlassen: warum? Weil er Oedipus erkannt hatte! Die alten Orakel, mochte der Seher weiter denken, sagten, Laios werde von seinem Sohn getötet und dieser werde seine Mutter heiraten; wenn also Laios' Mörder Iokaste geehelicht hat, kann er kein anderer sein als Laios' Sohn.

Treiben wir das Rationalisieren noch einen Schritt weiter. Oedipus' Verdacht, daß Teiresias mit Kreon unter einer Decke stecke, war so grundlos nicht. Daß zwischen Oedipus und Kreon ein mehr oder weniger latenter Gegensatz bestand, gehört zu den dramaturgischen Prämissen des Stücks. Kreon und Teiresias, beide «anaktes», Edle von Theben, hatten mitansehen müssen, wie da ein Fremder, ein Hergelaufener den Thron bestieg, auf den einer von den Ihrigen legalen Anspruch hatte. Fünfzehn Jahre lang hatten sie nichts unternehmen können, da keine Wolke die Sonne der Popularität des Verhaßten gestreift hatte. Nun aber war die Pest ausgebrochen. Zum erstenmal machte sich ein Wandel in der öffentlichen Meinung bemerkbar. Wie also, wenn man Orakel und Seherkunst zu Hilfe rief (durch Bestechung!), um Oedipus als den Schuldigen zu entlarven und so zu beseitigen? Auf solche Weise mochten schon andere gestürzt worden sein. Gleichgültig, ob die Beschuldigung auf Wahrheit beruhte oder nicht – sie diente ausgezeichnet dem politischen Zweck, der die Mittel heiligt. Daß solche Gedankengänge dem attischen Publikum nicht fremd waren, zeigt das Stück selbst (vor allem in der Iokaste-Szene).

Der Anblick des greisen Blinden konnte die hergebrachte Wirkung auf die Zuschauer nicht verfehlen. Er trug die Maske des sehr alten Mannes mit der weißhaarigen und weißbärtigen Perücke. Ein netzartiger, vielleicht goldgewirkter Überwurf bedeckte das Kostüm des Vornehmen: die Tracht des priesterlichen Sehers. Der gebogene Stab in seiner Hand war zugleich Emblem und Stütze; er ertastete mit ihm den Weg, den anderen Arm auf der Schulter eines Jungen (444), der ihn auf den Schauplatz geleitete. Die beiden Soldaten, die ihn geholt hatten (288), blieben an der linken Parodos stehen. Daß ihn der Chor in der Haltung tiefster Ehrfurcht begrüßte, versteht sich von selbst. Aber auch Oedipus wandte sich ihm in spontaner Bewegung entgegen. Die Welle der Pietät, die Schauplatz und Publikum beim Anblick des altvertrauten Bilds überflutete, war ungeteilt. Und dieses Bild gehört so sehr zum Vorrat archetypischer Vorstellungen, daß es auch heute noch seine Wirkung nicht verfehlt.

Oedipus' großzügige Geste, in der sich der tyrannos vor dem Träger des Numinosen verbeugte, war geeignet, dem Heros die Sympathie des in die Welle der Pietät hineingerissenen Publikums zu sichern. Zugleich aber mußte sie die Spannung der Wissenden steigern. Mußte Oedipus' Devotion,[31] so wohl sie dem tyrannos anstand, nicht demjenigen übertrieben, ja, maßlos erscheinen, der wußte, was kommen würde?[32]

So hörten die Zuschauer die Titel, die Oedipus dem Seher zur Begrüßung gab (300 ff): All-Lenker (300), All-Wissender, Retter (soter), vor allem aber Patron, Schutzherr (prostates – so wird der Chor Gott selbst nennen, 882). Die letzten Verse waren bei aller Devotion doch herrscherlich gesprochen: Entziehe dich nicht deiner Pflicht, denn es geht um dich und mich und die Polis. «In deinen Händen sind wir. Und daß helfe der Mann, soviel er hat und kann, ist schönste Müh'», die edelste der Pflichten (314 f).

Was ging in Teiresias vor? Athymos, sagt Oedipus, sei er gekommen: mutlos, besser: verdrossen, unwirsch. Denn gleich darauf spricht er selbst von seiner orge (337), seiner Erregung. Daß er, nach seinen Worten, nicht gekommen wäre, wenn er nicht vergessen hätte, wie unnütz es für den Seher sei, zu sehen (316 f) – das klang für den, der nichts wußte, wie Ausrede. Aber darin lag mehr. Natürlich ist er gekommen, um die Wahrheit auszusprechen. Doch auf die Haltung des Mannes, dem er das Furchtbarste ins Gesicht sagen mußte, war er nicht gefaßt. Das Motiv, aus dem Sophokles die Szene entwickelt, dient nicht der äußeren Spannung; es ist kein retardierendes Moment; für die Zuschauer wird ja auch nichts zurückgehalten. Es ist vielmehr die Basis für die beiderseitige orge, in welche die Partner der Szene versetzt werden sollen, um die tragische Ironie des Mißverstehens ins Spiel zu bringen. Hätte Teiresias kalt und hart ausgesprochen, was er weiß, hätte er es in Worte gefaßt, die der subjektiven Unschuld des von den Göttern Geschlagenen Rechnung getragen hätten, hätte er sich also nicht durch seinen persönlichen Zorn auch vor dem Chor ins Unrecht gesetzt, so wäre die Tragödie mit dieser Szene an ihr Ende gelangt. Sophokles brauchte die orge des Sehers; er begründete sie aus der Erregung, in die ihn die Devotion des königlichen Schuldigen versetzte: diese macht ihm, wieder einmal, wie so oft, bewußt, wie schrecklich (316) die Gabe ist, die ihm, dem Blinden, verliehen wurde: mehr zu sehen als die anderen, die Wahrheit zu wissen, die noch im Dunkel ist, die unselige Pflicht, sie ans Licht bringen zu müssen. Wie wäre es der Weisheit des alten Mannes verborgen geblieben, daß Oedipus schuldlos in das miasma geraten ist? Der tiefste Grund der Wahrheit, die der Seher weiß, enthüllt den Sinn der Tragödie. Das Hebbelsche «nur rühre nimmer an den Schlaf der Welt» klingt aus jeder Replik des erregten Sehers, den die Qual in die orge getrieben hat, während er aus Erbarmen schweigen möchte.

Aber gerade Erbarmen wurde von ihm nicht erfleht. Die Alten warfen sich als Schutzflehende (327) vor ihm in die Knie. Und Oedipus, der die Stufen heruntergekommen war, auf den Seher zu, folgte ihrem Beispiel, freilich mit Worten, die den schon vorher ausgesprochenen Tadel – «es ist wider das Gesetz, der Vaterstadt die Aussage zu verweigern» (322 f) – mitenthielten und so den Kniefall zur Forderung machten: «Bei den Göttern!»

Der Greis, der sich schon zum Gehen gewandt hatte, wandte sich jetzt zurück. Er sah den Knienden nicht. Aber das Flehen traf ihn. Nach einem Schweigen sagte er schwer: «Alle wißt ihr nichts. Nie werde ich meine, nie deine Übel enthüllen» (329). In dieser Formulierung, die doch nichts anderes bedeuten konnte, als daß den Seher die Übel (kaka) des Oedipus schmerzten als wären es seine eigenen, klang der tiefe Grund der athymia, der Verstörung, auf, in der er sich befand, als er sich, dem Befehl der Bewaffneten folgend, auf den Weg hierher gemacht hatte.

Wieder wandte sich Teiresias zum Gehen. Da fuhr Oedipus hoch. Seine Worte haben eine schneidende Schärfe: «Wie, du weißt die Wahrheit und verschweigst sie? Das ist Hochverrat!» (331 f). Darauf noch einmal Teiresias, aus dem Erbarmen heraus, qualvoll: «Laß mich. Ich will *mir und dir* nicht wehtun!» Aber Oedipus hörte nur das «du wirst es nicht von mir erfahren». Sein Wutausbruch war maßlos: «Wirst, Schlechtester der Schlechten du – denn eines Steins Natur selbst brächtest du in Wallung (335) – endlich reden? Kommt man mit dir nicht zu Ende?» Die gespannte Situation ließ den Chor, der nicht mehr kniete, vor den Widersachern zurückweichen. Das Kommando des tyrannos: «Greift diesen Mann!» lag in der Luft.

Noch war Teiresias' Reaktion, bei aller Betroffenheit, fast müde: Meine orge tadelst du, und die in dir wohnt, siehst du nicht? – Oedipus: Da soll einer nicht rasend werden?! – Teiresias: Es kommt von selbst auf, auch wenn ich schweige. – Oedipus: Du hast mir zu sagen, was aufkommt. – Teiresias (im Abgang): Ich will nichts weiter sagen – rase, so wüst du willst! (344)

Der Punkt war erreicht, an dem Oedipus zur schärfsten Waffe des Wortes greifen mußte, wenn er den anderen zum Reden bringen wollte. Noch war in diesem gezielten Ausruf nicht eindeutig, ob er wirklich meinte, was er sagte: daß nämlich Teiresias selbst in das Verbrechen verwickelt sei, oder ob er diesen nur durch die Beschuldigung provozieren wollte. Der Pfeil traf. Das war zuviel. Die vier Verse (350 ff), mit denen Teiresias sich nun umwandte und am Stock tastend von dem Knaben gegen Oedipus führen ließ, waren drohend, heftig gesprochen, so maßlos wie die Provokation. Es genügte dem Zornentbrannten nicht, dem anderen die Wahrheit ins Gesicht zu sagen: «Du bist der ruchlose Beflecker (353) dieses Landes!» Indem er ihn an den öffentlichen Fluch erinnerte, den er selbst gegen den Mörder verkündet hatte, sprach er ihm «von diesem Tag an» (351) das Recht auf Ausübung der Herrschaft ab, ja er mahnte ihn zugleich an die angedrohte Strafe: Tod oder Verbannung.

Lähmendes Entsetzen.

Die Reaktion Oedipus' war die für ihn charakteristische. Auf mehreren Höhepunkten läßt ihn der Dichter ähnlich handeln und sprechen. Mit äußerster Anspannung wirft er die orge ab. In der Zerreißprobe gewinnt er die herrscherliche Kraft zurück. Seiner Unschuld gewiß und bewußt ist er entschlossen, die politische Situation zu meistern. Die Konsequenz der von Teiresias erpreßten Aussage wäre der

Umsturz. Es handelt sich nun nicht mehr um Teiresias, sondern um das (durch den Chor repräsentierte) Volk. Würde dieses den Worten des Sehers Glauben schenken, wäre die Stellung des Königs unhaltbar. Oedipus' Vorgehen ist kalt und überlegen. Sein Ziel ist nun, die Macht des Sehers über das Volk zu brechen.

Das erste war, daß Oedipus den Seher an die aidos (Scheu, Ehrfurcht) gemahnte, die dem König gebühre. Zum zweiten machte er ihn auf die Polizeigewalt aufmerksam, die dem Herrscher zustand: er könnte ihn verhaften lassen. Doch war er sich klar darüber, daß er damit die Wirkung des Seherspruchs nicht aus der Welt schaffen würde. So konnte sein Argument nur *eines* sein: Teiresias habe nicht als Seher gesprochen; er, Oedipus, werde beweisen, daß es mit der Seherkunst dieses Mannes schon immer schlecht bestellt gewesen sei.

Aber so einfach wurde es ihm nicht gemacht. Teiresias beantwortete die Fragen des Verhörs mit neuen, schrecklicheren Enthüllungen. «Du bist der Mörder!» «Du lebst mit deinen Liebsten in Schande!» «Nicht ich werde dich richten, sondern der Gott!» Es ging um die Macht der Wahrheit. Immer wieder berief sich der Seher auf sie. Oedipus bezichtigte ihn mit schneidendem Hohn der Blindheit: er habe weder Augen noch Ohren noch Verstand. Ein großes Wort: nus. Der Mann des nus stand dem Gottesmann gegenüber. Aufklärung, Vernunft, Wissenschaft gegen Bigotterie, Aberglaube, Mystizismus. Daß hier nichts hineininterpretiert ist, beweist die Zuspitzung in den beiden Verspaaren (374 ff):

> Oedipus: Aus einer einzigen Nacht nur nährst du dich! Nie kannst
> Du mir noch irgend einem, der das Licht sieht, schaden.
> Teiresias: Es ist dein Los (moira) auch nicht, durch mich zu fallen!
> Apollon reicht, dem daran liegt, das durchzuführen.

Die Stelle ist voller Zweideutigkeit. «O Licht!» wird Oedipus ausrufen (1183), wenn «alles heraus ist». Und der Gott weiß schon, durch wen er das Ende bringen wird (ekpraxai 377): durch Oedipus selbst.

Dem folgte ein Schweigen. Oedipus war jetzt gezwungen, scharf zuzuschlagen. Er mußte auch die Geronten (das Volk) vor die Wahl stellen, sich zu entscheiden. Der Hintermann des Sehers wurde entlarvt: Kreon!

Man bedenke, daß Oedipus in absolut gutem Glauben handelte und sprach. Es lag außer der mystischen Beschuldigung nicht das Geringste vor, was die Annahme rechtfertigen konnte, er wäre der Mörder. Er *mußte* geradezu den Schluß ziehen, daß es sich um ein politisches Komplott handelte, bei dem die Verschwörer schamlos die religiösen Gefühle des Volkes manipulierten. Wir wissen, daß die Bestechlichkeit der Mantik in der Zeit, in der das Stück geschrieben wurde, ein bekanntes Faktum war. Der sophokleische Oedipus konnte durchaus auf das Verständnis und die Zustimmung einer großen Zahl von Zuschauern zählen.

Die Allgemeinheit des Ausrufs, mit dem Oedipus seine streng logische Argumentation einleitet, appelliert an unser aller Lebenserfahrung: «O Reichtum, Herrschgewalt (tyrannis) und Können (techne), allem Können voraus im vielen Wettstreit dieses Lebens! Welch großer Neid wacht nicht bei euch!» (380 ff). Welche techne neben Reichtum und Macht so stark hervorgehoben wurde, war klar: jene, die Oedipus zu Reichtum und Macht verholfen hatte, die techne des Geistes, welche die andere techne, die des Sehers (367, 389) übertraf.

Man neidet mir diese Herrschaft, die ich nicht begehrt habe, die mir vielmehr die Polis zum Geschenk gemacht hat. Wer neidet sie mir? Kreon, der «getreue», der «Freund von Anbeginn», der mich insgeheim zu stürzen versucht und dazu diesen Magier und Intriganten (387) vorschickt, diesen bestochenen Betrüger. Wo war der denn mit seiner techne, seinem Vogelflug und seinen Eingebungen, als die Sphinx die Stadt terrorisierte? Hat *er* vielleicht das Rätsel gelöst? Nein, da mußte ich kommen, ich der nichts wissende Oedipus, mit nichts ausgerüstet als mit meinem Verstand.[33] So war es, wie alle wissen – Oedipus erinnerte die Bürger (392) direkt daran. Und da kommst du daher, mich zu stürzen, weil du denkst, du würdest Kreons Thron näherstehen (400). Deshalb wird diese ganze Aktion gegen mich in Gang gesetzt: dieses den «Unreinen vertreiben» (hagelatesein 402). Nur dein Alter schützt dich davor, daß du am eigenen Leibe erfährst, was du im Sinn hattest (pathon egnos, 403 leidend erkennen – doppeldeutig auf ihn selbst vorausweisend).

Daß jetzt der Chor in den Streit eingreifen mußte, verstand sich aus der dramatischen Situation von selbst. Auch wenn die Alten Oedipus der orge beschuldigten, so kennzeichnet doch die Versicherung, daß auch Teiresias in der orge gesprochen habe, wie sehr Sophokles darauf bedacht ist, die Szene auf ein «Unentschieden» hinauslaufen zu lassen. Denn was Teiresias in den beiden Reden, die er nun in höchstem Pathos aus sich herauszuschleudern hatte, kundgab, war nur dem Publikum verständlich und nur an dieses gerichtet. Den Beteiligten mußte es so rätselhaft und dunkel bleiben, wie es Oedipus nennt (439). Es war schlechterdings unfaßlich: die Enthüllung sowohl wie die Prophetie. Sophokles läßt keinen Zweifel darüber, wieviel er der Mantik zutraut: denn die Zuschauer wußten ja, daß Teiresias die Wahrheit sprach. Gegen Oedipus' und später Iokastes Einstellung setzt er die Einsicht, daß der Mensch über Kräfte der Eingebung verfügen kann, weil das Wirken solch (göttlicher) Kräfte im Menschen und unter den Menschen unleugbar ist. Das ist sein Widerspruch gegen die Aufklärer. Andererseits stellt er in Rechnung, daß es doch immer Menschen sind, in denen solche Kräfte wirken. Ebenso wird Oedipus' Stolz auf den nus nicht eingeschränkt. Die Weisheit des Teiresias hat ihre Grenzen. Die Tatsache, daß er die Polis nicht vor dem Terror der Sphinx hatte retten können, während der «nichts wissende» Oedipus sie mit einem einzigen Geniestreich seines nus zu retten wußte, bleibt bestehen. Die Dialektik zwischen Wissen und Schau ist offen. Und sie wird, wie sich zeigen wird, in gewissem Sinn auch offen bleiben im Ausgang der Tragödie.

Anders liegen die Dinge freilich, sobald wir die beiden Reden des Teiresias im Hinblick auf die Wirkung bei den Zuschauern betrachten. Entlarvung und Prophetie sind von fürchterlicher Erhabenheit, sobald vorausgesetzt wird, daß die Wahrheit aufgedeckt wird. Das Bild des «schreckensfüßigen Fluches» (418), der nicht nur Oedipus, sondern sein ganzes Geschlecht trifft, seine Eltern und seine Kinder, die Beschwörung des Schreis, den er ausstoßen wird, sobald er die Wahrheit erkennt – die Berge werden in ihn einstimmen (421) –, die bloße Vorstellung der unausdenkbaren Greuel, die bewußt in rätselvollen Worten nur umschrieben sind: das alles zielt auf das Ende, das jeder kannte und kennt: «Der du jetzt noch richtig siehst, wirst dann nur Dunkel sehen» (419), die Antwort auf den Hohn gegen den Blinden.

Entscheidend für die Spirale, in der sich das Stück jetzt bewegt, ist jedoch ein Wort, das weder für den Chor, noch für die Zuschauer, sondern ausschließlich für Oedipus bestimmt ist. Ob Teiresias die volle Bedeutung der Frage ahnt, die er dem andern hinschleudert, kann dahingestellt bleiben. Daß Oedipus von ihr aufs schwerste getroffen wird, erfahren wir gleich in Andeutungen und später in voller Klarheit: *«Weißt du denn, von wem (von welchen Eltern 415) du bist?»* Niemand weiß es in Theben. Erst in der Iokaste-Szene gibt Oedipus der eigenen Frau (und Mutter) das Geheimnis preis, daß er selbst es nicht weiß. Sollte ein Komplott gegen den Herrscher angezettelt worden sein, würde seine dunkle Herkunft gewiß eine Rolle spielen. Teiresias hat den Stachel in Oedipus selbst geweckt. Wir kennen ihn, diesen Stachel, der ihn, zunächst noch vage und allgemein, umgetrieben hat in schlaflosen Nächten, weil die Ohnmacht gegen die Pest seinen nus verstört hatte (65). Bald werden wir erfahren, daß es dieser Stachel war, der ihn von Korinth fortgetrieben hat: der Stachel der Ungewißheit über sich selbst – «weißt du denn, von wem du bist!» Jenes «Aufdeckertum gewaltigen Ausmaßes» (Karl Reinhardt),[34] das Oedipus auf sich genommen und mit seinem herrscherlich-richterlichen Fluch besiegelt hatte, schlägt nun gegen ihn selbst zurück. Teiresias rührt an etwas in ihm, das er in sich verschlossen, vielleicht vergessen, jedenfalls verdrängt hatte. Der Stachel ist das Nicht-wissen des Menschen, für den Wissen alles ist. Oedipus' zentraler Charakterzug tritt hier zutage: er kann nicht im Dunkel leben, nicht einmal neben dem Dunkel, er kann es einfach nicht lassen, wie es ist. So verknüpft sich in ihm von nun an die Aufdeckung der Wahrheit über das miasma der Polis mit der Aufdeckung der Wahrheit über die eigene Herkunft, die das miasma bedingt und enthält. Der Stachel wird nicht mehr zur Ruhe kommen.

Zunächst scheint es nur Ungeduld, was Oedipus den Seher mit jäh herausgestoßenen Fragen fortjagen läßt: «Machst du nicht endlich, daß du fortkommst?» – Teiresias: «Ich wäre nicht gekommen, wenn du mich nicht gerufen hättest!» – Oedipus: «Konnte ich wissen, was für Dummheiten (433) du daherreden würdest?» – Teiresias, sehr merkwürdig: «So sind wir nun einmal alle, wie es dir scheint: Dummköpfe»; und gleich darauf, für die anderen rätselhaft, für die Zuschauer ins Schwarze treffend: «Deinen Eltern schien ich aber bei Verstand.»

Wieder hatte da, wie zu Beginn der Szene, das Hin und Her des Abgangs-Spiels eingesetzt. Der Alte hatte sich zur Parodos gewandt. Aber Oedipus zeigte sich zum erstenmal betroffen (437): «Bleib! Was weißt du über meine Eltern?» Der Schauspieler mußte die Qual des Stachels erkennen lassen. Auf die klare Frage kam eine orakelnde Antwort (438): *Dieser Tag wird dich hervorbringen und vernichten.* Was sollte Oedipus damit anfangen? Nur wer wußte, was kommen würde, konnte das verstehen. Oedipus war in vollem Recht, dem Seher vorzuwerfen, das sei ihm alles zu rätselhaft (439). Aber Teiresias griff gleich nach dem Rätsel: «Auf das Rätselraten verstehst du dich doch so gut!» Noch einmal traten nun (wie in den Verspaaren 374 ff) die Positionen von Wissen und Schau einander gegenüber. Oedipus: «Höhne nur, worin du mich groß finden wirst». – Teiresias: «Diese Tyche (die dir das geschenkt hat) hat dich vernichtet». – Oedipus (groß): «Wenn ich diese Polis (ein zweites Mal) gerettet habe, kümmert es mich nicht» (443). Aber später würde er gezwungen sein, sich selbst einen Sohn der Tyche zu nennen (1080)...

Keine Antwort vom Seher. Oedipus schien das letzte Wort haben zu sollen: *er war der Retter der Stadt, und nicht Teiresias, also wird er es wieder sein.*

«Führ mich heim», sagte Teiresias zu seinem Knaben. Und triumphierend rief Oedipus hinter ihm her: «Ja, scher dich fort! Hier bist du nur lästig.»

Da fuhr der Alte zornig zurück: «Ich gehe, wann ich will!» Und jetzt würde er alles aussprechen, was er zu sagen hatte: «Da steht er, der Mörder des Laios». Der Stab des Sehers war auf Oedipus gerichtet: «Das ist kein Fremder (metoikos 452), wie ihr glaubt. Er ist in Theben geboren, Bruder und Vater seiner Kinder von der Frau, die seine Mutter ist, ihr Sohn und Mann, Ehegenosse und Vatermörder!»

Der schauerlichste Greuel war am Tag. Aber er war so schauerlich, daß er unglaublich schien. In die erste Schreckens-Reaktion des Chors mischte sich schon der Zweifel.

Oedipus hatte nun auch keine Antwort mehr. Wortlos wandte er sich ab, um mit seinem Gefolge in den Palast zurückzukehren. Teiresias hinter ihm her: «Ja, denk nur darüber nach.» Dann, von dem Knaben zur Parodos geführt, im Abgehen: «Wenn du mich der Lüge überführen wirst, dann sage man hinfort, die Mantik wisse nichts» (462).

3

Der Seher war fort. Der Chor zog in die Orchestra, um ein merkwürdiges Lied zu singen.

Erste Strophe und Antistrophe nehmen von der vorausgegangenen Szene keine Notiz. Es ist, als ob das ganze bisherige Geschehen rekapituliert werden sollte. Ein

Mörder wird gejagt. Der Gott und der Staat sind ihm auf der Spur. Schon haben sich die Erinyen (Keren 472)³⁵ an seine Fersen geheftet. Das lyrische Wort, der Rhythmus und die begleitende Musik übertrugen den Schauder in Choreographie. Aber in der gleichen Metrik und Rhythmik bricht im zweiten Teil ganz und gar Unlyrisches auf. Die Greise treten in ihre dramatische Funktion zurück. Man könne weder glauben, noch abweisen, was der Seher gesagt habe: «Ich weiß nicht, was ich sagen soll» (485). Bevor nicht ein eindeutiger Spruch (505) zu fällen sei, könne man den Beschuldigungen nicht zustimmen. Oedipus habe nun einmal den Beweis erbracht, daß er sophos war und gut für die Stadt (510). Darum wird er «nach meinem Sinn» nie einer Übeltat (kakia) für schuldig befunden werden.

Interessant ist, daß der Chor bereits voraussetzt, was sich nach dem Abgang des Teiresias offenbar in der Stadt abspielt. Das Gerücht breitet sich aus: es wird epidemisch (495). Gegen Ende ist bereits von Beschuldigungen im Plural die Rede (507). Das Lied bildet also zugleich die Folie zu Kreons nun folgendem Auftritt: es begründet, wie dieser von der Szene zwischen dem Seher und Oedipus Kenntnis erhalten hat.

Der Zusammenstoß zwischen Kreon und Oedipus ist kein Rededuell. Es handelt sich um Gericht. Zwar sind Ankläger und Richter eine Person, aber die Verhandlung vollzieht sich in aller Öffentlichkeit, und dem Angeklagten wird nicht die Möglichkeit versagt, sich zu verteidigen. Insofern handelt es sich nicht um einen tyrannischen Akt, wenn Oedipus die Todesstrafe gegen Kreon verkündet und zu vollstrecken entschlossen ist. Nur weil er in diesem einen Einzelgänger (oder den Anführer einer verschwindenden Minorität) erblickt, der «ohne Volk und Freunde» (541) die Tyrannis erlangen will (während Oedipus selbst die Herrschaft vom Volk als Geschenk erhalten hat, 383 f), fühlt er sich legitimiert, im Namen des Volkes den Rebellen zu liquidieren.

Halten wir uns vor Augen, daß es während der ganzen Szene um Tod und Leben geht! Auch Oedipus spielt nicht nur um seinen Thron, sondern um seine Existenz. Die scheinbare Maßlosigkeit, zu der er sich hinreißen läßt (authadia nennt es Kreon 549), hat ihre Logik in dem politischen Ziel der Selbstbehauptung: wie kann ein Herrscher die Herrschaft ausüben, wenn er die Beschuldigung, er sei ein Mörder und Träger eines miasma, auf sich sitzen läßt? Wie anders soll er sich aber gegen solche Beschuldigungen wehren, als indem er handelt? Oedipus hat den Seher verschont, einmal seines Alters wegen (403), wohl auch, weil er es für unklug hielt, ihn zu verhaften, hauptsächlich aber, weil er Kreon für den Drahtzieher und seinen eigentlichen Widersacher hielt. Und dazu hat er einige Ursache; über die latente Spannung zwischen Oedipus und Kreon, die von Anfang an besteht, wurde gesprochen; die Ereignisse haben die Spannung virulent gemacht. Oedipus wittert höchste Gefahr.

Man hat, soweit wir sehen, die Szene stets als den Zusammenstoß eines Rasenden mit einem Rechtlichen interpretiert.[36] Aber nicht Kreon ist der «Rationalist»; eher müßte man Oedipus so nennen, den Mann des nus. Kreon ist Realist; er will, was er am Ende bekommt: die Macht. Fragt man sich, wie er sich jetzt am vorteilhaftesten und erfolgreichsten verhalten sollte, so kommt man zu dem Schluß: in der *Maske* des Biedermanns. Er versichert, daß ihm nicht das Geringste an der Macht liege, denn es könnte ihm ja mit dieser nicht besser gehen als es ihm jetzt gehe, da er zwar Macht habe, aber keine Sorgen. Das ist doch reine Sophisterei, wenn man später sehen wird, daß er nicht einen Moment zögert, die Macht zu übernehmen, als sie ihm endlich zufällt.

Betrachten wir nun den szenischen Ablauf: Kreon trat von links auf, mit allen Anzeichen heftiger Erregung. «Deina», Schreckliches soll Oedipus gegen ihn vorgebracht haben, «Unerträgliches» (515), die schwerste Anklage, die es überhaupt gibt: kakos zu sein, ein Schurke gegen die Stadt, gegen euch und die Seinen.

Der Chor beschwichtigte: es sei in der orge gesprochen worden. Aber Kreon bestand auf Antwort. Er redete so laut, daß man, was seine Absicht war, den Lärm im Palast hören mußte. Schon stürmte Oedipus aus dem offenen Mitteltor, die Leibwache hinter ihm her: Du wagst es, mir unter die Augen zu treten, du Mörder (534) und überführter (535) Usurpator!

Audiatur et altera pars, verlangte Kreon, der sehr wohl wußte, was ihm drohte, wenn es ihm nicht gelingen würde, Oedipus vom Äußersten zurückzuhalten und das Volk (den Chor) für sich zu gewinnen. Stichomythie. Oedipus: Hast du geraten, diesen «ehrenwerten» Seher zu rufen? – Kreon, als ob er nach der Spitze der gegen ihn gerichteten Waffe griffe: Ja, das habe er, und er stehe noch jetzt dazu.

Schweigen. Dann: Verhör.

Wieviele Jahre ist es her, daß ihr euch nicht um den Mord an Laios gekümmert habt? Du und der Seher? Hat der damals schon mich bezichtigt? Nein! Also, warum sagt er es jetzt? Weil er mit dir übereingekommen ist, das Orakel (das in Wahrheit euch beschuldigt) gegen mich auszuspielen!

Darauf hatte Kreon effektiv nichts zu sagen. Er bestand aber auf seinem Recht als Angeklagter und forderte seinerseits ein Verhör. Oedipus, im Bewußtsein seiner Überlegenheit, gestand es ihm gelassen zu (576).

Kreons für Oedipus überraschende dialektische Volte: Er unternahm gar nicht den Versuch, Teiresias zu verteidigen oder Oedipus anzugreifen. Dieser wußte offensichtlich zunächst nicht, worauf der andere mit seinen Fragen hinaus wollte. Es ging plötzlich um die Legalität der Herrschaft in Theben. Oedipus regiere, weil er die Thronerbin Iokaste zur Frau habe, und er, Kreon, sei als deren Bruder der dritte. So sollten sie zusammen «gleich zu gleich» (578, 581) regieren. Dem folgte die erwähnte Sophisterei: warum er eigentlich nach tyrannis streben sollte, da er doch so, wie es sich jetzt verhalte, die Macht ohne Sorge habe ... Und schließlich das Ja zu dem eigenen Todesurteil, falls es Oedipus gelingen sollte, ihn des Verrats zu überführen. Worum es ihm in Wahrheit ging, kam in den letzten Versen klar zum Ausdruck: um Zeitgewinn. «Die Zeit allein erweist den rechten Mann. Den schlechten magst du schon an *einem* Tag erkennen» (615).

Was konnte Oedipus aus solchen Reden heraushören? Um die Sache hatte sich Kreon herumgedrückt. Sophistereien und Finten[37] sollten Eindruck machen: auf den Chor, der denn auch sofort nach Wunsch reagierte. Keine Solidaritätserklärung, sondern eine Desinteresse-Bezeigung. Allein Kreons Weigerung, sich gegen die Anklage des Königsmords zu verteidigen, mußte für Oedipus hinreichen, die Konsequenzen zu ziehen. Denn was immer hinter Kreons Versuch, Zeit zu gewinnen, stecken mochte, es galt, gerade diesen zu vereiteln.

Es gab für Oedipus nur das Entweder-Oder, das er im Bewußtsein der eigenen Unschuld gegen Kreon entschieden hatte. Freilich, einen anderen Beweis als dieses Bewußtsein hatte er nicht. Und hier liegt wohl der Grund, der die Interpreten bewogen hat, ihn in der Auseinandersetzung mit Kreon als den Verlierer anzusehen: Kreons «ruhige Besonnenheit» gegen die «maßlose Raserei». Aber so einfach ist es eben nicht. Nur *unsre* Gewißheit, daß Kreon nichts mit dem Laiosmord zu tun hatte, gibt das Recht zu solcher Beurteilung. Den Zuschauern der Uraufführung mochte es nicht entgangen sein, daß Kreon sich der entscheidenden Frage nicht stellte, sondern mit Finten entzog; daß er sein Desinteresse an einem Komplott plausibel machte, statt sich klar für Oedipus zu erklären: so war er, wie ihn dieser nannte, ein «schlechter Freund» (582). Das ist die dialektische Basis, auf der sich die nun zum Höhepunkt – und das heißt: Scheitelpunkt – drängende Szene aufbaut. Diese endet mit Oedipus' Umfall.

Der Grund dieses Umfalls ist nicht dialektischer Art. Sophokles hat etwas in den Verlauf der Szene eingebaut, das sich nicht «wörtlich» ausspricht, aber von dem Darsteller mitgespielt werden mußte. Eine nicht mehr logische, aber auch nicht mehr unterdrückbare Unsicherheit. Der Stachel des Teiresias: Weißt du denn, wer du bist? Hölderlin hat das Richtige empfunden, wenn er den Argwohn in Oedipus doppelsinnig deutet: «weil der unbändige und von traurigen Geheimnissen beladene Gedanke unsicher wird, und der treue Geist in zornigem Unmaß leidet, das, zerstörungsfroh, der reißenden Zeit nun folgt».[39] Die Solidaritätserklärung, die Oedipus von Kreon verlangte, lag nicht nur im öffentlich-politischen Interesse, sondern in seinem ureigensten: sie hätte den Stachel betäuben sollen. Und dieser war es, nun nicht mehr zu verdrängen, der schließlich den Umfall herbeiführte. Sehen wir zu, wie das Sophokles, zwischen den Zeilen, so angelegt hat, daß es der Schauspieler zeigen konnte, auch wenn ihm die Worte fehlten.

Gewiß sprach aus der Tatsache, daß Oedipus gegen Kreon nicht (wie sein eigenes Edikt bestimmt hatte) die Verbannung, sondern die Todesstrafe verhängte (623), so etwas wie orge. Aber keinesfalls hatte sie das Ausmaß einer mania. Es war die Ausdrucksart seines unbedingten Charakters, auch wenn Überblick und

Erkenntnis der Situation völlig intakt waren. Die Todesstrafe galt dem Hochverräter. Aber Emotionales wurde von nun an in die Auseinandersetzung hineingespielt. Es ist in drei Stufen gesteigert: 1. Stichomythie bis zu Halbversen und dem Ausruf «o polis polis» (629); 2. Auftritt Iokastes; 3. Kommos (ab 649).

1. Wie kommt es zu dem Ausruf, der so verschiedene Auslegungen gefunden hat?

Kreon hält Oedipus vor, daß das Todesurteil der schlechteste Nachweis für das angebliche Komplott sei. – Oedipus: Es ist erwiesen, daß du kakos, übelgesinnt bist gegen mich. – Kreon: Wenn du aber nichts einsiehst ... – Oedipus: Es geht um die Herrschaft (628). – Kreon: Du herrschst übel. – Und darauf Oedipus: O polis polis.

Die dialektische Abfolge macht klar, daß der Ausruf die Antwort auf den Vorwurf ist, den Oedipus für den ärgsten hält: daß er nämlich im Interesse seiner eigenen Person handle. Wenn er gesagt hat: arkteon g' homos, es muß aber regiert werden, so hieß das: es geht um die Herrschaft, nämlich um die Autorität der Staatsregierung und den Respekt vor ihr. Kreon aber drehte ihm das Wort im Mund herum, indem er konterte: es geht nicht um die Herrschaft, sondern um den Herrschenden, und der herrscht schlecht. Oedipus' Ausruf kommt aus dem Grundbewußtsein seiner Existenz, welche die Sache der Polis zu seiner eigenen gemacht hat. Dieser Mann, der eben noch erklärt hatte, es sei ihm lieber, Macht ohne Sorge zu besitzen als Verantwortung zu übernehmen (593), wagt es, ihm, dem Retter der Stadt, der keine anderen Gedanken hat als die Sorgen um das Wohl der Stadt, vorzuwerfen, er übe seine Herrschaft übel aus! Das muß sein Innerstes aufwühlen.

Und was antwortet Kreon? «Auch mir gehört die Stadt, nicht dir allein!» Da ist das Stadium des Schreiens erreicht. Diese Antwort ist die Krone der Unverschämtheit, sie war es auch für das Publikum in Athen: L'état ce n'est pas toi! Schlimmeres konnte einem Oedipus nicht an den Kopf geworfen werden. Jeder konnte sich vorstellen, was Perikles darauf geantwortet hätte.[40]

Daß sich der Chor nun dazwischen wirft, markiert die hier erreichte Schärfe der Auseinandersetzung ebenso wie das Erscheinen der Königin, das durch die Lautstärke des Streites (634f) motiviert ist. Sie stürzt, von Dienerinnen gefolgt, aus dem linken Paraskenion, dem Frauenhaus, und wirft sich zwischen die Streitenden, die nach den Schwertern gegriffen haben, während die Leibwache des tyrannos sich anschickt, den mit der Todesstrafe Bedrohten zu verhaften.

2. Der Schauspieler der Königin[41] trug Kostüm und Maske des Rollentyps Klytaimestra, der sie auch als gleichaltrig mit dieser erkennen ließ, eine Fünfzigerin. Der Auftritt erfolgte in höchster Erregung. Was Iokaste sah, mußte ihr klarmachen, daß sie in letzter Minute kam. Zu beiden Personen stand sie in engstem Verhältnis: Mann und Bruder sah sie einander auf Leben und Tod gegenübertreten. Darüber hinaus hatte der Schauspieler königliche Autorität zu zeigen. Iokaste

war in den Augen des Chors königlicher als Oedipus, der die Krone nur durch ihre Hand hatte erlangen können, königlicher als Kreon, weil sie durch ihren ersten Mann Laios zur Labdakidin geworden war und deren mythische Legitimität repräsentierte. Vergessen wir nicht, daß Sophokles ihrer Rolle in hohem Maße Mütterlichkeit, wenn auch unbewußte, geheime und nur den Zuschauern bekannte, zugeteilt hat. Der Schauspieler mußte schon in dieser ersten Szene das Wechselspiel zwischen der Angst der Frau, der Angst der Schwester und der Angst der Mutter zum Ausdruck bringen. So hörte man die unerhörten Sätze, mit denen Iokaste den Streitenden gleich unartigen Kindern Befehle erteilte: «Was soll diese unberatene stasis (Streit, Aufruhr), ihr Unglückseligen?! Schämt ihr euch nicht, eure eigenen Übel so wichtig zu nehmen, während das Land krank ist? Wirst du nicht ins Haus gehen, Oedipus, und du in dein Haus, Kreon?»

Doch gelang es ihr keineswegs, die Erregten zu dämpfen. Kreon ersuchte sie um Hilfe gegen Oedipus. Dieser beschuldigte jenen, er habe ihn auf frischer Tat bei übelsten Dingen ertappt. Kreon steigerte sich in der Abwehr zu einer eidesstattlichen Versicherung: «Verflucht (araios) will ich sein, wenn ich mich wirklich dessen schuldig gemacht hätte, dessen du mich beschuldigst!» (644 f).

Rasch begriff Iokaste, daß hier Vernunft nicht mehr half. Mit der ganzen Würde ihrer Persönlichkeit griff sie zum Mittel der Beschwörung. Und da alsbald der Chor in sanghaftem Rhythmus einfiel, muß schon hier, nach dem Beschwörungsausruf «o pros theon» (o bei den Göttern) Musik eingesetzt haben. Der Kommos begann und riß die Aktion in die ekstatische Konfrontation: hier polis (Chor) – dort Oedipus (Heros).

3. Der Kommos ist, wo immer er in den Tragödien eingesetzt wird, Höhepunkt. Er wird eingesetzt, wenn der Logos nicht mehr hinreicht, auszudrücken, was auszudrücken ist. Die affektive Situation in diesem Kommos ist kompliziert: Das Einströmen des Affekts mittels der Musik war dem beschwörenden Flehen zugeteilt. Iokastes Flehen wurde vom Chor aufgenommen, und spätestens die Verse 687 f machten klar, wer da in Wahrheit flehte: nicht mehr der Chor der Greise, sondern das Volk, die Polis. Das leidende Volk, das den Herrscher bat, nicht noch mehr Übel den schon bestehenden hinzuzufügen, nämlich die anarchia, die ausbrechen müßte, wenn sich Kreon gegen das Todesurteil mit Waffengewalt zur Wehr setzen würde (er hat ja die Macht, dazu 586), dieses Volk weckte den korrespondierenden Affekt in Oedipus: Mitgefühl. Die entscheidenden Verse, die das Umfallen des tyrannos herbeiführten, hatten Apellcharakter. Sie müssen in dem durch große Bewegung verstärkten Gesang, den Kniefall beendet haben mochte, unwiderstehlich gewirkt haben (665 ff):

> Doch wie das Land, unheilvoll, zugrundegeht
> Frißt an der Seele mir, und wie an Übel Übel
> Sich heften, an die alten die von euch.

Dem folgte Schweigen. Dann Oedipus' gesprochene Antwort (669 ff): «Er geh frei aus und mag das unabwendbar für mich der Tod sein oder Landesacht!» [42] Aber nicht er habe das bei ihm erreicht, er bleibe ihm «verhaßt, wo er geh und steh'», sondern «du», der Chor, das Volk.

Kreon replizierte mit drei Versen, deren Inhalt geeignet wäre, einen anderen zum Widerruf seiner Entscheidung zu bewegen. So mußte noch einmal, wenn Kreon den Schauplatz verlassen hatte, der Affekt zum Tönen kommen, diesmal zwischen dem Chor und Iokaste. Wieder ist der Sinngehalt darin zu suchen, daß Undenkbares, aber bereits Ausgesprochenes ins Unausgesprochene, Unaussprechliche transponiert wird (685 ff): «Genug, scheint mir, genug, da so / Das Land leidet, daß es dort, wo es geendet, bleibe.» Laß es ruhen, auf sich beruhen, heißt das. Und Oedipus wird gerade dadurch in der Mitte seines Wesens getroffen. Weder ist er von seinem Wesen her imstande, irgend etwas auf sich beruhen zu lassen, noch gerade dies, das so ungeheuerlich unwidersprochen und daher unwiderlegt über ihm schwebt. Die Verse, die er spricht (nicht singt), sind von tiefem pathos = Leiden getragen. Zum Chor (687 f):

> Siehst du, wohin du kommst, du wohlmeinender Mann!
> Daß du das Herz mir schlaff und stumpf zu machen suchtest?

Der Chor ist wohlmeinend, agathos, so wie Kreon kakos, böse ist. Daß auch der Gute, ihm Wohlgesinnte, nämlich das Volk, nicht seine Partei ergriffen hat, erklärt Oedipus' Umfall: *die Polis hat ihn verlassen.*

Das ist, nach der Pest und den schlaflosen Nächten, nach dem schrecklichen Schlag aus dem Bereich des Numinosen, nach Iokastes unwiderstehlichem Eingreifen, das Schwerste, was ihn hatte treffen können.[43]

Nur ein Ahnen, ein Erschauern, eine Angst vor Unausdenkbarem, Unbegreiflichem (auch die Pest war ja unbegreiflich!) kann die Unsicherheit in Oedipus bewirkt haben. Iokaste mußte kommen, der Chor mußte sein Flehen auf ihn schütten, um ihn zu der Einsicht zu bringen, daß er allein war. In die Überlegungen seines Schweigens mischte sich der Gedanke: Was wird geschehen, wenn ich Kreon hinrichten lasse? Die Polis wird gegen mich sein. Daraus gäbe es nur einen Ausweg: Tyrannis in der verabscheuungswürdigen Art, Macht durch Terror, jene Art von Herrschaft, die ihm Kreon nachgesagt hatte, ehe er in den Ruf «o polis polis» ausgebrochen war. Weil er vor dieser Tyrannis (anders als der Kreon der «Antigone») zurückweicht, gibt er nach. Er sieht keinen anderen Ausweg mehr aus dem Dilemma, an dem sein Logos gescheitert ist. So hat seine Entscheidung Größe. Aber zugleich zeigt die sie herbeiführende Einsicht, daß er die unbegreiflich gegen ihn aufgetretenen Mächte anerkennt.

Das ist der Beginn des Absturzes. Auf dem Höhepunkt seiner Herrscherlichkeit überschreitet der Heros die Grenze, die ihm selbst durch sein Wesen gesetzt ist.

So wird der Höhepunkt zum Scheitelpunkt. Mit der Einsicht in die Wirklichkeit und Mächtigkeit des Unbegreifbaren ist zwangsläufig die Annahme verbunden, daß die gegen ihn erhobene Beschuldigung zwar unbegreifbar, aber möglich ist. Der Stachel schmerzt. Aber die einzige Lösung, die Oedipus vor dem tragischen Ende bewahren könnte, die Lösung, die der Chor vorschlägt: «Laß es auf sich beruhen!», ist doppelt unannehmbar geworden. Er muß es *wissen*.

Der Kommos endet mit einem Treueschwur des Chors, der von Oedipus schweigend angehört wurde. Was hier ausgesprochen wurde, konnte ihn nur noch tiefer treffen (694 ff):

> Der einzig du mein liebes Land,
> Das irre trieb in Mühsalen,
> Recht wieder vor den Wind gebracht,
> Steuere gut jetzt wieder!

Das Bild vom Steuermann, dem Seefahrervolk der Athener vertraut, ist zusammengebracht mit dem von Anfang an (46, 50 f, 167) immer wieder hervorgehobenen Wunsch, Oedipus möge die Stadt «ins Rechte» (kat' orthon 695) bringen. So spricht auch Perikles bei Thukydides.[44] Und wenn der Chor ihn hier den «guten Steuermann» (eupompos 696) nennt, so spricht Iokaste später in ihrem Gebet zu Apollo ausdrücklich vom «kybernetes», der das Staatsschiff lenkt (923). Freilich: gerade das Steuer ist Oedipus entglitten. Womit und wohin soll er das Staatsschiff lenken, da ihm das einzige, was ihn dazu instandsetzen konnte und kann, das Wissen, zweifelhaft geworden ist? Er hat sein Selbstvertrauen verloren. Er wird es nicht mehr zurückgewinnen, es sei denn mit seiner letzten, grausigen Tat.

4

Kreon hatte den Schauplatz verlassen. Oedipus und Iokaste blieben allein zurück. (Die Leibwache und die Mädchen mögen sich zurückgezogen haben; was mit dem Chor geschah, der 136 Verse schweigend verharrte, ist schwer vorstellbar).[45] Die Handlung nimmt eine neue Wendung.[46] Nun geht es um nichts mehr als um die Identität: die Identität des Laiosmörders, die Identität des Oedipus selbst und die Identität der Iokaste als Mutter des Königs- und Vatermörders Oedipus. Erstaunlicherweise läßt Sophokles den Heros schon beim 19. Vers des Dialogs blitzartig die ganze Wahrheit durchschauen. Die Nennung eines Ortsnamens genügt, um das Selbstbewußtsein seiner Nichtbetroffenheit zu zerstören. Der Tatort des Laiosmords hatte einen weitbekannten Namen: en triplais hamaxitois, an der Dreistraßenkreuzung (716). Oedipus kannte den Namen nicht, denn er fragt später (732), wo dieser Ort sei; aber er weiß, daß er an einer derartigen Kreuzung einen vornehmen älteren Mann (presbys 805) in einem von ihm nicht gewollten Streit mit Leuten seines Gefolges erschlagen hat. Die Identifikation beider Tatorte beschwört die Beschuldigung des Sehers herauf, und zwar in ihrer ganzen Tragweite, eingeschlossen das eigene Identitätsproblem des Heros und damit auch das Iokastes. Schaurige Unheimlichkeit ist plötzlich um ihn.

Iokaste, die nichts zu begreifen scheint, aber als Mutter wie als Frau spürt, daß Entsetzliches in Oedipus vorgeht, muß heftig werden, um ihn aus dem bohrenden Grübeln, in dem er die Beweise häuft, in den Dialog zurückzuziehen. Seine Antwort wäre naiv, würde sie nicht vom Licht der Erkenntnis beschienen sein, die auch die Ahnung des finstersten Greuels bereits zur Gewißheit gemacht hat. Sophokles hebt objektiv die Zweideutigkeit nicht auf: Die Geschichte, mit der er Oedipus seinen Bericht über den Mord einleiten läßt, könnten einige Zuschauer noch als harmlos gemeint verstanden haben; doch dürfte die Mehrheit geahnt haben, was er subjektiv wußte: die Identität der beiden Weissagungen über Königsmord und Vatermord, bzw. Mutterschändung. Sollte daran noch ein Zweifel gewesen sein, so reißt der Ausbruch auf dem Höhepunkt der Szene den Schleier vollends entzwei. Denn was hier in höchstem Pathos ausgesprochen wird, ist aus einem Bedingungssatz abgeleitet, der überaus merkwürdig formuliert ist. Oedipus hat berichtet, wie er einen unbekannten presbys, der ihn am Kreuzweg provoziert hatte, erschlagen habe; darauf fährt er nicht einfach fort: wenn nun dieser presbys Laios war ..., sondern: wenn aber dem Fremden, diesem, eine Blutsverwandtschaft mit Laios zukommt (813 f) ... Als den «Fremden» hat sich Oedipus selbst mehrfach an bedeutenden Stellen bezeichnet (219, 396 f); die Wortwahl läßt jedoch kaum einen Zweifel zu, daß der Bedingungssatz im subjektiven Bewußtsein seiner Doppelsinnigkeit formuliert ist. Man höre (813 ff):

> ... Wenn nun der Fremde
> Jener! mit Laios irgendwie verwandtschaftlich
> Zu tun hat, wer wäre unglückseliger als *dieser Mann* 47
> Und welcher Mann mehr gottverhaßt?
> Den unter Fremden oder Bürgern keiner
> Aufnehmen darf im Haus, ansprechen keiner
> Und den man von den Häusern stoßen muß, und dieser –
> Kein andrer war's als ich, der diese Flüche
> Mir zugefügt hat selber, und das Bett des Toten,
> In meinen beiden Armen schänd' ich es,
> Durch die er umgekommen! Bin ich nicht schlecht?
> Nicht unrein ganz?

Die folgenden Verse enthalten den vollen Doppelsinn, wenn der Vers 827, in dem von Polybos (dem vermeintlichen Vater) die Rede ist, gestrichen wird. Wörtlich: Wenn einer wie ich fliehen muß (wie ich es ja schon einmal getan habe, als ich Korinth verließ) und als Flüchtling die Meinen nicht ...» usw. (824 ff):

... Wenn ich muß flüchten
Und darf als Flüchtling nicht die Meinen sehn,
Die Vatererde nicht betreten, oder
In Ehe muß ich mit der Mutter
Zusammengejocht sein und den Vater töten –
Wenn einer dies von einem wilden Dämon her erklärte:
Spräch er nicht über *diesen Mann* das rechte Wort?
Nein nicht! Nein nicht! o reine Heiligkeit der Götter,
Mag diesen Tag ich sehen! lieber gehe
Ich spurlos von den Sterblichen hinweg,
Eh daß ich sehe, wie ein solcher Flecken
Des Mißgeschicks auf mich gekommen ist![48]

Oedipus weiß alles. Der Mord an Laios allein könnte ihn nicht zu solchen Worten bewegen: der war schließlich ein Verbrechen, gegen dessen Anklage er sich, zumindest vor sich selbst mit guten Gründen verteidigen konnte: er war provoziert (805 ff), er handelte in Notwehr – das hätte der Augenzeuge, nach dem ausgeschickt worden war, bestätigen müssen. Die Polis, die er vor der Sphinx gerettet hatte, müßte ihm das nachsehen. Aber das ist ja gar nicht das miasma, das der Gott gemeint hat – wir sprachen an der Stelle, wo Kreon den Orakelspruch verkündete, darüber, daß hier schon Auslegung vorlag –, das miasma ist nicht der Mord, sondern der Vatermord und die Mutterschändung. Dies hat ein omos daimon, ein grausamer Gott (828) über ihn verhängt. Was bleibt ihm noch? Die Selbsterkenntnis für ihn selbst und die Veröffentlichung; diese jedoch kann nur die Sühne sein.

Aber Iokaste ist noch nicht so weit. Und Oedipus selbst braucht noch die allerletzte Gewißheit: die Aussage des Augenzeugen. Und während er, schweigend, angestarrt von der sprachlosen Iokaste, mit dem Blick ins Leere, nach innen grübelt, bemerkt er, daß es da noch einen Strohhalm gibt, an den man sich klammern könnte. Es war doch immer von Räubern die Rede, im Plural – wie wenn er's doch nicht gewesen wäre? Dann wäre ja auch die Schlußfolgerung auf das miasma hinfällig; ist er nicht der Mörder seines Vaters, kann er auch nicht der Schänder seiner Mutter sein. Noch einmal springt der Motor des nus in ihm an ...

Iokaste greift gierig nach dem Strohhalm. Und hier ist wieder die Kunst der ironischen Methode bewundernswert. Wie die Königin in ihrer ersten großen Rede unbeabsichtigt das Erkennungswort ausgesprochen hat,[49] so verstärkt sie jetzt unbeabsichtigt die Schlußfolgerung auf das ganze miasma: «Nie wird der Zeuge, wenn er richtig aussagt, deinen Mord an Laios bestätigen können, denn Apollon hat ja prophezeit, daß der von meinem Kinde sterben werde. Doch jenes Unglückliche hat ihn nie getötet, da es selbst vorher umgekommen ist» (853 ff). Das Beiwort dystenos (855), und nur dieses eine Beiwort, läßt ahnen, was Laios einst der Mutter angetan hat, als er ihr drei Tage nach der Geburt, nur weil er an diese nie eintreffenden Orakel glaubte, das Kind von der Brust nehmen ließ (717f), um es in den Bergen auszusetzen und verhungern zu lassen. Mußte sie Oedipus, der alles wußte, auf den Horror stoßen, der seinen Vater zum Kindesmörder und seine Mutter zur Mitwisserin dieses Verbrechens gemacht haben sollte? Wollten sie doch ihn selbst, Oedipus, ermorden! Hatte schon die Erkenntnis des miasma eine unsichtbare Mauer zwischen Oedipus und Iokaste errichtet, so mußte dieses Wissen, wenn es wahr war, einen Abgrund zwischen ihnen aufreißen. Der Schauspieler hatte das zu spielen! Die tiefe Bindung des Sohnes-Gatten an die Mutter-Frau [50] ist am Ende der Szene definitiv zerstört. Iokaste erreicht Oedipus nicht mehr. «Du sprichst in gutem Glauben» (859), sagt er, «aber schicke dennoch nach dem Zeugen». Und als ob er Grund hätte zu bezweifeln, daß sie das wirklich tun würde – sie tut es wirklich nicht; nach ihrem Tod gibt Oedipus selbst noch einmal den Befehl –, fügt er fast hart hinzu: «und unterlaß es nicht!» Iokaste: «Nichts würde ich tun, was dir nicht lieb wäre. Ich schicke gleich nach ihm. Aber gehen wir jetzt ins Haus.»

Ein leidbeladener, einsamer, von Schauder erfüllter Oedipus ließ sich von einer Frau, vor der es ihn graute, zum Palast geleiten. Mühsam schritt er vor ihr die Stufen zum großen Tor hinauf. Sie folgte ihm, die Hand an seinem Arm. Hinter ihnen fiel das Tor rasselnd ins Schloß.

In der Orchestra zog der Chor seine Kreise, um in einem tiefsinnigen Lied seine Gedanken zu dem Geschehenen den Zuschauern zu übermitteln.[51]

Die erste Strophe (863 ff): Moira hat uns Menschen die heilige Reinheit nicht gegeben. Als Sterbliche sind wir der Schwäche, dem Unreinen, dem Vergessen und Vergehen ausgeliefert. Aber über uns waltet etwas, das nicht sterblich ist, niemals vergißt und nicht der Zeit verfällt. Da war ein großer Mensch, Oedipus, der glaubte, er könne der Moira entrinnen, aber sie hat ihn ereilt. – Was die Alten bewog, solche Gedanken auszusprechen, verrät die genau parallel gebaute Antistrophe (873 ff): Hybris zeugt den Tyrannen. Hybris: wenn einer (wörtlich: von vielem überfüllt ist) sich eitel aufgebläht hat mit vielem, was nicht an der Zeit ist und nicht zuträglich, zum höchsten Gipfel hinaufgestiegen, wenn der jäh in die Not (ananke) stürzte, in der sein Fuß nicht mehr weiß, wo er hintritt, dann bete ich darum, daß das Ringen gut sein möge für die Stadt und Gott es niemals enden lasse (lysai 891: zur Lösung bringen). Denn niemals werde ich ablassen, Gott als Vorsteher zu behalten.

Zwei schwierige Wörter: was meint das «Ringen», palaisma, 880, was ist der Hintersinn von «Vorsteher» (prostates 882)? Wir verstehen palaisma im Sinne der Alten, die vieles erlebt haben, als immer neuen Wechsel, als das Spiel der Mächtigen, das Spiel vom Aufstieg und Fall der Großen, als die Politik: das möge nie ein Ende haben, denn das Ende der Politik wäre das Ende der Polis. «Prostates» – wir kennen das Wort aus dem Mund des Teiresias (411); dort bedeutete es «Patron». Gott ist das, was in der Polis der prostates wäre, wenn es einen in diesem Sinne gäbe. Aber es gibt ihn nicht. Auch für die Polis ist der einzige prostates Gott. Gäbe es in der Polis einen prostates, so wäre dieser der tyrannos, den die hybris erzeugt und ermächtigt (873).

So allgemein das klingt, so ist es doch genau in die Situation gesprochen. Das aktuelle palaisma ist der Streit zwischen Oedipus und Kreon. Hätte jener das Todesurteil gegen diesen vollgestreckt, wäre er, hybrid, ein tyrannos gewesen. Daß das Ringen zwischen den beiden Mächtigen «ohne Lösung», also nicht bis zum bitteren Ende ausgetragen werde, als eine Art Wettstreit zum Guten der Stadt, das wünscht sich der Chor, der keinen Ausweg sieht. Freilich setzt das voraus, daß beide Parteien Instanzen über sich anerkennen: Dike, die Götter. Und das wird nun in der zweiten Strophe ausgesprochen (883 ff): Wenn aber einer überheblich in Tat und Wort einhergeht, ohne Furcht vor Dike und ohne Ehrfurcht vor den Göttern, den möge die schlimme Moira greifen, für sein vermessenes Prahlen, wenn er sich nicht dem Recht und Gott unterstellt, oder wenn er das Unantastbare antastet, eitel frevelnd. Welcher Mensch wird da noch imstande sein, die Geschosse des thymos von der psyche abzuwehren (894 Schadewaldt: «der wilden Wünsche Geschosse von der Seele abzuwehren»)? Denn wenn solche Praktiken in Ehre stehen, wozu soll ich dann noch choreuein: tanzen und singen?

Den Sinn macht wieder die Antistrophe (897 ff) deutlicher, denn die zunächst überraschende Folgerung: Wozu dann noch die Tragödie spielen?, erklärt sich nun von selbst: «Nimmer geh ich dann nach Delphi, anbetend, noch nach Abai, noch nach Olympia, wenn einmal diese Dinge, mit Händen greifbar, allen Sterblichen nicht mehr recht sein werden». Der Sinn, an die Zuschauer gesprochen: Wozu Delphi, wozu Abai (ein zweites uraltes panhellenisches Heiligtum, von Xerxes zerstört, dann wieder aufgebaut), aber nicht nur Wallfahrtsorte, sondern auch Spiele: Olympia! Und unser Theater! Wenn Egoismus, Machtstreben, Profitsucht, Gottlosigkeit die vorherrschenden Antriebe in der Polis werden, dann ist es sinnlos, alle jene Impulse weiterwirken zu lassen, die uns heute noch immer diese ehrwürdigen Institutionen ehren und pflegen lassen.

Natürlich hat Sophokles *diese* Meinung geteilt: sie ist schlechterdings unwiderlegbar für den Tragiker. Doch greift sie in das Geschehen dieser Tragödie nur in einem sehr allgemeinen Sinne ein. Das Imperium des aufgeklärten Oedipus ist bereits zusammengebrochen. Er hat im bisherigen Verlauf niemals – außer an einer Stelle – direkt solche Institutionen angegriffen. Er hat Delphi geehrt, er hat nach dem Seher geschickt. Aber in der Konfrontation mit diesem ist er an die Stelle geraten, wo er die Maske fallen lassen mußte, die er, gleich Perikles, aus Gründen des Staatswohls, zu tragen entschlossen war: nus ist ihm mehr als «Schau». Sophokles selbst plädiert nicht so sehr für die Schau, als gegen den nus, nein, er plädiert auch nicht gegen das Streben des nus, sondern nur gegen die hybris, die glaubt, diese unsre Existenz könne von nus allein erklärt oder gar bewältigt werden. Institutionen wie Delphi, Olympia oder das Theater stehen in jenen Grenzbezirken, die der Mensch dort geschaffen hat, wo er die Grenzen des nus eingesehen und die von draußen wirkenden Mächte als göttlich oder die Götter anerkannt hat. Alle Hybris läuft auf die Nichtanerkennung und Nichtrespektierung dieser Mächte hinaus.

Die Alten sind nicht gegen Oedipus; wären sie es, würden sie sich selbst widersprechen, sowohl dem vorausgehenden Chorlied (506 ff) wie dem folgenden (1086 ff). Ausgehend von Überlegungen über das «Ringen» zwischen den Mächtigen gelangen sie zu Einsichten, mit denen sich der Dichter identifizieren kann. Und aus diesen Einsichten heraus gelangen sie übergangslos zu Ansichten, die der Dichter der vollen Ironie des Publikums aussetzt. Sie haben vorher in ihrer Rolle gesprochen, und jetzt reden sie weiter so (903 ff): «Aber, o Herr, da du Rechtes hörst, Zeus, Allbeherrscher: nicht verhehlt sei dir und deiner unsterblichen, ewigen Herrschaft: Als welkten Laios' alte Göttersprüche, streicht man sie schon! Und nirgends wird Apollon in Opfern (mehr) manifest. Hin geht das Göttliche.»

Kaum war das verhallt, oder noch während es gesprochen wurde, ging im linken Paraskenion die Türe auf, und Iokaste schickte sich an, dem Apollon jene Ehren (909) zu erweisen, von denen der Chor gesagt hatte, sie würden ihm nicht mehr erwiesen. Diese Ironie versetzte die letzten Verse des Chorlieds ins Zwielicht.

Das Urteil über Iokastes Opfer entscheidet das Urteil über Iokastes Charakter. Die einen sprechen von einem «konventionellen Pflichtgebet»,[52] die anderen führen ihr ganzes Reden und Tun auf den Kern der Liebe zu Oedipus zurück. Unbestreitbar ist, daß ihr Verhalten schwankt. Das eine Extrem – die Mantik-Kritik, die selbst vor Apollon nicht zurückgescheut war (853) – das andere Extrem: Gebet und Opfer, dem gleichen Apollon dargebracht, freilich nicht dem «dunklen», dem Orakelgott, sondern dem «lykischen» (919), dem «hellen»[53], von dem sie sagt: «Denn du bist der nächste». Wie kam sie dazu, mit solcher Bestimmtheit den Glauben an Sehersprüche und Orakel zu verweigern? Ist sie wirklich eine Aspasia, eine moderne Intellektuelle, wie man gesagt hat?[54] Blicken wir auf ihr Leben zurück! Sie hat als Königin ihren Sohn der Orakelfurcht ihres Mannes opfern müssen; noch im Dialog mit Oedipus klang, wie wir hörten, der Schmerz durch, der da einer Mutter angetan worden war. Und was war der Lohn der grausigen Tat? Laios wurde zwar erschlagen, aber nicht, wie prophezeit, von seinem Sohn, sondern von fremden Räubern. Also hatte sie auch noch den Mann in der Blüte ihrer Jahre hergeben müssen, die Leidgeprüfte, die nun der doch tote Sohn schänden sollte, wie der Spruch weiter lautete. Wer sollte da noch an Orakel glauben? Nicht ihr Wesen ist intellektuell oder gar rationalistisch. Aber das Schicksal hatte ihr den zweiten Mann geschenkt, der berühmt war durch nus, durch Geist und Wissen, der sie glücklich machte, gerade weil er ihr als die Personifikation alles Nichtmystischen erschien. An ihn glaubte sie nun, als Frau und Mutter seiner vier Kinder, die Gedanken an die dunkle Vorzeit ihrer ersten Ehe verdrängend, ganz dem neuen Glück hingegeben, diesem Augenblick lebend, begierig die modernen Lehren lernend (977 ff):

> Was fürchtet sich der Mensch! wo über ihn
> Der Zufall herrscht und sichere Voraussicht
> Für nichts besteht! Dahinzuleben, ist das Beste,
> So wie nur einer kann! – Du aber habe
> Der Ehe mit der Mutter wegen keine Furcht!
> So mancher von den Sterblichen hat schon im Traume
> Gelegen bei der Mutter! [55] Doch wer solche Dinge
> Für nichts nimmt, trägt am leichtesten das Leben.

Wenn «Rationalismus» aus diesen Versen spricht, so sicherlich nicht aufklärerischer Optimismus, sondern die Skepsis leidgeprüfter Erfahrung, die gelernt hat, daß man das Leben am leichtesten trägt (984), wenn man seine Finsternisse nicht zu ergründen versucht – denn das eben ist Oedipus' Verhängnis, wie sie in tiefer Angst erkannt hat, sie, die viel Ältere, die Mutter. Es ist nicht wahr, daß sie nicht an Gott glaubt, im Gegenteil: sie fürchtet ihn: (724 f). Sie kennt die Ohnmacht alles Menschlichen; das ist der Grund, weshalb sie nicht an Sehersprüche und Orakel glaubt: sie hat ja die Beweise, daß man sich in Delphi geirrt hat. Gott spricht nicht aus Menschen. Die Stelle, an der sie sich gegen Apollon selbst wendet (853), ist (wie Reinhardt richtig gesehen hat) bereits in Verwirrung und Herzensnot gesprochen. Sie sieht ihren Mann (Sohn) in unfaßbarer Verzweiflung; sie versteht die Gründe nicht (noch nicht), die er vorbringt; aber sie ahnt, daß sie fürchterlich zwingend sein müssen. Sie kämpft um das Glück des Geliebten, ihrer Kinder und ihr eigenes. Was kann in der Zeit, in der die Alten ihr Lied sangen, im Palast geschehen sein? Verstört, gebrochen der Mann, den sie, um das Jammerbild der Öffentlichkeit zu entziehen, ins Haus gedrängt hatte; und drinnen sie, an der Seite eines Unseligen, der sich erschauernd von ihr abwandte; selbst wenn er sich noch an den Strohhalm Hoffnung klammerte – konnte er noch die Berührung, ja, den Anblick der Frau ertragen, die er vielleicht mit dem miasma besudelt hatte? Und sie, auf ihn einredend, ihn anflehend (918), ihn nicht begreifend, aber zitternd in der «Angst um seine Angst» (Reinhardt), und doch wohl ahnungsvoll,[56] schließlich fortgestoßen von ihm oder sich selbst von ihm losreißend; sie war ins Frauenhaus gelaufen, hatte den letzten Rest königlicher Würde zusammengerafft und ihren Frauen befohlen, das Opfer zu rüsten. Was blieb ihr noch übrig als zu beten? Um Hilfe zu beten!

So wiederholte sich die Szene des Prologs. Die Königin erschien, den Ölzweig der Schutzflehenden in der Hand (912, 920), mit Opferbändern, geleitet von den Frauen, die gleich ihr Zweige und Bänder trugen, dazu noch Pfannen mit Räucherwerk (913); aus dem linken Paraskenion schritt die kleine pompe am Chor vorbei, der sich ihr anschloß, zum rechten Paraskenion, wo der Altar Apollons stand. Sie sprach zum Chor, um ihm die ungewöhnliche Aktion zu erklären. Sie teilte mit, was inzwischen geschehen war: «Denn maßlos steigert Oedipus sein Herz hinein in Qualen aller Art» (914f). Und nun ihr Gebet: «Gib uns irgendeine Lösung, die uns frommt». Bei den letzten Versen hoben alle, auch der Chor, die Arme flehend zum Altar: «Denn allen bangt uns jetzt, ihn schreckverstört zu sehen – wie den Steuermann im Schiff» (922f). So flehte sie für die Polis.

Die Königin kauerte vor dem Agalma des Gottes, die Frauen auf den Stufen, dahinter hatte sich der Chor auf die Knie niedergelassen. Rauch stieg aus den Pfannen. Leise grundierte das Murmeln der Gebete. Dann geschah etwas Überraschendes: in der rechten Parodos erschien ein Mann aus der Fremde.

In zwei knappen Schritten wird der analytische Teil der Tragödie nun zu Ende geführt. An die Stelle der unfreiwilligen Zeugin Iokaste treten zwei Zeugen von außen, der eine überraschend eingetroffen, der andere herbeigeholt und erwartet. Das mehr als doppelt so lange Epeisodion des ersten bringt ein retardierendes Element ins Spiel, das aber bald ins Gegenteil umschlägt. Dennoch verdient dieser Zeuge, der «Mann aus Korinth», im Text als *angelos* (Bote) bezeichnet, besondere Aufmerksamkeit; denn unter allen Erfindungen, mit denen Sophokles den Mythos seiner Deutung zurechtgelegt hat, ist dies die interessanteste.

Mit dem Auftritt des Korinthers, der die Nachricht vom friedlichen Tod des Polybos, Oedipus' vermeintlichen Vaters, bringt und den «Königssohn» nach Korinth zurückruft, tritt die bereits erkannte Wahrheit den Weg in die Öffentlichkeit an.

Zur Publizität der Wahrheit gehört die Publizität der aus ihr zu ziehenden Schlüsse. So gesehen ist die Erfindung des Mannes aus Korinth mitsamt seiner Nachricht ein kühner Kunstgriff. Was scheinbar so harmlos, fast volkstümlich heiter angelegt ist, hat von Anfang an einen hintergründigen Sinn. Denn noch einmal könnte sich der Heros seiner Tragik entziehen! Nicht der Wahrheit, über die er sich trotz des (übrigens niemals aufgeklärten) «Strohhalms» keine Illusionen mehr macht, sondern ihrer Veröffentlichung. Was ihm der Mann aus Korinth anbietet, könnte ihm einen ehrenvollen Abgang aus der Polis sichern, die trotz der gegen ihn erhobenen Beschuldigungen – gegen den Seher und auch gegen Kreon – noch immer zu ihm steht.

Korinth ruft ihn auf den Thron seines «Vaters». Er brauchte dort die Aufdeckung einer Wahrheit nicht zu fürchten, von der er nun auf keinen Fall mehr betroffen ist: denn der «Vater» ist ja nicht von ihm ermordet worden; auch, daß er der wirkliche Königssohn nicht ist, könnte ihm nicht zum Schaden gereichen: denn wir erfahren, daß gerade Merope, seine «Mutter», den Mann nach ihm ausgesandt hat, der die Wahrheit über seine Herkunft kennt. Er wird zurückgerufen einzig seiner Verdienste wegen, als «aston megistos» (776), der Bürger Größter, der er bereits gewesen ist, ehe ihn der Stachel der Ungewißheit antrieb, das Land zu verlassen und das Orakel zu befragen.

Iokaste bricht in lauten Jubel über die Nachricht aus: sie sorgt geradezu für ihre Veröffentlichung, indem sie nicht – was am nächsten gelegen wäre – selbst in den Palast geht, um sie Oedipus zu melden, sondern diesen herausholen läßt. Sie befiehlt: «Geh, lauf und melde es dem Herrn!» (945). Und fast in gleichem Atem ruft sie aus: «O Prophezeihungen der Götter, wo seid ihr jetzt?»

Kaum war die Frau verschwunden, öffnete sich das Mitteltor. Oedipus erschien, langsam, müde, schon in der Anrede mit schmerzlichem Tonfall: «O liebstes, meines Weibes, Iokastes, Haupt, warum läßt du mich aus dem Haus holen?» (951). Er stand vor dem Tor, sah den fremden Mann, dessen Nachricht er schon kannte (denn die Frau hatte sie ihm gemeldet, 946) und wandte sich nun, fast abwesend, zu ihm, während Iokaste wieder herausschrie, worum es ihr einzig und allein ging: Höre ihn an, damit du siehst, wohin es mit den Prophezeiungen des Gottes gekommen ist. Sie sagte nicht mehr «der Götter», wie vorher zum Chor, sondern des Gottes, denn jetzt handelte es sich nur um das eine Orakel. Sie hämmerte dem Leidenden die Bedeutung der Nachricht für die Öffentlichkeit geradezu ins Bewußtsein. Und Oedipus fragte es langsam heraus: Ja, Polybos ist ganz normal gestorben, an einer Krankheit. «Pheu, pheu» (964) rief da schmerzvoll der Heros, den Ziehvater betrauernd und doch doppelsinnig: ja, du hast recht, Frau, was soll man da noch von Orakeln halten. – Iokaste (heftig): «Hab ich's dir nicht längst gesagt?» (974). – Oedipus: «Du hast es. Ich aber bin von Angst getäuscht worden». Hat er die Angst wirklich verloren? Wie könnte er! Weiß er doch, daß das Orakel, das ihn angeht, nicht Polybos, sondern Laios gemeint hat. Was will er sagen? Er will Iokaste, dem vielgeliebten Haupt, recht geben; er will sie in ihrem Glauben bestärken: Daß er selbst aus der Angst nicht herauskommen kann, ja, daß er ihr das nicht einmal vortäuschen kann, zeigt er alsbald, vieldeutig für die Zuschauer; Iokaste drängt: «Nimm dir jetzt nichts mehr von dem allem zu Herzen» (975); darauf er: «Aber muß ich nicht immer noch Angst haben wegen des Bettes der Mutter?» – Darauf fällt Iokastes vielbesprochene Antwort; sie zeigt, daß sie ahnt, worum es dem armen Geliebten geht: keine Argumente können ihm diese konkrete Angst nehmen; es hat nur noch Sinn, ihm zu sagen, daß es sinnlos ist, überhaupt Angst vor etwas zu haben, das kommen könnte. Was kann der Mensch denn tun? Zufall, Tyche ist alles. Keine pronoia (978), kein Planen, keine Voraussicht, hilft. Dahinleben ist das Beste. Und was die Angst vor dem Bett der Mutter betrifft, so ist das nichts weiter als ein Traum, so wie der Vatermord ein Traum war. Schon mancher hat das geträumt. Alles Dunkle, will sie sagen, hat eine natürliche Erklärung. Aber Oedipus' ganzes Leben war und ist nun einmal pronoia. Sein Wesen ist pronoia. Gäbe er sie auf, gäbe er sich selber auf. Daher antwortet er, wieder mehrdeutig: Ja, gut, aber die Mutter lebt, und das ist aller Grund (pas ananke 986),

Angst zu haben. Iokaste, verzweifelt, beinahe widersinnig, unbewußt frivol: «Und doch ist des Vaters Grab ein großer Lichtblick». – «Ja, gewiß. Aber *sie* lebt. Davor habe ich Angst.» Wer ist «sie»? Iokaste.

Der Moment ist erreicht, wo der Umschlag vorbereitet wird. Der Bote tritt vor. Hatte diese Figur bisher nur wenige persönliche Züge, so gewinnt sie nun Kontur. Wir erfahren, daß der alte Mann ehedem Hirte war und später offenbar eine Vertrauensstellung am Hof des Polybos einnahm. Wir erfahren auch warum: er kannte das Geheimnis der Kinderlosigkeit des Königs (1024) und der Adoption des Findelkinds. Er ist Belohnung gewohnt und rechnet auf Oedipus' Freigebigkeit (933, 937). Dieser alte Mann aus dem Volk macht nicht viel Umstände mit den Großen. Die Herablassung, mit der er Oedipus zuredet (1008): «O Kind, da zeigt sich's ja schön, daß du nicht weißt, was du tust», hat etwas Humoristisches. Das ist mehrfach bemerkt worden.[57] Dem Chor schien es ganz prächtig, daß Oedipus aus aller Not heraus wäre, weil er ein Findelkind war. Das Thema des folgenden, ganz hellen, ja glücklichen Chorlieds, wird hier eingeleitet. Der Zuschauer erlebte zweierlei: einen Amoklauf des Heros gegen sich selbst und die Ausbreitung einer fast heiteren Stimmung auf dem Schauplatz. Das ist die Methode des Tragikers, Unheimlichkeit zu beschwören. Zug um Zug entreißt der unerbittlich fragende Heros die Wahrheit dem Dunkel. Aber erst nach der Aussage des anderen Hirten sollte diese von der Öffentlichkeit begriffen werden. Das ist die Funktion der Botenszene: zu zeigen, daß Oedipus noch entweichen könnte. Die Größe des Heros ist, daß er durch nichts davon abzubringen ist, sich der Wahrheit vor der Welt zu stellen, am wenigsten durch den eigenen Vorteil. Er entweicht weder, worum ihn Iokaste anfleht, in den Schein der Vertuschung, noch, wohin Iokaste jetzt gehen wird, in den Tod.

Eine zusätzliche Spannung gewann die Szene für die Zuschauer durch die Konzentration auf Iokaste. Das Publikum (nicht der Chor) erkannte, wie jedes neue Moment gleichsam auf sie zusprang. Es fühlte den grausamen Riß, der sich zwischen ihr und Oedipus aufgetan hatte. Spätestens bis zu dem Vers (1032), in dem der Korinther die durchstochenen Füße des Kindes erwähnte (von denen Iokaste selbst gesprochen hatte, 718), mußte der Schauspieler, auf den die Blicke der Tausende gerichtet waren, das Würgen eines lautlosen Aufschreis gezeigt haben, ein Wanken, das, kaum wahrnehmbar im äußersten Krampf der Haltung, Oedipus' Worte zu Peitschenhieben werden ließ: «Furchtbare Schande aus den Windeln bracht' ich mit» (1035): die Schande eines kindesmörderischen Vaters und einer mitwisserischen Mutter; der ermordete Laios war ein Mörder, Iokaste so gut wie eine Mörderin. Und das geplante Opfer war er selbst.

In diesem Horror stocherte der ahnungslose Bote weiter herum: «Danach hast du deinen Namen bekommen» (1036), wörtlich: so bist du benannt worden nach dieser tyche als der, der du bist. Jetzt war sie heraus, die Antwort auf Teiresias'

Frage (415). Jetzt wußte er, wer er war. *Es war am Tag.* Und nur Iokaste erkannte außer ihm die Wahrheit. Peitschenschläge: Oedipus' Frage an den Boten – bei Gott, wer hat mich so benannt, der Vater oder die Mutter? – Und die Antwort: Das weiß ich nicht, der Hirte wird es wissen, der dich mir gab. Der Hirte! Einer von Laios' Hirten! Der Zeuge!

Der Kairos (1050). Oedipus, ganz einsam, hat die Veröffentlichung beschlossen. Mit eisiger Erbarmungslosigkeit zielt sein Fragen gegen «das liebste, meines Weibes, Iokastes Haupt». Scheinbar wendet er sich zum Chor, aber er weiß wohl, wen der Pfeil einzig treffen wird (1047 ff):

> Ist einer unter euch, die ihr hier steht,
> Der von dem Hirten weiß, den dieser nennt,
> Ob er ihn auf den Feldern oder hier gesehn:
> So zeigt es an! Es ist die Zeit (kairos), daß dies
> herausgefunden werde!

Sein Blick ist auf Iokaste gerichtet. Der Chor, der diesen Blicken beklommen folgt: Vielleicht kennt ihn Iokaste? Oedipus hart: «Frau, hörst du, ist es der, nach dem wir geschickt haben?» (1053).

Auch diese Frage ist rhetorisch für Oedipus, Iokaste und das Publikum, nicht aber für den Chor. Die Szene wird steil hochgerissen zur letzten Entscheidung, in der Oedipus und Iokaste einander gegenüberstehen. Der Schauspieler mußte zeigen, daß sie nun alles wußte und welch entsetzliche Gefühle sie im Blick auf Oedipus durchwühlten: die Erinnerung an den Kindesmord, ihre Mutterschaft an dem Geliebten, die Schändung, die Kinder der Schande, die Angst um ihn, die Angst vor dem, was er offensichtlich zu tun entschlossen war – dies alles ohne die Worte dazu, hinter den Worten und doch durch die Worte hindurch. Und dann noch die Worte, die mit letzter Verzweiflung um eine doch noch mögliche Rettung rangen, während sie nach außen, dem Chor gegenüber, die Verzweiflung hinter der Haltung zu verbergen hatte: «Kehre dich nicht daran. Laß das Ganze!» – Oedipus: «Das darf nicht sein, daß ich mit solchen Zeichen in der Hand, nicht aufdecken sollte meine Herkunft» (1058 f). – Iokaste bricht aus: «Nein, bei den Göttern! Such nicht danach, wenn dir dein eigenes Leben lieb ist. Genug, daß ich krank bin». Glaubt sie wirklich, daß er es noch immer nicht weiß? Oder sollte dieses qualvolle «halis nosus ego» (1061) den Sinn enthalten: genug, daß ich krank bin, rette wenigstens du dein Leben? – Rätselhaft erwidert Oedipus: «Sei guten Mutes!» Unmöglich, daß er glauben sollte, sie wüßte es nicht; er unternimmt vielmehr einen letzten Versuch, die Aufdeckung der Schande vor aller Welt von ihr abzuhalten. Nur so ist das hintersinnige Spielen mit Worten zu verstehen, mit denen er zu glauben vorgibt, daß er wirklich ein Findelkind sei, ein Hirtenkind, ein Sklavenkind. Der Chor soll das glauben! Der Chor soll, wie Oedipus später ausdrücklich sagt, den Grund ihrer nun nicht mehr zurückgehaltenen Verzweiflung und ihres wehschreienden Abgangs in der Scham darüber sehen, daß sie, «die als Frau groß denkt» (1078), einen Mann von niederer Abkunft zum König gemacht habe. Und der Chor wird das glauben! Um so schneidender die letzten Rufe und Gegenrufe zwischen den beiden. Sie: «Folge mir, ich flehe: tu es nicht!» – Er: «Ich darf dir nicht folgen. Ich muß dem auf den Grund gehen!» – Sie: «Ich meine es gut, ich rate dir das Beste». – Er: «Dieses ‹Beste› ist meine Qual» (nämlich den Grund der Dinge nicht zu wissen, die Wahrheit). – Sie: «Du Unglückseliger! Wenn du doch nie erkenntest, wer du bist!» Noch einmal also die Teiresias-Frage. Der Schrei einer Todwunden, die weiß, daß er es weiß, gerichtet in die Öffentlichkeit, die noch immer denken sollte, er wüßte es nicht.

Darauf antwortet Oedipus nicht mehr. Der Kairos! Er befiehlt: «Geh einer und schaff mir den Hirten her!» Doppelsinnig dann die Worte, mit denen er öffentlich das Band zwischen sich und der Königin zu zerreißen scheint. Dieser Schein der Grausamkeit ist das letzte Mittel, sie zu schonen. Er weiß wohl, daß es für sie nach dem, was sie erkennen mußte, keinen anderen Ausweg mehr geben kann als den, den sie schon gewählt hat. Aber er stößt sie von sich, um sie in Ehren sterben zu lassen: «Laßt die mit ihrem Stolz auf ihr reiches Geschlecht!» (1070). Das ist zuviel für Iokaste.

Die Schreie des Schauspielers gellten durch das Theater. Er schleuderte die Arme vors Gesicht (die Maske) und schlug die Brust: «Iu! Iu!» Er raffte das Gewand und stürzte die Stufen zum Paraskenion hinauf: «Weh, weh – das ist das einzige, das ich dir noch zu sagen habe, sonst nichts mehr, nimmer – mehr». Iokaste jagte zur Tür.

Schweigen um Oedipus. Starr stand dort der Korinther. Langsam fielen die Worte des Sprechers in die gelähmte Stille: «Warum ist die Frau davon gestürzt in wilder Qual?» (1074).

Keine Antwort von Oedipus. Der Sprecher wandte sich ab und murmelte dumpf zum Chor: «Ich fürchte, aus diesem Schweigen wird Böses aufbrechen» (1075).

Da fuhr der Heros auf. In Wildheit, Trotz und Stolz stieß er hervor (1076 ff): «Breche auf, was aufbrechen soll! ... Ich bleibe, der ich bin, der Sohn der Tyche, der segenspendenden. Sie ist meine Mutter. Die verwandten Monde haben mich klein und groß bestimmt. Und so geworden kann ich nie als ein anderer hervorgehen. Darum ist kein Grund, daß ich meine Herkunft nicht enthülle!»

Der Sohn der Tyche![58] Nun ist er wirklich nichts anderes mehr. Mörder eines mörderischen Vaters, Schänder einer mitmörderischen Mutter! Was ist da noch Herkunft, Geschlecht, genos? Hat ihn sein Geschlecht zu dem gemacht, was er ist? Um nicht Vatermörder und Mutterschänder zu werden, hatte sich der «Königssohn» vom genos des vermeintlichen Vaters losgesagt. Aus eigener Kraft war er der berühmte Oedipus geworden. Und nun wird er durch sein wahres genos schuldlos der größte Frevler der Welt. Kein Wort von den Göttern. Tyche und die

Sterne, unter denen er geboren wurde, haben sein Leben bestimmt, das Leben eines Menschen, der geboren wurde, um verdammt zu werden.

Wir können nicht glauben, daß Oedipus, wie man gesagt hat, sich rühme, wenn er sich den Sohn der Tyche nennt. Im Gegenteil: alles, was er in seinem Leben geworden ist, kraft seines nus, ist nun von Tyche vernichtet worden, so wie es von Anfang an, nach der Bestimmung der «mitgeborenen Monde» zur Vernichtung bestimmt war. Die Verse sind aus jenem Erkenntnisakt heraus gesprochen, der den Menschen in der Grenzsituation seine Ohnmacht einsehen läßt. Oedipus' heroische Größe liegt darin, daß er trotzdem zu seinem nus steht, d. h. daß er mit diesem seiner tyche ins Auge schaut, ohne zu weichen, ohne zu verzweifeln, ohne sein Leben wegzuwerfen.

Gesang setzt nun ein. Wir sagten, er sei heiter. Das ist er: nimmt man die Verse aus dem Zusammenhang des Stücks heraus, sind sie reine Lyrik. Sie wiegen sich in sanften Rhythmen um einen einzigen Gedanken, und dieser ist träumerisch schön, eine beglückende Vorstellung. Tänzerisches wird ausgelöst (1093), der Wunsch zu tanzen.

Die dramaturgische Erklärung ist einfach: Der Dramatiker brauchte, ehe das Schreckliche eintritt – in drei Schlägen, von denen jeder den anderen an Wucht übertrifft – ein Atemholen, eine lichtere Farbe, einen leichteren Ton. Er brauchte das, um den Schrecken desto schrecklicher wirken zu lassen. Er brauchte es, weil Spannung nicht beliebig lang angespannt bleiben kann: man muß den Bogen lockern, um ihn neu straffen zu können.

Allein – wo soll jetzt noch Heiteres, Lichteres, Leichteres hergenommen werden? Sophokles ist kein Autor von Melodramen: er nimmt nicht irgend etwas, er braucht einen Anlaß, der im Zusammenhang steckt, einen Grund, ein Motiv. Das hat nichts mit Psychologie zu tun, sondern mit Glaubwürdigkeit. Es ist ganz wunderbar, was Sophokles hier erfunden hat.

Schweigend stand der Heros während des ganzen Liedes auf der Skene. So spürte man im Hintergrund von Gesang und Tanz das drohende Unheil wie unhörbare Paukenschläge. Jeder Zuschauer wußte, was der Hirte bringen würde. Der Kairos war da; die Zündschnur glimmte; die Explosion stand bevor.[59] In Oedipus war nichts mehr als der Wille zur Vollstreckung: er hatte selbst den Befehl gegeben, den Hirten zu holen. Er leitet seinen eigenen Prozeß.

Nur Horror konnte von draußen kommen. Aber Horror war auch von drinnen zu erwarten: an Iokastes Selbstmord war nicht mehr zu zweifeln. Jeden Augenblick konnten drinnen die Todesschreie ausgestoßen werden. Angst also – nach Aristoteles die durch Erwartung kommender Übel erzeugte Verwirrung – lauerte in allen Winkeln des Theaters. Und da sollten die Alten singen und tanzen? Sie hatten doch selbst teil an der Angst, wie ihr Sprecher gesagt hatte: «Aufbrechen werden aus diesem Schweigen schlimme Dinge!» (1075).

Der Dichter gewann sein Motiv aus dem Charakter, den er den Alten gegeben hatte. Er ließ sie in ihre ehrwürdige Welt flüchten. Oedipus hatte ihnen das Stichwort gegeben: ein Kind der Tyche. Wie schön war das: ein Göttersohn! Gab es nicht zahllose Findelkinder in der mythischen Welt? Götterkinder, von Menschenmüttern gezeugt. Wie gut, daß man noch glauben konnte wie die Ahnen. Homers und Hesiods Welt waren noch nicht untergegangen. Ein Gott, oder diesmal eine Göttin, hatte in die Welt das Kind gesandt, dem bestimmt war, Retter der Polis zu werden! Das war die Lösung: denn darin lag beinahe handgreiflich der Beweis, daß Oedipus auch ein zweites Mal die Stadt retten würde. Teiresias war doch nur ein Mensch (498 ff).

So begannen sich die alten Männer in ihren Gedanken hineinzusingen. Ob Seherschau oder Menschenvernunft (1086) ihn dachten – beide mußten zum gleichen Schluß kommen. Kithairon, der Berg, sei gepriesen, daß er das Götterkind aufnahm, mit Tänzen soll er gefeiert werden, denn er hat Holdes (1094) gebracht unseren Königen. Nothelfer Phoibos – auch dir mag dies gefällig sein. Und nun wandten sich die Singenden, in kleinen Tanzschritten, dem ins Weite starrenden Heros zu, huldigend, fast schon anbetend, auf jeden Fall liebend. (So wird sie Oedipus noch zuletzt erkennen, als Freunde: philos 1321.) Wer war wohl der göttliche Vater? Pan, Apollon, Hermes, oder Dionysos? War am Ende auch die Mutter ein göttliches Wesen, eine Nymphe vom Helikon, dem anderen Berg des Landes, der schon heilig war, weil dort Dionysos mit den Mädchen spielt ...?

Es war gewiß nur ein leises Lied, die zweite Strophe eine einzige Folge von Fragen, im Reigen fast zaghaft in die Lüfte geschwungen, mit vorsichtigen Schritten. Aber es war rührend. So muß es auf die Athener gewirkt haben. Wie schön, wenn man noch so an die alten Geschichten glauben konnte! Wie viel Gründe gab es da, noch zu hoffen, daß sich alles zum Guten wenden würde! Daß der Dichter *diese* Art von Götterglauben nicht geteilt hat, ist doch wohl klar. Er verfaßte ein Lied im alten Stil. Er ließ die Alten träumen. Jeder im Theater wußte wie der Mann, der angesungen wurde, ohne hinzuhören, daß es Gespinste aus Luft waren, ins Nichts geschrieben.

Oedipus brach sein Schweigen: «Der Hirte kommt» (1110 ff). Die Bewaffneten brachten den alten Mann, der das traditionelle Kostüm trug – den halblangen Ledermantel mit der Kapuze, dazu den gebogenen Stab –, durch die rechte Parodos herein. Der Chor machte Platz für den Ankömmling. So war der Blick frei für das Arrangement der Vernehmung: Oedipus auf der Skene in der Mitte, links der Korinther, der gleich Zeichen des Erkennens gegeben hatte, rechts der Hirte.

Obwohl scheinbar nichts Faktisches mehr enthüllt werden konnte, das der Zuschauer nicht schon wußte, hatte der Stückebauer doch noch eine Überraschung vorbereitet, mit der selbst Oedipus nicht rechnen konnte. Der Hirte würde aussagen, daß es nicht Laios war, der ihm das gefesselte Kind mit den durchstochenen

Knöcheln übergeben hatte, sondern Iokaste! Dieses Moment sollte die Stichomythie auf den Höhepunkt treiben (1173 ff). Oedipus' Entsetzen zeichnet sich in den die Verslänge nicht mehr füllenden Fragen ab: «Hat sie es dir gegeben?» – »Ja». – «Mit welchem Auftrag?» – «Es umzubringen». – «Die Mutter, dessen fähig?!» – «Aus Angst vor bösen Sprüchen». – «Welchen?» – «Töten würde es die Eltern, war das Wort.» So hatte Oedipus also nicht nur mit der Mitwisserin des Mordversuchs an ihm selbst geschlafen, sondern mit der Mittäterin! Und Iokaste, die noch lebte, die er geschont hatte, hat das gewußt! Sie hat ihn belogen! War es ausdenkbar, daß das miasma noch schauerlicher werden konnte, als es schon war? Sophokles hat es ausgedacht.

Wie ein modernes Kreuzverhör war das abgelaufen. Der Hirte, finster, von Angst gepeinigt, Böses wissend und Schlimmeres ahnend, hatte widerwillig die Angaben zur Person gemacht: Sklave in Laios' Haus, dann Hirte, meist im Kithairon. «Kennst du den da?» hatte Oedipus gefragt, auf den Korinther deutend. Der Hirte hatte sich verheddert und gewunden. Der Korinther hatte seinem Gedächtnis aufgeholfen. Mühsam hatte der Alte zugegeben: Ja, so war's, aber vor langer Zeit (1141). Nicht mehr als 25 Verse bis da. Und nun zur Sache.

Verzweifelt hatte der Hirte versucht, dem Korinther zu drohen. Er war auf ihn losgegangen. Oedipus hatte den Bewaffneten befohlen, ihm die Arme auf den Rücken zu drehen. Mit Gewalt also hatte der tyrannos die Wahrheit aus dem Mann herausgepreßt, der ihn schonen wollte. Dann war es heraus: Oedipus ist Laios' Sohn.

Wer an dieser Stelle von Oedipus' cholerischem Charakter spricht, sollte nicht übersehen, daß er den Mann vor sich hatte, dem er sein verdammtes Leben verdankte. Warum hatte dieser Unglückliche das Kind dem Manne da übergeben? Die Antwort des Hirten enthielt die ganze Aporie: «Ich hatte Mitleid mit ihm, Herr! Ich dachte, er nimmt es mit ins fremde Land. Ja, er tat es, aber zu seinem größten Verderben. Wenn du der bist, den dieser nennt, bist du unselig geboren» (1178 ff).

Das Erschauern des Chors ist nicht in Worte gefaßt. Es ist gespielt worden. Die Alten wichen vor dem Befleckten in die Orchestra zurück. Der Hirte lief jammernd davon. Auch der Korinther und die beiden Bewaffneten müssen den Schauplatz verlassen haben. Die Analyse war beendet.

Oedipus' Aufschreie – gleich notiert wie die Abgangsschreie Iokastes – sind nicht die Eruption plötzlicher Erkenntnis; der Heros sah das Nächste vor sich; er steigerte bewußt die von ihm selbst ans Licht gebrachte Wahrheit in den Affekt, der einen Menschen erfassen muß, wenn er vor der Konsequenz aus solchem Horror steht. Die Tat, die er an sich selbst zu vollstrecken beschlossen hat, bedarf solcher mania, um getan werden zu können. Darüber wurde oft gesprochen. Die letzten Verse, die dann auf die Schreie und den schrecklich lakonischen Satz «so wäre denn alles nun heraus» folgen, sind wie in Stein gemeißelt. Logos und Pathos haben sich zur Demonstration vereinigt. Die Prägnanz ist unübersetzbar. Wörtlich (1183):

O Licht – zum letzten Mal hätte ich dich nun erblickt, ich, der ich erschienen bin, geboren von denen ich nicht gesollt, mit denen ich nicht sollte mich vereinend, und die ich nicht durfte getötet habend.

Die Syntax ist die von Orakelsprüchen. Aber anders als diese ist sie rätsellos. Wenn irgendwo spricht hier der Dichter: er hätte nicht geboren werden sollen – was kann er dafür?; er hätte nicht heiraten sollen – er ahnte nicht, wessen Bett er bestieg; er hätte nicht töten sollen – er wußte nicht, wen er erschlug.

So stürzte Oedipus ins Haus, schreiend (1252). Das Tor rollte hinter ihm ins Schloß (1293). Zurück blieb das Entsetzen.

5

Wäre das Stück eine Schicksalstragödie oder eine Parabel über die Hybris, hätte es jetzt zu Ende gehen können. Der Chor hätte die Meinung des «frommen» Dichters aussprechen können: Seht ihr, daß Göttermacht über allem Menschlichen ist? Wie hat dieser Mann den Seher mißachtet! Nun muß er seine Flüche gegen sich selber richten! Dann hätte das Ekkyklema mit den Leichen der Iokaste und des Oedipus herausgerollt werden können (und dieser hätte auch sterbend die Maske des Geblendeten tragen können.) Schauder und Jammer hätten die Zuschauer erfaßt und erschüttert, bis die Katharsis über sie gekommen wäre – nach dem Rezept, wie es bei Aristoteles steht.

Man muß sich gelegentlich klar machen, was Sophokles *nicht* gewollt hat, um zu verstehen, warum er das leere Blatt seines Manuskripts so und nicht anders beschrieben hat.

Es mag eine Weile mit stummen Schritten und Gebärden hingegangen sein, eh die Choreuten, nun frontal zu den Zuschauern, zu sprechen begannen. Und immer wieder, während sie sangen und tanzten, zog es sie in die andere Richtung zurück: zum Palast. Nur einmal wird Zeus angerufen, in einem einzigen Vokativ, der kaum mehr bedeutet als «o Gott».

In den ersten beiden Strophen bringen die drei letzten Verse das direkte Du des Anrufs an Oedipus. Die beiden anderen Strophen – nun wieder ganz nach dem Palast hin gerichtet – sind von diesem Anruf erfüllt: «Io, des Oedipus berühmtes Haupt» – «Io, des Laios Kind». Eine Einsicht steht am Anfang, und nichts als Klage bildet das Ende. Stellen wir beides nebeneinander, so erkennen wir den Sinn (1186 ff, 1216 ff):

Io! Geschlechter der Sterblichen!	Io, des Laios Kind!
Wie muß ich euch gleich dem Nichts,	Hätt ich dich, hätt ich dich
Ihr Lebenden, zählen!	Nie gesehn!
Denn welcher, welcher Mann trägt mehr	Denn klagen muß ich, über alle Maßen
Des Glücks davon,	Jammernd mit meinem Munde! Doch, was recht ist,
Als nur soviel wie den Schein und nach	Zu sagen: aufgeatmet hab ich
Dem Schein den Niedergang?	Durch dich
	Und zur Ruhe gebracht mein Auge.

Klage also über die Einsicht, daß Glück, Ehre, Ruhm nur «scheinen» (dokein 1191), was sie sind. Das lehrt das Beispiel (paradeigma 1193) des Oedipus. Und in diesem Sinn ist alles Menschlich-Irdische scheinhaft. Doch nichts kann das Verdienst auslöschen, das diesem Mann Glück, Ehre und Ruhm gebracht hat; dies bleibt ihm zu Recht (1220f), und so muß es noch einmal gefeiert werden, auch wenn nun solches miasma auf ihn gefallen ist: er war der Retter, der König – die einzige Stelle, an der ihm der Titel «basileus» gegeben wird (1202) –, ein Turm dem Lande. Ihm, dem so großen Menschen, bestimmte ein Daimon solche Qualen (1204) im Wechsel des Lebens (1206). Was soll man da noch glücklich preisen? Nichts Sterbliches (1195). Die Zeit deckt das Schweigende auf und richtet den Verdammten.

Alle «Geschlechter der Sterblichen» sind betroffen (1186). Das «ihr» (1187) greift die Zuschauer mit ein. Oedipus' Sturz zeigt die Hinfälligkeit des Menschlichen schlechthin. So soll das Paradigma uns alle betroffen machen, uns alle, die wir in unsrer Zeitlichkeit dem ewigen Wechsel unterworfen sind. Das Lied überträgt, wie stets, Schauder und Einsicht auf das Publikum.[60]

Dennoch ist die Tragödie mit dieser Einsicht nicht zu Ende. Und schon auf der Stufe, auf der sie das Chorlied zur allgemeinen Wirkung bringen soll, hat Sophokles keinen Zweifel daran gelassen, daß hinter dem, was sich nun alles als scheinhaft enthüllt hat – Glück, Ehre, Ruhm –, eine nicht scheinhafte Größe übrigbleibt und zwar zu Recht (1220) übrigbleibt, die den tragischen Heros auch noch auszeichnet, wenn ihn die Götter so geschlagen haben wie diesen Oedipus. Und wir, Mitbetroffene, sollen mit-leiden mit ihm, wie der Chor es uns zeigt. In dieser Spannung zwischen schauderndem Zurückweichen und mit-leidendem Hingezogen-sein vollzieht sich der *letzte, der sinn-suchende Akt der Tragödie*, den das Chorlied eröffnet. Von Stufe zu Stufe führen die weiteren Schritte immer tiefer in den Sinn der Tragik des «tlemon» Oedipus, wie er jetzt zum erstenmal genannt wird (1194), des armen Dulders Oedipus.

Aus dem linken Paraskenion taumelte ein Mensch über die Stufen auf den Chor zu. Entsetzliches, das er gesehen hat, hat ihn gleichsam von drinnen nach draußen gepeitscht. Ehe er ihn zu einem jener Botenberichte ansetzen läßt, die zu den Höhepunkten dieses Theaters gehören, läßt ihn Sophokles neun Verse lang ein pathos verströmen, das den die ganze Szene tragenden Affekt anschlägt. Außer diesem Affekt besitzt der «exangelos», Bote aus dem Haus genannte Mann keine persönlichen Züge; er ist einfach einer von drinnen.[61] Auf die bange Frage des Chors schleudert er die Meldung des ersten Horrors heraus: Iokaste ist tot. – Der Chor, die Möglichkeit erwägend, daß Oedipus sie getötet haben könnte: Durch wessen Schuld? – Der Bote: Sie selber durch sich selbst. In drei Blöcken (15, 16, 16 Verse) folgt der Bericht der Geschehnisse. Man hat vom «Schwelgen in Furchtbarem» gesprochen, das der Tragödie eigen sei.[62] Aber die Sprache ist nicht schwelgerisch, im Gegenteil: genau, hart, lakonisch. Erster Block: Iokaste sühnt über dem Bett die Schande. Sie schließt sich ab von der Welt. Aber ihre Klage dringt durch die verschlossene Türe.

Zweiter Block: Oedipus findet Iokastes Leiche. Schreiend sei er ins Haus gestürzt und herumgerannt (1254). Er habe nach einem Speer verlangt, dann nach der Frau, nein, nach dem «doppelt mütterlichen Saatfeld» (1257). Keiner habe ihm den Weg gewiesen. Ein Dämon müsse ihn vor die Doppeltüren geführt haben, die er mit schrecklichen Schreien gesprengt habe. Schreien, Brüllen, Stöhnen – das hallt in den Versen wider, die nun das grausige Bild beschreiben: Iokaste, an einem Balken hängend wie eine Hingerichtete – Oedipus, der die Schlinge löst und die Tote zur Erde sinken läßt, «der Arme (tlemon), furchtbar war's das Weitere zu sehen» (1267). – Der dritte Block: Oedipus habe die Spangen von Iokastes Kleid gerissen und sich selbst in die Augen gestoßen, mehrere Male, und Ströme schwarzen Blutes seien ihm über die Wangen geschossen. Dazu habe er die Klage angestimmt (1275): «Dies sei, sprach er, damit sie nicht sehen könnten die Übel, weder die, die er erlitten, noch die, die er getan habe, daß aber im Dunkel künftig die seien, die sie nicht hätten sehen dürfen, und daß sie die anderen, die sie hätten sehen sollen, nicht erkannten».

Der Sprecher: «Und jetzt hat der Arme etwas Ruhe (1286) vor dem Übel?»

O nein, antwortet der Bote, der nun den Grund angibt, weshalb er herausgelaufen ist: um die Alten auf den Anblick vorzubereiten, der ihrer harrt. Oedipus habe geschrien, man solle die Riegel aufstoßen und offenbaren allen Thebanern den Vatermörder, den Mutter –. Der Bote stockt, er bringt das Wort nicht heraus. Oedipus kann das Tor nicht mehr selber öffnen, die Wunden schmerzen zu sehr, es fehlt ihm die Kraft. Und keiner will ihn führen.

In diesem Augenblick hörte man die Riegel knarren. Der Bote blickte rasch zum Tor: Ihr werdet ihn dort selber sehen; das Tor öffnet sich; ein Bild wird sich euch bieten, das selbst den erbarmt, der es verabscheut.

Der Bote rannte zur Seite. Der Chor wich zurück, nach beiden Seiten, die Mitte freigebend. Oedipus selbst preßte sich mit letzter Kraft gegen das Tor, um es langsam aufzustoßen. Wankend lehnte er sich an den Türpfosten. Noch sah man seine gräßliche Entstellung nicht. Das Palast-Innere war dunkel. Die Sonne hatte sich dem Zenit genähert. Die Gestalt vor dem dunklen Inneren stand im Gegenlicht. Jetzt richtete sie sich auf. Sie wankte nach vorn. Sie bot das Gesicht.

Ein Entsetzensschrei entrang sich dem Chor. Viele unter den Zuschauern mochten mitgestöhnt haben.

Der Heros trug die veränderte Maske. Von den blutig-hohlen Augenhöhlen waren schwarze Blutbäche über die Wangen gemalt. Blutbefleckt war das ganze Gewand, waren Hände und Arme. Daß dieses zeichenhafte Bild den Horror zugleich zeigte – schonungslos – und formte – als Kunst – gehört zum Wesen der Tragödie. Die schreckliche Wahrheit löst den Affekt des Entsetzens aus; und aus dem Affekt bildet sich, getragen von Musik, übergehend in gelenkte Bewegung, aufsteigend zur Erkenntnis: der Kommos.[63]

Der Anblick des Gezeichneten trieb den Chor weit weg und auseinander. Die Alten wandten sich ab, die Arme vor dem Gesicht. Sympathie kämpfte in ihnen mit phrike = Schauder (1306). Dieser Kampf wurde sichtbar in Bewegung und Geste, hörbar in Gesang. Dazu erklang phrygische Musik: Auloi mit anfangs schrillen Einsätzen, die allmählich ruhiger wurden, gestampfter Rhythmus zum Schlaginstrument (tympanon = Handpauke), der vom hektischen Zittern der Erregung in gedämpftere Schritte überging. So auch der Heros. Die Wehrufe glitten eine Skala herab: aiai (1307), io (1313), oimoi (1316), io (1321), um dann mit dem philoi (1329) ganz zu verstummen. Man sah an seinem Spiel, man hörte am Tonfall der Stimme, wie ihn allmählich die mania verließ. Logos kehrte zurück und übernahm schließlich ganz den dialogos.

Der Chor. Vorspiel (1297ff): Jammer. Allerentsetzlichstes! Welche mania! Was für ein Dämon sprang auf dein unseliges Schicksal (moira)? Anders ausgedrückt: War deine moira nicht schon unselig genug? Was für ein Dämon ließ dich das noch verüben? Das ist nicht mitanzusehen. Und doch, viel wäre zu fragen, zu erfahren, zu erkennen! Wenn nur der Schauder nicht wäre! – Nein, es ist nicht anzusehen, nicht anzuhören. – Und doch können die Alten nicht anders als sehen und hören. Welcher Dämon trieb dich, dein Gesicht auszulöschen?

Oedipus: Apollon war es! Er hat die Leiden über mich gebracht; aber mein Gesicht habe ich mit eigener Hand zerstört (autocheir 1331), denn was brauchte ich zu sehen, da dem Sehenden nichts war süß zu sehen? (Dieses glykys, 1335, vielleicht doch besser mit angenehm, freundlich zu übersetzen, wird an wichtiger Stelle wiederkehren).

Chor: Ja, da hast du recht. – Oedipus: Und was könnte ich jetzt noch sehen oder hören, das mir Freude macht? Führt mich fort, schnell, o Freunde, den Verruchtesten, Verfluchtesten und den Göttern Verhaßtesten unter den Sterblichen! – O, hätten wir dich nie gesehen und gekannt, klagt der Chor, der das doppelte Leiden des Heros begründet: «Geschlagener durch dein Bewußtsein (nus) ebenso wie durch dein Schicksal» (1347f). Für moira kann er nichts, aber nus macht ihn noch unglücklicher als andere; nus hat ihn dazu gebracht, sich die Augen auszustechen.

Oedipus greift früher Gesagtes auf: Wäre ich nie geboren oder damals gestorben als Kind, wäre ich nicht solch ein Jammer (1355) den Meinen und mir. Nicht wäre ich dann geworden, was ich bin, Vatermörder, Mutterschänder. Gottverlassen bin ich jetzt, elend, Träger des größten Übels der Welt (atheos 1360 mit dem Beiklang «gottlos»).

Ende des Kommos. Auf die gesprochene Frage des Chors, ob es nicht doch besser als blind zu leben gewesen wäre, er hätte sich das Leben genommen, gibt Oedipus dialektische Rechenschaft. Das Bewußtsein überblickt das Geschehene und zieht die Summe dieses Lebens. Der physische Schmerz überwältigt nicht mehr das Denken. Phrontis (1390) ist da: das sorgende Bedenken. Phrontis war es, die alles ins Rollen gebracht hatte, damals, als er in den schlaflosen Nächten grübelte, warum die Pest die Polis überfallen konnte (67). Kein «Schwert der phrontis» hatte dem Herrscher und dem Rat mehr geholfen – so hatte der Chor in der Parodos geklagt (170). Phrontis ist zwar machtlos gegen das Übel, aber sie ist da, außerhalb der Übel (exo ton kakon 1390), nicht betroffen von ihnen, weil sie sie nicht verschuldet hat – eine Möglichkeit des Menschen und zumal dieses, der sich weigert, sich zu töten, weil ihn die Götter geschlagen haben.[64]

So Oedipus zum Chor: Belehrt mich nicht und beratet nicht mehr mit mir darüber, ob das nicht das Richtigste war, was ich getan habe (1369). Das ist entschieden. So habe ich es vom ersten Augenblick an beschlossen, in dem ich sicher gewußt habe, was geschehen ist. Dies ist kein miasma, aus dem man sich löst, indem man sich das Leben nimmt; was ich getan habe, Vatermord und Mutterschändung, ist ärger als Sich-aufhängen (1374). Wie könnte ich dort unten dem Vater, den ich erschlagen habe, und der Mutter, die ich geschändet habe, ins Auge sehen! Und die Kinder! Lieblich war mir ihr Anblick, der Anblick der «Sprossen, die so entsprosst sind» (1375 f): Meine Augen können sie nicht mehr sehen, nicht mehr die Stadt und die Burg und die Heiligtümer der Götter, deren ich ganz Elender, in Theben wie nur *ein* Mann verehrt, mich beraubt habe (1379 ff).

Oedipus hat das Urteil der Blendung über sich verhängt, weil er vor aller Welt, vor dem Volk, vor der Polis als Geblendeter erscheinen, gesehen und erkannt werden wollte. So hatte es der Bote berichtet: Offenbaren (1287 delun: wahr machen) soll man den miastor allen Thebanern. So wird er es später verschlüsselt wiederholen: Ihr könnt mich ohne Furcht berühren; nur einer allein hat das getan, und «diese meine Übel kann keiner tragen außer mir» (1414 f). Wie er auserwählt war zu diesen Übeln, so ist er auserwählt zu dieser Sühne. Das Bewußtsein einer schauerlichen Größe ist noch immer in ihm.

Und doch ist das letzte Wort, das den Sinn-Schlüssel bringen soll, noch nicht gesprochen. Während der Dichter seinen Heros in den Augen der Nachwelt steigen läßt, überantwortet er ihn vor seiner Mitwelt einem Sturz, der auch dieses sein Selbstbewußtsein zu brechen schien.

Zum Allgemeinen kommt das Besondere. Sind es ungeschriebene Gesetze (die nomoi hypsipodes des Chorlieds 863 ff), welche die ungeheuerliche Sühne des ungeheuerlichen miasma vorschreiben, so besteht außer ihnen ein legales Edikt, das Oedipus selbst erlassen hat (224 ff). Ächtung und Verbannung waren dem miastor angedroht. Aus eigener Machtvollkommenheit hatte Oedipus den Fluch gegen Täter und Mitwisser geschleudert; die Pest hatte er ihnen an den Hals gewünscht und «ein noch schlimmeres Los» (272); den Tatverdächtigen Kreon hatte er mit der Todesstrafe bedroht. Und ausgerufen hatte er feierlich: «Selbst von mir selbst werd' ich zerstreuen diesen Flecken!» (138). Wie könnte er jetzt anders sprechen und handeln als so (1384 ff):

> Da solchen Flecken ich an mir hab aufgedeckt,
> Mit graden Augen, sollt ich diese sehn?
> Nein, niemals! Sondern gäb es für des Hörens Quell
> Im Ohr noch einen Damm: ich hielt mich nicht
> Und schlösse meinen jammervollen Leib,
> Daß blind ich wäre wie auch hörend nichts!

Und hier folgt, in die tragische Einsamkeit der Größe gesprochen der Schlüsselsatz über die phrontis (1389 f): *Denn daß das Denken abgeschieden von den Übeln wohnt, ist süß.*[65]

Wieder glyky in des Wortes doch wohl tieferer Bedeutung. Alles ist ihm genommen worden: Glück, Ehre, Macht. Doch nicht diese Kraft des nus, zu bedenken, was not ist. Alles könnte er sich selber nehmen, so wie er sich die Augen genommen hat, und doch würde er auch dann nicht aufhören, zu denken, sich zu sorgen, das Notwendige (ta deonta) zu erwägen.

Vier Anrufe, die sich immer mehr ins Allgemeine heben, benennen die entscheidenden Stationen dieses Lebens, gesehen aus der Rückschau des schuldlos Verdammten: O Kithairon, warum hast du mich nicht sterben lassen? Auf daß ich nie den Menschen hätte zeigen müssen, woher ich bin (1391 ff). – O Polybos und Korinth, welche Pracht von Übeln zogt ihr auf! (1394 f). – O Dreiweg, der du das von mir vergessene Blut getrunken hast, gedenkst du dieser Taten und derer, die folgten, als ich hierher kam? (1398 f). – Folgen wir dem Gedankengang: Wieviele Kinder werden ausgesetzt und sterben, wieviele sind für ein gutes Leben gerettet worden, wie oft haben Eltern fremde Kinder aufgezogen, zu ihrem und deren Glück, wie manche Händel hat es an Kreuzwegen gegeben, bei denen Blut floß und einer den andern erschlug, aus Notwehr oder nicht – nur ich wurde ausgesetzt, gerettet, aufgezogen und an den Dreiweg geschickt, um unwissentlich zum Vatermörder zu werden. Oder bin ich am Ende doch ein Beispiel für das Leben, wie es die Götter die Menschen führen lassen, gewiß ein einmaliges, ein auserwähltes Beispiel, aber eben doch nur ein Beispiel? Nur diesem Gedankengang läßt sich der letzte Ausruf anschließen: denn in diesem doppelten «O Ehen, Ehen» (1403) wird der Ausgangspunkt, daß zwei Ehen, die seines Vaters und seine eigene, die Übel gezeugt haben, alsbald verlassen: «O Ehen, Ehen, ihr brachtet uns hervor, und als ihr uns hervorgebracht, da ließet abermals ihr aufgehen denselben Samen und stellet dar in Vätern, Brüdern, Söhnen eines Stammes Blut, Bräuten, Weibern und Müttern und soviel schändlichste Werke unter Menschen nur entstehen» (1403 ff). Das heißt: Wie ist es möglich, daß Ehen geschlossen werden, um Menschen in die Welt zu setzen, Väter, Brüder, Kinder, Bräute, Frauen, Mütter, die, schuldlos geboren, heranwachsen, nur um dem Übel ausgesetzt zu werden, das in der Welt ist, um mit diesem Übel geschlagen zu werden; und einer war darunter, der auf diese Weise zu dem Schändlichsten verdammt wurde, das sich ausdenken läßt. Das «uns» (1404), das auf den Ausruf folgt, läßt keine andere Deutung zu. Kein Wort von den Göttern. Aber die ganze Rede geht auf sie.

Daher jetzt der Schlußstrich: Macht Schluß mit mir: «Bei den Göttern, schleunigst!⁶⁶ Verbergt mich, oder tötet mich, oder werft mich ins Meer, wo ihr mich nie mehr erblickt.» Das ist es doch, was die Götter verlangen, womit ich selbst dem miastor geflucht habe, dem Gott vertrauend, der das Orakel gesprochen hat, dem Gott, der dies alles geschickt hat! Macht Schluß mit mir nach dem Ratschluß des Unbegreiflichen. Nicht ich werde mein Leben enden: Ihr müßt es tun, ihr, das Volk, für das ich das beste Teil meines Lebens gelebt habe, ihr, auf die um meinetwillen das miasma gefallen ist und die Pest, entfernt jetzt die Befleckung, die ich selbst aufgedeckt habe, hier, nehmt das Opfer und handelt an ihm nach eurem und der Götter Willen!

Hölderlin sagt, es sei wie ein «Ketzergericht».

Die letzten Verse klingen anders als das jammernde Flehen des Kommos: «Führt mich fort, ihr Lieben!» (1340). Sie sind schon auf Kreons Auftritt hin gesprochen, Folie für diesen, Befehl, Herrscherspruch: «Los, würdigt den Elenden, daß ihr ihn anfaßt! Gehorcht! Habt keine Angst!» Und in voller Größe: «Denn meine Übel ist kein Mensch zu tragen fähig außer mir» (1415).

Machen wir uns klar, daß es für Oedipus, und zwar nicht für den von physischen Schmerzen zerrissenen, halb bewußtlosen Oedipus zu Beginn des Kommos, sondern für diesen messerscharf denkenden und seiner Größe voll bewußten Oedipus keinen anderen Partner gibt als die Polis. Er überantwortet sich dem Chor, der das Volk repräsentiert. Auch wenn er gesagt hat, daß es nichts mehr zu beraten gebe (1370), so erwartet er doch, daß das Volk vollende, was er, um der Polis willen, begonnen hat. Was in den schlaflosen Nächten aufgekommen ist, vollendet sich jetzt. Der miastor ist entdeckt; wenn das Volk ihn der Strafe zuführt, werden die Götter die Polis von der Pest befreien. Sollte daran ein Zweifel in ihm gewesen sein, so hat diesen die Überlegung überholt: so wie die Pest möglich war, so wie das miasma möglich war, so wie die Aufdeckung des miasma möglich war, so ist auch die Heilung der Stadt durch die Vernichtung des miastor eine Möglichkeit, die erprobt werden muß. Niemand weiß zwar, ob die Götter die Sühne annehmen werden; aber die Logik der unbegreifbaren Übel scheint es nahezulegen. Das Orakel hat gesprochen, der Seher hat es geschaut. Bringen wir den Mächtigeren unseren nus zum Opfer!

Wiederum könnte hier die Tragödie enden. Kreons Auftritt wäre entbehrlich, wenn Sophokles diesen Schluß gewollt hätte. Aber er wollte ihn nicht. Es war noch eine letzte Stufe zu betreten, wenn der ganze Sinn verstanden werden sollte. Noch ein Schleier, aus Schein gesponnen, mußte zerrissen werden. Kein grausameres Werkzeug konnte dafür ausersehen werden als Kreon.

Verfolgen wir zunächst, was geschieht.

Der Chor, ratlos vor der Forderung des geliebten und erschreckenden Verdammten, erblickte, was viele Zuschauer schon bemerkt hatten: das Nahen einer pompe von links. Kreon näherte sich mit seiner Leibwache der Parodos. Niemand hatte nach ihm geschickt. Aber schon der erste Blick ließ keinen Zweifel darüber, daß er sich der Herrschaft bemächtigt hatte. Er trug die Embleme; er hatte die Waffen. Was blieb den Geronten übrig, als sich dem neuen tyrannos zu beugen? Während die pompe den Schauplatz betrat und sich zwischen dem Chor und der Skene, auf der Oedipus stand, drohend postierte – drohend: wir werden gleich sehen, warum – erwiesen die Alten Kreon die Ehre, indem sie Oedipus an ihn verwiesen: Wende dich mit deinem Verlangen an Kreon, der eben recht erscheint, um zu handeln und zu beschließen, wie es ihm zukommt, da er allein an deiner statt als phylax übrig geblieben ist.[67] (Phylax, eigentlich Wächter, meint hier wohl den Inhaber der Staatsgewalt.) Oedipus, wie vom Blitz getroffen, mit den blinden Augen in die Richtung starrend, wo die pompe angehalten hatte, aus schrecklichem Begreifen sprechend: es ist noch nicht zu Ende; ich bin in die Hand meines Todfeinds gegeben; ihn habe ich der Tat beschuldigt, die ich selbst begangen habe; nun ist er der aristos, der beste Mann, so wie ich der kakistos, der schlechteste bin (1433). Oedipus wird bei Kreon um das betteln[68] müssen, was er eben noch vom Volk gefordert hatte.

Kreons Auftreten ist unglaublich.[69] Wer da noch vom Biedermann spricht, kann nur die Maske meinen, die der tyrannos aufgesetzt hat. Ist ein grausameres Wort denkbar als das, das er an den Geblendeten richtet? «Nicht um zu lachen, Oedipus, bin ich gekommen ...» (1422). Aber eigentlich, heißt das doch, müßte ich es wohl, und es geschähe dir recht! Dann fährt er fort, indem er Oedipus gleichsam stehen läßt und den Chor – die Gerusia! – heftig anfährt. Das ist der Mann, der behauptet hatte, Machthaber zu sein, bedeute ihm gar nichts (587 ff) – wie kostet er jetzt die Machthaberschaft aus! «Ihr da, wenn ihr schon unter euresgleichen kein Schamgefühl habt, dann schämt euch wenigstens vor Helios! Wie könnt ihr dieses Scheußliche da (toiond' agos 1426) unverhüllt so dastehen lassen. Schafft ihn schleunigst ins Haus hinein!» Das war ein Befehl an die Leibwache, die augenblicklich in Aktion trat.

Oedipus: «Bei den Göttern, erfüll mir nur eine Bitte. Ich spreche in deinem, nicht in meinem Interesse».

Kreon: «Was willst du so dringend?»

Oedipus: «Wirf mich so schnell wie möglich aus dem Land hinaus!»

Kreon: «Das hätte ich längst getan, wenn ich es nicht für nötig hielte, zuerst den Gott zu befragen, was zu tun ist».

Darauf also will er hinaus. Unsichtbar steht hinter ihm Teiresias: er wird es sein, der den Gott befragt. Die Demütigung muß perfekt werden. Selbstverständlich ist die Befragung als solche völlig sinnlos. Oedipus hat recht, wenn er, leise, antwortet: «Der Spruch war doch völlig klar: den Vatermörder, den Verruchten, mich, zu vernichten». – Kreon, hart: Meinetwegen. Mag der Spruch klar gewesen sein – ich halte es trotzdem, so wie wir jetzt stehen, für richtiger, zu fragen, was zu tun ist. – Oedipus, begreifend, was der andere vorhat: «So werdet ihr über den elenden Mann noch Weisung einholen?» – Darauf die massive Antwort: «Auch du wirst dich jetzt wohl endlich zum Glauben an den Gott bequemen!» (1445).

Oedipus sinkt tief getroffen in sich zusammen. Trotzdem wagt keiner, Hand an ihn zu legen. Noch immer ist Herrscherliches um ihn. Kreon fühlt sich isoliert. Er spürt die abweisende Haltung des Chors. Er hat einen Fehler gemacht. Er muß etwas tun, um den schlechten Eindruck zu verbessern. So wird er während der folgenden Rede des Oedipus den Befehl geben, die beiden Mädchen, von denen Oedipus sprechen wird, zu holen. Was Sophokles Oedipus jetzt sagen läßt, ist von dem Wunsche eingegeben, das ganze Mitleid der Umstehenden und der Zuschauer auf ihn zu versammeln. Das Mitleid ist die Macht des Unglücklichen, vor der Kreon zurückweicht.

Es ist ein Vermächtnis, das Oedipus verkündet, feierlich, mit der Gebärde eines hohen Auftrags an den unter ihm Stehenden, der letzte Wille des Mannes, der noch immer König ist, und zugleich schon Prophetie, wie sie, nach altem Glauben, den Blinden zuteil wird, ein Vorgriff auf den «Oedipus auf Kolonos». «So trage ich dir auf und wende mich an dich!» (1446): Bestatte meine Frau, die deine Schwester ist; was mich betrifft, so kann der Vaterstadt nicht zugemutet werden, daß ich lebend in ihr wohne: schicke mich in den Kithairon, den Vater und Mutter mir zum Grab bestimmten, denn soviel weiß ich: weder Krankheit noch irgend etwas anderes wird mich vernichten; nie wäre ich wohl, schon sterbend, gerettet worden wenn nicht zum ungeheuren Übel (deino kako 1457). Doch «wie dem auch sei, die moira, unser aller moira, gehe, wohin sie gehe.»

Er soll nicht sterben, das hat Oedipus jetzt erkannt, so wie er es zuvor selbst beschlossen hatte. Man wird ihn weder töten noch ins Meer werfen lassen. *Er ist zum Leben verurteilt.* Die einzige Hoffnung, die ihm bleibt, ist in Kreons Hand gegeben: ihn in die Berge ziehen zu lassen, in die Einsamkeit, die dem Gottverlassenen ziemt.

So fährt er fort in der Verkündigung des letzten Willens. Aber nun, da er auf die Kinder zu sprechen kommen muß, läßt ihn der Dichter aus der Feierlichkeit fallen. Die Maske, die blutverschmierte, konnte nicht weinen. Der Schauspieler mochte den Arm vor das Gesicht gehoben haben. Um die Söhne, sagt er, mache er sich keine Sorgen; aber die Mädchen, die unglückseligen und erbarmenswerten, für die er alles war – für sie wenigstens möge Kreon sorgen.

Das Stück hat seinen letzten Höhepunkt erreicht. Die Szene, in der Oedipus die kleinen Mädchen, die nun von einer Dienerin gebracht wurden – jeder im Publikum kannte die Namen aus dem früheren Stück: Antigone und Ismene, die eine sieben, die andere sechs Jahre alt –, in seine Arme schloß, war bestimmt, sich unvergeßlich einzuprägen, gleich einer Pietà. Das Versmaß zeigt, daß die Sprache in Gesang überging. Die Klage übermannte den Heros. Das Pathos, das ihr entströmte, konnte selbst Kreon, dessen verwandtes Blut der Klagende anrief (1503 ff), nicht ungerührt lassen, denn das Schluchzen der Umstehenden – vielleicht ein klagender Singsang – erfüllte das Theater. Laß meine Hände die Mädchen berühren und ausweinen die Übel (1469 ff):

> ... berühre
> Ich sie mit Händen, wird mir sein,
> Als *hätte* ich sie, so wie da ich sah!
>   Was sage ich?
> Hör ich nicht irgendwo hier, bei den Göttern,
> Die mir geliebten beiden Tränen weinen?
> Und hat, sich über mich erbarmend, Kreon
> Das Liebste, meine Kinder mir geschickt?
> Ist's so?

Kreon bestätigt: ja, er habe es angeordnet, wissend, daß ihm das Freude machen würde. Er spielt sich in die allgemeine Rührung hinein, wohl wissend, wie kurz die Freude sein wird.

Noch einmal hat Oedipus eine längere Rede. Es ist die letzte. Sie kreist um einen einzigen Gedanken: daß die Verdammnis des Vaters auf die Kinder übergehen könnte. «Kommt zu meinen brüderlichen Händen» – so ruft er (1481), die Arme nach den Kindern ausstreckend, die sich weinend an ihn schmiegen. Als «brüderliche» sind sie ja nicht verdammt. «Bedenke ich den Rest des bittren Lebens, wie ihr es vor Menschen leben müßt» (1487f), beweine ich euch. Immer werden die Leute mit den Fingern auf sie deuten: das sind die, deren Vater den Vater ermordet und seine Mutter zu ihrer Mutter gemacht hat. So geht die Schande hinter euch her. Ach, es ist offenbar, daß ihr «dürr und ehelos» (1502) hingehen werdet.

Jetzt ließ Oedipus die Kinder los. Er tappte einen oder zwei Schritte auf Kreon zu, die Stufen hinunter. Mit den ausgestreckten Armen schien er die Ströme des Mitleids, die sich ins Theater ergossen hatten, greifen und gegen Kreon lenken zu wollen: Du allein wirst bei ihnen bleiben! Sei ein Vater zu ihnen! Laß sie nicht bettelnd, männerlos von Ort zu Ort ziehen, deine Verwandten – stell sie nicht meinen Übeln gleich! Erbarm dich ihrer, die so jung von allen verlassen sind – außer was dein Teil ist. Gewähr es, Edler, gib mir deine Hand darauf! (1510).

Theater des Zeigens. Kreon hat keine Antwort. Und Oedipus dankt ihm nicht. *Das Bild des die Hand ins Leere streckenden Blinden ist eine sophokleische Erfindung.*[70] Für Kreon war Oedipus durch das miasma «athiktos», unberührbar geworden. Den Alten hatte er zurufen müssen: habt keine Angst, mich zu berühren (1413). Die Zuschauer wußten, was Kreon den Mädchen einst antun würde. So sahen sie, wie er reglos dastand und die Hand nicht nahm. Langsam zog sie der Blinde zurück.

Die Kinder halfen ihm, die Stufen wieder hinaufzugehen. Er sprach zu ihnen: Vieles müßte ich euch raten, wenn ihr es schon verstehen könntet. Da ihr so klein seid, bleibt mir nur eines zu erflehen: daß euch ein besseres Leben vergönnt sein möge als eurem Vater (1514). Noch einmal fügte sich die Pietà des Vaters mit den Kindern zusammen.

Aber Kreon hat es nun satt. «Genug der Tränen! Auf jetzt! Ins Haus hinein!» Die Härte und Heftigkeit des letzten Schlags, der auf den Heros niedersaust, drückt sich in der Stichomythie der Halbverse aus. Bitter fährt Oedipus auf: Gehorchen muß ich, auch wenn es nicht schön ist (1516). Dieses «pisteon» mit dem Dachbegriff «pistis», zugleich Glaube, Glaubwürdigkeit, Vertrauen, Gehorsam, ist in die Schlußszene bedeutsam verschränkt. Schon früher hatte Oedipus gesagt: «Welch einen Anspruch auf pistis hätte ich noch?» (1420). Kreon hatte ihm zugerufen: «Auch du wirst dich wohl jetzt endlich zur pistis dem Gott gegenüber bequemen». So drückt sich jetzt in diesem «pisteon» die Gebrochenheit des Heros aus. Noch einmal läßt ihn der Dichter um Verbannung bitten; aber Kreon hatte das bereits abgelehnt. Jetzt wiederholt er: «Du verlangst, was nur der Gott geben kann». – Darauf Oedipus: «Aber den Göttern bin ich doch der Verhaßteste!» – Kreon, brutal: «Eben darum wirst du bekommen, was sie bestimmen». – Oedipus: «Das sagst du?» – Kreon: «Ich pflege nicht herauszuschwatzen, was ich nicht meine». – Oedipus, nach einer Pause, leise, fast willenlos: «Führt mich jetzt endlich weg von hier!» – Aber die Kinder klammern sich noch an ihn. Eine stumme Szene.[71] – Kreon sieht sich um und erkennt, daß keiner sich rührt; so muß er selbst eingreifen; er geht auf ihn zu, die Stufen hinauf: «Komm jetzt, laß die Kinder!» – Sinnlos schreit Oedipus auf: «Niemals sollst du mir diese nehmen!» – Kreon wird wütend: *«Wolle nicht Herr in allem sein!»* Das ist die tiefste Erniedrigung, wörtlich: «Alles wolle nicht beherrschen!» (panta me bulu kratein 1522). Immer noch, heißt das, glaubst du, du könntest befehlen, aber, so fügt er hinzu: «Denn was du beherrscht hast, soll dir nicht mehr folgen im Leben.» Es ist zu Ende mit deiner Macht. Machtlos wirst du nun sein, du, der du kratistos warst (1525), der Mächtigste.

Kreon packte ihn am Arm, riß die Kinder von ihm los, die von der Dienerin ins linke Paraskenion weggebracht wurden – so demonstrativ die Trennung unterstreichend –, und stieß den Blinden vor sich her in den Palast. Das Mitteltor rollte knarrend zu. Die Riegel wurden vorgestoßen.

Oedipus wird dort gefangen gehalten werden, bis der Sprecher des Gottes, Teiresias, das Urteil über ihn gesprochen haben wird. Es scheint, als könnte kein Zweifel darüber bestehen, wie es nach der Gerechtigkeit lauten müßte. Oedipus hatte es schon selbst über sich gesprochen: Verbannung. Aber Sophokles kommt es darauf an, daß der Heros der Ungerechtigkeit ausgeliefert wird. Was kann Kreon daran liegen, den Entmachteten, Wehrlosen nicht in die Berge ziehen zu lassen? In der jetzigen Situation standen dem gewiß keine Gründe entgegen, aber später? Wenn die Zeit Gras über die Greuel wachsen hat lassen – könnte er nicht wiederkommen und den Thron zurückverlangen? Er ist erst fünfunddreißig Jahre alt: was Geist und Willen in ihm vermögen, hat er eben jetzt erst bewiesen. Da wird es besser sein, sich seiner zu versichern, ihn in Gewahrsam zu halten, ihm die Freiheit zu verrammeln. So denkt der Politiker, der Mann ohne Größe, der Machthaber ohne nus.

Es ist im übrigen weniger wichtig, *warum* sich Kreon der Verbannung widersetzt, als *daß* er sich ihr widersetzt. Selbst Oedipus' letzter Wille muß gebrochen werden. Und er wird gebrochen gegen dike und nus. Durch den nus hatte der Heros die Macht erlangt, als kratistos; er hatte die Macht benutzt, um die Polis, wenn auch als tyrannos, so doch mit dike zu regieren. Nun, da er schuldlos die Macht verloren hat, wird sein Sturz in die Ohnmacht gegen dike und nus besiegelt.

Sind darum dike und nus entwertet? Keineswegs. So wenig wie der Heros selbst vor dem Volk und den Zuschauern entwürdigt ist. Kreon richtet sich geradezu selbst. Gerade weil Oedipus von dem neuen Machthaber rechtlos und sinnlos getreten wird, hebt ihn das einsehende Mitleid auf, um ihm den Ruhm des schuldlos leidenden Schmerzensmannes zu verleihen: ecce homo. Wo war da Hybris? Oedipus hatte im Jähzorn gedroht, aber die Drohungen, denkend, nicht wahr gemacht. Er hatte sich auf das Selbstbewußtsein seiner Nichtbetroffenheit verlassen, und dieses hatte sich als löcherig erwiesen. Das Einzige, was ihm zum Vorwurf gemacht werden kann, ist, daß er den nus doch nicht hinreichend befragt hatte: sonst hätte ihm die Möglichkeit eines Zusammenhangs seiner dunklen Herkunft und der beiden Orakel aufgegangen sein müssen. Darin erweisen sich die Grenzen auch des höchsten Menschengeistes: daß er weder allwissend noch ohne Irrtum ist. Sollte deshalb das Stück die Verwirklichung von Wissen und Erkennen als Hybris hinstellen? Nein, Oedipus wird für nichts bestraft als dafür, daß er ein Mensch ist und ihm als einem Menschen mitgespielt worden ist. Sollte er jemals die Hybris besessen haben, sich für einen Übermenschen oder einen Halbgott zu halten («ich, der berühmte Oedipus» 8), so hat er sich im Stück von Anfang an als einer gezeigt, der die Grenzen menschlichen Wissens und irdischer Machbarkeit einsieht: in schlaflosen Nächten hat er über die Ohnmacht gegen die Pest gegrübelt. Es ist falsch, wenn gesagt wird, daß erst die Analysis im Verlauf des Stücks ihn diese Grenzen einsehen läßt. Als ihm blitzartig die erste Möglichkeit der Wahrheit bewußt wird, noch vor der Mitte des Stücks, erfaßt sein ebenso entschlossener wie durch- und durch-schauender Geist alsbald das Ganze: er weiß alles, und er ist es, der, durch nus gerecht, die Analysis allein betreibt. Scheitert er? Woran? Die Macht, die er einbüßt, ist die Macht, die er durch höchsten nus erlangt hat: der nus selbst büßt die Macht ein. Da ist etwas in dieser Welt, unter uns Menschen, in den Bedingungen unserer Existenz, das sich dem nus entzieht: man nennt es das Wirken der Götter. Wir können nicht einmal sagen, daß sich Oedipus gegen jenes delphische gnothi seauton, erkenne dich selbst, vergangen hat, das die Menschen an ihre Schranken erinnert. Mindestens seit dem Ausbruch der Pest weiß er um diese Schranken: so hat er zugestimmt, daß der Gott und der Seher befragt wurden. Weil er der Weisung des Gottes zu folgen entschlossen war, mußte er, in seinem Selbstbewußtsein der Lage, dem Seher mißtrauen. Niemand kann ihn der Gottlosigkeit (asebeia) zeihen. Erst die Enthüllung zeigt, daß er in einem ganz anderen Sinne «atheos» war, gott-los, von Anfang an, durch seine bloße Existenz.

Diese Perspektiven sophokleischer Objektivität rufen, sicherlich im Zuschauer von heute, jenes Erschauern hervor, dem die Tragödie ihre Unsterblichkeit ebenso verdankt wie ihr Heros. Und doch waren auch damals, meinen wir, die Greuel nicht mehr als die Zeichen dieser Perspektiven: das Blut war auf die Maske gemalt; das miasma lag in mythischer Ferne, geschehen, geglaubt, aber nicht gegenwärtig, weil in der damaligen Gegenwart so nicht mehr denkbar – gab es doch weder die Sphinx noch Könige und Königinnen. Die Perspektiven auf die Ohnmacht alles Menschlichen hin waren jedoch nur zu aktuell vertraut: die Pest! Und Perikles! Der Dichter hatte dem größten Mann dieses grausige Epitaph geschrieben. Er sollte der größte Mann bleiben, aber die Zuschauer, selbst in die tragischen Folgen seiner Politik verstrickt, wußten, was Menschengröße vermag und wo sie endet. Sollte deshalb der große Mensch nicht groß sein? So billige Traktätchenweisheit sollten wir von Sophokles nicht erwarten.

In den Perspektiven der Welt als Tragödie zeigt sich der große Mensch groß durch den nus noch in der Ohnmacht. Indem Oedipus den Willen der Götter vollstreckt, nimmt er das Unbegreifliche an. Er anerkennt die Gültigkeit irrationaler Gesetze (agraphoi nomoi): Vatermord und Mutterschändung sind unerträglich in der menschlichen Gesellschaft, ob sie nun wissentlich oder unwissentlich begangen worden sind. Aber indem er mit seinen Augen den nus nicht auslöscht (durch Selbstmord), stellt er sich in der schieren Vernichtung den Göttern und der Welt. Macht mit mir, was ihr wollt – ich bin machtlos geworden, ich werfe die Macht von mir, aber ich kapituliere nicht. Wenn ihr anderen, ihr, die polloi, mich auslöschen wollt, dann tut es. Ich lösche mich nicht aus. Ich will in die Berge gehen und, blind, in der phrontis, die außerhalb aller Übel ist, weiterleben. Aber die polloi löschen ihn nicht aus und der Machthaber läßt ihn nicht in die Berge ziehen. Mitsamt seiner phrontis wird er in den recht- und sinnlosen Gewahrsam genommen. Machen sich hier Menschen zu Werkzeugen der Götter? Sophokles läßt keinen Zweifel daran, was er von Kreon hält. Aber wie könnte ein Kreon gegen den Willen der Götter handeln? Es sind doch die Unbegreiflichen, die durch Kreon den Heros am Ende in die Knie der Zerbrochenheit zwingen. So wollen sie es. Aber können sie Oedipus auslöschen? Was vermögen sie gegen die Unsterblichkeit, die ihm gerade der Ruhm seines Leidens verleihen wird? Einst werden sie den großen Menschen selbst heimholen müssen in die Erlösung; doch ist hier noch nichts vom Mysterienspiel des «Oedipus auf Kolonos» angedeutet. Hart steht die Gottverlassenheit einer größten Möglichkeit des Menschseins gegen die Unbegreiflichkeit des Göttlichen. Aber ebenso hart steht der große Mensch, der Heros, noch in der tiefsten Demütigung gegen die Schändung eines großen Menschen.

Die letzten Verse sind von den Scholien dem Oedipus zugesprochen worden. Der Grund ist klar. Wie könnte der Chor, dachten die Verfasser, sich selbst, nämlich das Volk von Theben, ansprechen? Aber das hebt sich auf, wenn wir uns in die Wirklichkeit der ersten Aufführung zurückversetzen. Der Chor spricht zum Volk ins Publikum. Die Rede geht an die Betroffenen. Unmöglich, daß Oedipus in seiner jetzigen Verfassung und unter Kreons Augen noch einmal in dieser Form das Wort ergriffen hätte, unmöglich, daß er gesagt hätte, was da gesagt wird. Das ist aus dem Sinn des Volkes zum Volk gesprochen. Es ist das fabula docet ohne die Dimensionen, die der Geist des Heros aufgerissen hat. Fast klingen die Worte banal. Sie sind dennoch wahr. Wahrheit wird darum nicht weniger wahr, weil sie einfach ist. Die Wahrheit der einfachen Leute – das ist der Epilog des «Oedipus tyrannos». Achtfüßige Trochäen hallten schwer über die Orchestra (1524 ff):

> Bürger in dem Lande Theben! Sehet, dieser Oedipus:
> Der die berühmten Rätsel löste und ein Mann vor allen war,
> Er, auf dessen Glück – wer von den Bürgern nicht mit Neid geblickt:
> In welch eine große Woge schwerer Schickung er geriet!
> Darum blicke man bei jedem, der da sterblich, auf den Tag,
> Der zuletzt erscheint, und preise keinen selig, eh er denn
> Durchgedrungen bis zum Ziel des Lebens, nie von Leid berührt!

Im Takt der Trochäen spielte die Musik, während der Chor die Exodos antrat.
Die Sonne stand hoch. Sie brannte auf den leeren Schauplatz. Der Palast lag im Gegenlicht. Der Chor verschwand. Die Musik verhallte.
Sicherlich wurde Applaus gespendet. Aber er war wohl nicht stark. Die Betroffenheit überwog. Das zeigt sich daran, daß das Stück, wie wir wissen, nicht den

Preis erhielt. Zu stark mochten die Athener die Zuspitzung auf ihr eigenes Geschick, auf die Pest und auf Perikles, empfunden haben.

Aber der Nachruhm wuchs dem Stück bald zu. Viele halten es für die größte Tragödie überhaupt. Uns genügt es, festzustellen, daß wir nie von Dichtung und Theater so betroffen waren wie nach diesem Versuch, uns das einzelne so konkret wie möglich auf der Bühne vorzustellen und so das Ganze zu durchschauen. Dieses Ganze als theatrum mundi nostri. Die Welt als Tragödie.

Ecce homo Oedipus.[73]

Oedipus' Geschichte ist ein Einzelfall. Sie spielt an der äußersten Grenze des Menschenmöglichen. Er weiß das selbst: «Denn meine Übel zu tragen ist unter den Sterblichen keiner geschaffen außer mir» (1415). Es ist der Einzelfall eines großen Menschen. Greuel und Leiden, an denen er keine Schuld hat, sind seine Tragik. Was ist «paradigmatisch» daran? Wofür steht Oedipus?

Dichter wie dieser – wir nannten sie «Objektivisten» – lassen das Stück, das sie aus ihrem Stoff, dem Leben, gemacht haben, nicht auf eine Formel hinauslaufen. Eine Lehre sollte man nicht von ihnen erwarten. Dennoch haben sie ihren Stoff nicht zufällig gewählt, ja, sie haben dem Leben, das allein ihr Stoff sein kann, die Zufälligkeit dadurch entzogen, daß sie ein Stück daraus gemacht haben: eine Handlung, die zwischen Anfang und Ende zwingend verläuft. Das Leben, das ihr Stoff ist, haben sie selbst mitgelebt. Sie zeigen es, so wie sie es sehen, denen, die es, wie sie, mitgelebt haben, mitleben. Dieses Leben kann nicht anders sein als konkret: das gegenwärtige. Diejenigen, denen sie es zeigen wollten, konnten nicht anders sein als konkret: die Zeitgenossen. Ihnen war, was gezeigt wurde, überantwortet: zum Nachdenken. So ist unsre Frage zu verstehen: «Was hatte Sophokles jetzt den Athenern zu sagen?» In der Antwort auf diese Frage suchen wir das Paradigmatische, das in der Gegenwart von damals Gegenwärtigkeit von heute zeigt.

Hic et nunc: Die Pest, der Tod des Perikles, der Krieg. Daß Oedipus nicht Perikles *ist*, versteht sich von selbst: wo wären in dessen Leben solche Greuel? Er ist, wie dieser es war, ein großer Mann. Er war, wie dieser, der erste Mann der Polis. Er war, wie dieser (und nur wie dieser), ein tyrannos. Was ist er nun, da er tot ist? Wofür stand sein Leben? Was ist von den großen Männern der Polis geblieben, nach ihrem Tod? Von Themistokles, von Miltiades, von Solon (von diesem zumal, der noch die Tyrannis erlebt hat)? Ändern wir rasch die Namen! Was blieb von Lenin, von Gandhi, von Mao? Es blieb, was von Oedipus blieb: der Mythos.

Das also ist die Quintessenz der höchsten Menschenmöglichkeit. Es war, in diesem Fall, die äußerste Möglichkeit des Denkens (nus), des Erkennens, des Wissens. Athen war, als das Stück aufgeführt wurde, das «Zentrum der intellektuellen Revolution»,[74] der «Entdeckung des Geistes», der Aufklärung. Der Mensch war das

«Maß aller Dinge» geworden. Sollte die Tragödie des größten Menschen ein Menetekel gegen diesen Optimismus sein?

So ist sie gedeutet worden.[75] Oedipus als das personifizierte Athen. Sein Charakter als das Abbild des attischen Charakters mit allen seinen Vorzügen und Fehlern.[76] Und die letzte Szene als Wiederkehr aus der Tiefe des Scheiterns, als die «Reintegration des Heros», seiner Herrscherlichkeit, seiner Dynamik, seines triumphierenden Geistes.[77]

Wir mußten dagegen unsre Deutung der letzten Szene als der tiefsten Erniedrigung setzen. Der verzweifelte Versuch, das Stück für eine optimistische Weltauffassung zu retten, scheitert an dem Verhalten Kreons, der dem bittenden, bettelnden Helden jede Konzession verweigert. «Hör endlich auf, alles beherrschen zu wollen!» (1522). Das ist das letzte Wort.

Und doch bleibt «der größte Mensch» nicht völlig «gleich dem Nichts» (1187) zurück. Das Stück ist nicht gegen das Denken gerichtet, im Gegenteil: «Daß das Denken abgeschieden von den Übeln wohnt, ist süß» (1389 f). Die Götter, die dem Menschen die Übel schicken, die ihn von höchster Höhe in die tiefste Tiefe stürzen, haben keine Macht über die Gabe des Ohnmächtigen, sein Elend einzusehen, zu durchschauen und zu ermessen. In dieser Ironie vollendet sich die Tragik. Erst im Denken wird das Übel so groß, daß es kein anderer ertragen könnte. Das Paradigma des größten Menschen ist gezeichnet durch das Paradigma der größten Übel.

Das ist der Befund des «Oedipus tyrannos». Und wenn die Athener in Oedipus sich selbst erkennen sollten, so doch nur im Sinne dieses Befundes: daß wir uns alle in ihm erkennen sollten, nicht so, wie sie waren oder wir sind, sondern wie es sich nun einmal in diesem Leben auf dieser Welt verhält, selbst wenn wir so wären wie dieser.

Theben als Beispiel
III. Oedipus auf Kolonos – *Nachruf auf die Polis*

1

«Oedipus auf Kolonos» ist nicht nur das letzte Stück des Dichters, erst fünf Jahre nach seinem Tod im Dionysostheater uraufgeführt (von seinem Enkel inszeniert), sondern die späteste aller Tragödien überhaupt,[1] der Schlußstrich unter eine Epoche. 407/6 war Euripides fern von Athen gestorben, 74 Jahre alt; als in diesem Jahr die Dionysien gefeiert wurden, betrat der 90jährige Sophokles das Theater in Trauerkleidung; damals schrieb er am «Oedipus auf Kolonos». Keines der auf uns gekommenen Stücke ist danach gespielt worden außer diesem: es war das letzte. Je tiefer wir uns in diese Gegenwart hineinversetzen, desto mehr ergreift uns die schmerzliche Schönheit des Stückes. Vor allem die Gelehrten[2] haben es geliebt. Das ist kein Zufall: sie haben den leichtesten Zugang zu dieser Welt. Für die anderen, denen das studierte Wissen nicht so parat ist, hat es die Ferne einer sehr allgemeinen Parabel, einer Parabel über Tod und Verklärung des Geistes, der alle Mühsal der Existenz überlebt. Eine Gestalt, kein Drama; ein Sinnbild, kein Sinnspiel; eine Parabel, keine Tragödie.

Man hat gesagt, «Oedipus auf Kolonos» sei ein Mysterienspiel.[3] Ja: eine Mysterien-Oper. Nicht zufällig kommen wir auf die Musik. Mehr als ein Viertel des Stückes ist damals im Dionysostheater gesungen oder von Musik begleitet worden.[4] Der Wechselgesang zwischen Solisten und Chor bildet das wichtigste Stilmittel: immer wieder wird Dialektik in Affekt aufgelöst, um Musik herbeizurufen. Man kann noch weitergehen und sagen: auch die Wortkulisse versetzt die Zuschauer in gleichsam musikalische Stimmung. Wie tönen die Bilder der Natur! Niemals hat so die Landschaft mitgespielt! Der Hain, vor dem das Stück spielt, weitet sich zu einer zauberischen Welt, die schließlich selbst die Grenzen des Irdischen vernehmlich macht. Das Ende ist Mystik.

Und doch ist das alles damals nicht so romantisch gewesen, wie diese Beschreibung klingt. Was die Wortkulisse beschwor, war den Zuschauern im Dionysostheater im wahrsten Sinne des Wortes «heilig» vertraut: sie saßen im Hain des Dionysos; der Hain, den das Stück meinte, lag an der «Heiligen Straße», auf der sie jedes zweite Jahr im Herbst nach Eleusis zogen, um die Mysterien zu feiern; Eleusis selbst wird beschworen.[5] Das Mysterium, das sich am Ende mit Oedipus begibt, war nicht minder konkret: die «dromena», von denen der Bote berichtet

(1644), daß nur Theseus sie habe sehen dürfen, waren in Eleusis so geheim, daß Todesstrafe auf Mysterienverrat stand, und doch vielen im Theater als «Eingeweihten» vertraut: sie hatten sie in Donner und Blitz in der «Heiligen Nacht» erlebt,[6] wie hier die Darsteller und das Publikum.

Damit ist ein erster Hinweis auf die Grundschwierigkeit gegeben, die sich der Vergegenwärtigung des Stücks entgegenstellt: es war nicht nur ein Mysterien-Spiel oder eine Mysterien-Oper, sondern mehr noch ein «Bühnenweihefestspiel» für die Polis Athen, in manchem dem Wagnerischen Alterswerk verwandt, nur eben in diesem einen nicht: in der Romantik. Die Schönheit des «Oedipus auf Kolonos» ist schmerzlich, weil sie der Trauer über die Gegenwart entsprang. Athen trieb dem Untergang entgegen. Die Polis wurde von Machtkämpfen zerrissen. Das Recht wurde gebeugt, und die alte Pietät, die noch Perikles geehrt hatte, ging dahin. Was der Chor im «Oedipus tyrannos» fünfundzwanzig Jahre vorher beklagt hatte, das Schwinden des Glaubens an Delphi, Olympia oder die Dionysien, das hatte sich als unaufhaltsam erwiesen. Auch der Dichter, der damals noch die Größe des Menschengeists (nus) selbst im Scheitern gefeiert hatte, sah sich nunmehr gezwungen, den einfachen Tugenden und der aufrichtigen Frömmigkeit das tiefere Vertrauen zu schenken. Nichts deutet in die Zukunft, es sei denn düstere Prophetie. Alles ist retrospektiv. Noch einmal wird beschworen, was Athen einmal war, sein wollte und sein sollte. Es wird nie mehr so sein. Dieses «nevermore» klingt (wie in Keats' berühmtem Gedicht) unüberhörbar durch das ganze Stück.

Auf einen Punkt, der in den meisten Kommentaren gar nicht oder nur nebenbei erwähnt wird, muß in diesem Zusammenhang hingewiesen werden. Kolonos, der Stadtteil, in dem Sophokles geboren wurde (und zu dessen demos er politisch gehörte), war 411 der Schauplatz eines Ereignisses gewesen, das den greisen Dichter aufs tiefste erschüttert haben muß. Die antidemokratische Partei, die sich der Regierung bemächtigt hatte, erzwang von dem ausgepreßten Volk eine Änderung der Verfassung durch ein Ermächtigungsgesetz: «In einer makabren Prozedur» wurde die Annahme dieses Gesetzes vollzogen; «man verlegte die Volksversammlung vor die Stadt, auf den Kolonoshügel. Dorthin wurde das Volk wie eine Schafherde geführt, umgeben von Bewaffneten …, und gab dort ohne Widerspruch seine Zustimmung zur *Abschaffung der Demokratie*. Die Abdankung der Demokratie war vollzogen; sie fiel mit einem moralisch-politischen Tiefstand zusammen, der kaum noch zu überbieten war» (A. Heuss).[7] Es ist undenkbar, daß Sophokles den Schauplatz Kolonos gewählt hat, ohne darauf anzuspielen. Ja, erst in diesem finsteren Schatten rückt das Geschehen des Stückes in die Dimension, die seinen vollen Sinn erschließt.

Theben als Beispiel: Oedipus auf Kolonos   331

2

Am Spätnachmittag eines Frühlingstags vernahmen die Zuschauer, als das Zeichen zum Beginn verklungen war, Lautentöne aus dem Hain unter dem Steinpodium der unbebauten Skene.⁸ Ölbäume, Lorbeer und Weinstöcke (17) prangten im frischen Grün. Die Saiten der Lyra klangen wie Nachtigallentöne. Es war die Zeit, in der diese Vögel nach Athen zurückzukommen pflegten; ihr Gesang, der aus vielen Büschen drang, wurde von altersher mit dem Gott in Verbindung gebracht, dem zu Ehren die Tragödien gegeben wurden: Dionysos.⁹ Die Sonne stand im Westen. Ihre Strahlen ließen den Hain golden aufleuchten. Lange Schatten liefen den Darstellern voraus, die von rechts kamen.

Ein ergreifendes Bild zog die Blicke auf sich. Durch die westliche Parodos näherten sich ein alter (oder alt wirkender) Mann und ein junges Mädchen dem Schauplatz. Sie boten einen bejammernswerten Anblick: die Gewänder zerlumpt, die Haare wirr und schmutzig, barfuß – so schleppte sich das Paar herein, erschöpft, der Mann am Ende seiner Kräfte, mit dem einen Arm auf den Wanderstab gestützt, mit dem andern auf das Mädchen, das ihn halb trug und fortzog. Ein armseliger Sack (1263) barg alle ihre Habe und das bißchen Nahrung. Jetzt hielten sie inne, am rechten Vorsprung des Steinpodiums.¹⁰ «Kind des blinden Alten, Antigone, wo sind wir?» Einen Bettler nannte er sich dann, der mit wenigem zufrieden sei. Entsagung (7) haben ihn die Leiden gelehrt, die lange Zeit und, als drittes, seine eingeborene Art (to gennaion 8, die Art des Heros).¹¹ Das ist aus Oedipus geworden. «Geron» nennt er sich (1), aber das meint vielleicht doch nicht ganz das Gleiche wie Greis.¹² Wie alt ist Oedipus? War er im frühen Stück fünfunddreißig, so müßte er jetzt Ende Vierzig¹³ sein, denn viel mehr als zehn Jahre können seitdem nicht vergangen sein. Wir sollen wohl nicht so genau nachrechnen. Aber später sagt Oedipus seinem Sohn ins Gesicht (1354 ff): sie haben ihn mittellos ins Exil gejagt; das Leben als Bettler und Flüchtling hat ihn so krank gemacht, daß er sich nun dem Tode nahe fühlt; er nennt den Sohn geradezu seinen «Mörder». So ist er ein «geron» nicht so sehr nach der Zahl seiner Jahre, als nach den Zeichen der Leiden, die ihm zugefügt worden sind. Es sind die schlimmsten, die je ein Sterblicher zu tragen hatte (105). Er ist der Dulder (185, 203, 740), der Schmerzensmann. Er ist nur noch ein «elendes Schattenbild» (athlion eidolon 109) dessen, was er einmal war. Sein Status unter den Menschen: Bettler (444), Flüchtling (50, 165, 746, 1096), hiketes (44, 142, 1008).

Ein Mann, irgendein Mann, ein Passant, kommt von links (von der Stadt her) seines Wegs und sieht erschrocken das Paar auf der heiligen, unbetretbaren Stätte. Antigone hat den Kraftlosen und Erschöpften auf die Stufen zum Tor des Hains «gesetzt» (21). Der Hain, dessen verbotenen Bezirk sie betreten hatten, ist das Heiligtum der Eumeniden. «Alles ist hier heilig» (54), sagt der Mann, dem es als

Sakrileg erscheinen muß, wenn Oedipus sagt (44 ff): Ich verlasse meinen Sitz nicht, denn ich bin als hiketes an meines Schicksals Bestimmung (46)¹⁴ angelangt. Der Mann verstummt erschauernd. Er spürt, daß dieser Mann kein Gewöhnlicher ist; er sagt es am Ende selbst: das ist einer von «höherer Art» (gennaios). Woher nimmt der blinde Bettler das Recht, zu verlangen, daß man den König hole? Er verlangt es, und der Mann fühlt, daß er ihm folgen muß. Oedipus strahlt aus, was er selbst in die Worte faßt: «Ich bin ein Heiliger» (287). Als Heiliger erhebt er Anspruch auf den Sitz im Heiligtum. Noch ist er der einzige, der es weiß. Aber dieses Wissen strahlt Dämonisches (76) aus, dem sich keiner entziehen kann.

Deutlich ist das Geschehen an *einem* Punkt ins Legendäre, Mythische, Vorzeitliche verwiesen: der Athener antwortet auf die Frage, wer in der Stadt herrsche, ob einer oder die vielen (66): ein König. Theseus. Aber Theseus war mehr als ein Mythos: ein Symbol. «Theseus ist», sagt Reinhardt,¹⁵ «für Sophokles der höchste Inbegriff des Menschlichen, das zu gestalten er sich unterfangen hat: *sein* Theseus *seines* Athens»: der höchste Inbegriff des Politischen, der Strahlungsstern der Polis-Idee.

Auch Antigone tritt nur noch als ihre Idee auf. Zweimal greift sie ein, einmal für den Vater, einmal für den Bruder, beide Male erhebt sie die Stimme der philia, die sie, vom ersten Auftritt an, als Bild verkörpert. Sie ist nicht mehr heroisch. Man könnte, überspitzt, sagen: sie ist auf die Konturen Ismenes reduziert, während umgekehrt Ismene die Konturen Antigones angenommen hat. Kein Zug unterscheidet mehr die Schwestern. Die eine ist die Stütze des Dulders, die andere die Botin der Welt, an die er noch immer gekettet ist. Auch Ismene ist Bild geworden: auf einem Maultier reitet sie auf den Schauplatz, der breite Wanderhut bedeckt wie ein Schirm den Mädchenkopf, sie ist von Mühe, Gefahr, Leiden und Trauer gezeichnet: so sehen wir sie all die vielen Jahre hindurch hin- und herreiten zwischen Oedipus und der Welt, die ihn verstoßen hat. Ismene ist ihre eigene Legende.

Die Szene, in der Ismene auftritt, hat eine bedeutungsschwere Funktion. Vorher sind die Koloner aufgetreten: der Chor, die Ephoren des Landes (145), eine Gerusia.¹⁶ Die Choreuten haben ihr Entsetzen über das Schreckensbild geäußert, ihr doppeltes Entsetzen, weil das Schreckensbild zugleich die Entweihung des Tabus bedeutete. Die Parodos war alsbald in den Kommos übergegangen: die Erregung hatte sich in Gesang und Choreographie von Schritt zu Schritt gesteigert, während Oedipus und Antigone einen pantomimischen Leidensweg zurückgelegt hatten bis zu der Stelle, wo der «Greis» nun seine zweite Position eingenommen hatte, die definitive bis zum letzten Akt: halb liegend, halb hingelehnt an die Stufen nimmt er nun gleichsam die weiteren Geschehnisse in Empfang. Die letzte Steigerung war erreicht worden, als der «Vaterlandslose» (208) sich zu erkennen gegeben hatte: da hatte sich das Entsetzen überschlagen. Furchtbarer als das Schreckensbild und die Entweihung war dieses miasma: «Des Laios Sohn! – «oooo!» – «Der Labdakiden Geschlecht!» – «O Zeus!» – «Oedipus!» – «Oo ‚oo Unseliger? oo oo! Hinaus mit euch aus dem Land!»

So mögen die beiden es unzählige Male gehört haben, wo immer sie auf ihrer Flucht erkannt worden sind! Antigones Mitleid erflehendes Solo hatte den Chor dann milder gestimmt, aber erst Oedipus' gewaltige Apologie und sein Appell an den Genius der Polis, die dämonische Heiligkeit, die aus ihm getönt hatte (287), hatten den Chor in jenes tarbos (292) versetzt, das als Schauder zu den Hauptwirkungen der Tragödie zählt.

Der Rahmen, in den die Ismene-Szene eingefaßt ist, erhält seinen Abschluß in einem kathartischen Ritual, das zweierlei bezweckt: Sühne für die Entweihung des Heiligtums und Reinigung des Heros von dem alten miasma (466). Dieses Ritual verlangt genau das, was Aristoteles unter «Katharsis» versteht: die Reinigung von den Affekten – durch eine Ekstase dieser Affekte selbst; so muß Oedipus in die volle Schrecklichkeit des miasma zurückversetzt werden («schrecklich ist es, das so lange vergessene Übel zu wecken» 510), damit die Reinigung eintreten kann. Aber in diesem Moment sprengt der Dichter das Ritual: Oedipus weigert sich, die Schuld anzuerkennen. Der Kommos reißt so die Aporie auf, die Sophokles vor der Heiligsprechung des Heros in ihrer ganzen Ausweglosigkeit bewußt machen will. Der Kairos für Theseus' Erscheinen ist erreicht.

Die Ismene-Szene scheint zunächst retardierende Wirkung zu haben, denn statt des schon erwarteten Königs erscheint überraschend das Mädchen. Musik setzt wieder ein (310ff); Choreographie wird entwickelt, und dieser Auftakt wird nach dem dialogischen Hauptstück der Szene im Kommos wiederaufgenommen werden: so rundet sich ein kleines, in das große eingefügtes Kunstwerk.[17]

Ismenes Bericht aus Theben meldet zweierlei: erstens den Ausbruch des Bruderkriegs (Sturz und Vertreibung des älteren Polyneikes durch den jüngeren Eteokles, Gegenschlag des Polyneikes durch den Feldzug der «Sieben»); zweitens ein neues Orakel, das klärt, was Oedipus, mehrfach geheimnisvoll andeutend (10, 46, 72ff, vor allem 84ff, 287f), von einem alten Spruch gesagt hatte: er werde denjenigen, die ihn am Ende seiner Pilgerschaft aufnehmen, Segen bringen.[18] Oedipus realisiert die Konsequenzen sofort: Was könnte ein Mann wie er, blind, mittellos, todkrank, irgendwem nützen? Und Ismene sagt es geradeheraus: Du bist eine Macht[19] (392). Da stellt Oedipus die Verbindung zu dem alten Spruch her: «Wenn ich nicht mehr bin, dann bin ich ein Mann?» Der Tote also wird «die Macht» sein. Die gleiche Konsequenz hat, wie Ismene berichtet, der zynische Kreon gezogen: Wir müssen Oedipus in Thebens Nähe bringen, um sein Grab in unsre Hand zu bekommen.[20]

Die Widerwärtigkeit dieses Handels um den Leichnam eines Lebenden wird dadurch nicht gemildert, daß Athen ohne weiteres bereit ist, sich den prophezeiten «Segen» zum Geschenk machen zu lassen (576ff). Natürlich hat Kreon recht, wenn er später sagen wird, Theben habe als Staat und Vaterstadt (758) mehr Anspruch auf die Leiche, und es mag manchen stören, daß Oedipus gleich bereit ist, seiner Polis, die ihm einst mehr als anderes bedeutet hatte, den Segen zu verweigern, weil ihn seine Söhne und Kreon schlecht behandelt haben. Doch darauf hat Sophokles, wie wir sehen werden, eine Antwort.[21]

Theseus tritt auf: er nimmt das Geschenk an und gewährt, als Gegenleistung, dem Flüchtling nicht nur die Protektion, die er dem hiketes schuldet, sondern die athenische Staatsbürgerschaft (637). Darauf geht er ab.

Alsbald erscheint Kreon an der Spitze einer thebanischen Truppe, um Oedipus zunächst heuchlerisch zur Rückkehr in die Polis, ja, in den Königspalast (741), einzuladen. Wir wissen von Ismene, daß das eine Finte ist. Der Charakter des greisen Politikers, der sich selbst als tyrannos bezeichnet (851), obwohl doch Eteokles auf Thebens Thron sitzt, ist eindeutig schwarz gezeichnet. Während er noch vor Oedipus den guten Mann spielt, hat er sich bereits der mit dem Reinigungsopfer beschäftigten Ismene bemächtigt. Nun befiehlt er, da der Chor sich zwischen ihn und Oedipus wirft, Antigone zu greifen und abzuführen. Die Mädchen sind die Geiseln, die Oedipus willfährig machen sollen. Während die Alten vor der Waffengewalt zurückweichen (884) und Oedipus in höchster Gefahr schwebt, da der Aggressor ihn bereits gepackt hat, stürmt Theseus mit Bewaffneten auf den Schauplatz zurück, im letzten Augenblick (man hatte nach ihm geschickt, zum nahen Poseidonheiligtum, wo er das Staatsopfer fortgesetzt hatte). Er beschuldigt Kreon der Aggression und gibt Befehl, den thebanischen Soldaten, die Antigone und Ismene nach Theben verschleppen sollen, den Weg abzuschneiden. Er stellt schließlich ein Ultimatum, das Kreon mit einer politischen Anklage beantwortet: er habe nicht damit rechnen können, daß sich ein Rechtsstaat wie Athen schützend vor einen verdammten und geächteten Vatermörder und Mutterschänder stellen würde. (Er weiß natürlich nicht, daß Oedipus inzwischen athenischer Bürger geworden ist.) Das gibt Oedipus Gelegenheit zu seiner stärksten Apologie, die der Chor mit Entschiedenheit bejaht: «Dieser Mann ist gerecht» (1014). Theseus beendet die Szene. Er nimmt nun seinerseits Kreon als Geisel in Verwahrung. Während dieser abgeführt wird, gefolgt von Theseus, der an der Stelle, wo inzwischen die Bewaffneten aufeinandergestoßen sind, die Entscheidung herbeiführen wird, füllt der Chor die Pause im Rhythmus erregter Erwartung mit imaginären Schlacht- und Siegesbildern.

Dann laufen die Schwestern herein, um dem Vater um den Hals zu fallen. Theseus kehrt wieder zurück. Oedipus will dem Retter überglücklich die Hand reichen, aber er zieht sie plötzlich zurück: das miasma liegt noch immer auf ihm. Nun erfolgt die letzte Wendung. Theseus meldet, daß im Poseidon-Heiligtum ein Fremder, der zu Schiff aus Argos gekommen war, um hikesia ersucht und nach Oedipus gefragt habe. Es ist Polyneikes. Zornig fährt Oedipus auf. Erst als sich

Antigones Mahnung: «Du bist sein Vater, du mußt ihn wenigstens anhören» (1181 ff) mit Theseus' besonnenem Zureden verbündet, gibt er, schwer bedrückt, nach. Theseus bricht auf, den Fremden zu holen.

Mit der Polyneikes-Szene endet der Streit um den lebenden Leichnam; er ist im Grunde bereits vor ihr entschieden. Der Sohn, der allein kommt, hat weder die Absicht, noch eine Aussicht, sich des Vaters mit Gewalt zu bemächtigen. Daß er diesen durch Überredung gewinnen könnte, mit ihm zu gehen, ist aus mehreren Gründen ausgeschlossen. Den ersten erkennt Polyneikes sofort: sein Vater ist todkrank. Die Schwestern und der Chor wissen, daß Oedipus das Bürgerrecht Athens angenommen hat: seine Gebeine gehören bereits der anderen Polis. Was also soll jetzt noch Polyneikes?

Formal[22] ist die Szene sowohl der Abschluß des «Mittelstücks» wie das Vorspiel zum letzten Akt. Indem die Welt zum letzten Male nach Oedipus greift, versetzt sie ihm den Todesstoß. Der Todesstoß vollendet jedoch den Prozeß der Heiligung. Am Ende der Szene ist der Sterbende bereits der Heilige. Nun kann er sich erheben und ohne Geleit den letzten Weg in den Hain beschreiten, der blinde Seher, der Theseus zu dem geheimen Ort führen wird, wo sich das Mysterium vollenden soll. So ist alles ineinandergefügt.

Der Szene sind also zwei Aufgaben gestellt. Äußere Dramaturgie: die Motive, durch die Polyneikes den Vater in Erregung versetzt, müssen so stark sein, daß sie tödliche Wirkung haben. Innere Dramaturgie: der Prozeß der Heiligung muß in die letzte, definitive Phase treten.

Die Motive: Polyneikes muß dreimal ansetzen, um das Schweigen des Vaters zu brechen. Nichts nützt das Flehen um Vergebung, gegründet auf offenbar nicht geheucheltem Mitgefühl mit dem Jammerbild, das er nicht erwartet hat, gesteigert ins Religiöse (1286, 1285). Nichts nützt die politische Rechtfertigung durch die Schilderung des Unrechts, das ihm zugefügt worden ist, und die politische Versicherung, daß der Sieg nicht zweifelhaft sei, wenn nur durch Oedipus' Solidarität auch noch der Orakelspruch erfüllt werde.[23] Auch dem letzten dringlichsten Ansturm hätte Oedipus, bebend verschlossen, sein Schweigen entgegengesetzt, hätte ihn der Chor nicht an Theseus' Mahnung erinnert. So aber bricht er es jetzt, noch mit Fassung ansetzend, wohl wissend, daß Schreckliches aus ihm ausbrechen wird: der Vaterfluch gegen das eigene Blut! Doch kann dieser Greuel nicht das wirkliche Motiv der Erregung sein, die den Todkranken wie eine mania gepackt hat. Es war etwas anderes: mehrere Male hatte sich Polyneikes darauf berufen, daß des Vaters «Erinys» (1299) die Ursache seines Unglücks sei: «Ich aber, dein Sohn, und wär ich nicht dein Sohn, doch dem Übel Entsprossener und daher doch dein Sohn genannt» (1324 f); «du und ich, die wir den gleichen Dämon tragen» (1337).

Gewiß erinnert der «Alte» an den seine Töchter verfluchenden Lear;[24] aber da ist ein wesentlicher Unterschied: der Sohn, der vor ihm steht, fleht um Vergebung,

Beistand, Solidarität; der Vater, der darauf mit dem Fluch antwortet, zerreißt nicht nur die Bande des Blutes: er trennt sich von dem Menschen Polyneikes. Was ihn am wildesten empört, ist dessen Gleichsetzung des Unglücks, von dem sie beide betroffen sind: «Wir sind doch beide Heimatlose» (1335), und der gleiche Fluch ist daran schuld. Darauf Oedipus: Dieser Verbrecher, dieser vorsätzliche Vatermörder (1361) wagt es, sich auf eine Stufe mit dem Manne zu stellen, dessen ganzes Leiden deshalb tragisch war und ist, weil ihn keine Schuld daran traf! Aber dieser da und sein Bruder haben wissentlich den Vater dem Tod ausgesetzt, indem sie seine Verstoßung duldeten! Was redet er sich auf den Erbfluch hinaus?! Es gibt keinen Dämon, der sich vererbt: wie könnten sonst die Schwestern so anders sein als die Brüder? Gegen die alten Gesetze, die ungeschriebenen, hat er sich vergangen: «Du sollst deinen Vater ehren!» Das ist ein anderer Dämon, der das Auge auf ihn geworfen hat und bald noch ganz anders zupacken wird, wenn er sein Heer gegen die Vaterstadt führen wird (1371f): der Dämon, der ihn vernichten wird, weil er wissentlich Böses begangen hat. Und das sind ganz andere Flüche, nicht Erbflüche, die gegen ihn geschleudert werden, die Flüche des geschändeten und in den Tod getriebenen Vaters: «Fort mit dir, ausgespien und vaterlos durch mich, der Üblen Übelster, nimm diese Flüche mit, die ich dir fluche!» (1383 ff). Schon längst tönt Prophetie durch den Fluch; aus dem zur mania gesteigerten Zorn spricht die Ekstase des Sehers: «Nie wirst du das Vaterland besiegen, noch heimkehren nach Argos, sondern von Bruderhand fallen und mit Bruderhand töten! So verfluche ich dich, und die Erde des Vaterlands soll die Erde des Tartaros für dich werden! Ich rufe die Göttinnen dieses Hains, ich rufe Ares, der den bösen Haß zwischen euch geworfen hat. Und damit geh und melde dem Volk von Theben mitsamt deinen Bundesgenossen, weswegen Oedipus seinen Kindern solche Geschenke macht!»

Die dichterische Größe dieser 48 Verse [25] ist nicht rationalisierbar. In der Imagination des Dichters vereinigte sich die Sprache alttestamentarischen Zornes mit der Ekstase des Propheten, aus dem der Gott spricht. Die Wunde, die der armselige und nichtswürdige Sohn dem Vater zufügt, reißt den Schmerz eines Lebens auf. Noch einmal weckt der Rückblick auf dieses Leben in dem ausgemergelten Leib alles pathos, das er gelitten hat. Und nun, da es sich in einer letzten Aufwallung überschlägt, fällt das miasma von ihm ab, das ihn zuvor noch gehindert hat, Theseus' reine Hand zu berühren. Jetzt darf er es, jetzt kann er nach dem Manne rufen, der ihn auf seinem letzten Weg begleiten wird. Am Rande des Todes ist er, durch den Tod, gereinigt. Die Leiden sind zu Ende mit dem Leben. Der Dämon hat ihn verlassen. Hier hat sich wahrhaft Katharsis ereignet.

Das Ende.[36] Oedipus' letzter Gang hat, so mystisch er sich abspielt – unter Donner und Blitz, es gibt kein Grab, und nur Theseus durfte sehen, wie und wo der Sterbende entrückt wurde – nichts Erlösendes. Sofern der Gedanke der Unsterblichkeit der Seele schon unter den Menschen umgegangen sein sollte – Sophokles glaubte nicht daran. Selbst dem Geheiligten mutet er noch immer zu, als Mensch an Menschen und am Leben zu hängen: «O Licht, nicht leuchtendes, vordem warst du mein, nun berührst du zum letzten Mal meinen Leib» (1549 f) – so habe er, meldet ein Bote, geklagt, wie damals, als er sich des Lichts beraubte (Oed. tyr. 1183). Alle weinten, sagt der Bote (1619 ff), und in das Schweigen tönte plötzlich eine Stimme, die uns erzittern und unsre Haare zu Berge stehen ließ: «Nun, du da, du da, Oedipus, was zögern wir zu gehen? Schon lange hast du dich verspätet.» So heißt es im Buch Hiob (4, 15 f):[27] «Und da der Geist an mir vorüber ging, stunden mir die Haare zu Berge an meinem Leibe. Da stund ein Bild vor meinen Augen, und ich kannte seine Gestalt nicht; es war stille, und ich hörte eine Stimme...» Aber der Plural «wir» in der Tragödie hat keine Parallele. Der Bote wartet. Der Todesbote. Das uralte Bild: da geht er hin, geleitet in das Dunkel, aus dem keiner wiederkehrt.

Das Mysterienspiel klingt aus in der Musik der Totenklage. Die weinenden Schwestern suchen das Grab: es ist ihnen nicht einmal vergönnt, dem Toten die letzten Ehren zu erweisen. Die Zukunft, die ihrer harrt, wird Leiden heißen. Wie süß war das alte Leiden, da er noch da war (1697), gegen das jetzige und das kommende. Der Chor: «Man muß tragen, was von Gott kommt» (1693).[28] Theseus kommt. Auf die Frage nach dem Grab hat er nur jene Antwort, die uns nicht erreicht: «Kein Sterblicher darf sich der heiligen Stätte nähern, die er jetzt bewohnt. So sprach er, und wenn ich danach handeln werde, wird mein Land immer leid-los sein» (1764 f). Was bleibt den Mädchen? Sie eilen nach Theben, um – vielleicht – den Brudermord zu verhindern. Wir wissen, was ihrer wartet.

Der Chor zieht den Schlußstrich: «Laßt ab von der Klage. Denn dies hat End-gültigkeit.»

3

Zwischen 407/6, als die Tragödie entstand, und 401, als sie uraufgeführt wurde, liegt der Untergang der freien Polis Athen. Sophokles hat ihn nicht mehr erlebt. Die Tragödie wurde für die Athener geschrieben, als sie noch frei waren. Was wollte der Dichter *ihnen* sagen, wohl wissend, daß es schlimm stand um die Stadt?

Polis und Politik bestimmen das Geschehen. Politik ist Machtkampf: Krieg, Umsturz. Die Welt war voll davon. Auch wer der Ansicht ist, daß direkte Anspielungen auf Zeitereignisse bei Sophokles fehlen, wird zugeben müssen, daß Kreon und Polyneikes wie Politiker dieser Zeit auftreten. Der letztere mußte geradezu die Gedanken auf Athens berühmten und gefährlichen Sohn lenken: Alkibiades. Wie Polyneikes war er aus der Stadt gejagt worden; wie dieser war er zu den Feinden gegangen, um deren Heere und Flotten gegen Athen zu führen; ein Jahr, bevor Sophokles die Tragödie beendete, war er im Triumph zurückgekehrt, um bald darauf wieder abgesetzt zu werden. Natürlich *ist* Polyneikes nicht Alkibiades; aber er steht für eine Möglichkeit des Machtkampfs in der Politik, so wie Theseus für eine Möglichkeit der Politik steht, bei der Herrschaft nicht auf Macht, sondern auf Recht gegründet ist. Oedipus ist aus der Politik verstoßen, aber noch einmal gewinnt er «Macht» (392): als lebender Leichnam. Doch auch so ist er nur ein Objekt der Politik. Die Gedanken der Zuschauer sind auf sein Leben gelenkt; in dem großen Chorlied heißt es (1239): «Darin ist er der Dulder, nicht ich allein ... Wir Einzelnen stehen unter dem gleichen Gesetz.»

Die Methode, deren sich der Dichter bedient, um Zustände, Geschehnisse und Menschen zu zeichnen, ist einfacher geworden. Wo ist die Ironie geblieben, die einst (noch in der «Elektra») alles ins Zwielicht gerückt hatte? Nichts ist hier mehr ironisch, es sei denn – der Gedanke bestürzt – das Thema selbst; aber lassen wir das zunächst. Die Manier der Zeichnung ist schwarz-weiß. Hier die gute Polis, dort die schlechte Polis. Hier der gute Herrscher, dort die schlechten. Hier der gute Mensch, begleitet von den guten Mädchen, dort der schlechte Mensch mit dem schlechten Bruder im Hintergrund. Die gute Polis ist Athen, die schlechte Theben. Alles Gute kommt von Athen, alles Schlechte von Theben. Athen gewinnt den lebenden Leichnam nach dem Orakelspruch und mit dem Willen des Heros. Theben wird ohne Segen sein, weil es sich statt des Rechts der Gewalt bedient, um sich des lebenden Leichnams zu bemächtigen. Ist es wirklich so einfach?

Sophokles zeichnet nicht Phänomene der Politik, wie sie sind; sondern wie sie gesehen werden sollen. Athen soll den Athenern im Dionysostheater als die ideale Polis erscheinen, die es einmal war, in der Vorzeit, zu Theseus' Legenden-Zeit, die es aber doch offensichtlich nicht mehr ist. Ist es nicht vielmehr in jenem Heute, das Sophokles meint, wie Theben? Zerrissen von inneren Machtkämpfen, in unglückliche Kriege verstrickt und belagert von den alliierten Feinden?[29] Hören wir Theseus: «Ich weiß, ich bin ein Mensch, und vielleicht bin ich schon morgen nicht mehr als du» (567). Und Oedipus selbst (607 ff): «Nur die Götter altern und sterben nicht. In alles andere ist eingemischt die allmächtige Zeit. Es schwindet hin die Kraft der Erde und es schwindet hin die des Leibes. Es stirbt die Treue, und Untreue sprießt, und der Geist bleibt nicht der gleiche weder unter befreundeten Männern noch von Stadt zu Stadt ...» Das gilt nicht nur für Polis und Polis, sondern für die Polis an sich, wie jeder weiß: was ist aus diesem Theben geworden, in dem einst der berühmte Oedipus den Geist der wahren Polis hatte wehen lassen! Und ach, wo ist Athen, das «gottesfürchtige» (260, 1006 f), das Asyl der Schutzflehenden (565 ff, 661 ff), die Stadt des Rechts und der Gesetze (913 f)? «Einzig bei euch», ruft Oedipus aus, «habe ich unter den Menschen Frömmigkeit gefunden und Gerechtigkeit, und keine Falschheit» (1125 ff). Wie viele, an die Sophokles im Jahre 407 dachte, würde es bei diesen Worten frösteln. Und in welches Licht rückt da plötzlich der Schluß! «Alypon», trauerlos (1765) werde die Stadt bleiben, wenn das Geheimnis bewahrt bleibe; aber – einzig übriggebliebene, rätselhafte Ironie des alten Dichters – das Geheimnis mag bewahrt geblieben sein, nur «alypon» ist das Land weiß Gott nicht geblieben. Ahnen wir richtig, was er meinte? Nicht vom Heroengrab geht der Segen aus: dieses soll keiner kennen, damit sich kein Kult daran hefte; aber der gleiche Segen, den Aischylos den Eumeniden zusprach, wenn die Polis das «zu Fürchtende» nicht mißachte, könnte vom Geist des Oedipus ausgehen, wenn sich ihn Volk und Führer der Polis zum Vorbild nähmen.

Jetzt verstehen wir auch, warum Oedipus nicht zögert, sein «Vaterland» zu verraten. Nicht das Vaterland ist des lebenden Leichnams wert, sondern die gute Polis. Was ist ein Vaterland wert, das sich selbst entehrt und das Recht mit Füßen tritt? Was ist ein Vaterland, das Verbrechen duldet und selbst verübt? Was ist ein Vaterland, das zynisch, mit Gewalt, mit Terror, die «Vorsehung» auf seine Seite ziehen will? Oedipus schenkt sich und den Geist, den die Verehrung seines Geistes wehen lassen könnte, dem Land, das sich dieses Geistes würdig erweist.

Mit dem guten und dem schlechten Herrscher brauchen wir uns nicht aufzuhalten. In Theseus und Kreon stehen Weiß und Schwarz einander gegenüber. Dennoch hat Kreon vor Polyneikes, der nur die Macht will, eines voraus: er denkt, noch im Übergriff, an das Wohl der Polis. Ein guter Zweck heiligt für ihn die schlechten Mittel (1127). Polyneikes will nichts als die Macht. Und mit ihm treten wir in die entscheidende Konfrontation.

Polyneikes ist der schlechte Mensch; Oedipus ist der gute Mensch. Gerade der Schluß der Polyneikes-Szene, in dem der unglückliche Verfluchte scheinbar tragisch wird, erweist seine Schlechtigkeit im Vergleich zu Oedipus. Die Schwester versucht, den Bruder von seinen Plänen abzubringen: wie eine Schutzflehende (1414) wendet sie sich an ihn. Warum rennt er doch in sein Verderben? Aus Rachsucht: der Bruder würde ihn auslachen (1423); aus Eitelkeit: man würde ihn einen Feigling nennen, wenn er aufgeben würde (1422); aus Fatalismus: die Erinyen des Vaters haben ohnehin seinen Unglücksweg determiniert (1434). Der König Oedipus hatte weder Eitelkeit noch Rachsucht gekannt; den «alten» Oedipus hat keine Fatalität gebrochen: er ist der lebende Beweis dafür, daß der Mensch gut sein kann, selbst wenn ihn das Schicksal, die moira, oder die Götter mit den ärgsten Übeln schlagen, die je einen Menschen getroffen haben. Er ist recht (chrestos 1014) geblieben. Warum bleibt ein Mensch, den die Götter schlagen, recht? Weil er sich sogar den Göttern gegenüber als wahrer, d. i. guter Mensch behauptet. Denn die Götter sind weder gut noch böse. Sie haben den Unwissenden ins Unglück gestürzt, sie haben ihm das miasma auferlegt: es *ist* ein miasma, Vatermord, Mutterschändung, und es mußte gesühnt werden. Aber das hat der große Wissende, der Mann des berühmten nus, nachdenkend über sich selbst, über die Götter und die Welt, inzwischen eingesehen: *er ist zu weit gegangen mit der Blendung* (439). Denn seine Fehler sind ohne sein Wissen, also ohne seine Schuld begangen worden. Er war nie schlecht. Er leidet auch nicht mehr an den vergangenen Übeln, obwohl er weiß, daß das miasma noch immer auf ihm liegt; er leidet an den neuen Übeln, die ihm von seiner Polis, seinen Söhnen und Kreon angetan werden. Er leidet tödlich an ihnen.

Was sind ihm die Götter? Darauf gibt er keine klare Antwort. Als Ismene sagt, sie sehe nicht, wie je die Götter seine Leiden enden könnten, fragt er, ob sie jemals Hoffnung gehabt habe, daß Götter ihn beachten, geschweige denn, sich um ihn kümmern würden. Und Kreon, der ihn einen Vatermörder nennt, wird gefragt, wie er wohl an seiner Stelle in dieser Lage gehandelt hätte: «Die Götter haben mich dahin (in diese Lage) gebracht» (998), «den Göttern hat es so beliebt» (964). Er ist der Gottverlassene, bis an sein Lebensende. Im Sterben erlischt das miasma an ihm. Er kehrt in die Reinheit zurück. Doch nicht darum wird er in die Unsterblichkeit entrückt. Sondern weil er sich, anders als sein Sohn, nicht der Fatalität gebeugt hat. Und die Götter? Sie heben ihn auf, indem sie ihn mystisch entrücken. Er hat sie – tragisch – besiegt. Wie ist das möglich? Mehr als die Götter, antwortet der Dichter, ist das Göttliche. Die Götter haben durch ihren Spruch den lebenden Leichnam geheiligt. Oedipus heiligt sich selbst, durch sein Leben, sein Leiden, sein Sterben.

Am Ende großer Dichtung beginnen die schwierigen Fragen. Sophokles ist nicht wie Aischylos, dieser als Dichter, Denker, Politiker, Rechtslehrer und Theatermann gleich gewaltige Systematiker, bereit, eindeutige Antworten zu geben. Für Aischylos hatte das Göttliche zweierlei Macht: eine unbegreifliche, die aus dem fernen Dunklen zuschlägt – «alle Kreatur weidet unter Gottes Peitschenschlag» (Heraklit) –, und eine im Menschen, unter den Menschen wirkende, die sich in wirkenden Ideen wie der Polis und der dike manifestiert. Die Tragödie bildet einen Übergang im religiösen Denken der Griechen. Noch werden die Götter nicht zu Hypostasen verflüchtigt; aber schon füllen sich die alten Gestalten mit neuen Vorstellungen, «Ideen» im Wortsinn: Bildern (eidos). Die Griechen bildeten, indem sie dachten; so hatten sie es leicht, die überkommenen Bilder mit den gestaltenden Kräften der menschlichen Existenz zu identifizieren. Der Systematiker Aischylos zeigte Vereinigungen des unbegreifbar Wirkenden und des begreifbar Wirkenden: so erfand er die Theologie der Erinyen, die zu Eumeniden wurden, oder der Eumeniden, die Erinyen blieben und bleiben mußten: «Bannt das zu Fürchtende nicht aus eurem Staat!» Er erkannte die Zusammenhänge zwischen Furcht und Gerechtigkeit, zwischen Furcht und Selbsterkenntnis und so zwischen Furcht und Politik. Das ist die Antwort der Orestie auf die Frage nach dem Wesen der condition humaine. Diese Frage ist auch im «Oedipus auf Kolonos» aufgeworfen. Ein Menschenleben steht vor dem Abschluß; ein Schlußstrich muß gezogen werden: wozu das Ganze? Sophokles gibt keine klare Antwort; es ist eben nicht Sache der Dichter, klare Antworten zu geben; sie werfen die Fragen auf, indem sie die Dinge

Theben als Beispiel: Oedipus auf Kolonos 341

zeigen, wie sie sind; keiner hatte darin solche Unerbittlichkeit wie der Dichter des
«Oedipus tyrannos». Und, seltsam, der Dichter des späten Mysterienspiels scheint
doch dies eine Mal eine unerbittliche Antwort zu geben, und dies eine Mal durch
den Chor. Er hat sie zwischen die Szenen des Kreon und des Polyneikes gesetzt,
also in die Mitte des «Mittelstücks» (1211 ff. Wir wählen die nüchterne Übertragung von Wilamowitz):[30]

> Leben wollen die Menschen, sie wollen leben
> immer weiter, sie kennen nicht Maß und Ziel.
> Ich darf sagen, ich weiß es genau,
> ihr Wunsch ist Torheit.
> Denn Kümmernisse kommen dir jeden Tag
> und nirgend siehst du, wenn du zu lange lebst,
> was Freude weckt.
> Und Erlösung bringt nur einer,
> einer allen: Hades ruft,
> und in das Reich ohne Lieder und Liebeslust,
> Reich des Schweigens führt als Retter
> Tod. Der macht ein Ende.
>
> Gar nicht werden, das wäre von allem das Beste
>   (wörtlich: nicht geboren zu sein, geht über allen logos).
> Wenn du wurdest, so wünsche dir nichts so heiß,
> als zu kehren, von wannen du kamst,
> sobald als möglich.
> Verflog der Jugend Leichtsinn und Unbedacht,
> so treibt des Lebens Irrsal dich hin und her
> von Qual zu Qual.
> Mord und Hader, Kampf und Zwietracht,
> Haß und Mißgunst, und zuletzt
> kommt dir das Alter, gescholten von allen,
> kraftlos, ungesellig, einsam,
> aller Übel ärgstes.
>
> Der Greis hier erfuhr's. – Wir erfuhren es auch.
> Im Nordmeer steht eine Klippe
> wogenumbraust,
> sie peitschen die Stürme hinten und vorn.
> So stürzen sich mächtig auf Oedipus
> Flutwellen des Fluches. Sie lassen ihn nimmer,
> sie fluten von West, wo die Sonne sinkt,
> sie fluten von Sonnenaufgang,
> vom lichten Süd,
> vom Nebelgebirge des Nordens.

Die Summe eines Lebens. Eines Lebens, das ungewöhnlich war durch die Summe
der Leiden, und doch auch des Lebens, wie es gewöhnlich ist, unser aller Leben
(1239), die tragische Summe der condition humaine.

«Alles ist eitel», sprach der Prediger Salomo, der hundert Jahre später gelebt hat:[31] «Ich wandte mich um, und sah an alles Unrecht, das geschah unter der Sonne, und siehe, da waren Tränen derer, so Unrecht litten, und hatten keinen Tröster; und die ihnen Unrecht taten, waren zu mächtig, daß sie keinen Tröster haben konnten. Da lobte ich die Toten, die schon gestorben waren, mehr als die Lebendigen, die noch das Leben hatten; und besser denn alle beide ist, der noch nicht ist ...»

Der Prediger ließ einen Trost übrig: «So sah ich denn, daß nichts besseres ist, denn daß ein Mensch fröhlich sei in seiner Arbeit ...» Das Chorlied läßt keinen Trost übrig. Daß es die Summe zieht, lehrt die Stelle, an der es steht: im Mittelpunkt. Danach beginnt der letzte Akt, die Heiligung. Das Erdendasein ist vorüber: eben noch hatte der Verfluchte die Hand zurückgezogen, um die des Reinen nicht zu beflecken. Das ist nun vorbei. Ist was folgt, das Ende, der Trost des Sophokles?

Die Götter, die den Lebenden verdammt haben, heiligen den Toten. Warum heiligen sie ihn? Weil er nicht schlecht wurde trotz seiner Leiden? Ein Hiob (übrigens eine vielleicht gleichzeitige Gestalt), den Gott schlug, weil er ihn liebte und prüfte? Nein, davon ist nicht mit einem Wort die Rede. Im Gegenteil: Der Gott, von dem der Chor singt (1567), er möge ihn gerecht «erheben», soll ihm den milden Tod nur als Ausgleich geben für die vielen und sinnlos (matan 1565) erlittenen Qualen. In unserer Tragödie hat das Mysterien-Motiv nur einen einzigen Bezug über das Mythische hinaus: den in die Gegenwart Athens. Der heilige Leichnam wird einer Polis geschenkt, die der Segnungen des Heroengrabs würdiger ist als irgendeine andere auf der Welt (1126). Sophokles hat das alte Motiv vergeistigt, indem er das Grab in den Geist verwandelte. Die Polis ist des großen Geistes würdig, der in diese Heiligkeit eingeht. Ist also dieser Geist das Heilige? Der Geist des chrestos, der trotz übermenschlicher Leiden «recht» bleibt? Der heroische Geist als eine Möglichkeit des Menschlichen?

Es ist nicht zu entscheiden, ob Sophokles den Zuschauern diese Gewißheit zu bedenken geben wollte. Cedrik H. Whitman geht so weit, das Stück und den Helden als «a landmark in Greek morality» zu deuten:[32] «for the presents the first really clear exposition of the independence of the inner life, that doctrine, which in Socrates and his followers became the cornerstone of a whole new phase of civilization.» So gesehen wäre es gerade nichts Heiliges, was Sophokles in seiner letzten Tragödie feiert, sondern Menschliches. Und die Heiligung bliebe dann ganz im Schleier des Mysterienspiels, das die tragische Wahrheit verhüllt.

Aber wir kommen doch nicht um die Frage herum, warum Sophokles die Wahrheit verschleiert hat. Die Tragödie wurde für die Athener geschrieben, als die Besten der Stadt sich, wie Sophokles, keine Illusionen mehr machen konnten. Sie ist eine Retrospektive. Ihre schmerzliche Schönheit entspringt dem Abschied von einer Welt und einer Zeit. Noch einmal sollte am anderen Ende des verdüsterten Hori-

Theben als Beispiel: Oedipus auf Kolonos 343

zonts das goldene Athen aufscheinen, wie es in Aischylos' Orestie begründet worden ist. Für eine solche Stadt hat es sich einmal gelohnt zu leben und zu leiden. Der größte Dulder, der je über die Erde gegangen ist, hat ihr seinen geheiligten Leib geschenkt. Aber niemand weiß, wo er ist. Dahin, alles dahin. Nevermore.

Anmerkungen

Abkürzungen

A.: Aischylos; S.: Sophokles; E.: Euripides. – WzA: Wege zur Dichtung, Aischylos I/II hg H. Hommel 1974; WZS: Wege zur Dichtung, Sophokles hg H. Diller 1967; WzE: Wege zur Dichtung, Euripides hg E. R. Schwinge 1968. – ThdTr: Vf Das Theater der Tragödie 1974; KdTr: Vf Die Kunst der Tragödie, Formstrukturen und Interpretationsprobleme (ungedruckt).

Aischylos

Die Perser

1 Kommentar:. P Groeneboom 1930; H. D. Broadhead 1961; Zitate, wenn nicht anders vermerkt, nach W. Schadewaldt «Griech. Theater» 1964.
2 ThdTr 247.
3 Broadhead LVI: «Various phases of the struggle between Europa and Asia».
4 745.
5 Pickard-Cambridge «Dithyramb» 1962, 63 ff.
6 «Glaukos Potnieus» Broadhead LVII.
7 ThdTR 90 f.
8 140: enezomai, hineinsetzen würde bei einem Gebäude heißen, daß sie dem Blick entzogen wären.
9 aulos eigentlich nicht Flöte, sondern eine Art Klarinette; mit dieser Einschränkung verwenden wir gelegentlich das Wort «Flöte».
10 eine der Hellenisierungen, die Aisch. nach J. Vogt (Fs H. S. Stier, 133) in dem Stück durchgehend vorgenommen hat.
11 ThdTr 216 f.
12 ThdTr 201 ff.
13 J. Vogt a. a. O. 134.
14 Broadhead 48: «excitement and turbulence».
15 Zu O. Müllers Umstellung der Strophenpaare s. KdTr.
16 cf 203; zur ambivalenten Bedeutung von daimon Vogt a. a. O. 137.
17 Es ist historisch, daß Atossa am Hof von Susa großen Einfluß ausgeübt hat, aber unwahrscheinlich, daß sie im Salamisjahr noch gelebt hat.
18 Das Jahr des Ostrakismos ist umstritten, cf Vogt a. a. O. 1323.
19 dramema 247; Uniform: Bogen und Krummsäbel.
20 cf A. J. Podlecki «The political background of A.' Tragedy» 1966, 8 ff.
21 Auf eine einleitende Partie folgen 28 Verse; eine zweite Periode umfaßt in Rede und Gegenrede 17 Verse; nach einem Übergang (5 Verse) folgt das Kernstück mit 79 Versen; nach einem Dialog als Übergang folgt neuer Bericht: 25 Verse.
22 Hier stimmt etwas nicht: Plataiai kann der Bote nicht erlebt haben, wenn die Katastrophe später von Dareios prophezeit wird.
23 Herodot VIII 75, 110; über Zweifel an der Geschichte Vogt a. a. O. 144; aber A. hat sie jedenfalls geglaubt.

24 cf V. Ehrenberg «From Solon to Socrates» 1968, 180 f. 198.
25 Broadhead 304 ff; anders Vogt a.a.O. 138; O. Taplin «The stagecraft of Aeschylus» 1977, 116 ff.
26 Zur Erscheinung Groeneboom 142, Broadhead XXVIII, 155.
27 Dörpfeld-Reisch «Griech. Theater» 1896 (1966) 57.
28 cf W. Kierdorf «Erlebnis und Darstellung der Perserkriege» 1966, 31; Ehrenberg: a. a. O. 126 f.
29 hypantiazein 850 muß nicht entgegengehen heißen cf Broadhead 211 f.
30 Ohne Gefolge, ohne Wagen; 1000 f ist Erinnerung, cf Taplin a. a. O. 121 ff.
31 Groeneboom 183; H. D. F. Kitto «Greek Tragedy» 1966, 44.
32 asiatische Totenklagen: mariandynisch (939) und mysisch (1054).
33 als exarchos eines threnos cf Wilamowitz Hermes 32 (1897) 389; A. F. Garvie «Suppliants» 1969, 92.
34 H. Patzer «Die Anfänge der griech. Trag.» 1962.
35 Parallelen in der Theatergeschichte ThdTr 56.
36 Zur Bedeutung des Überraschungsmoments ThdTr 9 et passim.
37 Diels B 102; cf B. Gladikow Archiv für Gesch. der Philos. Bd. 44, 3 vor allem 236 ff.
38 Die beiden Frauen bilden zusammen die Menschheit, so Kierdorf a. a. O. 200.
39 cf Huart «L'Iran antique« 1952 über Xerxes: «violent et sensuel, faible et indolent».
40 etwa 945, 950 ff (Ares als «der Ionier Schiffhort», «flottenumgürtet», 1037, 1075 f.
41 Ehrenberg a. a. O. 238; A. Heuss Prop. Weltgesch. III 1962 247 ff.
42 I 98 f.
43 a. a. O. 247.
44 Über das Meer als das gemeinsame Thema der Tetralogie KdTr.
45 Obwohl er einen Schauspieler dafür gehabt hätte: Xerxes wurde vom Darsteller des Boten gespielt.
46 cf W. Schadewaldt Hellas und Hesperien 1960, 346 ff.
47 ThdTr 53 ff.

Sieben gegen Theben

1 Über das Satyrspiel «Sphinx» wissen wir so wenig wie über die anderen Stücke.
2 L. A. Post Class. Weekly 44 (1950) 49; dagegen Podlecki a. a. O. 31.
3 Über heterophono strato 170: KdTr.
4 Kitto a.a.O. 46; «der erste tragische Mensch der Weltdichtung» K. v. Fritz in «Antike und moderne Tragödie» 1962, 193.
5 ThdTr 170 f.
6 Wie in den «Schutzflehenden».
7 Zitate nach Schadewaldt «Griech. Theater» 1964.
8 Dochmien.
9 22, 15, 15, 15, 23, 29 Verse des Boten, jeweils darauf 20, 15, 9, 20, 13, 29 Verse des Heros, dazu als Refrains 5 Verse des Chors.
10 cf K. v. Fritz a. a. O. 221.
11 A. unterschied zwischen Mythos und Geschichte: im Zeitstück «Die Perser» ist die Epiphanie (Nekromantie) eine gegenwärtige Aktion; in den mythischen «Sieben» ist das archaische Zeremoniell als damalige Gegenwart dargestellt, daher die verfremdende, ins Mythische versetzende Form.
12 1.: 404, 406; 2.: 425; 3.: 473, 480; 4.: 502; 5.: 551, 554.
13 cf Podlecki a. a. O. 38.
14 Amphiaraos schon im Altertum mit Aristeides verglichen: Plut. Arist. 3, 4/5.
15 Späher 21 Verse, Eteokles 24, Chor 7.
16 «Die Wappnung des Eteokles» in Eranion Fs f. H. Hommel 1961, 105 ff.
17 ThdTr 233 f.
18 Über die Möglichkeit, daß der Tänzer

Telestes die Wappnung vorgenommen hat, ThdTr 183 f.
19 Italie: opes parans.
20 Nach E. Fraenkel (WzA II 38 ff) sind schon die Verse von 861 an «stümperhaft»;

nur den zweiten Threnos (961 ff) hält er für aischyleisch; cf B. Snell A. 1928, 90 ff; Taplin a. a. O. 180 ff.
21 Snell a. a. O. 88 ff.

Die Schutzflehenden

1 H. J. Rose «A Commentary on the surviving plays of A.» 1957 zu 254: «Pelasgos' land is about co-extensive with historical Greece.»
2 s. «Prometheus» S. 172 ff.
3 «Aischylos. Interpretationen» 1913 (1966) 1.
4 nur einmal, 321, wird die Zahl 50 erwähnt, aber von den nicht auftretenden Aigyptos-Söhnen.
5 a. a. O. 13.
6 cf das Scherbengericht über die Hypothetiker bei A. F. Garvie «A.' Supplices» 1969; Erwähnung verdient Walter Nestle, der, 1945 umgekommen, die geplante Begründung warum er stets an das späte Datum geglaubt hat, nicht mehr niederschreiben konnte; s. in «Tragödien und Fragmente» übersetzt von Droysen 1939, 126; A. Lesky «Die trag. Dichtung der Hellenen» 1972³, 79.
7 cf. M. P. Nilsson «Gesch. der griech. Religion» 1957, I 126 f.
8 s. «Sieben» S. 41.
9 Wilamowitz a. a. O. 26.
10 cf N. B. Booth in WzA II 125 ff.
11 cf K. Reinhardt A. 1949, 18.
12 cf Ehrenberg «Der Staat der Griechen» 83.
13 Ein «enkomion» Athens nannte man Euripides' gleichnamiges Stück.
14 cf Ehrenberg «From Solon..» 204, «Sophokles und Perikles» 1956, 26, 206 ff.
15 cf L. Ayken in «Classical Drama» (Essays to H. D. F. Kitto 1965) 92: «The climax is a rape scene, an excited dance in which the assailants are likened to spiders

(887) and serpents (895). These images give us some idea of choreography.»
16 cf Ayken a. a. O. 91; Taplin a. a. O. 216 f.
17 cf Ehrenberg «Polis and Imperium» 1965: The constitution in «A. Suppliants».
18 ThdTr 16 ff.
19 cf v. Fritz a. a. O. 160 ff.
20 Mutmaßungen zur Trilogie: KdTr.
21 cf Podlecki a. a. O. 65 ff; Garvie a. a. O. 162.
22 cf Podlecki 61.
23 Podlecki 49; Ehrenberg «Polis and Imperium» 268 ff, «Sophokles und Perikles» 42.
24 R. P. Winnington-Ingram in WzA II 79.
25 Lesky a. a. O. 105; G. Thomson «A. und Athen» 1957, 321 ff; W. S. Robertson in Class. Review 38 (1924) 51.
26 a. a. O. 184.
27 Wilamowitz a. a. O. 13; Garvie a. a. O. 217.
28 Thomson a. a. O. 485; Garvie 220.
29 Ehrenberg in «From Solon...» 183 f.
30 II 171; dazu Garvie 227.
31 nach Nilsson a. a. O. I 463 «das verbreitetste griechische Fest».
32 Robertson a. a. O. 53; cf Winnington-Ingram a. a. O. 49 f 52; B. Snell «Entdeckung des Geistes» 1953³ 148 über das Stück: «Hier geschieht etwas, das nicht sein darf, das, wenn der Glaube an die Ordnung der Welt nicht ins Wanken geraten soll, beseitigt werden muß: es fordert zum Eingreifen auf.»

Orestie

1 cf 68 ff, Eum. 931 ff; dazu Patzer a. a. O. 157 f; H. J. Dirksen «Die aischyleische Gestalt des Orest» 1956, 124 ff; J. Jones «On Aristotle and Greek Tragedy» 1968, 91, 74; M. Gagarin «Aeschylean Drama» 1976, 57 ff, 106 f; Taplin a. a. O. 276 ff.

2 ThdTr 12 ff, 25 ff, 112 ff.
3 ThdTr 191 ff.
4 cf A. Heuss a. a. O. 253; Ehrenberg «From Solon...» 206 ff.

Agamemnon

5 wahrscheinlich neu.
6 Snell A. 112: «ewige Angst».
7 s. KdTr (symphora).
8 cf 400; ThdTr 253 (90); Reinhardt a. a. O. 89; Jones a. a. O. 82 ff.
9 cf L. Bergson in WzA II 186 ff; E. T. Owen «The Harmony of A.» 1952, 65, 78; Kitto «Form and Meaning in Drama» 1964², 80.
10 E. Fraenkel «A. Agamemnon» 1962², 3 Bde, 11 ff.
11 Zitate nach Droysen-Nestle 1939. – Die 1979 erschienene Übertragung der Orestie von W. Jens lag dem Vf. bei der Niederschrift noch nicht vor.
12 dike 249 gegen themis 217; cf Ehrenberg «Rechtsidee» 1921 (1966) 81 f.
13 Das sei erst gestern gewesen, sagt sie; zwischen den ersten Szenen und Agamemnons Ankunft raffen Chorlieder die Zeit.
14 zu gynaikos aichma 483 Fraenkel 245 ff; Denniston-Page 1957, 115.
15 eine «Metanastasis» des Chors (Abgang und neuer Aufzug) ist unnötig (trotz Murray A. 1962, 213); das Chorlied erfüllt die zeitraffende Funktion.
16 sicher nicht Klyt. (Hss).
17 cf E. T. Owen a. a. O. 157 ff. Die Szene korrespondiert mit der Kassandra-Szene.
18 s. KdTr.
19 cf B. M. W. Knox in WzA II 202 ff.
20 Knox a. a. O. 208.
21 Nach Murray A. 215 zwei Wagen, auf dem zweiten, dem Beutewagen: Kassandra; dagegen ThdTr 188 f.
22 Weiterer Grund für Agamemnons Affront die Abwesenheit Orestes', die Klytaimestra 877 ff zu erklären versucht.
23 Nicht Teppiche, cf Denniston-Page ad 909.
24 H. Gundert in WzA II, 219 ff.
25 Denniston-Page zu 810 f und 915 ff.
26 zu 811 ff.
27 cf ThdTr 216.
28 Teile des 3. Stasimon nach Denniston-Page hoffnungslos korrupt, so 984/7, 1001/1006.
29 A. 23 f.
30 W. Nestle in Droysen-Nestle A. 186.
31 cf Snell A. 119; von Pindar, der Kassandra mantis nennt, heißt es (W. Schmid Griech. Lit. Gesch. 1959, I, 2, 184), er habe manches von A. übernommen.
32 Pollux IV 116 f; cf Fraenkel III 584; A. Müller «Bühnenaltertümer» 1886, 235.
33 101.
34 tolme gewöhnlich tadelnd, hier mit eu: 1298, 1302.
35 «Die Orestie» 1959, 49.
36 105.
37 cf E. R. Dodds in WzA II 149 ff.
38 Gegen Reinhardt mit H. Weil; cf Lesky a. a. O. 118 47.
39 Elegie an die Musen D 1, 30 ff (dt. von Preime).
40 so H. Hommel in WzA II 232 ff.
41 Pleisthenes konkurriert mit Atreus als Vater von Agamemnon und Menelaos.

Die Choephoren

1 zum tymbos cf Nilsson a. a. O. 508.
2 zu Ort und Zeit s. KdTr.
3 Wilamowitz «A. Interpretationen» 178; doch kann 710 nicht gegen 986 ausgespielt werden; es heißt nur, die Fremden seien den ganzen Tag gewandert; das sind sie, auch wenn das Stück zwischen 15 und 16 Uhr gespielt wurde.
4 cf Nilsson a. a. O. 508.
5 Ein solonisches Gesetz gegen Übertreibungen des Totenkults verbot, daß vorher komponierte Klagelieder gesungen wurden; Nilsson a. a. O. 714.
6 cf H. Kenner in WzA II 264 ff.
7 cf Ehrenberg «Rechtsidee» 72.
8 zu Elektras Frage 122 und zur Unterscheidung von dikastes und dikephoros 120 s. KdTr.
9 zur Partie 164 ff und zum Problem der von Elektra gefundenen Locke (Interpolation?) s. KdTr.
10 cf Hugh Lloyd-Jones «Zeus bei A.» in WzA I 289.
11 Schadewaldts meisterhafte Analyse in «Hellas und Hesperien» 1960, 106 ff.
12 cf W. Nestle «Menschliche Existenz und politische Erziehung» 1934, 45.
13 Der Chor distanziert sich von den Heroen 466 ff.
14 cf E. Rohde Psyche I 322 ff.
15 in «Wege und Formen frühgriech. Denkens» 1955, 168 f.
16 Anders als Hofmannsthal, nach dem die Tat nach der Erkenntnis ihrer Notwendigkeit in die Tiefe des Unbewußten versenkt werden müsse.
17 Dann werde Erinys den «dritten Bluttrank» trinken, 577: 1. Kinderfraß des Atreus, 2. Agamemnons pathe, 3. Muttermord (1066 ff).
18 zum 1. Stasimon E. T. Owen a. a. O. 100.
19 cf Jones a. a. O. 100; H. Schreckenberg «Drama» 1960, 51 ff, 203.
20 Aisa (927 cf 647), die Schicksalsgöttin, die die Lose wirft.
21 Bürger sind mit der Leibwache aus der Stadt gekommen, dazu Palastbewohner.
22 Man hat gesagt, es sei unmöglich gewesen, sie auftreten zu lassen, da es nur drei Schauspieler gegeben habe; aber die Leichen waren doch Puppen.
23 zu 984 f s. KdTr.
24 Reinhardt A. 24.

Die Eumeniden

1 H. Hommel a. a. O. 239, 236; s. Anm. Ag. 40.
2 s. Anm. Choeph. 15.
3 cf Gladikow in WzA I, 318.
4 zu verschiebbaren Bühnenwänden (scaena ductilis) ThdTr 161, 279 (24), 282 (32); zu «zwei Häusern» auf der Bühne die berühmte kampanische Vase im Louvre (ThdTr Abb. 9) und Würzburger Kalyxkrater (ebd. Abb. 10); auf diesem eine offene Kolonnade; ein Kalix-Krater in Leningrad (Pickard-Cambridge «Theatre of Dionysos» fig. 11, 53 f) zeigt Orestes in einem (Paraskenien?-)Tempelchen; anders H.-J. Newiger «Die Orestie und das Theater» VI Congresso di Studi sul Dramma Antico in Syrakus 1977.
5 cf P. W. Verall Komm. 1889 XII.
6 zu Pythias Anrede «Hellenen» (31) = Zuschauer s. KdTr.
7 kein Ekkyklema, da der Auftritt des Chors erst erfolgt, nachdem ihn Klytaimestra geweckt hat, und zwar «sporadén».
8 Wilamowitz; aber es to pan 52 gehört nicht zur Hautfarbe, sondern zur Ekelhaftigkeit: «schwarze» Erinyen können nicht «Semnai» werden. – Zitate: Droysen: D, Wilamowitz: W, Reinhardt: R.
9 Einen Beweis dafür gibt es nicht; aber wie soll Orestes, der aus dem Tempel ge-

treten sein muß, aufgetreten sein?, an der Seite des Gottes, an den schlafenden Erinyen vorbei, die dieser später aus dem Tempel jagt? cf Scholion ad 64.

10 Dieser ist nicht aufgetreten; das «sy» 89 ist nicht Anrede, sondern Anrufung wie Choeph. 1; cf Taplin a. a. O. 364 f.

11 zur Deutung Apollons in den Eum. cf Wilamowitz Griech. Trag. VII 1900³, 35 ff und KdTr.

12 a. a. O. 41 und «Griech. Trag.» 1919 248.

13 zur Vorstellung des «revenant» s. Nilsson a. a. O. 182 ff.

14 nach 592, also nicht wie Wilamowitz: Brust.

15 cf 417. Murray A. 1962, 197, dt. 1969, 151. s. KdTr.

16 Vita 9.

17 Die Restriktion der Erinyen-Funktion widerspricht nicht nur dem Befund, daß sie die ganze Zeit nur vom Mord im Allgemeinen gesprochen haben, sondern auch anderen Stellen: 313 ff, 424 ff, 269 ff, 548 ff; einzige Ausnahme 608.

18 Choeph. 1055.

19 cf Nilsson a. a. O. 438, 347 ff; cf Gagarin a. a. O. 57 ff.

20 Od. 7. 80; Wilamowitz Gr. Tr. II 251: «Die Verkörperung des attischen Staates, wie die Edelsten des Volkes ihn wünschten».

21 aphormiktos 333: ohne Lyra.

22 zu den Irrfahrten Lesky in Hermes 66 (1931) 210, Dodds in WzA II 156 f; Verrall XVII.

23 Das gleiche Wort, das Eteokles ausspricht: paremelemonos Sieben 702.

24 zum Mysterienaspekt G. Thomson a. a. O. 289, 294 f; Apollon als mystagogos... Dazu KdTr.

25 Weide wie Heraklit fr 11; Ag. 367, Sieben 607, Eum. 197.

26 Zum Rechtsbegriff des chreon H. Fraenkel a. a. O. 188.

27 Wilamowitz: «Aber das gilt nicht»; salopp, aber präzis unser »Das ist nicht drin 201: to d' u parestin».

28 cf Schutzflehende S. 56; Ehrenberg «Sophokles und Perikles» 4; Podlecki a. a. O. 83 ff, 91; Verrall ad 295/7.

29 Libyen 292: Synonym für Afrika.

30 Phlegra 295 auf der Chalkidike für Mazedonien.

31 Skamandros 298 für Asien; nach Herodot V 95 hatte Peisistratos dort eine Kolonie gegründet.

32 zum 1. Stasimon cf Pickard-Cambridge «Festivals» 1968, 239.

33 euthynos war 274 auch Hades genannt worden.

34 Wilamowitz a. a. O. 271: «ruhiger, mehr zum Publikum».

35 Die Mörderin Klytaimestra hat ihnen geopfert.

36 cf Ehrenberg «From Solon...» 243; Kitto «Greek Tragedy» 92.

37 von der Seite: Wilamowitz; ohne Reaktion der anderen auf dem langen Weg? Durch die Luft: Droysen; aber sie hätte aus der Gondel steigen müssen. Zu Wagen: cf ThdTr 195 f; 405 nach Verrall und Murray interpoliert.

38 Die Lanze wird nirgends erwähnt.

39 Verrall ad 406.

40 s. Anm. 31.

41 Ara s. KdTr.

42 s. Anm. 1 und Ag Anm. 40.

43 zur Doppeldeutigkeit der Dämonen: Choeph. 145 f über Ara; selbst der Alastor erscheint als «preumenes», gnädig in einem Fragment zum «Ixion» 317 M.

44 exiosato 425: für würdig, genauer: für berechtigt gehalten.

45 Orestes beruft sich auf Ixion als semnos proiktor: unantastbarer Schützling des Zeus 441, wiederholt in 718: Symbolfigur der hikesia als Präzedenzfall.

46 103 ff.

47 Allerdings reichen die Anfänge ins 7. Jhdt. zurück: damals wurden in Athen «Thesmostaten» gewählt.

48 a. a. O. 121.

49 Verrall ad 493.

50 zum Aufbau der Szene cf K. O. Müller «Eumeniden» 1833, 107; Sessel, wie

einige meinen, unnötig: man sitzt auf den Stufen.

51 cf R. Winnington-Ingram in Class. Rev. 47 (1933) 97 ff.

52 Über das Problem Delphi-Athen und das Adelsgeschlecht der Eupatriden, das seine Herkunft von Orestes ableitete und als Vertreter Delphis in Athen galt, cf Wilamowitz Griech. Trag. VII 39; Thomson a. a. O. 307, auch 92; Solon hatte den Rat der Eupatriden in Areopag umbenannt; ferner Walter Nestle in Droysen A. XXXIV.

53 cf W. Aly in Hermes Suppl. 31 (1929) III 33 ff; Gagarin a. a. O. 101 ff.

54 z. B. Sakuntala, Kreidekreis.

55 SW (Hesse) XIV 152; cf Snell A. 141;

56 Apollon selbst nimmt sie für sich in Anspruch Choeph. 283 f.

57 so Anaxagoras: Diels Vorsokratiker 59 A 107, cf Reinhardt 148; pythagoreisch nach Thomson a. a. O. 303, cf W. Schmid I 2, 250¹; F. Solmsen «Hesiod und Aeschylus» 1965, 164 ff; kritische Absicht A.' nach Verrall XLVII.

58 a. a. O. 253; cf Ehrenberg «From Solon...» 206 ff, «Perikles und Athen» 92 f.

59 Elegie an Phokos D 28.

60 «Kritik der praktischen Vernunft» I 1, III.

61 cf E. R. Dodds in WzA II 153 ff; Podlecki a. a. O. 81.

62 Ehrenberg in «Sophokles und Perikles» 1956, 110.

63 Der Streit, ob Athenas Stimme die Stimmengleichheit (741) herbeiführte oder nur den Freispruch symbolisierte, ist kaum zu entscheiden; cf Verrall XXVI ff; K. O. Müller a. a. O. 78.

64 s. Anm. 28.

65 Im Text kein Wort über Apollons Abgang; war er im Zorn ins Dunkel getreten? cf Taplin a. a. O. 403 f.

66 cf Verrall XXXIII: «... to suggest that something here passes between them, not worded not wordable at all, of which the human witnesses know and can know nothing but the effect»; cf H. Lloyd-Jones in WzA I 271.

67 cf ThdTr 239.

68 W. Schmid a. a. O. 282.

69 H. Weil: «fabulae pars fiunt spectatores», zitiert von Dodds a. a. O. 160.

70 W. Schmid a. a. O. 142.

71 Verrall ad 782.

72 Wilamowitz A. Interpretationen 226.

73 cf Dodds a. a. O. 158.

74 so Droysen-Nestle.

75 cf Verrall ad 974; Kitto «Form and Meaning» 86.

76 Thomson a. a. O. 304.

77 cf Dodds a. a. O. 159: «gerechte Zuteilung».

78 cf H. Hommel «Symbola» 1976 I 23 ff.

79 s. Anm. 1.

80 cf H. Arendt «Macht und Gewalt» 1970; Vf. «Geschichte des politischen Theaters» (Suhrkampausgabe) I 14 ff.

81 U. Matz «Politik und Gewalt» 1975 68.

82 Umweltverschmutzung, Atommüll...

83 cf Dodds a. a. O. 156.

84 in Class. Review 47.

85 cf Walter Nestle «Menschliche Existenz...» 78.

86 Winnington-Ingram. 49 f.

87 cf Dodds a. a. O. 17147.

88 «Attische Feste» 22 ff.

89 cf Thr. Georgiades «Musik und Rhythmus bei den Griechen» 1958, 7 ff; ThdTr 217 ff.

90 cf Thomson a. a. O. 312.

91 «peace is for ever» Verrall; bei diesem alles über den verderbten Text, in dessen Lücke nach 1027 die Erinyen »Eumeniden» genannt worden sein können.

Prometheus

1 Übersicht zum Echtheitsproblem J. Zawadzka in WzA II 333 ff. cf Taplin a. a. O. 460 ff.
2 A. dt. 33 f.
3 zu Calderon cf Vf in WzA I 446 ff; «sansculottisch»: Dichtung und Wahrheit III 15. Buch.
4 Vorrede z. Dissertation MEGA I, 1, 10.
5 «Prinzip Hoffnung» 1959, 1428 ff.
6 Vf in WzA I 452.
7 K. Reinhardt A. 35 ff.
8 «Der Mensch in der Revolte» 1953, 31 ff; «Tipasa» 1957, 148; cf G. Brée «Albert Camus» 1960, 237 ff.
9 «Prometheus» 1946/1962, 66 f.
10 Reinhardt a. a. O. 39 f; zum Fackellauf, der das Ende der Trilogie gebildet haben könnte, A. Greifenhagen in 118. Winckelmannprogramm 1903.
11 Reinhardt a. a. O. 37.
12 auch keine Wiederaufführung lt. R. Cantarella in WzA I 423.
13 Pindar erwähnt in Pyth. I. (auf 470 datiert) einen Ätna-Ausbruch, der 479 stattgefunden hat; wenn er ihn neun Jahre später besungen hat, so kann ihn Aischylos, der ihn 365/9 schildert, auch noch viele Jahre später beschäftigt haben.
14 cf E. Fraenkel Eranos-Jahrbuch 52 (1954) 61.
15 ThdTr 44.
16 A. Lesky a. a. O. 145.
17 ThdTr 55 ff, 103 ff.
18 s. S. 165.
19 H. Kenner in «Theater und Realismus» 1954, 105; cf Vita 14.
20 «From Solon..» 231, 441 (101); «Aristophanes und das Volk von Athen» 1968, 308 f, 361 f; «Sophokles und Perikles» 105.
21 Thukydides (nicht der Historiker) cf Ehrenberg «Sophokles...» 109.
22 a. a. O. 58 ff.
23 Das konnte nur in der Mittagszeit bewerkstelligt werden; also kann unser Stück nicht, wie man angenommen hat (Herder, Welcker, noch Pohlenz; cf Lesky a. a. O. 144), das zweite gewesen sein, cf Reinhardt a. a. O. 163 f 7.
24 322 M.
25 Herakles wird im Personenverzeichnis der Hss des «Gefesselten» genannt.
26 Schol. 94 frgm 341 M.
27 Reinhardt in Hermes 85 (1957) 1 ff., vor allem 16; R. Unterberger «Der gefesselte Prometheus» 1968 133.
28 A. Greifenhagen a. a. O. 26; R. Unterberger a. a. O. 133 f.
29 Deubner a. a. O. 211.
30 Pandora, die Reinhardt («Tradition und Geist» 1960, 182) heranziehen wollte, hat mit dem Thema, wie es unser Stück anschlägt, nichts zu tun; cf Unterberger a. a. O. 135.
31 Davison in Studies to V. Ehrenberg 1966, 94 f; Podlecki a. a. O. 110; H. J. Mette Suppl. Aesch. 1939 Vorwort; F. Focke in Hermes 65 (1930) 259; W. Kraus RE «Prometheus».
32 a. a. O. 198.
33 cf ThdTr 33, 105.
34 Das Gerüst hieß okribas, zweimal im Stück erwähnt: 281, 1016. «Des Felsen Ellbogen hält dich«, sagt Hermes 1019; vielleicht war ein Felszahn über dem Haupt des Gefesselten gedacht.
35 A. Trendall Jahrb. d. Berliner Museen 1969, 9; ThdTr. 108, Abb. Tafel 19, 20.
36 schwer vorstellbar, daß die Choreuten in einzelnen Wägelchen auf Walzen hin- und hergefahren worden sein sollen, wie Schadewaldt dachte: Unterberger a. a. O. 11.
37 gleiche Szenerie sicher für das zweite Stück, vielleicht auch für das dritte.
38 R. Unterberger a. a. O. 34[23] verweist auf den attischen Rechtsbrauch des Apotympanismos; für die Prozedur der Kreuzigung cf Flacière «Daily life» 241, PW Suppl. VII «Todesstrafe».

39 cf Nilsson a. a. O. 527.
40 von wo auch Hermes kam; Io kam aus der rechten, aus der Fremde.
41 Schadewaldt verweist auf die Analogie zur Wappnung des Eteokles: Eranion Fs für H. Hommel 106.
42 Zitate Droysen: D, Reinhardt: R.
43 Italie: consilia sublimia meditans.
44 wie 93, 168, 177, 195, 227, 256, 601, 989.
45 A. 98.
46 Wilamowitz A. Interpretationen 117.
47 cf H. Fraenkel a. a. O. 23 f; Dichtung und Philosophie des frühen Griechentums 1962/1976 148 ff.
48 Lesky a. a. O. 138 verweist auf das Xenophanes Frg. 21 B 18 und auf das 1. Stasimon der «Antigone».
49 Reinhardt a. a. O. 50 f; cf Platon Prot. 321 D.
50 Wagen, nicht Flügelroß.
51 a. a. O. 49.
52 a. a. O. 99 f.
53 cf Murray A. dt. 73 f.
54 cf Snell «Entdeckung des Geistes» 86; Jones a. a. O. 128.
55 logoi: 686, 689, 778, 845, 875, 885.
56 Streit um die Io-Szene s. KdTr.
57 Cicero Tusc. II 23/25; frg. 324 m.
58 a. a. O. 56.
59 cf W. Kraus in RE «Pr» Sp 679 f.
60 a. a. O. 66.
61 Reinhardt a. a. O. 62 verweist auf den «Kranz», der als «beste aller Fesseln» in einem Satyrspiel genannt wird (frg 181 M).
62 Gedankenkreis der Zeitgenossen des Aischylos: Anaximander, Parmenides.
63 «Wege und Formen» 189 ff.
64 cf J. de Romilly «Time in Greek Tragedy» Thalatta 1968, 69 ff; die Vorlesungen, die Mme de R. in Amerika gehalten hat, verdienen starke Beachtung, auch wenn man nicht alle Schlußfolgerungen teilt.
65 cf. Eum. 286, von Musgrave und Murray gestrichen; v. Romilly a. a. O. 70
66 982; cf Lesky a. a. O. 148[124]

Sophokles

1 Lesky a. a. O. 191 spricht von E. R. Schwinge's erschütternder Übersicht über die Datierungen; zur Datierung des «Aias» cf Reinhardt S. 1933 20.
2 Plut. De prof. in virt. 7, cf C. M. Bowra in WzS 1967, 126 ff.
3 ThdTr 26 f, 156.
4 Aristot. Poet. 1449 a schreibt ihm die Erfindung der Skenographie zu; dazu ThdTr 162 ff et passim.
5 zur Bühne des «Phil.» cf Pickard-Cambridge Theatre 49 f und A. M. Dale WzS 249.
6 zur Bühne des «Aias» ThdTr 227 und KdTr.
7 cf Lesky a. a. O. 191.

Aias und Philoktetes

8 Aias' Selbstmord Od. 11, 495, ferner «Kleine Ilias»; Philoktetes Il. 2, 716; Od. 3, 190; 8, 219 (Pindar Pyth. I 52 ff).
9 cf Nilsson a. a. O. 208 f, 349.
10 Schol. zu 14; cf Pickard-Cambridge 48, Reinhardt 20.
11 Aesthetik hg Lukács 1955, 153; zum «Phil.» 1060 f.
12 Wille zur Macht 864.
13 P. Szondi «Versuch über das Tragische» 61.
14 Aias 452 (nosos), 59, 66, 185, 271.
15 Zu den streitenden Göttern KdTr.
16 «wüste Insel» für die Athener überraschend cf Wilamowitz Gr. Tr. IV, 8: S. wollte sie in die Vorzeit zurückversetzen.

¹⁷ Für die Zuschauer damals war das klar; Athen feierte «Aianteia»; cf Deubner Att. Feste 228.
¹⁸ Thuk. II 43, 1; 60, 5; cf K. Alt in WzS 418.
¹⁹ W. Jens in seiner Übertragung, cf 501 ff; zur Ferne des Aias von der Frau Reinhardt a. a. O. 28, 30: «Sie reden voneinander weg».
²⁰ cf K. Ziegler in RE 2446 ff; Opsteltem «S. and Greek Pessimism» 1955 hält die Einführung des N. für eine Erfindung des S.
²¹ so Wilamowitz a. a. O. 15.
²² ähnlich schon 431 f.
²³ wie Haimon cf J. de Romilly «Time» 156 f.
²⁴ Deutungen: Welcker in Rhein. Mus. 1829, 68; Tycho v. Wilamowitz «Dramat. Technik des S.» 1917, 90; Schadewaldt in «Hellas und Hesperien» 1960, 304; Reinhardt a. a. O. 39 ff; K. v. Fritz «Ant. und mod. Trag» 1962, 241 ff; I. Errandonea in WzS 271 ff.
²⁵ Gegen W. Schmid a. a. O. 337.
²⁶ cf de Romilly a. a. O. 104.
²⁷ a. a. O. 34; cf Ehrenberg «From Solon...» 228.
²⁸ Anders als Übers. Phil.: Die Götter lassen das Rechte im Stich.
²⁹ cf K. Alt a. a. O. 448 ff.
³⁰ cf Reinhardt 184 f.
³¹ 381.
³² a. a. O. 16.
³³ ThdTr 195, 197; cf Reinhardt 201 f, Pickard-Cambridge Theatre 50; zur Herakles-Figur G. Murray in WzS 325 ff.
³⁴ a. a. O. 1060.
³⁵ a. a. O. 132.
³⁶ Zum deus ex machina ThdTr 198 ff.

Die Trachinierinnen

¹ cf G. Murray «Herakles, der Trefflichste der Männer» in WzS 325 ff; dazu Ehrenberg «Polis und Imperium» 1965, 353 ff; Wilamowitz «Euripides' Herakles'» 1895/1959; zum «Menschgott» Murray 328: sowohl heros wie theos.
² Murray 329.
³ E. R. Schwinge Hypomnemata 1 (1962) 16; durch Websters, von Reinhardt gestützte Beobachtungen zum Wortschatz wird die Gruppierung Aias/Antigone/Trachinierinnen gegen Elektra/Philoktetes/Oedipus auf Kolonos mit Oedipus tyrannos in der Mitte nahegelegt: Introd. to S. 145 f und Hermes 71 (1936) 268; über die Schwierigkeit, Schlüsse aus Stilanalysen zu ziehen, Schadewaldt in der Rez. von Reinhardts S., Hellas und Hesperien 299; Übersicht bei Lesky a. a. O. 191 ff.
⁴ Murray 342.
⁵ Vorlesungen I 136.
⁶ Gr. Tr. IV 357.
⁷ Reinhardt a. a. O. 44 ff, vor allem 65 ff; das angeblich «Archaische» des Stückes ist so wenig ein Argument wie die «Unvollkommenheit» von Frühwerken; jenes kann im Stoff liegen (s. Euripides «Bakchen»), dieses ist vielfach widerlegt (etwa durch «Richard III» vom 28jährigen Shakespeare).
⁸ Reinhardt 44 ff.
⁹ Über Verbrennungen während der Pest Thuk. II 52.
¹⁰ XXXVIII: Fleming Jenkers in «Papers Literary» 1887.
¹¹ «Mein Leben in der Kunst» 1951, 270 ff.
¹² «Psyche» 219, 237.
¹³ «The Women of Trachis» 1956, dt. von E. Hesse 1959.
¹⁴ Vielleicht von Murrays Jahreszyklus-These (a. a. O. 328) beeinflußt.
¹⁵ auf der Skene kein Palast, sondern ein einfaches Haus wie in «Medea»,
¹⁶ 16. Dith. 31 ff, cf H. Patzer «Die Anfänge der Gr. Tr.» 1962, 145.
¹⁷ Zitate nach E. Staiger 1944.
¹⁸ Die Zeit ist hier gerafft: weder kann

der Herold in so kurzer Zeit Euböa erreicht haben, noch Hyllos von dort zurück sein.
19 Tycho v. Wilamowitz a. a. O. 92 ff.
20 Jebb verweist auf Aias 1361, ähnlich Il. 14, 324.
21 a. a. O. 353.
22 Im Demos Diomeia und im Demos Melite wurden alljährlich Heraklesfeste gefeiert; cf Deubner a. a. O. 226.
23 Nicht Hyllos, sondern Chor; zum letzten Vers Murray a. a. O. 343; ganz abwegig Ian Kott in «Gott essen» dt. 1975, 125 (295).
24 Eine andere Bejahung bei I. Kott a. a. O. 101 ff; dazu Rez Vf. in FAZ vom 11. 10. 75.
25 Zum Slang s. KdTr.
26 Dios Pais bei Pound «Zeuson» nach «God's son».
27 Nachwort zu den Übertragungen Fischer-Bücherei 38; vg. Hellas und Hesperien 523 f.
28 Übereinstimmung der «Natürlichkeit» des griechischen Versklangs im Deutschen schwer erreichbar (keinesfalls im Blankvers); Pounds freie Metrik ist frei von Naturalismus.
29 Beispiele in KdTr.
30 wie 29.
31 E. Fenollosa (1854–1908): Hauptwerke «Epoche of Chinese and Japanese Art» 1911; «Das Klassische No-Theater Japans» dt. 1916; Essay über das No in «Masken» hg. E. Hesse 1903 102 ff. Fenollosa: «Es gibt noch heutzutage auf unserer Erde eine Dramenform, die ebenso urwüchsig und intensiv und beinahe ebenso schön ist wie es das griechische Drama in Athen war».
32 cf Pound in «Masken» 115, 13. 275.
33 Über die Zusammenhänge von No und Tragödie s. KdTr...
34 a. a. O. 357; cf Reinhardt 251.
35 dazu C. H. Whitman S. 1951, 135; Ehrenberg «S. und Perikles» 1956, 421.

Elektra

1 Inschrift im Gonzaga-Palast zu Mantua.
2 a. a. O. 173.
3 «Die Orestessage bei den Gr. Tragikern» in Mod. und ant. Trag. 1962, 129 ff, bes. 139.
4 Vergleich der Behandlung bei den 3 Tragikern: KdTr
5 anders W. Steidle in «Studien zum ant. Drama» 1968, 93; auf ein Morgenstück deutet schon die Länge: 1510 Verse («Agamemnon» 1573).
6 v. Fritz a. a. O. 140 ff.
7 Zitate nach Schadewaldt.
8 poet. 1453 a 10.
9 ähnlich 319 f.
10 Reinhardt 172.
11 Elektras Klagen, obwohl wir wissen, daß Orestes schon da ist; die falsche Urne löst nicht die anagnorisis aus; Chrysothemis, die Wahres gesehen hat, wird der Täuschung überführt; grausig die Ironie der Aigisthos-Mord-Szene.
12 v. Fritz a. a. O. 138 f.
13 so auch Schadewaldt in «Daten zur Elektra», Hellas und Hesperien 295.
14 cf v. Fritz a. a. O. 254; Murray a. a O. 342 f; R. P. Winnington-Ingram in WzS 412.
15 Orestes' Antwort ist verstümmelt.
16 cf Winnington-Ingram a. a. O. 400 ff.
17 daraus haben Hofmannsthal und Strauß den Höhepunkt ihrer Oper gewonnen; cf H. J. Newiger in Arcadia 4 (1969) 138 ff.
18 273 nennt sich Elektra selbst talaina; auch an anderen Stellen ist «elend» = «arm».
19 Sie läßt sich aus der strengen formalen Symmetrie der Mordszenen erschließen.
20 Ähnlich hatte die Schwester ihre Haltung motiviert: 340, 361, 396, 1014.

21 Was für Leute? Orestes' Gefolge oder Aigisthos' Leibwache (die dann schon übergelaufen wäre)?

22 1500–1507 spätere Zutat.
23 Nachwort zu den Übertragungen (Fischer-Bücherei 38).

Theben als Beispiel
I. Antigone

1 S. 330, 338.
2 Anmerkungen zur «Antigonae».
3 zur Frage der Trilogie nach Aischylos s. KdTr.
4 Hölderlin: «Zum Hasse nicht, zur Liebe bin ich»; Reinhardt: «Mitlieben, nicht mithassen ist mein Teil»; Schadewaldt: «Aber nicht mithassen, mitlieben muß ich».
5 Wilamowitz Gr. Tr. IV, 350; Schmid-Stählin I 2, 351; Weinstock S.' Tragödien 1941, 256; Whitman a. a. O. 84; Ehrenberg, S. und Perikles 37; Lesky a. a. O. 197 und Hermes 80 (1952) 95 ff.
6 Hegel Vorlesungen über die Ästhetik II 26, dazu Goethe zu Eckermann 28. 3. und 1. 4. 1827; Ehrenberg a. a. O. 40: «Hegel macht S. zum Hegelianer»; Reinhardt 73.
7 ausgenommen Schadewaldt Hellas und Hesperien 265 ff.
8 die «Diptychon-These» vor allem bei Reinhardt 76: «Die Tragödie zweier, im Wesen getrennter, dämonisch verbundener, im Sinne des Gegenbilds einander folgender Untergänge».
9 a. a. O. 344.
10 a. a. O. 101 f.
11 H. J. Mette in Hermes 84 (1956) 49 ff; cf Ehrenberg a. a. O. 35.
12 Wilamowitz a. a. O. 432: «Das ungeschriebene Gesetz verlangt die Bestattung jeder Leiche von jedermann, weil der Tote unrein ist und unrein macht».
13 cf Aias 1131, 1153, 1311, 1343.
14 Goethe zu Eckermann 28. 3. 1827; vgl. Lesky a. a. O. 206 f; gegen Echtheit G. Müller, Kommentar 1967.
15 Herodot 3, 119; Wilamowitz a. a. O. 347.
16 Übersetzung 1942/1956.

17 so Jebb, Whitman.
18 a. a. O. 70 f; cf Reinhardt 92.
19 «Von S. zu Sartre» 1962, 189 ff.
20 a. a. O. 38.
21 a. a. O. 341.
22 cf Ehrenberg a. a. O. 93 ff.
23 174; cf Wilamowitz Hermes 34, 55.
24 Trägt sie nur einen «heroischen Dutzendnamen» (Robert Mythologie 349)? Immerhin enthält er dike.
25 s. Euripides «Phoenissen».
26 Vorwort zur 3. Aufl. der Übertragung 10.
27 so Reinhardt. Zitate: R = Reinhardt, Sch = Schadewaldt, W = Wilamowitz.
28 415 f: en aitheri meso muß nicht «Mittag» heißen: die große Hitze bricht früh an (417); im Theater dürfte es neun Uhr gewesen sein.
29 so Ehrenberg a. a. O. 79.
30 erst 578 befiehlt Kreon das Anpflokken.
31 Wilamowitz a. a. O. 349.
32 a. a. O. 450.
33 Unbegreiflicherweise hielten Nauck, Dindorf und Schneidewin diese entscheidenden Verse für interpoliert.
34 cf Ehrenberg a. a. O. 37 f.
35 Tycho von Wilamowitz (a. a. O. 24) meint, es sei nicht der geringste Grund, die Mädchen wegzuschicken; aber sie müssen doch angepflockt werden.
36 s. S. 266.
37 Il. 6, 234; 9, 377; 17, 369 ff, 18, 311; 19, 86 ff; cf Opsteltem a. a. O. 169, wo auch auf Theognis 403 ff und 133 ff verwiesen wird.
38 nicht «jüngsten» wie bei R und Sch.
39 selbstverständlich kein Preislied cf v. Fritz a. a. O. 234 f.

40 mit geschorenem Haar als Zeichen der Trauer vielleicht schon im Prolog, so Wilamowitz a. a. O. 346.
41 cf Buschor «Grab eines attischen Mädchens» 1939.
42 Schmid-Stählin I 2, 353: «Der Chor vertritt das Urteil des antiken Durchschnittsmenschen».
43 s. S. 237.
44 cf Waldock «S. the Dramatist» 1966, 116 ff. Im ersten Beispiel (Danae) liegt Unschuld vor; das zweite zeigt Bestrafung gotteslästerlicher mania (Lykurg), das dritte die Heimsuchung von Kindern aus «lästerlicher Zeugung» (980). Mindestens die Analogie des 2. Beispiels ist mit Absicht falsch gewählt; der Verlauf der weiteren Handlung lehrt, daß der Dichter auch mit der dritten nicht einverstanden ist: Distanzierung vom Chor.
46 Nicht zufällig wird in den Interpretationen, die dieser These folgen, die Haimonszene nach der Abschiedsszene behandelt, z. B. Reinhardt 94.
47 cf Ehrenberg a. a. O. 31 f, 74, 114, ff; Reinhardt 97.
48 Zur Parallelität der Teiresias-Szenen in «Antigone» und «Oedipus tyrannos» s. KdTr.
49 Teiresias sagt nicht die volle Wahrheit voraus; es weiß nichts von Eurydikes nahem Tod.
50 cf ThdTr 203.
51 Die früheste Identifizierung von Iakchos mit Bakchos, cf Kerényi «Die Mysterien von Eleusis» 1962, «Dionysos» 1977 und E. G. Mylonas «Eleusis» 1961.
52 Viele Beispiele im Welttheater, z. B. Tschechow «Drei Schwestern» letzter Akt.
53 W. Jaeger «Paideia» I 351; W. Schmid VII 2, 501.
54 mneme ist auch monumentum; die Übersetzer nehmen eine Bahre an; aber der Text ist völlig eindeutig.
55 Stratford 1962, cf Vf Shakespeare auf dem modernen Welttheater 1964, 78.
56 Oed. Tyr. 895 ff.

57 Virginia Woolf, zitiert von Ehrenberg a. a. O. 77.
58 cf Reinhardt 82; Schadewaldt Hellas und Hesperien 260 nennt ihn den «von keiner Tragik berührten Alltagsmenschen» und fühlt sich an Shakespeares Rüpel erinnert.
59 cf Ehrenberg «Der Staat der Griechen» 1965^2, 59.
60 Reinhardt 82.
61 Die griechische Pointe ist unübersetzbar: dokein heißt sowohl urteilen wie befehlen; Kreon selbst sagt, der Mann mache Witze mit der doxa (324). Die Übersetzer helfen sich mit «fehlen» gegen «befehlen» (Reinhardt, Schadewaldt), der «Maßgebende» gegen «vermessen» (Weinstock). Hölderlin: «Ach, furchtbar ist Gewissen ohne Wahrheit».
62 Das Scholion meint, er rechne Antigone zu den Lieben, weil er als Sklave zur Königsfamilie gehört habe; aber Sklaven durften doch keine Waffen tragen.
63 1194 f, 1242 f, 1246 ff, 1256.
64 Jebb: «Ich wollte nicht den Schatten eines Rauches geben für all das andere, verglichen mit Freude».
65 cf v. Fritz «Haimons Liebe zu Antigone» a. a. O. 227 ff.
66 Kreons Furcht vor Delphi zeigt sich in der Änderung der Todesstrafe in Einmauerung (773 f) mit der Begründung, daß so die Stadt das miasma vermeide.
67 s. Anm. 49.
68 cf Ehrenberg «From Solon...» 350, 429 (17).
69 Über weitere Konfigurationen (Alter, Geschlechter, Zeit und Raum) s. KdTr.
70 kalchainus (20): was immer das seltene Wort bedeuten mag (R. «Das stürmt ja wie das Meer», Jebb: «This plain that thou art brooding on some dark tidings») – es kennzeichnet eine Verfassung, die «anus» ist (99), nicht bei Sinnen, außer sich.
71 Hellas und Hesperien 260. Antigone haßt nicht das Wesen der Schwester, sondern deren Verhalten: wenn du.. (87), wenn du... (93 f).

72 cf Opsteltem a. a. O. 190.
73 Zur Glaubwürdigkeit der Tat für heutige Zuschauer s. KdTr.
74 Brecht Prosa V S. 160.
75 cf Opsteltem a. a. O. 49 ff, 109 ff, 148, 217, 227.
76 Zur Sinnlosigkeit des Todes: Um ein Haar hätte Antigone gerettet werden können: hätte sie sich nicht bereits erhängt gehabt, als Haimon die Felsenkammer sprengte; hätte Kreon nicht zuerst die Leiche bestattet, hätte er die Kammer erreicht, ehe Haimons Schreie aus ihr drangen. Doch weist gerade der sinnlose Tod auf den Sinn der Tragödie.
77 vgl. Goethe über «Antigone» zu Eckermann am 1. 4. 1827.

Theben als Beispiel
II. Oedipus Tyrannos

1 Der Titel tyrannos kommt vierzehnmal vor (Jebb zu 873); er hat «a magnificent ionic function»: B. M. W. Knox «Oedipus at Thebes» 1957, 11, 21 ff, 53 ff, 57.
2 Das Jahr ist nicht gesichert; Perikles' Tod 429 ist der terminus post quem.
3 Thuk. II 65, 9.
4 Thuk. II 61; cf Ehrenberg a. a. O. 142; Knox a. a. O. 164.
5 Vita 9; cf Ehrenberg 144 ff.
6 s. S. 185.
7 Es ist nicht auszuschließen, daß die Blendung von S. erfunden worden ist.
8 ThdTr 131 ff.
9 Dort standen Altäre 16, 919.
10 ThdTr 219 ff; cf S. 329.
11 S. soll weiße Schuhe eingeführt haben: Vita 6; cf Ehrenberg a. a. O. 196; ThdTr 196.
12 Vita 6.
13 ThdTr 201 ff; Zusammenarbeit der Tragiker mit den Bildhauern der Zeit ist mehr als wahrscheinlich.
14 a. a. O. 141 f.
15 Zitate nach Schadewaldt.
16 W. Jaeger «Die Theologie der frühen griechischen Denker» 201: «Die Religion war für ihn in erster Linie ein anthropologisches Faktum, das es in seiner Bedeutung und Funktion innerhalb der menschlichen Zivilisation und ihrer sozialen Struktur zu verstehen galt»; cf Ehrenberg a. a. O. 120.
17 Er hatte 4 Kinder, 2 ältere Söhne (1460) und zwei kleine Mädchen; waren diese 8 und 10, müssen die Söhne 12 bis 14 gewesen sein. Der alte Greis bezeichnete Hirte (1112 f) dürfte kaum älter als 55 gewesen sein, als er Laios auf der Todesfahrt begleitet hatte; war er also jetzt 70, waren seit Laios' Tod und Oedipus' Einzug in Theben 15 Jahre vergangen. War Iokaste etwa 20, als Oedipus geboren wurde, war sie eine Vierzigerin, als er sie heiratete; Kreon, von dem nicht gesagt wird, ob er älter oder jünger war als sie, war wohl ein Fünfziger.
18 Der erste Teil der ersten Szene hat 77 Verse, der zweite 72; solche Symmetrien sind charakteristisch für den strengen Bau; drei Gründe für die Stichomythie des 2. Teils: 1. Nach den affektiven Reden wirken die schmucklosen Wechselverse als Steigerung; 2. Für die Zuschauer, die wußten, was Kreon berichten würde, waren nur die Reaktionen interessant; 3. Oedipus' ungestümer vorwärtsdrängender Charakter (prothymia 48).
19 cf Nilsson a. a. O. 98 ff.
20 Kreon kann den Rat, Teiresias zu holen, nur im Palast gegeben haben; danach ging er ungesehen ab, um 512 aus der Stadt zurückzukehren.
21 Auf die Räumung des Schauplatzes mußte eine Pause folgen, da der Chor, aus der Stadt kommend, durch die gleichen Parodos einziehen mußte, durch die die Schutzflehenden abgingen.

22 cf W. Ax in Hermes 67 (1932) 421.
23 Wie in der «Antigone» werden sie 911 «Herren des Landes» genannt.
24 Im 3. Stasimon 1087 werden sie ausdrücklich ironisiert, s. S. 303.
25 Das Orgiastische war eine Wirklichkeit der Zeit: siehe die Mysterien.
26 Über die Entsprechung zum Prozeßwesen in Athen cf Knox a. a. O. 79 f: Oedipus als investigator (266) und prosecutor (zetetes zu tetema 278, cf Knox 119); cf G. Greiffenhagen «Der Prozeß des Oedipus» in Hermes 94 (1966) 147.
27 cf Whitman a. a. O. 131; Knox a. a. O. 26.
28 Man vergleiche die Strafandrohung des Edikts mit dem Inhalt der Verfluchung in der zweifellos archaischen Formulierung 236 ff.
29 a. a. O. 113.
30 Zur Parallelität der beiden Teiresias-Szenen in Ant. und Oed. tyr. s. KdTr.
31 Über Sinn und Grenze der Devotion s. KdTr.
32 Struktur: Einl. 16; I 3+36 (stichom.) +5; II 4+26 (Stichom.); III 3+21; IV 4+21; V 18 (Stichom.) +16; Technik der Verkürzung.
33 gnome cf Knox 124 f und v. 1087.
34 a. a. O. 141.
35 zur Gleichsetzung von Keren (472) mit Erinyen cf Nilsson a. a. O. 224.
36 so Reinhardt 121; dazu s. KdTr.
37 cf Whitman a. a. O. 132: Kreon «like a hypocrite».
38 so auch Reinhardt 124.
39 «Anmerkungen zum Oedipus». Hölderlin glaubt, erst Oedipus habe die Gedanken Kreons auf einen bestimmten Fall und einen unbestraften Verbrecher gerichtet und dadurch das allgemeine mit einem besonderen «nefas» zusammengebracht, «indem er das allgemeine Gebot argwöhnisch ins Besondere deutet ... und dann auch die Sünde als unendlich annimmt». Dieser Argwohn richtet sich also erst allmählich gegen ihn selbst, genauer gegen das Selbstbewußtsein seines Wissens ...

40 zu 623–630 s. KdTr.
41 Es war der Darsteller des Teiresias, der später noch den Hirten und den Boten zu spielen hatte.
42 Das ist nicht «absurd» (Reinhardt), sondern die logische Konsequenz aus der Nichtbestrafung der Verleumdung des Sehers.
43 cf Knox a. a. O. 62 f.
44 I 144, 2; II 60, 2; 92, 2; cf Ehrenberg a. a. O. 181 ff und Knox a. a. O. 53 ff.
45 über eine mögliche Metanastasis des Chors s. KdTr.
46 Nach Schiller (Brief an Goethe vom 2. 10. 1797 cf Reinhardt 168) ist die ganze Tragödie «nur eine tragische Analysis»: «Alles ist schon da und wird nur herausgewickelt». Aber zur Tragödie wird die Analysis erst durch die Bedeutung, die ihr jetzt, nach 696 Versen, zugemessen werden kann. Außerdem folgt der Analysis noch ein weiterer, lezter Teil, der erst die Sinnfrage stellt.
47 Schadewaldt verbesserte seine frühere Übersetzung im Sinne dieser Interpretation, indem er den von Dindorf gestrichenen V. 814 wieder aufnahm.
48 kelid' emauto symphoras 388; cf nach der Blendung 1384.
49 zur Mantik cf Knox 172 f.
50 Reinhardt 127: «fast schon mehr als Sohn der Mutter».
51 dazu KdTr...; ausgezeichnet Knox 471, 99, 211: «magnificently functional».
52 Ehrenberg a. a. O. 88. Anders Reinhardt a. a. O. 128 ff.
53 cf W. F. Otto «Das Wort der Antike» 1962, 63 ff.
54 M. Pohlenz «Die gr. Trag.». 1933, 225.
55 cf Reinhardt 267[128]. Die berühmte Aussage über den über den Oedipus-Komplex war kaum ihre eigene Entdeckung, eher eine im damals modernen Athen verbreitete Diagnose, die sie aufgreift.
56 Denn daß die Vermutung, er habe den Polybos umgebracht (wie der Interpolator des Verses 827 wollte) ihn nicht in

dieses Entsetzen stürzen konnte, war ihr nicht verborgen geblieben.

57 so Reinhardt 132.
58 Über die Bedeutung der Tyche für das Stück s. KdTr.
59 S. ließ ein anderes Moment einfach beiseite: der Zeuge des Laios-Mords tritt nicht auf.
60 cf Reinhardt 146.
61 Er rechnet sich zu den «Unteren»: 1223 und den Chor zu den Vornehmen: 1225.
62 Reinhardt 140.
63 Der Kommos zeigt das Abflauen des phobos und den Durchbruch der sympatheia; nach 68 Versen verstummt die Musik. Dann erfolgt eine dialektische Steigerung zum Fortissimo, die mit Kreons Auftritt jäh abbricht. Kommos und Kreonszene sind nahezu gleich lang: 111 und 114 Verse.
64 Bei Euripides wird Oedipus auf Befehl Kreons geblendet.
65 cf Knox a. a. O. 157, 249. H. Hommel (brieflich): «Im Original ist die ganze Aussage konditionell gefaßt (‹süss ist's, wenn das Denken›...).» Das würde die Tragik verstärken.
66 tachista dreimal: 1340, 1410, 1430.
67 Schadewaldt: Landesverwahrer; cf Ehrenberg «Staat der Griechen» 264.
68 cf Knox 190 f: «as a beggar he is irrestible» – aber nicht für Kreon.
69 Diese Deutung auch bei Wilamowitz in Hermes 34 (1899) 62.
70 anders Knox 191.
71 zu schließen aus den Repliken 1521.
72 auch von Wilamowitz, Pohlenz, Knox; aber alle Stücke des S. haben solche Chorschlüsse.
73 Dies, 1968 geschrieben, fanden wir wieder in S. «König Oed.» hg und übertr. von W. Schadewaldt (insel-tb 15, 1973, 99); da es auch bei Reinhardt anklingt, liegt es wohl nahe.
74 Knox 107.
75 Knox 105 f: «The play is a tragic vision of Athen's splendor... a tragic epitaph of the Athenian golden age».
76 Knox 77.
77 Knox 185.

Theben als Beispiel
III. Oedipus auf Kolonos

1 Wenn wir vom «Rhesos» absehen, der sicher nicht ins 5. Jhdt. gehört.
2 von Wilamowitz (in Tycho v. Wil. a. a. O. 313 ff) bis Whitman a. a. O. 190 ff.
3 Whitman 191: «a national festival piece».
4 1-20 (die Nachtigallen!), 117-254, 310 bis 333, 455-548, 828-890, 1044-1113, 1438-1499, 1556-1578, 1667-1957: 457 Verse.
5 Schneidewin Komm. 126 schließt aus 1048, S. sei ein Myste gewesen.
6 cf Mylonas «Eleusis» 1961, 273 f.
7 a. a. O. 373; cf Ehrenberg «From Solon..» 350 f.
8 ThdTr 7, 36 ff, 46, 84.
9 cf Jebb XII/XIII.
10 Paraskenion-Podest s. S. 332
11 to gennaion (76, 509, 1042) unterscheidet den Heros von den polloi.
12 kein Bart; den Bart trägt Kreon.
13 Auch Jebb, der Oed. Tyr. für 40 hält, kommt auf nicht älter als 50.
14 xymphoras xynthema: Jebb «Parole», Schneidewin «Losung».
15 a. a. O. 218.
16 «Herren des Landes» (831) wie Oed. Tyr. 911 und Ant. 988.
17 Mit dieser Szene wird das angebliche «Mittelstück» so unlösbar in das Hauptstück verknüpft, daß von einem »Auseinanderfallen« keine Rede sein kann. In der Gesamtstruktur hat die Szene ihre Entsprechung in der Polyneikes-Szene.

18 ekei 399 kann sowohl Theben wie Athen meinen.
19 so auch Polyneikes 1332.
20 zum Heroenkult cf Rohde «Psyche» 84; Withman 194; 476 wurden die Gebeine des Theseus von Skyros nach Athen versetzt.
21 s. S. 339
22 Verschränkungsfunktion wie die Ismene-Szene s. Anm. 17.
23 Polyneikes weiß, daß Kreon hier gewesen ist und daß Oedipus das Orakel kennt; er glaubt daran, daß er Oedipus in den Labdakidenpalast heimführen werde, gerade weil Eteokles und Kreon das zu verhindern suchen (407).
24 Jebb XXIII.
25 Whitman 196: «one the most inspired and daemonic execrations ever pronounced».
26 Reinhardt 227 glaubt, S. rücke von Oedipus ab wie Goethe von Faust am Ende des 2. Teils.
27 zitiert von Jebb.
28 cf H. Hommel in WzA II 251 f.
29 Daß S. das Theben des damaligen Heute gemeint haben soll, erscheint unmöglich: es wäre es auch dann nicht, wenn die umstrittenen Verse 911 ff wirklich vom Enkel des Dichters als Devotion vor der Siegermacht eingefügt worden wären.
30 cf Opsteltem a. a. O. 167, der auf Theognis 425 ff verweist.
31 cf L. Marcuse «Philosophie des Glücks» (Listbücher) 56 ff.
32 a. a. O. 204; E. R. Dodds in «Greece and Rome» II 13, 1966, 47: S. habe wie Heraklit geglaubt: «There is an objective world-order which man must respect, but which he cannot hope fully to understand»; zitiert von Lesky a. a. O. 273.

Schlüsselworte – griechisch / deutsch

achos = Leid, Schmerz
aidos = Scham
aitia = Grund, Schuld
akme = Spitze, Höhepunkt
alastor = Fluchgeist
aletheia = Unverborgenheit, Wahrheit
amechania = Ratlosigkeit
amoibaion = Wechselgesang
anagnorisis = Wiedererkennen
ananke = Zwang, Notwendigkeit
apate = Täuschung, Illusion
apeiron = Das Unbegrenzte, das Unbestimmte
aporia = Ausweglosigkeit
arche = Anfang, Prinzip, Herrschaft
arete = Trefflichkeit
asebeia = Gottlosigkeit
authadeia = Anmaßung
bia = Gewalt
chairein = sich freuen
charis = Gnade, Grazie
chrestos = rechtschaffen, das Gute tuend
chthonios = der Erde angehörend, unterirdisch
deima = Schrecken
dianoia = Denken
doryphoros = Speerträger
doxa = Ansicht, Ansehen
dyssebeia = Gottlosigkeit
echthos = Feindschaft, Haß
eidolon = »Idol«, Bild, Trugbild
ekkyklema = herausrollbare Plattform
ekplexis = Entsetzen
eleos = Erbarmen
enkomion = Loblied
ephemeroi = Eintagsfliegen
epiphaneia = Erscheinung
ergon = Werk, Tat, Tatsache
ethos = Brauch, Charakter, Sitte
eudaimon = glücklich
euphron = verständig

gerusia = Rat der Alten, Senat
hamartia = Fehler, Verfehlung
harmonia = Zusammenfügung (compositio), Einheit der Gegensätze
hedone = Freude, Vergnügen
hikesia = Schutzflehen
himeros = Begehren
hybris = Hochmut, Frevel
kairos = die rechte Zeit
kakos = übel, böse
katharmos, katharsis = Reinigung
kerdos = Gewinn, Profit
kerygma = Edikt
koinobomia = Altar mehrerer Götter
kompos = Prahlen
koros s. kuros
korybantes = rasende Tänzer (Kult)
kratos = Macht
kuros = junger Mann
mania = Außer-sich-sein, Rasen
mantis = Seher
maschalismos = Verstümmelung
martys = Zeuge
mechane = Maschine
menis = Zorn
meson = Mitte, Maß
miasma = Befleckung, Greuel
miastor = Beflecker
moira = Los, Schicksal
morsimon = das Verhängte
nekromanteia = Totenbeschwörung
nomos = Gesetz
oiktos = Jammer, Mitleid
olbos = Segen, Reichtum
opsis = das Schaubare
orge = heftige Gemütsbewegung
pagos = Hügel
paian = Lobgesang, Danklied
paraskenion = Seitenflügel
parodos = Zugang für Auftritte von den Seiten, Auftrittslied

parrhesia = Redefreiheit
pathos = Leid, Leidenschaft
peira = Versuch, Probe, Wagnis
peras = am Ende, Grenze
pema = Unglück, Leid
phaos, phos = Licht
philia = (nichterotische) Liebe
phobos = Furcht, Schrecken
polis = Stadt, Staat
pompe = Geleit, Aufzug
ponos = Arbeit, Mühe
pothos = Verlangen
propylon = Säulenvorbau
prostates = Vorsteher
pyrphoros = Feuerbringer
pyrrhiche = Waffentanz
sebas = Scheu, Ehrfurcht
skene = Bühne
sophronein, sophrosyne = vernünftig sein, Vernunft

stasimon = Standlied des Chors
stasis = Standpunkt, Aufstand, Streit
sthenos = Kraft, Macht
stichomythia = Dialog Vers gegen Vers
symphora =Ereignis, Schickung
tarbos = Angst
taxis = Ordnung, Stellung
telos = Ziel, Zweck
tharsos = Kühnheit
theomachos = Kämpfer gegen Gott
thesmos = Gesetz
threnos = Klage
thurios = ungestüm
tlemon = Dulder
tolme = Verwegenheit
tyche = Zufall, Schicksal
tymbos = Grabmal

Register

1. Die Tragiker, Die Stücke

AISCHYLOS 9–181, 186, 233, 236, 268, 274, 340, 354 ff., 356
  Orestie 19, 48, 51, 60 ff., 159 f., 179 f., 234, 237, 274, 340, 343, 348
    Agamemnon *63 ff.*, 103, 105, 107, 109, 110, 128, 149, 152, 180, 238, 348, 355
    Choephoren 65, *89 ff.*, 110, 112, 115, 117, 128, 174, 349
    Eumeniden 70, 94, 104, 106, *109 ff.*, 164, 349 ff.
  Perser *9 ff.*, 41, 48, 51, 56, 69, 128, 238, 333, 345 f.
  Prometheus 61, 146, 153, *159 ff.*, 185 f., 347, 352 f.
  Schutzflehende (Hiketiden) 41, *50 ff.*, 155, 346, 347
  Sieben gegen Theben *40 ff.*, 51, 56, 69, 128, 238, 333, 346 f.
  Fragmente: Aitniai 162; Danaiden 50; Ixion 350; Laios 40; Oedipus 40; Phineus 22; Prometheus Lyomenos 160–164, 173; Prometheus Pyrphoros 164

SOPHOKLES 47, 51, 153, 162, 185–343, 353 ff.

Aias 185 f., *187 ff.*, 211, 270 f., 353 f., 355, 356
Antigone 155, 157 f., 195, 202, 207, 212, 233, *235 ff.*, 273, 297, 353, 354, 356 ff., 359
Elektra 185 f., 195, *223 ff.*, 271, 274, 338, 354, 355 f.
Oedipus tyrannos 33, 185 f, 190, 195, 198 f., 205, 212, 221, 235, 249, *272 ff.*, 337, 341, 354, 357, 358 ff.
Oedipus auf Kolonos 186, 193, 195, 202, 222, 235, 321, 328, *329 ff.*, 354, 360 ff.
Philoktetes 162, 185 f., *187 ff.*, 207, 213, 222, 353 f.
Trachinierinnen 185 f., 189, *205 ff.*, 354 f.

EURIPIDES 136, 142, 206, 329, 347, 354, 356, 360
Alkestis 206
Bakchen 29, 39, 207, 354
Elektra 166
Herakles 206
Kyklops 69, 162
Medea 57, 166, 354
Phoenissen 356
Schutzflehende 347
Fragmente: Eirene 162

2. Namen

Achilleus 109, 187, 200
Adrasteia 175
Agenor 283
Agamemnon 60 ff., 91, 94 ff., 102 f., 108 ff., 128, 152, 187, 192, 197, 223, 227, 278, 348, 349
Aias 187 ff., 270 f., 353, 354, 355, 356
Aidos 139
Aigeus 141
Aigisthos 60, 69, 77, 86 ff., 100 ff., 231 ff., 355, 356
Aigyptos (-Söhne) 50 ff., 347
Aisa 349
Alastor 86 ff., 103, 106 f., 111, 128, 179, 350
Alexander 66
Alkibiades 337
Alt, K. 354
Aly W. 351
Amazonen 141, 173
Amphiaraos 44, 346
Amphion 262
Anaxagoras 278, 351
Anaximander 353
Antigone 47, 192, 235 ff., 322, 331 ff., 354, 357, 358
Aphrodite (Kypris) 55 f., 59, 174, 212, 219
Apollon (Phoibos, Loxias) 65, 66, 82, 84, 89, 93 f., 99, 115 ff., 130 ff., 187 ff., 190, 220 f., 248, 275 ff., 288, 300, 303, 305, 311, 316, 350, 351
Ara(i) 111, 129 ff., 282, 350
Arendt, H. 351
Areopagiten 94
Ares 39, 40, 43, 70, 92, 98, 141, 147, 230, 336, 346
Argonauten 12
Argos 50, 172
Aristeides 11, 19, 30, 37, 346
Aristophanes 39, 40, 57 f., 90
Aristoteles 38, 225, 313, 333, 353
Artaxerxes 11
Artemis 248
Aspasia 303
Ate 29, 33, 70, 74 f., 86, 105 ff., 214, 247

Athena (Pallas) 113, 116, 119 ff., 181, 187 ff., 272, 351
Atlas 171
Atossa 15 ff., 345
Atreus 60, 84, 88, 233, 348, 349
Atriden 60, 63 f., 68, 71, 76, 84, 95, 107, 109, 187, 197 ff., 270
Ax, W. 359
Ayken, L. 347

Baal (Balen, Belos) 22, 29, 50
Bachofen, J. J. 138
Bakchos s. Dionysos
Bakchylides 208
Bassermann, A. 208
Beckett, S. 220
Beethoven 203
Belos s. Baal
Bergson, L. 348
Bia 145, 147, 159, 166 f.
Bloch, E. 160
Booth, N. B. 347
Bowra, C. M. 353
Brecht, B. 46, 220, 268, 358
Brée, G. 352
Broadhead, H. D. 345, 346
Brook, P. 255
Buschor, E. 23, 139, 357

Caesar 66, 252
Calderon 160, 352
Camus, A. 161
Cantarella, R. 352
Chalyber 46, 173
Charis 174
Christus 120
Chryseis 87
Chrysothemis 227, 271, 314, 355
Cicero 173, 353
Cordelia 255

Dale, A. M. 353
Danaiden 50, 56 ff.
Danaos 50 ff.
Dareios 11 ff., 94, 345

Davison, B. 352
Deianeira 205 ff.
Demeter 59, 264
Denniston-Page 348
Deubner, L. 155, 352, 354, 355
Dike 44, 48, 57, 76, 79, 87, 89, 91, 95 ff.,
  104, 120, 133, 140, 146, 152 f., 177, 241,
  244, 249, 283, 302
Diller, H. 345
Dindorf, W. 356, 359
Dionysos (Bakchos) 13, 29, 112, 133, 239,
  254, 257, 281, 311, 324, 329, 331, 357
Dirksen, H. J. 348
Dodds, E. R. 350, 351, 361
Dörpfeld, W. 23, 164, 166, 346
Droysen, J. G. 112, 117, 133, 139, 167,
  347, 348, 349, 350, 351, 353
Dürer 48

Ehrenberg, V. 58, 152, 162, 237, 261, 277,
  346, 347, 348, 349, 350, 351, 352, 354,
  355, 356, 357, 358, 359, 360
Eirene 239
Elektra 60, 91 ff., 129, 179, 195, 223 ff.,
  271, 274, 349, 354, 355
Epaphos 50, 56, 174
Ephemeriden 161, 169
Ephialtes 62, 139 f., 147, 150
Epimetheus 160
Erinyen/Eumeniden (Keren) 46, 66, 71, 74,
  81, 84, 86 f., 93, 95, 100, 102, 104 ff.,
  110 ff., 179, 181, 230, 233, 271, 282, 292,
  331, 335, 339 f., 350, 351, 359
Eris 44
Eros 88, 109, 247
Errandonea, I. 354
Eteokles 40 ff., 238, 333 f., 346, 350, 353,
  361
Eumeniden s. Erinyen
Eunomia 139
Eupatriden 351
Euphorion 142
Eurystheus 205
Eurydike 212, 238, 254 ff., 263, 357

Faust 21
Fenollosa, E. 218, 355
Feuchtwanger, L. 18, 32

Flacière 352
Focke, F. 352
Fraenkel, E. 68, 71, 79, 347, 348, 352
Fraenkel, H. 97, 112, 176, 350, 353
Freud, S. 189
Fritz, K. v. 223, 233, 347, 348, 349, 350,
  351, 353

Gaea (Ga) 22, 41, 114
Gagarin, M. 348, 350, 351
Gandhi 327
Garvie, E. 346, 347
George, H. 208
Georgiades, Thr. 351
Gladikow, B. 346, 349
Goethe 160, 173, 207, 237, 356, 358, 359,
  361
Gorgonen 115, 166, 173
Greifenhagen, A. 352
Greiffenhagen, G. 359
Grillparzer 137 f.
Groeneboom, P. 345, 346
Gundert, H. 348

Hades 22, 26, 85, 88, 112, 122, 197, 209,
  214, 244, 255, 264, 341, 350
Hamburger, K. 237
Haimon 209, 244 ff., 263, 354, 357, 358
Hamlet 22, 99, 115, 225
Harpyien 115
Hebbel, F. 286
Hegel, G. W. F. 151, 189, 204, 336, 356
Heidegger, M. 146
Hektor 197
Helena 60, 66, 70, 74, 84, 88, 109, 129
Helios 320
Hephaistos 159 ff.
Hera 50, 56, 173
Herakles 164, 172, 174, 195, 352, 354, 355
Heraklit 30, 31, 112, 146, 152, 180, 216,
  340, 350, 361
Herder, J. G. 352
Hermes (Chthonios) 90, 92, 101, 112, 116,
  121, 165, 175 ff., 187, 202, 205 ff., 311,
  352, 353
Herodot 58, 345, 350, 356
Hesiod 161, 166 f., 311
Hesse, E. 351, 354, 355

Heuss, A. 36, 139, 330, 346, 348
Hieron 162
Hiob 337, 342
Hofmannsthal, H. v. 233, 349, 355
Hölderlin 235 ff., 240, 248, 256, 265, 294, 319, 356, 357, 359
Homer 44, 61, 64, 69 f., 72, 82, 86 f., 109, 120, 178, 187 ff., 202, 271, 311
Hommel, H. 345, 346, 348, 349, 351, 353, 360, 361
Huart 346
Hyllos 205, 209, 212 ff., 355

Jaeger, W. 357, 358
Jeanne d'Arc 235
Jebb, R. C. 207, 355, 356, 357, 358, 360, 361
Jenkers, F. 354
Jens, W. 354
Io 50, 52, 165, 172 ff., 353
Iokaste 212, 238, 285 ff., 358
Iole 210 ff.
Iones, J. 348, 349, 353
Iophon 206
Iphigenie 60, 69, 77, 79, 88, 108
Ismene 238 ff., 263, 272, 322, 332 ff., 340, 361
Italie, G. 347, 353
Ixion 350

Kadmos 42, 262, 280, 282 f.
Kant 142
Kapaneus 44
Kassandra 76 ff., 81 ff., 103, 146, 348
Keats, J. 330
Kenner, H. 349, 352
Keren s. Erinyen
Kerényi, K. 357
Kierdorf, W. 346
Kilissa 101
Kimon 11, 36, 62, 67, 139, 147, 259
Kitto, H. D. F. 346, 348, 350, 351
Kloepfer, E. 208
Klytaimestra 60 ff., 94, 97, 115, 128 f., 137, 146, 165, 223 ff., 230 ff., 295, 348, 349
Knox, B. M. W. 348, 358, 359, 360
Koloner 352
Kortner, F. 208

Kott, I. 355
Kratos 159, 166 f.
Kraus, W. 352, 353
Kreon 192, 236 ff., 273 f., 278 ff., 333 ff., 340 f., 356, 357, 358, 359, 360, 361
Kronos 159, 163
Kypris s. Aphrodite
Kyros 34

Labdakiden 40, 45, 238, 246, 257, 274, 283, 296, 332, 361
Labdakos 283
Laios 274, 279, 283 ff., 292, 293, 296, 303, 307, 312 f., 332, 358, 360
Lear 255, 335
Lenin 269, 327
Lesky, A. 347, 348, 350, 352, 353, 354, 356, 361
Libye 50
Lichas 209 ff.
Lloyd-Jones, H. 349, 351
Loxias s. Apollon
Lykurgos 357

Macbeth 115, 218
Mao 66, 327
Marcuse, L. 361
Mardonios 11
Mardos 34
Marx, K. 160, 269
Matz, U. 351
Medea 166
Medusa 115
Megaere 166
Menelaos 60, 64, 66, 71 f., 192, 197, 348
Menoikeus 238
Merope 305
Mette, H. J. 352, 356
Miltiades 11, 15, 30, 67, 259, 327
Moira 26, 29, 67, 81, 86, 88, 95, 104, 126, 131, 149, 157, 172, 177 f., 247, 251, 288, 301, 302, 316, 339
Mueller, A. 348
Mueller, G. 356
Mueller, K. O. 345, 350, 351
Murray, G. 102, 160, 348, 350, 353, 354, 355
Mylonas, E. G. 357, 360

Napoleon 66
Nauck, A. 356
Neoptolemos 188 ff., 209
Nessos 205 ff.
Nestle, W. 347, 348, 349, 351
Nestor 200
Newiger, H. J. 349, 355
Nietzsche, F. 160, 189
Nike 78
Nilsson, M. P. 347, 349, 350, 353, 358, 359
Niobe 248

Odysseus 78, 109, 187 ff., 270
Oedipus 33, 40, 45, 128, 189 f., 193, 198 f., 212, 221, 228, 249, 253, 266, 272 ff., 329 ff., 354, 358, 359, 360, 361
Okeaniden 162 ff.
Okeanos 162 ff.
Opsteltem, J. C. 354, 356, 358, 361
Orestes 33, 60, 66, 75, 78, 82, 87, 90 ff., 110 ff., 174, 179, 195, 223 ff., 348, 349, 350, 351, 355, 356
Otto, W. F. 359
Owen, E. T. 348, 349

Pallas s. Athena
Pan 66, 311
Pandora 160, 352
Paris 60, 66
Parmenides 353
Patroklos 200
Patzer, H. 346, 348, 354
Peisistratos 350
Peitho 70, 101, 144 ff.
Pelasgos 50 ff., 347
Pelops, Pelopiden 60, 141, 232
Perikles 32, 62, 66, 131, 140, 142 f., 162 f., 180, 193, 236, 238, 257 f., 272 f., 278, 295, 298, 302, 327, 330, 358
Persephone 264
Phidias 120, 236, 273
Philoktetes 187 ff., 214, 354
Phineus 12
Phorkiden 173
Phrynichos 11
Pickard-Cambridge, A. W. 345, 349, 350, 353, 354
Pindar 348, 352, 353

Platon 235, 353
Pleisthenes 348
Pleistheniden 89
Plutarch 36
Podlecki, A. J. 345, 346, 347, 350, 351, 352
Pohlenz, M. 352, 359, 360
Pollux 348
Polybos 305 ff., 318, 359
Polydoros 283
Polyneikes 40, 44 f., 48, 238, 333, 337 ff., 360, 361
Poseidon (Pontios) 35, 37, 76, 333 f.
Post, L. A. 346
Pound, E. 208, 217 ff., 355
Priamos 66, 74
Prometheus 153, 159 ff.
Pylades 90, 99, 103, 106, 226, 230 f.
Pythagoras 138
Pythia 93, 114 ff., 118, 349

Reinhardt, K. 71, 80 f., 85, 107, 163, 170, 174, 176, 201, 207, 212, 223, 233, 236 ff., 260, 283, 290, 304, 332, 347, 348, 349, 351, 352, 353, 354, 355, 356, 357, 359, 360, 361
Rohde, E. 38, 208, 349, 361
Reisch, E. 346
Robert, E. 359
Robertson, W. S. 347
Romilly, J. de 353, 354
Rose, H. J. 347

Salomo 342
Salvini, T. 207
Satyrn 164, 346
Schadewaldt, W. 33, 45 f., 218, 233, 267, 302, 345, 346, 349, 352, 353, 354, 355, 356, 357, 358, 359, 360
Schiller 207, 359
Schlegel, A. W. 65, 204, 206
Schmid, W. 348, 351, 354, 356, 357
Schneidewin 356, 360
Schreckenberg, H. 349
Schwinge, E. R. 345, 353, 354
Semnai 125
Seneca 206
Shakespeare 22, 68, 115, 214, 217, 252, 255, 275, 354, 357

Shelley, P. B. 160
Siegfried 191
Skythen 46 f., 141, 173
Snell, B. 57, 133, 168, 170, 347, 348, 351, 353
Sokrates 342
Solmsen, F. 351
Solon 62, 88, 117, 142, 149 f., 152, 179, 327, 351
Sphinx 276, 289, 346
Staiger, E. 85, 155, 215, 221, 354
Stanislawsky, K. 207
Steidle, W. 355
Strauss, R. 355
Swinburne, A. Ch. 60
Szondi, P. 353

Talma 207
Tantalos 60
Taplin, O. 346, 347, 348, 350, 351, 352
Tartaros 116, 159, 162, 165, 168, 175 ff., 186, 336
Tatlin, O.
Teiresias 238 ff., 264 f., 284 ff., 301, 308 f., 321, 324, 357, 358, 359
Tekmessa 193 ff.
Telestes 347
Teukros 193 ff.
Themis 167
Themistokles 11, 15, 19, 30, 37, 48, 56, 66, 67, 259, 327
Theognis 129, 356, 361
Thersites 200
Theseus 57, 77, 141, 265, 330, 332 ff., 361
Thiaden 254
Thomson, G. 347, 350, 351
Thukydides 60, 84, 109, 352
Titanen 159 ff.

Tolstoi, L. 73
Trendall, A. 352
Tschechow, A. 357
Tyche 31, 291 ff., 360
Typhos 171

Unterberger, R. 352

Verrall, P. W. 158, 349, 350, 351
Vogt, J. 345, 346

Wagner, R. 330
Waldock, A. J. A. 357
Webster, T. B. L. 354
Weil, H. 348, 351
Weinstock, H. 356, 357
Werner, O. 142
Welcker, F. G. 352, 354
Whitman, C. H. 148, 355, 356, 359, 360, 361
Wilamowitz, T. v. 354, 355, 356, 360
Wilamowitz, U. v. 51, 112, 117 f., 123, 133, 136, 139, 202, 207, 216, 220, 236 f., 341, 346, 347, 349, 350, 351, 353, 354, 356, 357, 360
Winnington-Ingram, R. P. 152, 347, 351, 355
Woolf, V. 357

Xerxes 11, 15 ff., 302, 346

Zawadzka, J. 352
Zeus 20, 30, 33, 34, 37, 50, 52, 54, 56, 65 ff., 70, 73, 74, 80, 88, 89, 93, 95 ff., 104, 111, 112, 114, 119, 125, 137, 143, 144, 146, 149, 152, 157, 159 ff., 205, 210, 215, 217, 232, 313, 333, 350
Ziegler, K. 354

Carl Schneider
Kulturgeschichte des Hellenismus

Band I: 1967. XXXI, 977 Seiten.
Band II: 1969. VIII, 1180 Seiten,
mit Register und Bibliographie für beide Bände. Leinen.

«Was Carl Schneider an kultur- und geistesgeschichtlichen Einzelheiten in diesem bedeutenden Werk über die hellenistische Kultur zusammentrug und überlegen verarbeitete, ist erstaunlich. Die soziologischen und politischen Grundlagen und Triebkräfte jener Epoche werden ebenso gewissenhaft überprüft und in die Darstellung einbezogen wie die ökonomischen, religiösen und geistigen – einzig zu dem Zweck, die Wirklichkeit des Hellenismus objektiv zu rekonstruieren und als menschheitsgeschichtliches Exempel anschaubar zu machen. Um so deutlicher treten Leiden und Größe, Glanz und Elend einer Epoche vor den Blick, die, im Genuß der Kultur zugleich sich selbst reflektierend, ein großes Erbe differenzierend vermehrte, ohne selbst zu neuen schöpferischen Taten aufgerufen zu werden.»
Frankfurter Allgemeine Zeitung

In der Reihe Beck'sche Sonderausgaben sind
von *Carl Schneider* erschienen:

Die Welt des Hellenismus
Lebensformen in der spätgriechischen Antike
Eine Auswahl aus der 1967/69 erschienenen zweibändigen
‹Kulturgeschichte des Hellenismus›
1975. 366 Seiten mit 20 Abbildungen auf Tafeln. Leinen

Geistesgeschichte der christlichen Antike
1970. IX, 693 Seiten. Leinen (gekürzte Ausgabe der 1954 unter dem Titel
‹Geistesgeschichte des antiken Christentums› erschienenen –
vergriffenen – zwei bändigen Originalausgabe).

Verlag C. H. Beck München

Siegfried Melchinger
Das Theater der Tragödie

Aischylos, Sophokles, Euripides auf der Bühne ihrer Zeit

*1974. XII, 327 Seiten mit 27 Textabbildungen und
34 Abbildungen auf 16 Tafeln. Leinen*

«Der namhafte Theaterhistoriker und Kritiker legt hier eine Arbeit vor, die sich zum Ziele setzt, die Realität des Dionysos-Theaters, also die Welt der Bühne, in der Aischylos, Sophokles und Euripides gelebt und gewirkt haben, deutlicher und vollständiger zur Vorstellung zu bringen, als dies bisher möglich gewesen ist. Unter Einbeziehung der bisherigen Forschungsresultate suchte der Autor das authentische Material in den Stücken der griechischen Tragiker selbst. Melchinger hat im ersten, dem Dionysos-Theater gewidmeten Teil seiner Arbeit, Ermittlungen zur Bühnengeschichte des 5. Jahrhunderts vorgenommen, während der zweite Teil Bühnenfragen jener Zeit erörtert (Kontinuität der Konventionen, die Bühne der frühen Stücke). Dabei erbrachten die Untersuchungen zu den offenen Bühnenfragen neue Gesichtspunkte für die Bühnengeschichte des fünften Jahrhunderts. Dadurch, daß der Verfasser sein Thema nicht von der Literaturgeschichte, sondern von der Realität des Theaters angeht und die Frage zu beantworten sucht, wie die Tragödien der großen Drei in ihrer Zeit gespielt worden sind, leistet er auch einen essentiellen Beitrag zur Interpretation dieser Stücke auf dem Theater unserer Zeit.»
Neue Zürcher Zeitung

Verlag C. H. Beck München